RECUEIL GÉNÉRAL

DES

ANCIENNES LOIS

FRANÇAISES.

SUITE DU RÈGNE DE CHARLES VI,

PUBLIÉE PAR MM. ISAMBERT ET DECRUSY.

TOME VII.

1401-1415.

SUITE DE L'ESSAI

SUR LES INSTITUTIONS DE LA MONARCHIE (1)

A L'ÉPOQUE DE CLOVIS.

§ III. — *Loi des Romains-Gaulois.*

Si les Gaulois n'avaient pas professé la même religion que les Franks, leurs vainqueurs, ils seraient probablement tombés dans le même état de sujétion, d'avilissement et de misère, que les Grecs du bas empire, sous la domination turque, ou les Juifs, nation seulement tolérée dans les États chrétiens.

Il ne suffit donc pas à un peuple de conserver son existence physique, ses coutumes, et même ses lois civiles. Là où il n'existe aucuns droits politiques, les droits privés ne sont pas garantis; là où le vainqueur ne désarme pas, l'état de guerre subsiste; il ne peut pas y avoir de fusion.

A l'égard des Gaulois, la férocité naturelle des Franks se trouva comprimée par leur conversion au christianisme; en cela les Franks subirent la loi des vaincus. Le lien de la religion fut si puissant, que bientôt les Gaulois catholiques acquirent, auprès des vainqueurs, toute l'influence que donnent des lumières supérieures.

Les Rois franks furent de bonne heure subjugués par le clergé; tous les ecclésiastiques étaient Gaulois, tous suivaient la loi romaine et les institutions impériales, à l'ombre desquelles, depuis Constantin, ils avaient vu leur influence s'accroître.

---

(1) Voyez le commencement, préface du tome V, p. 1—88.

Les princes Mérovingiens n'avaient aucun intérêt à abolir les lois sous lesquelles vivaient les Romains; au contraire, ils trouvaient dans cette législation un pouvoir et des attributions vraiment royales.

Les Gaulois, façonnés depuis plus de trois siècles au régime du pouvoir absolu des Empereurs, déshérités du droit de représentation qui est de l'essence de tout bon gouvernement, virent dans la royauté de Clovis la monarchie sans contre-poids, renfermant en elle-même le pouvoir législatif, le pouvoir exécutif, et le pouvoir judiciaire.

Clovis se hâta donc de confirmer les lois romaines. Ce fait est prouvé par la convention faite avec les Gaulois de la confédération des Armoriques, en 493, et attesté par Procope. Ceux-ci ne réclamèrent pas d'autre garantie de l'accomplissement de cette promesse, parce que les Franks s'étaient tous convertis au christianisme; les évêques et le clergé, suivant la même loi qu'eux, étaient assez forts pour la faire respecter (1). Les garnisons romaines qui restaient encore dans les Gaules, ne pouvant plus retourner dans leur patrie, se réunirent aux Armoricains et aux Franks, et conservèrent leurs lois (2). Clotaire, en confirmant la loi romaine par une disposition formelle de la constitution de 560, ne fit que déclarer l'état préexistant (3).

Les Gaulois virent dans Clovis le représentant des empereurs. Anastase en revêtant le roi des Franks, de

---

(1) Χριστιανοι γαρ αμφοτεροι οντες ετυγχανον.

(2) Νομοις τε τοις σφετεροις εδει χρησθαι.

(3) *Inter Romanos negotia causarum romanis legibus præcipimus terminari* (Art. 4.)

la dignité de consul et d'Auguste, lui conférait tous ses pouvoirs.

Clovis s'empressa d'accepter ces titres; il les prit avec grande solennité, et, pour frapper davantage l'esprit des Gaulois dont il était devenu le coreligionnaire, il revêtit la tunique de pourpre et la chlamide, et il ceignit le *diadème*, dans la métropole de Tours (1). Après cette cérémonie, il monte à cheval, et répand de sa propre main l'or et l'argent parmi le peuple immense qui accourait sur les pas du vainqueur des Visigoths.

Dès ce moment, dit un historien contemporain, il fut universellement célébré comme consul et comme Auguste (2), c'est-à-dire, que tous les sujets de l'empire dans les Gaules le regardèrent comme leur souverain légitime.

Voilà un fait que l'abbé Dubos a bien observé, et dont il a raison de conclure que la monarchie des Franks s'établit plutôt par soumission et par voie de cession, que par voie de conquête.

La conquête est un fait irrécusable sans doute, mais là où il n'y eut pas de combat, peut-on dire qu'il y ait

---

Ces lois avaient été également confirmées pars Thierry, loi des Ripuaires, tit. LVIII.

Secundum legem romanam libertate voluerit etc... jubent tabulas secundum legem romanam, quâ ecclesia vivit.

C'est d'ailleurs un fait législatif qui n'est contesté par personne. V. *Ducange*, v° lex mundana.

La législation *romaine* est encore confirmée par un capitulaire de Charles-le-Chauve de 864.

(1) *Chlodovechus ab Anastasio imperatore codicillos de consulatu accepit et in basilicâ beati Martini tunicâ balteâ indutus est et chlamide, imponens vertice diadema.* (Grégoire de Tours, liv. II, ch. 38, qui en fut peut-être témoin oculaire.)

(2) *Eâ die, tanquam consul aut Augustus est vocitatus.* (Grégoire, ibid.)

eu servitude et sujétion absolue, comme l'a prétendu *Boulainvilliers?*

Les Gaulois étaient si peu les ennemis de Clovis depuis sa conversion, que ce sont eux qui l'appelèrent dans les pays occupés par les Visigoths (1).

Aussi se garda-t-il bien de prendre les trois quarts de leurs propriétés comme l'avaient fait les Visigoths, ou la moitié comme les Bourguignons. Clovis se contenta des domaines et des revenus de l'empire, et c'était une assez belle conquête, pour un prince et pour une nation aussi pauvres.

Clovis ne tarda pas à s'apercevoir que si les Gaulois n'étaient pas aussi braves que les Francs, ils étaient des sujets plus commodes et moins turbulens, et qu'il pouvait les régir facilement.

L'instrument législatif était dans ses mains.

La religion catholique était depuis long-temps dominante. Les lois du culte obligeaient tous les Gaulois; les évêques étaient les organes de cette puissance, à la fois politique et religieuse. Que fit Clovis, il assembla un concile. Nous dirons ailleurs dans quelles circonstances ce concile fut réuni, et ce qu'il fit.

Ainsi, quand même Clovis, comme roi, comme lieutenant de l'empereur, n'aurait pas obtenu une puissance souveraine sur les Gaulois, ses nouveaux sujets, il pouvait, par le concours du clergé, commander à tous.

Les Gaulois gagnèrent à l'introduction de ce nouveau mode d'exercice de la puissance législative; car enfin, puisqu'ils élisaient leurs évêques, ils étaient véritablement représentés; le clergé formait un corps intermé-

---

(1) *Multi jam tunc ex Gallis habere Francos summo desiderio cupiebant.* (Grégoire de Tours, liv. II, ch. 36.)

diaire assez fort pour le protéger contre le conquérant, ou plutôt contre la nation conquérante. S'ils n'avaient pas eu ce point d'appui, ils seraient devenus les esclaves des Franks, de véritables parias, comme les Juifs.

Mais par ce moyen, ils conservèrent des droits politiques, ils se maintinrent libres; ils ne tardèrent même pas à partager avec les Franks, tous les avantages sociaux; car ils parvinrent comme eux à tous les emplois, même aux plus élevés; et lorsque les successeurs de Clovis, oubliant ce qu'ils devaient à leur nation, voulurent s'entourer d'une garde spéciale, d'une espèce de milice de janissaires, lorsque le titre de leude ou de fidèle, qui signifiait compagnon, fut changé en celui d'antrustion, c'est-à-dire d'homme engagé par la foi d'un serment de vassalité, qui n'était plus celui que tout citoyen doit au premier magistrat de la patrie; alors les Gaulois des familles riches, obtinrent d'être reçus comme les Franks, dans le corps des antrustions. La formule que nous a conservé Marculf, de cette réception, et les témoignages historiques, ne permettent pas d'en douter.

L'acte du concile d'Orléans, ayant été revêtu de la sanction du prince, devint la loi commune qui liait les deux nations; car on ne saurait douter qu'elle n'ait obligé les Franks aussi bien que les Gaulois.

Les Franks, il est vrai, auraient pu objecter que leur prince ne pouvait statuer rien de législatif à leur égard, que dans l'assemblée du champ de Mars.

Mais furent-ils assez instruits pour pénétrer tous les effets de cette innovation; qui bientôt fit tomber en désuétude leurs assemblées? Il est permis d'en douter; le respect qu'ils portaient aux évêques les en aurait empêchés; d'ailleurs étaient-ils assez forts pour arrêter les usurpations d'un prince qui, en acquérant un si grand nombre de nouveaux sujets, acquérait aussi des pouvoirs inconnus jusqu'alors?

Chose remarquable, c'est un concile sous Clovis, qui se substitue aux assemblées nationales; ce sont des statuts synodaux qui, sous Louis-le-Débonnaire, succèdent aux grandes assemblées du règne de Charlemagne.

Les Gaulois, quant à l'ordre civil, étaient régis par le code Théodosien, publié dans les Gaules en l'an 443 (1). Ce code servit aussi de base à celui qu'Anien, chancelier d'Alaric, compila pour les Romains ses sujets, à Aire en Gascogne, en 506. Les lois romaines sont trop connues et trop étendues pour qu'il soit nécessaire et qu'il soit possible d'en faire une analyse; mais la conséquence qu'il faut en tirer ici, c'est que les lois fiscales, administratives et autres, continuèrent de régir les Gaulois après Clovis; par conséquent, qu'ils furent soumis aux mêmes tributs.

Cette opinion est celle de l'abbé *Dubos*; elle a été vivement censurée par *Montesquieu*, *Mably* et autres.

Mais que lui oppose-t-on? Des argumens négatifs.

La loi sur la levée du tribut foncier, de la capitation et des impôts extraordinaires, est écrite dans le code Théodosien (2).

Il faut donc qu'on nous montre la loi qui l'a abrogée sous Clovis.

Pourquoi ce prince ou ses successeurs auraient-ils renoncé à un moyen de gouvernement si puissant? Les Gaulois n'étaient-ils pas assez heureux de ce qu'on ne

---

(1) *V*. Thémis ou Bibliothèque du Jurisconsulte, tom. III, 186.

(2) *V*. L'analyse que nous avons faite, pag. 28 de la préface de la deuxième livraison.

leur ôtait ni la liberté civile et religieuse, ni la propriété d'aucune partie de leurs biens? Que pouvaient-ils demander de mieux au conquérant, sinon qu'il n'augmentât pas les impôts, et qu'il renonçât aux subsides extraordinaires exigés avec tant de rigueur et d'injustice par les derniers Empereurs? Ce ne sont pas les impôts réguliers qui ruinent un peuple, et qui le portent à se révolter; ce sont les exactions, les cotisations imprévues et extraordinaires.

Comment Clovis et ses successeurs auraient-ils gouverné les Gaules, et soutenu les charges du gouvernement, sans impôts? *Mably* (1) prétend que le prince eut pour subsister ses domaines, les dons libres que lui faisaient ses sujets en se rendant à l'assemblée du champ de Mars, les amendes, les confiscations et autres droits que la loi accordait, et qu'ainsi les tributs levés par l'avarice et le faste des Empereurs, tombèrent dans l'oubli, parce qu'ils furent inutiles.

Mably ne fait que reproduire ici l'opinion de Montesquieu.

Pour discuter cette opinion, il faut faire une distinction. Sans doute les Franks ne payèrent pas de tribut, au moins pour leurs alleux, et s'ils y furent soumis plus tard pour leurs bénéfices, ce que nous aurons occasion d'examiner, il n'en faut rien conclure relativement aux Gaulois, puisque chaque nation avait sa loi et sa coutume. Ce qui était une charge naturelle, chez les Gaulois, et une obligation légale eût été une innovation chez les Franks (2).

L'art de la maltôte, pour nous servir de l'expression de Montesquieu (3), était inoculé et pratiqué depuis

---
(1) Liv. Ier, ch. 2.
(2) V. p. 49, préface de la 3e livraison.
(3) Liv. XXX, ch. 5.

long-temps, à l'égard des Romains; ainsi tombe l'objection que de telles combinaisons ne pouvaient pas entrer dans l'esprit d'un Frank.

Montesquieu, pour combattre Dubos, ne peut pas citer un seul texte des monumens de la première race; il est obligé de descendre à la seconde, même au temps de Charlemagne, et d'argumenter de quelques passages, où il est question, non pas de l'exemption du tribut foncier, mais au contraire du droit extraordinaire de pourvoirie ou du droit de prise, qui exista si long-temps sous la monarchie, et donna lieu à tant de réclamations en France et en Angleterre.

Montesquieu (1) ne peut pas nier qu'il ne soit question du *cens*, du tribut, dans les monumens de la première race. Que fait-il? il suppose que le mot avait changé de valeur; mais alors que signifiait-il? Il croit que c'est un impôt levé sur les serfs exclusivement. Mais puisque les serfs n'avaient rien en propre, il en résulte, d'après Montesquieu lui-même, que l'impôt foncier existait.

Maintenant n'y avait-il pas un impôt dont les hommes libres étaient affranchis? Nous le croyons, quoiqu'on n'en cite aucune preuve directe du commencement de la première race, et que les exemples allégués par Montesquieu soient tous de la seconde race. Il était tout simple qu'il y eût un impôt fixe par tête d'esclave, puisqu'il en existe encore un semblable dans nos colonies.

Non seulement Montesquieu ne prouve pas qu'il n'existait pas d'impôt foncier; mais les exemples par lui tirés des capitulaires, prouvent invinciblement que les terres payaient un impôt (2).

---

(1) Ch. 14.
(2) Capitul. de 813, art. 6. *Siquis terram tributariam und*

Si dans la loi salique le Romain *tributaire* est dans un degré inférieur au Romain *possesseur de terres*, cela ne prouve pas que celui-ci ne payait pas d'impôts. D'abord le tribut n'est pas la même chose que le *cens*. Le tribut n'était payé que par une classe particulière de prolétaires qui, peut-être, avaient obtenu la concession des terres sous cette condition. C'étaient des colons à portion de fruits, des hommes qui avaient pris à location perpétuelle les terres de l'empire, qui, par conséquent, se trouvaient compris sur un rôle particulier; aussi, dans le titre XLV de la loi salique, le Romain tributaire est-il assimilé pour la composition au *lidus*, c'est-à-dire à celui qui a engagé ses services à perpétuité, engagement qui en faisait une classe intermédiaire entre les esclaves et les hommes libres. Les affranchis étaient presque tous dans ce cas. On sent qu'il devait y avoir une grande différence entre le Gaulois vraiment libre et propriétaire, et cette classe servile et tributaire.

La vérité de cette explication est prouvée par le fameux diplôme de l'an 508, dans lequel Clovis, en faisant don du domaine de Micy, à Euspice et Maximin, domaine évidemment acquis par la conquête, affranchit les donataires de tout *tribut et loyer*, et les fait ainsi entrer de la classe des *étrangers* dans celle des hommes libres (1).

___

census ad partem nostram exire solebat. Liv. IV de capitul., art. 37. *Unde census ad partem regis exivit antiquitùs.* Capit. de 805, art. 8. *Censibus vel parandis quos Franci homines ad regiam potestatem exsolvere debent.* Ibid., etc.

(1) Voici la traduction de cette pièce curieuse : « Chlodovech, « roi des Francs, homme illustre ; à toi, vénérable vieillard Eus-« picius, et à ton fils Maximin, afin que vous puissiez vous et vos « successeurs dans le saint ministère obtenir la miséricorde divine

La même distinction existait en Bourgogne entre le colon et l'homme libre, titre XXXVIII, art. 7.

Grégoire de Tours (1) parle d'une sédition qui eut lieu à l'occasion d'un impôt établi en 579 sur les propriétaires de vignes, en vertu d'un nouveau cadastre. Mais comme l'a remarqué Dubos, ce n'est pas à cause de l'impôt en lui-même, mais à cause de l'augmentation ordonnée par Chilpéric. Le cadastre fut brûlé bientôt après.

En 589 (2), Childebert voulut aussi faire une nouvelle répartition de l'impôt.

Du temps des Romains, c'était le même officier qui en faisait le recouvrement et qui en demeurait respon-

---

«par vos prières, pour notre salut et celui de notre chère épouse «et de ses enfans, nous vous concédons *Mici*, et tout ce qui ap-«partient à notre trésor, entre les bras des deux fleuves, et vous «les transmettons par la sainte confarréation et par l'anneau, sans «en rien excepter. Vous posséderez corporellement, sans être soumis «à aucuns tributs, loyer ou exaction, tout ce qui est, soit en deçà «soit au-delà de la Loire et du Loiret, avec le bois de chênes, et «l'un et l'autre moulin.

«Pour toi, Eusèbe, évêque de la sainte religion catholique, «sois serviable à la vieillesse d'Euspicius et à Maximin; et préserve-«les, eux et leurs possessions dans ton diocèse, de toute mauvaise «parole et injustice; car on ne doit pas faire de mal à ceux qui «sont favorisés de l'affection royale.

«Faites de même, ô vous tous évêques de la sainte religion.

«Vous donc, Euspice et Maximin, cessez d'être étrangers «parmi les Franks; et qu'elles vous tiennent lieu de patrie à per-«pétuité, les possessions que nous vous donnons au nom de la sainte, «égale, et consubstantielle Trinité.»

« Que cela soit fait, comme moi Chlodovech je l'ai voulu.

« Moi, Eusèbe, évêque, je l'ai confirmé. »

(1) Liv. V, ch. 29. *Descriptiones novas et graves in omni regno suo fieri jussit.*
(2) *Censu publico subdiderunt*, ch. 30, liv. IX.

sable. Cela est prouvé par un texte positif (1). Ils en étaient responsables même envers les contribuables dont ils avaient reçu les deniers, ce qui est prouvé par ce fait qu'*Eunomius*, ex-comte de la cité de Tours, ne déclina pas cette responsabilité sur la poursuite dirigée contre lui par *Injuriosus*.

Les biens des églises n'étaient pas exempts du tribut, à moins de concession spéciale, ce qui est prouvé par le sixième canon du concile de Nicée. Les ecclésiastiques l'acquittaient; cela résulte de la lettre des évêques assemblés au concile d'Auvergne sous Théodebert (2).

Les livres du cens se conservaient précieusement dans l'archive du Roi (3). Pour repousser la demande des commissaires royaux, et pour obtenir un sursis, Grégoire de Tours leur opposait que le registre qu'ils représentaient n'était pas tiré du trésor du prince.

L'impôt était général; il existait chez les Bourguignons comme chez les Visigoths, ce qui est une preuve qu'il était établi par les lois romaines (4). Montesquieu dit que ce n'est pas une bonne manière de raisonner que d'invoquer *Cassiodore*; l'objection est solide quand il s'agit des Franks, étrangers au royaume de Théodoric, mais non quand il s'agit du pays des Visigoths.

Nous n'avons pas à examiner ici, si les droits de douanes et autres contributions indirectes continuèrent de subsister depuis la conquête, parce que cela est

---

(1) *Eunte autem comite ut debitum fisco servitium solitè deberet inferre.* Grégoire de Tours, X, 21.

(2) *Ut securus quicumque proprietatem suam possideat, debita tributa dissolvat.* Œuvres de Grég. de Tours, Ruinart, pag. 1574.

(3) C'est pour cela sans doute qu'elle s'appelait le trésor, *à regis Thesauro.* Grégoire de Tours, liv. IX, ch. 31.

(4) Lettre de Théodoric à Faustus, préfet du Prétoire. Cassiodore, 1er ép. 26.

étranger à l'état des personnes et des terres, et par suite à la constitution.

Mais une question d'un grand intérêt, est celle de savoir si le régime municipal des cités gauloises ou des curies romaines continua de subsister après la conquête des Franks. Dubos soutient l'affirmative. (Liv. III, ch. 84.)

Que les Franks aient gouverné les Gaulois par les mêmes officiers qu'avant la conquête, c'est-à-dire par les comtes, cela n'est pas contesté.

Mais ces comtes avaient-ils un pouvoir absolu; et les villes municipes pouvaient-elles résister à leurs ordres? Voilà la question.

Dubos tire argument de l'existence de familles sénatoriales plusieurs fois mentionnées dans Grégoire de Tours; mais il n'en est parlé que comme d'une illustration; on ne voit pas qu'il s'y rattache aucunes fonctions publiques.

De ce fait, qu'après la mort de Chilpéric, les Orléanais avec les Blaisois firent la guerre (en 584) aux Dunois, secourus par les Chartrains, et de ce que la querelle finit par l'intervention des comtes (1), *Dubos* conclut qu'il s'agit de cités, qui exerçaient comme auparavant le droit de se faire la guerre, et que leurs comtes ne pouvaient dans ce cas que proposer des mesures conciliatoires. Mais d'abord le nom de *cités* ne se trouve pas dans le texte; ce pouvait être une querelle particulière, et dans des temps d'anarchie et de guerre civile, l'année même de la mort du Roi, on pouvait croire qu'il était permis de se faire justice à soi-même. Il est impossible de conclure de ce fait isolé l'existence d'une autorité municipale, forte et indépendante de l'autorité du comte.

---

(1) Grégoire de Tours, liv. VII, ch. 2.

Il est même impossible d'admettre une organisation telle, qu'il fut permis aux cités de recourir à la force des armes, contre le gré du représentant du prince. Autrement ces cités eussent été souveraines. Cela a pû être toléré sous les Romains quelque temps après la conquête, parce qu'auparavant elles avaient ce droit. Mais comme, depuis plusieurs siècles, elles ne l'exerçaient plus, il faudrait d'autres faits que celui allégué pour justifier l'exercice de ce droit régalien; et ceux qu'allègue l'abbé *Dubos* s'expliquent tous par les guerres civiles qui existaient alors, entre les princes mérovingiens, guerres civiles que déplore avec tant d'énergie, Grégoire de Tours, au commencement du livre V.

Les guerres privées sous le régime féodal, et sous les successeurs de Hugues Capet, s'expliquent par cela que les barons étaient devenus souverains dans leurs terres; et c'en est en effet la meilleure preuve.

Mais du temps de Clovis, les cités n'existaient plus que par la dignité de l'épiscopat; les curies périrent par les causes que nous avons signalées (1). Une preuve qu'elles n'existaient plus sous les Mérovingiens, c'est que, quand on voulut imposer la cité de Tours, les habitans de cette ville n'eurent pas d'autre organe que leur évêque.

Dubos a voulu prouver que les milices des cités marchaient sur l'ordre de leurs comtes. Mais il résulte du passage par lui cité, tiré de ce qu'un édit porte que les juges avaient soumis à une amende les retardataires (2), que tout le monde faisait le service, et que les ecclésiastiques seuls, avec leurs hommes, s'en prétendaient exempts.

---

(1) Voyez la préface de la 2ᵉ livraison, § 6.
(2) Grégoire de Tours, VII, ch. 42.

Dubos remarque qu'il n'y a pas d'apparence que ces hommes fussent des barbares. Nous croyons avec lui que c'étaient des Gaulois, et qu'ainsi la charge du service militaire avait cessé de peser exclusivement sur la nation conquérante.

Ainsi donc, les Gaulois supportaient encore cette charge publique. Tout porte à croire qu'ils pouvaient parvenir aux emplois militaires, puisqu'on voit parmi les généraux plusieurs Romains-Gaulois, et même par la suite des Bourguignons.

Ces milices marchaient chacune sous leur drapeau, et il n'y avait pas d'amalgame; voilà tout ce qu'on peut conclure du passage où Grégoire de Tours (1) dit que les Orléanais et les Blaisois faisaient alternativement la garde autour de l'église de Saint-Martin.

On conçoit qu'il en devait être ainsi dans un pays où la division en nations était un principe constitutionnel de la monarchie.

Le seul argument de quelque importance que Dubos ait fait valoir sur la question du maintien de l'ancien régime municipal, c'est qu'il a existé des villes comme Reims (2), Toulouse, Boulogne, Lyon et autres, qui ont judiciairement prouvé, avant 1789, qu'elles n'étaient point villes de communes d'érection royale; d'où il faut conclure, suivant Dubos, qu'elles avaient conservé l'organisation des anciennes cités gauloises.

Tout ce que ces villes ont prétendu, c'est qu'elles ne relevaient pas des grands vassaux, et qu'elles avaient conservé leurs franchises. Pour admettre ce fait, on n'est pas obligé de croire que le régime des curies se soit maintenu sous la domination des Mérovingiens; il suffit

---

(1) Liv. VII, ch. 21.
(2) Cela a été jugé par arrêt du parlement de Paris, du 25 mai 1568.

que ces cités privilégiées aient conservé assez de puissance et de richesses, pour avoir bravé la puissance usurpatrice des comtes, et pour que leurs habitans ne soient pas devenus serfs. Cela doit être arrivé plusieurs fois.

Quand ces villes ont prétendu avoir droit de justice haute et basse de toute antiquité, et n'avoir éprouvé aucune atteinte à l'exercice de cette juridiction sous les deux premières races, elles n'ont pas pu prouver par titres la légitimité de leur prétention.

Sous les Mérovingiens, la justice appartenait aux comtes ou grafions, et aux magistrat inférieurs; on ne trouve aucun monument de ce temps qui prouve que les magistratures aient été patrimoniales, et qu'elles aient appartenu au corps de ville; si donc des villes ont justifié en avoir été en possession avant l'érection des communes sous Louis-le-Gros, c'est qu'elles l'avaient usurpé pendant l'anarchie féodale, au même titre que les barons eux-mêmes (1).

Supposez en effet que le comte gouverneur d'une cité ait voulu s'emparer des propriétés de la ville, celle-ci a pu résister à l'usurpation, même par la force des armes, et se déclarer indépendante, en se gouvernant elle-même.

En cela faisaient-elles mal? Non, elles opposaient

―――――

(1) Nous avons sous les yeux un Recueil des chartes de la ville de Perigueux, imprimé en 1775, dans lequel il est prouvé par des titres de 1204, que la ville ne relevait que du Roi et non des comtes de Périgord, et qu'elle jouissait à titre *de seigneurie* de tous les droits régaliens, de guerre, de justice, etc. Certainement la ville ne jouissait pas de ces droits sous Clovis et ses successeurs, ce qu'il serait facile de prouver par les témoignages de Grégoire de Tours et des autres historiens. Elle a donc usurpé ces droits plus tard; le rédacteur du mémoire, M. Moreau de Vermes, avocat aux conseils, en fait l'aveu.

usurpation à usurpation, ou plutôt, elles reprenaient l'exercice d'un droit, qui, d'après la nature du pacte social, réside essentiellement et primordialement dans l'universalité des citoyens.

Dans les villes épiscopales, où l'officier civil avait un rival naturel dans l'évêque et même dans le clergé, le pouvoir souverain passa souvent dans le chapitre, et les évêques devinrent les premiers barons.

Aussi, quand nous ferons le tableau du système féodal, aurons-nous occasion de prouver que dans ce gouvernement fédératif, il y avait de véritables républiques démocratiques et théocratiques, se gouvernant autant que possible par les principes de la féodalité, c'est-à-dire, ayant des serfs et des domaines, et disposant du tout patrimonialement.

Mais sous Clovis, on peut affirmer que les cités gauloises étaient entièrement soumises aux ordres des comtes, et que ceux-ci n'accordaient aux magistrats locaux, qu'une juridiction de simple police, ou la répartition matérielle de l'impôt.

Autrement, et si elles avaient eu une organisation régulière et forte, ces cités auraient joué un rôle; on les verrait figurer habituellement dans les guerres civiles.

Mais partout règne le silence du despotisme. On trouve pourtant dans Grégoire de Tours, le nom de ville municipe donné à Auxerre (liv. IV, chap. 42), mais que prouve ce nom?

Toutefois nous n'oserions nier d'une manière adsolue l'existence des anciennes curies; car si rien, dans les monumens législatifs, n'atteste qu'elles eussent vie sous Clovis, rien aussi ne prouve qu'elles aient été abolies formellement. Et pourquoi l'aurait-on fait? N'étaient-elles pas utiles pour la levée du cens?

Mais elles existaient dans un état de dissolution, comme aujourd'hui les conseils généraux d'arrondissement et municipaux, c'est-à-dire qu'il n'y avait point à proprement parler de régime municipal. C'est pour cela qu'on ne les trouve ni dans l'histoire, ni dans le petit nombre de monumens qui nous sont restés de cette époque.

Quoique les Gaulois fussent libres après la conquête, il s'en faut cependant qu'ils aient joui des mêmes droits que les Franks.

Ceux-ci à la vérité leur accordèrent des garanties, et même stipulèrent une protection, pour eux, dans leur loi nationale; mais comme on l'a déjà vu, un Gaulois libre n'était estimé que la moitié d'un barbare. C'est ce qui a donné au comte de Boulainvilliers (1) l'idée que les Gaulois furent réduits à une sorte d'esclavage, et que la noblesse moderne doit son origine aux Franks.

---

(1) « Je prétends faire voir que les Gaulois, qui devinrent véritablement les sujets des Français tant par droit de leur conquête, que par la nécessité de l'obéissance toujours due au plus fort, n'étaient pas même sujets du Roi, si ce n'est dans les terres qui étaient à lui. En effet, le droit de seigneurie et de domination sur les hommes appartenait foncièrement aux propriétaires du lieu où ils habitaient....

« Il est vrai toutefois qu'entre les Gaulois, non seulement il y en eut plusieurs qui conservèrent ce qu'on appelle l'ingénuité, et qui gardèrent les terres, en tout ou en partie, de sorte que par une suite nécessaire, ils continuèrent de posséder propriétairement les hommes qui s'y trouvaient, c'est-à-dire, qu'ils eurent eux-mêmes des esclaves; et si l'on demande ce qu'étaient ces gens là, à l'égard du Roi, je veux bien leur passer le nom de ses sujets. — *Mémoires historiques*, édit. de Londres, in-f°. 1727, chap. 1ᵉʳ, p. 17-18.

« La liberté des Français étant prouvée, (dit le même auteur, chap. 2, p. 18), il n'est pas difficile de faire voir qu'après la conquête, ils furent les seuls reconnus pour nobles, c'est-à-dire pour maîtres et seigneurs.....de penser que les Gaulois soumis

Ainsi la démarcation entre le conquérant et le peuple soumis, était bien marquée. Le préambule de la loi salique s'exprime même à l'égard des Gaulois, dans des termes pleins de hauteur.

« Hæc enim gens, quæ fortis dum esset et robore
« valida, Romanorum jugum durissimum de suis cervi-
« cibus excussit *pugnando*? »

Mais ces dernières expressions prouvent que ce passage ne s'applique qu'aux gouverneurs romains, et non aux Gaulois; car rien n'indique que ceux-ci aient combattu contre les Franks; et tout prouve, au contraire, que las des vexations des empereurs, et espérant plus en l'humanité des barbares nouvellement convertis, ce sont eux qui les appelèrent dans les provinces du midi.

Les Franks traitèrent donc les Gaulois plutôt avec mépris qu'avec haine, en mettant une si grande différence dans le wehrgeld; car, sur tout le reste, ils n'abusèrent pas trop du droit de la force. Ils ne prirent pas leurs terres comme les Bourguignons et les Visigoths l'avaient fait. Il est vrai que les 3,000 guerriers qui se convertirent avec Clovis, durent se trouver assez

---

« fussent les vrais nobles, parce qu'en effet les Francs étaient les
« étrangers inconnus et barbares auxquels la violence ne pouvait
« procurer une vraie noblesse; cela est sans apparence, il suffisait
« qu'ils fussent vainqueurs.

Boulainvilliers voulait exalter la classe nobiliaire aux dépens de la royauté et du tiers-état. — Il voulait asseoir les priviléges féodaux sur la conquête et non sur l'usurpation commise à l'aide de la faiblesse des derniers Carlovingiens; pour cela il fallait supposer un asservissement général des vaincus après la conquête; Clovis n'avait-il donc gagné aucune prérogative royale en prenant la place des empereurs romains, sur la masse de la nation, qui se composait toujours des Gaulois ? — L'une et l'autre supposition est contraire aux faits historiques et aux monumens.

riches des dépouilles de l'empire, sans recourir à une mesure aussi violente que l'expropriation.

On est étonné de voir dans la loi des Franks ripuaires la composition pour le meurtre d'un Bourguignon, d'un Allemand, d'un Frison ou d'un Bavarois, fixée à 160 solidi, tandis que pour le meurtre du Romain elle n'est que de 100 (1). (La loi Salique ne fait pas cette distinction; elle ne parle pas même des Bourguignons.)

On peut en donner plusieurs raisons: l'une que les Bourguignons étaient une nation d'origine germanique, alliée à celle des Franks, que l'on voulait traiter plus favorablement quoique cependant il y ait encore une différence de 40 solidi, qui est à peu près celle d'un esclave; et la seconde, que les Bourguignons à l'époque de la rédaction de la loi des Ripuaires n'étaient pas encore vaincus, ou du moins complétement soumis, en sorte qu'il fallait garder avec eux plus de ménagemens qu'avec les Gaulois.

Chez les Bourguignons, les Gaulois étaient mieux traités. Gondebaud voulait leur faire oublier (2) la spoliation commise par ses ancêtres, en 456 (3), époque à laquelle ils s'emparèrent de la moitié des terres, *jure hospitalitatis* (loi première, titre 55).

Gondebaud, ne pouvait revenir sur un partage de cette nature, sans révolter sa nation, et sans mettre l'état en combustion. Il commence par confirmer la loi de partage, comme une garantie constitutionnelle (4); mais il ordonne la restitution de tout ce qui aura été

---

(1) Tit. XXXVI.
(2) *Burgundionibus leges mitiores instituit, ne Romanos opprimerent.* Grégoire de Tours, liv. II, ch. 33.
(3) *Chron. de Marius*, apud dom Bouquet, pag. 13, tom. II.
(4) *Terra sortis titulo adquisita, de quâ prioris legis ordo servabitur.* Titre 1er, art. 1er.

usurpé des biens des Gaulois, contre la défense publique qui en avait été faite (1).

On avait partagé par moitié les forêts, mais on avait pris les deux tiers des terres et le tiers des esclaves (2); néanmoins la loi politique qui consacrait cette expropriation s'appelait la loi de moitié (*medietas*).

Comme les possessions ainsi données par le sort, étaient fréquemment distraites ou aliénées, on accorde un droit de préemption à ceux qui déjà ont des possessions semblables dans un autre lieu. Le Gaulois est préféré à l'étranger, si son hôte ne trouve pas d'autre acquéreur (3).

Il paraît que la loi de *moitié* était permanente; Gondebaud l'avait maintenue, quoiqu'il sentit la nécessité d'en adoucir les effets. On trouve dans la deuxième loi additionnelle à celle de Gondebaud, art. 11, une disposition qui prouve qu'elle eut lieu jusqu'à la fin de cette monarchie. *De Romanis verò ordinavimus, ut nonampliùs à Burgundionibus qui infrà venerunt, requiratur, quàm ad præsens necessitas fuerit, medietas terræ. Alia verò medietas, cum integritate mancipiorum à Romanis teneatur; non exindè ullam violentiam patiantur.* Ainsi cette dépossession ne se faisait pas sans violence, et il fallait que les lois garantissent aux Gaulois la possession de la moitié qu'on leur laissait. Montesquieu conclut de ce passage que le partage n'avait pas été général.

Du reste, Gondebaud les traita sur un pied d'égalité parfaite; sa loi est faite avec le concours des nobles et

---

(1) *De hospitum suorum terris contra interdictum publicum præsumpsisse dicentur, sine dilatione restituant.* Art. 1re. tit. LIV.

(2) Tit. LIV, art. 1.

(3) Tit. LXXXIV, art. 1 et 2.

comtes romains. Il veut que la justice leur soit rendue selon leur loi (1), et par les juges de leur nation. Il établit même des tribunaux mi-parties.

La composition, est la même pour le tort causé à un Gaulois, que pour celui fait à un Bourguignon ; *Burgundio et Romanus unâ conditione teneantur* (tit. x, art. 1er.; tit. xv, art. 1er).

Cependant malgré la loi, il y avait une supériorité de fait en faveur des Bourguignons; car le tit. xxii défend au Gaulois qui a un procès avec son compatriote, de faire poursuivre sous le nom d'un Bourguignon, et ce à peine de perdre son procès. L'art. 6 du tit. xxxviii, défend au Bourguignon, chez lequel on vient demander l'hospitalité, de montrer la maison d'un Gaulois. L'art. 1er. du titre lv, défend au Bourguignon, qui a profité de la loi de *moitié*, de se mêler des contestations qui peuvent s'élever entre les Gaulois sur les limites de leurs terres respectives, quoiqu'il y eût intérêt pour sa moitié : tant on craignait le crédit d'un Bourguignon !

La même prohibition existe dans nos établissemens de l'Inde entre les gens à chapeau (Européens) et les naturels du pays.

Chez les Bourguignons, nation déjà vieille, il s'était élevé une classe aristocratique; la loi accorde une indemnité plus forte (2) à l'optimate Bourguignon, qu'à l'homme libre; la même proportion est établie vis-à-vis du noble Romain.

Puisqu'il y a privilége, il y a donc commencement de noblesse. Le noble Romain valait mieux que le Bourguignon libre.

---

(1) *Inter Romanos, romanis legibus præcipimus judicari*, préambule de la loi Gombette.

(2) 15 solidi au lieu de 10, tit. XXVI, art. 1er.

Il y avait trois classes de personnes, chez les Bourguignons, et les Gaulois de la Bourgogne :

Les nobles ou optimates ;

Les personnes du commun, *mediocribus personis*,

Et les personnes de la basse classe, *inferioribus personis* ; celles-ci ne valaient que le tiers des nobles.

Malgré ces distinctions, les Gaulois ne furent jamais affectionnés au gouvernement des Bourguignons. Nous en avons dit la raison. La loi politique du partage des terres, dérisoirement appelée loi d'hospitalité, mettait un obstacle invincible à la fusion des deux nations, d'autant plus que c'était un état permanent de dépossession.

La situation des Gaulois, chez les Visigoths, n'était pas plus favorable, sous le rapport du droit de propriété. Odoacre, en s'emparant de l'Italie, avait confisqué le tiers des propriétés, et le grand Théodoric qui lui succéda fut obligé de maintenir ce partage politique (Édit de Théodoric, art. 34).

Ce fut bien pis dans le midi des Gaules ; les Visigoths prirent les deux tiers. La loi des Visigoths ne laisse aucun doute à cet égard.

Montesquieu suppose, je ne sais sur quelle autorité, (liv. xxx, chap. 7) que les Gaulois offrirent la remise de leurs terres pour arrêter leurs dévastations ; tout prouve au contraire que l'usurpation se fit par violence ; et à cet égard, les Franks, quoiqu'en dise Montesquieu, abusèrent bien moins du droit de la victoire, puisque rien ne prouve qu'ils aient fait un partage des terres, et que tout annonce, au contraire, qu'ils se sont contentés de celles de l'empire. Au moins aucun texte ne vient à l'appui de l'opinion de Montesquieu, qui croit qu'ils prirent ce qui était à leur convenance.

Montesquieu suppose aussi, (*ibid* ; chap. 8) que le

partage ne fut pas général; cela peut être vrai des Bourguignons, mais rien de pareil n'est attesté chez les Visigoths. La loi n'en dit pas un mot; et il n'y a rien à conclure ici par analogie; car le partage ne se fit pas de même. Chez les Bourguignons, c'était un partage à moitié, à titre d'hospitalité; chez les Visigoths, c'était une expropriation des deux tiers, en vertu du droit de conquête.

Le grand Théodoric qui en occupant le trône d'occident affectait les mœurs romaines, dans une proclamation adressée, en 508, à ses sujets des Gaules, comme successeur d'Alaric, (c'est-à-dire aux Visigoths comme aux Gaulois les exhorte à suivre les coutumes romaines, qu'il vient de rétablir parmi eux, après un long oubli; il leur rappelle leur ancienne liberté, il les engage à dépouiller la barbarie, à adopter les mœurs de peuples civilisés (*moribus Togatis*), parce que celles qu'ils suivent sont étrangères.

« Que cette innovation ne vous soit pas désagréable puisqu'elle est bonne. Que peut-il en effet vous arriver de plus heureux que de vivre à l'ombre des lois, au lieu d'être exposés à tous les hasards de l'arbitraire. Les droits de cité sont les plus sûres consolations de l'humanité, le palladium des faibles, le frein des hommes puissans. Aimez donc un gouvernement qui assure votre sécurité (1). »

Ce langage devait plaire aux Gaulois; aussi l'inter-

---

(1) Voici ce passage remarquable :
Non sit novitas molesta quæ proba est. Quid enim potest esse feliciùs, quam homines de solis legibus confidere, et casus reliquos non timere? Jura publica certissima sunt humanæ vitæ solatia, infirmorum auxilia, potentum fræna. Amate undè et securitas venit.
Lettre 17ᵉ de Théodoric, apud dom Bouquet, tom. IV, pag. 5.

vention de ce grand prince sauva-t-elle pour le moment la monarchie des Visigoths menacée par Clovis.

Dans une lettre adressée à un de ses généraux, il lui recommande de vivre civilement avec les Romains (1), de leur accorder la protection promise, de ne pas permettre qu'ils souffrent, de la part des troupes, l'oppression ennemie, dont il veut les délivrer.

C'est une allusion évidente aux entreprises de Clovis, auquel il reproche (lettre 40°) des dévastations féroces.

Dans une autre lettre, il se félicite de vivre sous le droit romain, avec ceux qu'il veut venger par ses armes.

On voit clairement dans une lettre écrite aux habitans de Marseille, que le cens existait; il était levé annuellement sur les Gaulois, puisqu'il leur en fait remise (2), mais pour une fois seulement.

Athalaric, son successeur, écrit en 526 à ses officiers qu'ils aient à faire prêter aux Goths, dans les mains des Romains, et aux Romains dans les mains des Goths, le serment de fidélité à son gouvernement.

Les Visigoths avaient maintenu les lois romaines pour les Gaulois de leur domination. Anian chancelier d'Alaric avait même, en l'an 506, revisé le code Théodosien, pour servir de règle; mais un siècle après (vers 642), Chindassuinde ou Récessuinde, publia dans le code des Visigoths, une loi, (liv. II, tit. I, chap. 9), portant qu'à l'avenir on ne pourra plus invoquer les lois romaines, ni les lois étrangères; mais alors la monarchie avait été transférée à Tolède, et les provinces du midi étaient gouvernées par une vice-royauté.

---

(1) Lettre 38, ibid., pag. 8.
(2) Lettre 26, ibid., pag. 9.

Les Gaulois dominaient dans le midi, et les Goths y étaient peu nombreux, comme le prouve l'histoire de Wamba. Il n'est donc pas étonnant que le Droit romain ait survécu dans ces provinces aux lois visigóthes, et les ait fait oublier.

La loi première du tit. 1er du liv. III déclare que, d'après l'ancienne loi (1), les mariages, entre les Romains et les Visigoths étaient prohibés. *Recessuinde* fait cesser cette prohibition, pour l'avenir. La loi des Visigoths traitait donc les Romains presque comme les Juifs.

Les Gaulois étaient tenus du service militaire (liv. IX, tit. II, ch. 9).

Une loi antique (2) consacre l'irrévocabilité des partages consommés. Il était défendu (3) aux Gaulois de troubler les Goths dans la jouissance des deux tiers des terres et des forêts qui leur avaient été attribués lors de la conquête; et de même on garantissait aux Gaulois la jouissance du tiers restant. Encore le Roi se réserve-t-il le droit d'en disposer à son bon plaisir.

Il paraît même que cette dépossession se faisait violemment ; car la loi ordonne aux juges de faire restituer aux Romains tout ce qui aurait été usurpé sur leur tiers, à moins qu'il n'y ait une prescription de 50 ans (ibid. ch. 16).

Cette disposition de la prescription de 50 années, qui annonce une spoliation déjà bien ancienne est

---

(1) *Priscæ legis remotâ sententiâ.*
(2) Liv. X, tit. Ier ch. 1er.
(3) *Divisio inter Gothum et Romanum facta de portione terrarum sive silvarum, nullâ ratione turbetur, si tamen probatur celebrata divisio : nec de duabus partibus Gothi aliquid sibi Romanus præsumat aut vindicet : aut de tertiâ Romani Gothus sibi aliquid audeat usurpare aut vindicare, nisi quod de nostrâ forsitan ei fuerit largitate donatum.* (Liv. X, tit. Ier ch. 8.)

encore confirmée par la disposition du ch. 1ᵉʳ, tit. II, même liv. (1).

Chez les Visigoths, comme chez les Bourguignons, ce partage avait donc eu lieu par la voie du sort.

Au reste, cette loi confirme toutes les mutations de propriété qui avaient eu lieu de la part des Gaulois, avant l'arrivée des Visigoths (ibid. tit. III, ch. 5).

Les Gaulois payaient l'impôt foncier annuel d'après un canon ou cadastre (loi des Visigoths, liv. x, tit, Iᵉʳ. ch. 2, et ch. 16).

On est stupéfait quand on lit dans *Montesquieu*, (liv. xxx, ch. 9) que les partages faits par les Bourguignons et les Visigoths, ne furent point dictés par un esprit tyrannique, mais dans l'idée de subvenir aux besoins mutuels des deux peuples qui devaient habiter le même pays; comme si la propriété appartenait au premier occupant. On peut demander asile et protection à une nation, mais non la piller.

Quel est le conquérant moderne qui voudrait abuser de la victoire au point de s'emparer des propriétés privées ? N'est-ce pas assez, qu'il s'enrichisse par les revenus de l'état ?

Montesquieu pense (liv. 28 ch. 4,) que les lois romaines se perdirent dans les provinces du nord, parce qu'il y avait de l'avantage à être Frank, et à vivre sous la loi des Franks ; il est cependant prouvé que les lois romaines continuèrent de subsister dans ces provinces jusque fort avant sous la seconde race (2), et qu'elles

---

(1) *Sortes Gothicæ, et tertia Romanorum, quæ infrà quinquaginta annos non fuerint revocatæ, nullo modo repetantur.*

(2) Edit de Pistes, an 864.

ne se perdirent comme les lois des barbares, que dans l'anarchie féodale. D'un autre côté, si le droit romain se maintint dans le midi, ce n'est pas comme l'a dit l'auteur de l'esprit des lois, parce que la loi des Visigoths n'offrait aucun avantage civil aux Visigoths sur les Romains.

Car nous venons de prouver, qu'au contraire les Romains étaient réduits au rôle de prolétaires et ne pouvaient se marier avec les filles des Visigoths.

La raison en est plutôt, que les deux nations ne se fondirent point; que l'antipathie produite par cette grande confiscation les sépara pour jamais; que les Visigoths n'exercèrent qu'un pouvoir équivoque dans le midi; et qu'enfin le régime féodal ne s'établit dans les provinces méridionales que long-temps après qu'il gouvernait tout dans le nord. Au surplus c'est une question que nous examinerons en son temps.

§ III. — *Du Clergé.*

Le caractère principal de la royauté Mérovingienne consistait dans l'exercice du pouvoir souverain sur les diverses nations soumises à sa domination; mais en respectant les lois de chacune d'elles.

Si quelqu'un à cette époque a joui du privilége de la nationalité, c'est surtout le clergé catholique; à l'exception du Roi, dont il respectait la souveraineté, il se gouvernait par ses propres lois.

Il faut même se hâter d'en convenir; c'était incontestablement la société la mieux organisée qui existât alors dans le monde.

Dans un état agité par d'affreuses guerres civiles, et dans lequel toutes les sources de la prospérité publique étaient taries par les dilapidations de la cour des Empereurs, par les exactions, par les confiscations, en un mot, par les excès de tout genre, qui sont la compagne du despotisme, le clergé, toujours en paix, tendait par la liberté de ses élections auxquelles il avait habilement appelé tous ses coreligionnaires, à s'identifier avec toutes les classes de la nation, à les pénétrer de son esprit, à y établir son influence.

De grandes lumières et de grandes vertus distinguaient la plupart des prélats appelés à l'honneur de donner des lois à l'église, et commandaient la vénération au milieu de la corruption générale qui environnait les maîtres de l'empire.

Le clergé se réunissait en conciles, et là il statuait des lois obligatoires, non seulement pour ses membres, mais encore pour tous ceux qui suivaient sa communion.

Les empereurs eux-mêmes affectaient de les respecter; le clergé avait acquis assez d'ascendant pour les forcer, malgré l'éminence de leur titre, à s'y conformer.

C'était le seul lien qui réunît encore tant de nations diverses, soumises à un pouvoir que l'on méprisait autant qu'on le redoutait.

On a remarqué que la religion catholique n'a rien voulu changer à l'ordre politique des sociétés. St Paul avait recommandé l'obéissance aux puissances, c'est-à-dire, aux lois dans les pays libres, et à la volonté des monarques, dans les pays où elle est la loi vivante.

Le clergé chercha des garanties pour s'assurer la jouissance et la propriété des biens, fruits des libéralités des fidèles; mais il ne rêva jamais le pouvoir théocratique. — C'est l'évêque de Rome seul qui, dans des temps d'ignorance crut, après avoir acquis une souveraineté temporelle, pouvoir soumettre toutes les couronnes à l'empire de la thiare; mais alors pour gouverner l'église et centraliser son pouvoir, il fut obligé d'abolir la liberté des élections, et de multiplier les associations religieuses.

Avant cette usurpation, les évêques en respectant la puissance civile, dans la personne du chef de l'état, pouvaient se réunir librement, augmenter le nombre de leurs prosélytes, et créer la discipline de l'Église. Les Papes n'ont eu aucune supériorité réelle, depuis saint Pierre jusqu'à Grégoire II (an 614); ils avaient besoin pour être installés légitimement du consentement du souverain de Rome, de même que les évêques des Gaules soumettaient le procès-verbal de leur élection à l'approbation des Mérovingiens.

L'organisation du clergé était essentiellement démocratique, puisque tout s'y faisait par élection, et que ceux qui dictaient les lois de l'Église étaient les élus des notables de la ville épiscopale et du clergé.

Leur pouvoir était protecteur et populaire, leur personne était inviolable et sacrée; ils ne pouvaient être mis en jugement que devant leurs pairs, et il y a de nombreux exemples d'évêques acquittés sur des accusations graves portées contre eux par les Rois.

Les ecclésiastiques d'un ordre inférieur qui avaient à se plaindre de leur évêque, pouvaient porter leur appel au synode métropolitain.

Mais avant d'exposer l'état ecclésiastique, tel qu'il fut dans les Gaules, après la conquête, voyons quel il a été antérieurement, quel fut aussi le pouvoir des Papes, et de quelle nature furent les concessions faites au clergé par les derniers empereurs.

Valentinien III (an 425) avait statué que les ministres du culte ne pourraient être traduits devant les juges séculiers, sous peine de sacrilége ; et il ordonnait, art. 4. que les hérétiques, les mathématiciens et toutes personnes ennemies des catholiques, seraient bannis des villes; il leur refuse toute action devant les tribunaux.

Le Pape Célestin (an 428) recommande que nul évêque ne reçoive l'ordination s'il n'a été élu par le clergé et le peuple (*nullus invitis detur episcopus*).

Au concile de Riez, tenu en France l'an 439, et souscrit par quatorze évêques, il fut décidé qu'il y aurait deux synodes par année. Voilà le premier essai d'indépendance tenté par le clergé gallican; mais les temps n'étaient pas encore venus d'établir ses libertés.

En 441, dix-sept évêques gaulois se réunirent au concile d'Orange; ils décidèrent que le droit d'asile des églises (souvent violé par l'autorité civile) sera défendu. Il paraît qu'alors ceux dont les esclaves se réfugiaient dans les églises se vengeaient de l'impunité qui résultait de ce droit d'asile, en s'emparant des esclaves des clercs : le concile les frappe de l'excommunication la plus sévère.

Tout avancement est refusé aux clercs mariés qui ne gardent pas la chasteté; et les diacres qui vivent avec leurs femmes doivent être privés de leur office. Enfin ils statuent qu'à la fin de chaque concile le lieu et l'époque de réunion du suivant seront déterminés d'avance, et ils nomment un commissaire *ad hoc*.

Cependant le concile de l'année suivante (an 442) ne fut pas tenu au lieu indiqué, mais à Vaison; on y statua que tous les évêques des Gaules seraient reçus au concile sans examen de leurs titres; c'était, par le fait, exclure ceux des autres pays; et par conséquent déjà le clergé des Gaules tendait à former un corps de nation séparé. Le recours au synode est reconnu à l'égard de toutes les sentences des évêques (art. 5).

On frappe d'excommunication ceux qui se permettent de révoquer en doute la force obligatoire des actes du synode et de calomnier ses intentions.

Ces réunions solennelles avaient alarmé le Pape Léon, qui les dénonça à l'Empereur. Dans sa lettre Léon rappelle l'unité de l'Église, le pouvoir du siège apostolique, le droit qu'il a de reviser toutes les sentences rendues en matière ecclésiastique. Il dénonce *Hilaire*, évêque d'Arles, principal moteur de ces convocations, comme un novateur. Léon fait acte de sa juridiction ; un évêque déposé par ce concile est rétabli ; Hilaire lui-même, pour avoir eu l'audace de convoquer des conciles synodeux et de porter des sentences sans l'assentiment du Pape, est déclaré déchu de son siége métropolitain et privé de la communion apostolique.

Léon n'eût point osé tenir un pareil langage, ou du moins Hilaire et ses collègues n'auraient pas été réduits au silence, si l'empereur Valentinien n'avait pas, par un édit de la même date, sanctionné les prétentions du pape Léon et forcé Hilaire à prendre la fuite. Cet édit avait pour objet de maintenir l'unité de l'empire et de la religion, unité blessée par l'entreprise des évêques des Gaules. Voici en quels termes on reproche ce double attentat à Hilaire :

« Contumaci ausu inlicita quædam præsumenda ten-
« tavit, et ideò transalpinas ecclesias, abominabilis tu-
« multus invasit..... et contra imperii majestatem, et
« contra reverentiam apostolicæ sedis. »

Cet édit déclare que la sentence du Pape serait obligatoire dans les Gaules sans la sanction impériale ; mais que pour empêcher à l'avenir de pareils attentats, il avait paru convenable de statuer d'une manière absolue et générale.

« Ne quid tam episcopis gallicanis, quam aliarum
« provinciarum, contra consuetudinem veterum, *liceat*
« sine viri venerabilis papæ urbis æternæ auctoritate

« tentare; sed illis omnibusque pro LEGE sit, quidquid
« sancit, vel sanxerit apostolicæ sedis auctoritas. »

En 452, Léon fulmina par des délégués, et comme chef de l'Église universelle, avec la mention seulement de l'assentiment du concile assemblé à Chalcédoine, une sentence de dégradation contre un évêque; et il notifia cette sentence aux évêques des Gaules. Personne ne réclama alors contre l'exercice de ce pouvoir.

En 442, à la mort d'Hilaire, le même Pape écrivit aux évêques de la province pour approuver l'élection de son successeur; attribution qui est depuis passée aux rois de la première race, et qui n'avait pour objet que de consacrer la régularité de l'élection.

Voici donc quelle était la constitution ecclésiastique à cette époque.

La religion catholique est exclusive et dominante; l'Empereur, en vertu de sa haute prérogative, peut statuer d'une manière absolue sur la discipline extérieure de l'Église. Le Pape est le chef suprême de l'Église et prononce en dernier ressort sur tous appels des synodes métropolitains et sur la discipline intérieure. Cet édit ne parle pas des conciles généraux ni des grands conciles provinciaux, qui ne pouvaient se tenir sans l'autorité du prince.

Tels furent ceux d'Arles, et de Lyon (an 475), dont on n'a rien conservé.

Cet état de choses subsista jusqu'à l'époque où ces provinces se séparèrent de l'empire, c'est-à-dire à l'époque où s'établirent les monarchies des Visigoths, des Bourguignons et des Franks.

Les rois Visigoths et Bourguignons étant ariens, ceux des Franks et des autres Barbares étant païens, le pouvoir des Papes n'existait plus dans les Gaules vers la fin du cinquième siècle; mais ils eurent soin d'entretenir une correspondance avec les évêques de leur communion pour se tenir au courant des affaires et pour tirer le meilleur parti de la grande révolution qui venait de s'accomplir dans les Gaules. C'est alors que le langage de Léon eût été impolitique et déplacé. Aussi les évêques de Rouen parlent-ils avec humilité à leurs collègues.

Aussitôt que le pape *Anastase* eut connaissance de la conversion de Clovis, il lui écrivit (an 497). Il félicite l'Église en termes emphatiques de la conversion d'un si grand roi. « C'est une consolation précieuse, dit-il, dans un temps où la charité se refroidit, et où la barque de saint Pierre est près d'être submergée ; mais il espère contre tout espoir. »

Les deux conciles tenus pendant le règne de Clovis, à Agde et à Orléans, furent étrangers au pouvoir du Pape ; ce n'étaient pas de simples assemblées synodales.

Avitus, évêque de Vienne, en écrivant au nom des évêques des Gaules (an 503) au sénat de Rome, lui rappelle que depuis *long-temps* lui et ses collègues ne sont plus dans la dépendance de l'ancienne capitale du monde, pour les choses *divines* et *humaines*. Il demande qu'au moins le sénat s'occupe de la défense de la chose commune ; et qu'au lieu de juger le pape Symmaque, on le révère.

« Si l'arbitre du ciel a voulu que nous fussions sou-
« mis aux puissances de la terre, c'est à nous du moins
« qu'il appartient de prononcer avant les Rois et les
« princes sur toute accusation portée contre les ecclé-
« siastiques.

« Vous connaissez au milieu de quelles tempêtes et
« de vents déchaînés nous conduisons le gouvernail de
« la foi. Pour nous soutenir dans cette lutte pénible,
« conservez-nous notre gouverneur spirituel, le com-
« pagnon de nos travaux. »

On voit à quel degré d'abaissement était tombé le pontificat, puisque les évêques des Gaules étaient obligés d'invoquer en sa faveur les garanties accordées aux simples prêtres.

Voyons maintenant, dans les monumens contemporains, ce que fit le clergé des Gaules sous les Rois bourguignons et visigoths, et sous Clovis.

Gondebaud, Roi de Bourgogne, menacé par le Roi des Franks, sentit qu'une réconciliation était nécessaire entre les deux sectes qui partageaient ses états. Il assembla les évêques des deux croyances dans la ville de Vienne, la dernière année du 5ᵉ siècle. Ce fut ce même Avitus, prélat distingué par son éloquence et par ses talens, personnage très influent à cette époque, qui fut chargé de la cause des catholiques.

Gondebaud commença la conférence en demandant aux évêques catholiques pourquoi ils n'empêchaient pas le Roi des Franks, leur co-religionnaire, de lui faire une guerre injuste.

Avitus avait écrit une lettre de félicitations (1) à Clovis, prince étranger, au moment de sa conversion, deux ans auparavant. Soit que Gondebaud connût ou ignorât cette circonstance, on voit que ce prince sentait que le clergé catholique n'était pas affectionné à son gouvernement. *Avitus* lui répondit en homme qui sent sa supériorité. Au lieu de protester de sa fidélité et de celle de ses collègues, il tire un argument principal des dan-

_____

(1) *Gaudeat ergo Græcia, habere se principem legis nostræ* (Hist. des Gaules, IV, p. 49). Dans cette lettre, *Avitus* fait des vœux pour la prospérité de ses armes. *Ac vobis deinceps plus valeat rigor armorum.*

La lettre du pape Anastase est beaucoup moins significative. Celle d'Avitus aurait pu servir de base à une accusation de haute trahison.

gers que courait le Roi, pour l'engager à abjurer l'hérésie; et alors il lui promet la paix et l'avantage sur ses ennemis. Il eût probablement tenu parole ; mais Gondebaud, après trois conférences, ne fut pas convaincu; les Ariens soutenaient que les catholiques avaient une opinion fausse de la Divinité en la divisant en trois personnes. Avitus ne put lui expliquer ce mystère autrement qu'en protestant que ces trois personnes ne faisaient qu'un. Le narrateur de cette conférence prétend qu'Avitus fit des miracles, et que Gondebaud se serait converti s'il n'avait pas craint une sédition.

Il nous reste une lettre dans laquelle Avitus lui reproche sa faiblesse à cet égard, et lui dit que ce n'est pas à lui à recevoir la loi du peuple, mais au prince à donner la loi au peuple; comme si un changement de religion pouvait ainsi être décrété contre le vœu de la nation.

Remy, évêque de Reims, écrivit à Clovis une lettre d'exhortation à l'occasion de son expédition contre les Goths. C'était du prosélytisme.

Alaric se trouvait à peu près dans la même position que Gondebaud vis-à-vis des catholiques. En 505, il avait assemblé à Agde un concile de 34 évêques, en leur laissant tout pouvoir de statuer comme ils l'entendraient sur les matières qui seraient mises en délibération.

Par l'un des articles de ce concile, on exclut de la communion ceux qui retiennent les biens de l'église, ou qui prennent ce qui leur a été donné (art. 4). Les biens de l'église sont déclarés inaliénables, à moins d'une évidente nécessité, qui sera reconnue par décision de trois évêques. Par l'art. 9, défense est faite aux clercs et aux prêtres qui sont mariés d'avoir commerce avec leurs épouses. On n'osait encore interdire le mariage; mais, en compensation, il est défendu aux sécutiers, sous peine d'exclusion de la communion, de se séparer de leurs femmes (art. 25). On ne pouvait être ordonné diacre avant 25 ans; et si le candidat était marié, il devait justifier du consentement de sa femme (art. 16). Les prêtres et les évêques ne peuvent être reçus avant l'âge de 30 ans (art. 17). Les religieuses ne peuvent faire des vœux avant 40 (art. 19).

On ne peut établir de monastère sans le consentement de l'évêque (art. 19). Défense est faite aux clercs de citer personne devant la juridiction séculière, sans permission de l'évêque, et on exclut de la communion les laïcs qui poursuivent injustement les clercs (art. 32). On voit que les clercs étaient encore obligés de se défendre devant la juridiction civile, mais qu'on essayait de s'y soustraire en tout point.

Les évêques étant alors mariés avaient des enfans; mais on leur impose l'obligation, en mourant, de laisser toujours quelque chose à l'église (art. 32).

Les évêques sont tenus d'obéir à toutes les convocations du métropolitain, ou de justifier d'un empêchement (art. 35).

Il n'est pas permis aux moines de sortir de leur maison sans l'*exeat* de l'évêque ou de leur abbé (art. 38).

Ceux qui se livrent à la divination sont exclus de la communion (art. 42). Les sorciers jouaient alors un grand rôle; car il y a des peines sévères portées contre eux dans les lois ecclésiastiques et dans les lois particulières à chaque nation.

Il existe une dernière disposition d'après laquelle le concile devait se réunir chaque année de plein droit, sans convocation royale, et cela *secundum constituta patrum* (art. 71). Mais cet article paraît avoir été ajouté après coup; les synodes métropolitains pouvaient se réunir librement; mais il ne paraît pas que les princes de cette époque aient permis des réunions de conciles généraux sans leur convocation spéciale.

Au moins on ne trouve rien de pareil dans le concile d'Orléans, réuni en 511 par Clovis, après son expédition contre Alaric.

Clovis avait besoin de donner à son nouveau pouvoir, surtout aux yeux des catholiques romains, une sanction religieuse aussi efficace que la dignité qui lui était conférée par Anastase. Si cela était superflu pour les Gaulois du nord, elle lui était nécessaire pour ceux du midi, dont il méditait la soumission absolue, n'ayant pu rien faire dans une première expédition.

Il convoqua tous les évêques du midi : les métropolitains de Bordeaux, d'Éluse, de Bourges et de Tours, les évêques de Rhodez, Cahors, Auch, Périgueux, Auvergne, qui avaient assisté au concile d'Agde, se rendirent aux ordres d'un prince qui n'était pas leur souverain légitime, mais que l'expédition de 507, et sa qualité de catholique (Alaric étant arien), avaient sans doute rendu tel à leurs yeux, et délibérèrent avec leurs collègues du nord, au nombre de 25. Il est même à remarquer que dans ce nombre se trouvaient les évêques de Saintes, d'Uzès, d'Angoulême et de Poitiers, qui n'avaient pas assisté au concile d'Agde.

Les évêques bourguignons, et ceux de la Provence et Dauphiné, ne s'y rendirent pas, sans doute parce que Gondebaud et le grand Théodoric s'en seraient offensés. On ignore pourquoi les évêques de la Belgique n'y parurent point. Peut-être que Clovis ne jugea pas à propos de les convoquer.

Toutefois, au milieu de la défection des évêques de la domination des Visigoths, on remarque que 25 s'abstinrent de se rendre au concile d'Orléans. Il pouvait répugner de prier pour Clovis, vainqueur d'Alaric, à ceux qui deux ou trois ans auparavant avaient adressé des prières au ciel pour ce prince infortuné, qu'ils appelaient au jour de sa prospérité roi très-glorieux, très-magnifique et très-pieux (1).

Du reste, il y a cette différence dans le mode de délibération observé au concile d'Orléans, que le concile n'eut pas d'initiative.

Clovis les invita à ne statuer que sur les choses nécessaires (*de rebus necessariis*) et sur les propositions spéciales qui leur étaient soumises.

Le concile se renferma dans les limites qui lui étaient tracées, ainsi qu'il a soin de le lui annoncer à lui-même dans la lettre par laquelle il lui demande sa sanction (2).

On reconnaît ici la défiance d'un conquérant et d'un politique.

On remarque aussi que Clovis ne voulait pas que les actes du concile devinssent obligatoires sans son assentiment, réserve que n'avait pas faite Alaric.

Clovis sut habilement concilier le besoin qu'il avait des évêques avec les précautions qu'un prince jaloux de l'autorité qu'il venait d'acquérir, et qui ne s'était converti qu'avec peine et par des motifs purement humains, devait garder à l'égard d'un corps puissant et démocratique.

Car il ne faut pas oublier qu'alors les évêques étaient élus par le clergé et le peuple. Le roi devait approuver

---

(1) Ils priaient *pro regno ejus, pro longæ vitate, pro populo*

(2) *Secundum* voluntatis *consultationem* et titulos quos dedistis, ea quæ nobis visum est, definitione respondimus; ita ut ea quæ nos statuimus, etiam vestro recta esse judicio comprobentur, quod consensus regis ac domini *majori* auctoritate servandam tantorum firmet sententiam sacerdotum.

l'élection, c'est-à-dire qu'il pouvait l'annuller si elle avait été faite irrégulièrement; mais il ne pouvait nommer directement.

La couronne avait sans doute une grande influence dans ces élections; mais légalement, elle n'avait pas le droit de faire un évêque. L'histoire de Grégoire de Tours est pleine de tentatives de ce genre faites par les successeurs de Clovis, mais rarement elles réussirent (1).

L'article 5 du 1er concile de Lyon, en 517, défendit de postuler un épiscopat du vivant du titulaire, et il frappa d'excommunication perpétuelle l'intrus et les évêques qui lui auraient donné l'ordination.

L'art. 2 du concile d'Auvergne, de l'an 535, défend aux candidats de rechercher le patronage des hommes puissans pour obtenir l'épiscopat. L'art. 5 déclare nulles toutes concessions des biens de l'église obtenues de la faveur du prince. L'article 11 du 5e concile d'Orléans de l'an 549, porte qu'aucun évêque ne doit être établi par l'oppression de personnes puissantes. Si cela avait été fait, l'évêque qui aurait été ordonné plutôt par violence que par un décret légitime sera déposé et privé éternellement du pontificat (2). Ce concile était composé de 71 personnages, et il fut l'un des plus nombreux qui se soient assemblés dans les Gaules.

Telle était la loi ecclésiastique, qui fut aussi une loi

---

(1) V. la nomination de l'évêque d'Auvergne en 554, liv. VI, ch. 6; de l'archevêque de Tours en 555, liv. IV, ch. 15. En 562, l'évêque de Saintes fut déposé comme n'ayant pas été canoniquement élu, liv. IV, ch. 26; et celle de l'évêque d'Auvergne en 567, ch. 15.

(2) Quod si factum fuerit, ipse episcopus qui magis per violentiam, quam per decretum legitimum ordinatur, ab indepto pontificatus honore in perpetuum deponatur. (Sirmondus, *Conciles de la Gaule*, p. 280.)

d'ordre politique reconnue par le Roi Clotaire II, art. 5 de son édit de 614. La nomination royale à cette époque n'était évidemment que la déclaration de la validité de l'élection.

Le premier concile de Lyon a osé prévoir le cas où le Roi s'éloignerait de la communion des évêques, et alors il est statué par l'art. 3 qu'on lui donnera un délai pour rentrer dans le sein de l'église, et qu'ensuite les saints prêtres se retireront sans retard dans les monastères, jusqu'à ce que, pour conserver la paix et la charité, le Roi, fléchi par leurs prières, abjure son erreur; et il est convenu que personne ne sortira de son asyle avant que la paix n'ait été promise à tous ses frères généralement.

Cet acte est de l'an 517. Qu'on juge par-là de l'autorité que les évêques avaient déjà acquise, et des moyens par lesquels ils se proposaient de maintenir leur indépendance envers le monarque.

La cessation du service divin dans tout l'empire eût infailliblement entraîné un soulèvement général ; car dans un pays où le principe religieux est la première loi fondamentale, il faut que toutes les autres résistances cessent.

Cette menace n'était pas vaine. Cinq ans après le concile de Lyon, Sigismond, prince arien, perdit sa couronne, qui fut transportée aux Rois Francs catholiques; on ne peut douter que les évêques ne conspirassent sourdement. Ils n'auraient osé déclarer un tel principe sous un prince tel que Clovis.

Les évêques, en même temps qu'ils exerçaient un pouvoir de représentation si étendu, avaient eu soin de se déclarer inviolables. Ils ne pouvaient être accusés criminellement et jugés que par un synode composé de leurs pairs (1); et on a beaucoup d'exemples (2) que les Rois succombèrent dans des poursuites de cette nature. Grégoire de Tours, lui-même, fut mis en jugement et acquitté.

On voit par une lettre du Pape Agapet, de l'an 534, que déjà le recours au saint siège était exercé par les condamnés. Le Pape se plaint de ce qu'une sentence a été mise provisoirement à exécution.

Les abbés, les moines, les prêtres et les clercs, étaient sous la discipline et sous la juridiction de leur évêque; mais ils avaient un recours ouvert au synode après avoir obéi.

En somme, la constitution du clergé était alors fort régulièrement établie, la hiérarchie bien marquée; et quand l'autorité royale agissait de concert avec lui, ce devait être un excellent instrument législatif.

Chaque nation ayant ses lois ou coutumes particulières, la législation avait peu à faire; aussi les conciles ne se rassemblaient-ils pas régulièrement, et les lois sont-elles rares.

Il ne nous en reste qu'une du temps de Clovis, et cette loi n'est autre chose que l'acte du concile d'Orléans. Il nous a paru assez important pour que nous nous soyons cru obligés d'en donner le texte entier à nos lecteurs.

Le 1er article a pour objet le droit d'asyle, droit reconnu auparavant par les Empereurs, et que Clovis voulut bien maintenir, mais en le limitant. On a vu par l'acte du concile de 517 pourquoi les ecclésiastiques tenaient à la conservation de ce privilége: c'était d'ailleurs le seul refuge contre la violence, dans ces temps où l'on

---

(1) Le recueil de Sirmondus est rempli de ces jugemens.
(2) Synode, Paris, an 555. (Grég. de Tours, liv. IV, ch. 36.)

abusait si souvent de la force des armes, et où les principes de la justice étaient si peu exécutés.

Il paraît que du temps de Clovis, tout le monde voulait se mettre dans les ordres. L'art. 4 ne permet pas de recevoir sans sa permission, ou sans la volonté du juge, d'autres que les enfans des clercs ; les richesses nationales n'auraient pas suffi pour les nourrir. L'art. 5 est la preuve qu'on abusait de ces biens, et qu'on ne les employait pas toujours à soulager l'infortune, à racheter les captifs, à soutenir les frais du culte. Cet article énonce que ces biens étaient francs de charges, mais en vertu de la grâce du Roi ; et que le Roi était déjà dans l'usage de faire des dons à l'église.

L'art. 6 défend aux évêques d'excommunier ceux qui ont des répétitions à faire contre eux ou contre les églises, à moins d'injure grave.

Il est défendu aux abbés, aux prêtres et à tout ecclésiastique, de solliciter des bénéfices auprès des maîtres, sans la recommandation de leur évêque.

Un esclave ne pouvait être reçu dans les ordres, ce qui prouve combien l'état ecclésiastique était honoré, mais combien en même temps le clergé s'écartait de la loi divine et naturelle, en légitimant par son adhésion l'esclavage.

Le diacre ou le prêtre qui commettait un crime capital devait être préalablement déposé, afin que son infamie ne rejaillît pas sur le corps auquel il avait appartenu.

L'art. 10 fait allusion aux clercs de la secte arianique et aux églises qu'ils profanaient. Ce concile ordonne des formalités pour purger cette souillure, *quam in perversitate suâ Gothi hactenus habuerant*. Voilà une allusion évidente à l'expédition de 507.

Les personnes qui étaient privées de la communion des fidèles étaient comme mortes civilement; on ne pouvait plus manger avec elles sans s'exposer à l'excommunication.

Les femmes qui avaient été obligées de se séparer de leurs maris, lorsqu'ils entraient dans les ordres, ne pouvaient plus se remarier. On a vu dans l'analyse du concile précédent qu'ils n'étaient pas reçus sans le consentement de leurs épouses.

Le mariage entre beau-frère et belle-sœur est prohibé (art. 18).

Les moines qui se marient ne sont punis que de la perte de leur place et de leurs espérances (art. 21). On voit par le concile d'Agde, art. 9, que c'est le Pape qui sollicitait le célibat des prêtres, comme une institution utile.

L'art. 23 déclare les biens de l'église imprescriptibles malgré la loi séculière, quand ils ont été donnés à ferme. Par ce moyen, en déclarant ces biens inaliénables, le clergé ne pouvait manquer d'acquérir presque tous les biens du royaume. Charles Martel fut obligé de s'en emparer pour la défense de l'état; et les fanatiques ont prétendu que pour avoir ainsi sauvé la France du joug des infidèles, il est condamné aux flammes éternelles (1).

Les personnes qui se livrent à la divination sont excommuniées (art. 30).

Ce concile donne une idée juste et presque complète

---

(1) Le clergé de France, assemblé en concile national à Kiersy, en 858, écrivit à Louis-le-Germanique pour condamner sa mémoire : « C'est parce que le prince Charles, père du roi Pepin, « dirent-ils, fut le premier entre les rois et les princes des Franks « à vendre et diviser les biens des églises, que par cette seule « cause il est damné éternellement. Le sacrilège cumulera même « avec la peine de ses propres péchés, celle des péchés de tous « ceux qui croyaient se racheter en donnant, pour l'amour de « Dieu, leurs biens aux lieux saints. »

de la discipline de l'église à cette époque. Il est évident que la plupart des dispositions de ce concile n'auraient pu recevoir leur exécution sans le concours de l'autorité civile.

Résumé des trois paragraphes précédens.

Ainsi la constitution mérovingienne sous Clovis, presque républicaine à l'égard des Franks, et presque absolue à l'égard des Gaulois, s'est trouvée considérablement modifiée par la loi religieuse, lien commun des deux nations, et par le pouvoir des évêques, pouvoir permanent et essentiellement représentatif, mais démocratique dans son principe.

Nous avons prouvé qu'il n'existait pas de terres nobles ni privilégiées, et que les alleux ou terres saliques ne sont autre chose que des terres patrimoniales, franches de tout impôt et soumises à un mode de partage tout-à-fait particulier.

Nous avons démontré qu'il n'y avait pas de véritable noblesse, mais différens ordres de personnes :

Les esclaves ;

Les affranchis leudes, ou Romains tributaires ;

Les Gaulois propriétaires et les Franks.

Ceux-ci ne furent divisés en deux classes, les antrustions et les hommes libres, que plus tard.

Si l'on veut considérer comme une noblesse la supériorité des Franks sur les Gaulois, cette noblesse était personnelle, puisque les bénéfices n'étaient point encore héréditaires. Les Franks n'avaient d'autre privilége qu'une composition double du Romain-Gaulois ; encore cet avantage finit-il par disparaître peu de temps après la conquête, en faveur des Gaulois riches, qui obtinrent les charges publiques, qui furent reçus convives du Roi, et qui furent inscrits dans le corps des leudes.

Nous avons prouvé aussi que la nation des Franks, quoique divisée en tribus, était unie sous Clovis; mais elle se fractionnait à l'époque de chaque partage.

Les Rois franks prêtaient à leur avénement un serment envers leur peuple, comme les Franks eux-mêmes envers le prince de leur choix. Autrement, les lois étant personnelles, le monarque n'aurait pas connu ses sujets.

Par ce serment, le prince s'engageait à maintenir ces lois personnelles et les droits y attachés : *Et legem unicuique competentem, sicut antecessores sui tempore antecessorum nostrorum habuerunt, in omni dignitate et ordine nos, adjuvante domino, servaturos perdonamus.* (Baluze, capit. II, 269.) Ce serment s'appliquait aussi bien aux lois ecclésiastiques qu'aux autres : *Et unicuique eorum in suo ordine secundum sibi competentes leges tam ecclesiasticas quam mundanas, rectam rationem, et justitiam conservabimus.* (Baluze, ibid.)

Ce texte, à la vérité, appartient à la deuxième race et au règne de Charles-le-Chauve (an 844); mais il suppose que ce serment était ancien. Grégoire de Tours (IX, 50) dit positivement que Charibert, après la mort de Clotaire, fils de Clovis, reçut le serment du peuple de Tours, et que lui-même prêta serment de ne pas innover dans les lois et les coutumes antiques, mais de les conserver dans leur ancien état.

Similiter et ille cum JURAMENTO *promisit, ut leges consuetudinesque novas, populo non infligeret, sed in illo statu quo quondam sub patris dominatione vixerant, in ipso hic eos deinceps retineret.*

Marculf nous a donné la formule du serment imposé aux ducs et aux comtes, dépositaires de la puissance royale. Il leur est commandé de gouverner le peuple, les Franks, les Romains, les Bourguignons et autres nations, dans le droit chemin, selon la loi et la coutume de chacun d'eux : *sub tuo regimine et gubernatione degant et moderentur et eos recto tramite secundum legem et consuetudinem eorum regas.* (Form. 9, liv. 1er.)

Naturellement les obligations du prince étaient de même nature.

Ce serment devait être prêté lors de la cérémonie de l'élévation sur le bouclier dans l'assemblée du Champ de Mars ; et, comme on le voit, il avait pour but principal le maintien de chaque loi personnelle ; en sorte que c'était un principe fondamental de la constitution mérovingienne.

(Il nous reste à faire connaître sommairement, dans les trois paragraphes qui vont suivre, l'état politique et civil des Bourguignons, des Visigoths et des Juifs, pour compléter le tableau législatif des Gaules au commencement du 5e siècle.)

PIÈCES JUSTIFICATIVES.

Acte *du concile d'Orléans, tenu sous Clovis.*

6 des ides de juillet, 511, sous le consulat de Félix, l'an 13ᵉ du pontificat de Symmaque, et le 30ᵉ du règne de Clovis.
(Sirmondus, *Conciles de la Gaule*, tom. Iᵉʳ, pag. 177.)

ADRESSE DU SYNODE AU ROI.

Domino suo catholicæ ecclesiæ filio, Chlotovecho gloriosissimo regi, omnes sacerdotes, quos ad concilium venere jussistis.

Quia tanta ad religionis catholicæ cultum gloriosæ fidei cura vos excitat, ne sacerdotalis mentis affectu sacerdotes de rebus necessariis tractaturos in unum colligi jusseritis, secundum voluntatis vestræ consultationem, et titulos quos dedistis, ea quæ nobis visum est definitione respondimus; ita ut si ea quæ nos statuimus, etiam vestro recta esse judicio comprobantur, tanti consensus regis ac Domini majori auctoritate servandam tantorum firmet sententiam sacerdotum.

PRÉFACE.

Cum auctore Deo, ex evocatione gloriosissimi regis Chlotovechi, in Aurelianensi urbe fuisset concilium summorum antistitum congregatum, communi omnibus conlatione complacuit ut hoc quod verbis statuerunt, etiam scripturæ testimonio roborarent.

CANONS.

1. De homicidis, adulteris et furibus, si ad ecclesiam confugerint, id constituimus observandum, quod ecclesiastici decreverunt, et lex romana constituit, ut ab ecclesiæ atriis, vel domo episcopi, eos abstrahi omnino non liceat, sed nec aliter consignari, nisi ad evangelia datis sacramentis de morte, de debilitate et omni pænarum genere sint securi: ita ut ei, cui reus fuerit criminosus, de satisfactione conveniat: quod si sacramenta sua quis convictus fuerit violasse, reus perjurii non solùm à communione ecclesiæ, vel omnium clericorum, verùm etiam et à catholicorum convivio separetur. Quòd si is, cui reus est, noluerit sibi intentione faciente componi, et ipse reus de ecclesiâ actus timore dicesscrit, ab ecclesiæ clericis non quæratur.

2. De raptoribus autem id custodiendum esse censuimus, ut si ad ecclesiam raptor cum raptá confugerit, feminam ipsam violentiam pertulisse constiterit, statim liberetur de potestate raptoris, et raptor, mortis vel pænarum impunitate concessa aut serviendi conditioni subjectus sit, aut redimendi se liberam habeat facultatem. Si verò quæ rapitur, partem habere constiterit, et puella raptori, aut rapienda aut rapta, consenserit, potestate patris excusata reddatur, et raptor à patre superioris conditionis teneatur obnoxius.

3. Servus qui ad ecclesiam pro quálibet culpá confugerit, si à Domino pro admissá culpá sacramenta susceperit, statim ad servitium Domini sui redire cogatur, sed posteà quàm datis à Domino sacramentis fuerit consignatus, si aliquid pœnæ pro eádem culpá quá excusatur probatus fuerit pertulisse, pro contemptu ecclesiæ et prevaricatione fidei, à communione et convivio catholicorum, sicut superiùs comprehensum est, extraneus habeatur. Sin verò servus pro culpá suá ab ecclesiá defensatus sacramenta Domini, clericis exigentibus, de impunitate perceperit, exire nolentem à Domino liceat occupari.

4. De ordinationibus clericorum id observandum esse decrevimus, ut nullus secularium ad clericatûs officium præsumatur, nisi aut cum regis jussione, aut cum judicis voluntate: ita ut filii clericorum, id est patrum, avorum ac proavorum, quos supra dicto ordini parentum constat observationi subjunctos, in episcoporum potestate ac districtione consistant.

5. De oblationibus vel agris, quos dominus noster Rex ecclesiis suo munere conferre dignatus est, vel adhuc non habentibus Deo inspirare contulerit, ipsorum agrorum vel clericorum immunitate concessa, id esse justissimum definimus, ut in reparationibus ecclesiarum, alimoniis sacerdotum et pauperum vel redemptionibus captivorum, quidquid Deus in fructibus dare dignatus fuerit expendatur, et clerici ad adjutorium ecclesiastici operis constringantur; quòd si aliquis sacerdotum ad hanc curam minùs sollicitus ac devotus extiterit publicè à comprovincialibus episcopis confundatur. Quod si nec sub tali se confusione correxerit, donec emendet errorem, communione fratrum habeatur indignus.

6. Si quis ab episcopo, vel de ecclesiæ, vel de proprio jure, exdiderit aliquid repetendum, si nihil convicii, aut criminationis adjecerit cum pro solá conventione à communione ecclesiæ non liceat sub moveri.

7. Abbatibus, presbyteris, omnique clero vel in religionis professione viventibus, sine discussione vel commendatione episcoporum, pro petendis beneficiis ad damnos venire non liceat; quod si quisquam præsumpserit, tamdiù loci sui honore et communione privetur, donec per pœnitentiam plenam ejus satisfactionem sacerdos accipiat.

8. Si servus, absente aut nesciente Domino, et episcopo sciente quòd servus sit, aut diaconus aut presbyter fuerit ordinatus, ipso in clericatûs officio permanente, episcopus cum Domino suplici satisfactione compenset. Si verò episcopus eum servum esse nescierit, qui testimonium perhibent, aut eum supplicaverint ordinari simili redhibitione teneantur obnoxii.

9. Si diaconus aut presbyter crimen capitale commiserit simul et officio et communione pellatur.

10. De hereticis clericis, qui ad fidem catholicam plenâ fide ac voluntate venerint, vel de basilicis, quas in perversitate suâ Gothi hactenùs habuerunt, id censuimus observari, ut si clerici fideliter convertuntur et fidem catholicam integre confitentur, vel ità dignam vitam morum et actuum probitate custodiunt, officium quo eos episcopus dignos esse censuerit, cum impositæ manus benedictione suscipiant, et ecclesias simili, quo nostræ innovari solent placuit ordine consecrari.

11. De his qui susceptâ pœnitentiâ religionem suæ professionis obliti ad secularia relabuntur, placuit eos et à communione suspendi, et ab omnium catholicorum convivio separari. Quòd si post interdictum cum eis quisquam præsumpserit manducare, et ipse communione privetur.

12. Si diaconus, aut presbyter, pro rectu suo se ab altaris communione sub pœnitentis professione submoverit, sic quoque, si alii defuerint, et causa certæ necessitatis exoritur, poscentem baptismum liceat baptisare.

13. Si se cuicumque mulier duplici conjugio, presbyteri vel diaconi relicta, conjunxerit, aut castigati separentur, aut certe si in criminom intentione perstiterint, pari excommunicatione plectantur.

14. Antiquos canones relegentes priora statuta credidimus renovanda, ut de his quæ in altaris oblatione fidelium conferuntur, medietatem sibi episcopus vindicet et medietatem dispensandam sibi secundum gratus clerus accipiat, prædiis de omni commoditate in episcoporum potestate durantibus.

15. De his quæ parochiis in terris, vineis, mancipiis atque

peculiis quicumque fideles obtulerint, antiquorum canonum statuta serventur, ut omnia in episcopi potestate consistant. De his tamen quæ in altario acceperint, tertia fideliter episcopis deferatur.

16. Episcopus pauperibus, vel infirmis, qui debilitate faciente non possunt suis manibus laborare, victum et vestitum, in quantum possibilitas habuerit, largiatur.

17. Omnes autem basilicæ quæ per diversa loca constructæ sunt, vel quotidiè construuntur, placuit secundùm priorum canonum regulam, ut in ejus episcopi, in cujus territorio sitæ sunt, potestate consistant.

18. Ne superstes frater torum defuncti fratris ascendat, neve se quisquam amissæ uxoris sorori audeat sociare; quod si fecerint, ecclesiasticâ districtione feriantur.

19. Abbates pro humilitate religionis in episcoporum potestate consistant, et si quid extrà regulam fecerint, ab episcopis corrigantur: qui semel in anno, in loco ubi episcopus elegerit acceptâ vocatione conveniant. Monachi autem abbatibus omni se obedientiæ devotione subjiciant. Quòd si quis per comtumaciam extiterit indevotus, aut per loca aliqua evagari, aut peculiare aliquid habere præsumpserit; omnia quæ acquisiverit ab abbatibus auferantur, secundum regulam monasterio profutura. Ipsi autem qui fuerint pervagati, ubi inventi fuerint, cum auxilio episcopi tanquàm fugaces sub custodiâ revocentur, et reum si ille Abba futurum esse cognoscat, qui in hujusmodi personas non regulari animadversione distrinxerit, vel qui monachum susceperit alienum.

20. Monacho uti orario in monasterio, vel tzangas habere non liceat.

21. Monachus si in monasterio conversus, vel pallium comprobatus fuerit accepisse, et posteà uxori fuerit sociatus, tantæ prevaricationis reus numquàm ecclesiastici gradûs officium sortiatur.

22. Nullus monachus congregatione monasterii derelictâ ambitionis et vanitatis impulsa, cellulam construere sine episcopi permissione, vel abbatis sui voluntate præsumat.

23. Si episcopus humanitatis intuitû vineolas, vel terrulas, clericis vel monachis præstiterit excolendas, vel pro tempore tenendas, etiam si longa transisse annorum spatia comprobentur, nullum ecclesia prejudicium patiatur; nec sæculari lege præscriptio quæ ecclesiæ aliquid impediat, opponatur.

24. Id à sacerdotibus omnibus decretum est, aut antè paschæ solemnitatem, non quinquagesima, sed quadragesima teneatur.

25. Ut nulli civium paschæ, natalis Domini, vel quinquagesimæ solemnitatem in villâ liceat celebrare nisi quem infirmitas probabitur tenuisse.

26. Cum ad celebrandas missas in Dei nomine convenitur, populus non antè discedat, quàm missæ solemnitas compleatur, et ubi episcopus fuerit, benedictionem accipiat sacerdotis.

27. Rogationes, id est litanias antè ascensionem Domini, ab omnibus ecclesiis placuit celebrari : ità ut præmissum triduanum jejunium in dominicæ ascensionis festivitate solvatur per quod triduum servi et ancillæ ab omni opere relaxentur, quò magis plebs universa conveniet. Quo triduo omnes abstineant et quadragesimalibus cibis utantur.

28. Clerici verò qui ad hoc opus sanctum adesse contempserint, secundùm arbitrium episcopi ecclesiæ suscipiant disciplinam.

29. De familiaritate extranearum mulierum, tam episcopi, quam præsbyteri, vel diaconi, præteritorum canonum statuta custodiant.

30. Si quis clericus, monachus, sæcularis, divinationem vel auguria crediderit observanda, vel sortes, quas mentiuntur esse sanctorum, quibuscumque putaverint intimandas, cum his qui eis crediderint, ab ecclesiæ communione pellantur.

31. Episcopus si infirmitate non fuerit impeditus, ecclesiæ cui proximus fuerit, die dominico deesse non liceat.

Souscriptions des évêques.

Cyprianus, in Christi nomine episcopus ecclesiæ Burdegalensis metropolis canonum statuta nostrorum subscripsi, sub die VI, idus julias, Felici V. C. consule.

Tetradius, episc. eccles. Bituricæ metropolis subter; Licinius, ep. ecc. Turonicæ metrop.; Leontius, ep. ecc. Elusanæ M.; Gildaredus, ep. ecc. Rotomagensis M.; Petrus, ep. ecc. Santonicæ; Chronopius, ep. ecc. Petrocoricæ; Boëtus, ep. ecc. Cadurcinæ; Quintianus, ep. ecc. Rutenicæ; Eufrasius, ep. ecc. Arvernicæ; Sextilius, ep. ecc. Vasaticæ; Nicetius, ecc. Aususencis; Lupicinus, ecc. Ecolesinensis; Adelfius, ecc. Pictavorum; Heraclius, ecc. Parisiacæ; Principius, ecc. Cenomanicæ; Lupus, ecc. Suessionicæ; Lupus, ecc. Abrincatinæ; Epiphanius, ecc. Nameticæ; Eustachius, ecc. Andegavinæ; Camillianus, ecc. Tricassinæ; Litharedus, ecc. Oxomensis; Modestus, ecc. Veneticæ; Melanius. ecc. Redonicæ; Edibius, ecc. Ambianensis; Sofronius, ecc. Veromandensis; Maurusio, ecc. Ebroicinæ; Leontianus, ecc. Constantinæ; Livanius, ecc. Silvanectensis; Eusebius, ecc. Aurelianensis; Theodosius, ecc. Autisiodorensis; Aventinus, ecc. Carnotenæ.

Décret de *Childebert I*er (1), *sur le droit de représentation en ligne collatérale, le mariage entre beau-frère et belle-sœur, belle-mère; l'excommunication, la confiscation des biens, la prescription, le rapt de la séduction; outre les homicides, les voies de fait (*farfaliis*), le vol, le jugement du Roi, la pendaison, l'assistance qui est due à la justice, la responsabilité du maître quant aux crimes de l'esclave, la justification par 12 compurgateurs, l'observation des fêtes et dimanches, l'abolition de la loi payenne de Chrenecruda.*

Cologne, veille des Calendes de mars, l'an 20 de son règne (an 552).
(Recueil des Hist., IV, p. 111-112. — Baluze, I, 17.)

CHILDEBERTUS, REX FRANCORUM (2), vir inluster (3).

Cum in Dei nomine, nos omnes (4) Kalendas Martias de quacunque conditiones, una cum nostris optimatibus (5) pertractavimus, ad unumquemque notitiam (6), VOLUMUS pervenire.

---

(1) Baluze l'attribue à Childebert II, mais Bouquet et les autres bénédictins, bien plus savans que Baluze, la restituent à Childebert Ier, et nous sommes de leur avis; cette loi porte un grand caractère d'antiquité; on ne retrouve plus dans les lois postérieures de traces d'assemblées nationales. Celle-ci forme comme une espèce d'addition ou de correction à la loi salique. *V.* comme preuve l'art. 15 sur l'abrogation de la loi payenne de *Chrenecruda*, de la loi salique, dont on sait que Childebert Ier publia une seconde édition, à l'imitation de Clovis son père. (*V.* préface de l'ancienne loi salique, tom. Ier de cette Collect., p. 26.) Nos lecteurs ont regretté qu'une loi si remarquable ne fût pas insérée textuellement dans ce Recueil. Elle est d'ailleurs nécessaire à l'intelligence de la préface. On observe ici que le n° 17 de la 1re série fait double emploi avec le n° 8. (Isambert.)

(2) Cette formule est celle de tous les Rois mérovingiens. (*Idem.*)

(3) *V.* dans les prolégomènes de la 1re livraison, la note sur cette qualification; les princes étrangers et les papes donnent à nos rois le titre d'*excellence* et d'*éminence*. L'empereur Maurice, en 588, écrit *Childeberto, viro glorioso, vestra gloria.* (*Idem.*)

(4) C'est l'assemblée annuelle du Champ de Mars. (Eccard.)

(5) Est-ce la même chose que les Leudes? *V.* ci-après, art. 2. (Isambert.)

(6) Si le peuple tout entier n'assistait pas, il fallait bien promulguer par acte séparé. (Isambert.)

Art. 1. Ita Deo propitiente Antonaco (1) Kalendas Martias, anno vicesimo regni nostri convenit, ut nepotes ex filio vel ex filia ad aeriaticas (2), res cum avunculos vel amitas sic venirent in haereditatem, tanquam si pater aut mater vivi fuissent; de illâ tamen istud placuit observari qui de filio vel filia nascuntur, non qui de fratre.

2. In sequenti die hoc convenit una cum leudis (3) nostris, ut nullus de crinosis (4), incestum usum sibi societ conjugio, hoc est nec fratris uxorem, nec uxoris suae sororem, nec sui uxorem patrui sui aut parentis consanguinei. Si quis uxorem patris acceperit, mortis periculum incurrat, de praeteritis verò conjunctionibus, quae incestae esse videntur, per predicationem episcoporum jussimus emendari. Qui vero episcopum suum noluerit audire, et excommunicatus fuerit, perennem condemnationem apud Deum sustineat, et insuper de palatio nostro sit omnino extraneus, et omnes facultates suas parentibus legitimis amittat, qui noluit sacerdotis sui medicamenta sustinere.

3. Similiter Trajecto (5), convenit nobis campo, ut quaslibet res ad unum ducem vel judicem pertinentes per decem annos quicumque inconcusso jure possedit, nullam habeat licentiam intertiandi, nisi tantùm causa orphanorum usque ad viginti annos licentiam tribuimus. Quòd si quis super hoc judicium praesumpserit intertiare. Sol. XV solvat, et rem, quam male intertiavit, amittat. De reliquis verò conditionibus omnes omninò causas tricenaria (6), lex excludit, mater id quod in alia regna hucusque detenuit.

4. Pari conditione convenit kal. mar. omnibus nobis adunatis, ut quicumque admodùm raptum facere praesumpserit, unde impiissimus vitius adcreverat, vitae periculum feriatur, et nullus de optimatibus nostris de tam turpissimo vitio praesumat pro ipso

---

(1) Andernach-sur-le-Rhin, ou, suivant Pithou, Attigny-sur-l'Aisne. (Isambert.)

(2) Ce sont les aleus ou terres libres, ou propres personnels. *V.* le tit. 62 de la loi salique, la loi des Ripuaires, et la formule 10, liv. 2, de Marculfe. (*Idem.*)

(3) Leude veut dire compagnon du prince, ou Frank libre, ou fidèle. Ces optimates paraissent être les officiers des Leudes. (*Idem*).

(4) Les Franks qui sont libres. (Eccard.) Les Rois des Franks étaient appelés Rois *Chevelus*, *Comati*. (Isambert.)

(5) *Ad Mosam*, Maëstreicht. (Dom Bouquet.)

(6) *V.* Code Theodosien, liv. 4, tit. 14. (Eccard.)

precare : sed unusquisque admodùm inimicum Dei persequatur qui verò edictum nostrum ausus fuerit contemnere, in cujuslibet judicis pago primitus admissum fuerit, ille judex solatio collecto ipsum raptorem occidat, et jaceat forbattatus (1). Et si ad ecclesiam confugium fuerit, reddatur ab episcopo, et sine ulla precatione exinde separentur. Certè si ipsa mulier posteà raptori consenserit, ambo pariter in exilio transmittantur. Et si foras ecclesiam capti fuerint, ambo pariter occidantur, et facultates illorum parentibus legitimis dentur, et quod fisco nostro debetur, adquiratur.

5. De homicidiis verò ità jussimus observari, ut quicumque ausu temerario alium sine causa occiderit, vitæ periculum feriatur, et nullo pretio redemptionis se redimat aut componat. Et si forsitan convenerit ut ad solutionem quisque descendat, nullus de parentibus aut de amicis ei quisquam adjuvet. Nisi qui præsumpserit ei aliquid adjuvare, suum Widrigildum (2), omnino componat; quia justum est ut qui injustè novit occidere, discat justè morire.

6. De farfaliunta (3) convenit, ut quicumque in mallo præsumpserit farfalium minare, sine dubio suum Widrigildum componat, quia omninò volumus ut farfalius reprimatur. Et si forsitan, ut adsolet, judex hoc consenserit et fortasse adquiescit istum farfalium custodire, vitæ periculum per omnia sustineat.

7. De furibus et malefactoribus ita decrevimus observare, ut si quinque aut septem bonæ fidei homines absque inimicitia interposita criminosum cum sacramenti interpositione esse dixerint, quomodo sine lege involavit, sine lege moriatur. Et si judex comprehensum latronem convictus fuerit relaxasse, vitam suam amittat : et hæc disciplina in populo modis omnibus observetur.

8. Similiter kal. mar. Colonia convenit, et ita bannivimus (4), ut unusquisque judex criminosum latronem ut audierit, ad casam suam ambulet, et ipsum ligare faciat, ita ut si francus (5) fuerit, ad nostram præsentiam dirigatur, et si debilior persona fuerit, in loco pendatur.

---

(1) Forbattu; éreinté, celui qui est comme tué. (Eccard.)

(2) C'est la compensation de quelque chose. *Weregildus* est la compositio d'un homme. (Eccard et Bouquet.)

(3) Ce mot vient d'assaillir, *adsalire*. (Eccard.)

(4) C'est-à-dire ordonné, enjoint. (*Idem.*)

(5) Frank ici signifie seigneur, personne libre. (Ducange, Glossaire.)

9. Si quis centenarium aut quemlibet judicem noluerit super malefactorem ad prindendum adjuvare, LX solidis omninò condemnetur.

10. Et quicumque servum criminosum habuerit, et ei judex rogaverit ipsum præsentare, et noluerit, suum Widrigildum omninò componat.

11. Similiter convenit ut si furtum factum fuerit, capitale de præsenti centena restituat, et causator centenarium cum centena requirat.

12. Pari conditione convenit ut si una centena in alia centena vestigium secuta fuerit et invenerit, vel in quibuscumque fidelium nostrorum terminis, vestigium miserit, et ipsum in aliam centenam minimè expellere potuerit, aut convictus reddat latronem, aut capitale de præsenti restituat, et cum XII personis se ex hoc sacramento exuat.

13. Si servi ecclesiarum aut fiscalini furtum admiscrint, similem pœnam sustineant, sicut et reliquorum servi francorum.

14. Die dominico similiter placuit observare, ut si quisque ingenuus, excepto quod ad coquendum vel ad manducandum pertinet, opera alia in die dominico facere præsumpserit, si salicus fuerit, solidos XV componat; si romanus, septem et dimidium : servus verò aut tres solidos reddat, aut de dorso suo componat. *Asclipiosus recognovit* (1).

15. De chrenechruda lex, quam paganorum tempore observabant, deinceps nunquam valeat, quia per ipsam occidit multorum potestas (2).

Datum pridie kal. mar. anno XX regni domni nostri, Colonia feliciter. Amen.

(*On trouve ensuite dans les manuscrits.*)

Legis salicæ libri III, qua Chlodovœus rex francorum statuit; et postea una cum francis pertractavit, ut ad titulos aliquid amplius adderet, sicut à primo, usque ad septuagesimum octavum perduxerit. Inde verò Childebertus post multum tempus trac-

---

(1) Les chartes sont ainsi signées d'un officier du palais, non pas qu'il y eût aucune responsabilité attachée au contre-seing; mais ils certifiaient la signature du Roi, et ils étaient gardes de la minute. (Isambert.)

(2) Cet article parait avoir été interpolé, parce qu'il vient après la signature du référendaire, et parce que cette disposition de la loi Chrenechruda n'a point été abrogée, comme il est dit ici, puisqu'elle se retrouve dans la loi salique, rédaction de Dagobert et de Charlemagne. (*Idem.*)

tavit, ut quidquid invenire potuerit, ibi cum suis francis adderet : hoc est à 78 usque ad 84, quidquid invenit digni ibidem imposuisse cognoscitur. Iterum hos titulos Chlotharius à germano suo seniore gratanter excepit, sic et ipse similiter cum regni sui sapientibus invenit, ut à 84 adderet, et ita perfectum perduxit, et inde quæ ipse invenit, ad fratrem suum rescripta direxit. Et ita inter se firmaverunt ut ista omnia quæ constituerentur inviolabiliter omnique tempore conservata fuissent.

DÉCRET DE CLOTAIRE Ier (1), *pour assurer la tranquillité publique.*

Vers 542. (Recueil des histor., IV, 114. — Baluze, I, 19.)

Decretum est

Art. 1. Ut, quia in vigilias constitutas, nocturnos fures non caperent, eò quod per diversas intercedente conludio scelera prætermissa custodiæ exercerent, centenas fieri. In quâ centena aliquid deperierit, capitale qui perdiderat recipiat, et latro insequatur. Vel si in alterius centena appareat, et adhuc admoniti si neglexerint, quinos solidos condemnentur. Capitale tamen qui perdiderit, à centena illa accipiat absque dubio, hoc est de secunda vel tertia custodia.

2. Si vestigius comprobatur latronis, tamen præsentia nihil longè multando : aut si persequens latronem suum comprehenderit, integram sibi compositionem accipiat.

3. Quòd si in truste invenitur, medietatem compositionis trustis adquirat, et capitale exigat à latrone.

4. Si quis in domo alterius, ubi clavis est, furtum invenerit, dominus domus de vita componat.

5. Si quis cum furto capitur, antedictæ subjaceat legi.

6. Si de suspicione inculpatur, ad sortem veniat.

7. Si mala sorte priserit, latro tamen, ad utramque partem sint ternas personas electas, ne conludius fieri possit.

8. De servis ecclesiæ vel cujuslibet, quicumque inculpatur, ad sortem veniat, aut ad plebium promoveatur, aut ipse precius à domino reformetur. Nam probati periculo subjacebunt.

9. Si quis cujuslibet de potentioribus servis, qui per diversa

---

(1) Baluze attribue cette pièce à Clotaire II, mais il paraît qu'elle fait suite au pacte ci-après, comme l'indique l'art. 17 : c'est l'opinion d'Eccard et Bouquet. Cette pièce est indiquée par erreur sous les n°s 11 et 17 du 1er volume de cette édition. (Lambert.)

possident, de crimine habetur suspectus domino secretiùs cum testibus condicatur ut intra xx noctes ipsum ante judicem debeat præsentare. Quod si in statutum tempus interludente conludio non fecerit, Dominus statûs sui juxta modum culpæ inter fredum et faidum compensabitur.

10. Si servus ante admonitum dominum defuerit, capitale Dominus restituat, et de servo faciat cessionem, et cum inventus fuerit, detur in vindictam.

11. Si quis occultè de re sibi furatâ à quolibet latrone compositionem acceperit, utráque latronis culpâ subjaceat, fur tamen judici præsentetur.

12. Ut continuò capitale ei qui perdiderit reformare festinet, et latronem perquirat. Quem si in truste perinvenerit, medietatem sibi vindicet vel delaturam. Si fuerit de facultate latronis, et qui damnum pertulit, satiatur: nam si persequens latronem ceperit, integram sibi compositionem simul et solutionem, vel quidquid dispendii fuerit, revocavit; fredus tamen judici, in cujus pago est reservetur

13. Nullus latronem vel quemlibet culpabilem, sicut summis episcopis convenit de atrio ecclesiæ trahere præsuma. Quod si sunt ecclesiæ, quibus atria clausa non sint, ab utráque parte parietum terræ spatium arpennis pro atrio observetur.

14. Nullus confugiens foris ante dicta loca pro operarum cupiditate se dicat exire. Quod si fecerint, et capti fuerint, ad dignum sibi supplicium condemnentur.

15. Quod si cujuslibet servus deserens suum dominum ad ecclesias confugerit, et ibi primitus dominus ejus advenerit, contentio excusatur, reddatur furtum; ut se de pretio redimat.

16. Si quis ad vestigium minandum vel latronem persequendum admonitus venire noluerit, quinque solidis condemnetur.

17. Ea quæ in Dei homine pacis tenore constituimus, in perpetuum volumus custodire.

18. Hoc statuentes ut si quis ex judicibus hoc decretum violare præsumpserit, vitæ periculum subjacere cognoscat.

Acte *pour le maintien de la paix publique, entre Childebert Ier et Clotaire Ier* (1).

Vers 542. (Bouquet, Recueil des Histor., IV, 113. — Baluze, I, 15.)

Art. 1. Ut, quia multorum insaniæ convaluerunt, malis pro immanitate scelerum digna reddantur: id ergo decretum est ut apud quemcumque post interdictum latrocinius comprobatur, vitæ incurrat periculum.

2. Si quis ingenuam personam pro furto ligaverit, et negator extiterit, XII juratores medios electos dare debet quod furtum quod objecit, verum est. Quod si latro redimendi se habet facultatem, se redimat. Si facultas deest, tribus mallis parentibus offeratur; et si non redimitur, de vita componat.

3. Qui furtum vult celare, et occultè sine judice compositionem acceperit, latroni similis est.

4. Si homo ingenuus in furto inculpatus, ad æneum provocatus, manum incenderit, quantùm inculpatur, manum componat.

5. Si servus in furto fuerit inculpatus, requiratur à domino, ut ad XX noctes ipsum in mallum præsentet : et si dubietas est, ad sortem ponatur. Quod si placitum sunnis non detricaverit, et alias XX noctes ita fiet. Et persecutor causæ de suis consimilibus tres, et de electis aliis tres dabit, qui sacramenta firmarent perplacita, quod lex salica habet fuisse completum. Et si dominus servum non præsentaverit, legem undè inculpatur componat, et de servo faciat cessionem.

6. Si servus minùs tremisse involaverit, et mala sorte priserit, dominus servi tres solidos solvat, et servus ille CCC ictus accipiat flagellorum.

7. Si quis mancipia aliena injustè tenuerit, et inter dies XL non reddiderit, ut latro mancipiorum teneatur obnoxius.

8. Si litus, de quo inculpatur, ad sortem ambulaverit, mala sorte priserit, medietatem ingenui legem componat, et juratores sex medios electos dare debet.

---

(1) Cette pièce est, par erreur, indiquée doublement sous les n°s 11 et 16 du 1er vol. de cette collection.

CHARTE ou CONSTITUTION de *Childebert I*^{er} (1), *en forme de lettres, pour l'abolition des restes de l'idolâtrie, et la célébration des fêtes et dimanches* (2).

Vers 554. (Recueil des Hist., IV, 115. — Baluze, I, 6.)

CREDIMUS hoc deo propitio et ad nostram mercedem, et ad salutem populi pertinere si populus christianus relicta idolorum cultura, Deo cui integram promisimus fidem, in quantum inspirare dignatus fuerit, puré deservire debeamus. Et quia necesse est ut plebs quæ, sacerdotis præceptum non ita ut oportet custodit, nostro etiam corrigatur imperio, hanc CHARTAM generaliter per omnia loca DECREVIMUS mittendam, præcipientes.

Ut quicumque admonitus de agro suo, ubicumque fuerit simulacra constructa, vel idola dæmoni dedicata ab hominibus, factum non statim abjecerint, vel sacerdotibus hæc destruentibus prohibuerint, datis fidejussoribus non aliter descedant nisi in nostris obtutibus presententur qualiter in sacrilegis Dei injuria vindicetur, nostrum est pertractandum, et quia fides nostra ut verbo de altario sacerdote faciente quæcumque de Evangelio, prophetis vel apostolo fuerit adnuntiatum, in quantum Deus dat intellectum, ad nos querimonia processit multa sacrilegia in populo fieri, unde Deus lædatur, et populus, per peccatum declinet ad mortem, noctes pervigiles cum ebrietate, scurrilitate, vel canticis, etiam in ipsis sacris diebus, pascha, natale Domini, et reliquis festivitatibus, vel adveniente die dominico bansatrices (3) per villas ambulare.

Hæc omnia unde Deus agnoscitur lædi, nullatenus fieri permittimus. Quicumque post commonitionem sacerdotum, vel nostrum præceptum sacrilegia ista perpetrare præsumpserit, si

---

(1) Baluze l'attribue à Clotaire II, dom Bouquet à Childebert Ier. Nous l'avons, par erreur, attribuée à Clotaire, n° 9, p. 21, 1er vol. de cette Collection.

Il est présumable que cette loi appartient à Childebert Ier, par ce passage du préambule de la loi salique : *Quidquid Theodoricus Rex propter vetustissimam paganorum consuetudinem, emendare non potuit, posteà* (Childebert survécut à Thierry son frère) *Childebertus Rex inchoavit corrigere, sed Chlotarius Rex perfecit.*

Cette présomption est encore fortifiée par l'art. dernier du décret de 552, qui porte que Childebert était très zélé pour la propagation de la religion catholique, et grand ennemi du paganisme, c'est-à-dire de la foi de ses ancêtres.

(2) Quoiqu'elle ne soit pas en forme, elle appartient à un sujet trop important pour que nous l'omettions. (Isambert.)

(3) Ce sont des danseuses. (Ducange, Glossaire.)

servilis persona est, centum ictus flagellorum ut suscipiat jubemus. Si verò ingenuus aut honoratior fortasse persona est, districta inclusione digna, sunt hi autem in penitentiam redigendi, ut qui salubria et à mortis periculo revocantia audire verba contemnent cruciatus saltem corporis, eos ad desiderandam mentis valeat reducere sanitatem.

Constitution générale (1) *de Clotaire Ier, sur l'observation des lois, les formes du jugement, le droit de défense, les lois personnelles, le recours au prince contre la violation des lois, la responsabilité des juges, la liberté des mariages; sur le vœu de chasteté, les enterremens, la dîme, les dons faits aux églises, la prescription de trente années.*

Vers 560. (Recueil des Histor., IV, 115. — Baluze, I, 7.)

Clodachabius (2), Rex Francorum omnibus agentibus.

Usus est clementiæ principalis, necessitatem provincialium vel subjectorum sibi omnium populorum provida sollicitius mente tractare, et pro quiete eorum, quæcumque justè sunt observanda, indita in titulis constitutione conscribere; quibus quantùm plus fuerit justitiæ atque integritatis impensum, tantùm proniùs amor devotionis incumbit. Ideòque per hanc generalem auctoritatem præcipientes jubemus;

Art. 1. Ut in omnibus causis antiqui juris forma servetur et nulla sententia à quolibet judicum vim firmitatis obtineat, quæ modum legis atque æquitatis excedit.

2. In parentum ergo successionibus quidquid legibus decernitur, observetur, omnibus contrà impetrandi aliquid licentia derogata : quæ si quolibet ordine impetrata fuerit vel obtenta, à judicibus repudiata, inanis habeatur et vacua.

3. Si quis in aliquo crimine fuerit accusatus, non condemnetur penitùs inauditus : sed si in crimine accusatur, et habita dis-

---

(1) Clotaire avait alors réuni sous sa domination tous les États de Clovis son père. (Isambert.)

(2) Clovis est appelé *Chlodovechus*. V. sur l'usage de ces consonnes barbares nos observations sur les diplômes de la première race, dans les prolégomènes de ce Recueil. Théodoric, dans deux lettres adressées à Clovis, en 496 et 498, l'appelle Luduin. Théodoric occupait alors le trône d'Occident et la capitale des Césars, et il affectait le style romain. Luduin, ou Louis, est en effet l'abréviation de Chlodovech; ainsi c'est à tort qu'on a donné à Louis le Débonnaire le nom de Louis Ier. (*Idem*.)

cutione fuerit fortasse convictus, pro modo criminis sententiam excipiat ultionis.

4. Inter Romanos negotia causarum Romanis legibus præcipimus terminari.

5. Si quis auctoritatem nostram subreptitiè contra legem elicuerit, fallendo principem, non valebit.

6. Si judex aliquem contra legem injustè damnaverit, in nostri absentia ab episcopis castigetur, ut quod perperè judicavit, versatim meliùs discussione habita, emendare procuret.

7. Nullus per auctoritatem nostram matrimonium viduæ vel puellæ sine ipsarum voluntate præsumat expetere; neque per suggestiones subrepticias rapiantur injustè.

8. Sanctimoniales nullus sibi in conjugium audeat sociare.

9. Ut auctoritates cum justitia et lege competente in omnibus habeant stabilem firmitatem, nec subsequentibus auctoritatibus contra legem elicitis vacuentur.

10. Ut oblationes defunctorum ecclesiis deputatæ, nullorum competitionibus auferantur, præsenti constitutione præstamus.

11. Agraria, pascuaria, vel decimas porcorum, ecclesiæ pro fide nostræ devotione concedimus, ita ut actor aut decimator in rebus ecclesiæ nullus accedat; ecclesiæ vel clericis nullam requirant agentes publici functionem, qui avi vel genitoris aut germani nostri immunitatem meruerunt.

12. Quæcumque ecclesiæ vel clericis aut quibuslibet personis à gloriosæ memoriæ præfatis principibus munificentiæ largitate conlata sunt, omni firmitate perdurent.

13. Quicquid ecclesia, clerici vel provinciales nostri, intercedente tamen justo possessionis initio, per trigenta annos inconcusso jure possedisse probantur, in eorum ditione res possessa permaneat : nec actio tantis ævi spatiis sepulta, ulteriùs contra legum ordinem sub aliqua repetitione consurgat, possessione in possessoris jure sine dubio permanente.

Provideat ergo strenuitas universorum judicum ut præceptionem hanc sub omni observatione custodiant : nec quicquam aliud agere aut judicare quàm ut hæc præceptio secundùm legum romanarum seriem continet, vel sexus (1) quarumdum gentium justa antiqui juris constitutionem olim vixisse dinoscitur, sub aliqua temeritate præsumant.

---

(1) Il faut peut-être lire *secus quàm*. (Baluze.)

ÉDIT ou DÉCRET (1) *du Roi Gontran, sur l'observation des fêtes et dimanches* (2).

Péronne, second concile de Mâcon, novembre 585, an 24 du règne.

(Recueil des Histor., p. 116. — Baluze, I, 9.)

Guntramnus, Rex Francorum, omnibus pontificibus ac universis sacerdotibus, et cunctis judicibus in regione nostrâ constitutis.

Per hoc supernæ majestatis auctorem, cujus universa reguntur imperio, placare credimus, si in populo nostro justitiæ jura servamus, et ille pius pater et dominus, qui humanæ fragilitatis substantiam suo semper adjuvare consuevit auxilio, melius dignabitur cunctorum necessitatibus quæ sunt opportuna concedere quos cognoscit præceptorum suorum monita custodire. Dum pro regni ergo nostri stabilitate, et salvatione regionis, vel populi sollicitudine attentius pertractaremus, agnovimus infra regni nostri spatia universa scelera, quæ canonibus et legibus pro divino timore puniri consuerant suadente adversario boni operis perpetrari; et ex hoc procul dubio indignatione cœlesti per diversas sœculi tempestates homines ac pecora aut morbo consumi censentur aut gladio, dum divina judicia non timentur, atque ita fit ut admittendo illicita per ignorantiam multi depereant, et non solum præsentem vitam celeriùs cogantur amittere, sed et inferni supplicia sustinere.

Ad vos ergo, sacrosancti pontifices, quibus divina clementia potestatis paternæ concessit officium, inprimis nostræ serenitatis sermo dirigitur, sperantis quòd ita populum vobis providentia divina commissum frequenti prædicatione studeatis corrigere, et pastorali studio gubernare, quatenus dum universi diligendo justitiam conversatione præcipua cum omni honestate studuerint vivere, meliùs, cuncta rerum adversitate remota, cœlesti beneficio concedatur tranquillitas temporum, et congrua salvatio populorum. Et licet absque nostra admonitione ad vos specialiter prædicandi causa pertineat; attamen reliquorum peccatis vos omninò credimus esse participes, si filiorum vestrorum culpas non assidua objurgatione corrigitis sed silentio præteritis. Nam

---

(1) Cette pièce nous est parvenue avec tous les signes d'authenticité. (Isambert.)
(2) V. la loi du 18 novembre 1814, et les ordonn. de Charles IX, 14 juin 1566; de Louis XIV, 16 décembre 1698 et 18 mai 1701; Louis XV, 18 décembre 1751 et la loi de 1802, organique du concordat. (Isambert.)

nec nos, quibus facultatem regnandi superni regis commisit auctoritas, iram ejus evadere possumus, si de subjecto populo sollicitudinem non habemus.

Idcircò hujus decreti ac definitionis generalis vigore DECERNIMUS ut in omnibus diebus dominicis, in quibus sanctæ ressurrectionis mysterium veneramur, vel in quibuscunque reliquis sollennitatibus, quando ex more ad veneranda templorum oracula universæ plebis conjunctio devotionis congregatur studio, præter victum quem comparare convenit, ab omni corporali opere suspendantur, nec ulla causarum præcipuè jurgia moveantur.

Sed vos, Apostolici pontifices, jungentes vobiscum consacerdotes vestros et filios seniores ecclesiæ, ac judices locorum, quoscumque agnoscitis quod vitæ qualitas honesta commendat, ita universam populi multitudinem constanti vel Deo placita jugiter prædicatione corrigite, ut et bene viventes mysticus adhortationis sermo mulceat, et excedentes ad viam recti itineris correctio pastoralis adducat; quatenus omnes unanimi deliberatione laudabiliter studeant vivere, vel æquitatem et justitiam conservare, qualiter ab omni peccatorum fæce liberos suos sancta suscipiat ecclesia Christianos. Enimverò quicumque sacerdotum aut sæcularium intentione mortifera perdurantes, crebius admoniti, emendare neglexerint, alios canonica severitas corrigat, alios legalis pæna percellat: quoniam nec innocentes potest reddere collata securitas liberos, nisi culparum probatio punierit criminosos: nec minor est pietas protervos conterere, quàm relevare compressos.

Convenit ergo ut justitiæ et æquitatis in omnibus vigore servato, distringat legalis ultio judicum, quos non corrigit canonica prædicatio sacerdotum. Quo fiat ut dum præterita resecantur scelera, nullus audeat perpetrare futura, et ita universos excedentes pro disciplinæ tenore servando correctionis fræna constringant, ut in universa regione nostra pacis et concordiæ jura proficiant.

Cuncti itaque judices justa, sicut Deo placet, studeant dare judicia. Nam non dubium est quòd acriùs illos condemnabit sentencia nostri judicii, à quibus non tenetur æquitas judicandi. Non vicarios aut quoscumque de latere suo per regionem sibi commissam instituere vel destinare præsumant, qui, quod absit, malis operibus consentiendo, venalitatem exerceant, aut iniqua quibuscunque spolia inferre præsumant. Clericorum transgressiones cùm adversario instigante contigerint, quatenus illis pro divino amore reverentia major impenditur. tantùm convenit ut acriùs resecentur; quoniam si sancti pastores, aut instituti judices, quod nefas est, subjectorum suorum scelera occultare quam resecare tentaverint, se ex hoc amplius reos esse vel noxios non ignorant.

Cuncta ergo quæ hujus edicti tenore decrevimus, perpetualiter volumus custodiri, quia in sancta synodo Matisconensi hæc omnia, sicut nostis, studuimus definire, quæ præsenti auctoritate vulgamus.

Subscriptio domini Gunthramni regis, Perrunas.

Data sub die IV idus novemb. anno XXIV regni suprascripti regis.

ORDONNANCES DES VALOIS.

SUITE DU RÈGNE DE CHARLES VI.

RÉGENCE DU DUC D'ORLÉANS.

GOUVERNEMENT DU DUC DE BOURGOGNE (1).

N°. 273. — LETTRES *par lesquelles le Roi autorise la Reine Isabelle, quoique mineure, à donner quittance de sa dot au nouveau Roi d'Angleterre.*

3 juin 1401. (Rymer, tom. VIII, 198.)

N°. 274. — LETTRES *donnant au prévôt de Paris juridiction sur tous les malfaiteurs du royaume* (2).

Paris, 21 juin 1401. (C. L. VIII, 443.) Publiées au Châtelet le même jour.

CHARLES etc. Comme nous ayons entendu par la clameur de plusieurs noz subgiez, que en plusieurs et diverses parties de

---

(1) Le duc d'Orléans s'empara du pouvoir cette année ; il profita de la maladie du Roi et du départ du duc de Bourgogne pour son gouvernement. Mais la santé du Roi s'étant rétablie, il y eut, dit *Villaret*, un grand conseil où l'on décida, au contraire, que le duc de Bourgogne gouvernerait toutes les fois que le Roi serait malade. (T. XII, 348 et 352.) Villaret n'indique pas la date de cet acte du conseil ; il cite seulement les registres du parlement, année 1401 ; nous les avons parcourus à la Cour de cassation, et nous n'y avons rien trouvé. (Isambert.)

(2) Aujourd'hui, les mandats d'amener, de comparution, de dépôt et d'arrêt de tous les juges d'instruction, sont exécutoires dans tout le royaume, art. 98 du Code d'instruction criminelle. Mais alors il y avait des justices seigneuriales. (Isambert.)

nostre royaume, tant ès fins et mettes de la prévosté de Paris, des bailliages de Vermandoiz, d'Amiens, de Senz, de Rouen, de Senliz, de Meaulx, de Meleun, de Chartres, de Mante, comme ès parties de Normandie, de Picardie, et aillieurs oudit royaume, soient, repairent, voisent, viengnent et conversent plusieurs larrons, murdriers, espieurs de chemins, ravisseurs de femmes, violeurs d'églises, bateurs à loyer, cabuseurs, joueurs de faulx dez, trompeurs, faulx-monnoyers et autres malfaicteurs, leurs associez, recepteurs et complices, lesquelz de jour en jour font, commettent et perpètrent plusieurs murdres, larrecins, homicides, ravissemens de femmes, violacions d'églises, mutilacions et navreures énormes, cabuseries et autres grans crimes, maléfices et déliz, dont et pour lesquelz punicion capital ou autre, par bonne justice se doit ensuir en leurs personnes; et se transportent malicieusement de jour en jour, de lieu en autre, en plusieurs et diverses jurisdiccions esquelles le prévost de Paris à cause de son office, ne pourroit faire prise ne prendre punicion d'iceulx malfaicteurs, sens préjudice de noz autres officiers ou haulx justiciers, se sur ce n'avoit povoir et mandement de nous:

Savoir faisons, que nous non voulans telz crimineux demeurer impuniz de leurs maléfices, eue consideracion aux choses dessus dictes, desirans sur toutes choses bonne justice estre faicte partout nostre dit royaume, acertenez de la prudence et affectueuse voulenté que a à bonne justice faire nostre amé et féal chevalier, conseiller et chambellan Guillaume de Tignonville prévost de Paris pour nous,

Ycellui avons COMMIS, ORDENÉ et ESTABLY, et par ces présentes commettons, ordenons et establissons refformateur, juge et commissaire espécial en ceste partie, et lui donnons plain povoir, auctorité et espécial mandement de prendre et faire prendre par-tout nostre dit royaume yceulx malfaicteurs, en quelque lieu et jurisdiction que trouvez pourront estre, hors lieu saint (1), et de yceulx mettre et faire mettre ès prisons plus prouchaines des lieux où ils auront esté et seront prins, pour estre amenez prisonniers en nostre Chastellet de Paris ou aillieurs, là où il et ses commis verront estre expédient; de enquerir et savoir par lui et sesdiz commis, de leurs vies, estaz et gouvernemens;

---

(1) Le droit d'asile est très ancien en France. *V.* préface de la 3e livraison. (Isambert.)

Et se par leurs confessions ou autrement deuement, ilz les treuvent coulpables ou crimineux, de les punir et faire exécuter selon leurs démérites, en telz lieux et justices comme bon leur semblera, oudit royaume; et se aucun d'iceulx malfaicteurs se met à deffense, ou se constitue rebelle ou désobéissant contre lui ou ses diz commis et députez, que il face tant que à nous soit obéy et que la force en soit à nous.

Si donnons en mandement, en commandant à tous les justiciers, officiers et subgiez de nostre dit royaume, que à nostre dit prévost, sesditz commis et à ses mandemens et commissions en ceste partie, et chascun d'eulx, obéissent et entendent diligemment, et leur prestent conseil, confort, aide et prisons, se mestier en ont et requis en sont.

En tesmoing, etc.

Par le Roy, à la relacion du conseil des lays.

Publiées en jugement et ès auditoires du Chastellet de Paris

N°. 275. — MANDEMENT *portant que les biens dotaux et paraphernaux des femmes ne peuvent être saisis pour les dettes du mari, auxquelles elles ne se sont pas obligées.*

Paris, 11 juillet 1401. (C. L. VIII, 449.)

KAROLUS etc. Senescallo Bellicadri, nec non vicario et judici Usetici, ceterisque justiciariis et officiariis nostris, vel eorum locatenentibus : salutem.

Auditâ supplicatione (1) pro parte Marguarite uxoris Baudeti Sontani, nobis exhibitâ, continente, quod cùm de ratione et jure scripto quo illa patria gubernatur, bona dotalia et parafernalia (2) alicujus mulieris, pro debitis sui viri minimè obligata seu ypothecata, capi, vendi, aut distrahi non debeant quoquomodo, fructibus ipsarum rerum dotalium quos maritus suos facit, dumtaxat exeptis; nichilominus vos seu alter vestrum, bona dotalia, mobilia vel immobilia, ipsius supplicantis, pro debitis propriis sui viri, pro quibus ipsa bona dotalia vel parafernalia minimè obligata vel ypotecata existunt, ad requestam creditorum sui viri predicti, capitis et alienatis, seu capi facere, alienare et distrahere nitimini, et jactatis inde-

---

(1) C'est un rescrit du prince. (Isambert.)
(2) V. les art. 1554, 1574 et suiv. du Code civ. V. L. 9, § 3, D., *de Jur. dot.*, et L. 31, § 1, D., *de Donat.* (Decrusy.)

bitè et injustè, ac in ipsius supplicantis grande dampnum et prejudicium, sicut dicit, nostrum remedium super hoc implorando.

Hinc est quòd attento quòd magnus favor debetur mulieribus in earum dotibus conservandis, et ne in ipsarum rerum dotalium alienatione remaneant indotate, vobis et vestrûm cuilibet, prout ad eum pertinuerit, districtè precipimus et MANDAMUS,

Quatenus bona dotalia vel parafernalia, mobilia vel immobilia, dicte supplicantis, pro debitis viri sui minimè ypotecata vel obligata, ad requestam creditorum ipsius viri minimè capiatis, vendatis seu distrahatis, capere, vendere aut distrahere faciatis vel permittatis; quinymo facta in contrarium, si que sint vel fuerint, revocetis, et ad statum pristinum et debitum reducatis seu reduci faciatis indilatè, ministrantes in casu oppositionis, partibus auditis, summariè et de plano et sine strepitu judicii et figura, bonum et breve justicie complementum : quam sic fieri volumus, et dicte supplicanti concessimus, et concedimus de gracia speciali per presentes (1), litteris subreptitiis ad hoc contrariis non obstantibus quibuscumque.

Per Regem, ad relationem consilii.

N°. 276. — LETTRES *portant constitution d'un apanage réel au second fils du Roi* (2), *avec clause de reversion à la couronne, au cas d'extinction de sa postérité masculine et légitime.*

Paris, 12 juillet 1401. (C. L. VIII, 450.)

CHARLES etc. Nous considérans que à noz enffanz que Dieu nous a donnez, nous sommes tenus par droit de nature pourveoir de seignories, terres e revenus telles que ilz en puissent avoir et tenir leurs estats telz comme à enffans de Roy de France appartient, et pour ce voulans, tant comme il plaist à nostre Seigneur nous tenir en ceste vie mortelle, pourveoir à nostre très-chier et très-amé fils second né Jehan de France, de appanage convenable pour lui et son estat, à icellui nostre filz, pour lui et ses hoirs masles descendans de son corps en loyal

---

(1) La loi n'est donc pas générale ; elle se réfère aux lois romaines, qui étaient en vigueur dans les pays de droit écrit. (Isambert.)

(2) Il est mort en 1416. *V.* note sur l'ordon. de novembre 1386, p. 614, tom. 6. *(id. m.)*

mariage, et pour les hoirs masles procréez et descendans d'iceulx hoirs masles, en loial mariage et directe ligne, avons donné, baillié, cédé et transporté, donnons, baillons, cédons et transportons pour sondit appanage, notre duchié de Touraine, avecques la cité de Tours, et toutes les villes, chasteaulx, chastellenies, maisons, manoirs, hostelz, fours, moulins, granges, coulombiers, et autres édiffices, terres, vignes, prez, pasturages, champs, forests, bois, gareanes et autres possessions et héritaiges, vassaulx, hommes, hommaiges, fiefs, arrièrefiefs, cens, rentes, revenus, servitutes, devoirs, émolumens et prouffis, juridicions, et justices haultes, moiennes et basses, mères et mixtes imperes, collacions, présentacions, droits de patronnages de bénéfices d'église, droiz, usaiges, libertéz, franchises, et autres quelzconques appartenances et appendences de nostredit duchié de Touraine, en quelzconques choses et lieux qu'ilz soient, et par quelque manière que ilz soient nommez et dits, exceptez toutesvoyes les chastel et chastellenies de Lodun et ses appartenances, lesquelz tient à présent nostre très-chier et très amé cousin Loys Roy de Jerusalem et de Sicile, par don et octroy royal, et soubz certaine forme et condicions, et reservez et saufs aussi à nous et à noz successeurs Rois de France et à la couronne, les fois et hommaiges liges, les souveraineté et ressort, et autres droits royaulx, oudit duchié de Touraine, et ès villes, chastiaux, chastellenies, appartenances et appendences d'icellui, avecques les gardes de l'église cathédral de Tours, et des autres églises estans de fondacion royal, de pariage, et tellement privilégiées que elles ne pevent ou doivent estre séparées de nostredicte couronne, à les avoir, tenir et posséder par ledit Jehan nostre second filz et sesdis hoirs masles d'iceulx descendans par directe ligne, et procréez en loial mariage, en parrie et comme pers de France, et à telles et semblables noblesses, prérogatives, franchises et libertez comme les autres pers de France tiennent leurs parries, et comme ilz joïssent et usent ou ont accoustumé joïr et user à cause de leurs dittes parries, et à en joïr et user par eulx comme de leur propre héritaige perpétuelment et hérédiiablement par la manière dessus devisée, sauves les excepcions et réservacions dessusdictes;

Et aussi parmi ce que se il advenoit que nostredit filz ou sesdis hoirs masles alassent de vie à trespassement sans hoirs masles descendans par ligne directe masculine de nostredit filz, et procréez en loial mariage, et que la lingne directe masculine de nostredit fils deffaillist ou temps advenir, ledit duchié de Touraine avecques toutes les villes, chasteaulx, chastellenies, appartenances et appendances d'icellui, reviendront et retourneront de plain droit à nous et à nos successeurs Rois de France, et à ladicte couronne, et avecques ce que nous porrons avoir et aurons ou dit duchié ung bailli pour les terres et subgez exempz, qui sera dit et appellé le bailli des exempcions, et tendra son siége et sa jurisdiccion à Tours ès lieux exemps, et aussi à Chinon.

Sy donnons en mandement, etc.

Par le Roy, en son conseil, ouquel mons. le duc de Berry, le vidame de Lannois et plusieurs autres, estoient.

N°. 277. — QUITTANCE *donnée par la Reine Isabelle au Roi d'Angleterre (Henri IV, usurpateur), successeur de son mari, Richard II, pour la restitution de sa dot.*

1er août 1401. (Rymer, tom. VIII, 217.)

N°. 278. — LETTRES *portant que les acheteurs de vins* (1) *seront contraignables par corps, et ne pourront faire cession de biens.*

Paris, 23 décembre 1401. (C. L. VIII, 481.)

CHARLES, etc. Savoir faisons à tous présens et avenir, que oye l'umble supplicacion des vendeurs de vins de nostre bonne ville de Paris, contenant que ja soit ce que à cause de leurs offices de vendage, ilz soient tenuz et astrains de délivrer les marchans pour lesquelz ilz font leurs ventes, et yceulx contenter et paier tantost et sanz délay, après ce que leurs dictes ventes sont parfaites; et à ce faire et accomplir soient contrains par prinse de corps et de biens, et leurs pleiges aussi, jusques aux sommes dont ilz les ont plegiez; néantmoins pluseurs personnes eulx disans marchans ou taverniers, (marchandes ou tavernières,) sont venuz et viennent de jour en jour aux b

---

(1) Le même principe existe aujourd'hui à l'égard de ceux qui achètent pour revendre. Les autres ne seraient contraignables par corps que pour croquerie, prévue en l'ordonnance. (Isambert.)

teaux en grève, et ès lieux où l'en vent les vins, tant en celliers comme ailleurs, pour les marchans forains et pour ceux de Paris, qui ont acoustumé exercer le fait de la marchandise de vins, et cautement et frauduleusement ont prins et acheté, prennent et achetent d'iceulx vendeurs grant quantité de vins, affermans que ilz les veulent mener en certains lieux, tavernes et rues où ilz se dient avoir leur demeure, pour les vendre à détail en taverne ou autrement; et pour mieux coulourer leur frauduleuse entencion, se nomment seigneurs propriétaires desdiz lieux et tavernes, lesquelz vins ainsi prins et achetez desdiz (vendeurs,) aucuns d'iceulx (eulx disans marchans,) ont mené à l'estape ès halles de nostredicte ville, ou lieu accoustumé à vendre vin en gros ou ailleurs, et là les ont venduz à tel pris comme bon leur a semblé, ou en ont fait à leur plaisir, et les ont appliquez à leur singulier prouffit, sans en faire aucune satisfacion (aux vendeurs) dessusdiz; les autres ont latité et mucié leurs biens, et transporté frauduleusement ès mains d'autruy, pour délaier le paiement des diz vins; et aucuns des autres se sont absentez et absentent chascun jour, et telement en ont disposé et disposent, que yceulx (vendeurs) par teles fraudes et cauteles ont esté moult dommagez et intéressez; et aucuns d'eulx par ce sont telement décheus de leurs chevances, que ilz sont en voye d'estre du tout désers et destruis; laquele chose est de très-mauvais exemple, et pourroit tourner à la destruccion de tous lesdiz (vendeurs et marchans) ou temps avenir, se par nous ne leur estoit sur ce pourveu de remède convenable, si comme ilz dient, requerans humblement ycellui.

Nous voulans obvier à teles fraudes et malices, et pourveoir à la chose publique et au bon gouvernement de nostre dicte ville de Paris, et en faveur de la marchandise, avons ordené et ORDENONS, et (aux vendeurs) dessusdiz avons octroyé et octroyons de grace espécial par ces présentes,

Que ilz puissent contraindre et faire contraindre tous ceulx à qui ilz vendront d'ores en avant et ont vendu ou temps passé lesdiz vins, tant des marchans forains comme des marchans d'icelle ville de Paris (qui ont acoustumé eulx entremettre de marchandise de vin,) à paier ce que ilz en doivent et devront, en la forme et manière que ont accoustumé faire les vendeurs de poisson de mer ès halles de Paris, des debtes à eulx deues à cause des poissons qu'ilz vendent pour les marchans de mer; c'est assavoir, que yceulx (vendeurs) les puissent contraindre et faire contraindre par prinse de corps et de biens à ce faire; sanz ce toutesvoyes que les diz débteurs à cause d'icelles debtes, soient receuz à abandonnement en aucune manière.

Si donnons en mandement à nostre prévost de Paris, à nostre amé maistre Jehan Ailgembourse garde de la prévosté des marchans de nostre dicte ville de Paris, et à tous noz autres justiciers et officiers présens et advenir, ou à leurs lieuxtenans, et à chascun d'eulx, si comme à lui appartendra, que de nostre présente grace et octroy facent, sueffrent et lessent (lesdiz vendeurs) joir et user paisiblement et à plein, en faisant tenir et garder nostre ordonnance dessusdicte de point en point selon sa forme et teneur, par tous ceuls à qui il appartendra, et en la faisant publier et enregistrer ès livres des ordenances de nostre Chastellet, (et du parlouer aux bourgoiz) de nostre dicte ville de Paris, et ailleurs où il sera à faire.

Et que ce soit ferme chose et estable à tousjours, nous avons fait mettre à ces lettres nostre séel : sauf en autres choses nostre droit, et l'autruy en toutes.

N°. 279. — *Lettres d'évocation sur un conflit de juridiction entre le parlement et la chambre des comptes.*

Paris, 21 février 1401. (C. L. VIII, 485.)

CHARLES, etc. A noz amez et féaulx gens de nostre parlement, salut et dilection.

Nous avons entendu que soubz umbre de certaine appellation que se dit avoir faite à vous maistre Jehan Daiguy, contrerolleur de nostre chambre aux deniers, de nos amez et féaulx gens de nos comptes, touchant le fait de nostre dite chambre, et maistre Emery Tesson, clerc d'icelle chambre, vous, non obstant certain appointement fait par nos très-chiers et très-amez oncles et frere, en la présence de nostre grant conseil, par lequel appointement avoit esté ordonné que l'adjornement ou cas d'appel par vous sur ce commandé au pourchaz et requeste dudit Daiguy, ne seroit point scellé, et que la chose seurserroit en estat jusques nosdites gens des comptes eussent esté sur ce oyz par nous ou nosdiz oncles et frere, en nostre grant conseil, vous avez ledit adjornement fait faire de vive voix et nos lettres; mais qui plus est, non contrestant certain autre appointement arrière et de rechef sur ce fait par nosdiz oncles et frere en nostredit grant conseil, que plus avant n'y feust procédé jusques à certain jour qui encore est à venir, pendant lequel noz dites gens des comptes devoient et doivent estre oiz, vous avez de fait oïz lesdits Daigny et Tesson eu ladite besoigne, et sur ce fait tel appointement que bon vous a semblé; laquelle chose est moult estrange, considéré ce qui est dit, et nous eu desplaist fortement, s'il est ainsi.

Pour ce est-il que nous volons en nostre propre personne cognoistre de cette besoigne, mesmement qu'elle touche et regarde très-fort le fait, estat et honneur de nostredite chambre, et pour certaines causes et considerations qui à ce nous meuvent, l'avons advoquée et advoquons à nous en quelque point ou estat qu'elle soit, et vous en deffendons et interdisons la court et congnoissance (1).

Mandons aussi et très-expressément deffendons par ces mesmes présentes, à nosdits gens des comptes, et pour certaines causes, que cette matière ne soit par eulx ouverte ne poursuye comment que ce soit, autre part que pardevant nous.

N°. 280. — ORDONNANCE *portant révocation des engagemens de biens domaniaux faits depuis l'avénement du Roi, contrairement à son serment, et déclaration qu'il n'en sera plus fait à l'avenir que pour les apanages des princes* (2).

Paris, dernier février 1401. (C. L. VIII, 484.) Publiée en parlement le 17 avril 1402.

CHARLES, etc. Le principal regart et considération de nostre pensée, est et doit estre après acquerir l'amour de nostre S.

---

(1) Si un appel était porté devant la cour de Paris, contre un arrêt de la cour des comptes, il serait encore aujourd'hui procédé de même. Le préfet de la Seine devrait élever le conflit, et le conseil d'État en retiendrait la connaissance; car il est Cour de cassation à l'égard de la Cour des comptes. (Isambert.)

(2) La solennité de cette ordonnance, et les moyens indiqués pour remédier à la violation du principe de l'inaliénabilité du domaine, nous portent à en donner le texte.

Dans un pays où le Roi réunit tous les pouvoirs, il n'y a point de concessions irrévocables, parce que l'autorité royale peut toujours être surprise. Aussi ce principe a existé jusqu'à la révolution de 1789, et l'Assemblée constituante, vaquer et entendre au bon gouvernement de nostre royaume, et à garder et conserver en bon estat les droiz de nostre couronne et de nostre demaine, sans les diminuer ne souffrir estre diminuez aucunement; car tant comme noz diz droiz et demaine demourront entiers et seront bien gardez et soustenuz, nous pourrous tant mieulx supporter les grans charges qui chascun jour nous surviennent pour soustenir les grans faiz de nostredit royaume, et préserver noz subgez de griefves exaccions, et les gouverner et garder en bonne justice et en transquilité paisible;

Et pour ce nous recordans et aians en nostre mémoire les glorieux et notables faiz de pluseurs noz prédécesseurs roys de France, qui ont acreu, tenu et gardé ensemble en leurs temps les diz droiz de nostre couronne et le demaine de nostredit royaume, sans les diminuer ne départir, ne souffrir estre diminuez ne départiz, fors quant il est avenu que ilz en ont baillé par appanage (1) aucune partie à aucuns de leurs hoirs masles, quant le cas y est escheu; et mesmement que feux noz très-chers seigneurs ayeul et pere que Dieux absoille, pour ce qu'ilz trouverent que paravant leur temps, par aucuns leurs prédécesseurs avoit esté ledit demaine aucunement autrement que dessus est dit, diminué, aliéné et départi, révocquèrent et adnullèrent chascun en son temps, tous dons et aliénations qui avoient esté faiz et faites par avant jusques alors, de quelconques terres, rentes et revenues, justices et seignouries, et autres choses appartenans audit demaine; lesqueles révocation et adnullation ilz firent mettre à exécution et effect, et fu reäüni ledit demaine, et ainsi a demouré par aucun temps:

Considérans aussi que quant nos prédécesseurs ont esté sacrez et enoincts en roys, et aussi nous quant nous le feusmes, ils ont juré et aussi jurasmes (2) nous moult solennelment, présens à ce les pers, pluseurs prélaz et autres princes de nostredit royaume, garder lesdiz droiz de nostredicte couronne, et aussi ledit demaine entier, et non le aliéner ne départir en aucune manière, et

---

en ordonnant la révision de toutes les faveurs, n'a fait qu'user d'un droit reconnu dans la monarchie.

Le domaine était inaliénable, parce que nos Rois n'avaient pas d'autre revenu fixe. *V*. note sur l'ordon. de juillet 1364, p. 217, tom. V, et Nouv. Rep. V°. Domaine, § 2. (Isambert.)

(1) Cette exception est aussi contenue dans l'ordon. de 1506. (*Idem*.)
(2) *V*. ce serment p. 240, tom. V. (*Idem*.)

readmender, readjoindre et reaünir ce qui en seroit aliéné, et que depuis que nous receusmes ledit sacre (1), nous qui lors estions de moult jeune aage, et qui encore ne avions mie considération à si grans faiz, avons donné par inadvertence et par importunité de requerans, aucunes seignouries, terres, possessions, justices, rentes, revenués, et autres choses qui estoient dudit demaine, à pluseurs personnes, les aucunes ou aucuns à héritaige à tousjours perpétuelment, et les autres à vie ou à voulenté, dont, comme nous nous sommes apperceuz et appercevons de présent, lesdiz droiz de nostredicte couronne et nostredit demaine sont moult grandement diminuez et appéticiez, et encores le pourroient plus estre ou temps avenir, à la grant charge de nostre ame, et au grant dommage de nous et de nostredit Royaume, se par nous ne estoit sur ce pourveu de brief remède :

Savoir faisons à tous présens et avenir, que nous qui desirons ensuir, comme raison est, les bonnes ordenances de nozdiz prédécesseurs, et espécialement de nozdiz seigneurs ayeul et pere, lesqueles ont esté par eulx faictes à la conservacion des droiz et demaines dessusdiz, et qui voulons garder nostredit serement, lequel nous feismes à nostredit sacre si solennelment comme dessus est exprimé, eue sur ces choses grant et meure délibération, tant avecques noz très-chiers et très-amez oncles et frère, les ducs de Berry, de Bourgogne, d'Orléans et de Bourbon, et autres de nostre sang, comme avecques pluseurs autres notables personnes de nostre conseil, par l'avis et détermination desquelx nous avons trouvé et sceu que considéré nostredit serement, telx dons ne telles aliénations ne pevent, ne doivent de raison sortir aucun effect, ne ne les povons ne devons aucunement tolerer, sauve nostre conscience;

Et pour ce voulans à ce pourveoir au bien de nous, de noz successeurs et de nostredit royaume, et à la descharge de nostredicte ame qui pour la transgression de nostredit serement, pourroit encourir, que Dieu ne vuille, grant charge envers nostre S. avons ordené et ordenons par la délibération des dessusdiz,

Que d'oresénavant pour quelconque cause que ce soit, ne à quelque personne de quelque auctorité ou prééminence que elle use, nous ne ferons aucuns dons à vie, à héritage ne à voulenté, de quelconques terres, seignouries, possessions, rentes, reve-

---

(1) On n'a pu trouver le procès-verbal authentique de ce sacre. (Isambert.)

nues, justices, ne d'autres choses queles que elles soient, appartenans à nous et à nostre demaine, tant de nostre royaume, en quelque partie qu'il se extende, comme de nostre Dalphiné de Viennois, et d'ailleurs en quelque lieu que ce soit, et tant à nostre dit demaine que nous tenons de présent, comme à celui qui nous puet et pourra eschoir et avenir par dons faiz ou à faire à nous, par achaz ou acquisitions par nous fais ou faites ou à faire, ou par successions, forfaictures ou confiscacions avenues ou à venir en quelque manière que ce soit ou puist estré;

Et se par inadvertence ou par importunité de requerans ou autrement, il avenoit que nous en feissions aucunes ou aucuns, nous ne voulons qu'ilz aient aucun effect, et dès maintenant pour lors les décernons estre de nulle valeur;

Et encores par l'advis et délibération dessusdiz, avons révoqué et révocons de nostre certaine science, par ces présentes, tous dons par nous faiz ou temps passé, à vie, à héritage ou à voulenté, à quelques personnes que ce soit et de quelque estat que elles soient, de quelconques terres, seignouries, possessions, rentes, revenues, justices et autres choses appartenans à nous et à nostredit demaine, tant de nostredit royaume, en quelque partie qu'il se extende, comme de nostredit Dalphiné, et d'ailleurs en quelque lieu que ce soit, auquel nostre demaine nous voulons et ordenons comme dessus, que tout ce qui en a esté, comment que ce soit, donné et aliéné, soit réaüni et réadjoint, tout ainsi comme se lesdiz dons ne eussent oncques esté faiz, et ainsi comme paravant lesdiz dons y estoient adjoints et aüniz:

Toutevoies nostre intencion n'est mie quant à présent, de ce que nous en avons baillié, donné et assigné jusques a ores à nostre très-chiere et très-amée compaigne la Royne, à noz trèschiers et très-amez enfans, à nozdiz oncles et frère, et à leurs enfans; ne aussi le don des conté, chastel, ville et chastellenie de Mortaing, fait par nous pour certaines causes et par certaine forme et manière contenues en noz lettres sur ce faictes, à nostre très-chier et très-amé cousin Pierre de Navarre; et aussi ne entendons mie que en icelle ordenance et révocation, soient comprins gages ou rentes à vie ou à voulenté, que prennent par nostre octroy aucuns nos officiers, par les mains du changeur de nostre trésor, ou de noz vicontes et receveurs. Et pour ce que, comme nous a exposé nostredit frere le duc d'Orléans, il a eu trop petites parties de terres pour son appanage, eu regart à ce que nous ne avons plus frere que lui, et aux appanages qui ont esté bailliez tant à feu nostre oncle le duc d'Orléans qui fu seul frere de feu nostre très-cher seigneur et ayeul le roy Jehan que Dieux absoille, comme à feu nostre oncle le roy de Sicile duc d'Anjou, et à nozdiz oncles de Berry et de Bourgongne, nous avons ordené que par nostre conseil soient veues et avisees les terres et seigneuries qui lui ont esté baillées pour sondit appanage, et aussi que nostredit conseil voie et avise les appanages de nozdiz oncles, et tost nous rapportent ce qu'ilz en auront trouvé; et ou cas que nostredit frere ne aura eu aussi grant appanage comme a eu l'un de noz oncles dessus diz, nous lui assignerons et parferons et ferons assigner et parfaire ce qui en defaudra, telement qu'il en devra estre content.

Et afin que cestes noz ordenance et révocation faites par tele et si grant délibération, comme dessus est déclairié, lesquelles nous voulons et décernons valoir et avoir force et vigueur de loy perpétuelle, soient plus fermement tenues, nous avons juré et jurons aux saintes Euvangiles de Dieu par nous touchiées, les tenir et garder, et non faire en encontre;

Et semblablement en nostre présence, par nostre commandement, nozdiz oncles et frere, les autres de nostre sang, noz amez et feaulx connestable et chancelier, et les gens de nostre grant conseil, de nostre parlement et de nostre chambre des comptes, et noz trésoriers, à Paris, estans à présent en moult grant nombre devers nous, les ont jurées tenir et garder, et les aidier à tenir et faire tenir et garder sans faire ne souffrir estre fait aucune chose au contraire.

Si donnons en mandement par ces mesmes lettres à nostredit chancellier, à nozdictes gens de parlement et de nostredicte chambre des Comptes, et nozdiz trésoriers, à tous noz séneschaulx et bailliz, et à tous noz autres justiciers et officiers, ou à leurs lieuxtenans, et à chascun d'eulx, que icelles noz présentes ordenance et révocation, lesquelles nous voulons et décernons avoir force et vigueur de loy perpétuelle, comme dit est, ilz facent crier et publier solennelment par tous les lieux de nostredit royaume où l'en a acoustumé faire criz notables, et la jurer par ceux à qui il appartiendra, et la mettent et facent mettre chascun en droit soy diligemment à exécution.

Et afin que ces choses aient force de perpétuelle fermeté, nous avons fait mettre à ces lettres nostre séel.

Donné à Paris, le derrain jour de février, l'an de grace mil IIII^c et un, et de nostre regne le xxiie.

N°. 281. — LETTRES *par lesquelles le Roi accorde des dispenses d'âge à son fils, dauphin de Viennois, et reçoit son hommage comme duc de Guienne.*

Paris, dernier février 1401. (Mss. de Brienne, vol. 236. — Preuves du Mémoire des pairs, p. 641.)

CHARLES, etc., savoir faisons que aujourd'hui après ce que deliberation de nostre conseil où estoient nos très-chers et très-amez oncles et frère les ducs de Berry, de Bourgongne et d'Orleans, nous avons repeté et repetons nostre très-cher et très-amé fils Louis duc de Guyenne, Dalphin de Viennois, aagé et habile à faire ce qui s'ensuit :

Nostre dit aisné fils nous a fait les foy et sermens qu'il nous est tenu faire, à cause de la duchiée de Guyenne et de toutes ses appartenances, et aussi à cause de la pairie de France qu'il a et tient à cause dudit duché, ausquels foy et hommage nous avons receu et recevons sauf austre droit et l'autruy.

N°. 282. — MANDEMENT *portant que le chancelier de France a droit d'accorder en conseil toutes lettres de grâce et de rémission* (1).

Paris, 13 mars 1401. (C. L. VIII, 491.)

CHARLES, etc. A noz amez et féaulx conseillers les gens tenans nostre présent parlement, et qui tendront ceulx avenir, et les

---

(1) M. *Legraverend*, législat. crimin., 2° édit., chap. 18, s'exprime en ces termes :

« En parcourant les monumens historiques de la France, on voit que les « seigneurs et les grands officiers du royaume s'arrogeaient anciennement le « droit de donner des lettres de grâce, mais qu'une ordonnance de Charles V « (il fallait dire du dauphin), du 13 mai 1359 (nous ne l'avons pas trouvée) « renouvelée en 1449, par Louis XII (Louis XII n'a régné qu'en 1498), leur « défendit de donner de pareilles lettres à l'avenir ; que les Rois ont quelque- « fois conféré et délégué ce pouvoir à des princes de leurs familles ; que, par un « abus de la puissance ecclésiastique, quelques légats et quelques évêques « ont crus autorisés à faire grâce ; mais que ces délégations n'étaient point « reconnues par les parlemens, que des villes mêmes étaient en possession de « ce droit, dont elles usaient à des époques, dans des solennités determinées. » Cet auteur n'a pas parlé du pouvoir du chancelier.

Le droit d'accorder une grâce à une personne condamnée est la marque requestes de nostre palais à Paris; au prévôst de Paris, et à tous noz autres justiciers ou à leurs lieuxtenans : Salut et dileccion.

Nous par noz autres lettres (1), et pour certaines justes causes en ycelles contenues, avons mandé et commis à nostre amé et féal chancelier Arnault de Corbie, chevalier, entre autres choses, que pour et ou lieu de nous, toutesfoiz, et présens telz de nostre grant conseil, et autres qui pour ce seront nécessaires, en tel nombre qu'il lui plaira et bon lui samblera, il tiengne requestes générales, et en ycelles donne et face graces et rémissions de tous cas tant criminelz comme autres quelxconques, à toutes manières de personnes que il lui samblera bon et expédient, et faire octroyer toutes autres graces et besongnes qui ont acoustumé estre faictes et octroyées en requestes générales.

Si vous mandons et à chacun de vous, si comme à lui appartendra, que toutes les graces et rémissions et autres choses quelxconques que nostredit chancelier aura faictes et passées en la manière dessusdicte esdictes requestes générales, vous vérifiez,

---

plus essentielle et la plus considérable de la souveraineté, *Lebret*, Traité de la souveraineté, liv. 4, ch. 7; Bodin, I*er*, p. 173.

On a vu, par beaucoup de pièces, que nos Rois trafiquaient du droit de grâce, et surtout du droit d'abolition, reste de l'ancienne composition des lois des barbares. Lors de la discussion de l'art. 1*er*, tit. 16. de l'ordon. de 1670; le premier président a dit : que les lettres d'abolition n'étaient point autorisées en justice, parce que le mot *abolition* est un terme de puissance absolue, qui fait trembler les lois et suspend les effets de la vengeance publique.

L'art. 13, tit. VII, I*re* partie du Code pénal de 1791 a aboli les lettres de grâce, rémission, abolition et commutation de peine. Ce droit a été rendu au premier consul par l'art. 86 de l'acte du 10 thermidor an X, mais à la charge de l'exercer en conseil privé. Le Roi a repris ce droit sans conseil, art. 67 de la Charte. L'abus des abolitions a reparu.

M. Legraverend, *ibid*, p. 345, à la note, cite une ordon. du 10 août 1814, entérinée le 16 à la Cour de Rouen, où il est dit : « Que les lettres d'abolition, avant le jugement contre lesquelles les magistrats les plus distingués n'ont cessé de réclamer autrefois, sont contraires aux règles, entravent le cours de la justice, et nuisent à l'action des tribunaux ; qu'il n'en est pas ainsi de l'abolition après la condamnation, surtout lorsqu'il s'agit de faits qui n'ont été considérés comme criminels qu'à raison des circonstances. »

Ces paroles royales, dit M. Legraverend, ont proscrit à jamais l'abus intolérable des lettres d'abolition avant le jugement.

Cependant, beaucoup d'officiers généraux, notamment le général Bertrand, ont obtenu des lettres d'abolition, quoique leur condamnation fût nulle de plein droit, étant prononcée par contumace. *V.* sur l'exercice du droit de grâce, l'ordon. du 6 février 1818. (Isambert.)

(1) Elles sont perdues. (Secousse.)

expédier et entériner, tout ainsi et par la fourme et manière que se nous mesmes en nostre personne et en nostre conseil, l'avions fait: car ainsi nous plaist-il estre fait, nonobstant quelxconques ordonnances, mandemens ou défenses à ce contraires.

N°. 283. — CONSTITUTION *portant que le parlement et autres juges, n'obtempéreront pas aux ordres verbaux du Roi* (1), *sur l'élargissement des prisonniers en matière civile et criminelle.*

Paris, avril 1402. (C. L. VIII, 502.) Publiée au Châtelet le 2 mai.

CHARLES, etc. Nous acertenez tant par la relacion de nostre amé et féal chevalier, conseillier et chambellan, seigneur de Tignonville, prévost de Paris pour nous, de nostre procureur général et autres de nostre conseil, comme autrement, que combien que de raison, et par ordonnances royaulx, de tous temps, en espécial des temps de feux de très-nobles et excellens mémoires noz bésayeul, ayeul et pere, ausquelz Dieu pardoint, gardées, observées et usitées, s'il est ainsi que aucun malfaicteur ou autre, informacion précédent, ou autrement à requeste de partie, ou par l'ordonnance ou commandement de nostre court souveraine de paplement, de nostredit prévost de Paris, ou d'aucun ses lieuxtenans, soit prins et emprisonné ès prisons de nostre Chastellet de Paris, ou ailleurs à Paris, pour cas criminel ou civil, ycellui ainsy emprisonné ne puet et ne doit de raison estre prins de fait esdictes prisons par aucuns noz chambellans, secrétaires, huissiers, sergens d'armes, ou autres nos officiers ou autres, quelque commandement de bouche que nous ayans fait ou facions sur ce par importunité, par prières ou autrement, combien aussi que à quelques commandemens ou deffenses de bouche, qui tant sur ce que dit est, comme de nostredicte court (2), nostredit prévost, ses lieuxtenans, ou autres justiciers

---

(1) Tout ordre, même écrit, du Roi, mais non contresigné, n'est pas obligatoire. Ordre de Louis XVI à la garde Suisse, le 10 août 1792. Recueil complet des lois et ordonnances du royaume, année 1818, tab., p. 26, et sa déclaration du 20 juin 1791, à son départ pour Varennes. (Isambert.)

(2) Je crois qu'il manque là quelques mots, et que le sens de cette phrase qui est longue et embrouillée, est, que le parlement et les autres juges ne sont point obligés d'obéir aux ordres verbaux du Roi, portant que les prisonniers

à Paris, tiennent en suspens, diffèrent ou délayent à temps ou autrement, à faire justice et raison ausdiz criminculx, ou autres emprisonnez par la manière que dit est, leur soient faiz de par nous ou autres, par nozdiz chambellans, secrétaires, huissiers ou sergens d'armes, ne autres noz officiers ou officiers d'autres, nostredicte court, nostredit prévost, ses lieuxtenans ou autres officiers, ne aucun d'eulx, ne soient tenuz de y incliner, obéir ne entendre, sanz avoir sur ce noz lettres patentes faisans mencion des cas desdiz emprisonnemens, et sanz sur ce appeller et oïr nostredit procureur, et partie, se elle y a son intérest ou que la chose lui touche; néantmoins il est très-souvent advenu et de jour en jour advient que nozdiz chambellans, secrétaires, huissiers et sergens d'armes, et chascun d'eulx, soubz umbre d'aucuns commandemens de bouche qui légièrement, plus par impression et importunité, requestes et prières des amis des parties ainsi emprisonnées, que autrement, leur sont de nous faiz, non advertiz des natures et mérites des cas de leurs emprisonnemens, se transportent esdictes prisons de nostredit Chastellet et ailleurs, et en ycelles de fait, sanz appeller ne oïr à ce nostredit procureur, ou partie ausquelz les cas touchent et qui y ont intérest, prennent lesdiz criminuelx ou autres ainsi emprisonnez esdictes prisons, et les emmainent où il leur plaist; et oultre plus est advenu et advient que supposé que les procès de plusieurs murdriers, larrons, bateurs à loyer, violeurs de femmes et d'églises, et autres criminceux, soient commenciez, et aucunesfoiz faiz, parfaiz et acompliz, et qu'il ne reste que à faire les exécucions d'iceulx, les dessus nommez officiers ou les aucuns d'eulx, sous couleur de telz commandemens de bouche comme dessus est dit, vont faire deffenses de par nous à nostredicte court, nostredit prévost, ses lieuxtenans, et autres officiers et justiciers à Paris, aucunesfoiz, que des cas de leurs emprisonnemens ne congnoissance ne s'entremettent en aucune manière, dont inconvéniens irréparables se sont ensuiz, et de jour en jour se ensuient par la manière qui s'ensuit; premièrement, équité n'est point gardée, iniquité est commise, le droit des parties est tolu, péry et adnulé, les déliz demeurent impuniz, justice n'est point accomplie, hardement, voye et occasion de mal faire et plus délinquer que

---

ront mis hors des prisons, ou que le jugement de leur procès sera suspendu et sursis. (Secousse.)

devant, est ouverte ausdiz malfaicteurs, et justice demeure du
tout éludée, en grant esclande et lésion d'icelle et de la chose
publique :

Nous pour obvier ausdiz inconvéniens, et autres plusieurs qui
par le moyen de ce que dit est, se pourroient ensuir ou préjudice de justice et de noz subgez, par la délibéracion de nostre
conseil, et de nostre plaine puissance et auctorité royal, avons
voulu, décleré et ordonné, voulons, DÉCLERONS ET ORDONNONS,

Que se d'oresénavant aucun nostre chambellan, secrétaire,
huissier ou sergent d'armes, ou autre officier de nous ou d'autres, se transporte de nostre commandement, ou du commandement d'autre quel qu'il soit, à lui fait de bouche, és prisons
de nostredit Chastellet, ou en aucunes autres prisons estans en
nostredicte ville, adfin de prendre de fait et mettre hors, délivrer ou eslargir de par nous ou autres, aucun prisonnier détenu
en aucune desdictes prisons pour quelque cas que ce soit, criminel ou civil, ou que sur ce face ou s'efforce faire aucuns commandemens de par nous, adfin de la délivrance ou eslargissement
dudit prisonnier, ou aucunes deffenses et interdicions de plus
congnoistre des cas desdiz prisonniers, ou adfin d'empescher à
faire raison et justice d'icellui prisonnier, à nostredicte court, à
nostredit prévost, ses lieuxtenans ou l'un d'eulx, ou autres noz
officiers ou justiciers à Paris, que à luy ne soit aucunement obéy,
s'il ne fait prompte foy de noz lettres patentes passées en nostre
grant conseil, faisans mencion du cas, et que nostre procureur
et partie se la chose leur touche ou l'un d'eulx, soient ad ce presens, appelez et oyz ;

Ainçois voulons, déclerons et ordonnons, que se aucun d'eulx
s'efforce de faire ou persévérer au contraire de ceste présente
nostre ordonnance; c'est assavoir, de vouloir prendre de fait en
nozdictes prisons dudit Chastellet, aucun prisonnier soubz umbre
de telz manières de commandemens de bouche de nous ou d'autres à lui faiz par la manière que dit est, que il soit détenu et
arresté prisonnier és prisons esqueles il se efforcera de exploictier
de fait par la manière dessus touchée, pour ilec estre puniz selon
l'exigence du cas:

Donnans en mandement par ces présentes à noz amez et féaulx
conseillers les gens tenans et qui tendront nostredit parlement,
à nostredit prévost présent et advenir, et à ses lieuxtenans et à
chascun d'eulx, que ceste présente nostre constitucion, vouloir
et ordonance, ilz tiengnent et facent tenir, enteriner et accomplir

de point en point, selon sa forme et teneur, sanz ycelle enfraindre en aucune manière; et ces présentes facent lire et publier en leurs siéges et auditoires, et partout où ilz verront estre bon et expediant pour le bien de justice et de la chose publique.

Et que ce soit ferme chose, etc. Donné, etc.

N°. 284. — LETTRES *portant qu'on ne fera plus de dons sur le trésor et sur le domaine, et révoquant ceux faits précédemment.*

Paris, 10 avril 1402. (C. L. XII, 205.)

N° 285. — LETTRES *portant que les dons faits sur le trésor, aux officiers du domaine, auront leur effet.*

Paris, 11 mai 1402. (C. L. XII, 206.)

N°. 286. — LETTRES *portant que les officiers du château et de la basse-cour du Louvre continueront d'être exempts de tailles, aides, et autres subsides.*

Paris, juin 1402. (C. L. VIII, 520.)

N°. 287. — ARRÊT *de la cour du parlement, portant réglement de ce que les curés doivent prendre pour les sépultures et services de leurs paroissiens décédés; ensemble les salaires des gens d'église pour les convois, enterremens, messes, vigiles, fiançailles, mariages, monitoires, testamens, et autres droits d'église* (1).

23 août 1402. (Chronologie d'édits, arrêts et actes, depuis 1371. — Mss. de la Cour de cassation, in-f°., p. 2.)

N°. 288. — RÉGLEMENT (2) GÉNÉRAL *sur les eaux et forêts.*

Paris, septembre 1402. (C. L. VIII, 521.)

CHARLES etc. Comme après que nous eusmes nouvellement prins le gouvernement de nostre royaume; c'est assavoir, ou mois de

---

(1) Ces droits sont encore aujourd'hui fixés par des réglemens d'administration publique, et les tarifs doivent être affichés dans l'église, ce dont on se dispense souvent. (Isambert.)

(2) Secousse n'a pu trouver l'original de cette ordonnance dans aucun registre

mars l'an mil trois cens quatre-vingtz et huit, nous estans en la ville de Vernon, eussions par délibération de plusieurs de nostre sang et de nostre conseil, fait certaines ordonnances et instructions sur le fait et gouvernement ou fait des eauës et forestz qui lors estoient moult foulées, destruictes et diminuées en valeur, par le deffault et négligence d'aucuns noz officiers sur le fait desdictes eauës et forestz, et autrement; et depuis pour ce que sur aucuns articles desdictes ordonnances, plusieurs personnes vouloient faire et bailler diverses interprétations et entendement contre notre intention et le vray entendement d'iceulx, nous ayons fait par noz lettres patentes soubz nostre grand séel, certaines déclarations sur ce, lesquelles nous avons voulu et commandé estre tenues et gardées par nostre très-cher et aymé cousin le comte de Tancarville souverain-maistre et général réformateur de nosdictes eauës et forestz, et par noz autres officiers ou fait d'icelles eauës et forestz, et tant pour cause desdictes déclarations, comme pour ce que en l'ung des articles desdictes ordonnances derrenières, est contenu que nous voulons que les ordonnances anciennes des eauës, boys et forestz, là où il n'est par lesdictes ordonnances derrenières dérogué aucunement ou declairé, soient et demeurent en leur vertu; et aussi que par nostre dit cousin et autres de nostre conseil, nous a esté exposé que il est expédient de mettre modération en plusieurs autres articles desdictes ordonnances derrenières, et faire aucunes additions à icelles, pour le bien de nous et de justice, et que grant vexation seroit à nostre cousin et à noz autres officiers d'icelles eauës et forestz, se lesdictes corrections n'estoient faictes; et aussi pareillement, se les cas relatifz aux anciennes ordonnances et ausdictes modérations, il convenoit tousjours avoir recours aux ordonnances anciennes et aux déclarations, modérations et additions dessusdictes; et que les ordonnances de nosdictes eauës et forestz fussent dispersées et contenuës en tant de diverses escriptures, nous pour eschever et obvier aux inconvéniens qui des choses dessusdictes se pourroient ensuir, se provision n'y estoit mise, avons fait veoir

---

public; elle est tirée du Grand Coutumier de France, imprimé en 151. in-4°. V. les ordon. de juillet 1376 et mars 1388. 50 articles de cette ordo. sont conformes à celles ci-dessus; mais comme nous n'avons pas donné le texte entier de l'ordon. de 1388, et que celle de 1376 appartient à un autre règne, nous représentons le texte entier de l'ordon. de 1402, en renvoyant pour les notes aux ordon. précités, p. 456, tom. V, et 666, tom. VI. (Isambert.)

visiter et examiner diligemment lesdictes ordonnances anciennes et nouvelles, avecques les déclarations dessusdictes, et les articles desdictes ordonnances nouvelles, sur lesquelz il convient mettre correction ou addition;

Et tout ce veu et diligemment examiné à grant et meure délibération de conseil, avons voulu, déclairé et ordonné, voulons, déclairons et ordonnons que selon la forme et teneur des ordonnances et instruccions qui ci-après seront déclairez par articles, soit fait, ordonné, gouverné, traicté et besongné par nostre dit cousin et autres officiers d'icelles eauës et forestz d'oresnavant, ainsi et par la manière qui s'ensuit, et non autrement.

(1) Et premièrement, que ainsi que fait avons des maistres desdictes eauës et forestz, le nombre des verdiers, forestiers, gruiers, sergens et autres officiers d'icelles eauës et forestz, tant à gaiges comme sans gaiges, soit retraint et remis au nombre certain et ordonnance ancienne, et que de chacun d'eulx soit sçeu par lesdicts maistres des eauës et forestz, et à nous et à nostre conseil rapporté l'espérience, souffisance et gouvernement, et aussi le nombre d'iceulx officiers, afin de y pourvoir comme il semblera estre à faire.

(2) *Item.* Que lesdits maistres des eauës et forestz, appellent avecques eux telles personnes et en tel nombre comme bon leur semblera, visiteront chacun an une fois bien et deument lesdictes forestz de garde en garde, et feront escripre les malefaçons que ils troveront, et corrigeront les malfaicteurs selon l'exigence des cas, et bailleront les amendes et exploictz qui de ce ystront, à qui il appartiendra, comme il est plus à plain déclairé cy-après en ces présentes ordonnances.

(3) *Item.* Aucuns sergens à qui nous avons donné l'office de sergenterie, soit à gaiges ou sans gaiges, ne usera de sa coustume, supposé qu'il soit coustumier, en la forest dont il sera sergent, en sa garde ou autre, tant comme il sera eu l'office, s'il n'en a congé exprez ou licence des maistres des eauës et forestz, qui sur ce luy pourront faire ordonnance, délivrance ou provision, comme ilz verront estre convenable.

(4) *Item.* Les maistres de noz eauës et forestz visiteront et vendront les pasnages, appellé avecques eulx par exprès au jour du bail, le viconte ou recepveur à qui en appartient la recepte, et autres qui seront à appeler, lequel viconte ou recepveur, ou son lieutenant ou cas qu'ils n'y pourront estre en personne, aura

vingt solz, son clerc cinq solz, les verdier, gruier, garde ou maistre sergent, chacun dix solz; et les sergens qui y seront prins, douze deniers chacun : et avecques ce, pourront prendre en despence, pour plus légiérement marchander avecques les marchans, quarante solz et au dessoubz, et non plus; lesquelz quarante solz seront prins des deniers que l'en mettra ou chappel en la manière accoustumée.

(5) *Item*. Que chacun desditz verdiers, gruiers, gardes ou maistres sergens, visitent chacune quinzaine à tous le moins, toutes les gardes de la forest dont ilz sont verdiers, gruiers, gardes ou maistres sergens, et voient l'estat et le port des sergens, et les meffaiz qui y seront, et les raportent par escript aux maistres sans délay, et face chacun verdier, garde, gruier ou maistre sergent, sans soy occuper en autre besongne, si n'est à nous, et qu'il ayt noz lettres de faire déservir son office à ses perilz, par personne suffisant, à l'advis de nostre conseil, résidence en sa verderie, gruyrie ou maistre-sergenterie, ou l'en y pourvoira d'autres; et les sergens soient chacun jour en leurs gardes pour sçavoir et raporter aux maistres sergens, gruiers, gardes ou maistres, ce que l'en y aura meffait; et s'ilz sont négligens, on y pourvoira d'autres, et seront pugniz selon leurs démérites.

(6) *Item*. Et pour ce que l'en a trouvé que nous avons euz plusieurs grans dommaiges par le fait et coulpe des verdiers, gruiers, gardes ou maistres sergens; que ad ce mieulx s'en gardent, et que l'en puisse sur eulx recouvrer le dommaige, s'il y advient par eulx, ilz seront tenus doresenavant de bailler et bailleront en nostre dicte chambre des comptes, chacun bons pleiges et respondront pour eulx jusques à la somme de deux cens livres tournois.

(7) *Item*. Des faultes et meffaiz qui seront trouvez en tous cas touchant les eauës et forestz, qui leur appartiendra, cognoistront les maistres, verdiers, gruiers, gardes, maistres sergens, tant comme à eulx touche, en lieux notables et publicques, convenables à tenir jurisdition au plus aisié des parties, à ce que l'en puisse veoir leurs faitz, et eulx pour nous et les parties avoir conseil, se mestier est, et ne donneront plus adjournemens généraulx n'y assignations quelque part qu'ilz soient; mais diront le lieu certain qui soit tel que dit est; et si ne pourront avoir cognoissance de quelsconques actions ou délictz, fors des cas touchant nosdictes eauës et foretz; et de tous autres, cognoistront les juges

ordinaires, soit des demourans ès forestz et ou ram d'icelles, ou autre part, ou cas que la coustume de la forest ne porteroit le contraire.

(8) Que les maistres, verdiers, gruiers, gardes ou maistres sergens, seront contens de leurs gaiges qui leur sont ordonnez, sans prendre aucuns droitz en fourfaictures ne amendes : car chose raisonnable n'est pas qu'ilz jugent de leur cause.

(9) *Item.* Quant aux gaiges ou pensions des maistres qui soloient estre paiez en diverses manières selon ce qu'ilz chevauchoient, et prenoient un jour plus que autre, lesditz gaiges leur seront tauxez et ordonnez par délibération, à quatre cens livres tournois par an, pour tout, et par ainsi seront tenus vacquer et entendre continuellement ou fait de leurs offices; et prendront leursditz gaiges par les mains du recepveur ou viconte, ung ou plusieurs, du païs où ilz seront establiz auquel ou ausquelz il sera mandé par l'executoire de leurs lettres; et par les comptes desdicts vicontes ou recepveurs, pourra il apparoir de leur diligence, et à iceulx bailler leurs exploictz soubz leur seaulx, et aussi leur escriprent toutes les ventes et délivrances qu'ilz feront.

(10) *Item.* Que chacun desditz maistres pourra prendre par an cent moules de busches, et non plus, non par sa main, ne sur vente nouvelle que luy ne ses compaignons ensemble, ne partie, ficent ne puissent faire, ne en vente de bois pour ce; ainçois leur seront livrez par un marchant de bois ou plusieurs, et telz comme ilz voudront eslire, auquel marchant par lettres de réception des maistres, les vicontes ou recepveurs rabatront sur ce qu'ilz devront pour leur marché, desditz cent moules de busches, au pris que busche vauldra aux termes sur les lieux de l'arrivage, lieu plus commun; et seront tenus de faire quittance aux marchans; par laquelle quittance raportant aux vicontes ou recepveurs, lesditz marchans en seront deschargez.

(11) *Item.* Des lettres des ventes et délivrances que les maistres feront, ne prendront pour seel et escripture de la plus grant vente, que dix solz tournois ou païs de tournois, et dix solz parisis, ou païs de parisis; et des autres au dessoubz, à la valloe; ne pour ce ne feront paier aux marchans pour vin, que la somme de quarante solz tournois ou pays de tournois, comme dessus; et si plus en estoit paié, si n'en rendra plus l'enchérisseur, se il y vient; et en seront les maistres et marchans puniz.

(12) *Item.* Des forfaictures que les sergens prendront et raporteront, ilz seront contens des prouffitz qui d'ancienneté y

furent introduitz; c'est assavoir, que d'un charon auront la charrette et le harnois, et de ce qui sera porté à somme, auront la somme et le bastz appellé autrement harnois; et nous aurons les chevaulx et autres bestes; et les sergens, des personnes mal-faisans auront les menus droitz accoustumez; c'est assavoir, les serremens; et toutes les amendes et autres proufitz seront à nous; lequel proufit ausditz sergens leur est laissé, à ce qu'ilz soient plus diligens de prendre garde que l'en ne meffate, et pour ce qu'ilz facent de tous exploictz rapport sans rien receler, ne prendre à part exploictz, amendes, ne autres avantaiges sur nous ne sur noz eaues et forestz, ne sur noz subgectz; et sans en rien donner ne distribuer que par les ventes qui se feront à proufit de nous, se ilz n'en ont de nous mandemens espécial passé par notre chambre des comptes, et sur peine d'estre privez d'office, et de leurs corps et bien estre à nostre voulenté : et est à entendre que toutes les forfaictures, chevaulx à bastz, charrettes et autres choses en quoy les preneurs doivent prendre portion, les maistres, verdiers, gruiers, ou maistres sergens feront faire le prix en deux parties; c'est assavoir, ce qui peut appartenir au preneur, d'une part, et ce qui peult appartenir à nous, à une autre part, pour prendre le choix pour nous à qui d'ancien ususaige l'eslection est deuë; et bailleront par escript aux vicomtes ou recepveurs, les noms des priseurs, et tout le fait comme dessus.

(13) *Item.* Que lesdicts maistres et verdiers, gruiers, gardes ou maistres sergens, au fur que les forfaictures escherront, les seront tenus de rendre aux vicontes ou recepveurs, et bailler par cédulle, les choses, la cause, les personnes et le temps; et semblablement leurs amendes, tantost après le temps, et tous leurs exploictz et les exploictz des sergens, et leurs rapportz, sans riens receler, ne estre excusez pour dire qu'ilz l'eussent oublié.

(14) *Item.* Que quant les ventes se doyvent faire en noz forestz, les maistres en auront collacion avec les verdiers, gruiers, gardes et maistres sergens, et aucuns des sergens plus souffisans avecques, ce il est mestier, des marchés de chacune forest pour adviser quantes et où elles seront plus proufitables à faire, sans retourner à l'erreur passé de faire à voulenté tant de multiplication de ventes ne si grans, mais ventes de vingt ou trente arpens, ainsi qu'ilz escherront en siège, sans faire aucun remplaige; et auront demy an de vuydange oultre le derrenier paiement de la vente qui sera de trois ans, sans passer, s'il n'y a bonne cause de les mettre à plus longtemps; et asseureront bien les marchans

qu'il n'y aura autres ventes durant leurs temps, ne empeschement qui les destourbe, et leur sera tenu en vérité et en bonne foy; et seront tenus les marchans bailler bons et suffisans pleiges de paier et accomplir leurs marchez et convenances, par devers les recepveurs et vicontes des lieux; et sera mis en convenant en chacun marché des ventes qui se feront des forestz, que les marchans feront clore leurs ventes, à ce que les bestes n'y puissent entrer, et que la venue en soit sauvée; c'est assavoir, ès forestz où il sera plus proufitable pour nous, à la discrétion des maistres.

(15) *Item.* Que le maistre qui ordonnera la vente, voye en sa personne la place pour adviser les lieux où elle sera mieulx et plus proufitablement, et en estre certain en sa conscience.

(16) *Item.* De tous marchez et ventes, les lettres s'adresseront aux vicontes et recepveurs des lieux, et leur seront présentées par les marchans; c'est assavoir, les lettres des ventes ordinaires, dedans ung moys; et des aultres marchez, dedans quinze jours après la date, sur peine d'une enchere, si deffault y estoit; et les vicontes ou recepveurs en manderont faire les criées, en prendront les pleiges et recepveront les encheres; et les pleiges prins, manderont aux verdiers, gruiers, gardes ou maistres sergens, faire les délivrances du marché et délivrer martel, prendre sermens accoustumez des marchans; mais des petiz marchez dont les encheres passeront à trois plaitz, le verdier, gruier, garde ou maistre sergent en pourra recevoir les encheres et prendre les pleiges, parce qu'il renvoiera au viconte ou recepveur le nom du marchant, les encheres et en derrenier à qui il sera demeuré, le pris, les noms les pleiges, l'estat du marché; et le viconte ou recepveur les enregistrera pardevers luy, et en recepvera les deniers, sera compte comme des ordinaires: et toutesvoies pourront lesdicts maistres en tout cas recepvoir les encheres, les rescripvant tantost aux vicontes ou recepveurs.

(17) *Item.* Que lesditz maistres n'auront puissance de exécuter lettres ou mandemens, de donner termes, respitz, alongnemens, ne aultres graces, se ilz ne leur appert qu'elles aient été présentées et passées par nostre chambre des comptes et trésoriers.

(18) *Item.* Pour quelconques graces ou mandemens, soient ores passées en nostredicte chambre et par noz trésoriers, pour don en bois ou en deniers, comment que ce soit, novelle vente ordinaire ou extraordinaire ne se fera; mais le bois sera prins en la vente ordinaire de la forest où le don sera faict, sur le marchant, pour le pris que vauldra le bois à son port ou en sa vente;

et ce luy sera rabatu sur ce qu'il devra au premier terme advenir, et aux aultres termes ensuivans, se tant monte le don; ausquels termes il paiera le donatoire; et semblablement sera fait et deduit en deniers de ce qui sera donné en deniers.

(19) *Item.* Si esdictes forestz est aucuns caables, coupeaulx, tronches, branches, ou aucuns demourans, ilz seront vendus par les maistres ou par les verdiers, gruiers, gardes ou maistres sergens, au proufit de nous, par garde, non par tous ensemble; et ne seront pas les encheres passées à trois plaitz; mais d'un chacun marché sera mis enchere au premier jour du premier paiement; sauf ce que le premier marché ne monte plus de vingt livres tournois, ce qu'il n'y cheist que ung seul paiement, ils seront passez à encheres de trois plaitz, et seront vendus par compte et par marque, non pas par places; et le compte mis en escript et raporté au vicomte ou recepveur par le verdier, gruier, garde ou maistre sergent.

(20) *Item.* Et pour ce que ou temps passé les maistres en faisant et vendant ventes des bois, ont par inadvertance oublié à faire retenue des bayneaulx ou estallons pour le repeuple de forestz; et depuis grand temps après en ordonnèrent faire retenue, et en estoit fait pris excessif, et puis restitution en bois à grant marché, ou grant dommaige de nous, est ordonné que doresnavant en toutes ventes qui seront faictes, sera entendue la retention des bayneaulx et estallons de dix ou huit arpens; et ce seront tenus les maistres de mettre par escript, pourquoy les marchans ne puissent trouver excusation; et s'il n'y estoit mise, si sera il ainsi entendu, et si en seront les marchans repris de négligence : et si par adventure lesdicts maistres oublient ou délaissent à faire ceste retenue, ou la cire ou greffe ou autres choses accoustumez ou ordonnez, ce sera en leur périlz, et en seront avecques les marchans chargez de restitution, et iceux, d'amende et de pugnition sans excusation.

(21) *Item.* Que soubz ombre de caable ou aultrement, l'on ne face vente des chesnes ne d'aultres arbres en estant, sur lesquelz aultres arbres abatuz par caable ou aultrement, seroyent encrouez; mais soient ou marché du caable, les entiers laisses et exceptez, se les marchans ne les pevent abatre sans celuy en estant copper : et après l'en verra mieulx qu'il en sera à faire et ordonner à nostre proufit.

(22) *Item.* Pour ce que moult de fois on a veu que aulcuns

coustumiers ou acheteurs qui ung arbre ou plusieurs avoyent à prendre en noz forestz, le faisoyent abbatre, tellement qu'il s'encroüoit sur ung aultre pour eulx et plus dommageables à nous que le premier, et tel que iceluy ne cheist en coustume ne en vente, et puis par tel pris avoient celuy en estant, en fraulde et grant dommaige pour nous, par la convoitise des marchans ou coustumiers, ou par la malice des abateurs, lesquelz selon leur industrie fairoyent l'arbre chéoir de quelque costé qu'ils vouldroyent, sans encroüer sur aultre, ordonné est que chascun se garde d'oresnavant d'abatre ou faire abatre si follement son arbre qu'il s'encroüe sur aultre arbre à nous appartenant, tellement qu'il ne puisse estre osté sans le nostre arbre : car s'il le fait, il perdra le sien, et sera à nous acquis.

(23) *Item.* Que les remessances de noz eaues et forestz ne seront vendues tant que le maistre des eaues qui sera pour nous en ses parties, les ait veues, et qu'il ait rapporté qu'il n'en ait plus mestier, ou que toute l'œuvre soit accomplie, et tant de temps passé, que espérance ne soit que l'en les doye employer.

(24) *Item.* Pour ce que ou temps derrenièrement passé, en chascune forest, l'en faisoit plus de ventes ordinaires et extraordinaires que les forestz ne doyvent, et que ung marchant en tenoit plusieurs que il délivreroient par un seul martel, dont moult de fraudes sont ensuiz, ordonné est que ung chascun marché se délivre par ung seul martel propre qui sera baillé au marchant ès plez ou assises, et jurera que d'iceluy martel ne marquera fors le boys de sa vente ; et après le serment, s'il est trouvé qu'il ou celuy à qui il aura baillé son martel, en marque aultre boys fors celuy de sa vente, ou mesure frauduleusement, il forfera sa vente entièrement en l'estat où elle sera, ou en fera en amende vouluntaire, selon ce que l'en verra l'estat de la chose, aux choix des maistres.

(25) *Item.* Aulcun marchant pour pleiges qu'il ait baillez, ne pour martel qu'il ait receu, ne pourra entrer à exploicter sa vente, se avant toute œuvre elle n'est martelée et marquée par dehors par le mesureur, ou d'autre martel que les maistres y auront ordonné, sur peine de forfaiture ou amende vouluntaire, lequel il plaira eslire aux maistres.

(26) *Item.* Tous marchans, quant le terme de coppe et vuidange de leur marché sera failli, apporteront devers les verdiers,

gruiers, gardes, ou maistres sergens, sans délay, les marteaulx dont ilz auront délivré leurs ventes; et les verdiers, gruiers, gardes, ou maistres sergens les recevront d'eulx, et leur en bailleront lettres, se requis en sont; et iceulx receuz despeceront, ou en ordonneront par telle manière que l'en n'en puisse jamais user.

(27) *Item.* Ainsi qu'il est dict du bois à édifier, il est entendu du bois pour chauffaige des cheminées des chasteaux, quant nous leur manderons, en ayant esgard aux édiffices qui y sont, au nombre des cheminées, et que l'en ne baille pas bois en estant, se bonnement on peult finer d'aulcuns cables ou arbres abbatus ou secz.

(28) *Item.* Quant au chauffaige des verdiers, gruiers, gardes ou maistres sergens, ilz n'auront rien, s'il n'est avant advisé par l'ung des maistres, ou par le viconte ou receveur, lequel l'en leur en pourra bailler selon leur mesnaige, ainsi comme par livrée, ou esgard convenables du bois versé ou sec, s'il y en a qui souffise, sinon des ramanans des appeaulx ou branches qui ne pourront estre employez en édifices, et sans excès ou oultrage; ne en aultre usaige ne le pourront point convertir, ne à eux appliquer, ne eulx aider d'usaige contraire: lequel s'il y estoit ou avoit esté establi, est osté du tout.

(29) *Item.* Quant aux usagiers qui ont droit et coustume de prendre bois ès forestz pour ardoir ou pour édifier, ou pour leurs autres usaiges, et avoir pasturaiges ou telles choses semblables, nous ne voulons à aulcuns donner sans cause empeschement, ne aussi pour mal usaige nostre demaine estre péri, soyent les maistres diligens de veoir leurs tiltres et enquerir de leurs possessions, la manière de user de l'estat de la forest et que elle peult souffrir; et ceux qui auront à oultrage abusé, ne soyent pas laissez jouyr, et les autres soyent soufferts par attrempance mise, se il convient, selon la possibilité des forestz et la qualité des personnes.

(30) *Item.* Semblablement, les maistres, sur les peines de devant, ne pourront donner congié ou licence à ung homme usaiger ou coustumier, de ardoir ne user de boys ou pasturages autre part que ou lieu pour raison duquel il prent et perçoit ledit usaige et coustume.

(31) *Item.* Pour obvier aux fraudes, d'aulcuns charpentiers ou ouvriers de neuf vaisseaulx à vin, de charpenterie, de

tonneaulx ou aultre merrien, ouvrans de leurs mestiers, ne treuvent hastelliers d'oresnavant ès termes ne au ram des forestz, si ce n'est dedans les ventes ordinaires.

(32) *Item.* Que se les coustumiers abbatent bois de leur coustume, ou qui leur aura esté livré, ne font bien et souffisamment la couppe prouffitable pour la revenue, i.z la feront réparer, et si l'amenderont selon la qualité du fait.

(33) *Item.* Comme l'en dit que les maistres, verdiers, gruiers, gardes et maistres sergens qui ont esté, se soyent eslargis par fol hardement, simplesse ou aultrement, de restituter arréraiges aux usaigiers qui riens n'en aveyent, en eschauffaiges et en choses semblables qui sont annuelz, temporelz et momentanez, deffendu est que plus de tel cas fait ne soit, ne usaige transmué de lieu en aultre, pour quelque cause, sans l'exprez commandement de nous passé ou de nostredicte chambre.

(34) *Item.* Que les maistres des forestz ne autres ne puissent establir sergens, ne donner sergenterie des eaues et forestz à gaiges ou sans gaiges; ne le sergent ne soit si hardi d'en user, se il ne l'a par nostre grace et octroy, ou s'il n'y a évident et souffisante cause; ouquel cas lesdicts maistres y pourront establir sergens à temps et par provision.

(35) *Item.* Pour ce que ou temps passé les maistres, verdiers ou gruiers, gardes ou maistres sergens, ont accoustumé quant il estoit plait ou débat devant eulx d'aulcunes forfaictures ou amendes, à user de compositions, et de y prendre prouffit singulier, contre justice, et en nostre préjudice et noz subgetz, les maistres d'oresenavant n'en useront plus, et ne seront arbitres de nostre droict; mais seront tenus de oyr parties, et justement juger selon vérité et la nature du cas, et à ung chascun faire raison et droicture, et ne prendront pour nous, fors ce qu'il appartient; et aussi n'en feront don ou grace, mais à nous s'en entendront comme à nous seul appartiengne faire du nostre à nostre voulenté : et semblablement les verdiers, gruiers, gardes ou maistres sergens, des cas qui regardent leurs offices.

(36) *Item.* Ne pourront les dicts maistres donner aulcuns eslongemens de vidanges pour quelque cause que ce soit ou puist estre; et qui besoing en aura, si en ait recours à nous ou à la chambre de noz comptes, et lors en facent les maistres ce que mandé leur sera.

(37) *Item.* Pour ce que de jour en jour estoument du bois

tant pour nostre navire, comme pour noz chasteaulx et édifices, et que ou temps passé ce qui en a esté prins et employé esditz chasteaulx, navires et édifices, a esté prins et coppé sans mesure ou ordonnance, endommaigent les forestz, en grant lésion et destruction d'icelles, ordonné est que quant il conviendra ouvrer, ceulx qui seront chargez des œuvres, n'en pourront riens prendre, tant que lesdiz maistres ou l'un d'eulx avecques les vicontes ou receveurs des lieux, ou leurs lieutenans, et les verdiers, gruiers, gardes ou maistres sergens, soyent appellez; lesquelz par bonne délibération avecques les ouvriers, adviseront combien de bois et quel il fauldra livrer pour chastel, navire ou édifice, ou lieu plus aisé et moins dommaigeable, et escriprot la place et les chesnes ou aultres arbres, selon ce que besoing sera; et se une place ne souffist, l'en nombrera les arbres, et seront martellez du martel du verdier, gruier, garde ou maistre sergent, ou oultres qu'ilz adviseront pour le mieulx; lesquels arbres ainsi marquez, ou place pour ce livrez, seront justement prisez, et depuis le viconte ou receveur avec le maistre des eaues et forestz, les feront coupper et prendre, et non aultres, jusques à tant qu'ilz soient employez par nouvelle délivrance, se il est mestier, aultres places ou arbres soyent délivrez, marquez et signez; et des places et arbres ainsi marquez et prins, les vicontes ou receveurs renvoyeront les lettres aux verdiers, gruiers, gardes ou maistres sergens, en quelle garde ilz seront prins; pour valoir en leur excusation quant l'en visitera les forestz; et aussi de réception, celuy qui sera chargé des œuvres, sera tenu de bailler les lettres, en gardant toutes les poinctes dessus dictes et aultre qui sont contenus en l'ordonnance faicte en espécial pour cause desdictz œuvres.

(38) *Item.* Comme tousjours ait esté mise différence entre les coustumiers, entendans la signification des parolles, de mort bois à bois mort, en prenant bois mort pour celui qui est sec, soit abatu ou en estant, ou en entendant le mort bois de certain bois vert en estant, affin que plus n'en soit débatu, l'en déclaire que ainsi doit-il estre entendu ce que dit est, et le mort bois tel et non aultre comme il est dit et déclairé en la chartre des Normans qui en fut faicte par le Roy Loys, l'an mil trois cens et treze, l'interprétation et nomination dudict mort bois, et aussi sera interprété et prins ès cas qui s'en offrent et offreront, espécialement quant au pays de Normandie.

(39) *Item.* Que la forme de la maistrise de Rommaire, pour

ce qu'elle ne fait que empescher et donner occasion de meffaire, comme on a trouvé, et mesmement ou dernier fermier, est abatuë, et ne sera plus baillé le terme failly de celui qui la tient à présent ; lequel terme durant il en usera et payera, et deslors en avant les amendes dont ledit fermier a la moitié, et les autres droictz viendront à l'ordinaire, et les recepvera le viconte.

(40) *Item* Ce qui fut deu des dismes pour causes de noz bois, sera prins d'oresnavant sur le pris des ventes, et payé en deniers aux termes qui seront ordonnez aux marchans, à chascun terme par portion, par la main du receveur ou viconte, non pas en bois ne en aultre manière.

(41) *Item.* Les maistres desdictes eauës et forestz, pour ce qu'ilz ne puissent ignorer que ilz ne doyvent rendre raison de l'estat desdictes eauës et forestz, et des faiz et provision que chascun en droit soy y aura faiz, et par ceulx; y seront tenus de venir en nostre chambre des comptes à Paris, une fois en l'an à tout le moins, tant pour ce qui leur touche, comme pour ce que sur les comptes des vicontes et receveurs qui s'en seront entremis, les gens de nos comptes, où mestier sera, puissent avoir leur relation et advis avecques eux; et lors apporteront leurs protocolles des ventes qui seront faictes és forestz où ilz seront establis; et aussi des amendes et exploictz faiz et baillez par lesdictz maistres, qui seront venus à leur congnoissance, que riens n'en soit recellé.

(42) *Item.* Se par grace ou aultre manière, estoit souffert que verdiers, gruiers, gardes ou maistres sergens, ou autres officiers, eussent lieutenans, ilz seront chargez de tous leurs faiz et de leursditz lieutenans, comme se en personne ilz l'avoyent fait : comme par aultres ordonnances a esté ainsi fait, encores est-il ainsi ordonné.

(43) *Item.* Lesditz maistres ne aulcun d'eulx, ne pourront vendre ne bailler aulcune vente des forestz, à aulcun de son lignaige, n'y à gentilhomme ou aultre officier, advocat, ne à clerc bénéficié.

(44) *Item.* Comme par fol hardiment ou par simplesse des usagiers, ou aultres causes des officiers qui se sont entremis pour nous, aulcuns coustumiers soubz umbre de leur coustume de prendre en noz forestz et abatre chesnes en estant, qu'ilz nomment d'entrée; c'est assavoir, sitost comme en la racine ou autre part en bas ilz pevent mettre la congnie et embatre à sec, pour rendre dix solz de la chartée de chesne; par semblable manière six solz d'autre bois qu'ilz veulent nommer mort bois, comme Tremble,

Boul, Fresne, Erable et leurs semblables, pour cinq solz; le faiz d'un cheval pour deux solz; le faiz d'ung homme pour douze deniers, et pourtant est quitte de tel meffait, sans ce qu'ilz en ayent tiltre, ordonnance, regime ou enseignement ne grace, que de voulenté. Pour ce que c'est évident dommaige, et que l'en a sçeu que aulcuneffays par malice, et au détriment, pour leurs arbres faire seicher en aulcunes de leurs parties, aulcun maulvais a par le pié de l'arbre féru de la congnie emprès terre, sur partie de la racine, et icelle couverte pour le mortifier en iceluy endroit, et moult d'aultres fraudes se font et pourroyent ensuir, et aulcuneffois est le dommaige de l'arbre greigneur que l'amende, et pour moult d'aultres cas, ordonné est que d'oresnavant nulz ne s'entremectent d'abatre telz arbres nommez d'entrée, quelz qui soyent; et se aulcun le fait, il soit tenu de rendre le dommaige à nous et en amende convenable selon le meffait et la coustume; et se les arbres sont trouvez estre emprez par violence, soyent appliquez à nostre proufit, non pas des usagiers, ausquelz il sera deffendu que plus n'en usent.

(45) *Item.* Pour ce que en Normandie et plusieurs aultres lieux, sont plusieurs forestz et bois, buissons en aultre fons et demaine, esquelz nous avons tiers et dangier, grurie et aultres droiz, et y pevent les maistres, verdiers, gruiers, gardes ou maistres sergens de noz forestz, faire prinses et exploitz, se malefaçon treuvent, et aussi sans licence et auctorité de nous ou de noz gens ordonnez sur le fait de noz forestz, n'en pevent les demeniers riens vendre, ordonné est que touteffois que prinses et exploictz y seront faitz de noz gens, ilz seront tenuz de les apporter au viconte ou receveur royal du lieu, pour estre enregistrez devers luy, et par voye semblable seront les ventes raportés à iceluy viconte ou recepveur, pour en recevoir le tiers et danger, gruries et aultres droiz, et les rendre en compte ainsi qu'ordonné est, dont lesditz maistres, verdiers, gruiers, gardes ou maistres sergens rendront autant par registre de tous leurs aultres exploitz.

(46) *Item.* Que ce lesditz demeniers veulent vendre lesditz bois à tiers et danger tenuz de nous, comme communément ilz ayent accoustumé de sçavoir quels pris ilz en pevent avoir, et combien ilz ayent nécessité, où s'ilz veullent vendre, ils seront tenus déclarer et bailler par escript aux maistres, quel bois ilz veullent vendre, quel pris, quelle quantité, les bournes, places et coustez, le temps de couppe et de vuidange, à ce que les maistres voyent le lieu et la gettée, et en sachent respondre; les

quels maistres seront chargez des lieux visiter et de y pourveoir à nostre prouffit, et que nous ne soyons fraudez.

(47) *Item.* Et pour ce que ou temps passé, les maistres, qui ont eu la charge et tout le gouvernement desdictes eaues et forestz, se sont entremis de tenir jurisdiction de nostre héritaige et demaine, en l'absence de nostre conseil et de nostre procureur ordinaire, dont par imperice ou aultre coulpe moult de dommaiges se sont ensuis, les maistres d'oresnavant ne congnoistront d'aulcunes questions qui touche proprieté, ne le droit de la chose; mais seront meuës et déterminées devant les baillis, prévosts royaulx des lieux ou leurs assises ordinaires, nostre procureur et conseil appellez en ce qui est en Normandie; et de ce qui sera en aultre pays, en parlement; et ce soit fait par le conseil desdits maistres. {Toutes voyes ou cas que aulcunes personnes nobles, ou autres eulx disans avoir droict d'usaige quel qu'il soit en noz bois et forestz, auroyent fait ou feroyent coupper, prendre et emporter desditz bois ou forestz pour leur usaige, pour édifier et ardoir, ou pour vendre, et mis ou faire mettre en iceulx lieux bestaulx, sans monstrer ausditz maistres leurs tiltres ou priviléges sur ce, mesmement depuis que les dictz forestz ont esté et seront closes et deffendues; et aussi auroyent fait ou feroyent quelconques aultres dommaiges ou maléfices touchans lesditz bois ou forestz, iceulx maistres auront de telles causes la congnoissance, pugnition et correction, mesmement de ce qui seroit advenu depuis que lesdictes forestz auroyent esté et seront closes, et qui ne touchera point la proprieté de nostre héritaige, supposé ores que les dicts personnes ou malfaicteurs dient ou veullent maintenir lesditz usages, couppes de bois, et aultres choses à eulx appartenir, à cause de leurs héritages.}

(48) *Item.* Comme és ordonnances faictes à Vernon sur le faict de noz eaues et forestz, comme dict est dessus, fust et seront contenu que nul demenier de bois où nous prenons tiers et danger, ou aultres drois, ne puissent vendre de cesditz bois sans en avoir congié de nous, se le marché ne monte si petit pris qui ne excède dix livres tournois en pays de tournois, et parisiz en pais de parisis, ou quel cas de si petit pris, il souffiroit avoir congé desditz maistres, et audessus non, selon lesdictes ordonnances, nous voulons et nous plaist pour certaines et justes causes, que lesditz maistres le facent ainsi qu'il est accoustumé d'anciennité.

(49) *Item.* Pour ce que lesdictz bois et buissons sont en divers lieux, et aucuns loingtains des forestz royaulx et en diverses vicom-

tant dons pour causes des peines ou exploitz, sur quoy aucunes questions naistroient, et pourroient les subgectz estre travaillez du lieu en autre, ordonné est qu'en tel cas les vicontes, prévostz ou autre juge royal en quiel vicouté ou prévosté la forest sera, ou ses lieutenants, en ait la cougnoissance, et y prendra proufit, se il y est, pour nous, et le rendra à nous, et audit viconte et recepveur, seront ceulx qu'ilz feront lesditz exploitz, tenus de faire rapport, tellement que ainsi le fait s'en dès l'an mil trois cent soixante. [Toutesvoies nostre intention n'est pas que lesditz maistres soient pour ce exclus d'en congnoistre; mais en cognoistrent sur les lieux, ou au moins en lieux convenables à tenir jurisdiction au plus aisié des parties, et où elles pourront mieulx finer de conseil; et est très-grant nécesité et besoing qu'il y pourveoient à bonne diligence : car nous avons entendu que plusieurs treffonciers qui ont bois à tiers et danger en nostre païs de Normandie, et lesquelz en peuvent prendre pour leur usaige, pour édifier et ardoir, et non plus, ont partie de leursditz bois fieffez baillez à cens et à rente, ou donné à plusieurs leurs voisins, et vendu sans congié ou licence desditz maistres, et sans ce que nous en ayons en nostre droit, et ainsi sont les bois usez et exploictez, à nostre très-grant préjudice et dommaige.]

(5a) Item. Les maistres des forestz feront faire livrée ès forestz où nous donnons continuellement bois, d'une quantité d'arpens, telle comme ilz verront que bon sera à faire, selon la quantité et estat de la forestz où noz dons seront livrez; et pour ce que les verdiers ou maistres sergens des forestz feront aucunesfois ou ont fait au temps passé moult de fraudes esditz dons, en délivrant aucun bois de greigneur valué que ilz ne devoient, pour lan grant dons et remunérations qu'ilz en avoient, et autres bois de moindre valué qu'ilz ne deussent, combien que nous feussions plus tenu par moult de justes causes à eulx que à autres, ordonné est que quant les livrées seront faictes en la manière dessusdicte, ès lieux des forestz où il sera advis aux maistres d'icelles que nostre moindre dommaige et des marchands des forestz y pourra estre, lesditz maistres ou celluy d'eulx qui fera faire ladicte livrée, par le regard des bonnes gens qui se recongnoissent en ce, regarderont icelle livrée selon le nombre des arpens qui sera contenu, et sur les arpens il y aura du greigneur pris, quantz du moyen, et quantz du moindre, et les fera layer et mesurer, et ainsi les baillera lesditz maistres des forestz, ou celluy d'eulx qui ladicte livrée fera faire, par compte de nombre, par pris, aux verdiers et aux maistres sergens desdictes forestz, où les autres livrées seront faictes en la manière dessusdicte; et seront tenus lesditz verdiers ou sergens de rendre compte desdictes livrées chacun au en leurs gardes, ausditz maistres des forestz, comment et à qui, et par quel commandement, où il aura livré et despendu ladicte livrée, avant que autre livrée nouvelle soit faicte en ladicte forest; et seront tenus lesditz maistres et chacun par soy, qu'ilz recepvront lesditz comptes desdits verdiers ou sergens, apporter ou bailler lesditz comptes en la chambre des comptes à Paris : et pour ce que les forestz de Vernon, d'Andely, du Traict, de la Haye, d'Arqueu, de Sainct Germain en Laye, de Quernelle, de Hallate et de Ubassaies, sont si petites et si foulées que ilz n'y pevent dons souffrir, il est ordonné que n'en n'y sera nulz dons.

(51) *Item.* Les verdiers ou maistres sergens des forestz, qui ores sont, seront tenus jurer aux maistres des forestz, que ilz ne souffreront que nuls de iceulx à qui nous donnons bois, comme dict est, en puissent vendre, donner, ne permuter aucune chose du bois qui lui sera donné, ne converty que à tel usaige, comme nous luy avons donné, si comme dessus est dit; et se lesditz verdiers ou maistres sergens le souffrent à faire, ilz seront à amende voluntaire, et si perdront leurs services : et quand il adviendra que nous donnerons aucune verderie ou maistre sergenterie à aucuns sergens, icelluy jurera devant celluy qui rendra les lettres, en propre personne, qu'il tiendra les ordonnances devant dictes de point en point, en la manière et à la peine dessusdicte.

(52) *Item.* Est ordonné que si nous donnons bois à aucuns, si comme dict est, et celluy à qui il sera donné, ne le prent et liève dedans l'an, sa lettre qu'il aura de don, sera de nulle valleur, et nous demourera le bois.

(53) *Item.* Ordonné est que les maistres des forestz qui ores sont et pour le temps advenir seront, feront jurer les marchans qui tiennent et tiendront les ventes des forestz, que ilz ne acheteront ne feront acheter de nully, quelconque bois qu'il soit donné de nous; et se aucunes gens l'achetoient, ilz le feront tantost çavoir aux maistres des forestz; et se ainsi est que ilz ne le facent en la manière dessusdicte, ilz seront en amende voluntaire.

(54) *Item.* Ordonné est que se nous donnons au temps advenir aucuns dons en noz forestz, soit d'usaiges ou autres choses, à vie ou à propre héritaige, que ilz n'en pourront faire aucune chose que en la forme et la manière qu'il sera contenu en leurs

lettres, et sur peine de perdre leurs usaiges, ou ils seront en amende condamnez.

(55) *Item.* Ordonné est que nulle beste ne ira en taillis, jusque à temps que le bois se pourra deffendre des bestes, pource que une beste qui ne vaudra pas soixante solz ou quatre livres, y peut faire dommaige de cent livres ou de plus, en une année.

(56) *Item.* Ordonné est, que chacun sergent sera creu par son serment des prinses qu'il fera où il n'escherra que amende pécuniaire : car il convient que les sergens quièrent les malfaiteurs le plus coyement qu'ilz pevent ; et s'ils alloient querre tesmoing, les malfaicteurs s'en pourroient aller avant qu'ilz revinsent, ne ne pevent pas tousjours mener tesmoingz pour tesmoigner leurs prinses ; se ainsi n'est que il y ait menasses entre le sergent et celluy qui sera prins, telle que les maistres des forestz voyent que les sergens les facent pour grever celluy.

(57) *Item.* Ordonné est que les sergens des forestz ne respondront devant nul juge, pour le cas des forestz, se n'est devant le maistres des forestz, les gruiers ou maistres sergens : car se on les faisoit semondre hors, entant comme ilz demouroient, pourroit l'en dommaizer les forestz, en bois ou en bestes.

(58) *Item.* Aucuns verdiers, maistres sergens ou chastellains, ne pourront doresénavant avoir lieutenans, se ce n'est pour recepvoir l'argent de leur recepte ou de leurs faitz, qui sera à nous deu pour cause desdictes forestz ; et se ilz font le contraire, lesditz maistres les pourront pugnir et oster, solon ce qu'ilz verront qu'il sera à faire de raison ; excepté toutesvoies ceulx qui seront demourans en noz hostelz, et ceulx de noz enfans.

(59) *Item.* Que lesditz officiers qui sont en nosditz hostelz et ceulx de noz enfans, seront tenus de respondre du fait de leurs lieutenans, et se il y avoit aucune mesprison, tout ainsi comme se eulx-mesme avoient fait le mesfait en leurs propres personnes.

(60) *Item.* Les verdiers, chastellains et maistres sergens seront tenus rendre compte de leurs faitz des forestz, deux fois l'an, par devant lesditz maistres ; c'est assavoir, en Normandie cincq sepmaines ou ung mois avant Pasques, et cincq sepmaines ou ung mois avant la Sainct Michel ; et aux autres païs, semblablement avant l'Ascension, et avant la Toussainctz ; et lesditz maistres d'envoyer par devers les séneschaulx, recepveurs et vicontes, ou ou le temps que dessus dit est, les ventes nouvelles auront estes, les receptes, panaiges, herbaiges et exploi

des forestz ordinaires qu'ils ont accoustumez de rendre par comptes des séneschaulx ou baillifz, affin que avant les termes des comptes, les baillifz et recepveurs les puissent mettre en leurs comptes; et seront lesditz maistres aux comptes, quand les baillifz ou recepveurs rendront compte du faict des eaues et forestz, affin qu'ilz rendent bien tout ce qu'ilz doivent rendre.

(61) *Item.* Que les dessusditz maistres ne accomplissent ne délivrent aucun bois de don à héritaige, à vie, à voulenté, ne à une fois, si les lettres ne sont passées par la chambre des comptes.

(62) *Item.* Pour ce que nous avons donné à aucunes personnes la chasse d'aucunes de noz forestz, pour chasser à toutes bestes, lesquelles personnes ont donné et donnent à autres leurs dictes chasses en icelle, ordonné est, que nul n'y pourra chasser, se ceulx à qui elles sont données n'y sont ou leurs gens, et que ce soit pour eulx et en leurs noms.

(63) *Item.* S'il advenoit aucuns sergens instituez oultre l'ordonnance des forestz où ils sont establis, ou qu'ilz prennent plus grans gaiges qu'ilz ne souloient avoir, ou qu'il y eust plus sergens qu'il ne seroit de nécessité, nous voulons qu'ilz soient ostez, et les gaiges ramenez aux gaiges anciens.

(64) *Item.* Pour ce que noz marchans des forestz ne soient grevez, nous voulons que quant ilz iront devant les clercs des baillifz, vicontes ou recepveurs, qu'ilz ne paient pour lettre de quictance ou cédulle de chacun payement, que douze deniers.

(65) *Item.* Les principaulx marchans de noz forestz, pourront faire mener et charier leurs ventes de bois, sans en paier péage ne travers, par tout païs.

(66) *Item.* Combien que les marchans qui prennent paissons et panaiges de nosdictes forestz, aient accoustumé avoir toutes les forfaictures et amendes qui escheent pour ceste cause, nous voulons que doresnavant nous ayons la moictié, et ledict marchant l'autre, affin que nul ne s'en puisse exempter d'oresnavant soubz umbre de ce.

(67) *Item.* Que aucun verdier, maistre sergent ne aultre sergent de forestz, ne puissent marchander ès pointz n'y ès mettes de leurs offices, ne en leurs gardes.

(68) *Item.* Que aucuns baillifz, séneschaulx, recepveurs, prévosts, vicontes ou autres officiers quelconques, ne s'entremettent d'oresnavant du fait des forestz, fleuves, rivières ne garennes, ne de chose qui en dépende; mais si aucune chose en ont commencé, qu'ilz renvoient la cause en l'estat qu'elle est.

par devers les maistres de noz forestz, commais aux païs dont ilz seront, pour en juger et déterminer selon ce que raison donnera.

(69) *Item.* Aulcuns verdiers, chastellains ou maistres sergens des forestz, ne pourront faire d'oresnavant aulcune vente, si ce n'est du commandement desditz maistres qui sont ordonnez ès lieux là où ils seront, et n'auront congnoissance des causes, fors des prinses qui y seront faictes par eulx et par les sergens qui seront desoubz eulx, jusques à la valeur de soixante solz seullement; et se aulcun se veult doloir desditz chastellains, verdiers, ou maistres sergens, ou aultres simples sergens, du fait desditz forestz, il en pourra appeller devant les maistres desditz lieux, qui en seront raison; et s'il avenoit aulcun cas qui semblast que l'amende montast plus de soixante solz, et que les ditz chastellains, verdiers ou maistres sergens ne voulsissent avoir mis qu'à soixante solz, les maistres desditz lieux vendront pour enquerre et visiter se ilz pourront mettre icelles amendes au néant, et retauxer à plus grande somme pour nostre prouffit, selon ce que le cas le requerra.

(70) *Item.* Les marchans des bois et forestz se pourront bien faire payer de ce que leur sera deu à cause desditz bois, par lesditz maistres ou par quelconques aultres justiciers que bon leur semblera, où seront lesditz bois.

(71) *Item.* Pour ce que ou temps passé noz predécesseurs roys de France et nous, avons eu et pourront avoir le temps advenir, plaisir de faire avantaige à aucuns de noz serviteurs, veneurs, archiers desdictes forestz, ou aultres personnes ayans maisons près d'icelles forestz, en lieux de petite essence (1) et de petiz édifices, nous ou nozditz prédécesseurs avons donné ou pourrons donner ou temps advenir pour icelles maisons, franchises de édifier et ardoir des bois d'icelles forestz, et leurs pasturages pour leurs bestes, et franc pasnage pour leurs porcs, lesquelz domtaines ou leurs hoirs ou aulcun d'eulx, ont vendu icelles maisons aux grans seigneurs et grans riches hommes de nostre royaume avecques icelles droictures, lesquelz seigneurs et riches hommes ont faict de grans et nobles édifices en iceulx lieux, qui anciennement et ou temps desditz dons, estoient de petite essence et de

---

(1) Dans Charondas il y a *accense*. Je crois qu'*essence* est la bonne leçon, qu'il signifie une chose de petite valeur. Dans l'art. 18 de l'ordon. de l'amirauté du 7 décembre 1400, on lit : *S'il n'estoit prisonnier de si grand prix et prisonniers de si petite essence*. (Secousse.)

petit coustement à tenir, et aussi ont mis et mettent chascun jour moult grans et excessifz nombre de bestaulx en nosdictes forests, et se trouvent (1) souvent esdicts lieux pour l'aisement du bois qui leur convient pour leur chauffaige, dont ilz prenent en trop plus grande quantité sans comparaison que ne peussent faire les-dits donataires ou leurs héritiers, se ilz tenissent encores lesdictes maisons, dont nosdictes forestz ont esté et poutroyent estre encores plus ou temps advenir dommaigées et foullées par le fait et occasion des transportz ainsi faiz desdictes maisons et franchises, lesquelz transportz ne sont pas à souffrir pour les causes dessus-dictes, et mesmement que lesdits dons ne furent pas faits en celle intention, ordonné est, que ceulx à qui tels dons ont esté faits, ne les pourront d'oresénavant transporter en autres personnes que en leurs hoirs, et au moins en personnes qui en puissent plus largement user que iceulx transporteurs feissent se ilz les tenissent, et voulons et ordonnons que ceulx à qui lesdits transportz seroient faitz de ores jà faits desdictes franchises, soient contens de prendre bois pour édifier et ardoir esdictes maisons, en telle quantité comme peussent faire lesdits donataires, au regard à leur estat et à leurs édifices, et semblablement des bestaulx mettre en nosdictes forestz, comme peussent faire lesdits donataires et leurs hoirs, et que autrement ne soit souffert à user par lesdits maistres de noz eaues et forests doresénavant; et en oultre avons ordonné et ordonnons que se nous avons fait ou faisons doresnavant aucuns dons de telles ou pareilles franchises à aucunes personnes, pour quelconque cause, ne soubz quelque forme de langaige que ce soit, que lesdits dons soient entendus pour ceulx à qui nous avons fait lesdits dons et pour leurs hoirs seulement, et que autrement ne leur en soit souffert user; et entant comme touche le transport qui au temps passé desdictes franchises par lesditz donataires ou leurs hoirs, nous y aurons advis et délibération, affin d'y pourvoir et ordonner au plutost que nous pourrons bonnement.

(72) *Item.* Comme les fleuves et rivières grandes et petites de notre royaume, par malice et par engins pourpensez des pescheurs, soient aujourd'huy comme sans fruict, et par eulx soient empeschez à croistre en leur droict estat, et soient de nulle valeur

---

(1) Et se determinent à habiter long-temps dans ces lieux, à cause de l'avantage qu'ils y ont d'avoir du bois qui ne leur couste rien. (Secousse.)

quant ilz seroit prins par eulx ne profitent pas à en user en leurs métiers, sincoys monstreoz qui sont plus chers qu'il n'est accoustumé, laquelle chose tourne en grant dommaige tant des riches comme des pauvres de nostre royaume, et à nous appartient de nostre droict royal; curer et penser du bon estat et commun profit de nostre royaume, il nous plaist et voulons que lesdits maistres de nosdictes forestz et eaues prennent ou facent par leurs députez prendre garde saigement sur tous ceulx où ilz trouveront tous les fillez cy-dessoubz nommez et déclairez, et iceulx facent bruler et ardoir, les pescheurs et autres appellez, pour veoir la vengeance, par manière que les pescheurs ne facent doresenavant telz engins; et se autres sont trouvez en l'hostel des pescheurs ou avecques eulx, qu'ilz soient plus dommaigeables pourpensées ou pourpenser par leur malice, qu'ilz soyent pugnis et ars comme les autres devant ditz, et ceulx qui en ouvreront et qui les feront, à estre constraincts à paier à nous soixante solz, ou autre telle amende comme lesditz maistres regarderont et verront appartenir selon les meffaitz, et les poissons qui seront prins, forfaitz et regettez en l'eaue s'ilz sont vifs, et se ilz sont mortz, qu'ilz soient donnés aux pauvres. Et pour ce que lesditz engins lesquelz nous voulons estre quis et encerchez de jour et de nuyt, les noms sont mescongneus de plusieurs et en beaucoup de lieux, nous les avons cy fait escripre et nommer: c'est assavoir, le bats-robousir, le ciffre, garine, valais, amondes, le puisouir, la trouble à bois, la bouresche, la chace, le marchepié, le clinquett, le rouable, samiers, faisines, fagos, nasses-pellées, jonchées, lingnes du long à menus ameçons; et que l'en ne batte aux arches ne aux gros herbes, et que vraye à chasse ne queure, et que on n'y adjoingne Boutet espiz. Desquelz engins nous deffendons perpétuellement à pescher; et aussi que on ne pesche de nuyt de quelzconques engins en deux mois; c'est assavoir, de my-mars jusques en my-may: car les poissons frayent en iceluy temps, et laissent leur fraye, et les pescheurs de nuyt les chassent et détruisent toute leur fraye; et que nul ne soit si hardy de aller à fraye de dars, ne qu'il preigne gardons ne dars durant ledit temps; et par-tout le pourra pescher de tous bons engins, excepté ou temps dessusdit; et tous autres engins qui seront faictz, desquelz ilz pourront prescher, nous voulons estre faitz à nostre moule, à la largeur d'ung gros tournois chascune maille, et pourront estre faitz plus larges à prendre les gros poissons; et de la Saint Remy jusques à Pasques, à la largeur d'ung parisis; et que nasses ne quequent par rivières, que celle ne sont telles que on y puisse bouter ses dois jusques au gros de la main; et ne pourront prendre barbel, carpe, tanche ne bresme, si chacun ne vault quatre deniers, le lussel, s'il ne vault huyt deniers, ne anguille, se chacune ne vault ung denier, ne autre poisson de laire, ne d'autre rivière royal, se il n'a plain dour, et que avecques ce, y peyre chef et queuë du moins.

(73) *Item.* Quant aux quidiaulx, les chausses seront du moule d'ung parisis de plat, et y pourront adjoindre boussel d'osier, du moule que entre deux verges l'en puisse par-tout bouter le petit doy, tant comme l'ongle se porte; et les faisines dont l'en peschera de la Saint Remy jusques à Pasques, seront faictes du moule d'ung gros tournois de plat; et de tous autres filez dont l'en peut pescher selon les ordonnances dessusdictes, semblablement, sauf la trouble le fil autre que celle à bois, de quoy en tous temps on pourra pescher, mais qu'il soit du moule d'un denier parisis de plat, réservé le temps de fraye.

(74) *Item.* Des jonchez l'en pourra pescher en tous temps, excepté le temps de fraye: et quant est aux chaussez dequoy l'en peut pescher par les ordonnances, elles seront faites telles que on y puisse bouter ses quatre doys, en passant les quatre premières jointes sans force.

(75) *Item.* Les maistres des forestz visiteront les estangs des lieux où ilz seront ordonnez, et iceulx feront mettre en estat de peupler et mettre de lieu en autre: et les feront pescher et vendre les poissons en lieu, en temps et en saison; et les deniers des poissons vendus, délivreront et bailleront au viconte ou recepveur en quelle recepte lesditz estangs seront assis.

Item. Et noz présentes ordonnances voulons estre criées et publiées ès lieux solennelz et accoustumez à faire criz, affin que aucuns n'en puissent avoir ne prendre dès-lors en avant aucune cause d'ignorance. Toutes-voyes nostre intention est, que si ès ordonnances anciennes a aucuns articles qui ne soient en ces présentes contenus, et à quoy ne soit dérogué par icelles, que ce demeure en sa force et vertu, et que on en puisse user et s'en ayder deuëment et raisonnablement quand le cas le requerroit.

Ordonnons et mandons à nostre très-cher et amé cousin le comte de Tancarville, souverain-maistre et général réformateur de nosdictes eauës et forestz, à noz amez et féaulx gens de noz comptez et trésoriers à Paris, et aux maistres de noz eauës, bois et forestz dessusditz, et à tous noz autres justiciers et officiers, ou à leurs lieutenans, et à chacun d'eulx, si comme à luy appartiendra, que nosdictes ordonnances tiennent, gardent, accomplissent et facent tenir, garder et accomplir de point en point, selon leur forme et teneur, sans aucune chose faire ou souffrir estre fait au contraire.

Et affin que ce soit chose ferme et estable, nous avons fait mettre nostre séel à ces présentes : sauf en autres choses nostre droit, et l'autruy en toutes.

Donné à Paris, au mois de septembre, l'an de grace mil quatre cens et deux, et de nostre règne le XXII°.

Par le Roy, en son conseil.

N°. 286. — Lettres qui règlent le droit (1) d'amortissement.

Paris, octobre 1402. (C. L. VIII, 546.)

N°. 287. — Lettres qui permettent aux confrères de la passion de représenter les pièces de théâtres appelées mystères (2).

Paris, décembre 1402. (C. L. VIII, 635.)

Charles, etc. Savoir faisons à tous présens et avenir, nous avoir receu l'umble supplication de nos bien amez et confrères les

---

(1) Ce droit est fixé au tiers de la valeur des rentes ou héritages amortis ; et si ces héritages sont situés dans des lieux relevant immédiatement du Roi et de sa justice, le tiers sera appliqué au domaine sans qu'il en puisse être fait don ou remise. (Decrusy.)

(2) N. voir dessus, note sur l'ordonn. de police, du 8 juin 1398. L'ord. de 1402 est la première loi sur les spectacles. V. les ordonn. de François Ier, 1518, modifiées par arrêt du parlement de Paris, du 12 novembre 1548 ; de Henri II, mars 1559. Leur privilége fut révoqué en 1595. 22 Octobre 1680, lettre de cachet qui réunit les deux troupes de comédiens alors établies.

En 1685 et 1688, ils se formèrent en compagnie ayant ses statuts, renouvelés en 1728, 1735 et 1766, homologués par lettres patentes du 22 avril 1761, enregistrées au parlement. Les corporations ayant été supprimées, les artistes sont devenus, quant à l'exercice de leur profession, soumis à la police locale ; lois des 13 janvier 1791, 2 et 14 août 1793 ; arrêté du directoire du 25 pluviôse an 4. Depuis, par décret du 8 juin 1806 et subséquens, ils ont été réunis en corporation. Les ordonnances qui les concernent sont contresignées du premier gentilhomme de la chambre, comme avant la révolution ; ord. du 14 décembre 1816. Recueil complet, année 1822, Appendice et Notes sur l'ordonn. du 3 juillet 1822.

Charlemagne, par un capitulaire, avait déclaré les comédiens qui se livraient maistres et gouverneurs de la confrarie de la passion et résurreccion nostre Seigneur, fondée en l'église de la Trinité à Paris, contenant comme pour le fait d'aucuns misterres tant de sainctz comme de sainctes, et mesmement du misterre de la passion, qu'ilz derrenièrement ont commancée, est prest pour faire devant nous, comme autrefoiz avoient fait, et lesquelz ilz n'ont peu bonnement continuer pour ce que nous n'y avons peu estre lors présens; ouquel fait et misterre ladicte confrarie a moult frayé et despendu du sien, et aussi ont les confrères un chascun proportionnablement; disans en oultre, que se ilz jouoient publiquement et en commun, que ce seroit le proufit d'icelle confrarie, que faire ne povoient bonnement sans nostre congié et licence, requérans sur ce nostre gracieuse provision.

Nous qui voulons et désirons le bien, proufit et utilité de ladicte confrarie, et les droiz et revenues d'icelle estre par nous accreuz et augmentez de graces et priviléges, afin que un chascun par dévocion se puisse et doye adjoindre et mettre en leur compaignie, à yceulx maistres, gouverneurs et confrères d'icelle confrarie de la passion nostredict Seigneur, avons donné et octroyé, DONNONS et OCTROYONS de grace especial, plaine puissance et auctorité royal, ceste foiz pour toutes et à toujours perpétuelment, par la teneur de ces présentes lettres, auctorité, congié et licence

De faire et jouer quelque misterre que ce soit, soit de ladicte passion et résurreccion, ou autre quelconque tant de sainctz comme de sainctes, que ilz vouldront eslire et mettre sus, toutes et quantefoiz qu'il leur plaira, soit devant nous, devant nostre commun ou ailleurs tant en recors (1) comme autrement, et de eulx convoquer et communiquer et assembler eu quelxconques lieu et place licite à ce faire, qu'ilz porront trouver, tant en nostre

---

à des postures déshonnêtes, incapables de porter témoignage contre les personnes libres; mais voyez, à cet égard, la note précitée sur l'ordonn. de 1822. Villaret dit (tom. XII, p. 383) qu'il se forma, en même temps que la Confrairie de la Passion, une autre société d'acteurs moins sérieux, nommée *Enfans de Sans-Souci*. Leur chef prit le titre de *Prince des sots*. Il prétend que Charles confirma leur joyeuse institution par des lettres patentes, que nous n'avons pas trouvées. Le prince portait pour diadème un capuchon surmonté de deux oreilles d'âne. Tous les ans, il faisait son entrée dans Paris, suivi de tous ses sujets.

Il parle aussi de moralités jouées par les clercs de la Bazoche. (Isambert.)

(1) Peut-être ce mot vient-il du latin *Recordari*, et signifie-t-il, *en récitant de mémoire et par cœur*. (Secousse.)

ville de Paris, comme en la prévosté et vicomté ou banlieue d'icelle, présens à ce troiz, deux où l'un d'eulx qu'ilz vouldront eslire de nos officiers, sans pour ce commettre offense aucune envers nous et justice,

Et lesquels maistres, gouverneurs et confrères dessusdiz, et un chascun d'eulx, durant les jours esquelx ledit misterre qu'ilz joueront se fera, soit devant nous ou ailleurs, tant en recors comme autrement, ainsi et par la manière que dit est, puissent aler, venir, passer et repasser paisiblement, vestuz, abilliez et ordohnez un chascun d'eulx, en tel estat que le cas le désire et comme il appartendra selon l'ordenauce dudit misterre, sans destourbier ou empeschement;

Et à gregneur confirmacion et seurté, nous iceulx confrères, gouverneurs et maistres, de nostre plus habundant grace, avons mis en nostre protection et sauvegarde durant le recours d'iceulx jeux, et tant comme ilz joueront seulement, sanz pour ce leur meffaire ne à aucun d'iceulx à ceste occasion ne autrement comment que ce soit au contraire.

Si donnons en mandement au prévost de Paris, et à tous nos autres justiciers et officiers, présens et avenir, ou à leurs lieux-tenans, et à chascun d'eulx, si comme à lui appartendra, que lesdiz maistres, gouverneurs et confrères, et un chascun d'eulx, facent, seuffrent et laissent joir et user plainement et paisiblement de nostre présente grace, congié, licence, don et octroy dessusdiz, sans les molester, faire ne souffrir empeschier ores ne pour le temps avenir, comment que ce soit au contraire.

Et pour ce que ce soit ferme chose et estable à tousjours, etc.

Au dos : Le lundi xii⁰ jour de mars, l'an ccccii. Jehan Aubery, Jehan Dupin et Pierre d'Oisemont, maistres de la confrairie nommée au blanc, présentèrent ces lettres à maistre Robert de Thuilleres, lieutenant de monsieur le prévost, lequel leues icelles lettres, octroya que lesditz maistres, leurs confrères et autres, se peussent assembler pour le faict de la confrairie et le fait des jeux ; sellon ce que le Roy nostre sire le veult par icelles lettres ; et pour estre présens avec eulx en ceste présente année, commist Jehan le Pillent sergent de la douzaine, Jehan de Seneval sergent à verge, l'un d'eulx ou le premier autre sergent de la douzaine ou à verge dudit Chastellet.

N°. 288. — **Lettres** *portant qu'avant la réception des sergents, il sera fait information de leur suffisance et loyauté, et qu'ils seront astreints à un cautionnement de 100 livres.*

Paris, 31 janvier 1402. (C. L. XII, 210.)

N°. 289. — **Lettre** *de défiance du comte de Saint-Paul* (1), *contre Henri IV, usurpateur du trône d'Angleterre.*

Luxembourg, 10 février 1402. (Rymer, IV, part. 1re, p. 5.)

A très-haut et très-puissant prince, Henri, duc de Lancastre; moi, Walcran de Luxembourg, comte de Ligney et de Saint-Pol, considérant l'affinité amour et confédération que j'avoye par devers très-haut et puissant prince, Richard, Roi d'Angleterre, duquel j'ai eu la sœur en épouse, et la destruction dudit Roi, dont notoirement êtes en coulpe et très-grandement diffamé. Avec cela grand honte et dommage que moy et ma generation de lui descendans pouvons et pourrons au tems advenir, et aussi l'indignation de Dieu tout-puissant, et de toutes raisonnables et honorables personnes! Se je ne m'expose avec toute ma puissance à venger la destruction dudit Roi, dont j'etoye allié. Pourtant par ces présentes vous fais à scavoir qu'en toutes manières que je pourrai, je vous nuiray: Et tous les dommages tant par moi, comme par mes parens, tous mes hommes et sujets, je vous feray, soit en terre ou en mer: toutefois hors du royaume de France pour la cause devant dicte non pas aucunement pour les faits meuls ou à mouvoir entre mon très-redoubté et souverain seigneur le Roi de France et le royaume d'Angleterre. Et ce je vous certifie par l'impression de mon scel.

Donné à mon chastel de Luxembourg, le dixième jour de février, l'an mil quatre cent et deux.

---

(1) Ce comte était prince souverain de Luxembourg. La France avait précédemment reconnu l'usurpateur et traité avec lui (Villaret, tom. XII, p. 362); le duc d'Orléans, frère du Roi, avait aussi fait des lettres de défiance. Ce Roi d'Angleterre lui donna un démenti en ces termes: « En l'honneur de Dieu, de Notre-Dame et de monseigneur Saint-Georges, vous mentez faussement et mauvaisement, que nous n'avons pas eu pitié de notre Roi, lige et souverain seigneur; et plût à Dieu que vous n'eussiez oncques fait ni prouvé contre la personne de votre seigneur et frère et les siens, plus que nous n'avons fait contre le nôtre. » Henri ne tint aucun compte de la bravade du comte de Saint-Paul. (Isambert.)

N° 290. — *Lettres portant institution d'une commission de recherche des usuriers* (1), *avec juridiction pour les punir arbitrairement, civilement ou criminellement.*

Paris, 3 mars (2) 1402. (C. L. XII, 211.)

CHARLES, etc. Comme en cette notre ville de Paris, qui est la plus principalle ville de notre royaume, et en laquelle nos predecesseurs roys ont accoutumé de très-long et ancien tems faire leur residence, et si y est le siege souverain de la justice de notredit royaume, ne doive être aucune tache de reprehension, mais à la bonne police et au bon gouvernement d'icelle toutes les autres cités et villes de notre royaume dessusdit, doivent prendre bon exemple; et il soit venu à notre connoissance que en icelle ville, par la malice et couvoitise soubtives d'aucune perverses personnes, tant de notredit royaume comme d'etranges nations, et par leurs facteurs et courratiers, ont été au tems passé, et sont chacun jour faits moult de contraux dampnables et illicites, et plusieurs autres maux, crimes, délits et maléfices; et avec ce quand il est aveun et advient que aucuns grans personnes de notredit royaume, ou aucuns de nos gens et officiers qui se sont entremis de finance, ou autres, ont eu affaire de finance, et ils se sont trays et trayent pardevers lesdits courretiers, ils font faire secretement les emprunts, et souventesfois sans ce que ceux qui empruntent sachent

(1) Deux choses sont ici à remarquer : on venait de bannir les juifs, mais ils avaient laissé des courtiers, puisque l'ordonnance dit que les usures appauvrissaient le royaume et passaient à l'étranger.

On punissait un mal par un mal plus grand encore, en violant à l'égard des usuriers prétendus toutes les formes de la justice, en les punissant arbitrairement, et les frappant de confiscation sur des dénonciations secrètes. Le prêt à intérêt n'a rien aussi d'illégitime, et la loi de Moïse n'interdit que les excès; décision du grand Sanhédrin, 2 mars 1807, (au Recueil complet, 1823, p. 264). Le taux de l'intérêt doit varier, comme le prix des marchandises. V. la loi du 3 septembre 1807 et le Code civil; Capitulaire de Charlemagne de 789; les ordonn. de 1140, 1206, 1218, 1223, 1224, 1250, 1257; établiss. de 1270, ch. 86; 1296, 1311, 1312, 1315, 1318, 1350, 1345, 1353; juin 1510; ordonn. d'Orléans, janvier 1560; ordonn. de Charles IX, mars 1567; art. 202 de l'ordonn. de 1579, de Blois; édit de Henri IV, de 1605, art. 1513 ordonn. de 1629; loi du 2 octobre 1789. — *V.* Beugnot, *des Juifs d'Occident*. — (Isambert.)

(2) Il y a des lettres semblables sous la date du 14 mars, tom. VIII, p. 57 du Recueil des ordonn. du Louvre. La différence dans les dates vient de ce que la copie n'était pas adressée le même jour, par la chancellerie, à tous ceux qui devaient la recevoir. (*Idem.*)

de qui lesdits emprunts sont faits, ils payent pour ce moult grandes et excessives finances, et ne sçavent à qui le profit en vient; qui plus est, plusieurs mus de grand convoitise, voulant couvrir leur malice, afin que ne soient même reputez publiquement usuriers, baillent secretement leur finance à ceux qui font les contracts dessusdits, pour en avoir profit; et mesmement aucunes desdites perverses personnes, sous couleur de ce qu'ils disent que aucunes fois nous avons toleré de prêter et marchander en prenant profit, et ont très-expressement et en plusieurs subtives et couvertes manieres abusé et excedé, lesquelles choses sont deplaisantes à Dieu et de très-mauvais exemple, et redondent en grand dommage de nous, de notre royaume et de nos sujets; car par telles manieres et par la malice de tels marchands etrangers, se vident les finances de notre royaume dessusdit, et sont portées en etranges nations, dont nous avons moult grand deplaisir et non sans cause.

Et pour ce, voulons, comme à nous appartient, à ce pourvoir, et que de ceux qui seront trouvez avoir en ce delinqué, bonne punition soit faite, afin que dorénavant soit obvié à tels dommages et inconveniens, en revoquant quant à ce par ces presentes tous autres commissaires autrefois par nous donnés, et en eux leur deffendant que plus ne s'en entremettent.

Faisons sçavoir à tous que nous confiant à plain des sens, loyautés, prudomies, circonspections et diligences de nos amés et féaux M. Henry de Marle, président en notre parlement à Paris, Baugieux Darly, sire de Piquigny, et Vidam d'Amiens, Guillaume le Boutillier et Hector de Chartres, nos chevaliers et chambellan, Jean David, docteur en loix, maitre des requestes de notre hôtel, et M°. Jean Dadrac, général sur le fait de la justice des finances des aydes de notredit royaume, nos conseillers, iceux, et cinq, quatre ou trois d'eux avons ordonné et commis, ordonnons et commettons

A enquerir et faire enquerir et sçavoir la vérité des choses dessusdites et des circonstances et dependances d'icelles, tant sur emprunts, faits de change, venditions frauduleuses et deceptives de toutes manieres de deniers et marchandises, comme généralement sur tout ce qui peut toucher et regarder la police et bon gouvernement, utilité et profit de la chose publique, de la justice et de la ville de Paris, et leur avons donné et donnons pouvoir et autorité et mandement especial, et à cinq, quatre ou trois d'eux, d'iceux informer par eux et iceux de nosdits officiers et autres qui par eux, les cinq, les quatre ou les trois d'eux, y seroient commis sommairement, des contracts et cas dessus touchiez, des personnes qui les ont fait et font, de la maniere comme ils ont été et sont faits, et des personnes qui ont baillé, comme dit est, leurs deniers pour les prêter et en avoir proffit, et de tout ce qui peut en dependre;

Et pour plutost sçavoir la vérité de ces choses et dependances, arrester et mettre en notre main les papiers et registres de tous lesdits courtiers, marchands et autres que bon leur semblera; de connoistre de par nous desdits faits, par maniere de réformation, et d'arrester et contraindre par prise et detention de biens et de personnes, si le cas le requiert, tous les coupables, accusés, chargés ou soupçonnez des cas dessus touchez ou d'aucuns d'iceux;

De contre eux procéder ordinairement ou extraordinairement, et par appeaux, privation et bannissement de notre royaume, si metier est; de faire faire inventaire de leurs biens, de commettre à la garde d'iceux, personnes sures qui en puissent repondre; et leurs biens confisqués à nous, si le cas le requiert, de commettre à ce fait tant de nos conseillers de notre parlement, des examinateurs et notaires de notre châtelet de Paris, et de nos autres officiers, sergens et autres personnes comme à ce verront être necessaires; de leur taxer et ordonner, et faire payer pour ce, gaige et salaire competans.

De punir corporellement, criminellement et civillement tous ceux qui desdits cas ou d'aucuns d'yceux, seront trouvez coupables, de les condamner en telles amendes comme ils verront être à faire.

Lesquelles condamnations et tout ce qui en cette partie sera par eux fait, nous voulons être valable comme arrest de notre parlement, sans ce qu'on en puisse appeler ne reclamer; et generallement de faire en ces choses et en toutes leurs circonstances et dependances, tout ce que ils verront etre à ce expedient et necessaire.

Et mandons et enjoignons à tous nos justiciers, officiers et sujets, que nosdits commissaires, et à cinq, quatre ou trois d'eux, et à leurs commis et députés ès choses dessusdites, et en toutes leursdites circonstances et dependances, obéissent et entendent diligemment; et pour ce que par adventure aucuns desdits coupables, par eux ou leurs amis, s'efforçoient d'impetrer de nous ou de nos très-chers et très-amés oncles et frere ou d'autres, aucunes lettres de grace, de priere ou recommendation, nous ne voulons, ainçois defendons aux dessusdits très-expressement que pour ce ne different aucunement les procès, exploits, condemnations, punitions ou executions par eux commencées ou faites, ne n'y obtemperent en quelque maniere que ce soit.

En temoin de ce, nous avons fait mettre notre séel à ces presentes lettres.

Donné à Paris, etc. Par le Roy, à la relation de son grand-conseil.

N°. 294. — *Lettres portant confirmation des priviléges* (1) *de l'Université de Paris.*

Paris, dernier mars 1402. (C. L. VIII, 575.)

N°. 295. — LETTRES *portant* (2) *qu'en cas d'absence du Roi, les affaires du gouvernement seront décidées dans un conseil composé de la Reine, des princes du sang, du connétable, du chancelier et des gens du Conseil.*

Paris, 26 avril 1403. (C. L. VIII, 577. Dupuy, *Majorité des Rois* p. 315.)

CHARLES, etc. Savoir faisons que nous qui toute nostre entente avons et devons avoir à ce que nostre royaume et la chose publique d'icellui

---

(1) Le recteur et les députés de la très chère et amée fille du Roy, l'Université de Paris, ayant représenté à Charles VI qu'elle est sous la sauve-garde royale, et qu'elle jouit d'un grand nombre de priviléges qui lui ont été accordés par lui et par ses prédécesseurs, ce qui a augmenté le nombre de ses suppôts qui ont bien conseillé et servi le Roy et l'Etat, et ont répandu les sciences dans le royaume et chez les nations étrangères; que cependant depuis peu, plusieurs de ses suppôts ont été troublés dans la jouissance de leurs priviléges, le Roi fit cette ordonnance. (Secousse, *Tab.*)

(2) Charles VI, dans les bons intervalles que lui laissait quelquefois le fond d'une maladie qui ne finit qu'avec sa vie, sentait qu'il ne pouvait pas espérer que sa santé se rétablit jusqu'au point de pouvoir toujours gouverner par lui-même. Il reconnaissait qu'on abusait souvent de sa faiblesse pour lui faire donner des ordres dont il se repentait lorsqu'il était à portée d'en sentir les inconvéniens, que la haine, excitée par la rivalité entre son frère et ses oncles, et les efforts continuels qu'ils faisaient pour s'arracher successivement la direction des affaires, jetaient le désordre dans toutes les parties du gouvernement. Pour y remédier, il forma, soit par lui-même, soit par les conseils de quelque ministre impartial, le plan d'une administration qui aurait assuré le repos et le bonheur de la France, si elle avait pu être stable et permanente. Dans ce plan, il se réserva à lui seul le pouvoir suprême, lorsqu'il serait en état de l'exercer, et en cas d'*absence*, c'est-à-dire lorsqu'il serait affecté de sa maladie mentale, sans se dépouiller de ce pouvoir, il en partagea l'exercice également entre son frère et ses oncles, et tempéra l'autorité qu'il leur confia par celle qu'il donna à la Reine.

(Secousse, *Préface.*)

soient gouvernez au gré et plaisir de Dieu, et au bien et proffit de noz subgiez et que aux grans faiz et besoingnes qui souvent y sourviennent, soit sitost et si diligemment pourveu, que pour attente ou prolixité de provision, aucuns inconvéniens ne s'en ensuivent ; et considérans qu'il pourroit advenir aucunes fois que par les grans occupacions qui nous sourviennent et peuvent sourvenir, ou pour nostre absence, ne pourroit estre pourveu aux grans affaires qui y pouroient sourvenir en nostredit royaume, sitost comme besoing seroit, dont grans dommages se pourroient ensuir à nous, à nostredit royaume, et à ladicte chose publique d'icellui, se par nous n'estoit sur ce mise provision ; et qui de nostre très-chière et très-amée compaigne la Royne, et de noz très-chiers et très-amés oncles et frere, les ducs de Berry, de Bourgoigne, d'Orléans et de Bourbon, avons toute confiance ;

Eue seur ce meure délibéracion, voulons et avons ORDONNÉ et ORDONNONS de nostre certaine science, par ces presentes, que doresenavant, quant il advendra que nous soions absens, ou tellement occupez que nous ne pourrons vacquier ne entendre à l'expédicion des grans besoingnes touchans nous et nostre dit royaume, qui sourvendront, nostre dicte compaigne et avecques elle, noz ditz oncles et frere, et ceulx de nostre sang et lignage qui seront en nostre court, appellez à ce nostre très-chier et amé cousin Charles sire Delebret, connestable de France, nostre amé et feal chancellier, et de ceulx de nostre conseil, comme dessus, telz et en tel nombre comme il sera expédient, vacquent et entendent pour nous et en nostre nom, touteffoiz que besoing sera, à l'expédicion des dictes besoingnes, au bien, honneur et proffit de nous, de nostredit royaume, et y preignent telz appoinctement et conclusions, comme par la plus grant et saine partie des voix de nostre dicte compaigne, de noz diz oncles et frere et des dessusdiz de nostre lignage et conseil, qui à ce seront appellez, sera advisé : et pour ce que noz diz oncles et frere ne pourroient par adventure estre tousjours présens ensemble devers nostre dicte compaigne, quant les besoingnes sourviendront, nous voulons, et à nostre dicte compaigne, à noz diz oncles et frere, et à ceulx de nostre lignage et conseil qui lors y seront présens, avons donné et donnons povoir, auctorité et mandement espécial, de faire ce que dessus est dit, comme se tous y estions, voulons que ce qui sera ainsi fait par eulx, par la manière toutesvoies dessus divisée, ait force et vigueur, comme se par nous estoit fait, et comme se nous y estions en nostre personne ; sanz ce toutes-voyes que aucuns appoinctemens prins sur lesdiz grans faiz, soient mis à exécucion, sans le nous faire premiérement savoir, et sanz nostre vouloir et consentement, et que lesdiz appoinctemens soient passez par noz lettres séellées de nostre grant séel. Toutes-voyes quant nous serons présens, et pourrons et vouldrons à ce vacquier et entendre, nous voulons que aucune chose ne soit faicte par les dessusdiz, touchans lesdiz grans faiz et besoingnes de nous et de nostre dit royaume, sanz nostre présence; mais en ordonnerons à nostre plaisir

Si donnons en mandement à nostre dicte compaigne, à noz diz oncles et frere, ceulx de nostre lignage, aux diz connestable et chancellier, et ceulx de nostredit conseil, que les choses dessus dictes accomplissent et facent accomplir comme dessus est devisé; et à tous nos justiciers et officiers, présens et avenir, et à chacun d'eulx, si comme à lui appartendra, que tout ce que ainsi sera fait és choses dessus dictes, ilz acomplissent, tiengnent et gardent, et facent tenir et garder sanz enfraindre, et à eulx obéissent et entendent diligemment.—En tesmoing de ce, etc.

N°. 296. — LETTRES *sur le serment de fidélité* (1) *à prêter au Roi régnant par la Reine, les princes du sang, les prélats et autres sujets, et sur la reconnaissance du fils ainé du Roi pour lui succéder après sa mort.*

Paris, 26 avril 1403. (C. L. VIII, 579.)

CHARLES, etc. Savoir faisons que nous par grant et meure déliberacion, et pour le bien, seurté, utilité et prouffit de nous,

---

(1) Depuis Louis VIII, père de saint Louis, qui, se voyant proche de sa fin, crut devoir assurer la tranquillité de l'Etat et la succession de la couronne, en exigeant le serment des pairs et des prélats, on ne s'était point assuré d'une semblable précaution pour appuyer un droit aussi saint et aussi incontestable par lui-même que celui qui transmet le sceptre à l'héritier présomptif du monarque. Le connetable et le chancelier vinrent, de la part du Roi, présenter ces lettres au parlement, où elles furent publiées en présence des chambres assemblées, des gens du Roi, de l'ordre des avocats, et des secrétaires, notaires, greffiers et huissiers de la Cour, qui tous en jurèrent l'exécution sur les saints Evangiles. Telle était alors la forme usitée pour donner aux nouveaux reglemens le caractère de constitution fondamentale. (Villaret, t. XII, p. 597.)

Ces précautions prises pour affermir les sujets dans l'obéissance qu'ils doivent au Roi, et pour assurer la couronne a son fils ainé, peuvent faire présumer qu'il se trouvait alors en France des intrigues très dangereuses, que des personnes puissantes y etaient entrées, et que même la constitution de l'Etat était ébranlée; mais faute de monumens, ces mystères sont ensevelis dans un oubli dont, suivant les apparences, ils ne sortiront jamais. (Secousse, *Preface.*

de nostre royaume et de tous nos subgiez, lesquelx nous avons desiré et desirons tousjours de tout nostre cuer tenir et gouverner en bonne paix et transquillité soubz nous, et obvier à tous debaz et discencions qui aucunement se pourroient mouvoir entre eulx ou temps avenir en quelque manière que ce feust; et aussi afin que chacun soit tenu et astrainct de nous porter et tenir foy et loyauté, comme par raison naturelle le sont tenus de faire, avons voulu et ordonné, voulons et ordonnons par ces présentes,

Que nostre très-chere et très-amée compaigne la royne, noz très-chers et très amez oncles et frère les ducs de Berry, de Bourgongne, d'Orléans et de Bourbonnois, et tous autres de nostre sang et lignage, et les autres gens de nostre conseil, nous facent solennel serment de nous estre bons, vrais et loyaulx subgés et obéissans envers tous et contre tous qui pourroient vivre et mourir, comme à leur droit souverain et naturel seigneur, tant comme nous vivrons, et nous obéirons ainsi qu'ilz ont fait ou temps passé, et que doivent faire vrays et loyaulx subgiez envers leur droit, souverain et naturel seigneur; et avecques ce, avons voulu et ordonné que tous prélaz, contes, barons, chevaliers, escuiers, Bourgois des bonnes villes, et autres gens d'estat de nostredit royaume, feront le serment dessusdit pour nous, ès mains de nostre très-chier et amé cousin Charles sire de le Bret, connestable de France, et de nostre amé et féal chancellier, appellez avecques eulx des plus notables gens de notre conseil, telz et en tel nombre que bon leur semblera, lesquelx nous y avons ordonné et commis, ordonnons et commettons par ces présentes, de par nous, et ne obéiront à quelconque autre personne, pour quelconque cause ou occasion que ce soit, comme à souverain seigneur, fors à nous et à noz commis et députez; et aussi avons voulu et ordonné par les mêmes lettres, voulons et ordonnons que nostredicte compaigne, noz diz oncles et frere, et autres de nostre sang et lignage, feront le serment dessusdit en notre présence, ensemble ceulx de nostre conseil, et les autres dessusdiz, prélaz, contes, barons, chevaliers, escuiers, bourgois des bonnes villes, et autres gens d'estat de nostredit royaume, ès mains de noz diz connestable et chancellier, appellez avec eulx, comme dit est, des plus notables gens de nostredit conseil, de tenir pour leur roy, souverain et naturel seigneur après nous, nostre très-chier et très-amé aisné filz le duc de Guienne, Dalphin de Viennois, qui à présent est, ou autre nostre aisné filz qui pour lors sera, et non autres. — En tesmoing de ce, etc.

N°. 297. — ORDONNANCE *qui porte qu'après la mort du Roi, son fils aîné* (1), *même mineur, usera de tous les droits de la royauté sans régence* (2); *et qui règle la manière dont le royaume sera gouverné, et à qui sera déférée la garde des enfans de France pendant leur minorité.*

Paris, avril 1403. (C. L. VIII, 581. IX, 267.) — Mémoire des pairs, p. 641, Dupuy, *Majorité des Rois de France*, p. 305.

CHARLES, etc. La disposicion et introduccion de droit divin et naturel démontre que les peres doivent labourer et traveiller à ce que leurs enfans, après leur décès, usent paisiblement de leur succcession, et pourveoir à leur seurté telement que en ce après eulx ne soient ou puissent estre perturbez, molestez, ou empeschiez : et pour ce, sçavoir faisons à tous présens et avenir que nous, à qui Dieu par sa grace a donné lignée, laquelle à son plaisir espérons succéder à notre royaume, quant il lui aura pleu nous appeller devers lui, et voulans ensuir et mectre à effect ladicte introduccion, considérans que, sitost qu'il plaist à Dieu envoier sur terre au Roy qui est pour le temps, hoir masle premier nez, droit de nature le baille héritier dudit royaume, et sitost que son pere est alé de vie à trespassement, supposé que ledit premier né soit mendre d'ans en quelque minorité qu'il soit, il est et doit estre réputé pour Roy, et doit estre ledit royaume gouverné par lui et en son nom par les plus prouchains de son sang, et par les sages hommes de son conseil : et pour ce, voulans pourveoir à la seurté de nostre très-cher et très-amé (3) ainsné filz

---

(1) Charles V, par une loi générale et perpétuelle, avait fixé la majorité des rois de France à quatorze ans, et il avait ordonné que, pendant leur minorité, le royaume serait gouverné par un régent. Le duc d'Anjou le fut pendant celle de Charles VI, et suivant l'ancien usage, il fut revêtu de toute l'autorité royale, et son nom fut mis à la tête des lettres royaux, à la place de celui du Roy. Charles VI, qui, par ses lettres du mois de novembre 1392, avait confirmé l'ordonnance de Charles V, sur la majorité des rois de France, y dérogea par rapport à son fils aîné par ces lettres. (Secousse, *Préface*.)

Secousse se trompe : le duc d'Anjou ne gouverna comme régent que pendant quinze jours ; ensuite le gouvernement fut administré au nom du Roi. — V. p. 342, 5° livraison. (Isambert.)

(2) Merlin, *Répert.*, v°. SACRE. — Hénault, *Abr. chron.*; — Et notes sur les ordonnances d'août et octobre 1374, p. 415, 424 et suiv., et sur celles de janv. 1392, p. 716, 720. (Isambert.)

(3) Le fils aîné de Charles VI, qui vivait lorsque cette ordonnance fut faite, se nommoit Louis ; mais il mourut avant son père, le 18 décembre 1415. (*V.* le 1er vol. de l'*Hist. génial. de la maison de France*, p. 113.)

que nous avons de présent, ou de cellui qui sera pour le temps notre ainsné filz, et devra par droit de ainsnéesse succéder après nous à la couronne de France, afin que sitost qu'il aura pleu à Dieu nous prendre de ce monde et appeller à lui, notredit ainsne filz, supposé qu'il soit mendre d'ans, en quelque minorité qu'il soit, puist user plainement de son droit dessus déclairié qui lors par notre décès lui sera acquis et advenu à ladicte couronne;

Euz, sur ce grant advis et meure délibéracion, avons ORDONNÉ et décerné, ORDONNONS et décernons de nostre certaine science, plaine puissance et auctorité royal,

Que nostre dit ainsné filz qui est à présent, ou cellui qui le sera pour le temps, en quelque petit aage qu'il soit ou puisse estre, soit après nous incontinent sans aucune dilacion, appellé Roy de France, succède à nostre royaume, et soit couronné Roy le plustost que faire se pourra, et use de tous droiz de Roy, sanz ce que aucun autre tant soit prouchain de nostre sang entrepreigne le bail, régence ou gouvernement de nostredit royaume, et sauz ce qu'il puist estre donné à nostre dit ainsné filz, en son droit qui lui est deu par droit de nature, aucun empeschement soubz umbre de régence ou gouvernement de nostredit royaume, ne autrement pour quelque raison que ce soit ou puist estre;

Et pour ce que à nous comme à pere appartient disposer et ordonner de la garde et gouvernement de noz enfans après nous, et que nous avons toute confiance de nostre très-chière et très-amée compaigne la royne, de noz très-chiers et très-amez oncles les ducs de Berry, de Bourgoingne, d'Orléans et de Bourbonnois, nous de noz certaine science, plaine puissance et auctorité royal dessus dictes, avons ordonné et ordonnons que s'il advient que nostre dit ainsné filz et nozdiz autres enfans demeurent après nous mendres d'ans, en quelque minorité que lors soient, nostredicte compaigne ait et lui appartiengne la garde, nourrissement et gouvernement d'eulx, et dès maintenant pour lors les lui baillons; et voulons aussi et ordonnons que quant le cas escherra, icelle nostre compaigne, appellez par elle et avecques elle noz diz oncles et frère, et autres prouchains de nostre sang et lignage qui pour lors seront, et aussi les gens de nostre conseil que nous aurons au jour de nostre trespas, gouverne au nom de nostredit ainsné filz, s'il advient qu'il demeure soubz aagé, et en quelque minorité qu'il soit lors, comme dit est, tous les faiz de ce royaume ou nom de lui et comme Roy, et lui obéissent nostre dicte compaigne, noz diz oncles et frere et autres de nostre sang et lignage et lesdits gens de nostre conseil, et non à autre quelconque, et aussi lui facent obéir en toutes choses par tous les justiciers, officiers et subgiez dudit royaume, comme à leur Roy et seigneur, jusques à ce qu'il soit et deviengne en aage convenable de gouverner en sa personne, ainsi comme faire se doit, et que toutes les délibérations et conclusions qui seront lors faictes et prinses ès besongnes dudit royaume, en quelque manière que ce soit, soient advisées, prinses et concluses selon les voix et oppinions de la plus grant et saine partie de nostre dicte compaigne, de nozdiz oncles et frere et des autres de nostre sang et lignage, et de ceulx dudit conseil qui lors seront présens et appellez pour les conseiller, sanz avoir regard à la grandeur, auctorité et estas des personnes, mais seulement à ce qui sera dit et advisié pour le bien, utilité et prouffit desdictes besongnes;

Et mandons à tous nos féaux et subgiez de quelque prééminence ou auctorité qu'ilz usent, et les requerons sur la foy et loyauté en quoy ilz nous sont tenuz, à ladicte couronne de France et à nostre dit ainsné filz, que, sitost que le cas escherra, ilz obéissent après nous à icellui nostre ainsné filz comme à leur Roy droicturier et souverain seigneur, et non à autre personne, de quelque auctorité que elle soit ou veuille user, et lui facent et prestent les foy, hommages et seremens ainsi comme ilz lui seront tenuz comme à leur Roy et souverain seigneur : et encores pour plus avant pourveoir audit gouvernement de nostre dit ainsné filz et de noz autres enfans, nous voulons et ordonnons de noz dictes certaine science, plaine puissance et auctorité royal, que s'il advenoit, que Dieu neveuille, que après nous nostre dicte compaigne alast de vie à trespassement, ainçois que icellui nostre ainsné filz feust en aage convenable de gouverner en sa personne, ou lui survenist aucun accident de maladie ou aucun autre empeschement par quoy ne peust entendre ou vacquer audit gouvernement de nostredit ainsné filz, de noz autres enfans et des faiz et besongnes dudit royaume, nozdiz oncles et frere de Berry, de Bourgoingne, d'Orléans et de Bourbonnois, les plus prouchains de nostre sang et lignage, noz connestable et chancellier, et ceux de nostre dit conseil qui pour lors seront, aient en icellui cas la garde et gouvernement de nostredit ainsné filz et de noz autres enfans, et ès faiz et besongnes dudit royaume, lesquelx garde et gouvernement nous oudit cas leur baillons dès maintenant pour lors, et gouvernent ou nom de nostredit filz, et pour lui et en son nom tous les faiz et besongnes de ce dit royaume, et lui obéissent et facent obéir par tous noz subgiez comme à leur

Roy et seigneur, tout ainsi et par la forme et manière que à nostredicte compaigne l'avons dessus ordonné. Et ou cas que aucuns de noz diz oncles et frere vroient de vie à trespassement, nous voulons et ordonnons que ceulx qui survivront aient la garde et gouvernement de nostredit ainsné filz et de noz diz autres enfans, et faiz et besongnes de ce royaume par la manière dessus dicte, jusques à ce que icellui nostre ainsné filz soit en aage convenable de gouverner en sa personne, comme dit est; et toutes les choses dessus devisées et déclairiées voulons et décernons avoir et sortir plain effect, sanz ce que aucun y puisse ou doye faire aucune mutacion contre la teneur de ces présentes, nonobstant quelxconques loix, constitucions, édits, ordonnances, establissemens, chartres, lettres faictes soubz quelconque forme de paroles que ce soit par feu nostre très-chier seigneur et pere que Dieux absoille, par nous ou par aucuns de nos prédécesseurs, sur le fait du gouvernement de nostredit ainsné filz et des autres ainsnez filz des Roys de France, et de ceux qui doivent succéder à la couronne de France, et autres quelxconques, par lesquelles peut estre aucunement dérogué à notre présente ordonnance, lesquelles lettres nous voulons estre de nul effect et valeur, et icelles n ous voulons avoir pour exprimées en ces présentes, et par ces mesmes présentes les révoquons, cassons et adnullons et mettons du tout au néant : Et oultre, s'il advenoit que Dieu ne veuille que par inadvertance, importunité ou autrement, nous octroissions ou commandissions aucunes lettres qui peussent estre aucunement dérogatives à cestes, ou feissions aucune chose au contraire, nous voulons et décernons dès maintenant pour lors estre nulles et de nul effect, et qu'ilz n'aient force ou vigueur contre ceste présente nostre ordonnance.

Si donnons en mandement à noz amez et féaulz conseillers les gens de nostre parlement, les gens de noz comptes et trésoriers à *Paris*, et à tous noz justiciers, officiers et subgiez, présens et avenir, et à chascun d'eulx, si comme à lui appartiendra, que contre nostre dicte présente ordonnance ne viengnent, facent ou scuffrent venir au contraire, mais la gardent et tiengnent et facent tenir et garder de point en point sanz l'enfreindre. Et pour que ce soit ferme chose et estable à tousjours, nous avons fait mettre nostre séel à ces présentes.

Donné, etc. Par le Roy, messeigneurs les ducs de Berry, et de Bourgoingne présens. (1)

---

(1) Le duc d'Orléans était absent ; ce qui prouve que la faction de Bourgogne dominait. (Lambert.)

RÉGENCE DE LA REINE

PENDANT LA MALADIE DU ROI (1).

N°. 298. — LETTRES (2) *par lesquelles M° Henri de Merle est nommé premier président en remplacement de Messire de Popincourt, décédé.*

2 mai 1403. (Pasquier, *Recherches*, liv. IV, ch. 17. Réglement du Parlement, vol. XII. Mss.)

N°. 299. — LETTRES *portant pleins pouvoirs à des ambassadeurs de France de traiter avec ceux d'Angleterre.*

Paris, 5 mai 1403. (Rymer, tom. VIII, pag. 317.)

CHARLES, etc., Savoir faisons que nous confiant bien pleinement des ceux (3) loyauté, discretion et diligence de noz amés et foiaulx Johan évesque de Chartres, Johan de Hangest sire de Haugueville, Ancel de Longuiller, sire d'Angoudessent, chivaliers, nos conseillers, et maistre Johan de Sains, nostre secretaire.

---

(1) Cette régence ne fut d'abord que nominale ; ce fut tantôt le duc de Bourgogne, tantôt le duc d'Orléans qui dominèrent dans le conseil. (Isambert.)

(2) Le 17 septembre 1400, le Roi nomme dix conseillers à la cour de parlement, et lui mande qu'elle choisisse le plus capable : et maître Nicole Baye, l'un des plus dignes greffiers qui fut jamais au parlement, fut élu greffier le 17 novembre ensuivant, par le scrutin tant des seigneurs du parlement que du grand conseil où se trouvèrent quatre-vingt personnes. En cas semblable, messire Jean de Popincourt, premier président, étant allé de vie à trépas, et maître Henri de Merle III, ayant été pourvu en son lieu, par lettres du 2 mai 1403, par le Roi, il declara n'en vouloir user, sinon de tant que la Cour l'eût pour agréable ; et y vint le chancelier, ès mains duquel s'opposa Lochet, second président ; sur quoi le chancelier dit que le Roi vouloit qu'on élût Merle, attendu le grand âge et indisposition de Lochet ; et pour ce que les conseillers ne vouloient elire publiquement, ils se retirèrent l'un après l'autre près du chancelier, et fut élu de Merle ; et au lieu de lui, maître Jacques de Tailly, président des requêtes. Le 12 novembre 1404, fut ordonné que, combien que le Roi eut donné l'office de greffier criminel, toutefois qu'il seroit passé outre à l'élection ; et le lendemain fut élu du Boys, présents les avocats et procureur du roi ; et le sieur Roman aussi élu conseiller. (Pasquier, V. ci-après, ordon. 7 janvier 1407.)

(3) Les pièces imprimées dans Rymer sont extrêmement altérées, soit dans les termes, soit dans l'orthographe ; on peut en juger par comparaison avec les pièces contemporaines. (Isambert.)

Iceulx, et trois, ou deux d'eulx, pour le tout, avons ordonné et commis, ordonnons et commettons, par ces présentes noz ambaxateurs et messages especiaulx pour assembler, avec les ambaxateurs ou messages de nostre cousin d'Angleterre, es marches d'entre Bouloigne et Calais.

Et a iceulx, nos conseillers et secretaire, et a trois, ou deux d'eulx, pour le tout, avons donné et donnons, par ces mesmes lettres, plein pouvoir, auctorité, et mandement especial, de assembler, pour nous et en nostre nom, avecques lesdiz messages, de procéder, entendre, parler, et traiter diligemment et loialment, avecques eulx, sur les fais et materes, touchans les reparacones des attemptas et exces, fais de l'une partie et de l'autre, et par l'une contre l'autre, contre le teneur des treves, derreinement prises et acordés entre nous d'une part, et feu nostre tres-chier et tres-amé filz Richart jadiz Roi d'Engleterre d'autre part.

De somer et requérir lesdiz messages, et tous autres qu'il appertendra, que ils facent réparer lesditz attemptas fais par la dit partie d'Engleterre.

De faire réparer ceulx qui ont esté fais par la nostre.

Et de députer sur ce, et pour ce faire, se besoigne est, commissaires ou deputez, telz, et en tel nombre come bon leur semblera.

De somer et requerir lesdiz messages, de moderer et faire moderer, de ladite partie d'Engleterre, les patiz qui ont acoustumé estre levez ou pris de Guienne, lesquels, solon la forme desdites treues, doivent estre moderez, et pour la réparacion desquelz, en tant comme il nous touche, nous avons envoié en nostre dite pais, nos messages pour ce faire.

De faire publier, si besoing est, pour tout nostre dit royaume, ou il sera besoing, lesdites treues.

De requerir lesdiz messages que aussi, de leur partie, les facent publier la ou il appertendra.

Et généralment de faire es dites choses et en tous leurs acconstances, et dependantes, tout ce qui y sera nécessaire et expédient, et que nous y purroions faire se nous y estions en nostre personne, ja soit ce que les choses de susdites requerssent mandement plus especial.

Et promettons, en bon foy, et en parole de Roy, avoir aggréable et tenir ferme et estable tout ce qui, par nos diz messages, et trois, ou deux d'eulx, sera fait, traitie, appointie et accorde sur les choses dessus dites, et chascune d'icelles, sans venir en contre en quelque manere que ce soit.

En tesmoignance de ce, etc. Donné, etc.

N°. 300. — LETTRES *portant* (1) *promesse d'un triple mariage entre les enfans du Roi et ceux du duc de Bourgogne.*

5 mai 1403. (*Tresor des Chartres*, cote 158, piece 200.).

N°. 301. — LETTRES *qui permettent au duc d'Orléans d'établir des grands jours pour son comté de Vertus.*

Paris, 6 mai 1403. (C. L. VIII, 585.)

N°. 302. — LETTRES (2) *par lesquelles le Roi révoque les avantages faits à la maison de Bourgogne par le traité de mariage du Dauphin.*

Paris, 7 mai 1403. (Dupuy, *Traité de la Majorité*, p. 298.)

CHARLES, etc. Comme j'à piéçà nos autres lettres patentes (3), et pour les causes contenues en icelles, nous ayons octroyé et accordé à notre très cher et très amé frere, le duc d'Orléans, que le mariage fut fait de notre très cher et très amé fils aisné le dauphin avecques la fille née ou depuis à naître dedans certains tems de nostredit frere, et comme par nosdites lettres puet plus plainement apparoir, et depuis ayons aussi traitié aucuns mariages de plusieurs de noz enfans avecques autres (4), et aussi soyons recors nous jà piéçà du tems du jeune aage de nous et de notredit frere, avoir fait par le conseil de ceux qui lors étaient entour nous certains testamentz, codicilles, et autres ordennances entre vifs, par

---

(1) C'était un triomphe pour le duc de Bourgogne, qui resserrait ses liens avec la maison régnante. (Secousse, *Préface*.)

(2) Le duc d'Orléans ne put voir sans jalousie que par les lettres du 26 avril on lui associât ce prince dans le gouvernement, à la tête duquel il avait été seul pendant quelque temps, et que dans le cas d'une minorité, le duc de Bourgogne fût destiné à partager avec lui l'autorité qu'il croyait ne devoir appartenir qu'à lui seul, ou du moins, ne pouvoir lui être disputée que par la Reine. Les liens par lesquels dans le même temps Charles VI s'unit etroitement avec la maison de Bourgogne mirent le comble à la fureur du duc d'Orléans.

(3) On ne les a pas retrouvées. (Isambert.)

(4) Le duc de Bourgogne. (V. ci-dessus, n° 300.) Ce contrat a été imprimé par Godefroy, p. 601, à la suite de Juvénal des Ursins. (Isambert.)

lesquels aucuns pourraient présumer être dérogés aux droits, prérogatives et honneurs qui y appartiennent ; et ou tems avenir pourraient et devraient appartenir de droit et raison commune, coûtume et usage de notre royaume, ou autrement à notre frere dessusdit. Sçavoir faisons, que nous, considerans la grand amour naturelle que nous avons et devons avoir à notredit frere, et aussi les très grant amour, obéissance et service qu'il a de tout tems faits et encores fait chaque jour à nous, et à notre royaume, et duquel nous nous confions très pleinement, comme de notre frere germain, et le plus prouchain de nous et noz enfans.

Pour ce nous voulans garder à notredit frere tous ses droits qui lui competent et appartiennent et doivent, pourront et devront compéter et appartenir de droit et raison, comme de usage et de coûtume ou autrement, et oster toute maniere de suspicion ou présomption, que l'en pourrait avoir pour les testamentz, codicilles, ordennances et mariages dessusdicts, descernons et déclarons de notre certaine science par ces présentes : Que notredit frere voulons être et demourer entièrement en tous ses droits, et que par testament, codicille, ou autre ordonnance faite entre vifs, traictiez de mariage faiz ou à faire, ne soit aucunement dérogué ou préjudicié à quelque chose qui de droit, usage, coûtume, ou autrement lui a peu, puet, doit, pourra et devra competer et apartenir pour le tems passé, présent et à venir, par quelque titre ou moyen que ce soit, ainçois voulons, ordonnons et déclarons que ilz lui soient et demeurent entiers, sans aucunement être bleciez ne empirez, nonobstant aucun consentement par lui autrefois baillé en son préjudice, lui non ayant telle cognoissance de ses droiz, comme il y a de présent, et pour doute d'encourir notre indignation : les mariages nagaires traitiez de noz enfans avecques autres, et quelxconques autres choses qui pourraient préjudicier ou déroguer aux droiz, honneur et prérogatives de notredit frere.

Et s'il avenoit que ou tems avenir par inadvertance, par impressions ou importunité de requerans, ou autrement nous feissions aucune chose contre ce que dit est, qui aucunement peust déroguer ou préjudicier à notredit frere, à ses droits, prérogatives, honneurs et à ce que de droit et raison, communs usages et contenus lui puent et doivent, pourront et devront compéter et apartenir ; nous voulons et décernons dez maintenant pour lors, que tout soit réputé pour nul, et de nul effet, et que aucunement ne puisse ou doie préjudicier à nostredit frere en quelque maniere ne par quelque moyen que ce soit.

Si donnons en mandement à nos amez et feaulx connestable et chancelier, les gens de notre parlement, de la chambre de nos comptes, à tous nos sénéchaux, gouverneurs, baillifs, et autres justiciers et officiers, vassaulx et subjiets, requerrons tous nos bienveillans et alliez, que notre présente ordonnance et déclaration ils tiegnent et gardent, facent tenir et garder, sans aucunement enfraindre, et que à nostredit frere prestent chacun d'eulx endroit soi, confort et aide, se mestier en a, et par lui sont requis.

En tesmoing de ce, etc.

N°. 303. — LETTRES *portant révocation des précédentes* (1).

Paris, 11 mai 1403. (Dupuy, *Preuves du Traité de la Majorité*, p. 298.)

CHARLES, etc. Comme piéçà nous voulons prevenir et pourveoir au gouvernement de notre royaume et à la sûreté de nostre très chière et très amée compaigne la Reine, de nostre très chier et très amé aîné fils et de nos autres enfans lors nez et à naître, afin que quand il plaira à Dieu nous oster de cette vie mortelle et nous appeler devers lui, ils puissent demourer en paix, tranquillité et sûreté : ayons fait par grant meure déliberation de notre conseil certaines ordonnances, tant de notre testament (2) et comme

---

(1) Rien ne prouve mieux l'instabilité du gouvernement que ces revolutions continuelles. Si les états généraux eussent été assemblés, ils auraient réglé irrévocablement la forme du gouvernement et réprimé l'ambition des princes, et notre malheureuse patrie aurait pu être aussi florissante pendant la maladie de son roi, que la Grande-Bretagne, grâce à son parlement, sous George III. Il paraît que la Reine favorisait alors le parti bourguignon, puisque la promesse de mariage faite au duc d'Orléans est ici qualifiée comme lui étant défavorable. Toutefois, le pouvoir du duc de Bourgogne ne fut pas de longue durée, puisque, par des lettres du 5 juin 1404, le duc d'Orléans obtint un accroissement d'apanage. (Isambert.)

(2) Il paraît certain que ces mots désignent les lettres du mois d'avril précédent, et que ce sont les mêmes que le duc d'Orléans fit révoquer par celles du 7 mai. Comment donc a-t-on pu dire dans ces dernières que les lettres que Charles VI révoquait, avaient été données lorsqu'il était encore jeune d'âge. On pourrait conjecturer que Charles VI étant encore jeune, avait fait un testament qui contenait des dispositions qu'il renouvela par les lettres du mois d'avril 1403 ; et que dans celles du 7 de mai suivant, le duc d'Orléans qui fut le maître de les faire rédiger comme il le jugeait à propos, affecta d'y faire confondre les nouvelles lettres du mois d'avril avec le testament anciennement fait par le Roy son frère, afin qu'on pût dire en général que ces actes avaient été faits pendant que Charles VI était jeune. *Testamentz, codicilles, et autres ordonnances entre vifs*, portent les lettres du 7 de mai. (Secousse, *Préface*.)

autres, lesquelles furent lors acceptées en certaines nos lettres sur ce faites et scellées de notre grant scel en laz de soye et cire vert, et lesquelles nous avons revues par plusieurs fois, et nous a semblé et semble que elles sont bonnes et profitables, pour notre compaigne, nosdits enfans, nostredit royaume, et pour tous nos subgiez; et que se icelles nos ordonnances etoient aucunement cassées, rompues, irritées ou annulées, que Dieu ne veuille, et dont redondrait au très grant détriment et dommage de nos compaigne, enfans, royaume et subgiez dessusdits, et de nouvel nous nous soyons avisés que par certaines clauses, ou paroles contenues en noz lettres par nous, non ayant lors recordation ou mémoire de nos ordonnances dessusdites, octroyées n'agueres à notre très chier et très amé frere le duc d'Orléans, desquelles noz lettres, l'on dit la teneur être telle (*v. ci-dessus*) est ou puet être aucunement dérogué à la teneur de nozdites ordennances ou préjudice et dommage de notredite compaigne et nosditz enfans, de notredit royaume et de nosditz subgiez, laquelle chose nous bien avertis et avisez de ce que ne voudrions ne deverions aucunement tolérer.

Savoir faisons que nous ayant bien en notre mémoire, le contenu en nosdites ordonnances et les causes et mouvemens, pourquoi nous les fismes et que savons de certain, qu'en octroyant à notre dit frere nosdites autres lettres, nous n'en fusmes mie advertiz; car si nous en eussions été avisez, nous ne les eussions point octroyées; ne aussi ne pouvons nous bonnement ce faire sauve nostre conscience, euë sur ce meure délibération, et bien advisez et advertiz que lesdites lettres par nous ainsi octroyées à nostredit frere, dont dessus est faite mention, sont moult dérogatives et moult préjudiciables à nozditz ordonnances, à noz compaigne et enfans dessusdiz, à leurs droiz, honneurs et à nosdiz royaume, subgiez.

Nous de nos certaine science, autorité et plaine puissance royaulx, les revocons, irritons, cassons et annullons du tout, et décernons tout ce qui dedans est contenu être à toujours de nul effet; et encore pour pourveoir par le tems avenir, à ce que aucune chose ne soit par nous fait contre nosdites ordonnances, nous ordonnons, décernons et déclairons dès maintenant pour lors de noz autorité et puissance dessusdites, que se à la requête de quelxconques personnes de notre sang, en quelque prouchaineté qu'ils nous attiengnent, ou d'autres de quelque autorité qu'ils usent, nous faisons aucuns octrois par noz lettres ou autrement qui puissent aucunement déroger à noz ordonnances, dont dessus est faite mention, en tant comme touche notredite compaigne et nosdits enfans et leurs droits, et nosdits royaume et subgiez, et par quoi l'effet d'icelles puist être empêché en quelque maniere que ce soit ou puist être; tout ce qui ainsi seroit fait soit de nul effet et n'ait aucune force ou vigueur.

En tesmoing de ce, etc,

N°. 304. — LETTRES *contenant pouvoir à la Reine* (1) *de s'opposer aux dons du domaine, et de les faire annuler.*

Paris, 15 mai 1403. (C. L. VIII, 587.) — Publiées au parlement le 5 juin 1404.

CHARLES, etc. A tous ceulx qui ces présentes lettres verront : salut. Comme par grant et meure délibération de notre Conseil, ouquel estoient noz très-chers et très-amez oncles et frère les ducs de Berry, de Bourgoigne, d'Orléans et de Bourbonnois, et pluseurs autres prochains de notre sang et lignage, et avec eulz pluseurs gens de notre grant conseil, nous eussions fait certaines ordonnances de non donner ou aliéner aucune chose de notre demaine, fust à vie, à héritage ou à volonté, parquoy les rentes, revenuës et autres droiz appartenans à nostredit demaine, en feussent aucunement diminuez ou apéticiez ; et se par inadvertance, importunité de requerans, ou autrement, nous en eussions fait aucunes ou faisions ou temps avenir, nous voulons estre révoquez, et que ilz feussent de nul effect et valeur; et avecques ce, révoquasmes tous dons par nous faiz ou temps passé, feust à vie, à héritage ou à voulenté, à quelzconques personnes que ce feust, et de quelque estat qu'ilz feussent, excepté ce que nous avions donné, baillié et assigné à nostre très-chiere et très-amée compaigne la Royne, à nos enfans, à nos diz oncles et frere, et à leurs enfans; et aussi le don que nous avions fait à nostre trèscher et amé cousin Pierre de Navarre, de la conté, chastel, ville et chastellenie de Mortaing, et aussi excepté aucuns qui par noz autres lettres en avons excepté, et gaiges ou rentes à vie ou à volonté, que prennent par nostre octroy aucuns nos officiers, par la main du changeur de nostre tresor, ou de noz vicontes et receveurs, si comme ces choses et autres contenuës en noz lettres d'ordenance sur ce faictes, pevent plus plainement apparoir.

Savoir faisons que nous voulans tousjours croistre et augmenter à nostre povoir les rentes, revenuës et droiz appartenans à nostredit demaine, sanz aucunement les aliéner ou diminuer, et confians à plain de la très-grande et très-parfecte et singuliere amour et affection que nous avons à nostredicte compaigne, et qu'elle a nous, et aussi que à lui compéte et appartient garder le bien, prouffit de nous et de nostre royaume, et de noz enfans, plus que à nul autre, avons voulu et ORDONNÉ, voulons et ORDONNONS par ces présentes, de nostre certaine science, plaine puissance et auctorité royal, et lui avons donné et donnons par ces mêmes lettres, povoir de soy opposer et contredire à tous dons, aliénacions que faire pourrions ou temps avenir, de nostre dit demaine, à quelzconques personnes de quelconque auctorité ou prééminence qu'ilz feussent et qu'ilz usent, fust à vie, à héritage ou à volenté, et que ce que fait en aurions, feust de nul effect et valeur; et aussi que se aucunes requestes nous estoient aucunement faictes par importunité de requerans ou autrement, qui seroient en nostre préjudice, et contre le bien de nous et de nozdiz royaume et demaine, par quelque personne que ce feust, tant nous soit prouchain de lignage, ou autres de quelque estat ou auctorité qu'ilz feussent, que nostredicte compaigne semblablement s'i puisse opposer, et nous en adviser, afin que nous n'en facions ou passions aucunes; et se faictes et passées les avions par inadvertance, qu'elles soient révoquées et adnullées, et de ce débatre et empescher par toutes bonnes voies et manières, contre tous ceulx de quelque auctorité ou prééminence qu'ilz feussent, qui par importunité les vouldroient obtenir; et ce lui COMMANDONS par ces lettres et très-expressément, et sur quanque elle nous doubte courroucier, et veult et désire le bien et honneur de nous, et noz diz enfans et siens, et de noz royaume et demaine dessusdis.

Si donnons en mandement à nostre amé et féal chancellier qui est de présent, ou pour le temps avenir sera, sur la foy et loyauté en quoy il nous est et sera tenu, et sur le serement qu'il nous a fait et fera, que d'oresenavant il ne séelle aucunes lettres contre ne ou préjudice de noz ordennances dessusdictes, ne contre la teneur de ces présentes, sans le nous faire premièrement savoir ou à nostredicte compaigne, noz oncles et frere, et ceulx de nostre sang et conseil qui lors seront devers nous, etc.

En tesmoing de ce, etc.

N°. 305. — *Lettres d'où résulte que le gouvernement des finances provenant des aides, confié aux ducs d'Orléans, de Berry et de Bourgogne, leur avait été retiré pour être confié à quatre particuliers, dont trois présentés par le grand conseil, et le quatrième adjoint par le Roi.*

Paris, 19 mai 1403. (C. L. VIII, 588.)

N°. 306. — LETTRES *portant que le roi* (1), *l'église et le peuple, se remettent sous l'obédience du pape Benoît XIII.*

Paris, pénultième de mai 1403. (C. L. VIII, 593.) — Corps dipl. II, 1-285.

Karolus, etc. Summus omnium bonorum dispositor et creator qui sua miseracione nos ad regni fastigium sublimare dignatus est, cujusque imperio cuncta creata subjecta sunt, sicuti sibi placitum est, de hiis que inter mortales agitantur, ita quod que per sapienciam hujus mundi concluduntur, interdum mutari disponit, hominum quoque mentes ad hoc aptat, ut prudencie virtutem insequentes, prout rerum ac temporum varietas exigit, sic se temporibus accomodent. Sane satis et merito meminimus; nostreque mentis acies continua lugubrique meditacione revolvit que et quanta, quàm dura quàmque nefanda pestis hujus virulenti scismatis, proth dolor! nunc et ab inveteratis diebus in ecclesia sancta Dei discrimina parturiit, quot eciam per illud periculorum laberintis, orthodoxorum anime subacte sunt, pro cujus extirpacione ferventi desiderio caritateque succensi, quibuscumque modis et viis possibilibus, nullis parcendo laboribus aut expensis, pluribus congregacionibus, frequentatisque consultacionibus prelatorum, magnatum, cleri et procerum regni Dalphinatûsque nostrorum super hoc habitis, necnon ambaxiatis sollempnibus quamplurimis apud reges multos et principes christianitatis ob hoc factis totis nisibus curavimus laborare, et tandem usque ad hoc deventum est quòd dictis prelatis et clero dicti regni et Dalphinatûs nostrorum, in hac nostra civitate Parisiensi quinquennio fere jam exacto congregatis, conclusum est summo

---

(1) Voici les principaux événemens de ce schisme :
Grégoire XI étant mort à Rome le 25 mars 1378, le 8 d'avril suivant les cardinaux élurent Barthélemi Prigani, archevêque de Bari, dans le royaume de Naples. Il prit le nom d'Urbain VI.
La plus grande partie des cardinaux qui l'avaient élu, s'étant retirés à Agnagni, élurent pour pape, le 21 septembre suivant, Robert de Genève, qui prit le nom de Clément VII. La France le reconnut pour pape légitime.
Urbain VI mourut le 15 octobre 1389. Le lendemain 16 fut élu Pierre Thomacelli, qui prit le nom de Boniface IX.
Clément VII étant mort à Avignon le 16 septembre 1394, le 28 de ce mois Pierre de Lune fut élu, et prit le nom de Benoît XIII. La France le reconnut aussi pour vrai pape.
Charles VI, par ses lettres du 27 juillet 1398 (p. 805, 3e livraison), avait ordonné la soustraction de son royaume à l'obédience de Benoît XIII. (Secousse, Préface.)

pontifici pape Benedicto XIIIº obedienciam sibi jam exhibitam debere substrahi, quia viam cessionis non acceperat sibi oblatam, sub illa spe quòd per hoc unio ipsius ecclesie velociùs sequeretur.

Quáquidem conclusione ad effectum deductâ, etsi ad eam inducendam multe cause et raciones apparerent, tamen fructus optatus ac exindè speratus minimè secutus est, intrususque cujus pertinacia propter hoc substractionem suorum sequacium flecti credebatur, nedum in aliquo depressus est, sed in sua duricia pertinaciùs, ut asseritur, perseverat, dictique sui sequaces non modo se à sua obediencia minimè substraxerunt, verum in sua obstinacione magis ac magis cotidie roborantur.

Quamobrem hiis in interiori nostra meditacione pensatis, fructum illum à dicta substractione speratum subsequi non videntes, attendentes eciam quod prout ad nostras aures per instrumenta publica et carissimorum amicorum nostrorum Penestrini et Saluciarum cardinalium aliorumque fide dignorum relatus jam devenit, prefatus summus pontifex viam cessionis ab eo requisitam acceptavit, ad finem quòd per hoc vera unio in Christi ecclesia subsequatur : Quamquidem viam cessionis intrusus super hoc pluries cum instancia maxima requisitus, acceptare pertinaciter recusavit, quodque sacrum collegium sancte romane ecclesie cardinalium, quos inter ceteros, intrinseca rei hujus penetracio mentalis acuratiùs pungere videtur, precedentibus maturis consultisque deliberacionibus, prout tantorum virorum discrecionum interest et opus est tanto facto, inter ipsum summum pontificem et eos agitatis et conclusis, à substractione per eos dudum facta omnimodè desistentes, prefato summo pontifici suam plenam obedienciam restituere decreverunt, firmissimè confidentes, ut asserunt, quòd per hoc ad dictam unionem citiùs poterit deveniri, etc.

Quapropter premissis permotus et merito, noster animus quem semper ad ea que dicte unioni proficua viderentur, promptissimum habuimus et habemus, vestigia progenitorum nostrorum limitantes, qui numquam in factis universalis ecclesie defuisse leguntur, sed semper in hiis ahesisse veritati : Notum facimus universis presentibus et futuris, quòd nos in Domino cujus causa agitur, spem ponentes quòd per restitucionem obediencie per nos dicto summo pontifici faciendam, amena pax ecclesie sancte Dei solacia nobis ceterisque principibus hujus obediencie invicem in vera fidei caritate unitis, poterunt faciliùs et citiùs procurari, de consilio et assensu carissimorum patruum rum nostrorum ducum Biturie et Burgundie, germanique nostri ducis Aurelianensis, et avunculi nostri ducis Borbonii, de consilio preterea prelatorum, universitatum Parisicusis, Aurelianensis, Tolosane, Andegavensis et Montispessulani, procerum ac nobilium plurimorum regni nostri, super hoc ex intentione à nobis evocatorum, in ipsius Dei nomine, quem solum habemus pre oculis, ipsam substractionem in dictis regno et Dalphinatu nostris de cetero cessare et nullius roboris in futurum esse decernentes, veram obedienciam prefato summo pontifici Benedicto pape xiii° pro nobis, toto regno et Dalphinatu predictis, subditisque nostris quibuscumque et cujuscumque status et condicionis existant, de nostra certa sciencia, maturaque deliberacione habita cum predictis, restituimus, eidemque summo pontific tanquam pape et vero vicario Domini nostri Jesu Christi, deinceps per ipsos subditos nostros obedire volumus, declaramus, sancimus, PRECIPIMUS et MANDAMUS, sicuti anteactis temporibus summis pontificibus sancte romane ecclesie per eosdem extitit obeditum : districtius inhibentes cunctis subditis nostris jam dictis, quatinùs sanccionem et declaracionem nostras presentes nullatenus infringere, nec eis ausu temerario contrarie presumant :

Quod si quid aliqui ipsorum contra premissa facere presumpserint, indignacionem nostram cum gravi animadversione se censerint incursuros.

MANDAMUS insuper et expressiùs injungimus universis justiciariis nostris, et eorum cuilibet, prout ad eum pertinuerit, quatinùs restitucionem hujusmodi et omnia suprascripta in cunctis locis famosis et notabilibus juridicionum suarum, ut ad omnium noticiam deducantur, faciant solenniter ac eciam celeriter publicari, et quos contra facere reppererint, graviter sic puniant quòd ceteris cedat in exemplum.

Quod ut perpetue soliditatis robur obtineat, nostrum presentibus fecimus apponi sigillum.

Datum Parisiis, etc.

N°. 307. — *Lettre du roi en réponse à celle de Tamerlan* (1), *pour assurer la liberté du commerce entre les sujets respectifs.*

Paris, 15 juin 1403. (Trésor des Chartes. — Mém. de l'Acad. des Inscriptions et Belles-lettres, tom. VI, pag. 522.)

Karolus, etc. Serenissimo ac victoriosissimo principi Themyrbeo salutem et pacem.

Serenissime ac victoriosissime princeps, nec legi nec fidei repugnat, aut est dissonum rationi, quin potiùs utile censendum est, reges ac dominos temporales, etsi credulitate sermoneque discrepent, civilitatis benevolentiâ et amicitiæ nexu invicem fœderari, ubi per id maxime pax atque tranquillitas redundet ad subditos. Et hinc est, serenissime ac victoriosissime princeps, quòd, cùm litteras vestræ celsitudinis per fratrem Johannem archiepiscopum totius orientis recepimus, quibus nobis salus eulogium impertiri voluistis, ac de nostri statùs continentia et regni commoditatibus pariter informari, nichilominus intimare victoriam quam Altissimo concedente, obtinuistis de Baazite, nobis ad complacentiam hoc cessisse noveritis non modicam, præcipuè coadjuncto quòd magnificentiæ vestræ gratum erit mercatores nostros et ceteros Xristianos cum subditis vestris posse commercia de cetero simul contrahere, et mercantias suas sine impedimento mutuò exercere et agere, nec non ad terras et ditiones vestras accessum amodo habere plenarium, veluti tempore bonorum prædecessorum nostrorum, ut verbis vestris utamur, fuit factum; de quo magnas vobis gratias rependimus, atque grates animo libenti consimiliter annuentes, ac vice volenti reciprocâ, ut vestri ad terras et dominia nostra securè venire ac mercari, sicuti nostri in partibus vestris, possint, quemadmodum hæc et alia quàm multa quæ præfatus archiepiscopus audivit cernereque potuit in hoc regno, si libeat, referet vivâ voce, cui in præmissis credere ac recommissum habere, ob merita suæ fidelitatis precumque nostrarum interventu magnificentia vestra velit : quæ nobis de suis successibus ad no-

(1) Elle est en persan au Trésor des Chartes ; d'après l'analyse qu'en a donnée M. *Sylvestre de Sacy*, le grand émir Témir-Couran écrit au roi de France (Rei Fransa), après la bataille d'Ancyre, dans laquelle il avait vaincu Bajazet, qu'il désire que ses sujets soient reçus avec honneur et préservés d'avanies, et qu'il sera de même dans ses états à l'égard des chrétiens ; « car , dit-il, le monde prospère par le commerce. » (Isambert.)

tram consolationem rescribat, per quot quot de vestris ad istas regiones continget declinare. Demum vestræ magnificentiæ regraciantes de civilitatibus et amicitiis multis, plurimis Xristianis per majestatem vestram factis et impensis, nos offerentes vestrorum opportunitatibus, ubi casus posceret, ad æqualia vel majora.

Datum Parisiis, etc.

N°. 3o8. — RENOUVELLEMENT *des trêves entre Charles VI, roi de France, et Henri IV, roi d'Angleterre.*

Lulinghem, 27 juin 14o3. — Rymer, tom. VIII, pag. 3o5. — Dumont, II, 1-286.

N°. 3o9. — LETTRES *qui permettent aux ouvriers habitant près des forêts de travailler le bois en leurs maisons.*

Paris, 31 juillet 14o3. (C. L. XII, 214.)

CHARLES, etc. Au souverain maistre et general reformateur des eaues et forests de nostre royaume, et à nos amez et feaulx gens de nos comptes à Paris : Salut et dilection.

Pour ce que par vous, les aucuns de vous ou les maistres desdittes eaues et forests en Normandie, puis n'agairre les Charrons, Huchiers, Tonnelliers, Boisselliers, faiseurs et ouvriers de fusts à bas d'attelles, de pelles, d'escuelles, de selles, de platteaux, et d'autres menus ouvrages de bois, demourant ou rain des forests de Conches, de Breteuil et de Baumont le Rogier, ont estez empechiez de faire les œuvres de leursdits mestiers en leurs maisons ; ainsy que d'ancienneté eulx et leurs predecesseurs ont toujours accoustumés d'y faire leursdits mestiers, et les avez voulu et voulez contraindre à aller ouvrer esdittes forests et ès ventes ordinaires, sous umbre d'un article (1) qui ainsi le contient en nos ordonnances de nos eaues et forests, et sur ledit empechement à eulx donné, comme dit est, se soient venus à nous complaindre et monstrer le grant grief que ils auroient à aller ouvrer de leursdits mestiers ès ventes où ils n'a maison ne habitation où il peussent demourer, se faire le vouloient, et qu'ils ne pouroient faire ne vivre de leursdits mestiers, mais les convies droit aller demourer en d'autres lieux hors et loings de nosdits forests, se par nous ne leur estoit pourveu de remede, requerans iceluy :

---

(1) *V.* art, 53, ordonn. de sept. 1376 ; art. 32 de celle du 1ᵉʳ mars 1388 ; et art. 31, de sept. 14o2. (*Brequigny.*)

Pour quoy, nous ces choses considerées, et après ce que l'article desdites ordonnances nous avons fait veoir par les gens de nostre grant-conseil et nosdites gens des comptes, couvoitans et desirans aussy secourir ausdits complaignans et à leurs semblables, et les garder et maintenir en leurs anciens usages, mesmement que ce est le bien commun, comme l'en dit, et que en la presence de nostredit conseil, ceste chose a esté bien debatue, et dit que l'empeschement à eulx donné par ceste cause debvroit estre ostée : à iceulx complaignans et à tous autres ouvrans desdits mestiers, avons octroyé et octroyons de grace especial, par ces presentes, que doresenavant ils puissent ouvrer de leursdits mestiers en leursdittes maisons et sans fraude, ainsi qu'ils ont accoustumez faire ou temps passé, parmi ce que le bois et merien dont ils ouvrent, doresenavant, ils prendront et achepteront ès ventes ordinaires de nos forests, et sera marquié et martelé ainsy qu'il appartient : et nonobstant ledit article, lequel nous voulons que vous faciez corrigier et adnuller; et nous mesmes, par ces presentes, le adnullons et mettons du tout au neant, reservé à vous la visitation de leurs œuvres, et de les punir, se fraude y estoit trouvée.

Si vous mandons, etc.

N°. 310. — LETTRES *par lesquelles le roi permet à un Génois d'affiner or et argent dans la ville de Paris.*

Paris, 18 septembre 1403. (C. L. VIII, 613.)

N°. 311. — LETTRES *portant suppression du droit de Hellebic qui se levait sur le poisson de mer qu'on vendait à Paris.*

Paris, septembre 1403. (C. L. VIII, 613.)

N°. 312. — LETTRES *portant que les bourgeois et marchands de Paris pourront contraindre, par prise de corps* (1) *et de biens, les acheteurs de leurs vins en retard de payer.*

Paris, septembre 1403. (C. L. XV, 48.)

---

(1) *V.* édit du mois de février 1335. — Édit de Charles IX 1563. — Art. 48 de l'ordonn. de Moulins. — Art. 1er, tit. 34 de l'ordonn. de 1667. — Cette contrainte, abolie par la loi du 9 mars 1793, fut rétablie par celle du 15 germinal an VI (Isambert.)

N°. 315. — **Lettres** *portant mandement* (1) *aux présidens du parlement de choisir un certain nombre de conseillers de cette cour, avec lesquels ils diminueront celui des procureurs.*

Paris, 13 novembre 1403. (C. L. VIII, 617.) — Reg. au parlem. le 10 janv'.

Karolus etc. Dilectis et fidelibus consiliariis nostris presidentibus in curia nostri parlamenti Parisius. Salutem et dileccionem.

Quia nuper ad aures nostre regie majestatis, quorumdam fide dignorum relatione pervenit quòd licet prefata curia nostra suprema sit et capitalis, fons eciam et origo justicie tocius regni nostri, in eaque ventilentur assiduè, discuciantur et terminentur majores et graviores cause tam nostre quàm parium Francie, principum, ducum et comitum prosapie nostre, prelatorum, baronum et optimatum dicti regni, presertim appellacionum cause provenientes à judicibus et auditoriis subalternis, tanquam ad extremum refugium ibidem moriture deferantur, et ob hoc non solùm de remotis finibus dicti regni, verum de longinquis et exteris nationibus nostre ditioni non subjectis, sit in ea continuus et cotidianus concursus hominum de suis causis et negociis ob famosam et sinceram exhibitionem justicie, refulgenciamque et excellenciam sani consilii quibus solent advocati et procuratores dictam curiam frequentantes preminere, consilium et remedium habituri, quà de re pre ceteris curiis et auditoriis dicti regni, adeò debeat eadem curia advocatis et procuratoribus fidelibus, sapientibus et honestis, litteratis, exercitatis et expertis in factis justicie, potissimè ordinacionum regiarum atque stili dicte curie non ignaris, esse non immeritò premunita, quòd ipsorum minore non reperiatur solennior in aliqua baillivorum aut senescallorum seu cujuslibet alterius subditorum curiarum dicti regni.

Nichilominus à paucis annis citra, se impudenter ingerere non expavit quorumdam juvenum et ineruditorum scribencium vix in litterarum primordiis imbutorum, stilum et ordinaciones dicte Curie prorsus ignorancium excessiva multitudo, quorum aliqui, proth pudor! sacerdotes existunt, eciam curam animarum habentes quas negligunt, alii causa studii, ut pretendunt, quam-

---

(1) Dans des temps modernes, plusieurs réductions dans le nombre des officiers ministériels ont été exécutées par une voie analogue. (*V*. Merlin, *Nouv. Repert.*, v° Procureur *ad lites.*)

Il y a une ordonn. fameuse du 16 juillet 1738, p. 487, 5° livraison. (Isambert).

vis revera pociùs abutendo gaudere privilegiis scolarium moliantur, alii propter suorum aut aliorum negociorum prosecucionem apud nos et curiam nostram, vel ut divitum et potentum adhereant serviciis, Parisius accesserunt, quique per importunitatem petencium, ex inadvertencia vel aliter, ad officium procuratoris et juramentum prestandum in dicta curia, licet in quantumlibet inferiori minimè forent ydonei hujusmodi officium exercere, sunt admissi, quorum pretextu metui se faciunt à simplicibus, ipsis multas vexaciones inferentes. trahentesque pauperes subditos nostros Parisius virtute privilegiorum suorum, coram gentibus nostris requestarum, aliisque judicibus ecclesiasticis et secularibus, de remotis partibus regni nostri, quodque deteriùs reputamus, eorum ambiciosa temeritate saciente et honestatis pudore postposito, prevenire non verentur personas in ingresus palacii. ut plurimùm simplices, que putant eos periciores et exercitatiores esse, quam potuissent in suis locis reperire, ipsasque suis blandiciis palpantes alliciunt, ut onus et lucrum prosecucionis negociorum suorum reportent : unde fit quòd in litteris, impetracionibus et scripturis talium, persepe nec in serie congruitas vel ordo debitus, nec in effectu sive sensu, sentencia seu condependencia reperitur, impertinentes conclusiones adaptant, que nullatenus facto et intencioni cliencium sunt conformes : alii verò callidioris ingenii, verba capciosa, ambigua et obscura eisdem scripturis satagunt immiscere, propter que frequenter contingit, dùm hujusmodi littere ad cancellariam deferuntur, quòd earum quedam tanquam indecentes penitùs et inepto lacerantur, alie verò corriguntur, et eòampliùs in prejudicium parcium et pauperum differuntur, quo pretacti temerarii causas correctionum hujusmodi minimè capientes, deteriorem in secundis litteris priore committunt errorem, ex quibus subditi nostri temporis et expensarum multa subeunt incommoda, turbantur judices in dictando sentencias, ob confusam et inordinatam deduccionem processuum, et pereunt fortassis plurime juste cause : Que omnia cedunt in diminucionem honoris et prerogative curie nostre prelibate, nec non dampnum et prejudicium non modicum provectiorum et peritiorum advocatorum et procuratorum ejusdem curie, se nequaquam ingerere presumencium, ad quorum manus, si prosecuciones negociorum et causarum pretensarum pervenirent, per eorum industriam eas utique dirigerent tuttiùs et salubriùs pertractarent; et si non occuratur in futurum, ampliora formidanda sunt inconveniencia secutura : nam, ut intelleximus, propter inordinatam multitudinem hujusmodi, refugiunt et recusaut quamplurimi viri notabiles variis scienciarum titulis insigniti, industriosi et experti, dare se procuratoris officio, qui tamen aliter ad illud non mediocriter aspirarent, totisque viribus anhelarent assumi.

Nos igitur premissis inconvenientibus obviare, honorique curie memorate consulere cupientes, ipsamque secundum ipsius celebritatem et honorificenciam viris eminentibus, qui consuetudines et observancias ejusdem didiscerint et noverint, remanere semper ornatam, per quos stilus ipsius elegans et preclarus, per sapientes transacti temporis lima diligencioris examinis ordinatus, in suorum terminorum limpida et solita perspicuitate successu temporis conservetur, nec per tales errores, ineptitudines aut defectus, seu eciam per obscuras et involutas sentencias aut fraudulentas astucias quomodolibet corrumpatur, vobis et vestrum singulis, harum serie dictricte precipiendo, etc.

Datum Parisiis, etc.

Per Regem, ad relationem sui superioris consilii.

N°. 314. — ORDONNANCE (1) *portant réglement sur la vente des bestiaux à pied fourché dans le marché de Paris.*

Paris, 19 décembre 1403. (C. L. VIII, 620.) — Publié au Châtelet et au marché le même jour.

CHARLES, etc. Comme pour obvier à plusieurs fraudes, mauvaistiez et décepcions que l'en souloit commettre au temps passé, et que l'en commet encores de jour en jour ou préjudice de nous et de la chose publique, et mesmement du pueple de nostre bonne ville de Paris, ou fait des denrées et marchandises de bestail à pied fourché, accoustumées estre admenées pour vendre ou marché de nostredicte ville, ad ce ordonné, nostre prévost et autres nos conseillers au Chastellet de Paris, despieça eussent et ayent avisé ensemble, présens et appellez ad ce le maistre des bouchiers de la grant boucherie de nostredicte ville, et plusieurs autres bouchiers d'icelle, ensemble plusieurs autres marchans forains fréquentans ledit marchié, que il estoit né-

---

(1) Ces lettres ont déjà été imprimées dans le Recueil de Fontanon, t. I, p. 1158. (*V.* le Traité de la Police, par Delmarre, tom. II, pag. 526, et les lettres du dernier janvier 1392.)

cessité pour le bien et utilité de nous, de la chose publique, de sur ce faire aucunes bonnes ordonnances par eulx délibérées, en la manière qui s'ensuit.

(1) *Premièrement.* Que tout le bestail à pié fourchié qui sera doresenavant amené à Paris pour vendre, sera mené ou marchié de Paris, sans riens en retenir ès estables ne ailleurs, et ne pourra estre vendu ailleurs que oudit marchié, sur paine d'amende voluntaire.

(2) *Item.* Nul ne pourra aussi doresnavant aler audevant des denrées pour les achetter, depuis qu'elles seront meues à venir ou marché de Paris, et par especial depuis les lieux cy-après declerez; c'est asscavoir, depuis Longjumel, Soisy, Neaufle, Montmorency et Louvres, et par semblable manière, que les marchans qui feront venir ledit bestail pour vendre à Paris, ne le pourront vendre ne faire vendre depuis que le bestail sera parti des lieux ci-dessus déclerez pour venir à Paris, mais le feront venir tout en plain marché à Paris, sur la paine que dessus.

(3) *Item.* Tous marchans et vendeurs de bestail pour les marchans forains ou marché de Paris, qui auront amené ou ameneront bestail à Paris pour vendre, seront tenus de mener ou faire mener ledit bestail oudit marchié, dedens les heures qui s'ensuivent; c'est assavoir, depuis Pasques jusques à la saint Rémi, dedens neuf heures du matin, et depuis ladite sainct Rem jusqu'à Karesme-prenant, dedens onze heures du matin, sur paine de forfaire les denrées, ou d'autre amende voluntaire selon l'exigence du cas et à l'arbitraige du juge.

(4) *Item.* Que nul marchant fréquentant le marchié de Paris, ne puet ou pourra achetter aucun bestail oudit marché pour le revendre en icelui, sur la paine que dessus.

(5) *Item.* Aucun ne pourra estre vendeur de bestail pour les marchans forains ou marché de Paris, ne ledit office exercer, s'il n'est premièrement apleigé deuement ès mains du prévost de Paris, de la somme de quatre cens livres parisis, et institué oudit office par ledit prévost; et s'aucuns sont trouvez pour le temps avenir faisans le contraire, ils seront par ledit prévost privez de leurs offices, ou autrement punis selon l'ordonnance et discrécion dudit prévost.

(6) *Item.* Nul marchant ne sera ou pourra estre contraint à prendre ne avoir vendeur pour vendre ses denrées, s'il ne lui plaist, mais pourra vendre ses denrées en personne, s'il cuide que bon soit.

(7) *Item.* Nul vendeur ou marchant ne vendra oudit marchié pourceaulx, les uns nourris de grain et les autres nourris de soinc, en un trouppel, ne meslera ensemble, maiz en feront deux trouppeaulx et les separeront les uns des autres, et seront tenus lesdiz marchans et vendeurs en vendant lesdiz pourceaulx, dire et exposer par exprès aux acheteurs d'iceulx, lesquelz sont nourriz de grain, et lesquels de soinc, à ce que le peuple ne soit deceu, sur paine d'amende voluntaire.

(8) *Item.* Tous vendeurs de bestail pour les marchans forains ou marchié de Paris, seront à heure de prime en icelui marchié, à ce que par eulx soit faite aux marchans forains briesve expédition de leur bestail, sur paine de cent sols parisis d'amende, ou autre amende à la discrécion du juge.

(9) *Item.* Aucun ne puet ou pourra doresenavant estre tueur ou langoyeur de pourceaulx, ne icellui ou yceux mestiers ou offices exercer, s'il n'est mis, institué, et à ce reçu par le maistre des bouchiers, qui premièrement et paravant l'institucion se informera de la suffisance, et semblablement ne pourra exercer ledit mestier, se il n'est apleigé pardevers ledit maistre, de gens suffisans qui l'apleigeront des faultes qui pourroient estre faictes ou temps à venir par lui en exerçant icelui mestier, ainsi que d'ancienneté est accoustumé de faire; et se aucun est trouvé faisant le contraire, il l'amendera au Roy d'amende arbitraire, de laquelle amende ledit maistre aura la moitié.

(10) *Item.* Et qu'aucun ne puet ou pourra estre tueur et langoyeur ensemble, sur paine d'amende arbitraire, dont ledit maistre aura la moitié.

Savoir faisons, que nous les ordonnances dessus transcriptes, et tous les poins et articles ci-dessus spécifiez, ayans agréables, yceulx et ycelles loons, gréons, RATIFFIONS et APPROUVONS, voulans icelles estre tenues, observées et gardées de point en point selon leur forme et teneur.

Si donnons en mandement par ces présentes à nostre prévost de Paris ou à son lieutenant, etc.

En tesmoing de ce, etc.

Par le Roy, à la relation du conseil.

N°. 315. — LETTRES (1) *portant que les collations de bénéfices faites par les ordinaires pendant que le royaume était soustrait à l'obéissance des papes, sont maintenues sans restriction de droit.*

Paris, 29 décembre 1403. (C. L. VIII, 622.)

CHARLES, etc. Savoir faisons que comme à très grant et meure déliberacion, et par le conseil des seigneurs de nostre sanc et lignaige, des gens de nostre grand conseil, des prélaz, chapitres, universités et clergie de nostre royaume, pour le bien et avancement de l'union de sainte Église, et autres causes justes et raisonnables qui à ce nous meuvent, nous et l'église de nostre royaume et du Daulphiné, nous feussions pieça substraiz de l'obéissance de nostre saint pere lo pape Benedic, et eussions ordonné que au pape, à ses collecteurs, procureurs et officiers quelzconques, de quelque estat qu'ilz feussent, ne seroit rien paié des finances, proufliz, émolumens et charges quelz qu'ilz feussent, qu'ilz souloient prendre et lever par avant, et que quant les prélatures, dignitez et bénéfices électis seroient vaquans, il y seroit pourveu par ceulx ausquelz l'élocion en appartendroit de droit et de coustume, et que les autres bénéfices seroient conférez par les ordinaires ausquelx les collacions en appartenoient, si comme il appert plus à plain par nos lettres faites et publiées sur ladicte substraccion, et depuis pour plusieurs causes et raisons qui sont survenues, et principalement en espérance de avancier le fait de l'union de l'église, nous, pour nosdiz royaume et Daulphiné, ayons rendu l'obéissance à nostredit saint père pour le temps lors avenir, et en faisant ladicte restitucion, pour tenir les églises et personnes ecclésiastiques en paix et tranquillité, fu nostre entencion et ordonnasmes entre autres provisions et seuretez, que tout ce qui avoit esté fait durant le temps de ladicte substraccion, tant de promocions comme de provision de bénéfices, et autrement, selon la teneur de noz dictes lettres, demourast en sa force et vertu, nonobstant quelzconques réservacions de court de Rome, qui peussent estre au contraire, et ainsi le feismes publier en plain sermon en l'église Nostre-Dame de Paris, le jour que ladicte restitucion d'obéissance fu publiée; et il soit ainsi qu'il soit venu à nostre congnoissance que nostredit saint père, par importunité de requérans ou autrement, s'efforce ou veult efforcier de em-

---

(1) Révoquées le 9 juin 1404, remises en vigueur le 3 juillet 1406.

pescher les arcevesques, évesques, abbez, prieurs, chanoines et autres personnes d'église, ou aucunes d'icelles, ès prélatures, dignitez et bénéfices ausquelx ils ont esté promeuz, et qui leur ont esté conférez par les ordinaires durant le temps de ladicte substraccion, par vertu de nos dictes lettres et ordonnances, et entend à débouter lesditz prélaz, bénéficiez et personnes d'église, ou aucuns d'eulx, de leurs prélatures, dignitez et bénéfices, par voyes de privacions, de translacions, de suspencions ou autrement, et les conférer à autres personnes à son plaisir, soubz umbre desdictes réservacions ou autrement; et en oultre il a envoyé collecteurs et commissaires par les provinces et dioceses de nozdiz royaume et Daulphiné, lesquelx pour et ou nom de lui ou de sa chambre, veulent contraindre et ont commencié à contraindre les personnes d'église, tant prélaz comme autres, par monicions, excommunicacions et autrement indeuement, à paier très-grans et excessives sommes de deniers pour les restes des vacquans ou services du temps passé, depuis quarante ans ou plus, et aussi pour les restes des procuracions et dixiesmes qu'il demande pour le temps dessusdit, et par espécial veulent exiger les services ou vacquans des prélatures, dignitez et autres bénéfices qui ont vacqué et ont esté conférez par les ordinaires, comme dit est, le temps de ladicte substraccion durant, en venant directement contre la forme et teneur de nosdictes lettres de substraccion et d'obéissance, et aussy contre leurs provisions et seuretez par nous ordonnées et déclairées quant nous avons rendu ladicte obéissance à nostredit saint pere, qui seroit contre toute raison et contre l'onneur de nous, de ceulx de nostre lingnaige et de nostre conseil, du clergie de nosdiz royaume et Daulphiné, et de tous ceulx qui ont esté consentans de la dicte substraccion, et seroit semer débaz, divisions et haines entre noz subgez, tant clercs comme lays, et aussy par telles exaccions seroient vuidées les finances de nosdiz royaume et Daulphiné, et les personnes d'église mises à telle povreté et confusion par sentences d'excomuniement et autrement, qu'il fauldroit que le divin service cessât, et seroit du tout empeschié le fait dessusdit de l'union de l'église, et s'en pourroit ensuir plusieurs inconvéniens.

Pourquoy nous, ces choses considérées, et que nous sommes gardien, deffenseur et protecteur des églises de nosdiz royaume et Daulphiné, voulans obvier aux inconvéniens dessusdiz, et garder les libertez, droiz et franchises des églises, comme tenus y sommes, par grant et meure délibération avons ORDONNÉ et ORDONNONS par ces présentes, que tous ceulx qui ont esté promeuz à prélatures ou autres dignitez, et ausquelz aucuns bénéfices ont esté conférez par les ordinaires, comme dit est, ladicte substraccion durant, supposé que lesdictes prélatures, dignitez ou bénéfices feussent paravant réservez à court de Rome, demeurent paisiblement en possession et saisine de leurs prélatures, dignitez et bénéfices, et qu'ils en joyssent sanz empeschement quelconques, et qu'ilz ne soient contrains à payer au pape ou à ses collecteurs ou commis, ou autres quelxconques, aucune finance pour occasion de vacquans, de services, de procuracions, dixiesmes, ou autres redevances de quelconque temps que ce soit ; et en oultre, que toutes autres gens d'Église, de quelzconques estat qu'ilz soient, qui ont esté promeuz a prélatures, dignitez ou autres bénéfices quelzconques, avant le temps de ladicte substraccion, et aussi ceulx qui ont esté promeuz depuis le temps que avons rendu l'obéissance à nostredit saint père, ne soient tenuz de payer aucuns arrérages pour vacquans, services, procuracions, dixiesmes ou autres charges quelxconques, aux collecteurs, commis ou autres officiers de court de Rome, de tous les temps précédans ladicte restitucion d'obéissance, et qu'ilz en demeurent quittes et paisibles ; et se ès poins dessusdiz ou aucun d'iceulx, le pape, son chambellan, ses commissaires, juges déléguez, ses collecteurs ou autres officiers quelxconques de court de Rome, du pape ou d'autres, vouloient faire le contraire, nous ne voulons que aucunement y soit obéy en nosdiz royaume et Daulphiné, et commandons et deffendons estroitement à tous archevesques, évesques, abbez, prieurs, chapitres, couvens et autres personnes ecclésiastiques ayans dignité ou autres bénéfices, qu'ilz n'obéissent en aucune manière à ceulx qui vouldroient aucune chose attempter, déroguer ou préjudicier à noz présentes ordonnances.

Si donnons en mandement à nos amez et féaulx conseilliers les gens tenans et qui tendront nostre parlement, etc.

En tesmoing de ce, etc. — Donné, etc.

Par le Roi, à la relation du grant conseil, ouquel le Roi de Secille, messeigneurs les ducs de Berry, de Bourgogne, de Bourbonnois et de Bretaigne, les contes de Rethel et de Clermont, le connestable, messeigneurs Jacques de Bourbon, le conte de Tancarville, et plusieurs autres, estoient.

N°. 316. — LETTRES *de réception de l'hommage du nouveau duc de Bretagne.*

Hôtel Saint-Paul, 7 janvier 1403. (Mém. des pairs, p. 645.)

N°. 317. — LETTRES *par lesquelles le Roi révoque le pouvoir donné à des commissaires* (1), *sur le fait de la police et de la justice à Paris.*

Paris, 28 janvier 1403. (C. L. VIII, 626.)

N° 318. — LETTRES *par lesquelles il est ordonné qu'il sera levé par tout le royaume une aide dont le produit ne pourra être employé que pour la guerre, et dont nul ne sera exempt, sinon les nobles portant armes, ou hors d'état de les porter, les ecclésiastiques ayant bénéfices, et les pauvres mendians.*

Paris, 30 janvier 1403. (C. L. XII, 218.)

CHARLES, etc. Comme pieçà pour certaines causes et considérations touchans et regardans le bien de toutte crestienté, nous eussions consenty que treves fussent prinses et durer dès-lors jusqu'à 30 ans, entre nous, pour nous, nostre royaume, nos subgiez et aliez d'une part, et feu nostre fils Richard, jadis Roy d'Angleterre, pour luy, son royaume, ses subgiez et aliez, d'autre part, et depuis Henry de Lencastre, lequel comme assez est notoire à tous, a exurpé le royaume d'Angleterre, et fait ou fait faire par ses serviteurs et adhérens, guerre publique à nous, à nostredit royaume et à nos subgiez, par mer et par terre, en prenant, pillant, desrobant, et emmenant avec eulx par force et violence, tous les navires, biens et marchandises de nos subgiez et aliez, que ils ont peu trouver sur la mer, et en descendant à terre en nos pors de Picardie, de Normandie, de Bretagne et de Poittou, ez isles de Braahac et de Ré, lesquelles ils ont arses, guastez et destruites, et en plusieurs autres lieux ez parties de nostredit royaume où ils ont bouté feu, tué hommes et femmes, robé, pillié et fait plusieurs autres dommages montans à plus d'un million de florins d'or, et encores comme nous avons esté et sommes informez par plusieurs personnes dignes de foy, ledit Henry de Lenclastre, s'esforce et appareille de toutte sa puissance, de faire guerre à nous, nos royaume et subgiez dessusdits :

---

(1) Cette commission avait été etablie le 24 mars 1402, avant Pâques.

Savoir faisons que nous, pour avoir advis que estoit affaire sur ces choses, avons fait assembler par plusieurs fois, tant en nostre présence comme ailleurs, nos chiers et très-amez oncles et frere les ducs de Berry, de Bourgoigne, d'Orléans et de Bourbon, plusieurs autres de nostre sang et grant nombre de prélas, contes, barons et autres notables personnes, tant de nostre conseil comme de nostredit royaume, et pour ce que ceste matiere est moult grande et touche moult nous, nostredit royaume, et tous nosdits subgiez, avons voulu que elle ait esté grandement debatue et discutée aucune fois en nostredite présence, et autrefois ailleurs, et finalement oyes les discutions et debaz dessusdits, et les oppinions de nosdits oncles et frere, et de plusieurs autres de nostre dit sang, et de aucuns de nostredit conseil.

Nous a semblé et semble qu'à l'honneur de nous, de nostredit royaume et de nosdits subgiez, nous ne pouvons, ne devons aucunement passer ces choses soubz dissimulation, ne souffrir telles offences à nous avoir esté et estre faites, que nous ne nous disposons à y pourveoir et à resister aux emprises que ledit Henry et sesdits fauteurs et adherens ont fait en ce, et autrement en plusieurs manieres, contre nous et nos subgiez et aliez; et pour ce nous sommes determinez à ce faire de toutte nostre puissance, par mer et autrement, le plustost et le plus efforciement que nous pourons, esperans en nostre Seigneur et en son ayde, et de nos bons subgiez et aliez, que considérée la juste cause que nous avons contre ledit Henry, telle et si grant resistance luy sera briefment faite de nostre part, que il ne poura grever nous, nostredit royaume ne nosdits subgiez, et que pour ce s'en ensuivra fin de guerre, et que leur fais de marchandises se pourront seurement demener deslors en avant, par mer et par terre, et nosdits subgiez demourer et vivre en pays, à laquelle chose mettre à exécution, nous entendons et voulons exposer nostre personne et tous nos biens, et semblablement se sont offerts et offrent de grant vouloir nous enshir en ce, comme raison est, nos oncles et frere dessusdits; mais pour ce que, comme chascun puet considerer si grant fait comme cestuy est, ne puet estre demené ne mis à effet, sans grandes finances; laquelle ne se pourroit aucunement trouver si promptement comme besoing est, sans l'ayde de nosdits subgiez, pour la deffence desquels nous et nosdits oncles et frere, voulons exposer nos personnes et nos biens comme dit est.

Nous avons ORDONÉ et ORDENONS que pour fournir les grans

frais et despences que pour ce fait est nécessité de faire, un ayde soit tost mis sus, cueilly et levé par tout nostredit royaume, tant en Languedoïl comme en Languedoc, et aussy en nostre delphiné de Viennois, le moins grevable que faire se poura pour nosdits subgiez, considerez les grands frais dessusdits, auquel ayde nous voulons et ORDENONS que touttes personnes de quelque estat et condition qu'ils soient, soient nos officiers et de nosdits oncles et frere, et de tous autres de nostre sang et autres, contribuent, exceptez nobles extraits de nobles lignées, non marchandans, ne tenans fermes ne marchiés, mais frequentans les armes, ou qui les auront frequentez ou temps passez, et de present sont en tel estat par blessures, maladies ou grant aage, que plus ne les pevent frequenter, et gens d'église beneficiez, lesquels aideront oudit fait par autres manières, et povres personnes mandiens;

Et voulons et avons ORDENNÉ et ordenons, et ainsy l'avons promis et juré, prometons et jurons que tous les deniers venans dudit ayde, seront convertis ou fait et ou prouffit de ladite guerre et des frais et despens necessaires pour icelle, et non ailleurs, et que nous n'en ferons, ne soufferrons aucune chose convertir en aultres usaiges quelconques, ne ne ferons aucuns dons ou assignations sur iceluy ayde pour autre cause que pour ladite guerre, et pour le fait, prouffit et occasion d'icelle en quelque manière que ce soit;

Et aussy avons ORDENNÉ et voulons et commandons que nosdits oncles et frere et les autres de nostre sang, jurent, et desjà nosdits oncles et nos très-chiers et très-amez cousins les contes de Nevers, de Mortaing et de Rethel, plusieurs autres de nostre sang, et nos amez et feaux connestable et chancelier, et plusieurs des plus principaulx de nostredit conseil, ont juré en nostre presence, que eulx et chascun d'eux en droit soy, aideront de tout leur povoir à garder et conserver les deniers qui vendront de l'ayde dessusdite, pour estre convertis oudit fait et non ailleurs, ne ne feront faire aucunes poursuittes ne requeste pour eulx ne pour autre quels qu'ils soient, au contraire, mais empecheront à tout leur pouvoir que ceulx qui aucuns en voudraient faire, n'en facent rien: et se ils les font, qu'elles ne soient point exécutées ne mises à effect: et semblablement avons fait jurer certains nos conseillers, lesquels nous avons commis au gouvernement et conservation desdits deniers qui vendront dudit ayde, que bien et loyalment ils les garderont et conserveront chascun en droit soy, pour convertir ou fait et prouffit de ladite guerre, et ez frais et despences nécessaires pour occasion d'icelle et non ailleurs, et que se par inadvertence où par importunité de requerans, faisions aucunes assignations sur lesdits deniers, pour autre cause, ce que nous ne entendons faire en aucune maniere, ils ne les mettront ne soufferront mettre à exécution ;

Et avec ce avons deffendu et deffendons à nostredit chancellier, sur la foy et loyauté qu'il a à nous, que se par inadvertence ou importunité de requerans, comme dit est, octroyons aucunes lettres contre nos ordenances et promesses dessusdites, il ne les séelle point pour quelque mandement qu'il ait sur ce, et audit gouverneur et semblablement au receveur général des deniers d'icelluy aide, que pour quelconques lettres ne mandemens quels qu'ils soient, ils n'en facent ou souffrent aucune chose convertir ailleurs que en ce que dessus est dit ;

Et en oultre avons ORDENNÉ et ordennons que ledit ayde soit mis sus par les eslus sur le fait des aydes ez citez, diocez et pays de nostredit royaume, qui par nos autres lettres sont commis à ce faire; c'est à sçavoir, en chascune eslection desdits aydes, sur tous les habitans et mettes d'icelles, selon l'ordenance dessusdite, le plus egallement qu'ils pouront, selon les facultés d'un chascun, le fort portant le fieble, et au moins de grief de chascun que faire se poura ; et seront receuz les deniers d'iceluy ayde par les receveurs qui à ce sont ou seront deputez et commis de par nous, lesquels les apporteront ou envoiront seurement en ceste nostre ville de Paris, devers ledit receveur general, et seront mis en la grosse tour de nostre palais, pour y estre gardés plus seurement jusques à ce qu'ils soient employez au fait dessusdit ;

Et affin que la finance dudit ayde soit plus promptement levée qui est chose très-necessaire, consideré que la saison nouvelle s'approche fort, ouquel temps il est besoing que ledit fait de la guerre soit exécuté, nous voulons et ordenous que chascun qui reffusera à payer la portion à quoy il sera imposé pour l'ayde dessusdit, soit contraint à la payer comme pour nos propres dettes, sans ce qu'il soit receu à opposition ou appellation.

Si donnons en mandement à nos amez et feaulx les gens de nostre parlement, etc.

N°. 319. — LETTRES *portant que le comté de Champagne renferme sept comtés, dont les titulaires sont pairs du comté, et comme tels tenus d'assister à ses grands jours.*

Paris, 4 mars 1403. (Registré en parlement le 3 avril 1404. — Trésor des Chartes, mss. de Brienne, vol. 236 — Mémoire des pairs, p. 647.)

N°. 320. — LETTRES *qui permettent au duc d'Orléans (1) et à ses descendans mâles de posséder en pairie la baronnie de Coucy, le comté de Soissons, et plusieurs autres terres.*

Paris, 22 mai 1404. (C. L. IX, 5.)

N°. 321. — HOMMAGE *fait au Roi, par Jean duc de Bourgogne (2), dit Jean sans peur, pour la pairie et doyenné des pairs, et pour le duché de Bourgogne.*

Paris, 23 mai 1404. (Trésor des Chartes. — Mémoire des pairs, p. 648.)

N°. 322. — LETTRES *portant que les officiers et sujets du Roi, demeurant dans son palais royal à Paris, continueront d'être exempts de tailles (3), d'aides et de tous autres subsides.*

Paris, 26 mai 1404. (C. L. IX, 7.)

CHARLES, etc. Savoir faisons à tous présens et avenir, nous avoir esté exposé de la partie de noz officiers, serviteurs et subgiez demeurans en nostre Palais Royal a Paris, que ja soit ce que eulx,

---

(1) De nouvelles lettres d'accroissement d'apanage lui furent accordées le 5 juin. — V. Godefroy, pag. 597. (Vilevaut.)

(2) Le duc de Bourgogne était mort le 27 avril 1404, laissant trois fils: Jean, dit Jean sans peur, héritier des états de Bourgogne et de Flandre; Antoine, duc de Limbourg et comte de Rethel; et Philippe, comte d'Artois. Jean rendit hommage comme doyen des pairs; et par deux autres actes, il le rendit pour le duché de Bourgogne et le comté de Flandre. Philippe fit trois hommages, le 1er en qualité de pair, le 2e comme comte d'Artois, le 3e a cause du fief de l'Épervier, mouvant de la couronne. Villaret.) — (Dumont, Corp. diplom., 2-1-289.)

Le duc de Bourgogne mourut insolvable. Les historiens racontent que la duchesse son épouse fut obligée de renoncer à la communauté de biens, ce qu'elle fit en remettant sa ceinture, ses clefs et sa bourse, sur le cercueil de son époux. Elle se soumit en personne à cette formalité, quoique Jeanne de France, Reine de Navarre, eût renoncé à la communauté de biens avec Philippe d'Evreux par procureur. (V. Spicilege, t. 3, p. 721. — Pothier, Traité de la comm., n° 552.)

(3) Des exemptions semblables avaient été accordées aux membres du parlement et aux gens des comptes. (C. L. IX, 5 et 6.)

leurs prédécesseurs demourans en icellui palais, aient de tel et si long-temps qu'il n'est mémoire du contraire, et mesmement du temps de feu nostre très-chier seigneur et père que Dieux absoille, et du nostre aussi jusques à présent, esté quictés et exempts de toutes tailles, imposicions, quatriesmes, et d'autres aides et subvencions quelxconques, et de ce joy et usé paisiblement sans avoir esté troublez, empeschiez ou contrains aucunement au contraire; néantmoins les fermiers du quatriesme du vin de nostredicte villes de Paris, et autres commis à cueillir et lever autres aides et subvencions, se sont depuis aucuns temps efforciez et efforcent de vouloir faire paier ausdits exposans le quatriesme et autres subsides aians ou qui ont eu cours en nostredicte ville, en leur très-grant grief, préjudice et dommaige, si comme ilz dient, supplians que sur ce leur vueillons pourveoir de noz remede et grace convenable.

Pourquoy nous, attendu ce que dit est, et que nostredit palais est la principal demoure et habitacion que aions en nostre royaume, parquoy les habitans en icellui se doivent sentir de la singulière prérogative prééminence du lieu, mesmement que les demourans en nos chastels et bassecourt du Louvre, et en aucuns autres lieux de nostre royaume, sont et ont esté quictes et exempts des tailles, aides et subvencions devant dictes, et pour certaines autres causes et considérations nous mouvans, voulons et ordonnons, et aux supplians dessusditz à leurs successeurs et chacun d'eulx, qui pour le temps avenir seront demourans en nostredit Palais Royal, avons ocroié et octroions de noz certaine science, pleine puissance et auctorité royalx, par ces présentes, que ilz soient frans, quictes et exempts de toutes tailles, imposicions, quatriesmes, et d'autres aides et subvencions quelxconques qui ont eu, ont et auront cours pour le fait de noz guerres et autrement en quelque manière que ce soit, sans ce qu'ilz soient ou puissent estre tenus d'en payer aucune chose ne y contribuer aucunement, et de ce par ces mesmes présentes yceulx et chacun d'eulx déclarons estre et avoir esté pour le temps passé frans et exempts, et encore en tant que mestier est les en affranchissons, quictons, et exemptons entièrement.

Si donnons en mandement à noz amez et féaulx les généraulx-conseillers sur le fait des aides, etc.

N°. 323. — LETTRES *qui ordonnent au prévôt de Paris de faire la visite des maladreries de lépreux qui sont dans l'étendue de sa juridiction, et d'y faire observer les anciens réglemens.*

Paris, 3 juin 1404. (C. L. IX, 9.)

N°. 324. — LETTRES (1) *par lesquelles le Roi révoque celles données pour la restitution à l'obédience, comme contenant des choses contraires aux droits du Pape.*

Paris, 9 juin 1404. (C. L. IX. 14. — Mémoire des pairs, p. 640.)

N°. 325. — LETTRES *d'érection du duché-pairie (2) de Nemours en faveur du Roi de Navarre.*

Paris, 9 juin 1404. (C. L. IX, 11. — Mém. des pairs, p. 650.)

N°. 326. — ARRÊT *du parlement (3) qui condamne les gens du duc de Berry pour avoir forcé de nuit un hôtel dans Paris.*

Paris, juin 1404. (Registre du parlement, vol. XII.)

N°. 327. — LETTRES *portant défenses de vendre du verjus et du raisin à Paris et ailleurs, sans un certificat qu'ils proviennent de l'héritage de celui qui les vend.*

Paris, 16 juillet 1404. (C. L. IX. 21.)

N°. 328. — LETTRES *portant défenses d'exercer la médecine et la chirurgie si on n'a subi des examens préalables (4).*

Paris, 4 août 1404. (C. L. IX, 26.)

---

(1) V. ci-dessus, p. 45, l'ordonn. du 29 décembre 1403.
Le duc d'Orléans ayant fait un voyage vers le pape, qu'il avait trouvé dans des dispositions favorables, détermina le Roi à porter ces lettres. (Villaret.)

(2) L'érection de cette pairie termina toutes les prétentions de la branche royale d'Evreux sur les comtés de Champagne, de Brie, et sur les terres de Normandie, que la conduite de Charles avait obligé de saisir. Les commissaires du Roi de Navarre furent mis en possession par le bailli de Sens, en observant la cérémonie usitée de recevoir un bâton ou verge, comme symbole de propriété.
Il est à remarquer que le Roi céda au Roi de Navarre la collation des bénéfices. (Villaret, t. XII, pag. 512.)

(3) Cet arrêt fait mention de la coutume qui s'introduisit de porter des épées, dagues ou couteaux, malgré les défenses du duc d'Orléans. (Villaret, XII, 419.)

(4) V. lettres du 3 avril 1390, 3ᵉ livraison, pag. 668; — ordonn. d'août 1351, 2ᵉ livraison, pag. 392.

N°. 329. — *Lettres portant pouvoir au gouverneur du Dauphiné d'assembler les trois États pour leur demander une aide, et résolution des États sur cette demande.*

Paris, 18 août 1404. (C. L. IX. 27.)

Charles, etc. A notre amé et féal chevallier, chambellan et conseiller Gauffroy le Meingre dit Bouciquant, gouverneur de notre dalphiné de Viennois, ou à son lieutenant : salut et dilection.

Comme n'agueres par l'avis et délibération de plusieurs tant de notre sang comme de notre conseil, pour ce que nous avons sçeu qu'il étoit expédient pour nous, notre royaume, notredit Dalphiné, et pour nous sugiets d'iceux, que nous attendissions à acquérir les comtés de Vallantinois et de Diois, lesquelles notre amé et féal cousin Louis de Poitiers, comte desdites comtés, nous vouloit céder et transporter, nous avons fait traittier sur ce avec ledit comte ou ses députés, tant que nous sommes cheus en accord avec lui qui nous cède, baille, délaisse et transporte pour nous, nos hoirs et successeurs roys et dalphins, lesdites comtés avec leurs appartenances et anpenances, par certaines fourme et manière contenues ou traittié sur ce fait, parmy certaine grand somme de deniers que nous lui en devons faire bailler dedans moult brief temps ; de toute laquelle somme pour plusieurs autres grands affaires qui nous sont survenus, nous ne pouvons bonnement faire finance de présent ne sitost comme il est besoin pour l'accomplissement dudit fait, lequel, se ladite finance n'était payée audit temps, seroit rompu, et par ce afin qu'il n'ait faute audit paiement, nous ayant entière confiance de l'amour, loyauté et bonne et vray obéissance que de tout temps avons trouvé en nous bons, vrays et loyaux sugiets de notredit Dalphiné, en espérant que en ce fait qui moult touche et regarde notre honneur et le bien de nous et de notredit Dalphiné, et mêmement le leur propre : car de tant comme notre seigneurie sera augmentée desdites comtés qui sont contigues et joignants de notre Dalphiné dessus dit ; nousdits sugiets et seront plusieurs iceux nous sugiets, lesquels comme par plusieurs dignes de foy nous a été rapourté, ont moult grand desir et leur est moult grand joye et plaisir que nous ayons entendu et entendons à ladite acquisition, en quoi ils montrent bien la bonne affection qu'ils ont à nous aider de bon vouloir, selon leur possibilité, à faire partie de ladite finance nécessaire pour ledit achat.

Confians à plain de vous sens, discrétion et diligence, vous avons commis et députe, commettons et députons par ces présentes, à faire asembler en tel lieu ou tels lieux que bon vous semblera, et tous ensemble ou par parties ainsy comme vous verrés qu'il sera à faire pour le meilleur et plus expédient, les prélats, nobles et autres sugiets de notredit Dalphiné, et à leur expouser le fait de ladite acquisition, et comment nous les faisons principalement pour accroitre notre seigneurie de notredit Dalphiné, et pour leur proffit, et les requérir de par nous qu'ils nous ayent cette fois à faire le payement de ladite finance pour ladite acquisition, de la somme de cinquante mille francs venans en franchement, et que pour ce avisent un aide être mis et imposé sur les habitans de notredit Dalphiné, montant à ladite somme, et à ce les induire en leur monstrant de par nous, que long temps a qu'ils ne nous firent aucun aide, et mêmement que en cette année, combien que tous nos sugiets de notre royaume nous (1) ayent fait aide pour résister aux entreprises de Henry de Lancastre soi-disant roi d'Angleterre, qui a fait et se efforce faire par luy et ses faiteurs et adhérens, guerre publique à nous, à notre royaume et à nous sugiets, toutes voyes nous ne avons pour ce aucunement chargé les habitans de notredit Dalphiné, en espérance que pour ce fait qui touche leur proffit, comme dit est, ils nous aideroient comme tenus y sont.

Desquelles choses faire nous vous donnons pouvoir, autorité et mandement espécial par ces présentes; et avec ce, de faire mettre sus et asseire ledit aide, et commettre à faire l'assiéte d'iceluy aide, et à le cueillir, lever et faire venir ens ez mains de notre bien amé Aubert le Fevre par nous commis à recevoir les deniers d'iceluy, tant de personnes et telles comme vous verrés qu'il appartiendra et que à ce sera nécessaire; de contraindre et faire contraindre tous les refusans et contradisans à payer chacun sa portion à quoi il sera imposé pour l'aide dessusdit, par toutes voyes accoutumées pour nous propres dettes; de taxer et ordonner à ceux qui se entremettront dudit fait, salaires et voyages raisonnables, et tout ce qui leur sera payé par votre ourdonnance, nous voulons et mandons être alloüés ez comptes de celuy qui payé les aura, par rapportant vous lettres de taxation, et quittance souffisant, et généralment de faire ez choses dessus dites et en toutes leurs circonstances et dépendances.

---

(1) Nous n'avons pas l'ordonn. de convocation, ni la résolution des États, ce qui nous rend plus précieuses celles relatives au Dauphiné. (Isambert.)

tout ce qui y sera expédient et nécessaire et que nous y pourrions faire se nous y étions en notre personne ; et vous mandons et enjoignons très-expressément que en ces choses accomplir, vous mettés si grand et bonne diligence, que toust elles sortissent leur effect :

Mandons aussi à tous nos justiciers, officiers et sujets, que à vous et à vos députés en tout ce que dessus est dit, obéissent et entendent diligemment, et prêtent, donnent et fassent à vous et à eux, conseil, confort et aide, se ils en sont requis.

Par le Roi dauphin, en son conseil où messieurs les ducs de Berry et de Borbon, vous, le chancelier, le grand maistre d'hostel, et plusieurs autres, estiez.

Résolution des trois États sur cette demande, portant refus de l'aide.

Grenoble, 14, 15, 17 et 19 novembre 1404. (C. L. IX, 26.)

Sçachent tuit que l'an de grace mil quatre cent et quatre, et le vendredy quatorzième jour de ce présent mois de novembre, par mandement de noble et puissant seigneur messire Gauffroy le Mengre dit Bouciquaut, gouverneur du Dauphiné, et en exécution des lettres du Roi dalphin notre seigneur, cy-dessus transcrites, furent en la cité de Grenoble assemblés les gens de trois états dudit pays du Dalphiné, auxquels le samedy ensuivant quinzième jour dudit mois, les gens du conseil dudit Roi dauphin nostredit seigneur, en l'absence dudit monsieur le gouverneur, fissient dire et proposer par la bouche de mousieur Jacques de Saint-Germain, avocat et procureur fiscal dudit seigneur, l'acquisition n'aguières faite par le Roy dalphin, des comtés de Vallantinois et de Diois, les causes que à ce principaument l'avoient meu à faire laditte acquisition et où espécial comment il avoit fait ladite acquisition plus pour accroître sa seigneurie du Dauphiné, que par autre cause, et par exprès ou traitié et accord sur ce fait, est faite expresse mention que les habitans d'iceux comtés seront gouvernés et maintenus en telles libertés, prérogatives, us et franchises, comme les habitans et sugiets dudit pays du Dalphiné, et sera doresenavant une même chose, et seront pays unis, dont se pourront échever plusieurs grands dommages et inconvéniens que ou temps passé sont survenus oudit pays du Dalphiné, et aux sugiets d'iceluy, à l'occasion d'iceux comtés, en maintes manières, dont lesdites gens de trois états poient être infourmés, et que par ces causes et autres, ils plusieurs icelles gens de trois états devoient avoir grande joye et plaisir de ladite acquisition, et pour ce que pour le présent le Roy dalphin nostredit seigneur n'avait pas preste finance pour contenter messire Loüis de Poitiers, comte d'iceux comtés, qui transporté luy avait, de certaine grand somme de deniers que par ce il convenait dedans moult brief temps bailler audit comte, pour plusieurs grands affaires qui étoient n'aguères survenus au Roi dalphin notredit seigneur, déclarés ezdites lettres pour lesquels affaires il n'avait voulu donner charge aucune aux sugiets et habitans de sondit pays du Dalphiné, combien que les sugiets de son royaume y ayent grandement contribué, en entention que iceux sugiets et habitans dudit Dalphiné, comme bons, vrays sugiets et obéissants dont le roi avait plaine confiance, contribuassent et aydassent à supporter au Roy dalphin notre dit seigneur, partie de la charge de ladite acquisition, et combien que aucuns peussent dire que en ce cas lesdites gens de trois états fussent tenus de aidier à leur seigneur par raison, considéré la coûtume longuement sur ce gardée audit pays du Dalphiné, néanmoins le Roi dalphin nostredit seigneur leur faisoit exposer par manière de priez, afin que l'aide que ils feroient, protendit de leur bonne volonté sans contrainte, et leur déclarant que le Roy dalphin notredit seigneur ayant eu meure délibération, avoit avisé que lesdites gens des trois états lui aidassent pour payer partie de ladite acquisition, de la somme de cinquante mille francs venants ens franchement, pour convertir et employer en payement d'icelle acquisition, et non ailleurs, considéré que pieça ils ne fisient aucun ayde audit seigneur, comme plus à plain étoit contenu esdites lettres, lesquelles après ladite exposition et requête faite par ledit messire Jaques de Saint Germain, furent leües à leur présence, et contiennent la teneur que s'ensuit. (*V. ci-dessus, pag.* 86.)

Après la lecture et exposition desquelles lettres, lesdites gens de trois états requisient et demandent avoir avis et délibération sur ce que exposé leur avoit été de par le Roi dalphin notredit seigneur, et copie d'icelles lettres, pour plus plainement et sainement délibérer sur tout, que baillé leur fût;

Et eüe sur ce entr'eux consultation et délibération le lundy 17ᵉ jour dudit mois, répondent à ladite exposition et contenu desdites lettres par la bouche et moyen de messire Jaime Mari docteur en droit civil, leur conseillier, comme il s'ensuit;

C'est à sçavoir, que lesdites gens de trois états avoient le plus grand plaisir de ladite acquisition, que ils eussent depuis la nativité de monditseigneur le dalphin, de chose qu'ils aissent sçeu ne ouy; et combien que par les libertés, priviléges et franchises octroyées aux sugiets et habitans dudit pays du Dalphiné, par les prédécesseurs du Roi dalphin notredit seigneur, confermées et jurées par luy et ses officiers audit pays, que en cas ou autres quelconques, le seigneur ne doye ou puisse faire ou imposer taille, aide ou subside sans le consentement et bon vouloir desdites gens, néantmoins aux requêtes que ou temps passé faites leur ont été de plusieurs aides et subsides, ils ont voulu complaire de tout leur poir au Roi dalphin notredit seigneur, comme bons et vrays sugiets, ont toujours été eux et leurs prédécesseurs loyaux obéissants envers leur seigneur, et seront toutes leurs vies.

Mais toutes fois quant à la requête à eux faite que pour le présent ils fassent aide de cinquante mille francs pour ladite acquisition, ils répondent que considéré la feblité et pauvreté du pays et les grands charges que il leur a convenu supporter depuis peu de temps en çà, la grand somme que on leur demande, la briefté du temps que est contenue ez dites lettres, considéré aussy que lesdites lettres font mandement précis auxquelles lesdites gens du conseil ne pourent aucune chose muer, innover, ajoûter ou diminuer, lesdites gens de trois états ont délibéré et advisé de envoyer aucunes notables personnes du pays, cy-après nommes devers le Roi dalphin nostredit seigneur, pour lui humblement recommander son pays et sugiets de par-deçà, lui exposer les faultés, pauretés et charges de sondit pays, les aides et subsides que il en a eu, avec plusieurs autres choses touchant le bien et proufit dudit pays, et le Roi dauphin nostredit seigneur advisé et informer de ces choses, pour lui faire telle réponse sur le contenu ez dites lettres et exposition, que il et nosseigneurs de son sang et conseil en devoient être contents (1).

Et le mercredi ensuivant dix-neuvième jour dudit mois, et pour ce faire et accomplir, ont élu les personnes ci-dessous nommées, lesquelles personnes lesdites gens de trois états de commun accord et consentement, en la présence desdites gens du conseil fissient et ordenèrent leurs procureurs, et leurs donèrent poir et auctorité de ce faire et accomplir, comme ez lettres de procuration sur ce faites est plus à plain contenu; et par délibération entre eux faite, après plusieurs réplications faites sur ce par ledit avocat et procureur, se le délay en quoy ils mettoient le

---

(1) Cette forme de refus est remarquable. (Isambert.)

besoigne, en leur exposant les inconvéniens qui s'en poient ensuir, comme esdittes lettres est contenu, à plusieurs fois et en plusieurs délays, lesdites gens de trois états ordenèrent et voulèrent que lesdites personnes élues et constituées procureurs, à bon plaisir de Dieu, fussent tenues de être devers le Roi dalphin notredit seigneur dedans la feste de la nativité de nôtre seigneur, pour les causés dessus dites, ou plus est se bonnement faire se povoit, et autre réponse en effet ne fissient ou voulèrent faire, et par ce furent licenciés par lesdites gens du conseil, et atant se partirent de cetuy acte.

Ce sont les noms des procureurs établis par lesdites gens de trois états, comme dessus est faite mention. (*Ils sont au nombre de dix-huit, dont six nobles.*)

Ces choses furent faites à Grenoble, l'an et le jour dessus dits, présents nous notaires cy après nommés, secrétaires de monseigneur le Dalphin.

N°. 330. — ARRÊT *prononcé par le Roi en parlement* (1), *qui, sur la poursuite de l'Université, ordonne que la maison de Charles de Savoisy sera rasée, à cause des voies de fait commises.*

Paris, 23 août 1404. (Reg. du parlement, mss. vol. XII, f° 307.)

N°. 331. — LETTRE (2) *du Roi aux cardinaux de l'obédience romaine, pour les prier de suspendre le choix d'un nouveau Pape, jusqu'à l'arrivée des ambassadeurs.*

Paris, octobre 1404. (Hist. de Charles VI, par Godefroy, éd. 1655, p. 539.)

N°. 332. — LETTRES *qui ordonnent aux baillis de Sens et autres de renvoyer au parlement les affaires du duc de Bourgogne, dans lesquelles son procureur se sera constitué partie.*

Paris, 31 octobre 1404. (C. L. IX, 30.)

---

(1) Cet arrêt, célèbre dans les fastes de l'Université, fut rendu à la suite de mauvais traitemens que les gens de Savoisy avaient fait éprouver aux élèves de l'Université. Le parlement se rendit à l'hôtel St-Paul, et le premier président prononça l'arrêt en présence du Roi et du Roi de Navarre; tout le crédit de la Reine et du duc d'Orléans ne put protéger Savoisy. (Villaret.)

(2) Ces lettres au lieu d'arrêter l'élection, ne firent que la précipiter; le conclave ne resta assemblé que onze à douze jours; *Cormat de Miorati* fut élu pape, et prit le nom d'Innocent VII. (Villaret, t. XII, p. 420.)

N°. 533. — Ordonnance *qui permet d'enlever les grains et autres fruits de la terre avant le lever et après le coucher du soleil.*

Paris, octobre 1404. (C. L. IX, 31.)

Charles, etc. Savoir faisons à tous présens et avenir, nous avoir reçeu l'umble supplicacion de noz très-chers et très-amez oncle et frère le duc de Berry, conte de Boulogne, le duc d'Orléans, seigneur de Coucy, de notre très-chière et très-amée tante la duchesse de Bourgogne, comtesse de Flandres et d'Artois, et de noz amez et féaulx cousins les contes de Saint-Pol, de la Marche et de Namur, seigneur de Béthune; contenant que jasoit soit que de raison et de droit commun il soit licite à chascun de charier, admener et apporter en la saison d'aoust et de messons, à toutes heures avant soleil levant et après soleil couchant, ses blez, grains et autres fruiz, sans encourir en aucune amende, et que souvent aviengne et puisse avenir que se les laboureurs et autres bonnes gens ne charient ou font charier ou admeuer leurs messons à l'ostel avant soleil levant ou après soleil couchant, mesmement quant les temps sont pluvieux, ce leur tourne à très-grant dommaige et préjudice, et si leur est communément plus proufitable de charier et amener à l'ostel leurs dictes messons avant soleil levant ou après soleil couchant, qu'il n'est luisant le souleil, pour ce que au soleil les gerbes, tant de blez comme d'avoines, s'esgrainent pour la chaleur plus qu'ils ne feroient avant le souleil levant ou après le souleil couchant.

Néantmoins soubz umbre d'une ordonnance ou usaige ancien qui a esté longuement gardé ès baillages de Vermendois et d'Amiens, ou en grant partie d'iceulx et ailleurs, par lequel usaige ou ordonnance estoit défendu que aucuns ne chariassent ou admenassent en leurs hostelz, en la saison d'aoust et de messons, aucun blez, grains ne autres fruis avant soleil levant ne après souleil couchant, sur peine de l'amende de soixante sols parisis à appliquier à nous pour chascune fois, pour doubte que ceux qui charioient ne emsemblassent les gerbes de leurs voisins ou d'autres, les laboureurs et autres bonnes gens desdiz baillaiges, subgiez desdiz supplians et autres ont esté contrains aucune fois à paier lesdictes amendes, ou à composer pour toute la saison d'aoust au de messons à nos prévostz-fermiers d'iceulx baillaiges, ou à leurs commis, à certaines sommes de deniers, comme à deux, à trois, à quatre florins, ou plus ou moins, ou à certaines quantites de blez ou d'avoines, parmi lesquelles compositions, ceulx qui ainsi composoient, avoient licence de charier et admener leurs dictes messons à toutes heures de jour et de nuit, et si n'estoit point pour ce pourveu qu'ilz ne peussent embler les gerbes de leurs voisins, s'ils en avoient la voulenté, mais par telles amendes et composicions, les fermes d'aucunes de noz prévostez desdiz bailliages estoient espoir, bailliées à plus haut pris; et qui plus est, les haulx justiciers et autres aians moienne ou basse justice en leurs terres esdiz bailliages, ont prins souventeffois les amendes de leurs subgiez qui charioient les messons avant souleil levant ou après souleil couchant, ou les ont contrains à composer, disans que c'estoit leur droit; et néantmoins nosdiz prévost-fermiers ou leurs commis levoient les amendes sur yceulx subgiez desdiz haulx, moiens ou bas justiciers, quant trouver les povoient chariant, ou menant, ou portant grains aux hostelz avant soleil levant ou après soleil couchant, s'ilz n'estoient aussi composez à eulx, et par ainsi les bonnes gens estoient contrains de composer en deux lieux, afin de eschever les grans vexacions et empeschemens qui leur eussent esté mis par nosdiz officiers ou par nos subgiez aians justice, comme dit est, en arrestant leurs personnes, leurs chevaulx et les messons, esquelx arrestz, prises et empeschemens ilz n'eussent seu ne peu mectre remède, et leur eust convenu prendre leurs messons, combien que noz diz bailliz de Vermendois et d'Amiens aient plusieurs fois défendu en leurs sièges et assises desdictes composicions, comme torçonnières, par lesquelx griefz et empeschemens appert que souppsé que l'usaige dessusdit eust esté introduit anciennement par édit ou statut à bonne fin, touteffoiz est-il tourné et tourne notoirement à très-grant grief, dommaige et préjudice du peuple et de la chose publique desdiz bailliages, et des lieux esquelx le dit usaige a eu cours, et redonde en notre préjudice parce que la chevanche de notre peuple en est diminuée :

Si nous ont supplié noz diz oncle, frere, tante et cousins, lesquelx ont plusieurs grans terres et seigneuries esdiz bailliages, et plusieurs subgiez qui en sont fortement grevez, que pour les causes dessus dictes, et ainsi que noz diz subgiez d'iceulx bailliages ont moult d'autres charges à supporter pour nous, tant de noz aides ordinaires et extraordinaires pour le fait de la guerre, comme des gens d'armes qui sont souvent sur lesdiz lieux, et en plusieurs autres manières, et attendu mesmement que és autres païs de nostre royaume esquelx croissent grant foison de blez, ne furent oncques gardez telz usaiges, il nous plaise abolir et mettre au néant du tout et à tousjours les usaiges et édit, ordenance ou statut dessusdiz, ensemble les amendes et composicions qui s'en pevent ou pourroient ensuir, tant pour nous, par le moien de noz diz prévostz et autres officiers, comme aussi pour ceulx qui ont aucune justice haulte, moienne ou basse en aucuns desdiz lieux.

Pourquoi nous considéré ce que dit est, et qui sommes bien acertenez des griefs, oppressions et dommaiges dessus récitez, par plusieurs notables de nostre conseil qui sçevent l'estat et gouvernement desdiz bailliages et des lieux voisins, voulans pourveoir au bien commun de la chose publique qui doit estre préféré au proufit particulier, de nostre auctorité royal, plaine puissance et grace espécial, se mestier est, eu sur ce grande et meure deliberacion avec plusieurs saiges hommes tant de notre grant conseil comme de noz chambres de parlement et des comptes,

Avons aboli et mis au néant, abolissons et mettons au néant et à tousjours mais perpétuelment, par la teneur de ces présentes, les diz usaiges, édit, ordonnance ou statuz; et d'abondant donnons congié et licence à tous noz subgiez desdiz bailliages et autres de nostre royaume, qu'ilz puissent charier et admener, ou faire charier et admener, ou porter aux hostelz, en toutes saisons et à toutes heures qui leur plaira, avant soleil levant ou aprez soleil couchant, tous leurs blez, grains et autres fruiz, sans encourir aucunes amendes envers nous ne envers les seigneurs desquelz ilz seroient subgiez, et sans ce que pour cause desdiz charroiz, admenaiges ou portaiges, ilz puissent estre prins, arrestez ou empeschiez en corps ne en biens; et défendons à nos bailliz, prevostz, sergens et autres officiers quelxconques, à tous noz vassaulx, gens d'église et autres noz subgiez aians justice, et à leurs officiers, que pour occasion desdiz usaiges, édit, ordonnance ou status, ilz ne traient aucuns de noz diz subgiez, des leurs ou d'autres, à aucunes amendes ou composicions, non obstans quelxconques ordonnances, usaiges et coustumes à ce contraires :

Toutesvoies nostre entencion n'est pas que par ce lesdiz subgiez puissent charier ne amener les champars et autres droiz par eulx deuz, se n'est appellez à ce les seigneurs ou leurs gens ou officiers, ainsi que faire le doivent et qu'il est accoustumé d'ancienneté; et aussi que se aucuns amblent les gerbes ou fruiz de leur voisins ou autrement délinquement, qu'ilz ne soient puniz et corrigiez par ceulx et ainsi qu'il appartendra.

Si donnons en mandement à nosdiz bailliz et à tous nos autres justiciers et officiers présens et avenir, à leurs lieuxtenans et à chascun d'eulx, si comme à lui appartiendra, que nostre présente ordonnance facent tenir et garder, et ycelle publier en les sièges et assises, tellement que aucun n'en puisse prétendre ignorance, et que ces présentes enregistrent ou facent enregistrer ès registres de leurs bailliages, et d'icelles baillent *vidimus* à tous ceulx qui les voudront avoir, et punissent les transgresseurs, s'aucuns en y a, de telles punicions et amendes qu'il appartendra.

Et que ce soit chose ferme et estable, etc. Sauf en autres choses nostre droit, et l'autruy en toutes.

N°. 334. — LETTRES *qui défendent aux habitans de Paris de jeter des ordures et autres immondices dans la Seine, et qui ordonnent que le lit de cette rivière sera nettoyé aux dépens de ceux qui y ont précédemment jeté des ordures* (1).

Paris, janvier 1404. (C. L. IX, 43.)

N°. 335. — LETTRES *portant que dans le Languedoc les subsides seront levés selon l'ancien usage, en proportion du nombre de feux.*

Paris, 10 février 1404. (C. L. IX, 54.)

N°. 336. — LETTRES *portant concession à Bertrand Aquart de l'office de clerc des monnaies, sur la résignation de son père.*

Paris, 18 février 1404. (C. L. IX, 52.)

N°. 337. — LETTRES *qui permettent aux trois états du Dauphiné de s'assembler et d'imposer une taille pour le remboursement des dépenses des députés des états au Roi, et pour le paiement d'une indemnité* (2).

Paris, 23 février 1404. (C. L. IX, 55.)

CAROLUS, etc. Universis præsentes litteras inspecturis; salutem. Humilem supplicationem, gentium trium statuum nostræ patriæ dicti Dalphinatùs, in hac parte consortum, recepimus, continentem quod cum per præfatos supplicantes extiterit ordinatum ad nos fore mittendos et distinandos nonnullos barones, milites, cle-

---

(1) V. la loi du 29 floréal an X. (Isambert.)
(2) V. le règlement de Louis XVI, du 30 mai 1789, pour les états-généraux; — loi du 5 février 1817, art. 19; — et amendement de M. Boissy-d'Anglas sur la loi du 29 juin 1820. (Isambert.)

ricos, et alios dictæ nostræ patriæ Dalphinatûs; videlicet, etc. (1) et alios, pro exponendo et explicando nobis statum, gravamina que et oppressiones ipsi patriæ Dalpinatûs illatas à paucis temporibus citra, ad perquirendum et obstinendum à nobis super hoc provisionem et remedium opportunum et qui ambassiatores superius descripti pro præmissis ad implendis, ad nos in nostram villam Parisiensem, jam multa tempora sunt effluxa, venerunt, propter quod quam plurimas expensas sustinuerunt, et est eis necesse ad hoc sustinere, tam in congregatione per dictos supplicantes jam in partibus facta pro præmissa ordinando, quam in expensis factis per dictos ambassiatores in veniendo ad prædictam civitatem Parisius, in eaque stando ac etiam ad dictam patriam Dalphinatûs redeundo, quam etiam pro prosecutione facienda præmissorum, ob quas causas certam financiæ quantitatem mutuo sumpserunt tam in dicta nostra civitate Parisius, quam alibi, quam nullatenus solvere possent nec dictam prosecutionem facere, nisi eis impartiretur licencia pro præmissis inter ipsos talliam faciendi, dictam licenciam à nobis super hoc humiliter implorantes:

Quo circa præmissis attentis, ac certis de causis nos ad hoc moventibus, præfatis supplicantibus CONCESSIMUS et CONCEDIMUS de gracia speciali per præsentes, licenciam atque potestatem pro præmissis inter ipsos talliam faciendi, et hac de causa invicem se congregandi, et inter se dictam talliam seu collectam ordinandi, perequandi et levandi usque ad summam sex millium scutorum, et infra: dantes tenore præsentium in mandatis expressè injungendo, dilectis et fidelibus consiliariis nostris gentibus consilii nostri in dicto Dalphinatu, quatenus præfatos supplicantes nostris præsentibus licenciâ atque graciâ uti et gaudere pacificè, ac se invicem congregare pro dicta tallia imponenda, assignanda et perequanda permittant, eamque dum imposita et perequata fuerit, levari faciant et permittant, ac per officiarios nostros in dicto Dalphinatu, recusantes, si qui reperientur, solvere dictam talliam ordinandam, compellant seu compelli faciant, et ad requestam procuratoris seu procuratorum gentium dictorum trium statuum pro præmissis, gentes ipsas dictorum trium statuum mandent et agregari faciant, et si opus fuerit, compellant omnibus viris et modis rationabilibus et debitis: quoniam sic fieri volumus, ac dictis supplicantibus de nostra gracia concessimus et concedimus per præsentes;

_____

(1) V. pag. 91, à la fin.

litteris subrepticiis in contrarium impetratis vel impetrandis, non obstantibus quibuscumque.

Per Regem dalphinum, ad relationem magni consilii.

N°. 338. — LETTRES *portant que lorsqu'il vaquera un office de juré de la maçonnerie et de la charpenterie à Paris, il y sera pourvu par les autres jurés qui présenteront au prévôt de Paris celui qu'ils auront élu.*

Paris, février 1404. (C. L. IX, 56.)

N°. 339. — LETTRES *portant nomination de commissaires pour informer dans le Dauphiné, sur les titres, la qualité des péages, et la manière d'en jouir.*

Paris, 23 mars 1404. (C. L. IX, 58.)

N°. 340. — LETTRES *portant* (1) *permission aux sujets du Roi, même aux gens de guerre, d'accompagner le Pape en Italie, pour l'aider à extirper le schisme.*

Paris, 6 avril 1404. (C. L. IX, 60.)

N°. 341. — LETTRES *portant confirmation des statuts des courtiers de vin de la ville de Rouen.*

Paris, 24 mai 1405. (C. L. IX, 67.)

N°. 342. — LETTRES *qui permettent aux sergens à verge du châtelet de s'assembler pour élire un certain nombre d'entre eux et les charger du soin de leurs affaires communes.*

Paris, juin 1405. (C. L. IX, 75.)

N°. 343. — LETTRES *du Roi portant que tant qu'il lui plaira, le garde de la prévôté des marchands de Paris jouira des droits et des revenus qui appartenaient à cette ville avant que la prévôté eût été mise en la main du Roi.*

Paris, 12 août 1405. (C. L. IX, 703.)

CHARLES, etc. Receue avons l'umble supplicacion de nostre bien

---

(1) Charles accorda cette permission dans l'espérance de faire cesser le schisme qui troublait l'église. (Villaret, tom. XII, p. 425.)

amé Charles Culdoé, garde de par nous de la prevosté des marchans de nostre bonne ville de Paris, contenant que comme à cause de sondit office, il soit de par nous commis et à lui appartiengne de visiter, faire, soutenir et repparer toutes les choses qui sont de nécessité à faire en nostredicte bonne ville, pour la fortificacion, decoracion et bonne police d'icelle, tant ès portes, pons, fontaines, tours, murs, bastides, esgouz, chaussées et fossez, comme autrement en quelque manière que ce soit; et il soit ainsi que de present il soit très-grand necessité de y pourveoir et de y faire très-grans repparacions, soustenemens et emparemens, laquelle chose il ne pourroit faire sans nostre aide, en nous requerant que pour soustenir et tenir en bon et souffisant estat nostredicte bonne ville, nous veuillons ordonner que toutes les rentes, revenues, cens, admendes, forfaictures, criages et scellerages, hanses, coustumes, maisons, gardes de portes, tours, bastides, fossez, la clergie de la ville, et les fermes des chaussées, qui montent environ huit cens livres par an, rabatues les charges, et que tenoit nostredicte bonne ville au temps et paravant que la prévosté des marchands fût mise en nostre main, soient reçues par nostredicte garde ou son commis, pour tourner et convertir par l'ordonnance d'icelle nostre garde, ès repparacions, soustenemens et autres choses necessaires de nostredicte ville.

Pourquoy, nous considerans que nous et noz prédécesseurs roy de France, avons tousjours eu desirs principaulx et singulieres affeccions à l'exultacion de la bonne police et bon gouvernement de nostredicte bonne ville de Paris qui est la souveraine et cappital de nostre royaume, et en laquelle nous, nostre très-chiere et très-amée compaigne la Royne, noz très-chiers et très-amez enfans, noz très-chiers et très-amez oncles et frère, et autres de nostre sang, le souverain siège de nostre justice, nostre fille l'Université de Paris, grant partie des prélats, barons, nobles et marchans de nostre royaulme, faisons plus continuelment nostre habitacion, résidence et demourance, que en lieu qu'il soit en ycelui; et aussi considérans les grans ruynes et demolissions et infeccions qui à present sont et pour le temps avenir seront en nostredicte bonne ville, se sur ce n'est par nous pourveu de brief et convenable remède;

Avons ordonné et ordonnons par ces presentes, que la garde de nostredicte prevosté qui à présent est et qui pour le temps avenir sera, tant comme il nous plaira, ait, prengne, lieve et reçoive par sa main tant comme il nous plaira, toutes les rentes, revenues cens, admendes, forfaitures, criages, cellerages, hanses, coustumes, maisons, gardes de portes, tours, bastides, fossez, la clergie de ladicte ville, et les fermes des chauceés, que souloit tenir nostredicte bonne ville avant que ladicte prevosté feust mise en nostre main comme dit est, pour aidier par l'ordonnance d'icelle garde present et avenir, à reparer toutes les choses qui seront necessaires pour nostredicte bonne ville, et pour la fortifficacion, decoracion et bonne police d'icelle.

Si donnons en mandement, etc.

N°. 344. — ORDONNANCE *portant que pendant le temps qui s'écoulera entre le parlement qui tenait lors et le nouveau, les procès qui seront en état seront jugés dans la forme y déterminée.*

Paris, 24 août 1405. (C. L. IX, 86.)

CHARLES, etc. A nos amez et feaulx conseillers les présidens et autres gens tenans nostre parlement à Paris : salut et dilection.

Nous pour le bien de justice, evident prouffit et utilité de nos subgez, et pour l'expedicion et abregement des causes et procès pendans, et lesquelz de jour en jour surviennent et affluent en nostre court dudit parlement, pour la descharge et alegement d'icelle nostre court pour noz prouchains et autres parlemens avenir; attendu mesmes la charge que ycelle nostre court a à supporter, et les importunités depluseurs de noz diz subgez chascun jour requerans et poursuians l'avancement de leurs procès pendens en icelle, et pour plusieurs autres justes causes et raisons necessaires à ce nous mouvens, avons voulu et ORDONNÉ, voulons et ORDONNONS par ces présentes, que du jour que nostre present parlement sera clos et finé, jusques au landemain de la prochaine feste de saint Martin d'iver, que nostre prouchain parlement commancera, vous ou aucun de vous présidens en nostredit parlement, ou au moins l'un des présidens de nostre chambre des enquestes, avec tous noz conseilliers tant de la chambre dudit parlement que desdictes enquestes, qui pour lors seront à Paris, tant clers que lays, ausquelx en ce cas, ycellui temps durant, voulons leurs gaiges estre paiez comme se nostredit parlement séoit, vous au jugement et expedicion seulement des procès pendans en nostredicte court, et tant à juger en nostredicte chambre de parlement que en la chambre desdictes enquestes, vacqués, besongnés et entendez diligemment et continuellement durant ledit temps, nonobstant que nostredit parlement ne siee pas pour lors,

7.

pourveu toutesvoies que à ce faire vous soiez en nombre souffisant, et non autrement, lesquelx jugemens par vous ainsi fais, nous voulons estre d'autel effect, force et valeur, comme arrest, et iceulx estre prononciez en nostredit parlement prouchain ou autres parlemens avenir, comme par vous sera ordonné : car ainsi nous plaist-il et voulons estre fait, pour consideracion des choses dessusdictes.

Si vous mandons, etc.

Mandons et commandons par ces mêmes présentes à noz amez et feaulx gens de noz comptes et tresoriers à Paris, que à vous conseilliers tant clers que lays, qui aux choses dessusdictes et durant ledit temps à ce vacquerés et entendrez, ilz paient ou facent paier voz gaiges comme se nostredit parlement séoit, sans autre mandement de nous avoir ou attendre sur ce, par lesquelx noz gens des comptes et tresoriers, nous voulons et nous plaist iceulx gaiges estre allouez de celui ou ceulx qu'il appartendra, parmi rapportant pour une foiz seulement ces presentes ou vidimus d'icelle, collacioné à l'original, et de chacun de noz diz conseillers quittance ou cedule de tant de jours comme à ce ils auront vacqué, et comme ils ont acoustumé de faire de leurs gaiges ordinaires ou temps passé.

Par le Roy, à la relation du grant conseil.

N°. 345. — LETTRES *qui portent qu'à l'exception des huit sergens d'armes d'ordonnance servans, tous les autres seront par rapport aux crimes qu'ils pourront commettre, justiciables des juges ordinaires et non du connétable.*

Paris, 18 septembre 1405. (C. L. IX, 92.)

CHARLES, etc. Au sénéchal de Carcassonne, ou à son lieutenant : salut. Nous avons entendu que ou pays de Languedoc, plusieurs sergens et en nombre excessif, qui se dient être nos gens d'armes, lesquels soubs umbre dudit office, et des privileges que ils dient avoir à cause d'icelui, se sont efforciés et s'efforcent de jour en jour de mener et faire mener et charrier par ledit pays plusieurs marchandises, comme blez, vins et autres grosses derrées et marchandises, dont ils ont été et sont refusans et delayans de payer les leudes, peages, travers et autres devoirs à nous deuement à nostre terre comme autre part, en grant préjudice et dommaige de nous, et diminution de notre demaine et des fermes d'icelui, et aussi ont commis ou commettent aucuns d'iceulx sergens plusieurs crimes et maléfices, soubs umbre dudit office, comme dit est, dont nos juges ordinaires des lieux où ils font lesdits maléfices, ne les osent punir ne corrigier, pour ce que ils dient et maintienent que notre connétable est leur juge, et non autre; et par ainsi lesdits maléfices demeurent impunis en grant esclande et offense de justice, s'il est ainsi.

Pourquoi nous ces choses considérées, et que d'ancienneté, et par les ordennances et restrictions faites en nostre conseil sur le nombre de nos officiers, nous n'avons que huit sergens d'armes en ordennance servans, usans de franchise et droits de sergens d'armes, vous mandons en commettant, se mestier est, que tous iceulx sergens eulx disans nos sergens d'armes, qui par lettres expédiées par nos amés et feaulx gens de nos comptes et trésoriers à Paris, ne vous apparront être de l'ordennance et nombre de nosditz huit sergens d'armes, vous iceulx contraigniés ou faites contraindre réalment et de fait à rendre et payer à nous ou à nos officiers, tous les droits et devoirs à nous par eulx deus, tant pour le temps passé, comme doresenavant, à cause des leudes, peages et travers des denrées et marchandises que ilz ont menées ou fait mener, et meneront ou fairont mener doresenavant, vendant et achetant par ledit pays de Languedoc; et aussi se par information ou autrement dùement, vous trouvés aucuns d'iceulx sergens avoir fait ou commis aucuns crimes ou maléfices contre raison et justice, vous iceulx en punissiés ou faites punir selon l'éxigeance des cas, telement que ce soit exemple aux autres : de ce faire vous donnons pouvoir, mandement et commission spécial.

N°. 346. — LETTRES (1) *donnant pouvoir à la Reine de concilier les différends entre les princes, et de congédier leurs gens de guerre.*

Bois de Vincennes, 12 octobre 1405. (C. L. XII, 222.) Publiées au châtelet le 15; et dans les carrefours le 16.

CHARLES, etc. Comme par noz autres lettres en laz de soye et cire vert, et par très-grant déliberacion de conseil, nous aions despieçà donné puissance à nostre très-chière et très-amée compaigne la Royne, de povoir entendre, vacquer et besoingnier ès grans be-

---

(1) Le duc de Bourgogne s'étant rendu maître de Paris, le duc d'Orléans avait pris la fuite avec la Reine : on rassemblait des troupes de part et d'autre. Le Roi ayant eu quelques faibles intervalles de raison, essaya d'arrêter les partis en publiant ces lettres. (Juvenal des Ursins, p. 167.)

songnes et affaires de nostre royaume, en nostre absence, en quant nous serions tellement occupés que n'y pourriens vaoquer ne entendre; et que s'il seurvenoit aucuns mouvemens, desplaisirs ou desoors entre aucuns de nostre sang et lignage, que nostredicte compaigne par le conseil et adviz des autres de nostredit lignage et de ceulx de nostre conseil, telz que bon lui semblerait, les peust appaisier par voye de justice; ou par voye amiable, se faire se povoit; et se ainsy ne le povoit faire que elle leur peust faire commandement et défenses de non proceder les uns contre les autres par voye de fait ne par paroles injurieuses; et aussi que se aucuns, de quelque estat ou auctorité qu'ils feussent, par tels mouvemens avoient fait ou faisoient aucunes assemblées ou mandemens de gens d'armes en nostredit royaume, leur commander que d'icelles assemblées et mandemens se déportassent, que icelles gens renvoiassent incontinent en leurs pays et maisons; et que tout ce qui par nostredicte compaigne serait ainsi fait, feust d'autele vertu que se fait et ordené l'avions en nostre personne; et il soit venu à nostre congnoissance que nostre très-chier et très-amé frere le duc d'Orléans, et noz très-chiers et très-amez cousins les ducs de Bourgongne et de Lembourc, et le conte de Nevers, aient fait grans mandemens de gens d'armes et autres gens de guerre, pour venir devers eulx; pour occasion desquels mandemens sosdis frere et cousins pourroient prendre aucuns mouvemens de desplaisirs les uns contre les autres, dont il nous desplairoit, et à nous et à nostredit royaume ensuir très-grans et irréparables inconvéniens et dommages, se briefment n'y estoit par nous pourveu de remede.

Nous voulans à ce pourveoir pour le bien de nous et de tout nostredit royaume, et aux grans inconvéniens irréparables qui s'en pourroient ensuir, et pour éviter lesdiz mouvemens qui pourroient pour ce venir entre nosdiz frere et cousins, et pour mettre et nourrir paix, amour et concorde entre eulx, comme de tout notre cuer nous desirons y estre, eu sur ce très-grant et meure délibéracion de conseil avec pluseurs des autres de nostredit sang et lignage et de nostre grant conseil, en bien grant nombre, avons en la présence de nostredicte compaigne et des dessusdiz de nostre sang et de nostre grant conseil, deffendu à nostredit frere sur quancque il se puet meffaire envers nous et encourir nostre indignacion perpétuelle, que il ne procede, ne face ou seuffre proceder par ses gens, par voie de fait, ne par paroles injurieuses, à l'encontre de nosdiz cousins ou aucuns d'eulx; et semblablement avons iceulx noz cousins et chascun d'eulx fait deffendre par nostre très-cher et amé cousin le sire de le Bret, connestable de France, par nostre amé et feal chancelier, et par nostre amé et feal conseiller le premier président de nostre parlement, qu'ilz ne procedent, ne facent ou seuffrent proceder par leurs gens, par ladicte voye de fait ne par paroles injurieuses, à l'encontre de nostredit frere; et avec ce avons fait commandement à iceulx noz frere et cousins, qu'ilz contremandent les gens par eulx mandez venir devers eulx, et qui encores ne y sont venuz; ausqueles gens, soient nos subgiez ou autres, et de quelque estat qu'ils soient, nous deffendons par ces présentes que sur les paines dessusdictes, et sur paine de eulx forfaire envers nous en corps et en biens, ils ne entrent ou viennent plus avant en nostredit royaume, mais se en retournent incontinent chascun en son pays et demeure.

Si donnons en mandement à noz amez et feaulx les gens de nostredit parlement et de nostre chambre des comptes, au prevost de Paris, à tous noz seneschaux et baillis, et à tous noz autres justiciers et officiers, ou à leurs lieutenans, etc.

Par le Roy à la relacion de son grant conseil, onquel la royne de Secille et de Navarre, messieurs les ducs de Berry et de Bourbonnois, le conte de Mortaing, vous, arcevesque d'Aux, le conte de Tancarville, le grant maistre d'ostel, et autres estoient.

N°. 347. — Accord (1) *entre le duc d'Orléans et le duc de Bourgogne.*

Vincennes, 18 octobre 1405. (Villaret, t. XII, p. 445.)

N°. 348. — Lettres *portant imposition d'une nouvelle taxe, sous prétexte de faire la guerre* (2) *aux Anglais.*

Fin octobre 1405. (Chronique de St.-Denis, t. 3, f° 83.)

---

(1) Après deux mois d'alarmes et de mouvemens, la paix fut conclue. Les deux princes convinrent de congédier leurs troupes. (Villaret, t. XIII, p. 445. *V.* Juvénal des Ursins, p. 169; et son annotateur, p. 413.)

(2) C'était enfreindre la trève de 1395. Mais les hostilités furent perpétuelles malgré cette trève, comme on peut le voir au Trésor des Chartes, reg. 160, pièces 61, 131, 243; reg. 161, pièce 56. (Vilevault, préface. *V.* ordonn. du 30 janvier 1403.)

N°. 349. — ORDONNANCE (1) *portant ordre aux gens de guerre de retourner dans leur pays et défense de s'assembler sans un mandement exprès du Roi.*

Paris, 6 novembre 1405. (C. L. IX , 96.) Publiée dans les carrefours le 11.

CHARLES, etc. Pour ce que nous avons entendu que par aucunes assemblées et mandemens de gens-d'armes et autres gens de guerre, qui depuis aucun temps en ça, et mesmement depuis n'agaires, ont tant de noz subgiez que d'estrangiers, este faiz en nostre royaume, plusieurs très-grans inconvéniens, maulx et dommages sont advenuz et adviennent encore chascun jour en plusieurs parties de nostredit royaume, où icelles gens d'armes se sont tenuz et transportez, tiennent et vivent sans payer, dont nosdiz subgiez sont moult apovris, grevez et dommagiez, et pourroient encores plus estre, se il n'y estait briefment remedié :

Savoir faisons, que nous voulans en et sur ce pourveoir, et de teles opressions et grevances garder et allegier, comme il appartient, nosdiz subgiez, afin qu'ilz puissent vivre et demourer en paix et seurté soubz nous et nostre seigneurie, à laquele conserver et garder tous noz bons et loyaulx subgiez sont obligiez et tenuz; avons par grant et meure délibéracion et advis tant de plusieurs grans seigneurs de nostre sang et lignage comme des gens de nostre conseil en bien grant nombre, ordené et ordenons par ces presentes, que toutes les gens-d'armes et autres gens de guerre dessusdiz, de quelque estat ou condicion qu'ils soient, qui sont venuz et assemblez en nostredit royaume aus mandemens de nous ou d'autres de quelque auctorité qu'ilz soient, se partent hastivement sans demeure, délay ou excusation quelxconques, et sans faire ou donner aucuns dommages ou oppressions en nosdiz royaume et subgiez, s'en retournent et voisent chascun ou pays dont il est venu et où il demeure, soubz paine de forfaire envers nous chascun endroit soy, corps et biens; et que à les faire partir et wider, noz baillifs, seneschaulx et autres justiciers et officiers, en cas de reffuz, les y puissent contraindre de fait et par force se mestier est, et autrement au mieux qu'ils pourront, et avecques ce, pour ce qu'il pourroit avenir que lesdictes gens-d'armes et autres qui se mettent sus présentement pour monter

---

(1) Après la paix de Vincennes, les troupes furent congédiées ; mais comme elles n'étaient pas payées, elles se dédommagèrent en pillant. (Vilevault. pref.

sur mer et aler en aucunes parties de nostredit royaume, ou aucuns d'eulx, pourroient faire ou porter dommage à aucuns de nosdiz subgiez en aucuns lieux si loingtains de noz baillifs, seneschaulx et autres officiers, qu'ils ne pourroient lors par eulx estre gardez, deffenduz ne secouruz, ou que iceulx noz officiers ne seroient assez fors pour ce faire, nous MANDONS, COMMANDONS et commettons à tous nobles, soient chevaliers ou escuiers, ou de quelque estat qu'ilz soient, que chascun endroit soy puist garder et deffendre ses terres et hommes, et résister tellement que aucuns maulx ou dommages ne leur soient faiz par icelles gens-d'armes ou autres gens de guerre dessusdiz; et que se ilz s'efforçoient de le vouloir faire, iceulx nobles les facent et puissent faire de fait widier de leurs terres et seigneuries, et pour ce, faire assembler de leurs amis ou voisins, tant et ainsi que bon leur semblera, et sans ce qu'ilz en puissent être reprins ou blamez, ne aucune chose leur en estre demandée ores ou pour le temps avenir :

Deffendons aussi sur lesdictes paines à tous noz officiers et subgiez, de quelque auctorité ou prééminence qu'ils usent, qu'ilz ne soient sy hardis de partir d'oresenavant de leurs pays ou maisons pour venir faire chevauchées, dommages, grevances ou oppressions quelxconques en nostredit royaume, ne à nosdiz subgiez d'icellui, pour mandemens, lettres ou prieres qu'ils aient de quelxconques personnes, et de quelque estat ou auctorité qu'ilz soient, supposé qu'ilz feussent de nostre sang et lignage, ou autres, synon qu'il leur apparust premièrement par noz lettres patentes, que ce venist et procedast de noz volenté, mandement ou ordenance especiaulx ;

Toutesvoies nostre entencion n'est mie que se les Anglois noz ennemis s'efforçoient de vouloir chevaucher en aucunes parties de nostredit royaume, ou y prendre villes, chasteaulx, ou faire aucuns autres dommages ou emprinses, que noz dessusdiz officiers et subgiez ne puissent aler nous servir, se il leur plaist, au mandement des seigneurs et capitaines, ou capitaine des pays et lieux où ces choses avendroient, et qui y vouldroient pourveoir et résister.

Si donnons en mandement au prevost de Paris ou à son lieutenant, que noz presente ordonnance et voulenté il face hastivement crier et publier solennelment de par nous en nostre ville de Paris, et en tous les autres lieux de sa prevosté où l'en a accoustumé à faire criz, etc.

Par le roy, à la relation de son grand conseil, ouquel les rois de Seoille et de Navarre, Mess. les ducs de Berry, d'Orléans et de Bourbon, le connestable, vous, le comte de Tancarville, le grant maistre d'ostel, et plusieurs autres estoient.

N°. 350. — Mandement *portant défenses de faire des joutes* (1) *ou faits d'armes.*

Paris, 27 janvier 1405. (C. L. IX, 105.)

Charles, etc. A noz amez et féaulx gens tenans et qui tendront nostre parlement à Paris, et au prevost de Paris : salut et dilection.

Nous avons entendu que nos amez et féaulx chevaliers et chambellans Jehan de Garencieres le jeune, le sire de Boqueaux, Françoys de Gringnaulx, et autres, ont nagueres proposé de faire briefvement certaines joustes ou faiz d'armes au lieu de Royaumont ou ailleurs en nostre royaume, et ce fait crier et publier en plusieurs lieux de nostredit royaume.

Pourquoy nous qui voulons lesdictes joustes ou faiz d'armes estres faiz aucunement, attendus les haynes, débas et controverses qui pour occasion de ce, seroient en voye de mouvoir entre eulx ou autres, dont très-grans inconveniens s'en pourroient ensuir, ausquelz nous desirons obvier du tout nostre povoir, et pour certaines autres justes causes et consideracions à ce nous mouvans, vous mandons et commandons tres estroictement, et à chacun de vous, que tantost et sans delay ces lectres veues, vous faictes crier et defendre de par nous, en tous les lieux accoutumés à faire cris en nostre ville de Paris, et ailleurs là où il appartendra, que ilz ne facent lesdictes joustes ou fais d'armes, surtout quanques ilz se peuvent meffaire envers nous, mais s'en desistent du tout; et semblablement faitez faire lesditz cris et defenses d'oresenavant, incontinant qu'il vendra à vostre congnoissance que aucuns autres voldront faire joustes ou fait d'armes en nostredit royaume, et ou cas que eulx ou aucuns d'eulx, n' obtempereront auxdictes défenses, pourvéez-y par la prinse de leurs corps et biens, tellement que leur entreprinse ne sortisse point son effect, et avec ce, les punissiés selon l'exigence des cas, en tele maniere que ce soit exemple à tous autres : car ainsi nous plaist-il estre fait, nonobstant quelzconques lettres impetrées ou à impetrer à ce contraires.

Par le Roy en son conseil, où le roy de Navarre, monsei-

---

(1) *V.* notes sur les ordonn. du 5 octobre 1314, et du 1er avril 1316.

gneur le duc de Bourgoigne, les comtes de Mortaing, et de la Marche, vous, le sire de Rieux, le sire de Boissay, Thibault de Maseray, et autres, estoient.

N°. 351. — Lettres *portant révocation des dons de gages à vieaux officiers du parlement ayant moins de 20 ans d'exercice* (1).

Paris, 3 février 1405. (C. L. IX, 108.) Reg. au parlement le 13.

Charles, etc. Savoir faisons que comme nous aions entendu que les revenues et proufiz de nostre demaine, et aussi des aides ordonnées pour le fait de la guerre, sont et ont esté grandement diminuées parce que plusieurs de noz conseillers, officiers, serviteurs et autres, prennent et ont acoustumé de prendre gaiges à vie sur lesdiz demaine et aide, par dons de nous à eulx autresfoiz faiz par noz lettres passées et verifiéez par ceulx à qui il appartenoit; laquelle chose est ou préjudice et dommage de nous et des charges que nous avons à supporter, tant pour le fait de ladicte guerre comme autrement, et encore seroit, se par nous n'estoit sur ce pourveu.

Nous ces choses considérées, et pour certaines autres causes et consideracions à ce nous mouvans, avons revoquié et adnullé, revoquons et adnullons par ces presentes, en especial tous dons quelxconques par nous faiz à noz amez feaulx conseilliers de noz chambres de parlement, des enquestes et des requestes du palais, desdiz gaiges à vie, et voulons et avons ORDONNÉ et ORDONNONS qu'ilz soient nulz et de nulle valeur; et les lettres sur ce obtenues de nous, avons mises et mettons du tout au néant; sauf et reservé à ceulx de noz conseillers desdictes trois chambres, qui nous ont servi jusques au temps de vingt ans et audessus, lesquelx ou aucuns d'eulx, nous ne voulons ne entendons estre comprius en ceste presente revocation.

Si donnons en mandement à noz amez feaulx conseillers les presidens et autres gens tenans nostredit parlement, les gens de noz comptes et trésoriers à Paris, etc.

Car ainsi nous plaist-il estre fait, nonobstant lesdictes lettres de dons, ordonnances, mandemens ou défenses à ce contraires.

Par le Roy, à la relation de son grant conseil, où messeigneurs les ducs de Berry, d'Orléans, de Bourgoingne et de

---

(1) *V.* ci-après l'ordonnance du 15 decembre 1408.

Bourbonnais, les comtes de Nevers, de Clermont et de la Marche, le connestable, vous, l'arcevesque d'Aux, les évêques de Noyon, de Chartres et de Poictiers, le grand-maistre d'hostel, le maistre des arbalestriers, maistre Pierre l'Orfevre, Jehan de Boissay, et autres, estoient.

N°. 352. — ORDONNANCE (1) *portant que les présidens de parlement pourront contraindre les conseillers, par suspension de leurs offices, à faire leur devoir.*

Paris, février 1405. (Mémoire des Pairs, p. 656.)

N°. 353. — LETTRES (2) *portant révocation de la permission de publier les Bulles par lesquelles le Pape avoit accordé des indulgences à ceux qui donneraient du secours à l'empereur de Constantinople contre les Turcs.*

Paris, 23 avril 1406. (C. L. IX, 109.)

CHARLES, etc. Au senechal de Carcassonne ou à son lieutenant, salut. Combien que nagueres par nos autres lettres, à la priere et requeste de Constantin Raly Paleologue, cousin et ambassadeur de l'empereur de Constantinople, disant que pour avoir secours et resister à la male volonté des Turcs, lesquelgs s'efforcent de suppediter les chrestiens ès parties de Grèce, et aussi pour exposer et démontrer clairement le peril et la très-grant misere et pouvreté où lesdits chrestiens sont esdittes parties de Grèce, il estoit envoyé par ledit empereur par devers notre saint pere le pape, nous et les autres roys et princes chretiens, et que pour iceulx empereur et chrestiens des parties devant dittes aydier et conforter, notredit saint pere a donné et octroyé par ses bulles pleines indulgences à tous les feaulx chrestiens qui leur fairont ayde et confort à resister contre lesdits mescreans, nous eussions mandé entre autres choses, à tous seneschaux, baillis, prevôts et autres justiciers et officiers de notre royaume, ou à leurs lieutenans, et à tous nos autres sbujiets, de quelque autorité et preeminence qu'ils usent, que ledit Constantin Raly et ses pro-

---

(1) Le 17 février 1405, la cour refusa de l'enregistrer, et ordonna qu'elle serait lacérée, attendu que les présidens n'étaient que membres de la cour, et comme ils ne pouvaient suspendre le moindre procureur de son office, ils ne pouvaient à plus forte raison avoir d'autorité sur eux.

Le chancelier déclara que les lettres seraient corrigées et refaites. (Mémoire des Pairs.) (Isambert.)

(2) Ces lettres furent révoquées le 4 décembre suivant.

cureurs et messages, ils souffrissent et laissassent publier lesdites indulgences contenus ezdittes bulles, sans empeschement aucun, en leur donnant en ce faisant, aide, conseil, confort et faveur :

Toutesvoyes nous qui pour aucunes nouvelles qui depuis nous sont survenues, et pour certaines justes causes et raisonnables, ne voulons icelles indulgences estre publiées en aucunes parties de notredit royaume, vous DEFFENDONS très-expressement que lesdittes indulgences vous ne souffrés aucunement estre publiées ez mettes de votre senechaussie : ainçois si ledit Constantin ou sesdits procureurs ou messages les y vouloient faire publier par vertu de nos lettres dont dessus est faite mention, ce leur deffendés sur quanques ils se peuvent mesfaire envers nous, et icelles lettres prenés ou faites prendre, et les renvoyés par devers notre amé et féal chancellier et les gens de notre conseil, et gardés qu'il n'y ayt faulte.

Par le Roy, à la relation de son grand conseil, où messeigneurs les ducs de Berri, d'Orléans et de Bourgoigne, vous, M° Jehan de Boissay, et autres, estiés.

N°. 354. — LETTRES (1) *qui portent que celles qui ont été données en conséquence de la restitution à l'obédience de Benoît XIII seront exécutées nonobstant les bulles et autres actes émanés de ce pape ou de ses officiers.*

Paris, 3 juillet 1406. (C. L. IX, 110.)

N.° 355. — LETTRES *qui confirment le connétable de France dans le droit de connaître même en défendant de toutes causes personnelles, civiles et criminelles des sergens d'armes.*

Paris, 30 juillet 1406. (C. L. IX, 115.)

CHARLES, etc. De la partie de nostre très-chier et amé cousin et connestable de France, Charles, seigneur de Lebret, de Sully et de Traon, nous a été exposé que jaçoit ce que à cause de ladite

---

(1) Le Roi ayant appris que depuis la restitution à l'obédience, plusieurs personnes avaient obtenu du Pape des bulles par lesquelles elles avaient été pourvues des prélatures et bénéfices auxquels il avait été nommé pendant la soustraction, et que pour en dépouiller les premiers pourvus, il les avait fait citer à comparaitre devant le Pape ou ses auditeurs, il défendit d'obéir à ces bulles ni aux citations données en conséquence. (Villaret, t. XII, p. 430.)

connestablie, et pour ordonnances royaulx, la cognoissance en tous cas personnels, criminels et civils de nos sergens d'armes, compete et appartiegne à nostredit cousin, mesmement en deffendant, et qu'il ait ses lieuxtenans, sergens et officiers pour sa jurisdiction de ladite connestablie garder et exercer par tous les lieux de notre royaulme, et de ce ait joi et usé notoirement par lui et ses predecesseurs connestables de France, et mesmement ou pays de Languedoc, et puni et corrigé, absouls ou condamné lesdits sergens d'armes oudit pays, en cas criminels et civils, mesmement en deffendant, quand les cas s'y sont offerts, et aucuns, et que se nos gens et officiers desdits pays ont prins et mis en procès criminels ou civils lesdits sergens d'armes, si les ont ils rendus et la connoissance d'iceulx, aux lieutenans ou officiers de notredit cousin et de sesdits predecesseurs, mesmement quand requis en ont esté, et sont tenus de le ainsi faire.

Ce nonobstant, les seneschaulx de Toulouse, Carcassonne et Beaucaire, et autres justiciers et officiers de notredit royaume, et mesmement dudit pays de Languedoc, leurs lieuxtenans ou aucuns d'eulx, ont puis n'agueres mis et se sont efforciés de mettre à nostredit cousin empeschement en la cohnoissance, cohertion et punition desdits sergens d'armes, en deffendant, ou grant prejudice et diminution des droits, noblesses et prerogatives appartenans à notredit cousin à cause de laditte connestablie, et entreprenant sur icelle, si comme il dit, requerant que ce consideré, et que l'usage dessusdit est tout notoire au pays que les connestables en ont ainsi usé.

Nous sur ce voulions pourvoir par bon et convenable remede et ordonnance, pour obvier à tous procès qui s'en pourroient ensuir. Pourquoi sçavoir faisons que nous informés dudit usage et ordonnances, qui voulons les droits, noblesses et prerogatives de laditte connestablie estre gardés et maintenus, avons voulu et ORDONNÉ, voulons et ORDONNONS de nostre certaine science, grace special et pleine puissance, par ces presentes, en declarant sur ce notre voulenté et intention, et à notredit cousin et à ses successeurs connestables de France, avons octroyé et octroyons, si mestier est, que lui ou sesdits lieuxtenans et officiers pour lui, ayent la court et connoissance èsdits pays et seneschaussies, de tous sergens d'armes en deffendant, en cas criminels et civils, ainsi et en la manière que ses predocesseurs en ont usé ; et que se par eulx ou autres juges desdits pays, lesdits sergens d'armes sont poursuis desdits cas ou d'aucuns d'iceulx, et ils sont requis par le procureur ou officiers dudit connestable à cause de laditte connestablie, qu'ils leur soyent rendus, baillés et delivrés pour en connoitre et faire raison et justice ainsi qu'il appartiendra par raison, sans difficulté ou contredit aucun.

Si donnons en mandement par ces presentes, auxdits seneschaulx de Toulouse, Carcassonne et Beaucaire, et à tous nos autres justiciers et officiers presens et avenir, etc.

Par le Roi en son conseil, ouquel messeigneurs les ducs de Berri et de Bourbon, et plusieurs autres estoient.

N° 356. — LETTRES *portant abolition, par réciprocité, du droit d'aubaine au profit des habitans du Cambresis et de ceux de France* (1).

Paris, 30 juillet 1406. (C. L. IX, 116.) Reg. au parlem. le dernier avril.

CHARLES, etc. Savoir faisons à tous presens et avenir, nous avoir receue l'umble supplication de noz bien amez et aliez les prevost, eschevins, habitans et communauté de la cité de Cambray et du païs de Cambresis, contenant que comme de droit commun et selon toute bonne équité, quant aucun desdiz habitans viennent demourer en nostre royaume, et ilz vont en ycellui de vie à trespassement, sans hoir de leur corps, leurs hoirs ou aians cause leur doivent succeder tant en meubles comme en heritages, franchement et paisiblement, et pareillement font ceulx de nostredit royaume, à ceulx qui oudit païs de Cambresis trespassent sans hoir de leur corps; et pour ce que ja pieça après le trespassement de feu Mahieu de Lisle nez dudit païs de Cambresis, lequel longtemps a trespassa à Saint Quentin ou bailliage de Vermandois en nostre royaume, nostre collecteur des mortes-mains oudit bailliage, avoit mis empeschement es biens demourez du decès dudit feu Mahieu, Colart le Paintre demourant en ladicte ville de Cambray, cousin germain et le plus prouchain hoir dudit defunct, se trahi pardevers nous, et de nous obtinst noz autres lettres adreçans au bailli de Vermandois, qui lors estoit, ou à son lieutenant à Saint Quentin, par lesquelles lui estoit mandé que se, appellé pardevant lui

---

(1) V. *Nouv. Répertoire*, v° *Aubaine*. M. Pastoret, *Préface*, tom. XV, des *Ordonnances*. Legrand, *Traité de Bacquet*. Ici ce droit est remarquable, car il s'agit d'une province incorporée. (Isambert.)

nostre procureur oudit bailliage, et le collecteur desdictes mortes-mains, il lui apparoit que les parens, hoirs, héritiers ou aians cause des personnes nées en nostre royaume, demourans à Cambray et ou païs de Cambresis, et qui y vont de vie à trespassement sans hoir de leur corps, succedassent à leursdis parens, il feist delivrer à plain les biens dudit Mahieu audit Colart; sur l'enterinement desquelles lettres se meut procès pardevant ledit bailli. ouquel fu tant procedé que les parties furent appoinctées en fais contraires et en enqueste; et l'enqueste faicte et parfaicte et receue pour jugier, par sentence dudit bailli donnée en ses assises de Saint Quentin, qui commencerent le dimenche 13.° jour de mai, l'an 1394, le 14.° jour d'icelles assises, furent audit Colart le Paintre adjugées ses requestes et conclusions, et lui furent les biens demourez du decez et succession dudit feu Mahieu de Lisle, mis au delivre, si comme ce et autres choses peuvent plus à plain apparoir par ladicte sentence, de laquelle la teneur s'ensuit:

(*Suit cette sentence et une autre du même genre.*)

De laquelle sentence ne fu appellé ne reclamé, et par ainsi passa en force de chose jugée : neantmoins pour ce que à chascune foiz qu'il y a mutacion de officiers oudit bailliage, empeschement est mis ausdis supplians ès successions de ceulx dudit païs de Cambresis, qui trespassent en nostredit royaume sans hoir de leurs corps, il convient souventeffois ausdis supplians faire plusieurs grans frais et missions pour en avoir l'expedicion et delivrance, qui est en leur très-grant travail, dommage et préjudice ; et pour ce, nous ont fait supplier et requerir que sur ce leur vueillons pourveoir de remede convenable.

Pourquoy nous considerées les choses dessusdictes, et mesmement que ceulx de nostre royaume succedent à leurs parens qui demeurent oudit païs de Cambresis, et qui en icellui païs vont de vie à trespassement sans hoir de leurs corps, et autrement paisiblement et sans aucun empeschement ; attendu aussi les sentences et declarations dont dessus est faicte mencion, que lesdiz supplians en ont euz en nostredit royaume, et les bons et agreables services qu'ilz ont fais à nous et à noz predecesseurs, et sont prestz et appareillez de faire, nous de nostre auctorité royal avons loué, greé, ratiffié et aprouvé, louons, gréons, ratiffions et approuvons lesdictes sentences et declaracions, et ce que par vertu d'icelles s'en est ensui, et voulons qu'elles sortissent leur plain effect presentement et ou temps avenir.

Et afin que d'oresenavant aucuns empeschemens ne leur puissent estre fais ou mis par aucuns de nos officiers ou temps avenir, nous de nostre plaine puissance, auctorité royal et grace especial, en tant que mestier est, avons octroyé et octroyons ausdis supplians, que ilz succedent et puissent succeder à leurs parens et amis qui d'oresenavant yront de vie à trespassement en nostredict royaume, paisiblement et sans aucun contredict ou empeschement; pourveu que semblablement noz subgiez pourront succeder, recueillir et avoir les successions de leurs parens et amis qui yront de vie à trespassement esdictes cité, villes et païs de Cambresis, paisiblement et sans contredit.

Si donnons en mandement à noz amez et feaulx gens tenans nostre présent parlement à Paris, et qui tendront ceulx avenir, gens de noz comptes et tresoriers à Paris, aux baillifs de Vermandois et d'Amiens, aux collecteurs desdictes mortes-mains, et à tous noz autres justiciers et officiers, ou à leurs lieuxtenans, etc.

Donné à Paris, etc.

Par le Roi en son conseil, où monseigneur le duc de Berry, les contes de Mortaing et d'Alençon, le sire de Preaux, le mareschal de Rieux, maistre Tristan Du Bois, et autres, estoient.

N°. 357. — LETTRES *qui portent que les sergens à verge du Châtelet de Paris, et les sergens de la douzaine, s'ils en ont le droit, pourront seuls exploiter dans la ville, faubourgs et banlieue de Paris, même lorsqu'il s'agira des aides et autres subventions, à l'exclusion des sergens à cheval du Châtelet de Paris, et de tous autres sergens et commissaires.*

Paris, 7 août 1406. (C. L. IX, 124.)

N°. 358. — LETTRES *portant que le Roi pourra nommer des clercs de la chambre des comptes, pour remplir les charges de conseillers-maîtres.*

Paris, 18 août 1406. (C. L. IX, 126.)

CHARLES, etc. salut. Comme de toute ancienneté pour le bien du demaine de nostre couronne et de noz droitz, ait esté par nos prédécesseurs roys de France, accoutumé de pourveoir au fait de nostre chambre des comptes, de bonnes et souffisanz personnes, tant maistres comme clers, qui avaient veu et savoient faiz de comptes, de tours d'escriptz, ainsi qu'il est besoing en tel cas, et que quant aucuns d'iceulx maistres alloient de vie à trespassement, ou estoient pourveus à autre degré, estoient esleuz par iceulx maistres un ou deux des plus souffisans clers d'iceulx comptes, qui longuement avoient servy, et qui savoient et cognoissoient les besoignes d'icelle chambre et de nostre demaine, et presentez à nosdiz predecesseurs, lesquels oye la relacion desdiz maistres, les retenoient leurs conseillers et maistres desdits comptes; et par ainsi les autres clercs de moyen aage cousiderans lesdites remuneracious, estoient plus ententilz et encouraigez de travailler et pener diligemment oudit fait, pour parvenir et avoir ce degré qui par raison et pour le bien de nostre fait, ouquel aucun ne peut gueres estre expert se il n'a longuement exercé le fait, leur est dû, et par ce estoient les besoignes et affaires de nostre ditte chambre mieulx soustenuz et serchez :

Neantmoings puis pou de temps en ça, par oppressions de requerans, aions mis et créé en icelle nostre chambre plusieurs nos conseillers et en nombre excessif, et depuis considerant la grant multitude et confusion qui y estoient, qui nous tournoient à très grant charge, appellez nos très-chers et très-amez oncle et frere le duc de Berry et d'Orléans, nostre très-cher et très-amé cousin le duc de Bourgogne, et plusieurs autres tant de nostre sang comme de nostre conseil, avons retindée et moderée ladite charge, et ramenez noz ditz conseillers à certain nombre, comme par noz lettres sur ce faites et publiées en la chambre de noz ditz comptes, peut plus à plain apparoir. obstant lesquelles choses ayons depuis octroyé certaines lettres par manière de ordenance, données le 28° jour de juillet derenier passé (1), esquelles est contenu que noz diz conseillers ainsi dechargez soient remis en icelle, et declairé que d'ores-senavant nous n'y en mettrons aucuns autres, jusqu'à ce que par leur trespassement ou translation de leurs estats à autres, le nombre d'iceulx conseillers et maistres de noz ditz comptes, soient ramenez à nombre souffisant; et par ainsi noz dits clercs servans continuellement illec à très-petits gaiges, et qui ne pevent quelconque autre chose faire, obstant la charge qu'ils ont des escriptz de nostre ditte chambre, ne pourroient jamais venir à plus haut degré, qui leur serait moult dure chose et importable; et aussi leur donrrions mauvais exemple de nous bien servir, consideré que un chacun qui sert est digne de loyer, et mesmement en

---

(1) Nous n'avons pas donné ces lettres, qui sont analysées dans cette ordon-

continuel service ce que n'avons eu ne n'avons entention de faire, mais les preferer selon l'exigence et merite de leurs personnes.

Savoir faisons que nous considerant les grans inconveniens qui par ces moyens pourroient ensuir ou fait de nostre dit demaine, voulant ensuir les traités et bonnes ordonnances de noz diz predecesseurs, et non voulant noz ditz clercs eulx aucunement deffier de noz biens et graces, mais à ce que toujours y soient et se rendent plus enclins à nous servir très-diligemment, et aussi qui soient remunerez des grans paines et travaulx que chacun jours ilz soustiennent en nostre service, avons declairé et declairons que nostre entention n'est ne fut oncques que noz ditz clercs et chacun d'eulx, nous ne puissions pourveoir toutesfois que le cas y escherra et il nous plaira, de estat de notre conseiller ordinaire ou autre, et les retenir et créer noz conseillers et maistres de noz ditz comptes, et ne voulons quant à ce icelles lettres ou ordonnances ne aucune chose qui s'en soit ensuy en aucune maniere, estre préjudiciable à noz ditz clercs, ne à aucuns d'eux.

Si mandons à noz amez et feaulx gens de nos comptes, etc.

En temoin de ce, etc.

Donné, etc.

Par le Roy, M. le duc de Bourgogne, le comte de Mortaing, maistre Pierre de Lesclat, et autres, présens.

N° 359. — ARRÊT *donné par le Roi en son conseil et en parlement contre les annates perçues par la cour de Rome* (1).

Paris, 11 septembre 1406. (Dumont, *Corps diplomat.*, p. 297.)

KAROLUS, etc. Notum facimus, quod cum nuper pro parte quam plurimorum numero grandi regni nostri prælatorum Parisiis tum existentium, nec non filiæ nostræ dilectæ universitatis studii Parisiensis, nobis querulosè fuisset expositum, quod ecclesiæ nostrorum prædicti regni et Delphinatus Viennensis pro magnitudine gravium exactionum et onerum eisdem ecclesiis tam per Benedictum Papam XIII, quam suos antecessores, contra communis dis-

---

(1) Par lettres du 18 février, rapportées ci-après, le Roi ordonna que l'arrêt provisionnel du 11 septembre 1406 serait observé à perpétuité (Villevault.)

La restitution d'obédience était vivement attaquée. L'université porta les premiers coups : elle fut choquée de se voir comprise dans une taxe imposée en forme de décime pour subvenir aux frais d'un prétendu voyage que Benoît se proposait de faire pour s'aboucher avec Innocent. Au milieu de cette lutte, le parlement trouva un terme moyen en ordonnant une soustraction non d'obédience, mais d'argent, jusqu'à ce que l'assemblée générale du clergé qui devait

8.

positionem juris impositarum, oppressa atque in tantum gravatæ hactenus fuerant et erant, quod eædem in magnam pauperiem et ruinam corruebant, et in desolationem undequaque vergebant, nisi per nos de remedio sublevarentur; finantiæ etiam super iisdem ecclesiis exactæ de eodem regno nostro in magnum et irreparabile reipublicæ regnique ejusdem nostri præjudicium exportabantur.

A nobis quibus ecclesiam, præsertim supradictorum regni et Delphinatus nostrorum ab omni oppressione præservari incumbebat, et unde specialiter astricti et obligati Deo, creatori nostro rationem eramus redituri, humiliter supplicando, quantocius providere dignaremur; ut ministri et aliæ ecclesiasticæ personæ divinis insistentes et famulantes, vivere, ecclesias sibi concessas regere, earum ædificia in bono et decenti statu tenere, alios que actus suam professionem et fundatorem morum dispositionem concernentes exercere valerent et ob hoc nonnulli et plures de nostro magno consilio, ad videndum et deliberandum super his et aliis ecclesiam prædictam tangentibus, quid rationabiliter fieri posset et deberet dudum commissi et deputati, aliqua nobis super dictis exactionibus referenda vidissent, et advisassent seu deliberassent.

Quia tamen prælatis et filiæ nostræ præfatis videbatur dictam deliberationem largius declarandam foret idem prælati et filia nostra aliquas declarationes et additiones cum deliberatione et advisamento supra dictorum nostrorum consiliariorum fecissent; easque nostræ parlamenti curiæ cum nominibus dictorum nostrorum consiliariorum, qui dictæ deliberationi præsentes affuerunt in quadam schedula sub nostro contrasigillo misissemus, et per litteras nostras patentes eidem curiæ nostræ mandassemus, et eidem potestatem et auctoritatem impartiendo expresse injunxissemus, quatenus ad eandem curiam advocatis et accersitis

---

se tenir au commencement de l'hiver eût pris un parti définitif. (Villaret, t. XII pag. 452.)

On sait que l'Église avait alors deux chefs : l'un occupait le siége de Rome l'autre Benoît XIII, que la France avait reconnu, résidait à Avignon. Celui-ci voulant trouver dans les pays de son obédience la compensation de ce qu'il perdait ailleurs, désolait le royaume par les vexations les plus intolérables. Le procureur général et l'Université de Paris le déférèrent au parlement. Leur appel fut reçu et les légats que le Pape avait en France furent cités pour y répondre.

L'université conclut et requit la soustraction à l'obédience. Le procureur général appuya les conclusions; les officiers de Benoît demandèrent un sursis.

(Henrion de Pansey. Aut. jud., 333, par extrait.)

Voilà peut-être le premier arrêt revêtu de lettres patentes. (Isambert.)

de nostro prædicto magno consilio et requestis nostri hospitii tot et talibus, prout eidem curiæ bonum videretur; ipsa nostra curia ecclesiæ prædictorum regni et Delphinatus nostrorum super contentis in dicta schedula provideret, secundum quod nobis esse faciendum consuleret; prout hæc et alia latius et luculentius ex ipsarum nostrarum serie ac tenore litterarum liquebant : constitutis propter hoc in eadem nostra curia procuratore nostro generali, nec non charissimi patrui nostri ducis Bituricensis, et ipsa filia nostra universitate parisiensi, pro parte ejusdem filiæ nostræ, sub his verbis apostolicis : *Substrahatis vos ab omni fratre ambulante inordinaté.*

Propositum fuit, quod sacrosancta mater nostra ecclesia, gentium ad instar naturalium et politiarum, macrocosmi videlicet et microcosmi (qui sunt major et minor mundus), in pondere, numero et mensura à summo creatore (philosophis attestantibus) dirigi debeat atque regis in ordine; quorum elementi quatuor primam distribuerat materiam idem creator omnium, in suam grandem naturæ portionem eorum cuilibet totaliter conferendo, quantum alteri; et iisdem ex se invicem vicissitudinem sui alimenti et sustentamenti referendo; adeo ut quod unum ipsorum sub æquinoctiali (aut) polo per alterius conversionem deperdidisset, de alio recipere et sibi restaurare ipsius naturæ munere et instinctu et increata sapientiæ providentia dignosceretur, sic regalis, sic aristocratiæ et democratiæ politiarum nullius quarum rectorem nutrimentum seu ipsorum majorem partem omnium subjectorum seu inferiorum absorbere ullus unquam sufficeret. Quemadmodum in microcosmo, si ad excessum alterum membrorum alimoniam cæteris egentibus sumeret, unde corpus ipsum in languorem et exinanitionem vergere contingeret, medio substractivo seu restrictivo, hujus modi superabundanti membro esset occurendum.

Sed Benedictus supra dictus neque modum, neque pondus, neque mensuram in ecclesia et ecclesiæ subjunctis observare consueverat, quin magis ipsis jugis et servitutibus importabilibus, à nonnullis defunctorum successoribus spolia auferendo, ab aliis prælaturarum et beneficiorum ecclesiasticorum vacantias extorquendo, à quibusdam exigendo arreragia tanquam debita præteritorum et incognitorum temporum, à beneficiatis suorum, quæ de novo obtinebant, beneficiorum, primam expetendo, et percipiendo annatam : ab his qui tempore substractionis obedientiæ dudum sibi per nos et clerum regni ac Delphinatus nostrorum prædictorum factæ, ad prælaturas seu dignitates, aut alia ecclesiastica beneficia promoti fuerant, fructus (quos dictæ substractionis tempore malè perceptos fuisse dicebat) recipere enitendo; et procurationes capiendo prælatis, archidiaconis, et aliis ordinariis pro visitatione debitas; aliisque exactionibus ac extorsionibus indebitis adegerat, affecerat et contorserat, adigebat, afficiebat et contorquebat.

Contra jura non tam christocolarum, quam ethnicorum quorumcumque apud. quos et ab omni tempore clerum, ab omni munere et servitute fuisse liberum compertum erat. Eos enim non ancillæ filios, sed liberæ qua libertate Christus eos liberaverat teste apostolo, ipsosque sub his adhortante verbis: *State et nolite iterum jugo servitutis contineri*. Nam ut eadem nostra filia dicebat : in politia sæcularia quis principem tam nobili quam ignobili annatas primas omnium hæreditariorum in aliquem quoquo titulo translatorum excipere et extorquere satagentemo non tyrannum aut suæ politiæ eversorem censeret, et talem rectorem sustinere valeret? Quanto minus erat idem Benedictus (qui minister et non dominus ecclesiæ ab evangelica veritate asserebatur) primarum annatarum fructus sibi tyrannicè appropriaus beneficiorum tolerandus.

Illud parvipendens Samuelis in regum libro populum alloquentis et dicentis: loquimini de me coram Domino et coram Christo ejus, utrum bovem alicujus tulerim vel asinum, si quempiam calumniatus sum, si oppressi aliquem, si de manu cujusquam munus accepi, et restituam vobis, et dixerunt: nos es calumniatus, nec oppressisti nos, neque fuisti de manu alicujus quippiam, exemplo tamen cujus instrui et terminis rationabilibus contentari, non exactioni et concessioni pecuniarum tyrannicis inhiare debebat, evangelio exhortante. Neminem concutere, neque calumniam facere, et contentum esse debere stipendiis, ipsius apostoli exemplo, in apostolorum actibus dicentis; argentum et aurum nullius concupivi, sicut ipsi scitis, quoniam ad ea, quæ mihi opus erant, et his qui mecum sunt ministraverunt manus istæ. Ego, inquit apostolus, scio, quoniam post decessum meum intrabunt lupi rapaces in vos non parantes gregi, quam rapacitatem spiritu prophetico clarè proponebat pronunciasse filia nostra, prophetam Ezechielem suis sub his verbis: Facti sunt greges mei in rapinam, et oves meæ in devorationem, eo quod non erat pastor; neque enim quæsierunt pastores gregem meum, sed pascebant pastores semetipsos, et greges meos non pascebant. Propterea, inquit Dominus, cessare eos faciam, ut ultra non pascant gregem meum, et liberabo gregem meum ab ore eorum, et non erit eis ultra in escam.

Ex quo clarum est prophetia Domino Benedicto supra dicto, qui tanta confusione et inordinatione cupiditatis debacchabatur, substractionem, nedùm finantiarum supra dictarum sibi fieri debere, sed plenariam; quamvis alios et dudùm sibi factam, et jure et facto durare ac tenere censeret, et in eadem se permanere filia nostra profitebatur, ex eo præsertim, quod restitutionem obedientiæ per nos eidem Benedicto factam nullam esse, sub conditione non impleta, et sub causa, cujus nullus sequebatur effectus factam, prout per scedulas quasdam in ipsa restitutione contentas apparere dicebat : Ecclesia autem regno ac Delphinatûs nostrorum prædictorum auctoritate dictam restitutionem minimè factam et per consequens ipsam substractionem durare, seu ipsam aut saltem dictarum pecuniarum et finantiarum eidem Benedicto fieri debere; cùm idem Benedictus ad destruendam ecclesiasticam potestatem non hominis apostolo teste; contrà sanctæ synodi auctoritatem diffinientis : nullum episcopum expetere debere aurum et argentum à parentibus vel clericis vel monachis, qui sub eo sunt: Gregorii, Bernardi, et aliorum sanctorum doctorum, imò Evangelii auctoritatem : dictas in ecclesiæ prædictæ subversionem et exitium extorqueret.

Eamdem autem substractionem per eamdem nostram curiam et prælatorum et dictæ filiæ nostræ consilio faciendam esse dicebat eadem filia nostra exemplo regis Joas, qui consilio Jojadæ sacerdotis pecuniis ad templi reparationem destinatis quibus sacerdotes sui temporis abutebantur, manum apposuerat, et earum partem ad necessitatem divinis famulantium, partem ad mercedem latomorum, et partem in architectorum salarium partiebatur. Unde dictum in ipsius laudem prodierat, quod rex Joa rectum fecerat coram Domino cunctis diebus, quibus eum docuerat Jojada sacerdos, per quem filia summos doctores intelligi dicebat.

Et quod ejusdem filiæ oppressioni providere nobis aut eidem curiæ nostræ incumberet, et auctoritate et naturali ratione et proprii jurisjurandi debito et antecessorum nostrorum exemplo apparere; eadem filia nostra ostendebat Ambrosii in libro de patriarchis necessitatem defensionis ecclesiarum regi pertinere asserentis. Recto præterea rationis dictamine, quo gentes etiam quæ legem non habent eidem Benedicto dictarum finantiarum exactionem esse substrahendam diffinient, ad quod proprii vinculum juramenti nostræ coronationis (in qua unicuique de prælatis et ecclesiis sibi commissis canonicum privilegium et justitiam servare, et defensionem pro posse contra oppressores adhibere promiseramus) nos adigebat ac specialiter astringebat.

In exemplum erat rex Joas prædictus, prædecessoresque nostri temporibus Bonifacii, Clementis, Gregorii, et aliorum quondam summorum pontificum, per hujusmodi, dum injustas exactiones pie fundatorum beneficiorum fraudabantur intentiones, et à sua salute et gloria defunctorum animæ morabantur captivæ. Quod si eorum hostes et veritatis suppressores hanc persecutionem et inobedientiam esse prætenderent (cùm Deo magis quàm hominibus esset obediendum); hæc hominum vaniloquia (papa Pelagio asserente) nos nequaquam retardare deberent. errant, inquit, hujusmodi erroris fabulatores : non persequitur, qui malum jam factum punit, aut prohibet, ne fiat, sed diligit.

Ex quibus conformiter ad sui thematis verba eadem filia nostra requirendo concludebat, quatenus substractio fieret eidem Benedicto obedientiæ aut saltem dictarum finantiarum et pecuniarum exactionis, quodque pecuniæ in manibus collectorum aut subcollectorum existentes in nostra manu arrestentur, et his quibus eidem Benedicto aliquid occasione prædictorum deberi imponatur, ne solverent, inhiberetur.

Procuratoribus generali nostro, ac dicti nostri patrui sub excusatione protestantibus, se non affectionis inordinatæ libidine aliquid dicere velle, et se si notæ aut reprehensionis dignum aliquid dicerent debitæ correctioni submittentes, et ulteriùs proponentes : quod ecclesiæ fuerant et erant per principes temporales fundatæ ac dotatæ, quarum dos seu patrimonium auctoritate capi nequibat aut debebat. Licet enim Constantinus ecclesiæ romanæ sedis præeminentiam quam sibi dari Constantinopolitana, Alexandrinaque et aliæ nonullæ ecclesiæ contendebant, tribuisset : rationeque suaderet et vellet ut prælati, qui fidem publicarent, divinis insisterent, ecclesiastica frequentarent officia, et sacramenta ministrarent, necessaria referrent sui status et vitæ; non tamen intelligebat, quod ipsi exactiones imponerent, nulla præsertim urgente necessitate. Nam archiepiscopus (quo nomine romanæ urbis episcopum scriptura nominat) super suis suffraganeis seu eorum subjectis exactiones imponere jura vetabant.

Quod si ecclesia romana cæterarum caput et principalis existens, ut sicut seculi varietates et vicissitudines, et temporum, mentium, et animorum malitia, in ayt à suo (quod majus et auctius regno nostro possidebat) patrimonio sorte aliqua disturbabatur; quominùs ipso liberè uteretur : cæteras movere debebat ecclesias, excitare, adhortari et requirere de subsidio charitativo, quod eidem ecclesiæ romanæ annui posset et deberet; cùm tamen consilio, moderamine et justa causa, absque præjudicio, culpa non præcedente, durante necessitate, ac de consensu et benignitate principum, patronorum, et aliorum prælatorum, et non cum gravamine assiduo et indistincto cæterarum ecclesiarum; quas utique et præsertim horum nostrorum regni et Delphinatus supra dictus Benedictus passim et Pharisæorum more, qui decimas indifferentes de plantulis, herbis, baccis et omnis generis fructibus exigebant, cum gravi compulsione subsidiis et exactionibus insolitis, et contra libertates ecclesiæ, exagitabat et premebat.

Quibus, cùm secularis justitia ecclesiasticæ subsidio et juvamini semper fuisset (alterum enim alterius semper egebat auxilio) necessitas occursandum impellebat, suadebat æquitas, exigebat ratio, ac totius clamor populi incutiebat, interesseque præterea nostrum huic ruinæ impendens, nos stimulabat, ne venerabilium hujus nostri regni ecclesiarum, tanto charitatis ardore extructarum, et quarum fundatores et auctores dicebamur; tam misera, tam flebilis et tam neglecta subreperet destructio; exemplisque instrueremur egregiis, Theodosii, Honorii, Constantini, Caroli-Magni, aliorumque antecessorum, qui corruptelis contra ecclesiam ipsam, quandocunque attentatis, solerter obviaverunt ac succurrerant liberaliter. Subsidium autem quod ecclesiæ eidem conferre poteramus et debebamus, erat, eidem Benedicto in hujusmodi abusionibus non obedire, obedientiamque subtrahere. In quo nullatenus, juxta beati Thomæ de Aquino et aliorum ecclesiæ doctorum authenticorum doctrinam, peccabamus.

Ex quibus aliis pluribus astructis rationibus concludebant ac requirebant : quatenùs eadem curia nostra, juxta nostras mandatorias litteras, inhibendo dicti Benedicti officiariis, ne qua ratione præmissorum exigerent in dictis regno ac Delphinatu nostris pecunias ac exactas, et penes eosdem officiarios existentes arrestari, usque ad prælatorum congregationem faciendam, provideret.

Pro parte Benedicti et suæ cameræ officiariorum, ab adverso exstitit requirendo propositum, quod cum materia præagitata, grandis et alta jura sedis romanæ, cujus erat ipse Benedictus caput, suamque cameram, et antiquâ deveria sua ac cardinales concerneret et tangeret; idemque Benedictus et cardinales nulla in eadem nostrâ curiâ procuratore fulcirentur, quo causa præsens deduci, foveri posset aut defensari; et prælati nostri regni ad proximum omnium sanctorum festum congregandi dicerentur, in cujus temporis interstitio nullum vertebatur periculum; eadem nostra curia supersedere vellet, prout tenebatur.

Præfata filia nostra in contrarium proponente ac dicente, quod radix pro parte ipsius Benedicti propositorum invalida censeri debebat, eo quod eadem filia nostra processum subire ordinarium non intendebat, seu sibi ab ipsa nostra curia provisionem fieri, quam absque mora referre debebat. Nam quantuscunque esset papa seu prælatus, non erat suus, sed omnis ejus potestas sive dignitas et alius cujuslibet magis ecclesiæ quam personæ. De jure igitur Benedicti sive ecclesiæ romanæ faciendum erat, quod ad profectum pertinere videbatur ecclesiæ, et non ipsius præjudicium, teste apostolo, ecclesiæ supposita sub his compellant verbis: *Templum Dei estis vos, et Spiritus Sanctus habitat in vobis, si quis illud violaverit, disperdet illum Dominus*, subdit: *Non glorietur quis in hominibus, omnia enim vestra sunt, sive Cephas, sive Paulus, sive Apollo*. Pecuniæ autem sive finantiæ, quas idem Benedictus exigebat non ad ecclesiæ profectum, sed ipsius et animarum tendebat interitum, cujus interitus et præsentis horrendi schismatis erant medium et fomes. Quare à nobis et eadem nostra curia, quibus judicium ministrare erat necesse hujusmodi mortiferæ pestilentiæ, non tam rejiciendæ, quam penitùs et absque ullâ morâ tollendæ erant; eum et unumquemque jure gentium, gladium de manu interfectoris confestim eruere, et vim vi repellendo interficere liceret.

Ex his supra prout requirendo, dictis nostro et patrui nostri procuratoribus, suam requestam fieri requirentibus, attento per notorias exactiones sæpe dictas, respublica ex defectu prædicationum et subjectorum visitationum et correctionum et alias, ut supra, multipliciter contra sacrorum canonum institutiones gravabatur; quodque querelas suas non processum inituri, sed remedio provisionis innitentes intentabant, nec erat qui contrarius opponeret, ad hoc et ut supra concludentibus.

Officiariis ipsius Benedicti in contrarium contendentibus et ut negotium absque præcipitatione protelaretur, quantum per absentibus supplicari fas erat, prout supra instantibus nequiquam innovaretur concludentibus.

Auditis hinc inde ad plenum partibus antedictis in omnibus quæ dicere ac proponere circà præmissa voluerunt et in arresto appunctualis ad audiendum jus.

Congregatis igitur ejusdem nostræ curiæ nostri parlamenti cameris convocatisque et astantibus in notabili numero de gentibus nostri magni consilii, ac visis supra dictis litteris ac scedula; consideratis insuper et attentis diligenter, et cum magna et longa deliberatione omnibus circà hæc attendendis et considerandis, et quæ eamdem nostram curiam in hac parte poterant et debebant movere; per præfatæ curiæ nostræ ARRESTUM, prædictis obtemperando litteris per eandem filiam nostram impetratis DICTUM fuit.

Quod dictus Benedictus et officiarii sui cessabunt in nostris regno et Delphinatu ab exactionibus annatarum primarum, fructuum et emolumentorum prælaturarum, dignitatum, et aliorum beneficiorum quorumcumque vacantium, seu quæ vacuerunt aut vacabunt, tàm pro primis annatis, quàm etiam fructuum et emolumentorum, qui tempore substractionis alias eidem Benedicto factæ et vacationis prælaturarum, dignitatum et aliorum beneficiorum obvenerunt, seu obveniunt qualitercumque, nec non procurationum pro visitationibus debitarum et arreragiorum quorumcunque ratione præmissorum vel aliarum exactionum indebitarum. Ipsasque procurationes poterunt prælati, archidiaconi et alii ordinarii, quando ipsos suos subjectos visitare contigerit et levare. Cessabunt etiam cardinales et camerarius collegii à perceptione illius partis, quam in vacationibus prælaturarum pro primis annatis vel alias antè præsens arrestum percipiebant, aut arreragiorum quorumcunque occasione præmissa debitorum.

Et si aliquid ex his, quæ levata seu exacta fuerunt occasione prædictorum apud collectores seu sub collectores aut alios quoscunque existit seu remanet, sub manu nostra arrestabitur, et id arrestavit curia nostra.

Et per idem arrestum eadem curia nostra ordinavit et ordinat, quod excommunicationis sententiæ præmissorum occasione illigati relaxabuntur, et hæc quousque alias per eandem curiam nostram extiterit super præmissis ordinatum.

In cujus rei testimonium præsentibus litteris nostrum jussimus apponi sigillum.

Datum Parisiis in parlamento nostro, etc. Per arrestum curiæ.

N°. 360. — LETTRES qui (en révoquant celles du 15 septembre 1406, par lesquelles la juridiction sur les valets d'écurie du roi avait été attribuée à ses écuyers d'écurie) ordonnent qu'elle continuera d'appartenir aux maîtres des requêtes de son hôtel.

Paris, 19 septembre 1406. (C. L. IX, 138.)

N°. 361. — LETTRES (1) portant annulation de celles par lesquelles le Roi avait révoqué la permission qu'il avait donnée de publier les bulles du Pape qui accordaient des indulgences à ceux qui donneraient du secours à l'empereur de Constantinople contre les Turcs.

Paris, 4 octobre 1406. (C. L. IX, 148.)

N°. 362. — LETTRES qui confirment les prévôt, jurés, échevins et esgardeurs de Tournay, dans le privilége de connaître de toutes les affaires qui concerneront les officiers et membres du corps municipal de cette ville, et qui interdisent à tous autres juges qu'à ceux du parlement de connaître par appel des jugemens rendus par les prévôt, jurés de Tournay.

Paris, 5 octobre 1406. (C. L. IX, 150.)

N°. 363. — LETTRES qui portent que, le nombre des clercs et notaires du Roi sera réduit à 60 (2).

Paris, 19 octobre 1406. (C. L. IX, 152.) Reg. en parlem. le 15 mars.

N°. 364. — LETTRES portant que l'émolument du sceau, par rapport aux lettres criminelles, sera distribué également entre tous les notaires lais du Roi.

Paris, 19 octobre 1406. (C. L. IX, 153.)

N°. 365. — LETTRES qui portent que les officiers et les ouvriers de la monnaie la plus prochaine de Besançon s'y transporteront pendant la foire et y fabriqueront de la monnoie.

Paris, 13 novembre 1406. (C. L. IX, 157.)

---

(1) *V.* Lettres du 16 avril 1409.
(2) *V.* ordonn. 1300, p. 725; 1302, p. 795; 1304, p. 818; 1311, p. 18; 1311, p. 20; 1316, p. 151; 1317, p. 151; 1320, p. 266; 1361, p. 129, etc. etc.

N°. 366. — ACTE (1) *du sacré collège par lequel il fut convenu que celui qui serait nommé Pape se démettrait de la papauté pourvu que l'anti-pape Benoît XIII en fît autant.*

Rome, en conclave, 23 novembre 1406. (Corps dip., 299.)

N°. 367. — ACTE *de l'assemblée générale* (2) *du clergé de France, dans laquelle il fut décidé que la France serait de nouveau soustraite à l'obédience, et qu'il serait statué dans un concile général sur le schisme qui divisait l'Église.*

Paris, novembre 1406. (Villaret, t. XIII, 456.)

N°. 368. — LETTRES *portant qu'à Paris les compagnons tailleurs qui entreront au service des maîtres paieront pour le droit de bien-venue, huit deniers qui seront employés en dépenses utiles à la confrérie de ce métier.*

Paris, décembre 1406. (C. L. IX, 167.)

N°. 369. — LETTRES (3) *qui défendent de désapprouver tant les voies de cession et de renonciation au souverain pontificat, proposées pour faire cesser le schisme, que la soustraction à l'obédience de Benoît XIII, et qui ordonnent l'exécution de tout ce qui a été fait durant cette soustraction, sans égard aux censures de la Cour de Rome.*

Paris, 14 janvier 1406. (C. L. IX, 174.) Reg. au parlem. le 25 mars,

---

(1) A la suite de cette convention, Grégoire XII fut nommé Pape. Il écrivit à Benoît en le priant de concourir avec lui à la réunion. Ces protestations réciproques n'eurent aucun effet. (Villaret, t. XII, 456.)
Les actes de cette négociation se trouvent dans Dumont, II-1, p. 295 et suiv.
(2) La mort d'Innocent VII, survenue à Rome le 6 novembre 1406, suspendit l'exécution de la décision du clergé de France. V. Lettres de sept. 1407. (Villaret.)
(3) Le 7 janvier 1406, dans l'assemblée du clergé dont il a été déjà question n° 367, le patriarche d'Alexandrie dit que depuis peu il avait été convenu, dans le concile, que le Roi serait requis de défendre par des lettres patentes à tous ses sujets d'improuver et d'attaquer la voie de cession, et d'ordonner le maintien de ce qui avait été fait à la soustraction à l'obédience, mais qu'il n'avait point été fait d'acte public de cette délibération parce qu'il n'y avait point de notaire. Le patriarche lut alors un écrit où il avait consigné tout ce qui s'était passé dans cette délibération. La rédaction ayant été approuvée, on dressa du tout un acte public. Charles VI approuva cette délibération par les lettres ci-dessus.
Le 22 du même mois de janvier, il fut pris une autre délibération dont il sera question sur les lettres d'avril 1407. (Vilevault, tab.)

N°. 370. — LETTRES (1) *portant qu'il sera pourvu aux prélatures et aux bénéfices, suivant les lois canoniques, sans avoir égard aux réserves et aux grâces expectatives.*

Paris, 18 février 1406. (C. L. IX, 180.)

KAROLUS, etc. Notum facimus quod cum nuper in presencia principum nostre prosapie; videlicet, regis Sicilie, consanguinei, Biturie, patrui, Burgundie, consanguinei, et Borbonii, avunculi, comitis Nivernensis, consanguinei, et aliorum procerum regni nostri predicti, tunc pro nobis et nomine nostro existencium in concilio prelatorum, capitulorum, abbatum, conventuum et collegiorum, universitatum, et aliorum virorum ecclesiasticorum nostrorum regni et Dalphinatùs Viennensis, ipsas ecclesias representancium, super materia unionis sancte matris ecclesie, et super bono statu et regimine ecclesiarum dictorum regni et Dalphinatùs, in aula altera supra Secanam domùs seu palacii regalis Parisius congregato, aliqua fuissent proposita et exposita luculenter et disertè per advocatum nostrum regium, ad instanciam eciam procuratoris nostri generalis, tendencia et conferencia ad conservacionem jurium et libertatum dictatum ecclesiarum, persouarumque ecclesiasticarum dictorum regni et Dalphinatùs, presertim quoadmodum assumendi ibidem personas ad prelaturas et dignitates, aliaque beneficia ecclesiastica, et ut reducerentur dicte ecclesie et persone ecclesiastice ad suam pristinam et canonicam libertatem, providereturque contra graves usurpaciones et interprisias quas contra hoc fecerunt romani pontifices ab aliquibus annis citra, concludens et requirens quod super propositis per eum deliberaretur in dicto concilio, ac eciam provideretur pro futuro, sicut foret secundum deum et justiciam, justè et rationabiliter providendum, et hujusmodi materia fuisset in nostra presencia inter dictos prelatos et viros ecclesiasticos diuciùs et plurium dierum intervallis discussè agitata et diligenter pertractata; tandem que circa hec fuerant per eos advisata et deliberata, nobis

---

(1) Dans une assemblée du clergé de France et du Dauphiné, l'avocat du Roi, à l'instance du procureur général, fit des observations pour la conservation des libertés anciennes et canoniques de l'Église et des ecclésiastiques. La matière fut mise en délibération en présence du Roi. Après plusieurs jours de discussion, l'assemblée statua qu'il ne serait pourvu aux prélatures et bénéfices que de la manière indiquée dans les lettres ci-dessus, que le Roi rendit à la prière de l'assemblée. (Vilevault, *Tab.*.)

V. lettres du 14 mai 1408.

ad plenum intimare et referre curantes, exposuerunt graviter conquerendo, quod quamvis Pape potestas sit ad pasturam corporalem et spiritualem gregis Dominici, et conservacionem status ac ierarchie mistici corporis ecclesie principaliter ordinata, nec sibi conveniat aut liceat ad proprium trahere commodum, que propter perpetuam utilitatem sunt ad bonum commune prefixa, nec transgredi deberet terminos quos posuerunt patres nostri qui singulis quibusque ecclesiis decreverunt sua jura servanda, ut sic in corpore ipsius ecclesie vera concordia servaretur : nam non posset hec ecclesiastica policia racione subsistere, nisi cum hujusmodi magnus differencie ordo servaret, quodque licet ea que sanctorum patrum consilia decreverunt, integerrima perpetuaque sint approbatione veneranda, nec sint, presertim quando nec ulla necessitas nec ecclesiastica prorsus extorquet utilitas, aliqua racione violanda;

Statutis autem conciliorum generalium ac decretis sanctorum patrum, pro bono regimine ac conservacione perpetua status ecclesie, inter alia noscitur salubriter institutum quod prelati ad ecclesias quascumque cathedrales collegiatas, per eleccionem illorum de collegio et eorum consensu assumantur, et quoad dictas cathedrales ecclesias, per suum metropolitanum, alii vero per loci diocesanum confirmentur, et per eundem alia beneficia sue diocesis, personis ydoneis conferantur, vel si fuerint patroni, ad eorum presentacionem instituantur in eis, quamvis eciam illa sint magnopere precavenda, exquibus inducitur via delinquendi, et maxime ubi desiderande seu captande aliene mortis votum et occasio ministratur, viaque aperitur ad beneficia vacatura, sitque naturali racione dictante, per concilia generalia similiter institutum quod beneficia ecclesiastica vacatura promitti non debeant, nec dari jus expectationis ad ea; fuerintque omnia predicta in ecclesia sancta Dei sic ut premittitur, hactenus usque ad tempus quorundam novissimorum romanorum pontificum inviolabiliter observata; nihilominus tamen ab aliquibus annis citra, romani pontifices contemptis prefatis sanctorum patrum et consiliorum generalium decretis, et eis penitus non servatis, omnes ecclesiasticas dignitates cathedrales et alias quascumque post episcopalem majores, indifferenter sue disposicioni reservaverunt, gracias ad vacatura beneficia per quod contra sancta generalia concilia, occasio votumque aliene mortis ingeritur et via ad vacatura contra racionem aperitur; indistincte et sine limitacione quacumque omni petenti concesserunt, modos innumerabiles introduxerunt quibus potestas prelatorum, capitulorum, collegiorum et aliorum quorumcumque penitùs absorbetur, apponendo prohibiciones et decreta quibus eciam ignorantes volunt esse ligatos, diversas fulminando sentencias in contrarium facientes, adeò quod vix reperiatur aliquis aut nullus cui eciam unicum beneficium conferendi, aut presentandi ad aliud, sit relicta facultas, clausulas eciam varias et interdum inexplicabiles suis in bullis solent apponere, regulas diversas aut preter aut contra jus nunc constituunt, nunc revocant, ut eciam perspicaciter discernenti apparere non valeat quis inter plurimos impetrantes videatur jus habere : instrusiones in beneficiis inde sequuntur, gravissima litigia oriunturque cum magnis expensis et in prejudicium regnicolarum ducuntur extra regnum, et cum promoventur aliqui ad dignitates electivas, cessant banna (1) et evocaciones que de jure ad probandas elecciones et personas fieri statuuntur, propter quod, cum non possit romanus pontifex omnium hominum et status ecclesiarum habere noticiam . sepe contingit indignos et indignè ad hujusmodi dignitates assumi, et tales interdum qui tantum modo probati sunt argento, quique nunquam in loco beneficii morabuntur, occasione autem premissorum, jura beneficiorum depereunt, edificia corruunt et cultus divinus minuitur : hec dederunt occasionem reservandi vaccacionum annatas, et infinitas pecunias extorquendi per que regnum pecuniis et opibus continuè vacuatur : ex hiis datur occasio, aut per fas aut nephas, ad papatum aspirandi . et adeptum contra bonum regiminis et unionis ecclesie retinendi ad ditandum. potiùs sublimendumque se et suos : hinc eciam fraudatur multipliciter intencio fundatorum et statuta conciliorum generalium decretaque sanctorum patrum, ac jura relinquuntur inania, que exquo aliter non servantur. frustra videntur occupare membranas: infelices autem episcopi, si sic eis indistinctè sua interdicuntur officia in ecclesia quid faciunt! Et sic agendo, nil aliud agitur nisi ut ecclesiascus ordo qui maximè per papam illesus servari debuit, confundatur ac eciam dissipetur.

Propterque et aliaque dictos prelatos et alios in dicto concilio congregatos racionabiliter movere poterant et debebant.

---

(1) Je crois que par ce mot il faut entendre les proclamations qui se faisaient pour publier les élections, afin que ceux qui connaissaient quelques raisons qui rendissent la personne élue indigne ou incapable de posséder le bénéfice, en pussent avertir. Les mots *ad probandas.... et personas* semblent déterminer ce sens. (Vilevault.)

deliberaverunt et concluserunt in modum qui sequitur; videlicet, quod de cetero, sicut volunt statuta conciliorum generalium et decreta sanctorum patrum, per elecciones capitulorum, conventuum et collegiorum, confirmacionesque superiorum, ecclesiis cathedralibus, collegiatis, ceterisque beneficiis electivis, tam regularibus quam secularibus, necnon per presentaciones, collaciones et instituciones per illos ad quos de jure communi, privilegio, vel consuetudine spectat, faciendas provideatur, cessantibus et rejectis omnino ac non obstantibus quibuscumque et quorumcumque reservacionibus generalibus vel specialibus, ac prohibitionibus, expectacionibus aut graciis, eciam cum decreti apposicione ex parte pape vel ejus auctoritate factis aut faciendis seu concessis aut concedendis, quo usque per concilium generale canonicè celebrandum aliud fuerit ordinatum : ad cujus concilii ordinacionem, dicta ecclesia gallicana et Dalphinatûs, se summittit.

Supplicabant igitur humiliter et devotè, quatinùs nos ipsorum deliberacioni et conclusioni conformantes et adherentes, ipsas gratas habere, et dictas ecclesias et viros ecclesiasticos nostrorum regni et Dalphinatûs, quoad predicta, ad suam libertatem antiquam et juris communis disposicionem, quantum in nobis est, reducere, et in eadem libertate eos conservare et manutenere, omnia ad contrarium impedimenta submovendo, dignaremur.

Nos igitur attendentes quod sicut sacerdotes debitores sunt ut veritatem quam audiverunt à Deo, liberè predicent, sic princeps debitor est ut veritatem quam audivit à sacerdotibus, probatam quidem scripturis, defendat fiducialiter, et efficaciter exequatur : habitâ prius deliberacione maturâ et tractatu diligenti cum pluribus de genere nostro principibus, aliisque viris notabilibus et famosis dictorum prelatorum et aliorum virorum ecclesiasticorum, ac procuratoris nostri, supplicationem et requestam justam et racionabilem, sanctorumque patrum et conciliorum generalium decretis conformem reputantes, eam in forma, sicut premittitur, de nostra certa sciencia duximus admittendam, predictas deliberaciones et conclusiones ratas habentes, dictas ecclesias et viros ecclesiasticos, quoad predicta, ad suam libertatem antiquam et juris disposicionem reducendos esse censemus, et quantum in nobis est, reducimus, eosque in eadem libertate per nos de cetero manuteneri et conservari volumus per presentes.

Mandantes et districtius injungentes dilectis et fidelibus consiliariis nostris gentibus nostrum presens tenentibus et que in futurum tenebunt parlamentum, baillivis, prepositis, senescallis, judicibus, vicariis, ceterisque justiciariis et officiariis nostris in nostris regno et Dalphinatu memoratis constitutis et constituendis, vel eorum locatenentibus, et eorum cuilibet, etc.

Per regem : cum consilio et assensu dominorum meorum (1) Ludovici, Sicilie regis, ducum que Aquitanie, Biturie et Aurelianensis, atque Borbonii, necnon patriarche Alexandrie, ac prelatorum et procerum, necnon plurimorum aliorum ecclesiasticorum virorum et secularium de consilio magno regis.

N°. 371. — LETTRES (2) *qui ordonnent la cessation des exactions sur le clergé par les officiers du Pape.*

Paris, 18 février 1406. (C. L. IX, 183.) Reg. au parlem. le 15 mai.

KAROLUS, etc. Universis presentes litteras inspecturis : salutem. Si dotare vel ditare novas ecclesias, et veteres opibus ampliare, opus est perspicue caritatis, et multo prestancius est relevare depressas et gravatis congrua suffragia exhibere, lamentabilem si quidem querimoniam nostri ac plurium principum prosapie nostre procuratorum, nec non prelatorum, capitulorum, collegiorum, conventuum ac cleri regni nostri Dalphinatus ac eciam dilecte filie nostre universitatis Pariensis, recepimus continencie subsequentis.

Videlicet, quod quamvis secundum apostolicam doctrinam, pape potestas à Christo sit ad ecclesie edificacionem, non ad destructionem ordinata, et ad justiciam rectumque judicium exercendum, cui nec competit pro libito facultas exactiones, angarias et tyrannides super ecclesias aut subditos exercendi, cum dominus docuerit pascere gregem et docere, non terrenis lucris inhiare aut avariciis delectari, sintque fructus ecclesiarum et beneficiorum quorumcunque eciam vacancium, tam secundum dispos-

---

(1) Cette formule est singulière, en ce que c'est le secrétaire du Roi qui parle, et qui y appelle ses seigneurs ceux qui étaient présens au conseil du Roi. (Vilevault.)

(2) Des procureurs du Roi, des princes du sang, des prélats, des chapitres, des couvens, le clergé et l'université, ayant porté plainte au Roi contre les exactions de toute espèce commises par les officiers du Pape, le Roi rendit l'ordonnance ci-dessus par laquelle il confirma en même temps l'arrêt du parlement du 11 septembre 1406. (Vilevault, tab.) V. cet arrêt ci-dessus, pag. 116.

Ces lettres furent déclarées exécutoires en Dauphiné par les lettres du 5 juin 1411. (C. L. IX, 614.) V. lettres du 14 mai 1408.

cionem conciliorum generalium et jurium, quam secundum piam intencionem fundatorum, ordinati ad sustentacionem ministrancium in divinis, ipsiusque divini cultûs augmentum, alimentationem pauperum, redempcionem captivorum, ecclesiarum suorumque edificiorum reparationem, terrarum ac possessionum ecclesie culturam, jurium ipsarum conservacionem, ceterorumque onerum incumbencium supportationem, adeò eciam quod bona per prelatos post eorum obitum dimissa, futuris debent successoribus reservari in ecclesie utilitatem convertenda, nisi forte in illis locis regni ubi de usu et consuetudine notorie observatis, licitum sit prelatis ipsis et aliis viris ecclesiasticis secularibus, de eisdem bonis facere testamentum, quibus eciam ab intestato in dictis bonis secundum consuetudinem et observanciam supradictas, sui succedunt heredes; quodque licet fuerit decretis sanctorum patrum institutum ut prelati ecclesias sibi subditas annis singulis visitare deberent, quatinùs sic docerent indoctos, corrigerent excessus, mores reformarent, ecclesias restaurarent, et cetera prelatis incumbencia ad Dei honorem exercerent, ac per hoc procuraciones in victualibus aut pecuniam reciperent ad optionem visitati; nichilominus tamen aliqui collectores et alii officiarii romanorum pontificum, presertim Pape moderni, ab aliquibus annis citra ecclesiam et viros ecclesiasticos prefatorum regni et Dalphinatûs nostrorum, contra predicta plurimis jugibusque et importabilibus servitutibus oppresserunt et afflixerunt, potissimè bona prelatorum et virorum ecclesiasticorum decedencium, tam regularium quam secularium, que spolia defunctorum interdum nuncupantur, reservando et usurpando, fructus ecclesie tempore vacationis prelaturarum aut beneficiorum ecclesiasticorum obvenientes, levando et capiendo arreragia preteritorum et incognitorum temporum tanquam debita, per fulminationem censurarum ecclesiasticarum exigendo à beneficiatis quibuscunque, primam annatam expetendo et extorquendo, cujus annate medietatem, quoad majores dignitates, collegio cardinalium consueverunt assignare; et annatam hujusmodi unacum quadam pecunie summa, quam vocant minuta servicia, et quam pro familiaribus esse dicunt, cum exactione juramenti et sub penis perjurii et aliis diversis penis et censuris hactenus exegerunt: procurationes vero que prelatis et aliis racione facte visitationis tantum modo debentur, capiendo et levando in pecunia numerata, licet visitationis officio non impenso: ab illis autem qui ad procurationem nullatenus tenebantur, tantumdem quod tunc vocant equivalens, exigendo : decimas et alia subsidia, tractatu non habito cum prelatis, pro libito voluntatis imponendo : in hiis eciam exigendis, sicut nec modus, sic nec misericordia nec equalitas servatur aut mensura; et cum prelatis prohibeatur administrare sine bullis, quicquid placet solvere inde compelluntur, quoniam alias bulle nequaquàm expedirentur, prout dicunt; ex quo beneficium ecclesiasticum obtineri videtur cum precio vel mercede, quod pro bono communi pociùs deberetur sciencià aut virtute; sicque qui sufficientissimi sunt, si pauperes fuerint, nullatenùs promoventur; propter que et alia innumera gravamina, ipse ecclesie et monasteria et earum edificia multis in locis dictorum regni nostri et Dalphinatùs, irreparabiliter corruunt, hereditagia conspiciuntur inculta, immobilia interdùm de facto alienantur aut impignorantur, mobilia eciam, preciosa reliquiarum vasa, ecclesiastica ornamenta, calices, libri et similia interdùm eciam vili precio distrahuntur, nemora non cedua frequenciùs inciduntur et venundantur, et ecclesie innumerabilium mole debitorum importabiliter onerantur; propter quod numerus Deo servientium ministrorum, qui sustentari in consueto numero non valeret, minuitur, et qui remanent Deo et ecclesie servientes, propter frequentes excommunicationes et censuras occasione dictarum exactionum, quibus eciam satisfacere non valerent, de facto prolatas, à divino servicio plurimùm retrahuntur, et interdùm aliqui mendicare compelluntur, et maxima penuria rediguntur, non habentes de quo valeant Deo serviendo, aut in studiis existendo sive commorando, sustentari, et regnum nostrum, quod inter alia regna viris scientificis communiter floruit, per quod regni nostri predicti justicia consuevit gubernàri, hiis temporibus, proth dolor! nimiùm vacuatur : inde cultus divinus et opera caritatis que fieri deberent multipliciter, defraudantur et cessant, intencio fundatorum non servatur, hiis eciam modis regnum redditor pecuniis et opibus plurimùm depauperatum, et infinita vixque enarrabilia scandala cotidiè oriuntur.

Que omnia, licet sint ad oculum satis manifesta, et fini ad quem est Pape potestas ordinata, de directo censeantur obviare, fuitque Papa modernus et alii predecessores sui, super revocatione aut moderatione dictorum gravaminum, ac de congregando consilium generale ad providendum super premissis, pluriès requisiti, attamen sic omnia absque remedio diuturnà continuatione perdurarunt, donec dudùm super quibusdam per nostram regiam ordinationem, et novissimè super aliis ex dictis gravaminibus, per quoddam arrestum curie nostre parlamenti, sub ea forma pronunciatum, quod cessarent usquequo per eandem curiam fuisset aliter ordinatum, provisum extitisset; et ut ad perpetuum uberiùs et pleniùs provideretur in predictis, nuper per procuratorem nostrum regium in concilio prelatorum et cleri dictarum ecclesiarum regni et Dalphinatûs Parisius celebrato, ubi erant archiepiscopi, episcopi, abbates et prelati, ac procuratores capitulorum et collegiorum et universitatum, et alii viri ecclesiastici et notabiles in grandi numero solenniter congregati, ubi eciam consanguineus noster Ludovicus rex Sicilie, et primogenitus noster dux Acquitanie, Dalphinusque Viennensis et duces Biturie, patruus, Burgundie, consanguineus, et Borbonii, avunculus nostri, pro nobis illò tunc presidebant propositum fuit et requisitum quod exactiones et gravamina superiùs declarata cessarent penitùs et omninò, super quo plurimis et repetitis intervenientibus discussionibus maturis, per prelatos et alios viros ecclesiasticos supradictos deliberatum extitit et conclusum quod attentis illis que supra premissa sunt, et aliis attendendis, talia gravamina et usurpationes secundum Deum et conscienciam non poterant commodè aut debebant ampliùs tolerari, humiliter supplicantes quatinùs ad Dei laudem, reique publice utilitatem, et ecclesiasticarum libertatum dictarum ecclesiarum regni et Dalphinatûs conservacionem, super predictis efficaciter et ad perpetuum de remedio oportuno providere dignaremur, et predicta omnia et singula gravamina cessare faciendo; et nichilominus predictas ordinaciones aliàs per nos factas, et dictum arrestum parlamenti confirmando et ad perpetuum extendendo, nostram super hoc ordinationem regiam ubique publicari, teneri et observari faceremus.

Nos igitur attendentes quod ad stabilitatem ecclesie est potestas regia divinitùs ordinata, et quod per regnum terrenum celeste regnum tunc proficit, quando destruentes ecclesiam rigore principum conteruntur, imo sacri canones, quando talia per majores ecclesie perpetrantur, ad reges docent habere recursum, et quod in illis de quibus notoriè turbatur status ecclesie, eciam Pape non obediri consulunt sancti doctores, recognoscentes, ut tenemur, quod propter ecclesiam quam, in quantum ad nos spectat, eciam ex speciali debito juramenti Christo tuendam suscepimus, Deo sumus racionem reddituri, progenitorum nostrorum exemplis edocti, qui sacrosanctas Dei ecclesias et viros ecclesiasticos zelo fidei ac pie devotionis accensi, immensis muneribus atque privilegiis munientes, ecclesias edificantes et contritas restaurantes, eas à concussionibus et quibuslibet novitatibus indebitis preservare curarunt, quarum eciam nos prompti defensores et pugiles existere gloriamur, predictis omnibus cum debita premeditacione pensatis, habita eciam priùs deliberacione cum principibus nostre regalis prosapie, ac aliis proceribus, multisque viris prudentibus et notabilibus ecclesiasticis ac secularibus regni nostri, nobis in concilio nostro assistentibus, tam gravem et manifestam deformationem atque destructionem ecclesiarum predictarum regni et Dalphinatùs, virorumque ecclesiasticorum desolacionem, sub connivencia dissimulare ulteriùs non valentes nec volentes, ORDINAVIMUS et tenore presencium ORDINAMUS quod omnes et singule exactiones et quecunque gravamina superiùs declarata et enarrata, cessare debeant et cessabunt à modo in nostris regno et Dalphinatu predictis, et illa que per dictum (1) arrestum curie nostre parlamenti circa hoc fuerunt, donec fuisset aliud ordinatum, dicta et pronunciata de cetero in dictis regno et Dalphinatu, perpetuò tenebuntur et inviolabiliter servabuntur.

Hoc autem omnia scripto presenti annotari, publicarique et inter nostras regias ordinationes registrari mandavimus, ut presencium litterarum interventu, plenam inde noticiam habeat posteritas successura. Quocirca dilectis et fidelibus consiliariis nostris presens tenentibus aut qui futurum nostrum tenebunt parlamentum, omnibusque justiciariis regni ac Dalphinatùs nostrorum, ceterisque officiariis et subditis nostris mandamus, etc.

Per regem, etc.

N°. 372. — TRAITÉ (2) *de commerce entre le roi d'Angleterre et le duc de Bourgogne, se disant autorisé par le Roi pour son pays de Flandre, et ce nonobstant la guerre existant entre la France et l'Angleterre.*

Westminster, 10 mars 1406. (Rymer, VIII, 469. — Dumont, p. 302.)

N°. 373. — BULLE *du Pape portant qu'on ne doit pas étendre en France les fins de l'excommunication ou de l'interdit, sans un ordre spécial du Saint-Siége.*

Orviette, 25 mars 1406. (Reg. du parlem., lib. accor. C. C., f. 122.)

(1) V. ci-dessus, 11 septembre 1406, pag. 120.
(2) Pendant la plus grande partie de cette année, le duc d'Orléans et le duc de Bourgogne firent plusieurs expéditions infructueuses contre les possessions anglaises, et la France fut exposée au double fléau de la guerre et du schisme. (Daret, XII-465.)

N°. 374. — LETTRES *portant que les biens de l'ordre de Saint-Jean-de-Jérusalem situés en France ne paieront point l'impôt établi par le clergé pour l'union de l'église, et que les membres de cet ordre ne seront point envoyés en ambassade par rapport à cette union.*

Paris, 26 mars 1406. (C. L. IX, 186.)

N.° 375. — ORDONNANCE (1) *qui fait mention de l'élection des officiers du parlement.*

Mars 1406. (C. L. IX, 188. Fragment.) Fontanon, 1-9.

PRIMO quia aliquæ, et infra, ordinamus quod aliquo officiariorum nostrorum loco in nostra parlamenti curia vacante, cameris congregatis in eadem curia, præsente nostro cancellario, si Parisius tunc præsens extiterit, et velit et possit interesse ad electionem unius, duarum aut trium personarum, quæ sufficientiores et idoneiores (2) fuerint ad prædictum officium exercendum curiæ nostræ videbuntur, per formam scrutinii, quanto celeriùs fieri poterit, procedatur; exindèque (3) electio hujusmodi, et quis electorum ad idem officium propitior eisdem videbitur, certiores nos faciant, ut eidem officio, sicut videbimus fierique debebit, meliùs providere valeamus.

N°. 376. — LETTRES *portant approbation d'un acte du concile assemblé à Paris, par lequel les bulles (4), actes et procédures du pape Benoît XIII contraires à la soustraction de l'obédience, seront nuls et de nul effet.*

Paris, 5 avril 1407. (C. L. IX, 191.)

---

(1) Sur la forme de nommer et pourvoir aux offices des cours de parlement. V. d'Aguesseau, XIII, 275, éd. in-8°. V. l'ordonn. du 7 janvier 1407, art. 20; et celle du 8 mai 1408.

Il est à croire que la date de cette ordonnance est fausse. (Vilevault.)

(2) Ce mot parait inutile. *Ibid.*

(3) Cette phrase parait corrompue. *Ibid.*

(4) Le 24 de janvier 1406, dans l'assemblée du clergé, qui se tint dans la chambre du côté de la Seine, au Palais-Royal à Paris, et à laquelle assistèrent deux conseillers du Roi, Simon de Cramaut, patriarche d'Alexandrie, représenta que par les lettres de soustraction de la France et du Dauphiné à l'obédience de Benoît XIII, et par celles de leur restitution à cette obédience, il avait été déterminé que les élections aux prélatures et aux bénéfices électifs, et les collations des autres bénéfices, faites par les ordinaires de leur droit, ou à la présentation des patrons, pendant la soustraction, seraient valables ; que Benoît XIII avait même promis par ses bulles de les regarder comme telles, et de

N°. 377. — Lettres (1) *qui portent que les changeurs pourront acheter et vendre les espèces qui ont cours, à un prix plus fort que celui qui est fixé par les ordonnances.*

Paris, 15 avril 1407. (C. L. IX, 195.)

N°. 378. — Lettres *portant établissement pour trois ans d'une aide* (2) *applicable à la réparation des chaussées de Paris.*

Paris, 21 avril 1407. (C. L. IX, 708.)

---

ne point attaquer cette soustraction dans un concile général ni ailleurs; que cependant ce pape avait nommé à l'archevêché de Toulouse et à l'évêché de Nantes, quoique Vital de Castelmaur et Bertrand du Parron eussent été canoniquement pendant la soustraction, le premier à cet archevêché, et l'autre à cet évêché; qu'il avait aussi nommé au *ministériat* de la province de Bourgogne, de l'ordre des frères mineurs, quoique frère Arnoul de Fonte eût été élu à ce ministériat, que son élection eût été confirmée, et qu'il y eût été maintenu par un arrêt du parlement; que Benoît XIII avait fait ces nominations comme si ces archevêché, évêché et ministériat, eussent été vacans par la mort de ceux à la place desquels ces trois personnes avaient été élues, et que ces personnes eussent été, au su du pape, dans une longue possession pendant la soustraction et depuis la restitution; que ce pape avait troublé plusieurs autres personnes dans la possession de leurs bénéfices, par des censures et des excommunications; qu'il en avait aussi lancé contre l'archevêque de Toulouse et le ministre de l'ordre des mineurs; qu'il avait déjà été parlé de ces affaires dans l'assemblée qui s'était tenue la veille; qu'on y avait nommé des archevêques, des évêques, des abbés et des professeurs en théologie, en droit canon et en droit civil, pour les examiner et en donner leur avis, et que cet avis avait été que les nominations faites par Benoît XIII étaient nulles, et que les censures et excommunications prononcées par lui ou par ses commissaires n'étaient point à craindre, et ne devaient avoir aucun effet; et qu'il fallait instruire le Roi et le parlement de ces affaires, afin qu'ils pussent y apporter le remède convenable : qu'il s'agissait présentement de faire une délibération sur cette matière. Sur cette représentation, les voix ayant été recueillies, à l'exception d'un petit nombre, tous furent d'avis de se conformer à celui des députés; et des notaires dressèrent un acte de cette délibération. Charles VI la confirma par ces lettres, et ordonna qu'elle serait inviolablement observée par toutes sortes de personnes, quand même elles seraient revêtues de dignités pontificales. (Vilevault, *tab.*)

(1) Par lettres du 2 avril 1407, il avait été spécialement défendu de mettre dans le commerce les espèces pour un plus haut prix que celui qui est fixé par les ordonnances. L'objet des lettres du 15 avril est donc de déroger à cette défense en faveur des changeurs. (Vilevault, *tab.*)

(2) Les gens du grand conseil, ceux du parlement, furent exempts de cette aide. (Vilevault.) *V.* ordonn. de 1353, p. 576; 1394, p. 664.

N°. 379. — **Lettres contenant des statuts pour la communauté des Menestriers ou Menestrelz.**

Paris, 24 avril 1407. (C. L. IX, 198.)

Charles, etc. Nous avoir receu l'umble supplication du roi (1) des menestriers et des autres menestriers joueurs d'instrumens tant haulx comme bas, en la Ville, viconté et diocese de Paris, et des autres de nostre royaume, contenant comme dès l'an mil trois cent quatre-vingt seize, pour leur science de menestrandise faire et entretenir selon certaines ordonnances par eulx autreffois faictes, et que en temps passé estoit accoustumé de faire, et par l'advis et déliberacion d'eulx et de la plus grant et saine partie d'entre eulx, eussent et ayent fait certaines instruccions et ordonnances, dont la congnoissance des amendes qui ycelles enfraindroit en aucune manière, en tant qu'il touche ycelle science, appartiendroit moitié à appliquier à nous, et l'autre moitié à l'ospital Saint Julien assiz à Paris en la rue Saint Martin, et audit roi des menestriers, et que tous menestrelz tant joueurs de haulx instrumens, comme de bas, soient estranges ou de nostre royaume, sont et seront tenus de aler pardevers ledit roi des menestriers ou ses députez, pour faire serement d'accomplir et parfaire toutes les choses ci-après déclairées, à paine de vint solz d'amende, moitié à nous à appliquier, et l'autre moitié ausdiz hospital Saint Julien et roy des menestrelz, pour chascun article qu'ils seront trouvez faisans le contraire, sans le congié ou licence dudit roy ou de ses députez, en la manière qui s'ensuit:

C'est assavoir, se aucun desdiz menestrelz font marchié d'aler à aucune feste ou nopces, ilz ne les pourront laissier jusques à ce qu'ilz auront parfait leurdit marchié, pour aler à autres, ne y envoyer pour eulx autres personnes, se ce n'est en cas de maladie, de prison ou d'autre nécessité, sur paine de ladicte amende de vingt sols parisis; et avec ce ne pevent ne pourront yceulx menestrelz aler en ladicte ville de Paris ne dehors, pour eulx presenter à festes ou à nopces, pour eulx ne pour autres, ne faire parler par autres personnes pour avoir lesdictes festes ou nopces, se premièrement et d'avanture où ne leur demande, sur ycelle paine; et se aucune personne aloit en la ruë d'iceulx menestrelz à Paris, pour eulx louer, que sur le premier que

---

(1) Le titre de roi des menestriers a été renouvelé par lettres du 15 juin 1741. Il est à remarquer que ce règlement est applicable aux menétriers tant français qu'étrangers. (Vilevaut.)

ycelle personne appellera ou s'adrecera pour louer, autre ne se puet embattre ne parler à ycelle personne, jusque à ce que elle soit departie, sur ladicte paine; et aussi nulz desdiz menestrelz ou apprentiz ne se pourront louer à festes ou à nopces, jusqu'à ce que ycelui roy des menestrelz ou sesdiz députez les ayent une foiz veuz, visitez et passez pour souffisans; à laquelle visitacion celui ou ceulx qui seront passez et retenuz de paier vint solz parisis d'entrée audit hopital et audit roy des menestrelz; et est ladicte science deffenduë aux non-souffisans, à nopces ne assemblées honnorables, sur paine de ladicte amende de xx sols, qui doit estre convertie, moitié à nous, et l'autre moitié audit roy des menestrelz et audit hospital; et avec ce que nulz menestrelz ne pevent prendre ou louer aprentiz, se ilz ne sont souffisans pour leur monstrer, ne prendre lesdiz apprentiz, à moins que de six ans, sur paine de privacion de ladicte science, an et jour, se ce n'est par le congié et licence desdiz roy ou députez; et se aucun menestrel estrangier veut jouer desdiz instrumens en la ville de Paris ou ailleurs ès lieux dessusdiz, pour soy allouer et gaingnier argent, ycelluy roi des menestrelz ou ses députez lui pevent deffendre ladicte science, jusques à ce qu'il ait juré par la foy et serement de son corps, à tenir et garder l'ordenance dessusdicte, sur paine d'estre banni de ladicte science par an et jour, et de l'amende dessusdicte, se ce n'est à la voulenté desdiz roy ou députez; laquelle science ycellui roy ou députez pevent deffendre à tous menestrelz qui vivront de deshonneste vie, sur paine de ladicte amende, et d'estre banni an et jour d'icelle science.

Et aussi ne pevent ou doivent yceulx menestrelz commencer escolle pour monstrer ne aprendre menestrandise, se ce n'est par le congié et licence desdiz roy ou députez. Et pour ce que ledit hospital Saint Julien qui est fondé desdiz menestrelz, et n'a autres rentes sinon des aumosnes des bonnes gens, yceulx menestrelz sont et seront tenuz de demander et cueillir l'aumosne Saint-Julien aux nopces où ilz seront louez, et par dons acoustumez. Et se aucune personne demande à yceulx menestrelz aucuns desdiz menestrels par leurs noms, ils sont et seront tenuz de les enseigner, sur paine de ladicte amende. Et ne puet aucun desdiz menestrelz prendre aucun marchié, excepté pour lui et pour ses compaignons jouans en sa compaignie, pour la journée, sur paine de ladicte amende; et s'il avient que un tout seul prengne aucun marchié avec aucune personne pour faire aucunes nopces ou festes, et il en prent un, deux ou trois qui lui promettent estre avec lui, ilz ne s'en pourront départir jusques à ce que ycelles nopces ou festes seront faittes, sur paine de l'amende; et aussi nulz d'iceulz menestrelz qui ait prins à faire festes ou nopces, ne puet prendre autres compaignons pour gaigner sur eulx, sur paine de ladicte amende; en nous humblement suppliant que comme ycelles ordonnances et instructions ilz aient faictes pour le bien et prouffit d'entre eulx, et pour eschever à aucuns grans dommaiges qui leur en pourroyent ensuir, se ycelles n'estoient tenuës et gardées, nous veuillons ycelles instruccions et ordonnances confermer.

Pourquoy nous, ces choses considérées, inclinans favorablement à leur supplicacion, et pour certaines autres causes et consideracions à ce nous mouvans, voulans lesdictes ordonnances et instruccions entretenir sans enfraindre, et pareillement les choses dessusdictes estre tenues par tout nostre royaume, ycelles instruccions et ordenances faites en la manière que dit est oudit cas, avons loué, gréé, ratiffié, approuvé et confermé, loons, gréons, ratiffions, approuvons, et par la teneur de ces présentes confermons en tant que touchier nous peut et faire le povons; et nous plaist et voulons que d'icelles ilz puissent joïr et joïssent doresenavant selon la teneur d'icelles, et en la manière que dit est dessus.

Si donnons en mandement par la teneur de ces présentes, au prevost de Paris, et à tous noz autres justiciers ou à leurs lieuxtenans, etc.

Par le Roy, le comte de Mortaing, mess. Jacques de Bourbon, le sire d'Omont, et plusieurs autres presens.

N°. 380. — LETTRES (1) *sur la composition du conseil secret.*
Paris, 28 avril 1407. (C. L. XII, 225.)

CHARLES, etc. Sçavoir faisons que nous attendans et considérans les très-bonnes, saintes et louables ordonnances, faites au temps passé, par aucuns de nos prédécesseurs de digne memoire, rois de France, tant sur le gouvernement de leurs hostels et grands consaulx, comme sur le nombre de leurs gens et officiers ordonnez pour le gouvernement de leur justice et l'administration de leurs finances, sans lesquelles finances ne se peuvent les grands faits exécuter ne mettre à fin; selon lesquelles ordonnances ceux de nosdits predecesseurs qui les ont tenues et fait tenir

---

(1) *V.* ord. du 10 juillet 1319, t. III, p. 218. Ord. du 27 juillet 1339, t. v, p. 65.

en leurs termes sans enfraindre, ont maintenu et gouverné ce en arriere le royaume à la grande louange et exaltation d'iceluy, et augmentation de leur renommée; si que, de plusieurs autres royaumes, païs, seigneuries et contrées, sont venus gens et messages notables pour voir, enquerir et sçavoir la forme et maniere du gouvernement du nôtre, pour y prendre exemple et eux regler. Et que par ce que lesdictes ordonnances ont été, et sont souventesfois enfraintes et violées, tant par la multitude et grand nombre des retenues faites au temps passé de gens de notre grand conseil et des secretaires qui se sont ingerez et ingerent d'estre à nosdits grands consaulx, sans qu'ils y soient appelez ni ordonnez; par laquelle multitude et ingession importune, nosdits consaulx sont chascun jour troublez et empeschez, si que semble une confusion desordonnée qui nous tourne à très-grand grieve charge et deplaisir; comme aussi pour la multitude de autres officiers sur le gouvernement de ladicte justice qui ne font pas résidence en leurs offices et n'exercent, ne sçauroient les plusieurs d'eux par leur ignorance iceux offices exercer en leurs personnes; et pareillement des officiers sur lesdictes finances, qui ont grands gages, dons et autres profits de nous, dont icelles finances sont moult diminuées, et se diminuent continuellement, plusieurs très-grands dommages et inconveniens se sont ensuivis et ensuivent de jour en jour, et encore se pouroient plus ensuivir au temps advenir à nous et à la chose publique de notredit royaume, si sur ce remede n'y estoit mis, avons nouvellement pour obvier et pourvoir ausdits inconveniens, et reformer en mieux le gouvernement de notredit royaume, pour le bon maintien, exaltation et conservation d'icelui, fait venir par devers nous plusieurs princes et grands seigneurs des plus prochains de nous et de notre lignage et autres, prelats, barons, sages et prud'hommes de nostredit royaume, en grand nombre, par l'avis, conseil et deliberation desquels avons conclu de faire ordonnances et restrictions sur le nombre de tous nosdits officiers generalement.

Et pour ce que plus meurement y puissions proceder et faire par conseil desdits sages et prud'hommes, tout ce que nous ferons et entendons au plaisir de Dieu faire en cette matiere, avons premierement esleu, nommé et ordonné, et par la teneur de ces presentes eslisons, nommons et ordonnons pour nos conseillers et estre à nos grands consaulx secrets et privez, les personnes dont les noms seront escrits cy-après sans ce qu'autres quelconques de quelque état condition ou préeminence qu'ils soient, y soient receus, exceptez toutesfois ceux de nostre lignage et les chefs d'office de notre royaume, tant au fait de la guerre comme de la justice et de nostre hostel, lesquels ne voulons ny entendons forclos d'estre à nos consaulx; ains voulons qu'ils y soient, quand ils seront pardevers nous.

Et s'ensuivent les noms des conseillers, au nombre de 26.

Lesquels nos conseillers dessus nommez, et non autres, auront et percevront sur nous leurs gages et pensions qui leur sont ou seront ordonnées, et ont fait serment en notre presence de tenir celle présente ordonnance et les autres qui se feront consequemment, sans les enfraindre, et sans nous faire ny conseiller à faire, mais expressement empescher de tout leur pouvoir que rien ne soit fait contre ny au prejudice d'icelles :

Et outre, pour ce qu'il est necessaire que de et sur les appointemens, qui seront pris par nous et les gens de notre grand-conseil, en faisant les autres restrictions et ordonnances qui se feront cy-après, soient faites lettres par aucuns de nos secretaires, avons semblablement nommez et ordonnez, et par ces présentes nommons et ordonnons, pour estre à nosdits consaulx jusqu'au nombre de treize de nosdits secretaires, desquels nos secretaires aura toujours deux ou trois tant seulement à chacun de nosdits consaulx, et serviront par semaines ou par mois, selon ce qu'ils ordonneront entr'eux; et ne s'entremettront de nous faire aucunes requestes, et aussi ne feront lettres s'ils ne leur sont comandées en plein conseil, et entendiblement, ou sur graces octroyées par nous en nostre conseil, faits sur requestes et autres besognes exposées par aucuns de nos amez et feaux conseillers les maistres des requestes de notre hostel en la maniere autrement accoustumée, ou par aucuns de nos autres conseillers dessus nommez, lesquels nos secretaires dessusdits et non autres, auront et prendront sur nous gages de secretaires, et seront tenus de servir par la manière que dit est.

Et en outre, pour achever la multitude des dons et des charges qui se passent souvent par inadvertance, importunité ou autrement, avons ordonné et ordonnons que sept de nosdits secretaires seulement signeront et expédieront lettres sur finances, sans que les autres s'en entremettent aucunement, ains voulons que les lettres de finances que les autres dessusdits signeront, si aucunes en signoient, soient de nul effet ou valeur.

Si donnons en mandement à notre amé et feal chancellier que

si par inadvertance, importunité des requerans ou autrement advient que nous faisons retenues nouvelles ou octroyons aucunes lettres qui aucunement derogent à nos ordonances dessusdites ou aucuns des articles d'icelles, il ne scelle point.

Mandons aussi et enjoignons très-expressement à nos amez feaux les gens de notre parlement et de nostre chambre des comptes et tresoreries à Paris, aux generaux conseillers et à tous autres justiciers et officiers presens et à venir, etc.

Donné à Paris, etc.

Par le Roy en son conseil, auquel le roy de Secile, Messieurs les ducs de Guyenne, de Berry, d'Orleans, de Bourbon, les comtes de Mortaing, d'Alençon, le connestable, vous, le grand maître d'hostel et autres, estiez.

N°. 381. — Lettres *portant permission aux nobles de s'assembler pour s'opposer aux excès commis par les compagnies de troupes sans aveu, et à tous autres de leur résister.*

Paris, 29 avril 1407. (C. L. IX, 203.)

Charles, etc. Au senechal de Toulouse ou à son lieutenant, salut. Pour les grans plaintes et clameurs que par pluseurs fois nous avons eues et avons continuelement chascun jour, des grans pilleries, excès, efforcemens de femmes, raençons et autres innumerables maulx, oultreiges et domeiges que ont faits et font chascun jour à nos subgiets en plusieurs parties de nostre royaume certaines compagnies et assemblées de gens d'armes, archiers et arbalestriers, et autres estans en leur compagnie, de diverses nations, qui se dient les uns avoir lettres de nous, combien qu'il n'en soit riens, et les autres se dient estre à grans seigneurs de nostre sang, et à autres seigneurs de capitaines de nostre royaume, et lesquelles gens dès longtemps a séjournent et vivent sur nostre peuple, et le mettent à raençon, en prenant et robant argent, chevaulx, bestail, robes et autres biens qu'ils povent trouver, sans rien espargnier, et sans payer denier de chose qu'ils preignent, et font pluseurs autres grans oppressions, maulx et dommeiges à nosdits subjiets, dont les pluseurs delaissent et ont déjà delaissé le païs et s'en sont alés querir et mandier leur vie par povreté, lesquelles choses nous ont moult despleu et desplaisent, et non sans cause, et ne les voulons estre souffertes en aucune maniere ne demourer ainsi impunies.

Nous voulans à ces choses pourvoir pour le relievement de

nosdits subgiets, comme tenus y sommes, eu aussi sur ce bon
advis avecques pluseurs de nostre sang et ligneige et autres de
nostre grant conseil, vous mandons et commandons très-expressément, en commetant, se mestier est, que incontinent ces lettres
vues, et toutes excusations cessans, vous vous transportés au plus
grand effort des gens de fait que pourrés, par tous les lieux et
places de vostreditte seneschaussie et jurisdiction, où vous sçaur-
rés et pourrés trouver iceulx gens d'armes, archiers, arbalestriers
et autres manieres de gens dessusdits qui si notoirement et publiquement et par si longtemps ont pillé, reançonné, et chascun
pillent, reançonnent et font et commetent les autres excès, crimes et oultreiges dessusdits à nosdits subgiets, et touts ceulx d'i-
ceulx gens d'armes, arbalestriers et archiers, qui n'ont eu et
auroient retenu de nous, avec tous les autres dessusdits de leur
compagnie, prenés vigoureusement et sans aucun deport et par
force d'armes, se mestier est, et iceulx punissés et en faites incontinent justice telle qu'il appartiendra selon leur cas, et par
telle maniere que tous autres y puissent prendre exemple, et que
vous en doyés estre recommandé de bonne justice, nonobstant
quelsconques lettres qu'ils eussent ou alleguassent avoir de nous
ou d'autres quelsconques, de povoir vivre sur nosdits subgiets,
lesquelles s'aucunes en avoient. Nous revoquons, abolissons, adnullons et mettons du tout à néant par ces presentes.

Par lesquelles aussi nous mandons et donnons pouvoir et
authorité à tous les nobles desdites seneschaussie et jurisdiction, que semblablement ils se assemblent et puissent assembler ensemble, et mander tant de leurs amis et autres
gens que bon leur semblera, et que tout iceulx maniere de gens
ainsi pillans et raençonnans nostre peuple que dit est, ils preignent de fait et par force d'armes, se mestier est, et iceulx em-
prisonnent seurement, afin que par vous et les autres justiciers
de vostredite senechaussie et jurisdiction, en soit et puist estre
faite bonne justice telle qu'il appartiendra selon le cas : et ou cas
que en ce faisant, ils se vouldroient metre en déffense ou rebeller,
et il en y avoit aucuns morts ou mutilés, nous ne voulons qu'il
puist tourner à aucun préjudice aux dessusdits nobles, ne à ceulx
qui seroient en leur compagnie, ne qui se auroient faits, mais
voulons qu'ils en soyent et demeurent à toujours mais quittes, et
leur pardonnons dès maintenant et pour lors en tant que mestier
seroit : et aussi ordonnons que se ils avoient chevaulx, harnois ou
autres biens quelsconques, ils soyent employés et convertis ou

deffrayement et payement de ceulx qui ainsi les auroient subjugués, prins et emprisonnés;

Et avecques ce, donnons povoir, congé et authorité à tous nosdits subgiets qu'ils puissent recourre à iceulx maniere de gens leurs biens, se ils s'efforçoient les vouloir prendre et comporter, et y résister par voye de fait et autrement ainsi qu'ils pourront et que bon leur semblera.

Mandons et commandons, etc.

Par le Roi, en son conseil, où le Roi de Sicile, messeigneurs les ducs de Berry, d'Orléans et de Bourbon, les comtes de Mortaing, d'Alençon et de Clermont, le connestable, vous, le comte de Tancarville, le grand maître d'hostel, etc., estiez.

N°. 582. — LETTRES *par lesquelles* (1) *le Roi réunit les places frontières à son domaine, en vertu de sa prérogative, mais avec indemnité.*

Paris, avril 1407. (Dumont, Corps diplom., p. 306.)

CHARLES, etc. Savoir faisons à tous présens et advenir.

Que comme pour le bien, tuition et défense de nostre peuple, et l'utilité de la chose publique de nostre royaume, nous ayons droict, et nous soit loisible par puissance souveraine et especialle prérogative royalle, de prendre et appliquer à nostre domaine, les terres, chasteaux, ports de mer, et autres lieux estans en frontière de nos ennemis, que nous veons estre nécessaires à la garde générale, tuition et defense de nos subjets, et à la seureté universelle de nostredit royaume; en faisant condigne recompensation à ceux desquels nous prendrons lesdicts lieux du loyal prix et juste valeur d'iceux lieux, et des interests et loyaux coustemens, et de se droict ayent jouy et usé nos devanciers Rois de France, quand nécessité et expédiente utilité de la dite chose publique de nostre dict royaume l'a requis, et y est survenue.

2. Et il soit ainsi, que nostre amé et féal chevalier, chambellan et conseiller Jean Harpedenne, ait nagueres acquis par certains moyens la ville, terres et castellenie de Taillebourg,

---

(1) Tels étaient les droits que la couronne exerçait pour cause d'utilité publique. La justice de cette prérogative est si évidente qu'il paraît surprenant que ce soit pour la première fois qu'on la trouve employée. (Villaret, t. XIV, p. 170.)

Cela n'est point étonnant, parce que les seigneurs avaient des droits supérieurs à la prérogative, et qu'une disposition semblable à leur égard int[...] toute la haute noblesse. (Isambert.)

tenüe en foy des religieux, abbé et couvent de Sainct Jean d'Angely, avec toutes leurs appartenances et appendances quelconques, lesquelles sont assises en pays de frontière de nosdits ennemis près de Bordeaux, et ailleurs sur ports de mer, par lesquels l'on pourroit legèrement descendre à grand nombre de navires et de gens, pour gréver nous, nostre royaume, nostre pays de Xainctonge, et nosdits sujets, si garde et provision n'estoient mises sur lesdits ports, et audict pays. Et lesquelles terres, chastellenie, et port de mer, avec ses appartenances et appendances, nous sont moult nécessaires à estre en nostre main, et appliquées à nostre domaine pour la tuition et défense de nosdits subjets, et pour tout le bien public de nostre dit royaume. Et lesquelles terres, chastellenie et port de mer, si elles se alienoient, ou estoient mises hors de nostre main, ès mains de nosdits ennemis, par quelque manière que ce fust, par mauvaise garde, ou autrement, comme par plusieurs fois depuis quarante ans est advenu, pourroit grandement dommager nous, nostredit royaume, et nosdits subjets audict pays de Xainctonge, nostre ville de la Rochelle, et d'ailleurs environ, si remède n'y estoit mis.

Et pour ce voulons aucunement pourveoir à la seureté dudit pays, lequel a été durement traité par nos dits ennemis jusques à cy, et aussi de tous nos autres subjets pour aucune grandes causes et considérations, eües en nostre conseil, et autres, qui à ce nous ont meu et meuvent: voulans en ce user de nostre droict et prérogative royale, par puissance et seigneurie souveraine, avons voulu et ORDONNÉ, voulons et ORDONNONS par ces présentes, que icelles ville, terres, chastellenie de Taillebourg, et port de mer; ensemble la dite ville de Cluseau, et toutes leurs appartenances et appendances, que l'on dit être de nouvel acquises par le dit Harpedenne (1) en quelque manière, et pour quelconque cause quelconques que ce soit, soient royaument mises et appliquées à nostre dit domaine : et dès maintenant par ces présentes les y mettons et appliquons de nostre dite puissance et auctorité royale, pour en jouir désormais comme de nostre propre chose et do-

---

(1) Selon une chronique manuscrite conservée par Dupuy, et imprimée par extrait, p. 727 des pièces de l'*Histoire de Charles VI*, par Godefroy, cet *Harpedenne* épousa une fille naturelle que le Roi avait eue d'une femme que, du consentement de la reine, on avait fait entrer dans son lit, pendant sa maladie, et qui reçut en récompense les domaines de Ceteil, Bagnolet et Belleville.

(Isambert.)

maine, au profit et seureté de nous, de nos dits subjets, et dudit pays, en recompensant et voulant récompenser toutes voyes en argent comptant pour une fois iceluy Harpedenne, du prix des coustemens, frais et missions raisonnables par luy faits, tant en l'acquest desdictes terres et chastellenies, comme autrement deüement; laquelle chose nous entendons faire briefvement.

Si donnons en mandement à nos amez, etc.

Par le Roy en son conseil, où le Roy de Sicile, monseigneur le duc de Berry, vous, l'archevesque de Sens, l'evesque de Noyon, le grand maistre d'hostel, le maistre des arbalestriers, et autres, estoient.

N°. 383. — LETTRES *portant permission à un comte et à ses successeurs de condamner à l'amende ceux de leurs sujets qui interjetteront des appeaux frivoles.*

Paris, avril 1407. (C. L. IX, 208.)

N°. 384. — BULLE *d'excommunication* (1) *du Pape Benoit XIII. contre tous ceux qui se soustraient à son obédience.*

Marseille, 19 mai 1407. (Dumont, Corps diplom., p. 306.)

N°. 385. — LETTRES (2) *portant réglement pour la communauté des sergens à cheval au Châtelet de Paris.*

Paris, 4 juin 1407. (C. L. IX, 238.)

N°. 386. — LETTRES *portant que les appointemens, commissions, jugemens ou arrêts de la Chambre des comptes à Paris, ne peuvent être annullés et cassés que par le Roi, sans qu'il soit permis d'en appeler à la chancellerie ni au parlement.*

Paris, 25 juin 1407. (C. L. IX, 243.)

---

(1) Voy. pour ce qui est relatif à cette bulle, les lettres ci-après du 5 juin 1408, adressées par le Roi aux gens du parlement.

(2) Les sergens à cheval demandaient permission de s'imposer et de constituer procureur. Le parlement, par son arrêt du 4 décembre, obtempéra aux lettres du Roi. (Vilevault, *tab.*)

N.° 387. — LETTRES (1) *portant que les acquéreurs d'héritages, relevant immédiatement du Roi, ne pourront, sous peine d'amende, en prendre possession avant d'avoir payé les lods et ventes.*

Paris, 9 juillet 1407. (C. L. IX, 249.)

N.° 388. — LETTRES *portant que pendant quatre ans le droit de prises sera suspendu dans tout le royaume.*

Paris, 7 septembre 1407. (C. L. IX, 250.), Publié au Châtelet le 9; et à son de trompe dans Paris le 10.

CHARLES, etc. Au prevost de Paris, ou à son lieutenant : salut. Savoir vous faisons que nous considerans les grans charges et oppressions que a eu, soustenu et soustiennent encores chascun jour le peuple de nostre royaume, par les prinses qui ont esté faictes de toutes choses le temps passé sur ycellui, et aussi les petites revenues tant de vins comme de grains, qui ont esté ledit temps passé en ycellui nostre royaume, desirans de tout nostre cuer et volenté nostredit peuple relever au mieulx que bonnement pourrons de telz charges et oppressions, avons à la requeste, priere et contemplacion de nostre très-chiere et très-amée compaigne (3) la Royne, de nostre très-chier et très-amé aisné filz le duc de Guienne dalphin de Viennois, de nos très-chiers et très-amez oncles, frere et cousin les ducs de Berry, d'Orliens, de Bourgogne et de Bourbon, et par l'advis et deliberacion d'eulx et aussi d'aucuns autres de nostre sang et lignage, et de nostre grant conseil, voulu et ORDENÉ, voulons et ORDENONS par ces presentes, de nostre certaine science et grace especial, que en nostredit royaume n'ait aucune prinse sur nostredit peuple en quelque maniere que ce soit, soit pour nous, nostredicte compaigne, nozdis filz, oncles, frere et cousin, ne pour quelconque autre personne de quelque estat ou condition que ce soit, soit qu'ilz se dient avoir droit de prise de leur droit à cause de leurs offices, par impetracions ou autrement, jusques à quatre

---

(1) Voy. ci-après lettres du 20 septembre 1409, sur les lods et ventes en matière d'emphytéose.

(2) V. 1308, p. 864; 1545, p. 121; 1518, p. 196; 1595, p. 649; 1400, p. 855.

(3) Mais ce qui surprit davantage tout le monde, dit le moine de Saint-Denis, c'est qu'on eût inséré dans l'ordonnance qu'elle avait été faite à l'instance de la Reine et du duc d'Orléans, qui étaient ceux qui abusaient d'avantage de leur autorité dans ce désordre. (Vilevault, *préf.*)

ans prouchainement venans, soit de blez, vins, foings, avoines, feurres, poissons de mer ou d'eaue doulce, beufs, vaches, bestes à laine, pors, coichons, veaulx, oisons, volailles, pijons, ne autres vivres quelzconques, pour quelxconques lettres ou mandemens qui par inadvertance ou autrement pourroient estre obtenuz de nous au contraire pendant le temps dessusdit.

Si vous mandons, commandons, etc.

Par le Roy, les contes de Mortaing et de Nevers, le sire de Preaux, le grant maistre d'ostel, le sire de Bacqueville, et plusieurs autres presens.

N°. 389. — SERMENT *de pair prêté en parlement par Jean, duc de Bourgogne.*

Paris, 9 septembre 1407. (Mémoire des Pairs, 639.)

N°. 390. — LETTRES *portant ordre au duc de Berry de faire saisir le temporel des prélats et autres ecclésiastiques qui, sans excuse légitime, ne sont point venus en personne à l'assemblée que le Roi avait indiquée au jour de la Toussaint.*

Paris (1), 1407. (C. L. IX, 252.)

CHARLES, etc. A notre très-chier et très-amé oncle le duc de Berri : salut et dilection.

Comme toutes et quantes fois que nous et nos predecesseurs rois de France avons eu affaire pour l'estat de notre royaume, et en special pour le fait de l'eglise universal, ayons acoustume de mander par nos lettres les prelats et certaines autres gens d'eglise de notredit royaume, pour avoir avec eulx advis et deliberation sur les choses que nous avons à faire, auxquels mandemens iceulx prelats et autres gens d'eglise ayent acoustume d'obéir et venir pardevers nous, comme tenus ils sont; et il soit ainsi que pour le très-grant et singulier desir et affection que nous avons toujours eus et encore avons de poursuir l'union de nostre mere sainte église, et mettre à fin ce doloreux scisme qui trop longuement a duré et encore dure, en laquelle prosecution nous avons grandement travaillé, frayé et despendu, nous ayons plusieurs fois mandé les prelats et certaines autres

---

(1) Le mois manque dans les lettres, mais elles sont datées de la 27.° année du règne de Charles VI; or, Charles V étant mort le 16 septembre 1380, elles sont necessairement antérieures au 16 septembre 1407. (Villevault.)

gens d'eglise et clergié de nos royaume et Daulphiné, et derniennement pour l'avis et deliberation de vous et des autres princes de nostre sang et lignage, et autres gens de notre grand conseil, ayons mandé par nos lettres closes venir pardevers nous en notre ville de Paris, à la feste de Tous-Saints dernierement passée, lesdits prelats et autres gens d'église et clergié de nosdits royaulme et Daulphiné, pour avoir avec eulx deliberation et conseil de proceder et aller avant en la prosecution dessusditte, jusques à ce que la union soit faite et parfaite, à laquelle journée de la feste de Tous-Saints par nous aux dessusdits assignée, aucuns d'eulx sont venus et duement comparus, et pluseurs ont été refusans et contredisans de y venir et comparoir personelement, ainsi comme mandé leur avions, jaçoit ce que aucuns d'eulx ayent envoyé procureurs, et les autres, procurations pour les excuser et essoiner telement quelement, celle qui ne souffit mie ne doit souffrire en si très-grand et aulte besogne comme est ladite prosecution, lesquelles choses ont esté faites par lesdits absens ou deffaillans, au très-grant contempt et vitupere, mesprisement et deobeissance de nous et de nostre souveraineté, et entand comment ils peuvent, ou retardement de ladite union, l'avancement de laquelle est à préférer à tous autres affaires et negoces, et plus seroit, se par nous n'y estoit pourveu de remede convenable : consideré que se nous les laissions ainsi passer sous dissimulation, sans en faire aucune punition, iceulx deffaillans voudroient traire à coustume à consequence ou tems avenir, qu'ils ne seroient tenus de venir devers nous, mais seulement envoyer leurs essoines, leurs procureurs tels comme bon leur sembleroit.

Pourquoi nous consideré les choses dessusdittes, et voulans pourvoir à telle malice dampnable, à certain et à plein de la très-grant affection que vous avés à ladite union poursuir, et voir icelle union le plustot que faire se pourra, vous MANDONS et commettons que de tous les prelats et autres gens d'église et clergié de votre lieutenance, qui ne sont venus en leurs personnes à ladite feste de Tous-Saints, ainsi que mandé leur avons, vous faites prendre et mettre en nostre main les temporels, et soubs icelle, yceulx exploiter par gens ydoines et souffisans qui en puissent et sçachent rendre bon et loyal compte en temps et lieu, et iceulx prelats, gens d'eglise et clergié puuissiés ou faites punir ainsi que bon vous semblera et verrés que affaire sera, en telle maniere que ce soit exemple perpetuel à tous autres : et se eulx ou aucuns d'eulx ont juste et raisonable essoine ou excusation dont il vous appare duement, faites leur ou faites faire delivrance de leursditz temporels ainsi prins en notre main, comme dit est, et empeschés pour la cause dessusditte :

Car ainsi le voulons et nous plait estre fait, etc.

N°. 391. — LETTRES *portant que dans la sénéchaussée de Toulouse, les seuls officiers recevant gages du Roi pourront être rapporteurs des affaires domaniales et criminelles, et que les juges pourront appeler des avocats aux jugemens de celles qui seront douteuses et importantes.*

Paris, 24 septembre 1407. (C. L. IX, 253.)

N°. 392. — LETTRES *qui renouvellent une ordonnance qui défendait aux juges royaux de créer plus de deux lieutenans et consuls dans chaque lieu, et de charger de ces emplois les avocats, les anciens consuls et les personnes âgées.*

Paris, 26 septembre 1407. (C. L. IX, 255.)

N°. 393. — LETTRES *qui portent que dans le cas des actions réelles, les frères de l'ordre de Saint-Jean de Jérusalem et les autres religieux ne pourront, sous ombre des priviléges qui leur ont été accordés par les Papes, faire donner des ajournemens devant les juges conservateurs de ces priviléges.*

Paris, 8 octobre 1407. (C. L. IX, 257.)

N°. 394. — LETTRES *donnant pouvoir aux généraux des aides de commettre des personnes pour faire exclusivement les exploits dans le diocèse de Paris, hors cette ville et sa banlieue; à l'exception néanmoins de ceux des prévôtés et châtellenies.*

Paris, 11 octobre 1407. (C. L. IX, 227.)

N°. 395. — LETTRES *par lesquelles le Roi nomme un président provisoire au parlement en l'absence des cinq présidens en titre d'office* (1).

Paris, 13 novembre 1407. (Preuves du mémoire des Pairs, 660.)

KAROLUS, ac. Dilecto ac fideli nostro consiliario magistro Johanni du Drac, præsidenti in camerâ requestarum palàtii nostri Paris. : salutem et dilectionem.

Cum nobis fuerit relatum præsidentes nostri parlamenti Paris., abesse, seu ipsorum absentia in nostri et reipublicæ regni nostri, præsertim expeditionis causarum dicti parlamenti detrimentum et jacturam dignoscatur majusque detrimentum succedere apprehendatur, nisi à nobis de remedio provideatur opportuno; vobis præcipimus et mandamus committendo si sit opus, quatinus ad magnam nostri parlamenti cameram accedatis, ibidem locum et officium præsidentis teneatis, et quo usque iidem præsidentes, seu eorum alter redierint, fideliter ac diligenter, et prout est fieri solitum exerceatis. Ab omnibus autem justiciariis officiariis et subditis vobis in hac parte pareri volumus et jubemus.

Datum, ac. Per regem ad relationem consilii.

N°. 396. — LETTRES (2) *faisant défenses aux procureurs du Châtelet de Paris de se présenter en justice pour des parties demanderesses avant qu'elles aient obtenu des lettres de chancellerie qui leur permettent de plaider par procureur.*

Paris, 15 nov. 1407. (C. L. IX, 260.) Publié au Châtelet le même jour.

CHARLES, etc. Au prevost de Paris ou à son lieutenant, etc.

Comme par ordonnances royaulx, et aussi par le stille et usaige nottoirement gardez en nostre court et auditoire du Chastelet de Paris, aucun ne puist ou doye estre receuz à plaider par procureur en ycelle court, mesmement en demandant, se il n'a sur ce grace de nous, et qu'il en ait et preygne lettre séellée de nostre grant séel, dont l'en paie six solz parisis pour nous pour le droit de nostre audience; néantmoins si comme entendu avons, plusieurs parties plaidoyans en demendant en la dicte court, ne

---

(1) L'un tenait l'échiquier à Rouen, le second était dans ses terres, le troisième tenait les grands jours du duc de Bourgogne, les quatrième et cinquième étaient en commission pour des gentilshommes en Anjou et en Poitou. (Isamb.)

(2) Plusieurs procureurs occupaient pour des parties sans avoir obtenu ces lettres qu'ils faisaient néantmoins payer à leurs cliens. (Vilevault, *tab.*)

prennent ou lievent aucunes telles lettres de grace, et s'en passent, pour ce que les procureurs qui sont chargez des causes, n'en demandent aucunes les ungs aux autres; et toutesvoies il est vraysemblablement à présumer que lesdiz procureurs demandent et prennent chascun en droit soy de son maistre ou clyent quant il est demandeur, six solz parisis pour le séel de la grace qui lui est nécessaire à sa cause, et ledit argent retiennent par ceste maniere lesdiz procureurs qui ainsy le font; lesquels choses sont contre raison, en nostre grant préjudice et dommage, et du droit de nostre audience, et si n'en est en riens nostre peuple deschargé ou relevé, mais tourne toute ladicte exaction faicte par la maniere que dit est, seulement au prouffit desdiz procureurs, si comme il nous a esté duement rapporté et tesmoigné.

Pourquoy nous voulans ad ce estre pourveu, vous mandons que à tous lesdiz procureurs generalement et particulierement, vous faictes ou faictes faire inhibicion et défense de par nous, et à teles et si grans peines que vous verrez au cas appartenir, que d'oresenavant ilz ne facent les choses dessusdictes; mais faictes yceulx procureurs solennelment jurer que ilz garderont en ce et en tous autres cas, nostre droit et celui de nostre dicte audience; et faictes ces présentes lettres lire et publier, et ledit serement faire par lesdiz procureurs en vostredit auditoire à jour plaidoiable et telement que aucun n'en puist pretendre ygnorance, et le faictes mectre ès registres de vostredicte court, etc.

Donné, etc.
Par le Roy, à la relation du conseil.

N° 397. — LETTRES (1) *qui ordonnent que les hôteliers et les habitans de Paris feront savoir chaque jour au prévôt le nom des personnes qui logent chez eux, ou auxquelles ils auront loué, et qui défendent à toutes personnes d'entrer en armes dans Paris, si elles n'ont mandement du Roi à cet effet.*

Paris, 29 novembre 1407. (C. L. IX, 261.)

---

(1) Ces lettres furent rendues à l'occasion des troubles qu'excita dans la ville le meurtre du duc d'Orléans. Le même motif a dicté les lettres des 17 et 18 février suivant. (Vilevaut.)

N°. 398. — ACTE *du Roi en son conseil* (1), *portant qu'il y a lieu d'informer sur la plainte de la duchesse d'Orléans au sujet du meurtre de son mari, et qui assigne jour pour faire punir* (1).

Paris, 24 décembre 1407. (Chronique de Monstrelet, f° 32 v°, éd. de 1596.)

N°. 399. — ORDONNANCE *sur le gouvernement* (2) *du royaume, en cas de décès du Roi avant la majorité de son fils.*

Paris, au lit de justice, 26 décembre 1407. (C. L. IX, 267.)

CHARLES, etc. Comme la disposicion et introduccion des droiz divin et naturel, démoustre les pères devoir labourer et travailler à ce que après leurs décez, leurs enfans usent paisiblement de leurs successions, et telement et si seurement y pourveoir, que aprez eulx ilz n'y soient ou puissent estre perturbez ou empeschez; savoir faisons à tous presens et avenir, que nous à qui nostre seigneur par sa grace a donné lignie, laquelle par son plaisir esperons succeder à nostre royaume et à nous, quant il lui plaira nous appeller devers lui; voulans en suir et mettre à effet la disposicion et introduccion dessusdictes, considerans que sitost qu'il plaist à Dieu envoyer au Roy de France, qui est pour le temps, hoir masle ou masles, droit de nature baille le premier né d'iceulx heritier et successeur audit royaume, que tantost que son pere est allez de vie à trespas, icellui aisné, supposé qu'il soit mendre d'ans, en quelconque minorité qu'il soit, et doit estre tenu et repputé pour Roy, et ledit royaume estre gouverné, et les faiz et besongnes d'icellui estre disposez par lui et en son nom; desirans pour obvier à toutes doubtes et scrupules, aux grans inconveniens qui sont apparuz ou temps passé, et pourroient ensuir ou temps avenir, et pour pourveoir à la seurté de nostre très-cher et très-amé aisné fils Loys duc de Guienne, ou de celui qui sera pour le temps nostre ainsné fils, et devra par droit de ainsnesse, succeder apès nous

---

(1) Le 23 novembre 1407, le duc d'Orléans fut assassiné à Paris, rue Barbet, par ordre du duc de Bourgogne, qui avoua son crime au Roi de Sicile et au duc de Berri, et prit la fuite. La duchesse d'Orléans vint implorer la justice du Roi, qui lui accorda une audience publique où tous les princes assistèrent. Le Roi promit à la duchesse de venger la mort de son mari.

Le duc de Bourgogne publia un manifeste pour exposer les motifs qui l'avaient porté à faire assassiner le duc d'Orléans. (V. au 9 mars 1407.)

(2) Cette loi contient révocation des lettres de Charles V, et même de Charles VI. (Vilevault.)

Voy. *Nouveau Répertoire*, verbis *Sacre*, *Régence*, *Chancelier*.

à la couronne de France, et des autres ainsnez fils de noz successeurs Roys de France, afin que sitost que nous et eulx serons departis de ce monde, nostredit et les autres ainsnés fils de nozdiz successeurs supposé qu'ilz fussent mendres d'ans, et en quelque minorité d'aage qu'ils fussent et soient, puissent plainement user de leurdit droit qui lors par le decez de nous et de nozdiz successeurs leur seroit et sera acquis et advenu à ladicte couronne;

Eux de et sur ce grant avis et meure deliberacion, avons ORDONNÉ et DECERNÉ, ORDONNONS, DÉCERNONS et declairons, et par maniere de loy, edict, constitucion et ordonnance perpetueles et irrevocables, establissons de noz certaine science, plaine puissance et auctorité royale, que nostredit ainsné filz qui est à present, ou qui le sera pour le temps, et aussi les ainsnez fils de nozdiz successeurs, en quelque petit aage qu'ilz soient et puissent estre ou temps du decez de nous et d'iceulx nos successeurs, soit et soient incontinant après nous et nozdiz successeurs Roys, diz, appelez, tenuz et reputez Roys de France, et à icellui royaume succedans, soient couronnez et sacrez en Roys, incontinent aprez le decez de nous et de nozdiz successeurs, ou au moins au très-plutost que faire se pourra, et usent et joissent de tous droiz, preminences, dignitez, et prerogatives appartenans à Roys de France et à ladicte couronne (1), seuz ce que quelconque autre, tant soit prouchain de leur linaige, entrepreigne, puisse, ne doye, ou lui loise entreprendre bail, ou autre quelconque gouvernement et administration dudit royaume, ne que à nostredit et autres ainsnez filz et dessusdiz, puissent estre faiz, mis ou donnez en et sur leurdit droit à eulx deu par droit de nature, ne ès autres chqses dessus touchées, empeschements et perturbacion quelconques, soubz umbre de ce que dit est, ne autrement, pour quelconques raisons, couleur, ou occasion que ce soit ou puist estre.

Toutesvoyes s'il avenoit que nostredit ainsné fils et nosdits autres enfans, et aussi ceulx de nozdiz successeurs, demourassent après nous et iceulx noz successeurs, mendres d'ans, en quelque minorité que lors fussent, il nous plaist, voulons et ordonnons que en ce cas ilz soient durant leur minorité, gardez, gouvernez et nourriz, et les faiz, affaires et besongnes d'eulx et du royaume, traictiez et appoinctiez par nostredit, et autres ainsnez filz de noz-

---

(1) Dupuy regarde cette loi comme abolitive de la régence; cependant, voy. ci-après la clause d'extrême minorité, et la formation d'un conseil de gouvernement. (Isambert.)

diz successeurs, de leur auctorité et en leur nom, par les bons adviz, déliberacion et conseil des Roynes leurs meres, se elles vivoient, et des plus prouchains du linage et sang royal qui lors seroient; et aussi par les adviz, de deliberacion et conseil des connestable et chancellier de France, et des saiges hommes du conseil, qui seroient lors à nous et à nozdiz successeurs; et que à nostredit, et autres ainsnez filz d'iceulx nos successeurs, et non à autres quelconques, obeissent comme à leur Roy, tous les dessus nommez de leur sang et conseil, et en toutes choses leur facent obeir par tous les justiciers, officiers, feaulx et subgiez desdiz royaume et couronne, de quelconque auctorité, estat et condicion qu'ilz soient, comme à leurs vrays Roys droicturiers et souverains seigneurs, et comme à telz leur prestent et facent prester et faire les foys, hommaiges et seremens en quoy et si comme ilz y seront tenus :

Et nous par ces presentes leur MANDONS, en les requerans sur les foy et loyautez esquelles ilz sont et seront tenuz à nous, à nostredit et autres ainsnez filz de nozdiz successeurs, et à ladicte couronne, que ainsi le facent et accomplissent chacun en droit soy; cessans et regetez tous contrediz et delaiz.

Et en oultre, voulons et ORDONNONS que toutes les deliberacions, appointemens et conclusions qui par la maniere dessus declairée seront faictes et prinses ès fais, affaires et besongnes dessus touchées, soient advisées, prinses et concluses, selon les voix et oppinions de la graigneur et plus saine partie des plus prouchains et principaulx desdiz sang royal et conseil, et selon ce qu'il sera dit et advisé pour et aux bien et prouffit de nostredit et autres ainsnez fils dessusdits dudit royaume, et des faiz, affaires et besongnes devant dictes.

Toutes lesquelles choses cy-dessus exprimées, et chascunes d'icelles, nous voulons, decernons, declairons et establissons par la teneur de ces lettres, avoir, prendre et sortir plain et entier effect ores et ès temps advenir, et que elles aient et obtiegnent force et vigueur de loy, edict, constitution et ordonnance perpetueles, estables et non jamais revocables, et senz ce que aucun ou aucuns de quelconques autorité et condicion qu'il soit et use, ou soient et usent, y puissent ou doient faire aucunes interpretacion, mutacion ou changement, contre la teneur de ces presentes; nonobstant quelxconques contraires lois, constitucions, edictz, ordonnances, usaiges, coustumes, observances et lettres perpetueles et temporeles, soubz quelconque forme de paroles que elles soient faictes par nostredit seigneur et pere et autres noz predecesseurs, ou par nous (1), sur le fait ou gouvernement de nostredit et des autres aisnez filz des Roys de France, et autres lettres et choses quelconques, jasoit ce que ne soient cy exprimées, qui pouroient au contenu en ces presentes, faire ou porter prejudice ou derogacion quelconques; lesquelles nous voulons estre de nul effet et valeur, et par ces lettres revoquons, cassons et mettons du tout au néant.

Et s'il advenoit, que Dieu ne veuille, que par inadvertence, importunité ou autrement, nous octroïssons ou commendissons, ou eussions octroyé et commandé aucunes lettres qui aucunement peussent estre derogatives ou prejudiciables aux choses dessus touchées, ou feissions aucune autre chose au contraire, nous, dès maintenant les declairons et decernons nulles et de nul valeur, qu'il n'y soit obey, ne aient force ou vigeur contre la forme et teneur de ces presentes.

Toutevoies par icelles nous ne entendons deroguier à certaine constitucion (2) et ordonnance aujourd'huy par nous faicte en faveur de nostredit ainsné filz le duc de Guienne, et de nozdit autres enfans; ainçois, voulons ycelles constitucion et ordonnance demourer en leur force et vigueur.

Si donnons en mandement et enjoignons estroictement à noz amez et feaulx conseillers, les gens de nostre parlement, de noz comptes, et trésoriers à Paris, et à tous nos justiciers, officiers, vassaulx et subgiez, presens et avenir, ou à leurs lieutenans, à chacun d'eulx, si comme à lui appartendra, que contre noz presens loy, edict, constitucion et ordonnance, ilz ne viengnent, facent ou seuffrent venir et faire en quelconque maniere, ne pour quelque cause, couleur ou occasion que ce soit, ou puist estre, ores ne ès temps avenir, mais les gardent, tiengnent, et accomplissent et facent garder, tenir, et accomplir de point en point, sanz enfraindre. Et afin que ce soit ferme et stable à toujours, nous avons fait mettre nostre séel à ces presentes.

Données et lues publiquement et à haute voix en la grand chambre de nostre parlement à Paris, ou estoit drecié le lit de justice, lendemain de la feste de Noël, qui fut le 26e jour de décembre, l'an de grace 1407, et le 28e de nostre regne.

---

(1) V. les édits de 1374, 1392, avril 1403.
(2) Cette pièce est perdue; elle n'est pas parmi les pieces justificatives de l'Histoire de Charles VI. (Isambert.) Juvenal des Ursins en parle p. 190.

Par le Roy tenant son parlement, presens le Roy de Sicile, Mess. les ducs de Guienne, de Berry, de Bourbonnais et de Bavierre, les comtes de Mortaing, de Nevers, de Berry, de Clermont, de Vendôme, de Saint Pol, de Tancarville, et plusieurs autres contes, barons et seigneurs du sang royal, et autres, le connestable, vous, les archevesques de Sens et de Besançon, les evesques d'Aucerre, d'Angiers, d'Evreux, de Poictiers et de Gap, grand nombre de abbez, et autres gens d'eglise, le grant maistre d'ostel, le premier et autres presidens en parlement, le premier et plusieurs chambellans, grant quantité de chevaliers, et autres nobles, de conseillers tant du grant conseil et dudit parlement, comme de la chambre des comptes, des requestes de l'ostel, des enquestes et requestes du palays, des aides, du trésor, et autres officiers et gens de justice, et d'autres notables personnes en grant multitude.

RÉGENCE DU DAUPHIN (1).

N°. 400. — CONSTITUTION ou ORDONNANCE *portant que le Dauphin régenterait, et, comme régent, gouvernerait pendant la maladie du Roi* (2).

Paris, au lit de justice, 26 décembre 1407.

N°. 401. — LETTRES *portant* (3) *mandement aux officiers du Dauphiné de contraindre, par saisie du temporel, les prélats et autres ecclésiastiques à payer un demi-dixième imposé par l'assemblée du clergé pour l'union de l'Eglise.*

Paris, 3 janvier 1407. (C. L. IX, 277.)

---

(1) Juvenal des Ursins, p. 190, *Chron. de Monstrelet*, f° 32, 190 v°.

(2) Il paraît que les liaisons de la Reine avec le duc d'Orléans avaient fait connaitre la nécessité de lui retirer ses pouvoirs, parce qu'elle ne gardait pas la neutralité entre les princes. (Isambert.)

(3) On avait fait assembler à Paris, à la Toussaint de l'an 1406, des archevêques, cinquante évêques ou environ, des abbés, des députés de chapitres et des universités, ou les procureurs de ceux qui étaient absens, et autres tant de France et du Dauphiné, tous représentant le concile général des églises de ces pays, pour travailler à l'union de l'église, et à d'autres affaires concernan les libertés des églises de ce pays: il fut réglé dans ce concile, que pour subvenir aux dépenses qui étaient à faire, il serait levé un demi-dixième sur tous les bénéficiers et personnes ecclésiastiques de ces pays. (Vilevault, *tab.*)

N° 402. — ORDONNANCE *sur le nombre* (1), *les fonctions et les gages des officiers de justice et de finances* (2).

Paris, 7 janvier 1407. (C. L. IX, 279.)

Charles, etc. Avons fait pour ce assembler par pluseurs fois nostre grant Conseil, tant en nostre presence comme à part, où ont esté pluseurs tant de nostre sang et lignaige, comme de nostre grant Conseil, par l'advis et deliberacion desquelz nous avons fait, deliberé et Ordonné, faisons, deliberons et ordonnons ce qui s'ensuit.

(1) *Premièrement.* Que d'oresenavant pour le gouvernement de toutes les finances des aides de tout nostredit royaume (3) de Languedoyl, seront ordonnez trois generaulx tant seulement, lesquelz seront par nous esleuz en nostre grant Conseil, et ordonnez par noz autres lettres, et auront leurs gaiges ordinaires; et en oultre, auront de don de nous par chascun an pour soustenir leur estat, deux mille frans pour chascun d'eulx, et non plus; lequel don leur sera fait par nous en la fin de l'an qu'ilz auront servi oudit office, se il nous semble que ilz le aient bien desservi, et auront lesdiz trois generaulx pour faire les escriptures touchans le fait dont ilz sont chargiez, noz quatre clers accoustumés; c'est assavoir, maistre Jehan Gehe, Dreuë Porchier, Nicaise Bougis et Guillaume de Luce; pour toutes lesquelles finances desdis aides de tout nostredit royaume, recevoir et mettre ensemble, et les garder et distribuer par l'ordonnance desdis trois generaux, il y

---

(1) Voyez *Nouveau Répertoire*, v° *Office*. Henrion de Pensey, *Autorité judiciaire*, p. 95.

(2) Le fond de cette ord., qui contient 53 art., est tiré de celle du 7 janvier 1400, qui n'en contient que 24; celle-ci est imprimée à la pag. 856 du 6° vol. de ce recueil. Le préambule de ces deux ordonn. est semblable. Il y a des articles qui ne se trouvent que dans l'une ou dans l'autre; il y en a qui contiennent sur le même objet des dispositions différentes; il y en a qui, semblables sur le fond, présentent cependant quelques différences; il y en a qui sont absolument semblables. On n'a pas cru devoir faire réimprimer ici ces derniers articles, pour lesquels on renvoie au 6° vol. A l'égard des art. qui, semblables dans le fond, contiennent cependant quelques différences, on s'est contenté, lorsque ces articles sont longs, de faire imprimer les endroits qui sont différens. (Vilevault.)

(3) Il y a peut-être ici une faute dans le registre; car, dans le premier art. de l'ordonn. de 1400, on lit : « Des aides de tout nostredit royaume, tant de Languedoil comme de Languedoc, etc. » Ces mots, *tout nostredit royaume*, qui se lisent dans l'ordonn. de 1407, étendent aussi la disposition au Languedoc.

(Vilevault.)

aura un receveur general aux gaiges et drois accoutumez ; c'est assavoir, quant à ores, nostre bien amé Alexandre le Boursier qui par avant avoit esté par nous ordonné oudit office ; et oultre aura ledit receveur general par chascun an, don de nous de deux mille frans, et non plus, pour soustenir son estat et les charges qui surviennent oudit office ; pour laquelle recepte il aura un contreroleur ; c'est assavoir, quant à présent, Jehan de Laigny qui paravant l'estoit.

(8) *Item.* Afin qu'il soit obvié et pourveu aux inconveniens qui sont survenus, comme l'en dit, par les descharges que nous avons commandées ou temps passé, par lesquelles nous avons confessé aucunes fois avoir receu de pluseurs noz tresoriers, receveurs et autres gens qui s'entremettent de noz finances, tant de nostre demaine comme desdis aides, pluseurs grans sommes de deniers qui ont esté bailliées soubz umbre d'icelles descharges, lesquelles ne sont mie venues à nostre congnoissance ne aucunes fois à nostre proufit, nous avons ordonné et ordonnons que d'oresenavant nous n'en commanderons aucunes ; mais quant nous vouldrons avoir aucuns deniers pour faire nostre plaisir, tant de nostredit demaine que desdis aides, nous commanderons noz lettres adreçans auxdis tresoriers ou generaulx, de tele somme comme il nous plaira ; et ilz la feront baillier par le changeur de nostre tresor, ce qui sera des deniers de nostre demaine ; et par ledit receveur general, ce qui sera des deniers desdis aides, à celui qui gardera noz coffres ; lequel en baillera sa lettre de recongnoissance auxdis changeur ou receveur general, et non autrement, et rendra compte ladicte garde de nozdis coffres, en nostre chambre des comptes, et s'en acquittera par roole signé de nostre main et seellé de nostre séel secret ; quant à ce qui en sera despendu pour nous et pour nostre fait ou de nostre plaisir, et par quittance de ceulx à qui aucune chose en sera baillié par nostre ordonnance, par celui qui gardera noz coffres dessusdiz.

(9) *Item.* Voulons et ordonnons que d'oresenavant il n'y aura que une seule personne commise à la garde des deniers de noz coffres ; c'est assavoir, nostre amé premier varlet de chambre, Guillaume Foucault, escuier ; et à son institucion fera serement solennel aux sains Euvangilles de Dieu, sur la foy et serement qu'il aura à nous, et de privacion de son office, qu'il ne fera aucune recepte de quelques receveurs, se réaument et sens fraude il n'a receuz comptans les deniers ; et semblablement n'eu fera

despense, se réaument et sens fraude il n'a paié en deniers comptans les sommes de deniers dont il fera la despense; et tous autres, excepté ledit Guillaume Foucault lequel nous voulons et ordonnons estre et demourer oudit office de la garde de nozdis coffres, comme dit est, rappellons et revoquons par ces présentes.

(10) *Item*. Pour ce que de nouvel pluseurs noz conseillers, officiers et autres personnes, ont accoustumé de nous demander robes chascun an, qui n'agueres n'avoit mie esté acoustumé, nous avons ordonné que d'oresenavant nous n'en donnerons aucunes; excepté seulement celles qui ont accoustumé de estre donuées d'ancienneté par noz predecesseurs Roys; et mesmement du temps de feu nostre très-cher seigneur et pere que Dieux absoille; et se par importunité de requerans, aucuns dons en faisons, nous defendons qu'il n'en soit rien seellé, expédié ne passe en compte.

(11) *Item*. Avons ordonné et voulons (*voy.* art. 12 de l'ordonnance de 1400.)...; et de ce que la octroyerons en la presence et à l'oye de ceulx de nostre sang et lignaige, et des gens de nostre grant conseil, seront faictes noz lettres par noz secretaires et notaires à ce ordonnez, qui seront présens oudit conseil, ausquels nous commanderons; et ne se feront aucunes desdictes requestes à autres jours que ledit jour de conseil, si n'est pour aucun ex privillegiez et necessaires; et seront enregistrez en nostre chancellerie tous les dons que d'oresenavant ferons touchant finances et defendons.... qu'ilz n'en mettent aucune à exécution; et en oultre defendons à nozdis secretaires et notaires, sous peine de privacion de leurs offices, que de dons quelzconques dont ils aient commandement en presence de partie, ne facent et ne signent aucunes lettres, et n'y mettent (1) aucunes nonobstances s'il ne leur est dit et commandé par exprès.

(12) *Item*. Avons ordonné et voulons que pour le gouvernement de toutes noz finances venans en quelque maniere que ce soit de nostre demaine de tout nostre royaume, nous aurons seulement deux tresoriers, saiges, preudommes, riches et expers tant en fait de justice comme de finances; et seront esleuz par bonne eleccion faicte en nostre grant conseil, appellez et presens à ce noz amez et feaulx gens desdis comptes; et auront lesditz tresoriers leurs gaiges ordinaires, et chascun mille frans de don cha-

---

(1) La clause de *nonobstant*, etc., par laquelle on déroge à des lettres antérieures.

enn an, ou au dessoubz, selon ce qu'ilz le desserviront; et auront nosdis tresoriers congnoissance de toutes choses appartenans à nostre tresor à Paris; et n'y aura plus aucuns tresoriers sur la justice; et se il survient aucunes doubtes en la chambre de nostredit tresor, nosdis tresoriers pourront avoir recours à noz gens de parlement et des comptes, et appellez de noz conseilliers desdiz lieux pour les conseillier de ce qu'ilz auront à faire, tels et en tel nombre que bon leur semblera.

(13) *Item.* Defendons.... (*art.* 14 *de l'ordonnance de* 1400).. et autres ediffices de nostredit demaine, soient bien et deuement reparez; et voulons que toutes expedicions de choses touchans et regardans nostre heritage et demaine, soient faictes en plain burel en nostre dicte chambre desdis comptes, et non autrement.

(14) *Item.* Pour ce que ès temps passez ont esté par importunité de requerans et autrement, fais et ordonnez pluseurs receveurs particuliers de nostre demaine, tant des amendes de nostre Parlement, de l'emolument de noz monnoies, des debtes et arreraiges de finances, de nouveaulx acquests, de finances de fiefz nobles acquis par nonnobles, de compositions de usuriers et autres contraux illicites, et autres, à la très-grant charge et dommage de nous et de nostre demaine, nous VOULONS et ORDONNONS que toutes les revenues quelzconques soient receues par noz receveurs et vicontes ordinaires, et le changeur de nostre tresor à Paris, ainsi que anciennement a esté acoustumé; et tous autres quelzconques revoquons et adnullons par ces presentes.

(15) *Item.* Nous defendons aux clerc et changeur de nostredit tresor, sur peine de perdre leurs offices, que nul tour d'escript ne soit d'oresenavant fait, sinon par *capiatis* de la chambre de noz comptes, ainsi que anciennement a esté acoustumé; et aussi que riens ne soit escript de recepte ne de despense oudit tresor, se elle n'est deuement faicte par ledit changeur.

(16) *Item.* Que en la fin de chascun mois, soit veu en plain burel en la chambre de noz comptes, l'estat de nostre tresor, tant en recepte que en despense, afin que par les gens de nozdis comptes, soit pourveu et remedié s'il y a aucune chose faicte (1) autrement que à point, ou que par eux nous soyons advertiz et advisez sur ce, pour y pourveoir ainsi qu'il appartendra.

(17) *Item.* Que les receveurs et vicontes des receptes et vicon-

---

(1) Cela peut signifier « contraire aux réglemens et aux ordonnances, et particulièrement à ce qui a été ordonné dans les art. précédens de cette ordonnance. »

tez de nostredit demaine, soient ordonnez, prins et esleuz de bonnes personnes souffisans et bien resseans, et que, se faire se puet, ils soient prins des païs où seront leurs receptes et vicontez, afin qu'ilz doient estre mieulx contens de leurs gaiges ordinaires; et soient esleuz et advisez par noz dictes gens des comptes et tresoriers; et seront muez par eulx yceulx vicontes de trois ans en trois ans, ainsi qu'il a esté acoustumé, et par nos lettres : et semblablement de noz autres receveurs, se bon semble à nozdicts gens des comptes et tresoriers, et se de present en y a aucuns esdis offices qui ne soient souffisans et prouffitables pour nous, nous voulons que tantost et hastivement y pourvoient en leurs lieux d'autres bons et souffisans, sans faveur ou accepcion de personne, et par noz lettres.

(18) *Item.* Voulons et ordonnons que le nombre des maistres des eaues et forests de nostre royaume, dont nostre amé et féal cousin conseillier le conte de Tancarville est souverain maistre et general refformateur, demeure ainsi qu'il estoit par avant, c'est assavoir, en nos païs de Picardie et de Normendie, nos amez et feaulx chevaliers Ector de Chartres, Jehan de Garancieres et Jehan de Guise, en noz pays de France, de Champaigne, de Brie et de Touraine, noz amez et feaulx Jehan de Beaumont escuier, et Gauchier du Chastel chevalier; et en nostre pays de Xainctonge, nostre amé Pierre Especaut escuier; et serviront à leurs gaiges et drois ordinaires seulement, et n'aura en nozdits pays de Champaigne et de Brie, aucuns gruyers.

(19) *Item.* Avons ordonné et ordonnons que sur le fait de noz monnoies, ait seulement quatre generaulx maistres, ainsi comme d'ancienneté a esté fait, et pour ce que de present en y a six qui sont bons et souffisans, et ont longuement servi, il nous plaît et voulons qu'ilz y demeurent, par ainsi que les deux premiers lieux et offices desdis generaulx maistres qui vacqueront, ne seront point impetrables, et ne demourra seulement que le nombre de quatre generaulx maistres desdictes monnoyes.

(20) *Item.* Que d'oresenavant... (*art.* 18 *de l'ordonnance de* 1400)...... et y soient expers; et pour ce que plusieurs de noz conseilliers et officiers oudit parlement, par importunité ou autrement, ont obtenu de nous octroy de leurs gaiges à vie, jusqu'à ce que les aucuns ne nous aient gueres longuement servi, et pour ce entreprennent commissions et delaissent souventesfois l'exercice de leurs offices en nostredicte court de parlement, où très grant dommage et prejudice de nous et de toute la chose publique

(22) *Item*. Que quant les sieges..... (*V. l'art.* 20 *de l'ordonnance de* 1400)..... sans faveur ou accepcion de personnes, et qui demeurent et facent residence sur leurs offices en leurs personnes; et s'aucuns autres en y a de present, il y soit tost pourveu par bonne eleccion de nostre grand conseil, et auront lesdis seneschaulx et baillis leurs gaiges ordinaires seulement ; et s'il nous plaist, etc.

(23) *Item*. Et pour obvier à ce que les emolumens des seaulx de noz tabellionnages ne diminuent, ainsi qu'ilz ont fait ou temps passé, parce que nous avons donné ou permis à prendre à aucuns de noz bailliz et seneschaulx, les emolumens de leurs seaulx, lesquelz ont atrait à eulx soubz umbre desdis octroys, grant partie des emolumens des seaulx de nozdis tabellionnages, et aussi que lesdis baillis et seneschaulx pourroient estre plus enclins en leur faveur pour convoitise de l'emolument de leursdis seaulx, de faire longuement durer les procès pardevant eulx, et multiplier mandemens, commissions, actes et autres lettres et escriptures, ou très-grant grief, dommage et prejudice de nostre peuple, et diminucion de nostre demaine, nous voulons et ordonnons que doresenavant tous les seaulx et escriptures de nozdis baillis et seneschaulx, soient bailliez à ferme à nostre prouffit.

(24) *Item*. Semblablement voulons et ordonnons pour les causes et considérations dessus touchiées, que les seaux et escriptures des vicontez de nostre pays de Normendie, soient bailliez à ferme à nostre prouffit, et pour ce que les charges desdictes vicontez sont plus grandes et onereuses les unes que les autres, nous voulons que par bonne deliberacion de nostre conseil estant en nostredicte chambre des comptes, à ce présens et appellez des gens de nostre grant conseil, leur soit faicte provision et ordonnance de gaiges telz comme il sera par eux avisé, et par noz lettres.

(25) *Item*. Pour les très-grans clameurs et complaintes que eues avons des griefs et oppressions qui ci-devant ont esté faisi nostre peuple, des personnes qui ont tenues à ferme noz prevostez par tout nostre royaume, nous voulons eschever telles choses et en relever nostredit peuple, avons ordonné et ordonnons que présentement et doresenavant toutes lesdictes prevostez seront bailliées en garde, et y seront mises et establies bonnes et souffisans personnes des lieux et des pays ou des plus prochains, par bonne eleccion qui s'en fera en la chambre de noz comptes, presens et appelez à ce aucuns de nostre grant conseil et de

de nostre royaume, nous revoquons et adnullons par ces présentes, tous octroys et graces par nous à eulx fais de leursdis gaiges à vie, et à ceulx qui bien et longuement nous auront servi, et ausquels nous verrons estre convenable de faire aucune provision et grace sur ce, nous pourverrons ainsi qu'il appartendra et que bon nous semblera.

(21) *Item.* Que le nombre ancien de noz conseilliers en nostredicte chambre des comptes, y demeure, et aux gaiges accoutumez, c'est assavoir, le president prelat, le grant boutillier de France, qui du droit de son office y doit estre, et les quatre maistres et les quatre lais; et en oultre voulons que nos amez et feaulx conseillers maistre Regnaut de Coulons, maistre Jehan Crete et François Chanteprime, et les substituez en leurs lieux, usent et joyssent à plain des graces que sur ce leur avons octroyées : aussi voulons que nostre amé et féal conseillier Jehan Chanteprime, trésorier et garde de nos chartres, soit et demeure de nostredicte chambre, à ses gaiges accoustumez; et quant à noz autres conseilliers qui audevant de nostre présente ordonnance estoient extraordinaires en nostredicte chambre des comptes, nous les pourverrons de telz estas et offices que en notre conseil sera advisé; mesmement des premiers lieux, gaiges et drois ordinaires qui vacqueront en nostredicte chambre. Voulons aussi et ordonnons que noz amez et feaulx maistre Jehan de la Croix et Nicolas Des Prez, lesquelz avions ordonnez maistres lais extraordinaires de nozdis comptes, retournent en leurs lieux et offices, gaiges et droiz de clers ordinaires de nostredicte chambre, tout ainsi et par la forme et manière qu'ilz estoient audevant que nous les retenissions maistres lays extraordinaires d'iceulx comptes; et quant au nombre de noz clers d'embas en nostredicte chambre, nous voulons qu'ils demeurent comme il a esté d'ancienneté sans aucune creue; nonobstant quelxconques lettres par nous octroyées ou à octroyer au contraire. Et pource qu'il est à present debat d'un des lieux, gaiges et drois ordinaires de clerc en nostredicte chambre, entre deux concurrens, il nous plaist et voulons que par bonne élection qui faicte sera en nostredicte chambre, celui d'iceulx concurrens qui sera esleu, eu regard à son long service, experience et souffisance ou fait desdis comptes, ait lesdis lieu, gaiges et drois ordinaires, et que l'autre ait la subrogacion de maistre Estienne de Bray, l'un des maistres clers de nostredicte chambre, subrogué ou lieu dudit maistre Regnault de Coulons.

court de nostre parlement et de noz tresoriers, sans aucune faveur et accepcion de personne; et leur seront ordonnez et tauxez gaiges souffisans selon les estas et charges qu'ilz auront esdis offices, et tout par noz lettres passées par nozdis conseillers, et faistes par les greffiers de nostredicte chambre des comptes, et non autrement.

(26) *Item.* Pour semblablement relever nostredit peuple des très-grans griefz et oppressions qu'il a eu par la grant multitude des sergens extraordinaires qui ont esté fais et creez en plusieurs parties de nostre royaume, nous avons ordonné et ordonnons que en nostredit royaume ne demourra mais que le nombre ancien de nozdis sergens; et tous autres sergens quelzconques extraordinaires revoquons par ces presentes.

(27) *Item.* Quant à noz amez et feaulx les maistres des requestes, etc. (*V. l'art.* 21 *de l'ordonnance de* 1400.)

(28) *Item.* Que pour estre à noz conseils, soient treize de noz secretaires qui aient les gaiges de secretaires et non autres; c'est assavoir, etc.; à tous lesquelz nous deffendons très-expressément qu'ilz ne signent aucunes lettres touchans finances, se elles ne sont passées et à eulx commandées par nous estant assis en nostre conseil, et à l'oye de noz conseillers qui y seront, et par la maniere que dessus est exprimé; et voulons que à chascun de noz conseils ne demeurent que deux de noz secretaires; c'est assavoir, un civil et un criminel.

(29) *Item.* Quant au nombre des gens de nostre grant conseil, il sera par nous reduit et ramené à nombre competant, tel comme nous adviserons et ordonnerons par noz autres lettres.

(30) *Item.* Nous ordonnons et defendons très-expressement à tous nosdiz officiers, et à chascun d'eulx, sur les peines accoustumées, qu'ilz ne pregnent ne reçoivent aucuns dons corrompables, ne gaiges ou pensions de quelque seigneur ou personne que ce soit, fors de nous seulement; se ce n'est toutevoye par nostre congié et licence.

(31) *Item.* Pour ce que par cy-devant par très-grant convoitise, pluseurs se sont ingerez de obtenir offices de nous, tant de justice que de recepte, comme maistres de noz eaues et forests, baillis, seneschaulx, vicontes, receveurs, advocas et procureurs, et yceulx offices ont resignez pour leur proufit particulier et singulier, ou autrement en ont prins proufit en les delaissant à autres personnes, laquelle chose est de très-mal exemple; nous defendons expressement par ces presentes à tous nozdiz officiers,

sur la foy et serement qu'ils ont et auront à nous, et de privacion de leursdiz offices, que ilz n'en pregnent aucun proufit par quelque voie ou manière que ce soit, et aussi sur peine de perdre iceuls proufis, et à nous estre appliquiez.

(32) *Item.* Voulons et ordonnons que les ordonnances pieça faictes par noz très-chiers seigneurs ayeul et pere, dont Dieu ait les ames, de non donner ou aliener aucune chose du demaine de la couronne, et par lesquelles ilz rappellerent et revoquerent tous dons et alienacions qui faictes en auroient esté depuis nostre très-chier seigneur le Roy Philippe le Bel, soient tenues, gardées et exécutées; et semblablement de celles que derrenierement avons faictes le derrenier jour du mois de fevrier, l'an mil CCCC et un, par lesquelles avons rappellé et revoqué tous dons et alienacions par nous faictes dudit demaine : toutesvoyes nous n'entendons point que en ce soient comprinses les douze mille livres de terre que baillé avons à nostre très-chier et très-amé le Roy de Navarre, et aussi ce que nous sommes tenus bailler à nostre très-chier et très-amé fils le duc de Bretaigne pour le retour des terres de Nivernoix et de Rethelois.

(33) *Item.* Avons ordonné et voulons que aucuns de nos conseillers, de quelque estat qu'ilz soient, ne prengnent sur nous pour estre à nostre conseil, que uns gaiges ou pension seulement; et defendons, etc.

Et pour ce que ces ordonnances, lesquelles nous avons faictes par grant et meure deliberacion de nostredit conseil, pour le bien de nous et de nostredit royaume et de la chose publique d'icellui, comme dessus est dit, soient tenues et gardées selon les forme et teneur, nous qui voulons les tenir et tendrons sans enfraindre, avons ordonné et voulons que ceulx de nostre sang et lignaige et de nostre grant conseil à ce presens, les jurent tenir et garder en tant comme en eulx est et sera, et ne nous feront aucunes requestes au contraire; ainçois se aucunes nous en sont faictes par autres, ilz les empescheront en tant comme ilz pourront. Voulons et mandons que nozdictes gens de parlement et des comptes et nozdis tresoriers, et tous autres gens de nostredit conseil, sitost qu'ils en seront requis, les jurent tenir et garder comme dessus; et mandons et enjoingnons très-estroitement à nostredit chancellier que se par inadvertance, par importunité de requerrans ou autrement, nous octroyons aucunes lettres qui aucunement deroguent à noz ordonnances dessusdictes, ou à aucuns articles d'icelles, il ne les scelle point. Mandons aussi et enjoinguons très expressément à nos amez et feaulx lesdictes gens de nostredit parlement et de nostredicte chambre des comptes et tresoriers à Paris, auxdis généraulx conseilliers, et à tous noz autres justiciers et officiers, etc.

Donné, etc. Par le Roi en son grant conseil, où le Roi de Sicile, messeigneurs les ducs de Berry et de Bourbonnois, les comtes de Mortaing, d'Alençon et de Vendosme, vous, le grant maistre d'ostel, le sire d'Omont, messire Guillaume Martel, le sire d'Yvry, messire Robert de Boissay, le Galoys, d'Aunoy, messire Charles de Savoisy, et plusieurs autres, estoient.

N°. 405. — LETTRES *portant que les protocoles des notaires appartiendront, suivant la disposition du droit, à leurs héritiers, légataires ou donataires.*

Paris, 9 janvier 1407. (C. L. IX, 289.)

CAROLUS, etc. Gubernatori nec non omnibus et singulis judicibus, officiariis et justiciariis dicti nostri Dalphinatûs, præsentibus et futuris, vel eorum locatenentibus: salutem.

Pro parte universitatis subditorum nostrorum ejusdem Dalphinatûs, nobis fuit expositum conquerendo, quod licet notarii seu tabelliones in eorum testamentis seu aliis suis ultimis voluntatibus, possint secundum juris communis dispositionem (1), protocolla sua, sive comoda aut emolumenta provenire debentia ex eisdem, tanquam res suas proprias legare, relinquere seu donare liberis suis, seu eorum parentibus et amicis quibus volunt, et aliàs de eisdem disponere pro libito voluntatis, et quod ipsis ex testamento vel ab intestato decedentibus, liberi aut alii legitimi et proximiores eisdem sic decedentibus in et super præmissis succedere debeant et succedant, non nulli ex vobis officiariis nostris modernis, ac cæteri prædecessores vestri jam per aliqua tempora, protocolla ipsorum notariorum sic decedentium, aliis personis quam eorumdem notariorum liberis, hæredibus et parentibus, contra voluntatem hujusmodi notariorum sic decedentium, ac juris communis dispositionem, dedistis et dederunt seu tradidistis et tradiderunt, liberos et hæredes ac legatarios et donatarios, parentes et amicos jam dictos, in ejsdem ex testatoris voluntate vel juris communis dispositione succedentes succedere debentes

---

(1) On appelait ainsi les registres dans lesquels les notaires écrivaient de suite les actes qu'ils passaient. (V. le *Glossaire* de Du Cange, au mot *Protocollum*.

ipsis protocollis, juribus et emolumentis eorumdu et ad ipsos occasione et pretextu dictæ dispositionis juris communis, pertinentibus et spectare debentibus, privando in eorum grande præjudicium et gravamen, sicut dicunt, nostrum remedium implorantes : quocirca nos iis attentis, et convenientius esse liberos et hæredes ac parentes seu propinquos et legatarios dictorum notariorum, quam extraneos, in jam dictis protocollis, juribus et emolumentis succedere debere, vobis et vestrum cuilibet, prout suo incumbit officio, et in futurum spectabit, harum serie præcipimus et MANDAMUS, districtè injungendo, quatenus contra voluntatem et dispositionem ipsorum notariorum, ita, ut præfertur, decedentium, jurisque communis observanciam, in et super præmissis nihil faciatis seu attemptetis, sive fieri, attemptarive patiamini; quinimo, ipsorum voluntates et dispositiones extremas, dum modo juri communi non repugnent, in eisdem observetis et observari à cætero faciatis, ipsa protocolla liberis et hæredibus, aut propinquis vel legatariis et donatariis, prout jura et dispositiones prætactæ volunt, relinquendo, circa custodiam et grossationem (1) protocollorum hujusmodi providendo debitè et securè : si vero contra præmissa aliquid factum aut attemptatum à data præsentium fuerit, ad statum debitum reducatis seu reduci faciatis indilatè : quoniam sic fieri volumus et jubemus, de graciâ speciali, si sit opus; nonobstantibus quibuscumque litteris subrepticiis contrariis, in contrarium impetratis vel impetrandis, obtentis vel obtinendis, sub quacumque verborum formâ existant. — Datum, etc.

Per Regem Dalphinum, ad relationem consilii.

N°. 404. — LETTRES *portant que si le jour de l'Ascension prochain il n'y a pas un Pape reconnu unanimement par toute l'Eglise, le Roi prendra le parti de la neutralité.*

Paris, 12 janvier 1407. (C. L. IX, 290.) Publiées au parlement de Paris le 25 mai 1407 (2).

CHARLES, etc. A tous ceuls qui ces présentes lettres verront : salut. Comme depuis qu'il a pleu à Dieu de sa très-benigne grace

---

(1) Les grosses, les expéditions des actes qui étaient inscrits dans les protocoles. (V. le *Glossaire* de Du Cange, au mot *Grossa*.)

(2) Il doit paraître singulier que des lettres qui avaient été lues et publiées au parlement, l'y soient encore une seconde fois quatre mois après; mais il me paraît certain que cette seconde publication n'est point celle des lettres du 12 janvier 1407, et que c'est la publication des lettres du 25 mai 1408. (Vilevault.)

nous appeler à la couronne et au gouvernement de nostre royaume, pour la très-grant compassion, tristesse, douleur et déplaisir que nous avons tousjours eu et avons au cuer de la division et très-douleureux et pernicieux scisme qui est et si longuement a esté en l'Églisé de Dieu, par le debat des contendans à la dignité du papat, en grant esclande de toute la chrestienté, mesmement des Roys et des princes ausquelx appartient plus de y travaillier, et à l'esjouissement des ennemis de la foy catholique, aions en ensuivant noz prédécesseurs Roys de France très-chrestiens qui plusieurs foiz ont secouru à l'Église en cas semblables et autres, très-diligemment et continuelement vacqué, entendu et labouré avec plusieurs Roys, princes et autres devotz chrestiens, à trouver voies et manieres convenables pour oster et extirper du tout ledit scisme, si que nous puissions veoir à noz jours paix et union en nostre mere Saincte Église; et pour y proceder plus meurement et seurement, avons par pluseurs et diverses années et grans intervalles fait assembler pardevers nous en nostre ville de Paris, les prelas et le clergié et plusieurs des princes de nostre sang, barons, universitez des estudes, et autres sages et preudommes de nostre royaume, en très-grant nombre, pour avoir sur ce leur advis et conseil, et fait faire legacions et ambaxates très-notables et solennées, tant devers lesdiz contendans du papat, et chascun d'eulx, comme devers plusieurs Roys et princes de l'une et de l'autre des deux obeissances, en les exhortant de labourer et faire chacun en son endroit tant et en telle manière que nous puissions briefment avoir ladicte paix et union, si comme ces choses sont assez notoires en plusieurs royaumes de la chrestienté; et ce nonobstant ne soit encores ycelle matiere appoinctée ne ainsi avancée et disposée à prendre fin au bien de ladicte union, comme elle peust et deust estre se lesdiz contendans et leursdiz colleges y eussent procédé et procedassent si diligemment et de sy bonne et vraye entencion et affection comme ils deussent et sont tenus pour le bien de la chrestienté:

Savoir faisons que nous, les choses dessusdictes considerées, et autres pluseurs qui sont sur ce à considerer, veans et cognoissans evidemment que pour les proffis, plaisirs temporelz et honneurs que lesdiz contendans y ont euz par l'obeissance qui depuis le commencement dudit scisme a esté et est donnée, faicte et prestée ausdiz contendans, ilz ont esté et sont remis et negligens de venir à ladicte union, et pourroient encores estre plus ou temps avenir, se pourveu n'y estoit, en grant desolacion de nostredicte mère Saincte Eglise et de tout la chrestienté, voulans y obvier de nostre part, avons par très-grant et meure deliberacion de conseil de pluseurs de nostre sang et lignage, prelaz, barons, docteurs, et autres saiges et preudomes de nostre royaume, à ce appelez pardevers nous, aians Dieu seulement et leur salut devant les yeulx, conclud et déterminé, et par la teneur de ces presentes, de nostre certaine science, concluons et déterminons que ou cas que dedans le jour de la feste de l'Ascension nostre Seigneur proschainement venant, n'aurons union en nostredicte mère Saincte Eglise, et un seul, vray et sans doubte Pape et pasteur de l'Eglise universelle, nous, le clergié, et autres gens de nostredit royaume, et aussi de nostredit Daulphiné de Viennois; serons neutres, ne ferons, presterons ou donnerons, ne souffrerons par aucun de nos subgiez estre donné dès lors en avant, aucune obeissance à l'un ne à l'autre d'iceulx contendans qui tiegne ou occupe ledit estat, jusques à ce qu'il y ait un seul, vray et sans doubte Pape et pasteur de l'Église universelle, comme dit est, et ainsi le entendons faire signifier et savoir par noz autres lettres patentes ausdiz contendans et à leursdiz colleges, et à plusieurs rois, princes, prélaz, barons et communautez de l'une et de l'autre desdictes obéissances.

Si donnons en mandement par ces présentes à nos amez et feaulx les gens de nostre parlement à Paris, et à tous noz autres justiciers et officiers, à leurs lieuxtenans, et à chascun d'eulx qui se ce sera requis, etc.

Par le Roy, en son conseil, ouquel le roy de Secile, messeigneurs les ducs de Berry, de Bourbonnois et de Baviere, les contes de Mortaing, de Clermont et de Vendosme, le connestable, vous le grant maistre d'ostel, et autres estoient.

N°. 405. — LETTRES (1) *qui défendent de faire des assemblées sans la permission du Roi, et à l'université de Paris d'indiquer et de convoquer des assemblées du peuple.*

Paris, 18 février 1407. (C. L. IX, 203.) Publiées au Châtelet et dans les carrefours le 7 avril.

CHARLES, etc. Au prevost de Paris, ou à son lieutenant : salut. Comme à quelque personne que ce soit, de quelconque auctorité

---

(1) V. la note sur l'ordonn. du 29 novembre, p. 155.

rité ou prééminence que elle use en nostre royaume, soit nostre ainsné filz ne autre, excepté à nous seulement qui sommes seul souverain seigneur en nostredit royaume, ne loise ne apparteigne faire convocacion ne assemblée de peuple en ycellui nostre royaume, sens noz licence et exprès commandement, et ceulx qui feraient le contraire, encherroient envers nous en crime de lesemagesté; et pour obvier aux inconvéniens que de ce se pourroient ensuir, avons pieça fait crier, proclamer et faire deffendre publiquement en ceste nostre ville de Paris, et en pluseurs autres lieux de nostredit royaume, sur moult grans peines, que aucun ne presumast y faire aucunes convocacions ne assemblées de peuple sans noz licence et commandemens dessusdiz, si comme ce est assez notoire à tous; neantmoins si comme de nouvel est venu à nostre congnoissance, aucuns suppos de nostre amée fille l'université de l'estude de Paris, ou autres meuz de leur voulenté, soubz umbre de certaines couleurs, ont mis et atachié ou fait mettre et atachier en pluseurs églises de nostredicte ville de Paris, et ailleurs, certaines cedules pour induire, inciter et esmouvoir le peuple d'icelle de se assembler en certain lieu et à certain brief jour, en entencion et propos, comme nous avons entendu et sentons par vrayes semblables presumpcions et conjectures, de dire et proposer entre autres choses audit peuple, pluseurs paroles grandement prejudiciables et dommaigeables à nous, à nostredit royaume et à nos subgez et bien publique d'icellui, qui est chose de très-mauvais exemple, et s'en pourrait ensuir de très-grans dommaiges et inconveniens, se à ce n'estoit par nous pourveu de hatif remede.

Nous qui toute nostre entente et consideracion mettons, comme raison est et faire le devons, à gouverner et maintenir nozdiz subgiez de nostredit royaume en bonne paix et tranquilité, voulans et desirans prevenir et obvier aux choses dessusdictes, afin que aucune matière de discorde ne sourde entre eulx, par grande et meure deliberacion de nostre conseil, vous MANDONS, commettons et ENJOIGNONS estroictement, que incontinent sans aucun delay, vous deffendez et faites crier publiquement en nostredicte ville de Paris, en tous les lieux où l'en a accoustumez à faire criz, et par ces presentes deffendons à tous noz subgiez generaument de quelque estat et auctorité qu'ilz soient, sur peine de corps et de biens, que aucuns d'eulx ne aille à ladicte convocation ou assemblée ne assemblées; [et pour ce que nagaires ladicte université a fait faire certaine predicacion en l'eglise de Saint Martin des

Champs, contre nostredicte deffense..... en grant lesion de nostre seigneurie, et pourroit plus être se teles assemblées s'acoustumoient faire, vous MANDONS en commettant, se mestier est, que de ces choses vous vous informez bien et diligement, et tous ceuk que par vostre informacion en trouverez estre coulpables, punissiez les ainsy que au cas appartiendra;] toutesvoies nostre entencion n'est pas que se aucuns de ladicte université wellent prechier la parole en Dieu, ainsi que ilz ont acoustumé de faire, que ilz ne le facent que en la forme et manieres deuës, et que ilz ont acoustumé de faire ès églises de nostredicte ville de Paris, et non autrement; et oultre vous mandons et commandons par ces mesmes presentes, que vous faciez et faicte deffendre à tous les gens d'eglise d'icelle nostre ville de Paris, que ils ne seuffrent faire telles assemblées ou convocacions en leursdictes églises, sur certaines grans peines, et ce mesmes leurs deffendons par ces presentes; [et avecques ce, vous mandons et COMMANDONS que se pour le temps avenir aucuns de ladicte université vouloient faire ou s'efforçoient de vouloir faire telles assemblées ou convocacions, que incontinent vous faciez armer tous noz officiers et les sergens de nostre ville de Paris, et prendre ou faire prendre tous ceuk que vous en sariez estre coulpables, et les pugnir tellement que ce feust exemple à tous autres pour le temps avenir.]

Donné, etc.

Par le Roy, à la relacion du grant conseil, où le roy de Secile, mess". les ducs de Berry et de Bourgoingne, les comtes de Nevers et de Vendosme, vous, les evesques d'Angiers et de Saint Flour, le conte de Tancarville, le grant maistre d'ostel, le sire de Saint George, messire Jehan de Saulx et maistre Robert Macon, estoient.

N°. 406. — LETTRES *par lesquelles le Roi déclare qu'il se soustraira à l'obédience de Benott XIII, s'il ne fait la cession du pontificat dans le temps qui lui sera prescrit, et qu'il continuera de prendre les mesures nécessaires pour parvenir à l'extinction du schisme.*

(Paris, 18 février 1407. (C. L. IX, 294.)

KAROLUS, etc. Universis et singulis Christi fidelibus : salutem integerrimam, et ex schismatis nefandi tenebris, in splendorem veræ pacis celerem egressum.

Quoties propensiori studio nostrorum progenitorum egregia facta recolimus, et illos singulari quadam cura publicis utilitatibus ecclesiæ sacrosanctæ privatas semper posthabuisse perspicimus, adeò ut non tantum eam pressuris, adversitatibus, ærumnis, discordiisque liberaverint verum etiam infidelium cervice confracta, multos mortales suavissimo Christi jugo subegerunt, miro quodam ardore gloriosis istorum vestigiis inhærendo, schisma pestiferum quod in christiana gente jam nimis inveteravit, quantum in nobis fuerit, penitùs sepelire, et afflictis ecclesiæ lassisque rebus maturè succurrere defflagramus, sicuti semper syncero corde flagravimus, nihil prius aut antiquiùs habentes quàm ut concessam nobis divinitùs potestatem, in ecclesiæ suæ salutem conferamus.

Unde norunt benè christiani omnes quantos labores et quàm magnas impensas, quàmque graves sollicitudines adhibuerimus, et in convocacionibus variis ecclesiæ regni nostri, ac principum de nostro sanguine celebratis, causâ querendæ viæ qua schismatis, ac ipsorum qui huic causam et fomenta præbent; qualitate pensatâ, salubriùs, celeriùs ac faciliùs ad pacem veniretur; et posteàquam satis exploratè perspectum est viam cessionis amborum contendentium ad jus verum vel prætensum in papatu, longè ceteris omnibus preferendam, in legationibus per totum christianum orbem transmissis ut hujus viæ facilitate brevitateque cognitâ, per eam universi pacem concorditer peterent.

Postremâ vero hyeme, quia nos à tam sancto labore charitas desistere non sinebat, convocari rursum jussimus concilium regni nostri, ut quando superioribus laboribus obsistente temporum malitiâ, minus promovisse videbamur, etiam atque etiam scrutaremur quâ ratione impedimenta nostri laboris, et fomenta schismaticæ pravitatis amputare valeremus. In hoc autem concilio, dum humana tarditas in expedientium inventione laboraret, dum variatis sententiis aliud aliis negotio convenire judicaretur, dum conclusioni conclusio tractu temporis adjungeretur, præter spem humanam nova lux è coelis, sicut credimus, effulsit, incredibilique celeritate divinâ sapientiâ, superveniente, mox unionis fundamenta collocavit : nam et Papa Benedictus, et Angelus, Romæ nuper pro defuncto substitutus, uno, nisi fallimur, spiritûs sancti flatu tacti, prædictam viam cessionis pro cujus prosecutione tantopere desudavimus, literis suis acceptarunt, obtulerunt atque publicarunt, et se invicem ad accelerationem execucionis ejus vehementer hortati sunt.

Quibus rebus certiùs cognitis, exultanti alacritate ingentes gratias patri luminum retulimus, quod nunc tandem justiciæ rigore temperato, misericordi oculo ecclesiæ suæ calamitosis acerbissimisque languoribus medelam idoneam incipiat adhibere, nobisque viam adaperiat quam ulterius prosequi debeamus. Quare, si Deum iter monstrantem minus sequamur, ingrati reperiamur, et nostro tempore tanta misericordia indigni fiamus, ex tempore consilium capientes, concordi omnium consilio et consensu prohabito, decrevimus ad Papam Benedictum, et illum qui se Romæ Papam appellat, solemnes nostros et ecclesiæ regni nostri ambasiatores confestim mittere, qui ambos collaudantes magnifice, quod in hanc viam cessionis à nobis tanto ardore procuratam, ecclesiæ vero ipsi fructuosissimam descenderunt, Papam Benedictum omni precum instantiâ requirant ut ex habundanti declarationem suæ intentionis planè et clarè viam cessionis, semotis ambagibus et conditionibus acceptet, et eam exequi, omni viâ alia et omnibus aliis viis postpositis, promittat, bullasque infra terminum inferiùs prefigendum; scilicet, decem dierum ab insinuatione sua, super his tradat: et nihilominus ambos exhortentur et obsecrent atque obtestentur quod ad evitandam difficultates itineris, pericula personarum, querelas litium, tractus præparationum, occasiones aliarum viarum tractandarum, et alia pleraque discrimina formidanda, quæ pacem odiosè possent differre, velint absentes cedere uterque in loco suo, aut in manibus suorum collegiorum, aut per litteras exhibitas, aut procuratore constitutos, provisionibus tamen congruis ita prudenter adhibitis ut alteri de altero nullus metus fraudis posset oriri: qui si preces has audierint, mox ambo collegia, ruptâ morâ, summâ celeritate in locum eumdem convolabunt, et unici romani pontificis electionem celebrabunt. Quia vero ambasiatores præfati Papam Benedictum primo sunt adituri, ne fortè dilacionis occasionem quærendo dicat non antea certum se responsum daturum, quam illius romani domini oratores perspexerit, per eos instanter inquiretur ut propter accelerationem negotii, moras non admittat, in casu quo romanus ille sine conventione personali vellet cedere, et ut pari forma, nihil expectando, etiam se extunc cessurum offerat.

Quod si amborum voluntates à nobis in hac parte dissenserint, et non nisi in conventione personali cedere voluerint, hoc eorum propositum nullatenus impediendum, sed potius adjuvandum duximus, sperantes eumdem salvatorem qui cum eorum mentibus tam salubrem sententiam inspiravit, horum conventionem ad pacem faciendam affuturum. Sed si Papa Benedictus, quod prohibeat Deus, subterfugia quæsierit, et viam aut vias alias cessioni pretulerit, aut quovismodo negotium trahere aut protelare conatus fuerit, aut ille romanus cujus literæ conventionis personalis nullam faciunt mentionem, Benedicto in absencia locoque suo, vel per procuratorem cedere volente, obfirmatam sententiam extra conventionem personalem, aut alias cedere nullo pacto voluerit, ex nunc prout ex tunc confirmato DECERNIMUS et statuimus per concilii ecclesiæ regni nostri sententiam, et charissimarum nostrarum filiarum universitatum Parisiensis, Aurelianensis et Andegavensis deliberationem, quod nisi ante finem decem dierum ab ejus insinuatione computandorum, de via cessionis sine ambiguitatibus petita concesserit, et ante finem decem aliorum dierum proximè succedentium, de circumstantiis ejusdem viæ executionem respicientibus, ambasiatoribus prefatis satisfecerit, ab eo veluti à schismatico et ab ecclesia præsciso recedemus, nec ei obedientiam ulterius præstandam censebimus; ut pote in quo stetit quominus schismate divulso, pax desideratissima lugenti ecclesiæ reddita sit : simili quoque pœnæ, si qui ex suo collegio in tam duro proposito et ecclesiæ supra modum inimico sibi faverint, apud nos subjacebunt, deinde vero cardinales qui nobiscum in veritate perstiterint, apud quos potestas eligendi integra permanserit, cum altero collegio ad unici romani pontificis electionem faciendum convenient.

Si vero casus miserabilis inter cardinales omnes, quod Deus avertat, irrepserit quod in unam sententiam ad faciendam unionem nequeant concordare, nostri ambasiatores, nostræ ecclesiæ et regni nostri potestate fungentes, cum altera parte procedent ad unionem ecclesiæ tractandam et faciendam his modis ac legibus quas latiùs in suis instructionibus à nobis comprobatis exprimi voluimus, et prout in deliberationibus postremi concilii ecclesiæ regni nostri, et charissimarum filiarum nostrarum universitatum præscriptarum, super quibus instrumenta publica confecta sunt, extitit ordinatum.

Per regem, cum consilio dominorum Ludovici Siciliæ regis, ducumque Aquitaniæ, Bituricensis et Aurelianensis, atque Borboniæ, necnon patriarchæ Alexandriæ, atque prælatorum et procerum, necnon plurimorum aliorum ecclesiasticorum virorum et secularium de consilio magno regis.

N°. 407. — LETTRES *par lesquelles il est ordonné de contraindre par saisie du temporel et par autres voies, et nonobstant les appels interjetés au Pape et les menaces d'excommunication, les prélats et autres ecclésiastiques à payer le demi-dixième du revenu de leurs bénéfices, imposé par l'assemblée du clergé de France, pour subvenir aux frais qui sont à faire pour parvenir à l'union de l'Église.*

Paris, 5 mars 1407. (C. L. IX, 297.)

N°. 408. — LETTRES *portant* (1) *renouvellement de l'ordre donné aux lépreux de porter une marque sur leurs habits.*

Paris, 7 mars 1407. (C. L. IX, 298.)

N°. 409. — LIT *de justice présidé par le Dauphin pour entendre la justification de l'assassinat du duc d'Orléans par le duc de Bourgogne.*

Paris, hôtel Saint-Paul, 8 mars 1407. (Juvénal des Ursins, p. 190.)

N°. 410. — LETTRES (2) *d'abolition en faveur du duc de Bourgogne, au sujet de l'assassinat du duc d'Orléans.*

Paris, 9 mars 1407. (Juvenal des Ursins, p. 191. — Godefroi, p. 787.)

CHARLES, etc. Comme après le cas avenu de feu notre très-cher

---

(1) Les anciennes ordonnances étant tombées en désuétude, le Roi les renouvela par ces lettres, dont le duc de Berry ordonna l'exécution le 17 du même mois. (Vilevault.)

(2) Le duc de Bourgogne revint à Paris, à la tête d'un corps de troupes, et demanda une audience non pour s'excuser, mais pour faire sentir le service qu'il prétendait avoir rendu à l'État. L'orateur du duc de Bourgogne (Jean Petit, docteur en théologie) chargea de mille crimes la mémoire du duc d'Orléans. A peine eut-il achevé que le Dauphin, président de l'assemblée pendant la maladie du Roi, se leva, et chacun se retira sans rien dire. La Reine s'était réfugiée à Melun avec toute la cour. Le duc de Bourgogne devenu maître de la personne du Roi, profita des premières lueurs d'une convalescence momentanée pour obtenir des lettres d'abolition qui devaient bientôt être annullées. Le lendemain du jour où l'infâme Jean Petit avait entrepris la justification du duc de Bourgogne, par douze raisons, en l'honneur, disait-il, des douze apôtres, il répéta sa harangue devant le peuple, et fut universellement applaudi. (Villaret, tom. 13, p. 19. — Juvenal, même page.)

Jean Petit soutint qu'il était permis de tuer un tyran sans jugement, et ce, selon la loi naturelle, morale et divine, et que cela était honorable. Il a cité l'exemple du monstre de J. César et beaucoup d'autres. Le peuple de Paris applaudit à cette justification, tant le duc d'Orléans était devenu odieux. (Extrait des Chroniques de Monstrelet.) (Isambert.)

Voy. ci-après, 15 septembre 1408. (Vilevault.)

et très-amé frere le duc d'Orléans, que Dieu absolve, notre très-chier et très-amé cousin le duc de Bourgongne, doutant que par le rapport d'aucuns ses malveillans ou autrement nous eussions pris aucune desplaisance allencontre de lui pour occasion dudit cas, nous eût fait supplier qu'il nous pleust oïr en nostre personne se faire se pouvoit, ou commettre aucuns proches princes de nostre sang à oïr ses justifications sur ledit cas, et à ce faire, pour aucuns empeschemens que nous avions, eussions commis nostre très chier et très amé aîné fils le duc de Guyenne, dauphin du Viennois, et nos très chiers et très amez cousin et oncle le Roy de Jérusalem et de Sicille, et le duc de Berry, en la présence desquels pour ce assemblés en nostre hostel de Saint Pol à Paris, appelez et estans devers eulx plusieurs autres de nostre sang, et grand nombre de gens tant de nostre grand conseil comme de nostre parlement et de nostre chambre des comptes, et grande multitude de gens tant nobles comme autres, et tant de nostre amée fille l'université de l'estude de nostre dite ville de Paris, comme des bourgeois et autres d'icelle nostre ville et d'ailleurs.

Nostredit cousin à ce faire dire et proposer publiquement plusieurs cas touchant sesdites justifications, en réservant aucunes déclarations en temps et en lieu, et entre autres choses eut fait dire et proposer qu'il est par la grace de nostre seigneur extraict de nostre sang et maison de France, et si proche de nostre lignage comme nostre cousin germain en ligne masle, c'est assavoir fils de nostre très chier et très amé oncle le duc de Bourgongne que Dieu pardoint qui tout son vivant ayma si loyaument sous nostre gouvernation et nostre royaume, et allié avec nous par les mariages de nostredit fils de Guyenne et nostre très chière et très amée fille aisnée de nostredit cousin de Bourgongne, et de nostre très chière et très amée fille Michelle de France avec treschier et très amé fils le comte de Charolois, fils seul et héritier d'iceluy nostre cousin, et que il a et tient en nostredit royaume de belles et notables seigneuries, comme le duchié de Bourgongne, la comté de Flandre et la comté d'Artois, est pair de France et doyen des pairs, nostre homme lige et vassal; et à ces causés, il est tenu de entendre en toutes manières à lui possibles à la persuasion, dessuasion et seureté de nostre personne, de nostre lignée, et à l'honneur et bien de nous et de nostredit royaume.

Et pour ce qu'il avoit apperceu et appercevoit et estoit plainement certené et informé, si comme il fit dire et proposer que nostredit frère avoit machiné et machinoit de jour en jour à la mort et expulsion de nous et de nostre gouvernation; et tendoit par plusieurs voyes et moyens à parvenir à la couronne et seigneurie de nostredit royaume, il pour la seureté et persuasion de nous et de nostreditte lignée, pour le bien et utilité de nostredit royaume, et pour garder envers nous la foy et loyauté en quoy il nous est tenu, avoit fait mettre hors de ce monde nostredit frère, en nous suppliant que si, par le rapport d'aucuns des malveillans ou autrement, nous avions pris aucune desplaisance contre lui pour cause dudit cas à venir en la personne de nostredit frère.

Nous considérées lesdites causes pour lesquelles il le avoit fait faire voulissions oster de nostre courage toute desplaisance que par ledit rapport ou autrement pouvions avoir eu au regard de lui pour occasion dudit cas, et le avoir et tenir en notre singulier amour comme nous faisions paravant, et aussi ordonnons que il et ses successeurs seront et demeureront paisibles dudit fait et de tout ce qui s'en est ensuivy :

Et depuis encore nostredit cousin le duc de Bourgongne nous fait faire en sa présence semblable requeste et supplication tendans à cette fin, présens à ce nostredit aisné fils, nostredit cousin et oncle et plusieurs autres de nostredit sang et de nostre conseil et plusieurs autres;

Savoir faisons que nous, considérans la ferme et loyalle amour et bonne affection que nostredit cousin a eu et à nous et à nostre ditte lignée, et espérons qu'il aura toujours ou temps à venir, avons osté et ostons de nostre courage toute desplaisance que par le rapport d'aucuns malveillans de nostredit cousin ou autrement pourrions avoir eu envers lui pour occasion des choses dessus dites, et voulons que ycelui nostre cousin de Bourgongne soit et demeure en nostre singulière amour, comme il estoit paravant, et en outre de nostre certaine science voulons et nous plaist par ces présentes que nostredit cousin de Bourgongne, ses hoirs et successeurs soyent et demourent paisibles envers nous et nos successeurs dudit cas et fait et de tout ce qui s'en est ensuivy, sans ce que pour nous, nosdits successeurs, nos gens et officiers, ou les gens et officiers d'iceux nos successeurs, pour cause de ce, leur soit ou puisse estre donné ne mis aucun empeschement, ores ne pour le temps à venir.

Par le Roy, présens le roy de Sicille; messieurs les ducs de Guyenne, de Berry, de Bretagne et de Lorraine, les comtes de Mortaing, de Nevers et de Vaudemont, messire Jacques de Bourbon, M. l'archevêque de Sens, l'évêque de Poitiers, le comte de Tancarville, le grand maistre d'hostel, le sire d'Aumont, le sire d'Ivry, le sire de Dampierre, le Galoy d'Aunay et plusieurs autres.

N°. 411. — BULLE *du pape Benoit portant excommunication du Roi et de ses adhérens* (1).

Marseille, 24 mars 1407. (Chronique de Monstrelet, f° 49.)

N°. 412. — LETTRES *portant confirmation des statuts du corps des marchands merciers de Paris.*

Paris, mars 1407. (C. L. IX, 505.)

N°. 413. — LETTRES *qui fixent le prix des espèces d'or et d'argent qui seules doivent avoir cours, et qui renouvellent les anciennes ordonnances sur le fait des monnaies.*

Paris, 2 avril 1407. (C. L. IX, 188.)

Extrait.

(10) *Item.* Que nul, de quelque condicion ou état qu'il soit sur ladite peine, ne face aucuns contraulx ou marchez à somme de marcs d'or ou d'argent, ne à pièces d'or, mais seulement à solz et à livres.

(11) *Item.* Que tous tabellions et notaires jurent solempnellement qu'ilz ne feront ou passeront lettres de contraulz ou marchez qui soient faictz par quelque personne que ce soit, fors que à solz et à livres simplement; se ce n'est pour cause de vray prest, de garde ou dépost sans fraulde, et en traicté de mariaige, et vente ou retraict des héritaiges.

N°. 414. — LETTRES *par lesquelles il est ordonné de contraindre, par la saisie du temporel, les prélats à payer le subside imposé pour subvenir aux frais faits pour parvenir à l'union de l'Église.*

Paris, 3 avril 1407. (C. L. IX, 17.)

N°. 415. — LETTRES (2) *qui défendent toute convocation et assemblée du peuple sans permission du Roi, et ordonnent d'informer au sujet des prédications séditieuses.*

Paris, 6 avril 1407. (C. L. XII, 224.)

---

1) Elle fut remise au Roi à l'hôtel Saint-Paul, dans la chapelle, pendant la messe : le messager s'esquiva. (Isambert.)
2) Voy. celles du 28 février précédent, p. 170.

N°. 416. — Lettres *qui ordonnent au prévôt de Paris de juger sommairement, et sans ordonner d'appointement, les contestations légères qui s'élèveront par rapport à la reddition des comptes rendus par les exécuteurs testamentaires* (1).

Paris, 9 avril 1407, avant Pâques. (C. L. IX, 312.)

Charles, etc. Au prevost de Paris ou à son lieutenant : salut. Nostre procureur ou chastellet de Paris, stipulant en ceste partie pour le bien de justice et utilité de la chose publique, nous exposé que jasoit ce que après le trespas de pluseurs des decedez en vostre jurisdiccion, les cognoissances de leurs testamens et des fais de leurs execucions aient esté et de jour en jour soient soubmises à nostre juridiccion, et pardevant vous pour nous ; et que pour oïr les comptes du fait d'icelles execucions et testamens d'iceulx deffuncts, vous aiez accoustumé de donner et de fait donnez et deputez commissaires aucuns des examinateurs de nostre chastellet, pardevant lesquelz ès reddicions d'iceulx comptes ou autrement, surviennent pluseurs debas et altercacions, desquelles et desquelz, pour ce que ilz ne sont que referendaires, ils n'osent congnoistre, mais renvoyent tous iceux débas pardevant vous, sur quoy très-souvent est avenu et avient que les executeurs desdiz testamens d'iceulx deffuncts qui jamais ne vouldroient vuider leurs mains des biens d'icelles execucions, sont très-joieux de eulx bouter et enveloper en pluseurs et divers procès, tant à l'encontre des héritiers comme legataires et debteurs d'iceulx deffuncts et autres ; lesquelz procès tant pour les fuites et debas d'iceulx executeurs, et aucunes foys de leurs parties adverses sont très-prolix, parquoy les derrenieres voluntez desdiz decedens et testateurs demeurent non accomplies ou grant péril et detriment du salut de leurs ames, s'il est ainsy.

Pour ce est-il que nous voulans à ce pourveoir, qui en telz matieres qui sont très-favorables l'en doit proceder le plus sommairement que l'en pust, vous mandons, commandons et estroictement enjoignons en commettant, que les causes qui desja sont devolues et qui d'oresenavant seront introduites pardevant vous en telz matieres de submissions de testamens : c'est assavoir es cas des debas et altercacions qui sont intervenus et interviendront d'oresenavant sur les reddicions des comptes d'icelles execucions et testamens, vous procedez et faitez proceder sommierement

(1) V. Code de Procédure, art. 404, 527 et suiv.

de plain lesdictes parties, ycelles presentes ou deuement appelées à ce, sans les mettre sur yceulx debas et altercacions en procès par escrit, se la matiere dudit debat ne vous apparoit de tel effect, que bonnement sans grever partie ou egener son droit, ne le deussiez faire : car ainsi nous plaist-il estre fait par ces presentes.

Par le Roy, à la relacion du conseil.

N°. 417. — LETTRES *portant révocation des permissions données aux gens d'église de posséder pendant un temps les biens acquis par eux, sans payer finances, suivies d'instructions sur les fiefs acquis* (1) *par les non nobles et gens d'église.*

Paris, 27 avril 1408. (C. L. IX, 316.)

N°. 418. — LETTRES *qui établissent* (2) *Pierre des Essarts, prévôt de Paris, commissaire et réformateur sur le fait des halles de cette ville, pour corriger les abus qui s'y sont introduits, et faire observer les anciens réglemens à ce sujet.*

Paris, 8 mai 1408. (C. L. IX, 329.)

N°. 419. — LETTRES (3) *qui portent que les élections aux offices de présidens et autres gens du parlement seront faites par le parlement en présence du chancelier.*

Paris, 8 mai 1408. (C. L. IX, 32-.)

KAROLUS, etc. Quoniam nostra regalis celsitudo unicuique subditorum nostrorum jus suum tribuere, et ipsos subditos nostros justiciâ per quam firmum regni nostri fundamentum solidatur,

---

(1) V. le *Répertoire de Jurisprudence*, v° *Aliénation*.

(2) Tignonville, prévôt de Paris, ayant fait exécuter deux étudians accusés d'homicide, l'Université porta plainte contre ces prétendues violations de ses immunités, et ne put d'abord obtenir réparation. Elle ferma les classes et abandonna les chaires jusqu'au moment où Tignonville eût été destitué et obligé de se transporter aux fourches patibulaires, où les corps des deux criminels étaient exposés, de les baiser à la bouche et de les dépendre lui-même. Cette affaire, commencée en 1407, ne se termina qu'en 1408. Pierre des Essarts remplaça Tignonville dans les fonctions de prévôt de Paris. (Villaret, t. 13, p. 27 et suiv.)

(3) V. l'ordonnance de 1406, et celle de 1407, 7 janvier, art. 20. — Par des lettres du 10 mars 1407, Jean Tarenne ayant été nommé sans election à un *lieu de conseiller-clerc*, Charles VI, craignant que cet exemple ne tirât à conséquence, renouvela ses anciennes ordonnances touchant l'élection des conseillers du parlement. (V. Registres du parlem., vol. 13. — V. ordonn. 1388, 1400, et 3 janvier 1409.) — Ces élections durèrent jusqu'en 1420, selon M. Henrion, *Autorité judiciaire*, pag. 101.

protegere, virosque pro ipsa exercenda justicia et reipublice negociis dirigendis, tales eligere consuevit, quos novit litterarum sciencia, vita laudabili, honestate et moribus esse dotatos, ita quod in ipsis honor nostre celsitudinis refulgeat, et reipublice utilitas ex eorum judiciis subsequatur, dictique nostri subditi sub commisso nobis regimine, eadem mediante justicia, valeant in pacis tranquillitate confoveri.

Ex eo dudum quod per nonnullorum ad personarum pocius quam officiorum provisionem tendentium, seductivas subgestiones et peticiones illicitas de personis minus sufficientibus pro justicia exercenda et monstranda, retroactis temporibus quandoque provisum extiterat, propter quod factum justicie non ea qua decebat solercia poterat exerceri: nos, postquam dicti regni nostri gubernacula suscepimus, laudabilibus predecessorum nostrorum vestigiis inherentes, plerisque scandalis et inconvenientibus a propter insurgentibus possetenus obviare cupientes et volentes, ex matura nostri deliberacione consilii, plenaria nostra potestate et auctoritate regia, jam dudum et pluries irrevocabiliter ordinavimus, statuimus et decrevimus quod dum locis presidencium, ceterorumque consiliariorum nostrorum in nostra parlamenti curia occureret vacacio, de probis et notabilibus personis, scientificis et expertis, diversarum regni nostri parcium, solenni previa eleccione, et in presencia nostri cancellarii qui tunc esset, omni illicito favore postposito, assumendis provideretur eisdem; et nichilominus, vacante nuper loco dilecti et fidelis consiliarii nostri magistri Germani Paillart, de numero consiliariorum nostrorum clericorum in camera inquestarum dicti nostri parlamenti existentis, et loco defuncti magistri Reginaldi de Buciaco in camera dicti parlamenti nostri assumpti et instituti, magister Johannes Tarenne licenciatus in legibus et baccalarius in decretis, clericus, gratis et obsequiosis parentum suorum meritis erga nos multipliciter commendatus, ad requestam carissime consortis nostre regine, ac intercedentibus pro ipso carissimis patruo et consanguineis nostris, rege Jerusalem et Sicilie, Biturie et Burgundie ducibus, pluribusque aliis de stirpe nostra et de nostro magno consilio existentibus, nostras alias litteras sibi super hoc decima die mensis marcii ultimate preteriti concessas, tanquam consiliarius noster clericus, loco dicti magistri Germani Paillart, in predicta inquestarum camera, via eleccionis ordinaria, ex premissis et aliis certis et justis de causis nos moventibus, hac vice cessante et pretermissa, dictis eciam nostris ordinacionibus non obstantibus institutus extitit; et de hujusmodi officio sibi obtinuit provideri, ad cujus exemplar si talia pullulare pateremur, nonnulli ad officia dicte nostre curie contendentes, et sue nubilo ignorancie veraciter excecati, veris et solitis eleccionum liminibus derelictis, ad officia hujusmodi de cetero procurarent se assumi, quod nedum, in nostrum, sed eciam reipublice ac subditorum nostrorum prejudicium, ordinacionum nostrarum predictarum tam matura deliberacione digestarum subversionem, justicie contemptum, summi nostri honoris diminucionem, et dicte nostre superioris curie statûs et preeminencie lesionem cederet nisi nostra regalis magestas super hoc celeriter provideret.

Notum igitur facimus quod nos justiciam, ejus clarescentibus radiis, vehemenciùs elucescere, et dicte nostre curie judicia peramplius prefulgere et revereri, dictasque nostras ordinaciones ea propter nullum pati detrimentum, sed premissis inconvenientibus, prout dicte nostre incumbit majestati regie, totis pro viribus obviare, et quos deinceps dicte nostre curie insinuacione factâ et eleccione, studiosos meritisque et virtutibus prepollere noverimus pre ceteris in consiliarios nostros resumere et honoribus insignire cupientes, predictas ordinaciones nostras tanquam juri et racioni consonas ampliando, eas laudamus, approbamus et CONFIRMAMUS, et ex nostra certa sciencia, plenaria potestate et auctoritate nostra regia, temporibus affuturis teneri volumus et fideliter observari, absque eo quòd pretextu recepcionis et institucionis dicti magistri Johannis Tarenne, aut cujusvis alius, per quas nullum volumus eisdem ordinacionibus nostris prejudicium generari, effectus et execucio earumdem ullo unquam tempore quovismodo retardari valeant vel differri ; quinimo, volumus, statuimusque et EXPRESSE ORDINAMUS quod quociens alterius locorum predictorum vacacio dicte nostre curie innotuerit, eadem nostra curia, convocatis ipsius cameris, ad eleccionis celebracionem, omni morosâ dilacione semotâ, et absque alterius expectatione mandati, dictarum nostrarum ordinacionum tenorem inxequendo, procedere non retardet : decernentes ex nunc dona et concessiones ac litteras, si quas in contrarium dictarum nostrarum ordinacionum et voluntatum de cetero fieri vel concedi, aut à nobis ad cujuscumque persone, quâcumque auctoritate preeminenciâ seu dignitate fungatur, propter hoc nobis oblatam peticionem, vel aliter quomodolibet obtineri contingat, inanes, invalidas et nullas censeri, ac nullum debere sortiri effectum, sed eas penitùs cassamus, revocamus et adnullamus per presentes. Volumus insuper, et earum serie litterarum ordinamus, quod quociens contra presencium et dictarum nostrarum ordinacionum tenorem, effectum et execucionem, quis impedimentum apposuerit, aut suis nisibus apponere voluerit procurator noster generalis pro nobis partem se constituat ex adverso, et eos in processu contra quoscumque impedientes dicta nostra curia recipiat et admittat, ac partibus auditis, ordinet et determinet, justicia mediante, et prout eidem videbitur racionabiliter faciendum.

Quocirca dictis consiliariis nostris presens nostrum tenentibus et qui futura tenebunt parlamenta, damus tenore presencium in mandatis, ut presentes litteras, voluntatem et ordinaciones nostras solemniter publicari, etc.

Per regem, in suo consilio in quo dominus comes Nivernensis, dominus Jacobus de Ruillaco, dominus Robertus de Boissay, magister Petrus de l'Esclat, et alii erant.

N°. 420. — LETTRES *qui ordonnent aux gens du parlement et au prévôt de Paris de faire lire et publier des lettres dont il avait fait différer la lecture et la publication.*

Paris, 14 mai 1408. (C. L. IX, 351.)

N°. 421. — LETTRES *qui défendent d'aller au devant des viens qu'on amène à Paris.*

Paris, 17 mai 1408. (C. L. IX, 335.)

N° 422. — LETTRES *qui permettent aux marchands de bois, de foin, etc., d'arrêter ceux qui entreront dans leur bateau sans permission pour voler leurs marchandises.*

Paris, 18 mai 1408. (C. L. IX, 352.)

N°. 423. — ASSEMBLÉE *de notables en la salle du parlement* (1) *au sujet de la bulle d'excommunication du Pape.*

Paris, 21 mai 1408. (Mém. des pairs, p. 668. — Chron. de Monstrelet, f° 55.)

Ce jour ont esté assemblez entre la salle du palais et la chambre du parlement et les grandes galeries par bas ou grand preau par terre; le roy de Secile, duc de Berry, duc de Bourgogne et plusieurs autres seigneurs, ducs, comtes, barons, chevaliers, escuyers,

---

(1) V. les notes sur l'ordonnance du 5 juin ci-après.

bourgeois, archevesques, evesques, abbez, prélats, religieux et clergiés, et par especial l'université de Paris; et proposa M. Jean Courtecuisse, maistre en théologie publiquement, en prenant pour theme contre le pape Bénédic, qui avait envoyé une mauvaise bulle, par laquelle il excommunioit le Roy, son clergé et son conseil, qui avaient peine et peinoient et poursuivant l'union de l'église, tant par substraction d'obéissance que de pécunes, et de n'obéir à luy, ni à l'autre des contendans; *convertetur ejus dolor in caput ejus.* Et après que ledit maistre eust proposé douze raisons de la negligence dudit Bénédic à l'union poursuir et avoir, et du mal et vice desdites bulles excommunicatoires, en mettant consequemment six conclusions, a esté requis par l'université que lesdites bulles feussent déchirées.

N° 424. — LETTRES *portant qu'attendu qu'il n'y a pas de Pape unanimement reconnu par toute l'Eglise, le roi prend le parti de la neutralité* (1).

Paris, 25 mai 1408. (C. L. IX, 342.)

N°. 425. — LETTRES *qui défendent d'obéir aux bulles du Pape contenant excommunication du roi* (2), *des princes et du royaume, et qui portent que lesdites bulles seront lacérées, les porteurs décrétés de prise de corps, et les agens du pape conduits dans Paris et échaudés publiquement* (3).

Paris, en parlement, 5 juin 1408. (C. L. IX, 346.)

N°. 426. — LETTRES *portant que les bestiaux qui, des pays étrangers, viendront paitre dans le Gévaudan et dans le Vélay, ne seront point sujets aux droits de marque et de représaille.*

Paris, juin 1408. (C. L. IX, 349.)

---

(1) Le Roi avait ordonné, par ses lettres du 12 janvier 1407, que si à la fête de l'Ascension prochainement venant il n'y avait point de pape seul et vrai, lui et le clergé et le peuple de son royaume et du Dauphiné seraient neutres, et ne porteraient obéissance ni à l'un ni à l'autre des deux contendans. (Vilevault, *tab.*)

(2) Ci-dessus, pag. 179.

(3) L'exécution eut lieu le 23 août : les registres du parlement en font mention.

Isambert.

N°. 427. — LETTRES *qui portent que la ville de Périgueux et le Périgord jouiront des priviléges accordés aux autres domaines du Roi, et qu'en conséquence les interdits qui y auront été mis par des prélats et autres seront ôtés par le sénéchal du Périgord.*

Paris, août 1408. (C. L. IX, 398.)

N°. 428. — LETTRES *contenant réglement pour la sûreté et la tranquillité de Paris.*

Paris, 1er septembre 1408. (C. L. IX, 369.)

CHARLES, etc. Comme de tout nostre cuer et singuliere voulenté, nous aions tousjours esté et encores soyons desirans, de garder et tenir en bonne seurté, paix et tranquillité les villes et païs de nostre royaume, et mesmement nostre bonne ville de Paris, en laquelle viennent et affluent gens de diverses nacions; ayans semblablement grant desir et affeccion de tenir et garder en bonne seurté les bourgois et autres manans et habitans en ycelle; voulans estre obvié, par toutes les meilleures voyes et manieres que faire se puet aux inconveniens, perilz et dommaiges qui, par deffault de bonne provision, pourroient sourvenir à yceulx, savoir faisons que nous avons ordonné, par grant et meure deliberacion, et par ces presentes ordonnons ce qui s'ensuit.

(1) C'est assavoir, que nul estrangier, de quelque estat qu'il soit, ne se loge en nostredicte ville de Paris, se non en hostellerie, ou que ce soit du congié et voulenté de ceulx à qui seront les hostelz, sur peine de grant amende; avecques ce, que aucun homme d'armes, archier ou arbalestier, especialement de ceulx qui sont ordonnez pour la garde des portes de nostredicte ville de Paris, ne se logent au plat-païs, et n'aillent prendre ou fourragier vivres ne autres choses sanz paier, sur peine de la hart.

(2) *Item.* Que nul n'aille embrunché de chapperon de nuit ne de jour, et se aucun y est trouvé qu'il soit prins et mené prisonnier en nostre Chastellet; et que nul ne porte hernois parmi nostredicte ville, se non ceulx qui à ce sont ordonnez, sur peine de perdre le hernois, et de l'admender grandement.

(3) *Item.* Que nul ne soit si hardi de monter ne avaller ou passer la riviere de Saine en nostredicte ville, depuis le soleil couchant jusques au soleil levant; et avecques ce, que nul de quelque estat qu'il soit, n'entre armé en nostredicte ville, se s'efforce d'y entrer, mais demeure à la porte jusques à ce que

ait eu le congié ou sceu la voulenté sur ce de nostre très-cher et très-amé oncle le duc de Berry, cappitaine de par nous de nostredicte ville de Paris, ou de notre très-cher et amé cousin le connestable de France, à ce commis.

(4) *Item*. Que chascun jour qu'il vendra logier nouvelles gens en nostredicte ville, que l'oste où ils se logeront sera tenu, sur peine d'amende, de le aler dire et faire savoir à nos bien amez maistre Pierre des Plantes et Guillaume Paris, commissaires de nostre Chastellet de Paris, à ce commis et ordonnez de par nous ou à l'un d'eulx.

5) *Item*. Et avecques ce, pour obvier à ce que dit est, que nul en nostredicte ville, de quelque estat qu'il soit, pour cause de guerre d'amis ou autrement en quelque manière que ce soit, ne pour quelque hayne ou malivolence, ne courent sus l'un à l'autre par voye de fait ne autrement, sur peine de perdre corps et biens, et d'estre reputez desloyaux envers nous; et aussi pour ce que soubz umbre de certains debas, descors ou divisions ont esté et encores sont entre aucuns grans seigneurs de nostre sang et autres, aucuns bourgois, marchans, gens de mestier et autres, demourans et frequentans en nostredicte ville, ausquelz lesdictes choses ne touchent ne ne puent en rien touchier, se sont efforciez et efforcent de faire pars, tant par parolles et libelles diffamatoires, comme par eulx armer avecques aucuns dessusdiz seigneurs ou leurs gens, ce qu'ilz ne doivent faire, et nous en desplaist tant que plus puet, pour grans inconveniens qui s'en pevent ou pourroient s'ensuir, nous defendons à tous les gens de nostredicte ville et autres, sur peine de confiscacion de corps et biens, que de cy en avant ilz ne soient si osez de tenir, soustenir ou favoriser en fait ou en parolle aucune autre partie que la nostre; mais entendent à faire leur mestier et autres besongnes sans eulx entremettre des choses dessusdictes en quelque manière que ce soit.

Si donnons en mandement au prevost de Paris ou à son lieutenant, que nostre presente ordonnance il face crier et publier à cry solennel et son de trompette parmi les carrefours de nostredicte ville de Paris, et partout ailleurs qu'il verra être expédient et necessaire, etc.

Par le Roy, à la relacion du grand conseil ouquel messeigneurs les ducs de Guyenne, de Berry, de Bretaigne, de Bourbonnois, les comtes de Mortaing, Alençon et Vendosme, le connestable, vous, le chancelier de France, le grand maistre d'ostel et autres estoient.

RÉGENCE DE LA REINE et DU DAUPHIN (1).

N°. 429. — ORDONNANCE *qui confère le gouvernement du royaume à la Reine et au Dauphin pendant l'empêchement du Roi.*

Paris, 5 sept. 1408. (Reg. du parlem. — Mém. des pairs, p. 669.)

N°. 430. — LIT *de justice* (2) *présidé par le Dauphin pour entendre la justification du duc d'Orléans, et l'acte d'accusation contre le duc de Bourgogne.*

Paris, 13 septembre 1408. (Juvénal, p. 195.)

(1) Le duc de Bourgogne avait quitté Paris pour aller combattre les Liégeois. L'avocat du Roi, Jean Juvénal des Ursins, portant la parole, déclara au nom du monarque, que désormais *la puissance souveraine était octroyée et commise à la Reine et à monseigneur de Guienne, sur le gouvernement du royaume, le Roi empêché ou absent.* (Juvénal des Ursins, p. 194. — Chron. de Monstrelet, f° 51.

(2) Le recteur et des députés de l'université étaient présens. La duchesse d'Orléans et le duc son fils étaient assistés du chancelier d'Orléans et de leur conseil. L'abbé de Chesy prononça un discours dans lequel il réfuta les propositions avancées par Jean Petit.

Lorsqu'il eut cessé de parler, Pierre Cousinet, avocat au parlement, prit la parole, et demanda la réparation du meurtre, *pour laquelle réparation* dit-il, *madite dame d'Orléans et ses enfans prendraient conclusion criminelle tendant à la punition du corps, s'il pouvait être fait par bonne manière, mais parce que les dites conclusions appartiennent au procureur du Roi seulement, selon la coutume de France*, il se réduisit à requérir que le duc de Bourgogne, en présence du Roi, des princes, du conseil et du peuple, demandât pardon à la duchesse et à ses enfans, la tête découverte, sans ceinture et à genoux; que cette satisfaction fût répétée au Louvre, dans la cour du palais, à l'hôtel St.-Paul, et au lieu même où le crime avait été commis; que cette réparation fût publiée à son de trompe dans tout le royaume; que les hôtels du duc fussent rasés, qu'on y élevât des croix avec des inscriptions; qu'il fût tenu de fonder deux collégiales; de faire construire deux chapelles, l'une à Jérusalem, l'autre à Rome, de payer un million d'or d'amende, qu'il fût de plus exilé *outre mer pendant vingt ans au moins, avec défense d'approcher de cent lieues les endroits où la Reine et les princes d'Orléans se trouveraient.* L'orateur termina son discours en demandant la fonction du procureur général *pour conclure à fin criminelle.* (Chronique de Monstrelet, f° 53 v°.)

Le Roi répondit que le duc d'Orléans était justifié, et qu'on lui ferait justice. Il en fut dressé des lettres qui furent notifiées au duc de Bourgogne. (Monstrelet, f° 81.)

Après plusieurs conseils, les lettres de pardon accordées au duc de Bourgogne

N°. 431. — LETTRES *qui lèvent la défense d'exporter des marchandises en Arragon, à l'exception des armes.*

Paris, 8 octobre 1408. (C. L. IX, 372.)

N°. 432. — CONCILE *national qui déclare schismatiques les partisans de Benoît XIII, et qui contient des réglemens sur la discipline ecclésiastique, sur le recours aux évêques en matière de censure, et sur la revue des conciles provinciaux, et les différens degrés d'appellation.*

Paris, 20 octobre 1408. (Recueil de Hardouin, VII, p. 1995.)

N°. 433. — LETTRES *par lesquelles il est ordonné de contraindre tous les ecclésiastiques à payer le second demi-dixième imposé sur eux par le clergé de France, à l'effet de fournir aux frais nécessaires pour parvenir à l'union de l'Eglise.*

Paris, octobre 1408. (C. L. IX, 373.) (1)

N°. 434. — LETTRES *du Roi par lesquelles il confirme un traité de partage qui avait été fait en son nom avec l'évêque de Saint-Paul-trois-Châteaux.*

Paris, novembre 1408. (C. L. IX, 390.)

N°. 435. — LETTRE *du Roi au parlement portant que pendant son absence le chancelier et le parlement doivent pourvoir à toutes les affaires de par-delà, et à la tranquillité de Paris.*

Tours, 25 novembre 1408. (Registre du parlement, vol. XIII.)

N°. 436. — LETTRES *portant que les receveurs particuliers du demi-dixième que le clergé de France a déterminé de faire lever à l'effet de fournir aux dépenses nécessaires pour parvenir à l'union de l'Eglise, seront contraints de rendre compte des sommes qu'ils ont reçues, et que ceux qui sont sujets à ce demi-dixième seront contraints à le payer.*

Paris, 12 décembre 1408. (C. L. IX, p. 399.)

---

furent annullées, et on expédia l'ordre de courir sus et de le poursuivre comme ennemi de l'État. (Vilevault, Préf., t. 9, p. 10.)

(1) Le 8 décembre, une ordonn. à peu près semblable fut rendue. (Vilevault.)

N° 437. — LETTRES (1) *portant que les officiers du parlement qui ont des gages à vie continueront d'en jouir s'ils ont 20 ans d'exercice.*

Tours, 15 décembre 1408. (C. L. IX, 400.)

CHARLES, etc. A nos amez et feaulx gens de noz comptes et tresoriers à Paris : salut et dilection. Comme par noz ordonnances n'agaires faictes en nostre grant conseil, nous ayons rappellé et révoqué tous dons et octroys par nous faiz à quelconques noz officiers de leurs gages avoir et prendre à leurs vies, sans y faire aucune declaracion ou excepcion de ceulx qui nous ont servi longuement, qui pourroit redonder à grant dommage et prejudice de plusieurs noz conseilliers et officiers qui ont bien et longuement servi nous et noz predecesseurs en nostre parlement et ailleurs, s'il n'y estoit par nous pourveu et faicte declaracion.

Nous ces choses considerées, voulans noz bons serviteurs, qui par longtemps ont vacqué et vacquent en nostre service, en estre aucunement remunerez, avons ORDONNÉ et declairé ORDONNONS et déclairons de grace especial par ces presentes que tous noz conseilliers en nostredit parlement, et qui nous ont servy l'espace de xx ans et au dessus, et ausquelx par noz autres lettres nous avons par cy-devant octroyé avoir et prendre leursdiz gages à leurs vies, les aient et preignent d'oresnavant, ainsi et par la forme et maniere qu'ilz faisoient paravant lesdites ordonnances, et nonobstant ycelles.

Si vous MANDONS et ENJOIGNONS estroictement, et à chacun de vous, si comme à lui appartendra, que de nostre presente ordonnance et declaracion vous faictes, souffrez et laissiez nosdiz conseilliers qui nous auront servi l'espace de xx ans et audessus, comme dit est, joïr et user paisiblement, sans le souffrir estre empeschiez à l'encontre, soubz umbre desdittes ordonnances ou autrement, en quelque maniere que ce soit.

Par le Roy, en son conseil, où les roys de Secille et de Navarre messeigneurs les ducs de Berry et de Bourbonnois, le comte de Mortaing, l'arcevesque de Sens, le comte de Tancarville, le grant maistre d'ostel, et plusieurs autres estoient.

---

(1) V. ci-dessus des lettres du 7 janvier 1407, et ci-après celles du 25 decembre 1409.

N°. 438. — LETTRES *qui ordonnent* (1) *aux prélats et aux ecclésiastiques députés par l'assemblée du clergé pour assister au concile de Pise de s'y rendre, et aux autres ecclésiastiques de contribuer aux frais de leur voyage.*

Tours, 8 janvier 1408. (C, L. XII, 411.)

(1) Tandis que de grands mouvemens agitaient l'église de France, Grégoire et Benoît s'occupaient chacun de leur côté à rassembler les debris de leurs partis chancelans. Grégoire, contre la promesse qu'il avait faite à son avénement au pontificat, de ne point augmenter le nombre des cardinaux de son obédience, fit une nouvelle promotion, ce qui le brouilla sans retour avec les anciens qui se retirèrent à Lucques, et vinrent à Pise, où ils dressèrent un manifeste qu'ils firent signifier au Pape. Dans cet acte, ils appellent du pape à lui-même mieux informé, et, en cas qu'il refusât de les entendre, à Jésus-Christ dont il était le vicaire, au concile général; *où l'on a coutume d'examiner et de juger toutes les actions, même des souverains pontifes; et au pape futur, auquel il appartient de réformer ce que son prédécesseur a mal fait.* Ils adressèrent ensuite aux princes et aux prélats de la chrétienté une lettre circulaire dans laquelle, après avoir justifié leur conduite, ils les invitaient à concourir avec eux pour la réunion de l'église. Benoît, de son côté, n'était pas dans une situation plus tranquille : informé que le maréchal de Boucicaut avait ordre de l'arrêter, il s'embarqua précipitamment; et après avoir erré quelque temps le long des côtes de Ligurie, il vint débarquer en Catalogne, d'où il se rendit à Perpignan. Les cardinaux du pontife d'Avignon, abandonnés de leur chef, allèrent se joindre à ceux qui avaient déserté la cour de Grégoire. Les deux collèges réunis convoquèrent un concile général dans la ville de Pise, auquel ils invitèrent les partisans des deux obédiences.

Grégoire et Benoît ne se laissèrent point abattre par ces revers; ils créèrent d'autres cardinaux, et indiquèrent, chacun de leur côté, un concile œcuménique : le premier, dans la ville d'Aquilée; le second, dans la ville de Perpignan. Il y eut ainsi en même temps trois conciles généraux, et bientôt trois papes; car le concile de Pise, après avoir cité plusieurs fois les deux compétiteurs, les déposa solennellement. Les cardinaux entrèrent ensuite au conclave, et réunirent leurs suffrages en faveur du cardinal de Milan, *Pierre de Candie*, surnommé *Philarge*, qui prit le nom d'Alexandre V; il était grec d'origine, et né de parens si pauvres, qu'il n'eut d'autre ressource pendant les premières années de sa vie que de mendier. Le schisme ne fut définitivement terminé qu'au concile de Constance. (Villaret, t. XIII, p. 44.)

RÉGENCE DU DAUPHIN.

N°. 439. — Lettres *portant nomination du Dauphin à la régence, dans le cas où ni le Roi ni la Reine ne pourront vaquer aux affaires.*

Tours, 18 janvier 1408. (C. L. XII, 227.)

Charles, etc. Comme nous très-désirans de labourer et pourveoir à ce que tous les faicts et affaires de nostre royaume et de la chose publique d'iceluy, soient si bien et deuement gouvernés, que ce soit au plaisir de Dieu et au bien, prouffit et honneur de nous et de nos subjets, et que par prolixité ou attente de provision, aucuns inconveniens ne se ensuivent, qui pourroit souventes fois advenir pour nostre absence et pour les grandes occupations et empeschemens qui moult souvent nous surviennent et peuvent survenir; nous ayons, par deliberation de plusieurs de ceux de nostre sang et lignage, voulu et ordonné par nos autres lettres du 26 avril 1403 ci-dessus, que nostre très-chere et très-amée compaigne la Royne, appellés les dessusdits de nostre sang et lignage, et de ceux de nostre grand conseil tels et en tel nombre que bon luy semblera, puist par leur advis et conseil, pourveoir et secourir aux grands faitz et affaires de nostredit royaume en nostre absence, ou quand nous serions tellement empeschiez que n'y pourrions vacquer ou entendre, sur certaine forme et maniere plus à plein contenus en nosdites lettres.

Et pour ce que nostredicte compaigne est aucunes fois et pourroit estre si empeschée que elle ne peut ou pourroit bonnement vacquer si soigneusement et diligemment esdits grands faiz, que elle voudroit bien et que besoin seroit, laquelle chose pourroit redonder à très grant charge et domage de nous et de nosdits subgiets s'il n'y estoit pourveu : sçavoir faisons que nous qui en toutes manieres desirons, et devant toutes choses après nostre salut, remedier et subvenir à ces choses, et à ce que en nostre temps, et par nostre deffaut aucun inconvenient ne viegne ou puist venir à nostredit royaume, ne à la chose publique d'iceluy, et que nous desirons aussi de tout nostre cueur, nostre très-cher et très amé aisné fils Loys duc de Guyenne et dauphin de Viennois, apprendre et avoir en sa jeunesse cognoissance des besognes et affaires d'iceluy nostre royaume, mesmement que au plaisir de

Dieu et après ce qu'il luy aura pleu nous appeller à sa part, il en demourra Roy et seigneur, et qui avons et devons avoir en lui, comme raison le veut et donne, toute singuliere confidence, comme en nostre propre personne ; que eu aussi sur ce grand et meure deliberation avec plusieurs des dessusdits de nostre sang et lignage et de nostre grand conseil,

Voulons et avons ordonné et ordonnons par ces presentes, que toutesfoiz que doresnavant il adviendroit que nostredite compaigne seroit absente ou si empeschée ou occuppée que elle ne peust ou voulust entendre à l'expedition et provision desdits grans faiz et affaires touchans nous et nostredit royaume ; icelui nostre fils, appellés à ce les dessusdits de nostre sang et lignage qui seroient lors devers ou près de nous, et de ceux de son lignage, et nostre très-cher et amé cousin Charles de Lebret, connestable de France, nostre amé et féal chancelier, et des autres de nostre conseil, tels et en tel nombre qu'il semblera estre expedient à faire, entende pour nous, de par nous et en nostre nom, et toutesfois que besoin sera et le cas requerra, à l'expedition et provision desdits grans besognes, au bien, honneur et proffit de nous et de nostredit royaume, et y puisse prendre, après ce que tout aura premierement esté rapporté à nostredite compaigne, tels appoinctemens et conclusions comme par la plus grande et saine partie des dessusdits qui seront lors presens et à ce appellés, sera advisé, et voulons que tout ce qui par nostredit fils sera ainsi fait que dit est, ait force et vigueur, comme si par nous et en nostre presence estoit fait.

Toutes voyes, nous ne entendons ne voulons que quand nous pourrons ou voudrons à ces choses vacquer et entendre, que aucune chose se fasse ou puisse faire esdits grands faiz et affaires sans nostre presence, mais en ordonnerons à nostre bon plaisir, ne aussi que les dessusdits appointemens desdits grans faiz soient mis à execution sans premièrement le nous faire sçavoir, et que tout nous ait esté dit et rapporté, ou cas toutesvoyes que le temps pour ce faire le peust souffrir, et que lesdites besognes ne fussent si cogentes et requieissent si breve et hative exécution et provision que on n'y peust differer, et que pour ce inconvenient ou domage peust ensuir et non autrement.

Si donnons en mandement à tous les dessusdits de nostre sang et lignage, à nostre connestable et chancelier, et autres de nostredit conseil ; que les choses dessusdites accomplissent et facent accomplir comme dessus est devisé, et à nos justiciers et officiers et à chacun d'eux, etc.

Par le Roy, en son conseil, ouquel les Roys de Cicile et de Navarre, le cardinal de Bar, messeigneurs les ducs de Berry, de Bourbonnois et de Bavière, les comtes de Mortaing, d'Alençon et de Clermont, le marquis de Pont, l'archevesque de Sens, le comte de Tancarville, le grand-maistre d'hostel, et plusieurs autres estoient.

N°. 440. — Accord *par l'entremise du Roi entre le duc de Bourgogne et les enfans d'Orléans* (1).

Chartres, 9 mars 1308. (Chr. de Monstrelet, f° 82. — Reg. du parl., vol. XIII.

N°. 441. — Lettres *d'abolition au profit du duc de Bourgogne* (2).

Chartres, 9 mars 1408. (Godefroy, *Preuves*, f° 727-728. — Juvénal des Ursins, pag. 98.)

N°. 442. — Lettres *portant qu'on ne pourra se pourvoir en la chancellerie ni au parlement contre les arrêts de la chambre des comptes de Paris, qui ne peuvent être annullés et cassés que par le Roi* (3); *néanmoins, en cas de plaintes ou ko contre des arrêts de la chambre des comptes, il y sera statué par les gens des comptes auxquels on joindra un nombre compétent des gens du parlement.*

Chartres, mars 1408. (C. L. IX, 418.)

Charles, sçavoir faisons à tous presens et à venir, que comme d'ancienneté, pour le bien, honneur et prouffit de nous et de la couronne et chose publique de nostre royaume, il y ait esté par nos predecesseurs rois de France ordonné, accoustumé et gardé que en la chambre de nos comptes à Paris, soient et doient estre veuz et examinez les comptes et estats de tous les tresoriers, vicomtes, receveurs et autres gens qui se sont entremis des recettes

---

(1) La duchesse d'Orléans venait de mourir, et sa mort apporta quelque facilité à la réconciliation entre les partis; mais comme elle fut forcée, les différends ne tardèrent pas à éclater. Les habitans de Paris envoyèrent une députation au Roi pour l'inviter à revenir.

(2) Ces lettres furent accordées dans une audience solennelle où se trouvèrent plusieurs grands du royaume, plusieurs membres du conseil et du parlement, après que le duc de Bourgogne eut demandé au Roi et aux jeunes princes d'Orléans pardon et excuse, par la bouche de son avocat parlant en sa présence et de son aveu. Les complices du duc de Bourgogne furent bannis à perpétuité. (Villaret t. XIII, p. 77.)

(3) Il en est de même aujourd'hui. (Loi du 16 septembre 1807, sur la Cour des comptes.)   (Isambert.)

de nos deniers et finances ordinaires et extraordinaires, afin de garder nos domaine et finances, et que aucune chose ne soit esdits comptes mis ne employé ou délaissé à mectre au dommage ou préjudice de nous et diminution de nostredit domaine, et aussi obvier que l'on n'y mecte ne employe aucune lettres subreptices ou non raisonnables, pour dons ou pour autres causes injustes; et en nostre chambre doient estre discutez, déterminez, clos et affinez les comptes des receptes et mises faites par lesdits trésoriers, vicomtes et autres receveurs, et iceux trésoriers, vicomtes, et receveurs, leurs héritiers, ayans cause et detenteurs de leurs biens, estre contraintz par autorité de nos amez et feaux gens de nosdits comptes, rendre et payer ce que ils sont tenus debvoir par lesdits comptes, tant pour la depence de nostre hostel, que pour les fiefs, aumosnes, gaiges d'officiers et autres choses raisonnables à eulx passées et allouées en compte; et avec ce ait esté ordonné, accoustumé et gardé en nostredite chambre, que à nosdits gens des comptes appartient toute connoissance de cause en cas de refuser ou obtemperer à lettres des dons, remissions ou quittances, reffus, respiz ou delaiz de nous faire debvoirs des foy et hommages et feaultez, bailler adveuz et desombremens, de mettre par gens d'église hors de leurs mains rentes et possessions non admorties, de nous payer finances de reliefs, rachapts, quints deniers, de gardes de mineurs, et autres dons ou allienations d'aucuns nos domaines ou deniers à iceulx appartenans, soit à toujours, à vie ou à temps, et aussi en matieres de reunir à notredit domaine aucunes choses qui en auraient esté distraites, et qui par renonciations de nos predecesseurs et de nous seroient révoquées et y debvroient estre réunies: de bailler ou faire bailler à nostre prouffit aucunes parties de nos domaines non convenables à tenir en nostre main, à rente et à toujours mais, à vie ou à temps, selon que bon semble à nosdits gens des comptes: de grace ou licence de non resider sur offices à gaiges, en croissance de gaiges ou pensions, en chargeant notre dit domaine, ou diminuant les finances fiscales et royaux, en fait de dons et concessions faits par nos predecesseurs ou par nous, ou par les gens de ladite chambre, de nostre autorité, des officiers d'icelle chambre, et aussi des vicomtes et receveurs de nostredit domaine, et iceulx officiers muer ou changer de lieu en autre, ou despointer (1) seulement quand bon leur semble, selon

---

(1) V. M. Rives, dans son *Essai sur les anciens Parlemens*

l'exigence des cas ; et avec ce de refuser ou obtemperer à lettres de admortissement, annoblissement, bourgeoisies, manumissions, legitimations, et generalement de tout ce que l'on peut dire en nostre royaume non vallable, s'il n'est passé et expedié par la dite chambre de nos comptes ; et aussi en toutes injures dites ou faites en la dite chambre en jugement ou dehors, à aucuns des gens et officiers d'icelle, mesmement en faisant et exerçant leurs offices, sans ce que aucuns ayent esté ou doient estre receuz à appeler des appointemens, commissions, jugemens, sentences, ou arrests faictz et donnez és cas dessusditz ou semblables, par nosdits gens des comptes ; et soit cette ordonnance fondée sur grande raison et bonne justice : car s'il estoit souffert que l'on appelast de nosdits gens des comptes et de leurs appointemens, arrests ou sentences, l'on ne pourroit avoir payement de ceux qui ont receu et manié nos finances, ou de leurs heritiers, ayans cause ou détenteurs de leurs biens, qui moult souvent et communement par malice, pour delayer et empescher nostre payement, se vouldroient efforcer d'appeller de nosdits gens des comptes, et par ce ne pourroit estre payée notre despence, les gaiges de nos officiers, ne les fiefs et ausmones deus sur nos receptes, et aussi nos œuvres, édifices et autres affaires en pourroient estre empeschées et retardées, en la très-grand deshercion ou diminucion de nostredit domaine en plusieurs et maintes manieres ; et qui pis est, s'ensuivroient irréparables inconveniens à nous et à nostredit domaine, s'il estoit permis d'appeler de nosdits gens des comptes en matieres de refuz ou delaiz de obtemperer à aucunes lettres de dons ou allienations de nostredit domaine, ou en aucuns des cas dessus declarez, ou leurs semblables en effect ou substance ; et avec ce, nosdits gens des comptes en delaisseroient souvent l'exercice de leursdits offices, pour aller en nostre parlement ou ailleurs pour la poursuite desdites appellations, et conviendroit que l'on portast ou exhibast audit parlement et ailleurs les livres, registres, comptes et escripts de nos domaines et finances qui ont accoustumé d'estre gardez si secretement ou temps passé, que quant nos predecesseurs Rois de France les vouleoient veoir pour aucunes necessitez, nosdits predecesseurs ou les aucuns d'eulx les alloient veoir en leurs personnes en la dite chambre, pour obvier aux dommages et inconveniens qui se peuvent ensuir de la revelation et portation foraine d'iceulx escripts ; et de nouvel, si comme nous avons entendu, aucuns receveurs et autres voulans par voye oblique resister ou déroger à ladite ordonnance ou observance fondée sur tant bonne cause et intention, et pour icelle enfraindre et vouloir adnuller, se soient efforcez de interjetter appellation à la court de nostredit parlement des clostures desdits comptes et d'autres appointemens faictz par nosdits gens des comptes, laquelle chose est en nostre très-grant prejudice et dommage.

Nous adecertes ces choses considerées, qui sont de très-mauvais exemple, pourroient tourner en très-grant inconvenient et mauvaise consequence, ou prejudice et dommage de nous et de toute la chose publique, et en grand diminution des droits et domaines de nostre couronne et royaume, se remede n'y estoit, et pour plusieurs autres justes causes et considerations qui nous meuvent grandement et nous doivent mouvoir en cette partie, voulant pourveoir aux choses dessusdites, et obvier à telles entreprises et voyes exquises, avons par très-grand et meure deliberation en nostre grand conseil où estoient plusieurs de nostre sang et lignage, déclaré et declarons nosdits gens des comptes en l'exercice des faits, appointemens, jugemens, sentences et arrests de nostredite chambre des comptes et és deppendances, estre à nous sujets sans moyen et sans ressort aucun en nostre parlement ne ailleurs, et que nostre volouté et intencion est que nosdits gens des comptes avec l'audition, examination, discution, closture et affinement de tous les comptes des receptes et depenses faites et à faire de nos deniers et finances tant ordinaires que extraordinaires, puissent estre sur lesdits comptes et les parties singulieres contenues et declarées en iceulx, et autres nos besongnes et affaires de ladite chambre, mesmement en ce qui touche et regarde les cas dessus contenus et exprimez, et les semblables en effect et en substance, donner appointemens, sentences, jugemens, arrests et exécutoires tels et quels qu'il verront estre à faire selon raison et les usages, stilles et statuts de ladite chambre, sans ce que il loise à aucun d'en appeler ne venir allencontre par voye ou remede d'appellation.

Et se aucuns en avoient appellé ou appelloient doresnavant, nous dès maintenant irritons, adnullons et mettons au neant lesdites appellations faites et à faire; et ne voulons que à icelles poursuir aucuns soient receuz ne ouyz en nostre chancellerie, en nostredit parlement ne ailleurs et le deffendons très-expressément à nostre amé et feal chancelier, à nos amez et feaulx gens de nostre parlement, et à tous nos autres justiciers et officiers, sur le serment qu'ils et chacun d'eulx ont à nous : mandons aussi à nosdits gens des comptes, au prevost de Paris et à tous nosdits autres justiciers et commissaires, présens et avenir, ou à leurs lieuxtenans, et à chacun d'eulx, si comme à luy appartiendra, que aux appellations faites ou à faire de nosdits gens des comptes, ne à aucunes d'icelles, ils ne different ne obeissent, ne pour icelles ne delayent ou retardent aucunement l'execution et effect des appointemens, sentences, jugemens et arrests de nosdits gens des comptes, en tout ne en partie, pour quelzconques lettres impetrées ou à impetrer de nous, de notre chancelier, de nostre dit parlement, ne d'ailleurs, soubz quelconque forme de parolles à ce contraires; ainçois voulons et ordonnons, si comme par aucuns de nos predecesseurs a pieça esté ordonné et gardé, et qu'il est de temps ancien enregistré en notredite chambre des comptes ou au tresor de nos chartres, privileges et registres, que ou cas que aucun se plaindroit devers nous d'aucuns griefs ou d'aucunes sentences qui auroient esté données contre luy en ladite chambre, que on ne doint commissaire ne fasse autre commissaire que de ladite chambre; mais voulons et nous plaist que on prenne deux ou trois ou quatre personnes de nostredit parlement, saiges et souffisans, ou plus, se mestier est, selon ce que les cas le requerront, qui avec les gens de nostredite chambre soient toutes fois que mestier sera; et si on y trouve aucune chose à corriger ou amander, qu'il soit fait en leur présence, pour eschever le mal qui s'en pourroit ensuir, qui autrement le feroit.

Mandons aussi et deffendons très-expressement à nostre chancelier, que il ne passe ne scelle commission ne adjournement aucun pour complainte que aucuns facent des sentences ou griefs qu'ils voudroient maintenir contre eulx avoir esté faitz ou donnez en nostredite chambre des comptes, par les gens tenans le siege en nostredite chambre, et ne donne sur ces autres commissaires que d'icelle chambre, contre la teneur desdites ordonnances : mais se aucuns s'estoient efforcez ou efforçoient ou temps advenir de faire ou impetrer le contraire, le remectre à nostredit chancelier, ou facent remectre sans aucun delay au premier estat, en renvoyant le tout en nostredite chambre, et non ailleurs, pour en cognoistre et ordonner selon ce qu'il appartiendra de raison, lesdites ordonnances gardées.

Par le Roy, en son grant conseil, où les rois de Sicile et de Navarre, monseigneur le duc de Berry, le comte de Vendosme, le grand maistre d'hostel, et plusieurs autres, estoient.

N°. 443. — LETTRES *donnant pouvoir à tous les justiciers du royaume de faire arrêter dans leurs juridictions ceux qui détiennent les deniers qu'ils ont reçus, pour le secours de l'empereur de Constantinople contre les Turcs, et de les contraindre à les restituer* (1).

Paris, 16 avril 1409. (C. L. IX, 437.)

N°. 444. — ACTE *du concile de Pise qui excomunie Benoît XIII et Grégoire XII, comme anti-papes* (2).

Pise, 5 juin 1409. (Dumont, Corps dipl., p. 326.)

N°. 445. — LETTRES *qui défendent les duels* (3).

Paris, juin 1409. (Juvenal des Ursins, p. 200.)

N°. 446. — LETTRES *portant confirmation d'un règlement sur l'administration de la justice en Dauphiné.*

Paris, 12 juillet 1409. (C. L. IX, 447.)

CAROLUS, etc. Notum facimus universis præsentibus et futuris, quod cum nuper dilectus et fidelis miles, cambellanus et consilliarius noster, Guillelmus de Area, dominus Cornillionis, et gubernator Dalphinatûs, reipublicæ Dalphinatûs prædicti utilitati providere cupiens, habitâ super iis deliberatione maturâ cum gentibus nostri consilii in ipso Dalphinatu residentibus, et nonnullis aliis jurisperitis, plura reipublice acomoda statuerit et ordinaverit, specificata et declarata, prout fertur, in quibusdam capitulis per eum vel de ejus mandato gestis et factis, quorum tenor dicitur esse talis.

(1) *In primis.* Quia benè universa geruntur et competenter fiunt, si principium sit decens et amabile Deo, statuimus et ordinamus quod anno quolibet, crastino deffunctorum, celebretur missa de Sancto Spiritu in ecclesia beati Andreæ Gra-

---

(1) Manuel, empereur de Constantinople, ayant demandé du secours aux princes chrétiens contre les Turcs, on fit une levée en France a cette occasion. (Vilevault.)

(2) *V.* la note sur les lettres du 8 janvier 1408. (Juvénal des Ursins, p. 200.)

(3) A la suite de deux combats en champ clos, dont le Roi avait été témoin, il fut défendu d'appeler autrui en champ sans cause raisonnable : on sait que le dernier combat singulier, en présence des monarques, eut lieu dans le xvi° siècle entre Jarnac et la Châtaigneraie. (Villaret, t. XIII, p. 80. — Juvenal, p. 220.)

tianopolis, in qua interesse habeant domini (1) consilii consistorii supremi prædicti, aliique consiliarii dalphinales, qui voluerint privilegio consiliariorum dalphinalium gaudere, advocati omnes, secretarii, et procuratores qui aut patrocinium præstare voluerint, aut procurationis officium exercere in consistorio præfato; quâ missâ celebratâ altâ voce solemniter, redibunt omnes de ecclesia ad auditorium, et more solito dominis pro tribunali sedentibus, legentur statuta et ordinationes quæ factæ erunt pro decencia auditorii et utilitate litigantium, quibus peractis, præsidens commendabit justiciam, hortando et monendo singulos tam dominos, advocatos, secretarios quam procuratores ad debitè et legaliter officium suum exercendum.

(2) *Item.* Illicò et incontinenti advocati singuli primò, deindè secretarii singuli, et demum procuratores, quorum nomina erunt in rotulo quodam descripta, secundum gradum et antiquitatem cujuslibet eorum, jurabunt præsidenti in præsencia astantium, unus post alium, juxta et secundum descriptionem nominum, benè fideliter officium suum exercere.

(3) *Item.* In crastino diei prædictæ, audiencia prima illius anni (2) dabitur.

(4) *Item.* Quia certis diebus opportet vaccare visitationi processuum et diffinitioni eorumdem, statuimus quod die lunæ et die jovis tantum, audiencia detur.

(5) *Item.* Si aliquo dictorum dierum festum eveniat, differetur audiencia.

(6) *Item.* Diebus martis, mercurii et sabati, quibus non procurabuntur (3) sentenciæ, visitabuntur processus in communi inter dominos et concludentur.

(7) *Item.* In negociis domanium Domini nostri Dalphini tangentibus, vaccabitur die veneris.

(8) *Item.* Cùm semel partibus extiterit assignatum ad diffinitivam, quandocumque (4), lapso tempore, alio die senten-

---

(1) Il faut peut-être corriger *consiliarii*.

(2) Cette année ne regardait que les tribunaux, et commençait à leur rentrée après les vacances. (Vilevault.)

(3) Je n'ai pu découvrir quelle peut être ici la signification du mot *procurabuntur*. (Vilevault.)

(4) Je crois que cela signifie que lorsque le jour auquel les parties avaient été assignées pour entendre la prononciation du jugement sera passé, le juge pourra, sans les faire réassigner, le prononcer le jour qu'il jugera à propos, pourvu que ce soit un des jours destinés à la prononciation des jugements. (Vilevault.)

ciarum, feretur sentencia sinè ampliori assignatione aut partium evocatione.

(9) *Item.* Diebus sabbatinis, sentenciæ diffinitivæ tali horâ quali dabitur audiencia, pronunciabuntur.

(10) *Item.* Quia hora solita audienciæ, omnes curiæ vel quasi tenentur, et sic sæpè advocati et procuratores non possunt in superiori consistorio interesse, quod cedit in dedecus consistorii prædicti, statuimus quod audiencia incipiat diebus juridicis à pulsu tertiarum in ecclesia beati Andreæ, et duret usque pulsum elevationis corporis Christi, si sint tot causæ quibus valeat hora occupari.

(11) *Item.* Diebus juridicis, de manè ante audienciam, domini facient ordinationes fiendas in causis, horam in hoc occupando usque ad tertiam qua incipiet audiencia dari ; et si tot sint ordinationes fiendæ, quot tempore illo expedire non possint verisimiliter, discretioni præsidentis relinquitur captare horam ante aliam diem juridicam, pro expositione dictarum ordinationum.

(12) *Item.* Singulis diebus post pulsum elevationis corporis Christi, supplicationes expedientur, ne supplicantes expensis graventur, si certum diem ad hoc assignatum haberent expectare.

(13) *Item.* Domini omni die sive juridica sive consilii, tenebuntur esse in loco consilii in sexta hora.

(14) *Item.* Auditores computorum et clerici cameræ eorumdem, teneantur omni die, horâ prædictâ, et post prandium, horâ tertiâ, in camera computorum comparere.

(15) *Item.* Quia per depositiones testium aut dicta ineptè vel minus sufficienter interrogatorum, sæpè partibus periculum imminet in causis suis, si causa sit ardua, examinatio testium fiet per aliquem dominorum, aut judicem graduatum per consilium deputandum.

(16) *Item.* Quod dominus cui examinatio testium committetur, non possit nec debeat pro die, à parte producente recipere nisi duos francos, dum tamen infra Dalphinatum fiat examinatio prædicta, super quibus expensas suas habeat facere. Si vero extra Dalphinatum fiat, pro die duos francos cum dimidio, ut supra, recipiet.

(17) *Item.* Si eâdem die examinationem testium ab utraque parte productorum fieri contingeret, non tamen nisi salarium unius diei, eo modo quo priùs taxatum extitit, recipere audebit.

(18) *Item.* Dum continget aliquem vel aliquos ex dominis,

post prandium testes Gratianopoli examinare, pro qualibet die, tam pro se quam pro clerico suo qui attestationes scribere habebit, recipiet à parte producentis dimidium florenum.

(19) *Item.* Ut domini circa testium depositionem causis necessariam, negociaque eorum propria, ac populus circa vindemias quæ sunt major pars laborum suorum, liberiùs vacent, statuimus quod anno quolibet feriæ durent à festo beati Mathei usque in crastinum commemorationis deffunctorum.

(20) *Item.* Dominus qui processum reportaverit, teneatur infra triduum, conclusionem habitam in processu suo, in præsencia aliorum dominorum legere, et lectam, approbatam ac signeto suo signatam, præsidenti ut signet dare.

(21) *Item.* Si pro facto domini dalphini aut subditorum, aliquid sit peragendum quod horis prædictis expediri non possit, præsidens die qualibet post prandium, dominos causa prædicta expediendi convocabit.

De Advocatis et qualiter se habere debent.

(22) *Primo.* Quod nullus admittetur ad patrocinandum vel procurationis officium exercendum, nisi primò juratus extiterit.

(23) *Item.* Si causæ excedant summam quingentorum aureorum, vel si causa criminalis est quæ criminaliter intentetur, advocati proponant factum oretenùs.

(24) *Item.* Advocati ea quæ verbo proponent, illico in scriptis dare teneantur; aliàs per eosdem proposita nullius effectûs existant et pro non propositis habebuntur.

(25) *Item.* Quia sæpè advocati quasi omnes vel saltim magis famati, per alteram partium litigare volentium capiuntur et pro consilio retinentur, quod cedit in gravamen alterius partis quæ alibi habet consilium quærere, statuimus quod in casu quo altera partium omnes advocatos vel magis famatos receperit, quamquam de causa instructi jam fuerint, quod petitâ distributione per aliam partem, omni excusatione cessante, eorumdem distributio fiat (1) electione parti quæ diligens extiterit, concessa.

---

(1) La disposition de cet article est conforme à celle de la L. 7, Cod., l. 1, tit. 6, *de postulando*. Cette loi porte que lorsqu'une des parties aura consulté tous les avocats les plus fameux d'un siége, le juge pourra *distribuer* un de ces avocats à l'autre partie, et l'obliger à lui prêter son ministère. Cet article ajoute à la disposition de la loi du Code que la partie qui aura consulté tous les avocats les plus fameux aura le choix de celui ou de ceux qu'elle voudra charger de la défense de sa cause. (Vilevault.)

(26) *Item*. Si advocatus renuerit consilium impartiri cui fuerit distributus, aut se difficilem reddiderit, privabitur officio postulandi per annum.

(27) *Item*. Advocati tenebuntur supplicationes quæ vim et effectum libelli habebunt, positiones et articulos causarum dictare, et signeto suo una cum juris allegationibus signare, aut saltim per alium dictata visitare, et signeto suo, ut supra, signare.

De Secretariis.

(28) *Primò*. Notarius causæ cujuscumque comparitionem primam recipere non audeat, nisi priùs exhibito et producto sibi instrumento procurationis ipsam comparitionem exhibentis, sub pœna privationis officii per mensem.

(29) *Item*. Notarius causæ cujuslibet infra triduum comparitiones, procurationes, cedulas et appunctuamenta in processu et suo ordine scribat, sic quod partibus propter ejus negligenciam damnum non eveniat: quod si contingeret, in expensis parti et hoc damnum sentienti multabitur, et unius grossi pœna punietur.

(30) *Item*. Diebus juridicis dum audiencia dabitur, si notarii causarum non sciant certifficare dominos illico de appunctuamento facto ultimatè in causa, et nominare personas actoris et rei distinctæ appellantis et appellati, multabuntur pœna unius grossi, aut aliàs discretione, ut supra.

(31) *Item*. Diebus juridicis quibus appunctuabitur ad ordinandum (1), certifficabunt notarii præsidentem de appunctuamento facto, per cedulam communiter per eos factam de causis de quibus ordinatio prædicta erit facienda.

(32) *Item*. Si negligencia dictorum notariorum ordinationem differri contingat, quilibet cujus negligencia hoc continget, multabitur pœna unius grossi, et in expensis partis inde dampnum reportantis.

(33) *Item*. In vaccationibus sive feriis, notarius quilibet teneatur processus inquisitionales per eum factos in una cedula præsidenti dare, ut provideat circa diffinitionem eorumdem.

(34) *Item*. Duo notarii habebunt processus inquisitionales : alii duo, patrimoniales, et alii duo, processus et instrumenta homagiorum fidelitatum et denominationum feudorum : qui

---

(1) Loyseau, *Traité des Offices*, l. 2, ch. 5, n°° 53 et 54, a remarqué qu'avant le règne de Louis XII les greffiers des justices subalternes étaient nommés notaires ou clercs.

quidem solertem circa eos curam, sub pœna nostra indignationis adhibebunt.

35) *Item.* Notarius qui dominum associabit pro examinatione testium facienda, unum florenum pro die recipiet, nihil ultra, etiam gratis aut liberaliter oblatum retenturus.

(36) *Item.* Si notarius examinationi testium per se deputetur, et vadat cum duobus equis, unum francum habebit: uno floreno, si tantum unum equum ducat, contentus.

(37) *Item.* Notarii in processibus mittendis (1) sentenciam inserant, ac eosdem de verbo ad verbum collationent absque deffectu: qui si reperiatur pro cujuslibet processus defectu, pœna unius floreni absque spe remissionis multabuntur.

De Procuratoribus.

(38) *Primo.* Diebus juridicis teneantur procuratores venire ante horam audiencie: alias multabuntur discretione dominorum, et in expensis condemnabuntur si damnum contingat evenire partibus vel alteri earum, propter eorum absenciam.

(39) *Item.* Procuratores cum omni honore et reverencia ac habitu decenti teneantur in judicio comparere: alias multabuntur.

(40) *Item.* Quod nullus admittetur nomine procuratorio pro alio, nisi in initio litis de mandato docuerit, cum sæpe prope finem litis mandatum nescientes ostendere, eludunt judicium, et redditur ipsum judicium nullum.

(41) *Item.* Procuratores qui procuratorium non habebunt, si admissi absque procuratorio extiterint per inadvertanciam, privabuntur officio procurandi per mensem, et in expensis parti condemnabuntur.

(42) *Item.* Si procuratores maliciosè differant articulis aut positionibus respondere, multabuntur arbitrio dominorum, et cum hoc condemnabuntur in expensis parti adversæ quæ per maliciam eorum damnum reportaverit.

---

(1) A la pag. 271 du 1er vol. de Fontanon, on trouve une ord. de François Ier. de 1525, et il paraît par l'art. 8 du chap. 5 de cette ordonn., qu'anciennement, dans les pays de droit écrit, les greffiers dressaient deux ou un plus grand nombre d'inventaires de toutes les pièces produites dans le procès; qu'ils les y copiaient même tout au long, et qu'après le jugement ils obligeaient chaque partie a retirer un de ces inventaires. François Ier abolit cet usage par cette ordonn. de 1525. J'interprète ces mots, in *processibus mittendis*, par ceux-ci : *en dressant les inventaires des procès*. Cette interprétation me parait d'autant plus sûre que notre ordonn. de 1409 a été faite pour le Dauphiné, qui est regi par le droit écrit.

Vilevault.

(43) *Item*. Procuratores dum causam susceperint, continuare, perficere et deducere eamdem omni allegatione cessante, etiam salarii non soluti, ad effectum, sub pœna decem florenorum et privationis per annum, teneantur.

Quæ causæ tractabuntur in Consistorio supremo.

(44) In superiori consistorio non tractabuntur causæ nisi patrimoniales domini nostri dalphini; causæ etiam appellationum per expressum ad dictum consistorium interpositarum, submissionumque etiam per expressum ad prædictum consistorium factarum, causæ religiosorum et miserabilium personarum: item et causæ criminales magnatum.

De Appellationibus, quemadmodum introducantur.

(45) Appellantem sufficiet appellationem ut pro deserta non habeatur, præsidenti infra tempus eidem à judice à quo, assignatum, præsentare, et demum à die prima juridica introducere. Si vero tempus non fuerit assignatum à judice, infra mensem introducet.

De Appellationibus ab interlocutoria.

(46) Appellatione ab interlocutoria emanata, dabitur appellanti citatio quæ spacium triginta dierum non excedet; quâ etiam pendente, nihil novi fiet à judice à quo: cui quidem judici mandabitur quatenus acta causæ clausa remittat, nec in causa prædicta dationi (1) libelli opus erit, et nisi partes alia petierint, eisdem ad audiendum sentenciam terminis (2) assignabitur. Si vero pars copiam actorum petat, dabitur eidem, et terminus viginti quinque dierum præfigetur absque alio processu, ad sentenciam audiendam.

De Appellationibus à diffinitiva.

(47) Appellatione à diffinitiva vivâ voce emissâ, statim quod de sentencia constiterit apostolorum concessione aut (1) refuta-

---

(1) Corr. *datione*. (2) Corr. *terminus*.
(3) On appelait anciennement *apostoli*, et en français *apôtres*, des lettres adressées par le juge de qui on appelait, à celui devant qui l'appel était porté, et dans lesquelles le premier juge rendait compte à celui du ressort des raisons sur lesquelles était fondée la sentence qu'il avait rendue. Ces lettres étaient d'un usage très fréquent dans les tribunaux ecclésiastiques, mais elles étaient aussi en usage dans les seculiers. — (*Glossaire* de Du Cange, v° *Apostoli*, I, fol. 556.)

(Vilevault.)

tione, dabit judex ad quem, litteras citatorias terminum triginta dierum spacium, ut supra, non excedentes, cum inhibitione ne appellatione pendente aliquid novi fiat. Ubi verò in scriptis appellatur, constito de instrumento appellatorio, litteræ citatoriæ trigenta dierum terminum non excedentes concedentur, cum inhibitione ne aliquid innovetur dictâ dilatione pendente; et præfatâ appellatione institutâ, litteræ inbibitoriæ processu pendente concedentur.

(48) *Item.* Termino citationis adveniente, partes terminum quindecim dierum non excedentem habeant, infra quem appellans appellatorium, aut appellatus confirmatorium libellum, si voluerit, porrigat : quo porrecto, concedatur copia hinc inde, et alius quindecim dierum terminus detur ad respondendum libello, ad ponendumque et articulandum, alio termino quindecim dierum peremptorie concesso. Si vero pars appellans non allegata in articulis appellationis deduxerit, terminos habebit similes illis qui dantur in causis per viam simplicis quærelæ introductis.

(49) *Item.* Si altera partium peteret acta causæ principalis produci, terminum quindecim dierum spacium non excedentem habebit.

De Patrimonialibus Causis.

(50) In causis patrimonialibus, oblatâ petitione per procuratorem fiscalem seu contra eum, ejus copia destinabitur reo cui terminus quindecim dierum ad respondendum concedetur, ac in eis ulterius veluti in causis privatorum, procedetur.

De Causis privatorum.

(51) Si litigantes aut eorum alter, admissus per procuratorem extiterit, non possit eum nisi de licencia dominorum, causâ cognitâ, hoc eidem concedatur, revocare.

(52) *Item.* In causis privatorum, si aut per supplicationem aut petitionem inchoantur, reo copia mittetur, cui si reperiatur, tradetur: sin autem, domi familiæ ejusdem tradetur, et citabitur responsurus ad terminum quindecim dierum spacium non excedentem : relationi verò executoris stabitur in scriptis per notarium redactæ.

(53) *Item.* Propositâ exceptione per reum, quæ litis contestationem impediat, ad probandum terminus assignabitur similis illi qui reo conceditur ad probandum exceptiones alias

(54) *Item.* Reo contumaciter vel maliciosè respondere diffe-

rente, in causis quæ centum florenos non excedent, præstito à partibus vel actore calumniæ juramento(1), in causa procedetur, actori ad justificandum aut ad ponendum et articulandum termino quindecim dierum assignato. In causis vero centum florenos excedentibus, terminus triginta dierum assignabitur, nisi breviori contentetur actor.

(55) *Item.* Actor in eadem instancia, præter semel ad ponendum vel articulandum non admittetur, nisi reus exceptiones facti proponat : quo casu etiam semel ad replicandum admittetur, alio termino quindecim dies non excedente concesso.

(56) *Item.* Reo positionum vel articulorum copiam petenti concedatur ad respondendum, termino quindecim dierum assignato, in quo termino reus per verbum *credit* vel *non credit*, per se vel per procuratorem positionibus admissibilibus et particularibus respondebit : quod si maliciosè differat, actori petenti ad probandum articulos terminus dabitur.

(57) *Item.* Si actor relevari credit per responsiones rei principalis, et præsens extiterit, ipse reus respondebit, si vero absens, citabitur peremptoriè cum comminatione quod positiones habebuntur pro confessatis, nisi per se aut procuratorem sufficienter instructum respondeat ; et nisi sufficienter ipse aut procurator singulis positionibus responderit, illæ quibus minus sufficienter responderit, pro confessatis habebuntur, et terminus actori viginti dierum pro prima dilatione, ad probandum præfigetur, simili ad exceptiones aut deffensiones proponendas, reo concesso.

(58) *Item.* Termino prædicto durante, tam instrumentorum quam cæterorum productorum copia partibus petentibus concedatur : actori quindecim dierum termino pro secunda dilatione, ad probandum et respondendum propositis partis reæ, et contra exceptiones replicandum, concesso.

(59) *Item.* Reo ad suas deffensiones aut exceptiones probandum, dilationem aliam petenti, quindecim dierum terminus ad omnes simul proponendum precisus et peremptorius concedatur : ulterius, non audiendo.

(60) *Item.* Dicto termino adveniente, si actor, concessa copia

---

(1) Chez les Romains, et dans notre ancienne pratique, dès le commencement d'un procès, le demandeur était obligé de jurer qu'il croyait la demande qu'il faisait bien fondée et juste ; et le défendeur jurait aussi qu'il croyait ses défenses légitimes. Le tit. 59 du 2ᵉ liv. du Code est intitulé : *De jurejurando propter calumniam dando.* (Vilevault.)

productorum hinc indè, alium terminum ad probandum petierit, quindecim dies vel ad longius pro tertio et peremptorio termino, unus mensis concedatur.

(61) *Item.* Si reus per responsitiones actoris relevari crediderit, ordo, modus et compulsio, dilationesque similes concedentur veluti de actore supradictum est.

(62) *Item.* Si partes vel earum altera uno termino (1) sint contentæ ad probandum, dabitur terminus competens petenti, qui tamen duos menses non excedet, quantacumque causâ extiterit.

(63) *Item.* Una vel pluribus datis dilationibus ad probandum, ultimo termino vel in fine termini, assignetur (2) parti ad publicationem testium interim producendorum et examinandorum.

(64) *Item.* Præsentatis interrogatoriis congruo tempore, secundum ea testes examinentur, resecatis resecandis.

(65) *Item.* Publicatis attestationibus, copia utrique partium detur ad obiciendum in personas et dicta, termino quindecim dierum concesso.

(66) *Item.* Durante termino predicto, parti in personas obicienti pertinenter crimina sigillatim et specificè, quindecim dierum terminus detur, vel ex causa, triginta ad longius : copia objectorum adversario concessâ.

(67) *Item.* Si contra objectus articuli porrigantur deffensorii, similis ut supra dabitur ad probandum dilatio, præstito juramento quod ex malicia non proceditur.

(68) *Item.* Nihil objecto in personas aut dicta testium publicatione eorumdem factâ illico partibus instantibus aut earum altera, ad proponendum ea quæ in jure et facto consistunt, terminus viginti dies non excedens concedatur ; quo elapso ad sentenciam audiendam alius terminus assignetur, talis quod partes ante ipsam per octo dies possint allegationes juris tradere.

(69) *Item.* A prima dilatione ad probandum, usque ad conclusionem in causa, instrumenta et litteras probatorias producere poterunt.

De Compulsoriis.

(70) *Item.* Si pars inchoet à compulsoriis litteris processum, instrumento obligationis vel submissionis porrecto compulsoriæ, cum assignatione, ad quindecimam diem ad minus excu-

---

(1) Il semble qu'il devrait y avoir : *non sint contentæ.*
(2) Il manque après ce mot, *terminus.*

tione concedantur, quarum copia reo mittetur ; ac earum executio per notarium à tergo describetur.

(71) *Item.* Reus legitimè comparens termino prædicto, admittetur ad probandum excommunicationis, falsi, transactionis, rei judicatæ, solutionis, præscriptionis, et pacti de non petendo exceptiones, vel alteram earum, pro quarum vel cujus justificatione, terminum peremptoriè quindecim dierum habebit ; et copiam instrumenti obligationis, si voluerit ; quod quidem instrumentum pro justificatione compulsoriarum, tenebitur actor exhibere.

(72) *Item.* Singulorum per reum propositorum et productorum, actori, si petat, copia concessa ; et pro responsionibus, replicationibus et probationibus, ordo et modus superiùs dicti in causis per petitionem vel supplicationem inchoatis, observentur.

(73) *Item.* Reo personaliter apprehenso, nec comparente vel comparente, sed nullam prædictarum exceptionum opponente, litteræ precisæ concedentur actori, vim et autoritatem rei judicatæ obtinentes, quæ lapsis decem diebus executioni demandabuntur.

(74) *Item.* Reo personaliter non apprehenso, nec termino assignato comparente, saltim ad locum domicilii iterato citabitur, et simili termino sicut supra in quo si compareat, similiter procedetur ut supra quando fuit apprehensus. Si vero contumax existat, litteræ præcisæ concedentur.

(75) *Item.* Præcedentia vero intelligi debeant in casu que à Dalphinatu reus non abesset citationis tempore.

(76) *Item.* Reo à Dalphinatu absente, si longa speretur ejus absencia, et mora evidenter sit damnosa actori, nec deffensor appareat, detur curator bonis, cum quo ut supra procedetur, nisi longior æstimetur dari dilatio curatori verisimiliter alienum factum ignoranti.

(77) *Item.* Omnes termini prædicti erunt peremptorii, sic quod cuilibet, partes satisfacere tenebuntur, nec alias ulterius admittentur.

De Executione rei judicatæ.

(78) Sentencia condemnatoria lata, quæ in rem transivit judicatam, super actione reali, mixta, aut in rem scripta, actor mittetur in possessionem rei adjudicatæ, quæ missio parti nottifficabitur, et inhibetur ei ne missum turbet in eadem in qua judex ipsum manutenebit et deffendet, etiam pœnarum impositionibus.

(79) Sentencia vel mandato super actione personali lata, quæ in rem transivit judicatam, executor ad domum habitationis debitoris accedet, et ab eodem, si reperiatur, aliàs à domesticis ejus requiret ut sibi indicent aut tradant mobilia vel se moventia (1), inquantanda : quod si differatur per unam diem naturalem, executor, lapsâ die, capiet pro debito principali et expensis, de mobilibus, vel in eorum defectu, de immobilibus, juribus ac actionibus, ad electionem creditoris : cavebit tamen non capiat pignora in duplo plus valentia, nisi aliis defficientibus.

(80) *Item.* Pignora capta loco et horis solitis et modo sequenti inquantabuntur : nam si pro debitis quæ summam centum solidorum non excedant, fiat executio, primâ die fori et die immediate sequenti inquantabuntur; et à centum solidis usque quinquaginta libras, duobus proximis diebus fori, inter quos erit intervallum sex dierum : ultra vero summam quinquaginta librarum, quantacumque sit summa, tribus diebus fori continuis, per similia intervalla fiant inquantus, et in ultimo dictorum inquantuum, plus offerenti librabuntur et expedientur per præconem.

(81) *Item.* Nullo emptore apparente, liceat creditori qui vicit, in quolibet inquantuum præcium offerre, et demum in ultimo inquantu, nullo alio majus præcium offerente, creditori expediatur per præconem.

(82) *Item.* In locis ubi forum sive mercatum non habetur, fiant inquantus in locis ibidem fieri solitis, dum tamen non fiant per minora intervalla quam superiùs declarata.

(83) *Item.* Quia debitor se læsum vel deceptum quandoque asserit, ordinamus quod si summa pro qua pignora vendita fuerunt, centum solidos curribiles non excedat, eadem pignora redimere possit debitor infra quindecim dies à die librationis inchoandos; solvendo tamen ante debitum principale et expensas. Si vero centum solidos excedant usque ad quinquaginta libras, eas redimere poterit usque ad unum mensem; et à quinquaginta libris usque ad centum libras, habebit debitor duorum mensium inducias : ultra vero summam centum librarum quantacumque fuerit, solvendo debitor principale cum expensis, pignora capta et librata redimere poterit infra quatuor menses, à die librationis computando.

---

(1) Pour être vendu à l'encan.

(84) *Item.* Terminis predictis in favorem debitoris concessis, casu quo emptor dictorum bonorum mobilium et se moventium, esset alienigena, aut facilitate conveniendi suspectus, seu infra Dalphinatum immobilia non possideret, bona prædicta sub manu curiæ ponentur, nisi caveat idonee debitor ipse, prout infra declarabitur.

(85) *Item.* Animalia pro majori summa centum solidorum, quantacumque sit, capta et distracta, per debitorum redimi non poterunt ultra mensem, ne in menjalliis consumantur: verum si debitor idonee caveat de eis restituendis in eadem bonitate et valore, casu quo ea non redimerit infra tempus jam dictum, interim apud eumdem dimittantur nutrienda, pendentibus terminis, inquantuum; quibus effluxis, expedientur ut supra.

(86) *Item.* Dilationibus et terminis antedictis pendentibus, de rebus, bonis, juribus aut actionibus prædictis, emptor investituram petere non tenebitur; nec dominus directus aliquam pretendere commissionem, aut laudimium, si per debitorem prædictæ res et jura redimantur: verum durante termino prædicto, emptor dicta bona allienare non poterit ullo modo.

(87) *Item.* Terminis prædictis lapsis, emptor bona prædicta habebit pacifice, nec audietur debitor per viam oppositionis, appellationis, supplicationis, recursus, aut cujuscumque remedii juris, contra inquantus et librationes prædictos, vel etiam ordinis aut solemnitatis non servatorum: verum si debitor infra tempora redimendi, se læsum asserat, quia vili præcio dicat esse distracta, facta dictorum distractorum extimatione coram præsidente loci inquantus, per duos aut tres de probioribus dicti loci, juratos, in partium præsencia, vel altera contumace, et neutri parti suspectos, si appareat debitorum fuisse læsum ultra quintam partem justi præcii, si talia sint pignora quæ comode dividi non possint, emptor quod justo deerit præcio, debitori supplere et resarcire teneatur, detracta dicta quinta parte dicti præcii quæ emptoris lucro cedet.

(88) *Item.* In executionibus faciendis, domus habitationis debitorum, vestes, lectus, boves aratorii, aut instrumenta ad laborandum ordinata, non capientur, nisi aliis bonis tam mobilibus quam immobilibus defficientibus.

(89) *Item.* In eis quæ formam et modum executionum respiciunt, stabitur relationi servientis vel executoris jurati, et ad ipsam executionem deputati.

14.

De Provisione contra violentos et clandestinos possessores.

(90) Si quis per litteras judicis ejus manu propriâ signatas, aut voluntate illius cujus erat possessio, quam voluntatem interpretamur intervenisse, ex quo per dies decem passus est notoriè possidentem possidere rei alicujus possessionem, vel quasi, nactus, per quempiam absque mandato judiciario à prædicta possessione expulsus aut ejectus fuerit, probatâ possessione et ejectione etiam absque violenti evocatione (1) aliquali, per duos aut tres testes communi æstimatione fide dignos, omni allegatione aut appellatione cessante, expelletur violentus per judicem aut ab eo deputatum, etiam manu militari, si sit opus, et restituetur dejectus, aut reponetur ante omnia in statum pristinum, et multabitur violentus ultra pœnas à jure statutas, in decem marchis argenti, fisci erario applicandis; mitigatione tamen judici concessâ secundum modum violenciæ et facultates violenti: violenciâ verò purgatâ per in statum pristinum reductionem expulsi, et expensarum ab eodem expulso factarum refusionem, audietur qui fuerat violentus super per ipsum allegandis. Quæ autem in violento supra statuimus, eadem et in clandestinæ possessiones ingredientes intelligenda fore censemus.

Juramentum Consiliariorum.

Vos juratis quod amodo eritis fidelis domino nostro dalphino omnibus, absque acceptione personæ, justiciam ministrando, neminique ejus secreta revelabitis, honorem et utilitatem ejusdem procurabitis, incommoda pro posse evitabitis et facietis evitari, ac domino gubernatori vel præsidenti revelabitis, nec donum à jure prohibitum recipietis, et statuta pro decencia auditorii ac utilitate rei publicæ facta observabitis, et procurabitis ab aliis observari.

Juramentum Auditorum computorum.

Vos juratis quod eritis fidelis domino nostro dalphino, neminique ipsius secreta revelabitis, honorem et utilitatem ejusdem procurabitis, ejus patrimonium illæsum servabitis, et procurabitis ab aliis observari, computa fideliter audietis et admittetis,

---

(1) Il faut peut-être corriger *avocatione*, qui signifiera ici la même chose que *ejectione*; car dans plusieurs textes de droit, et entre autres dans le tit. 6, *de condictione indebiti*, L. 15, § 1, on trouve *avocare possessionem*, pour signifier *ôter la possession*. *Violenti avocatione* doit avoir le même sens que *ejectione*.

(Vilevault.)

jus domini nostri dalphini et computantium omni amore, et odio post positis custodiendo, nec munus prohibitum recipietis.

Juramentum Secretariorum.

Vos juratis quod benè, legaliter et fideliter officium secretariatùs exercebitis, nemini secreta dalphinalia vel causarum vobis commissarum pandendo, ac in scriptis processuum, appunctuamenta suo ordine redigendo, honorem et utilitatem domini nostri dalphini procurabitis, ac damnis ejusdem occurretis, nihil à jure prohibitum recipiendo, salario vestro competenti contentus.

Juramentum Advocatorum.

Vos juratis quod officium advocationis benè, legaliter et fideliter exercebitis, causam injustam scienter non fovebitis (1), et si ejus injusticia in aliqua litis parte ad vos perveniat, eam dimittetis, ac cedulam aliquam (2) non signabitis, nisi per vos compositam aut sufficienter visitatam, et clientulos vestros quam breviùs poteritis expedietis.

Juramentum Procuratorum.

Vos juratis quod benè et legaliter officium procurationis exercebitis, nec causam quam injustam credetis, fovebitis, ac salario competenti eritis contentus, utilitatem clientulorum vestrorum absque diffugio procurando.

Juramentum Hostiariorum.

Vous jurés que bien et loyaument vous exercerés votre office, et ne denierés à personne entrée en temps deu, ne ne recevrés argent pour laissier entrer.

Juramentum Notariorum.

Vos juratis quod eritis bonus, probus et fidelis domino nostro dalphino suisque officiariis, commodum, honorem et utilitatem ipsorum procurare et damnum evitare pro posse; secreta imperialia et dalphinia nemini pandere, litteras, protocolla et instrumenta quæcumque tangentia dominum nostrum dalphinum

---

(1) V. l'ordonn. de 1274, appliquée par la Cour de cassation, affaire Chabroud et Dubourg, (Merlin, *Nouv. Répert.*, addit., v° *Avocat à la Cour de cassation*. — Règlement du parlement de Paris, de mars 1354.) (Isambert.)

(2) Ils faisaient donc l'instruction par écrit. (Ord. de Jean, décembre 1357, art. 9; — ordonn. de mars 1344; juillet 1493; mai 1579.) (Isambert.)

et ejus commodum, quæ ad primùm ad vestri notitiam pervenerint, nobis aut consilio *dalphinali* revelabitis, et ponetis per extensum sine clausula, etc.; testamenta, codicillos, donationes causâ mortis, et quascumque ultimas voluntates et contractus inter vivos ultro citroque obligatorios, vel ab una parte tantum, cum notis sive protocollis vestris infra duodecim dies naturales à tempore receptionis dictarum ultimarum voluntatum seu contractuum prædictorum redigetis; relicta ad pias causas revelabitis episcopo seu vicario ejus, infra duos menses à die obitûs deffuncti; subditos non opprimetis pro scripturis eorum seu aliis, nec opprimi per quempiam permittetis; directè seu per obliquum; cessiones à jure prohibitas non recipietis in præjudicium subditorum; instrumenta seu quoscumque contractus non scribetis in papiro seu carta veteri vel abrasa, sed in membrana munda et nova; testamenta, codicillos, donationes causâ mortis, dicta et depositiones testium, et alia vestrum officium tangentia scribetis fideliter et ea servabitis; secreta nullique pandetis donec debeant publicari, causas viduarum et aliarum miserabilium personarum, nec non pontium et hospitalium emendationem, ac viarum publicarum reparationem omni tempore promovebitis, et notariatûs officium exercebitis legaliter, non attendendo munera, odium vel amorem.

Juramentum Vassalorum.

Vous tel, en présence de monseigneur le gouverneur représentant la personne de monseigneur le dauphin, confessés que vous êtes et devés être homme vassal de monseigneur le dauphin, à cause de tel fief que vous tenés, et promettés et jurés que vous serés bon et loyal à mondit seigneur le dauphin et à ses successeurs dauphins, que aussi vous garderés tout ce qui est contenu ez chapitres de la vieille et de la nouvelle forme de fidélité, en procurant l'honneur de mondit seigneur le dauphin et ses successeurs, son bien et son profit, et lui signifiant son dommage, et en signe de ce, vous baisiés monseigneur le gouverneur en la bouche.

Nos prædicta capitula et in eis contenta, in favorem rei puplicæ, rata et grata habentes, ea volumus, laudamus, rattifficamus, approbamus, et tenore præsentium confirmamus de gracia speciali per præsentes: dantes propterea tenore præsentium in mandatis dicto gubernatori *Dalphinatûs*, nostri moderno ac futuris ipsius *Dalphinatûs* gubernatoribus, necnon dilectis et fidelibus gentibus consilii, auditoribus computorum, cæterisque justiciariis et officiariis nostris *Dalphinalibus*, præsentibus et futuris, vel eorum locatenentibus et eorum cuilibet, prout ad eum pertinuerit, quatenùs contenta in ipsis capitulis teneant, observent et adimpleant, ac teneri et observari et inviolabiliter adimpleri faciant, nihil in contrarium attemptando vel innovando, seu attemptari vel innovari permittendo ; sed attemptata et innovata, si quæ sint aut fuerint, ad statum pristinum et debitum reducendo vel indilatè reduci faciendo : præfatis auditoribus nihilominùs præcipiendo quatenùs in archivis cameræ nostræ computorum *Dalphinatûs* præsentem nostram confirmationem ad perpetuam rei memoriam reponant atque servent.

Quod ut firmum et stabile, etc. Datum Parisius, etc.

N°. 447. — Lettres *qui ordonnent aux officiers de faire arrêter les fauteurs de Pierre-Martin de Lune, et de les remettre entre les mains des prélats ordinaires, pour leur faire leur procès en présence de l'inquisiteur* (1).

Paris, 9 septembre 1409. (C. L. IX, 462.)

N°. 448. — Lettres *portant confirmation de tous les priviléges des bourgeois et habitans de Paris* (2).

Paris, 10 septembre 1409. (C. L. IX, 463.)

---

(1) Le concile assemblé à Pise pour faire cesser le schisme, ayant déclaré (Benoît XIII) (Grégoire XII), qui, très damnablement et contre leurs sermens, avaient long-temps tenu l'église en schisme et division schismatiques et hérétiques, et Charles VI ayant été informé que dans la sénéchaussée de Toulouse et ès ressorts d'icelle, il y avait plusieurs personnes qui soutenaient encore le parti de Pierre de Lune, homme damné, hérétique et prince de l'hérésie, il ordonna, par ces lettres de faire mettre en prison les partisans de Pierre de Lune, pour les remettre aux prélats ordinaires dans la juridiction desquels ils seraient arrêtés, afin qu'ils fissent leur procès en présence de l'inquisiteur de l'hérésie ; et en cas que ces prélats et l'inquisiteur ne fissent pas leur devoir, de les y contraindre par la saisie de leur temporel, et de faire contre eux et contre les fauteurs de Pierre de Lune, qu'ils n'auraient pu faire arrêter à cause de leur trop grande puissance, des informations qu'ils enverront au chancelier, pour, sur son rapport, y être pourvu par le Roi. (Vilevault.)

(2) Ils avaient été supprimés dans le temps de la sédition des maillotins. Ces priviléges consistaient principalement, 1° Dans le droit qu'ils avaient sur la manière de se faire payer de ce qui leur était dû ; 2° dans le droit d'empêcher que les marchands forains qui n'ont point de compagnie française, ne puissent amener leurs marchandises par eau vers Paris que jusqu'à une certaine distance. 3° Nul ne peut amener du vin à Paris, qu'il n'y demeure et qu'il ne soit hansé de la

N°. 449. — LETTRES *sur les biens tenus à emphytéose.*

Paris, 20 septembre 1409. (C. L. IX, 466.)

KAROLUS, etc. Nuper ad nostram devenit notitiam quod licet nos habeamus in pluribus locis dicte senescallie, et specialiter in civitate nostra Vaurensi et alibi, super pluribus et diversis domibus, terris, vineis, pratis et aliis possessionibus quamplurimis, plures et diversos census, tam bladi quam vini et pecunie, quam aliarum rerum; que domus et alia hereditagia supradicta teneantur à nobis in emphiteosim, sub jure emphiteotecario seu directo dominio, cum laudaminiis seu foriscapiis, totiens quotiens contingit tales possessiones alienari, seu de una persona in aliam transportari seu mutari titulo venditionis aut aliàs; quamvis etiam non liceat possessoribus earundem, tam de jure scripto quo patria illa regitur, quam de consuetudine approbata, ipsas possessiones vendere seu transferre aliquibus personis privilegiatis et à jure et consuetudine prohibitis, per quas nos possemus jus nostrum emphiteoticarium amittere, et alia jura et deveria que nobis debentur seu deberi possent ratione translationis de una manu in aliam; nichilominous dicti emphiteote nostri habitatores de Vauro et ejus pertinentiarum, et locorum dicte senescallie, hujusmodi possessiones vendunt, alienant et transportant pluriès et diversimodè, et absque alicujus superioris licentia, presbiteris, canonicis, monachis et aliis personis eclesiasticis et religiosis, absque discrepatione quacumque, tam nomine ecclesiarum seu beneficiorum suorum, quam suis nominibus propriis et privatis. Sunt etiam non nulli emphiteote nostri et aliorum nobilium, burgensium et mercatorum, in dictis partibus, qui vendunt (1) censum supra censum, et feudum supra feudum,

---

marchandise. 4° Des marchands forains qui n'ont point de compagnie française ne peuvent faire passer leurs marchandises dessous l'arche du grand pont, pont-au-Change. 5° Le prevôt des marchands ne doit plaider que devant le parlement, dans les causes qui concernent les privilèges des bourgeois. 6° Les habitans de Paris sont nobles, et peuvent, comme les autres nobles, acquérir des fiefs et des alleux, et ils ont la garde de leurs enfans et parens. Ces lettres portent encore que comme une partie des titres des bourgeois de Paris ont été perdus, le garde des chartres, fera extraire ces titres des registres, et leur en donnera de nouvelles lettres scellées. (Vilevault.)

(1) Quelques emphytéotes qui possédaient des héritages en emphytéose et en fief, moyennant un cens annuel, et à la charge des lods et ventes dans les cas de translation de propriété, avaient chargé ces emphytéoses d'une espèce de surceus qu'ils avaient aliénés à des communautés ecclésiastiques ou à des particuliers qui les tenaient d'eux en fief. (Vilevault.)

seu aliam pensionem annualem, tam personis eclesiasticis, religiosis et secularibus, quam laycis meris, in possessionibus et rebus que, sic ut premictitur, à nobis tenentur, seu ab aliis nobilibus, burgensibus et mercatoribus, nobis et (1) particularibus nostris aliis officiariis, et totaliter ignorantibus, absque licentia et congedio nostri vel alterius ad hoc potestatem habentis; quod cedit in nostrum maximum prejudicium atque damnum, et aliorum qui primos census habebant et habere debent, et ampliùs cedere posset, nisi per nos super hoc provideretur de remedio opportuno.

Quocirca nos premissis consideratis, indempnitati nostre ac reipublice providere cupientes, ut tenemur, vobis et vestrum cuilibet precipimus et mandamus, districtiùs injungendo, quatenùs, si vobis constiterit de premissis, omnes et quascumque personas eclesiasticas seu seculares vel religiosas, que nomine eclesiarum seu beneficiorum suorum aliquas domos, terras, vineas, prata, aut quascumque alias possessiones que à nobis vel aliis personis tenentur in emphiteosim et sub (2) directo dominio, quocumque titulo emptionis, donationis, successionis, aut aliàs, acquisiverunt vel acquirent, compellatis aut compelli faciatis, vel tu procurator noster compellas, cum hoc ad officium tuum ad causam procurationis nostre principaliter pertineat et expectet, ut infra annum et diem à tempore precepti ipsis facti in antea computandi, extra manum suam ponant realiter et de facto cum intimatione quod aliàs talium possessionum fructus domanio nostro aplicabuntur.

¶ Si vero nominibus propriis, tales possessiones, ut dictum est, acquirant, vos similiter compellatis seu compelli faciatis ad solvendum nobis aut deputatis à nobis, omnes et quoscumque census, laudaminia et alia deveria quecumque debitos occasione dictarum possessionum, aut aliis quibus debebuntur, et à quibus tales possessiones tenentur, et ad solvendum tallias et alia subcidia, et

---

(1) Ce mot me paraît suspect. Celui qui a copié ces lettres avait d'abord écrit *procurato*, qu'il a effacé pour écrire *particularibus*. Peut-être dans l'original y a-t-il *procuratoribus nostris, et aliis officiariis*. Il semble aussi qu'il manque dans cette phrase le mot *inconsultis*, ou quelque autre semblable.
(Vilevault, tab.)

(2) Celui qui donne un héritage à emphytéose moyennant un cens annuel, en conserve, par le moyen de ce cens, le domaine direct. (Vilevault.)
Ce n'est pas par ce cens, mais par la limitation du temps du bail, que le domaine est conservé; autrement il y aurait *aliénation*, comme pour les baux à complant. (Nouveau Répertoire, v° *Vignes*.) (Isambert.)

aliter contribuendum cum ceteris plebeis, prout de jure tenentur, et ut faciebant veteres possessores : et nichilominus omnes census, redditus, feuda et deveria quecumque per quascumque personas acquisitos vel acquisita, quocumque titulo, super domibus aut aliis possessionibus que à nobis vel aliis in emphiteosim et sub directo dominio tenentur, ut dictum est. sine nostri licentia aut alterius ad hoc potestatem habentis, realiter et de facto capiatis seu capi faciatis, et ad manum nostram ponatis, unacum dictis domibus, hereditagiis et aliis possessionibus ; seu tu procurator noster, si tibi legitimè constiterit, ponas, ipsosque, et ipsa per manum nostram gubernari faciatis, donec aliud per nos seu judicem ad quem pertinebit, partibus auditis, aliud super hoc fuerit ordinatum.

Et insuper notariis qui à cetero instrumenta super dictis alienationibus vel transportibus recipient, sub certis et magnis penis nobis applicandis precipiatis et injungatis, quibus etiam nos tenore presentium injungendo PRECIPIMUS et MANDAMUS, quatenùs amodo interrogant venditores quarumcumque possessionum, si hujusmodi possessiones sunt libere et franche, vel de dictis censibus et servitutibus onerate ; et si onerate fuerint, à quo tenentur, et sub quo censu vel servitio, et de hiis in dictis instrumentis specialiter faciant mentionem, ut in premissis et circa premissa jus nostrum et aliorum quorum interest, servetur illesum, et ut tot littes et fraudes que quotidiè propter hoc oriuntur et insurgunt, omnino evitentur : cum sic fieri volumus, et dicto procuratori nostro concessimus at concedimus per presentes de gratia speciali, si sit opus ; litteris subrepticiis in contrarium impetratis vel impetrandis non obstantibus quibuscumque.

Datum, etc.

Per regem, ad relationem Consilii.

N°. 450. — JUGEMENT *d'une commission présidée par le prévôt de Paris, par lequel le ministre des finances Montaigu est condamné à la peine de mort* (1), *avec confiscation de biens, pour crime de lèse-majesté.*

Paris, 17 octobre 1409. (Juvénal des Ursins, p. 201. — Monstrelet, p. 92.)

(1) Revêtu d'une autorité plus grande que jamais, le duc de Bourgogne attaqua la mémoire du duc d'Orléans, en poursuivant les prétendus complices des crimes dont il avait accusé ce malheureux prince. Montaigu, grand-maître de la maison du Roi, premier ministre, fut arrêté et jugé par des commissaires

N°. 451. — **Lettres** *portant pouvoir à des réformateurs généraux de corriger les abus dans les finances et autres parties du gouvernement* (1).

Paris, 20 octobre 1409. (C. L. IX, 468.)

---

mis a la torture, il avoua tous les forfaits dont on voulut le charger, et qu'on faisait toujours retomber sur le feu duc d'Orléans. En allant à la mort, Montaigu protesta de son innocence. (Vilevault.)

François Ier, visitant l'abbaye de Marcoussy, dit aux religieux : « Quel dommage qu'un pareil homme soit mort par justice ! » « Sire, répondit un moine, il n'a pas été jugé par justice, ains seulement par commissaires. » Le Roi trouva cette parole si belle, que, la main sur le grand autel, il jura qu'il ne ferait jamais mourir personne par commissaires. (Preuves de l'Histoire de Charles VI, p. 749.)

Ses biens furent donnés au Dauphin et à ses dénonciateurs. Sa mémoire fut réhabilitée en 1412. (V. ci-après.) (Isambert.)

Il fut décapité aux halles de Paris : *Combien qu'il fût clerc marié*, cum unicâ virgine, *et avoit été pris en habit non difforme à clerc*. (Juv. des Ursins, p. 201.)

(1) Elles contiennent, en dix-sept articles, un très grand détail de tous les abus et malversations qui avaient été commis dans l'administration des finances et dans les autres parties du gouvernement. Les comtes de la Marche et de Vendôme, princes du sang, le comte de Saint-Paul, plusieurs des chambellans, Pierre Boschet, président au parlement, Pierre des Essarts, maître d'hôtel et prévôt de Paris, deux maîtres des requêtes de l'hôtel, sept conseillers du parlement, et Barrau, premier secrétaire, sont nommés réformateurs généraux conseillers, et juges, pour, du moins au nombre de sept, présens les deux princes du sang, ou l'un d'eux, corriger ces abus et malversations, et autres choses quelconques, où il leur semblerait à pourvoir; ajourner les officiers et autres qui les auraient commis, pour répondre au procureur du Roi qui sera ordonné en cette partie, leur faire leur procès sommairement et de plain, comme l'on a accoutumé de faire par voie de réformation, et de les punir; et en général de faire aussi le procès à tous ceux qui se trouveraient coupables de délits et de crimes, comme aussi de recevoir les compositions des coupables, si ceux-ci le requéraient; de faire des cas criminels, des cas civils; de faire prendre dans la chambre des comptes et ailleurs, tous les registres, comptes et papiers dont ils auraient besoin pour l'instruction de ces procès; de suspendre ou de priver de leurs charges tous les officiers, et de commettre d'autres personnes en leur place, jusqu'à ce qu'il y eût pourvu, de diminuer le nombre des officiers; de changer les styles, procédures et coutumes des juridictions, etc., sans qu'on pût appeler de leurs arrêts qui seraient exécutés comme ceux du parlement, nonobstant lettres contraires qui pourraient être obtenues de lui ou du parlement, auxquelles il leur défend d'obéir; voulant néanmoins que si contre leurs arrêts on présentait des doléances ou supplications, ou qu'on proposât des erreurs, il y fût pourvu par eux, appelés douze conseillers du parlement, ou plus. (Vilevault.)

N°. 452. — LETTRES *qui défendent aux propriétaires des maisons de la ville de Béthune de les charger de nouvelles rentes, et qui leur donnent le droit d'exercer le retrait des anciennes dans les mains des cessionnaires* (1).

Paris, octobre 1409. (C. L. IX, p. 482.)

N°. 453. — LETTRES *portant que la ville de Béthune sera gouvernée par dix échevins nommés à vie.*

Paris, octobre 1409. (C. L. IX, 480.)

N°. 454. — DÉCLARATION *sur les pensions des officiers du Roi* (2).

Paris, 23 décembre 1409. (C. L. IX, 487.)

CHARLES, etc. Comme noz predecesseurs et nous aions tousjours eu et doions avoir pour recommandez noz bons et loyaux serviteurs et officiers, et par especial noz amez et feaulx conseillers les gens de nostre parlement, qui ont en gouvernement nostre court capital et souveraine de nostre royaume; et quant les aucuns d'eulx ont longuement servi ou qu'ilz deviennent en grant aage ou en essoine de maladie, pour pourveoir à leur estat, soit acoustumé de leur donner et octroyer à leurs vies, les gaiges qu'ils ont et prennent à cause de leurs offices, servent ou non servent; et quant il est avenu que nous avons fait aucunes ordenances par lesquelles en termes généraulx, nous avons révoqué tous gaiges à vie, toutevoyes nous avons toujours depuis voulu et declairé que nosdictes gens de parlement, qui avoient octroy de nous de prendre et avoir leursdis gaiges à vie, et par especial ceuls qui auroient servi en leursdis offices vint ans et audessus, ne feussent en aucune maniere comprins esdictes ordenances : neantmoins soubz umbre de certaine ordenance par nous dereniement faicte, par laquelle tous gaiges à vie sont revocquez et rappellez, l'en a voulu ou veult mettre empeschement à nozdictes gens de parlement, qu'ilz n'aient et preignent leursdiz gaiges à vie, qui est en leur grant grief, prejudice et dommage, et contre nostre voulenté, s'il est ainsi; et pour ce nous ont humblement supplié que sur ce leur vueillons gracieusement pourveoir de remede convenable :

Savoir faisons que nous inclinans à leur supplicacion, attendu

---

(1) V. ci-dessus les lettres du 13 décembre 1408; — Joly, I, 22; — Neron et Girard, I, 17; et la loi du 22 août 1790, sur les pensions civiles. (Isambert.)

(2) V. les art. 1699 et 1701, n° 3 du Code civil. (*Idem.*)

et consideré les grans, bons et loyaulx services qu'ils nous ont fais et font continuelment en leursdis offices, et les petis gaiges qu'ils ont à cause d'iceulx, et pour certaines et justes causes qui à ce nous meuvent, avons par deliberacion de nostre conseil, de nostre certaine science et grace especial, DECLAIRÉ et DECLAIRONS par ces presentes, que onccques ne fu ne n'est nostre entencion que nozdictes gens de parlement, quant à leursdis gaiges à vie, soient en aucune maniere comprins en nozdictes ordenances; mais voulons et ORDENONS que nonobstant ycelles, tous ceulx de nostredit parlement ausquelx nous avons par noz lettres octroyé leursdis gaiges à vie, et qui ont servi l'espace de vint ans et au-dessus, les ayent et preignent leurs vies durans, servent ou non servent, tout en la fourme et maniere qu'ilz les avoient et prenoient paravant nostredicte ordenance.

Si DONNONS en MANDEMENT par ces presentes à noz amez et feaulx gens de noz comptes et tresoriers à Paris, et à chascun d'eulx, si comme à lui appartendra, que de nostre presente grace, octroy et declaration, ilz facent, sueffrent et laissent joïr et user paisiblement nozdictes gens de parlement, etc.

Donné, etc. Par le Roy, en son conseil, etc.

N°. 455. — ORDONNANCE *qui confirme l'autorité donnée à la reine dans les affaires du gouvernement* (1).

Bois de Vincennes, 27 décembre 1409. (C. L. IX, 488.)

CHARLES, etc. A tous ceulx qui ces presentes lettres verront. Savoir faisons que comme nous aions en consideracion et memoire les très-grandes, parfaites et vraies amour et obeissance que nostre trez-chiere et trez-amée compaigne la Royne a eu et porté envers nous, a et porte continuelment, et esquelz tenons fermement que tousjours continue de bien en mieulx, les grans sens, prudence et discrecion qui sont en sa personne, les grans charges et frais qu'il lui a convenu et convient supporter tant pour son estat honorablement tenir, comme pour l'estat d'aucuns de nos enfans, lui aions par plusieurs nos autres lettres, en divers temps et à plusieurs foiz, donné et ordonné avoir plusieurs prerogatives, preémi-

---

(1) Le Roi, revenu à la santé, apprit avec surprise et chagrin la mort de Montaigu : il approuva les mesures prises ; il retira le Dauphin des mains des femmes, et confirma à la reine le pouvoir qu'il lui avait precédemment confié. (Vilevault.)

nences et auctoritez ès consaulx, affaires et besongnes de nostre royaume, et donné, octroyé et accordé plusieurs proffiz et revenues en aucuns lieux de nostredit royaume, tant d'aides comme autrement, pour subvenir à ses necessitez, et pour le soustenement de son estat que nous avons voulu et voulons estre honnorablement maintenu ; et aussi lui eussions commis et ordonné la garde et gouvernement de nostre trez-cher et trez-amé filz ainsné Loys duc de Guyenne, dalphin de Viennoys, lequel elle a grandement gouverné et eslevé jusques vers la fin du XIII.° an de son aage, et lequel est grant et en estat qu'il est expedient et temps qu'il commence à aprendre et congnoistre les personnes de tous estas, et les affaires de nostredit royaume. et icelluy notredit fils elle nous a presenté et baillé en nos mains, et nous a très-humblement supplié que icelluy voulsissions mettre en garde, compaignie et gouvernement de seure, loyale et puissant personne amans nous, nostredicte compaigne et nostredit filz et nostredict royaume, et lequel nostredit fils par l'advis et conseil de nostredicte compaigne et de plusieurs seigneurs de nostre sang et lignage, avons baillié en garde et gouvernement, seurement et selon la requeste à nous faicte par nostredicte compaigne, soubs l'ordonnance de nous et d'icelle nostre compaigne :

Nous qui ne voulons que en aucune maniere ce que lui avons baillié et ordonné, tant pour son estat comme autrement, lui soit empeschié, ne que aucune diminucion lui soit faite ès choses dessusdictes à elle par nous ordonnées et octroyées, mais voulons icelles estre entrettenues et de bien en mieulx augmentées, avons aujourd'hui déclaré sur ce nostre entencion, laquelle est telle que dessus est touchié, en la presence de nos tres-chers et très-amés cousins, fils, oncle et frere, le Roy de Navarre, nostredit fils de Guienne, les ducs de Berry, de Bourgongne et de Brebant, les comtes de Henau, de Mortaing, de Nevers et d'Alençon, le duc de Lorraine, Loys, duc en Baviere, le comte de Clermont, le marquis du Pont, et les comtes de la Marche, de Vendosme, de Saint Pol, de Namur et de Vaudemont, lesquels l'un après l'autre ont juré et promis par les foys de leurs corps, pour ce realment baillées en nostre main, que auxdictes prerogatives, honneurs, auctoritez, estas, preéminences, drois, prouffits et autres choses dessus déclarées, ils ne donneront ou feront aucun empeschement ou destourbier en tout ou en partie, ne souffreront estre donné, fait ou procuré par autre aucun empeschement ou destourbier en tout né en diminucion d'aucunes d'icelles choses à elle par nous octroyées, ordonnées ou données, comme dessus est exprimé ;

Et se par importunité, inadvertance ou exortacion d'aucuns requerans, ou autrement en quelque maniere que ce feust, nous commandissions faire aucunes lectres au contraire des lectres ou d'aucunes d'icelles ou des choses à lui ordonnées pour son estat, par nous à nostredicte compaigne octroyées, nous ne voulons, mais DEFFENDONS expressement à nostre amé et feal chancellier qu'il ne les sceile; et voulons que ceste nostre presente ordonnance vaille ès choses octroyées et ordonnées à nostredicte compaigne, comme se elles estoient chascunes specifiées et declarées en ces presentes ; et se par inadvertance ou autrement, lectres ou ordonnances contre nostre presente entencion étoient faictes ou scellées, nous voulons que elles n'aient aucun effet, mais dès maintenant les revoquons et adnullons comme faictes et obtenues contre nostre entencion et voulenté ; et commandons à nostredict fils Loys duc de Guienne, lequel a juré en nostre main de tousjours amer nostredicte compaigne et lui obeir, et aussi commandons aux autres dessus nommés, que ils ne seuffrent aucune chose faire au contraire de nostre presente entencion ou ordonnance; mais s'aucuns s'efforçoient de ce faire, ils y resistent de tous leurs povoirs.

En temoing de ce, etc. Donné, etc.

Par le Roy, presens les dessusdits Roy, ducs et comtes, et messire Jehan de Nyelles.

N°. 456. — LETTRES *portant pouvoir au Dauphin de gouverner en l'absence du Roi, avec le conseil des princes du sang et gens du conseil, et à l'exception des cas dont l'importance requerrait la présence du Roi* (1).

Paris, 31 décembre 1409. (C. L. XII, 229.)

CHARLES, etc. Pour ce que les cures et solicitudes que nous avons continuellement en nostre pensée, nous desirons de tout cueur vacquer et entendre diligemment de pourveoir à ce que les besognes et affaires de nostre royaume et de la chose publique

---

(1) Cette ordonnance fut rendue à la suite d'un lit de justice tenu par le Roi. Villaret, t. 13, p. 110.

V. Repertoire de Jurisprudence, v° *Régence*.

d'iceluy, soient si bien et deuement conduites et gouvernées, que ce soit à la louange et au plaisir de nostre Seigneur, et à l'honneur, bien et prouffit de nous, de nostre royaume et de la chose publique d'iceluy, et en telle maniere que par negligence, prolixité ou longue attendue de provision ou remede, aucuns inconveniens ne s'en ensuivent; lesquelles choses pourroient souventefois avenir pour nostre absence et pour plusieurs grands occupations qui souvent nous surviennent et peuvent survenir;

Et pour ce eussions jà pieça, par saine et meure deliberation de conseil de plusieurs de nostre sang et lignage, voulu et ordonné par nos autres lettres (1), que nostre très-chere et très-amée compaigne la Royne, appellés les dessusdicts de nostre sang et lignage, et de ceux de nostre grand-conseil, tels et en tel nombre comme bon leur sembleroit, en nostre absence ou quand nous serions tellement occupés que nous n'y pourrions vacquer, peust par leur advis et conseil, vacquer et entendre à besoigner et secourir aux grands fraiz, besognes et affaires de nous et de nostredit royaume, si comme ces choses sont plus à plain specifiées et contenues en nosdites autres lettres sur ce faites; et il soit ainsi que nostredicte compaigne soit aucunes fois, et pourroit estre si empeschée qu'elle n'y pourroit bonnement vacquer si diligemment et continuellement comme la chose le requerroit, et qu'elle voudroit; laquelle chose pourroit redonder à nostre très-grand charge et au domage de nous et de nosdits royaumes et subgiez, si par nous n'estoit sur ce pourveu;

Sçavoir faisons que nous perseverans de plus en plus en nostre desir dessusdit, considerans que nostre très-chier et très-amé fils aisné Louys, duc de Guyenne et dauphin de Viennois, vient aux ans de puberté, et en âge de pouvoir endurer peine et avoir cure et diligence de vacquer et entendre à ce à quoy nous le voudrions employer; et afin que en sa jeunesse il commence à sçavoir et cognoistre les besognes et affaires de nostredit royaume, et qu'il hante doresnavant nos conseils, par quoy il puisse avoir plus grand cognoissance et perfection en soy de bon entendement, mesmement que après nostre trespas la couronne lui est due de droit, et succedera à nous en icelle au plaisir de nostre Seigneur, pourquoi devons avoir et avons en luy parfaite et singuliere confidence plus que en nulle autre;

Eue aussi sur ces choses grand et meure deliberation avecques

---

(1) Du 27 décembre 1409 ci-dessus.

plusieurs des plus prouchains de nostre sang et lignage et de nostre grand-conseil, avons aujourd'hui voulu et ordonné, voulons et ordonnons par la teneur de ces presentes que toutefois que doresnavant nous et nostre compaigne serions absens ou occupés en maniere que nous ne pourrions vacquer ne entendre à l'expedition et provision des faiz, besongnes et affaires touchans nous et nostredit royaume, iceluy nostre fils, appellés avecques lui les dessusdits plus prochains de nostre sang, c'est à sçavoir nos très-chers et très-amez cousins et oncles les Roys de Cicile et de Navarre, les dûcs de Berry, de Bourgougne, de Brabant, de Bourbon, et Louis, duc de Baviere, ou ceux d'eux qui seroient lors devers ou près de nous, et nostre chancelier, et autres de nostre grand-conseil, tels et en tel nombre comme bon et expédient lui semblera, tiegne nostre lieu et preside en nos conseils, entende, vacque et se employe pour nous, de par nous et en nostre nom, toutesfois que mestier sera, en l'expedition, provision, conclusion et ●●●●●● de tous les faiz, besongnes et affaires de nous et de n●●●● ●●●aume, et y pregne tels appointemens et conclusions co●● ●●● la plus grand et saine partie des dessusdits, sera conseillé et advisé en maniere que ce soit à la louange et plaisir de notre Seigneur, et l'honneur, bien et utilité de nous et de nostredit royaume et de la chose publique d'iceluy, tout ainsi comme nous-mêmes nous ●ferions et faire pourrions si nous y estions presens en nostre personne ou nostredite compaigne, selon la teneur des lettres que nous avons pieçà octroyées; pourveu toutesvoyes que s'il survenoit aucuns grands faiz touchans si grandement nous et nostredit royaume et le bien de la chose publique d'icelui, que l'expedition d'iceux requeist nostre presence, il apportera ou fera apporter devers nous tels appointemens et deliberations, comme par la plus grand et saine partie des dessusdits qui seront lors presens et à ce appellés, aura esté advisié et conseillié, afin que en nostre presence la conclusion soit prise pour estre mise à exécution deue; ou cas toutesfois que lesdits faiz, besongnes ne seroient si urgentes, et requeissent si grand celerité et breve expedition, que on n'y peut differer ne attendre sans très-grand et evident peril ou domage pour nous ou pour nostredit royaume et le bien publique d'iceluy, et non autrement : et voulons et ordonnons comme devant, que tout ce qui par nostredit fils aura ainsi esté advisé, fait et conclud et mis à exécution, comme dit est, soit valable et ait force et vigueur, comme si par nous et en nostre presence eussent esté fait, et que nos secretaires ordonnés pour estre à nos conseils, et nos autres, en facent et signent les lettres en forme deue telle qu'il appartiendra, lesquelles nous voulons estre séelées de nostre séel sans aucune difficulté, pourveu toutesvoyes que nostredit fils, pour quelconque cas ou affaire qui adviegne, ne pourra donner et aliener aucune chose de nostre domaine.

Si DONNONS en MANDEMENT par ces mesmes presentes aux dessusdits de nostre sang et lignage, à nos connestable, chancelier, mareschaux, admiral, chambellans, seneschaux et autres de nostre grand conseil, etc.

Mandons aussi et commandons à nos amez et feaux gens tenans nostre present parlement, etc.

En tesmoin de ce, nous avons fait mettre nostre séel à ces presentes.

Donné, etc. Par le Roy, le cardinal de Bar, les Rois de Cicile, de Navarre, messeigneurs les ducs de Guyenne, de Berry, de Brabant, de Hollande, vous (le chan.... de France), l'archevêque de Reims et plusieurs autres...., le comte de Tancarville et grand multitude d'autres seigneurs, presents.

N°. 457. — *Lit de justice sur la déclaration de guerre projetée contre Henri, usurpateur de la couronne d'Angleterre* (1).

Paris, dernier décembre 1409. (Reg. du parlement, vol. XIII. — Monstrelet, f° 94.)

---

(1) Les causes de guerre indiquées dans ce lit de justice ne sont pas du nombre de celles qui légitiment une déclaration, selon *Vattel*, *Kluber* et autres. Au surplus, ce ne fut alors qu'une menace. La trève fut renouvelée le 21 juin 1410. (Rymer, pag. 646.) (Isambert.)

GOUVERNEMENT DU DAUPHIN,
AVEC CONSEIL DE RÉGENCE (1).

N°. 458. — MANDEMENT *au chancelier de délivrer des provisions à ceux qui ont été élus* (2) *aux offices vacans du parlement.*

Paris, 3 janvier 1409. (C. L. XII, 231.)

CHARLES, etc. à nostre amé et feal chancellier Arnault de Corbie, chevalier, salut et dilection.

Comme par certaines nos ordonnances, nous ayons voulu que doresnavant quand aulcun office de parlement, ou aultre de judicature vacquera, il y soit pourveu par election, et n'a gueres après que par nos aultres lettres nous avons commis nostre amé et feal conseiller en nostre chambre des comptes à Paris, M. Nicolas d'Orgemont par avant nostre conseiller en nostre cour de parlement, audit office de la chambre des comptes, et que M. Jehan Boyer en son vivant nostre conseiller en ladite chambre, est allé de vie à trespassement, vous en ensuyvant et entherinant nosdictes ordonnances, et pour pourvoir ausdits offices vacants par les manières dessusdictes, de bonnes personnes et suffisans, et selon icelles ordonnances, ayez esté en nostredicte cour de parlement, et là assemblé tous nos conseillers illec, et en vostre presence, et d'aulcuns de nos presidens en ladicte chambre, ayez par grand scrutine et deliberation ouï les voix et opinions d'un chascun de nosdits conseillers, tant sur la suffisance d'aulcuns à qui nous avons donné iceux offices, comme d'aultres, qui avoient requis d'estre mis et nommez en ladicte election, et il soit ainsi qu'encore aucuns n'ayent esté nommez pour nous servir en ladicte chambre ès lieux dessusdicts; et pour ce que pour l'expédition et advancement des besongnes et procés qui sont et pendent en icelle, il est besoin et necessité que brief il y soit pourveu,

---

(1) Le Roi eut alors une rechute et fut mis en bonne garde. (Monstrelet, f° 95.) (Isambert.)

(2) V. l'ordonnance du 7 janvier 1407, art. 22. (Joly, Offices de France. — Mémoire des pairs, p. 672.)

15.

Nous voulons, vous mandons et expressement enjoignons par ces presentes, qu'icelles veues vous pourvées desdits offices à ceux qui par lesdits scrutines et elections ont eu le plus de voix et opinions, et doresnavant quand les cas y escherront, et d'iceux offices les mettez et faictes mettre en possession et saisine, en les faisant, souffrant et laissant jouir et user pleinement et paisiblement, ainsi et pareillement que nosdits aultres conseillers de iceluy parlement; car ainsi nous plaist-il, et voulons estre faict, nonobstant nos ordonnances par nous n'agueres (1) derrenement faictes, et quelconques aultres nos mandemens et deffences ce contraires.

Donné, etc. Par le Roy, le sire de Preaulx, et messire Charles de Savoisy, presents.

N°. 459. — LETTRES *du Dauphin portant des peines contre les blasphémateurs.*

Paris, 8 janvier 1409. (Preuves de l'Hist. de Charles VI. p. 66.)

N°. 460. — LETTRES *portant que les protocoles des notaires appartiendront à leurs héritiers, ou à leurs donataires ou légataires.*

Paris, 27 janvier 1409. (C. L. XII, 252.)

N°. 461. — LETTRES *qui donnent au dauphin le gouvernement* (2) *du Dauphiné et de la Guienne* (3).

Paris, 28 janvier 1409. (C. L. IX, 490, 491.)

N°. 462. — LETTRES *portant défenses aux religieux mendians de s'entremettre de l'administration des sacremens, si ce n'est conformément à la disposition des saints canons* (4).

Paris, 16 février 1409. (C. L. IX, 492.)

---

(1) Le 8 mai 1404. (V. ces lettres.)

(2) Il y a deux lettres séparées, une pour le Dauphiné, l'autre pour la Guienne.

(3) Le Roi jugeant qu'il était convenable que le dauphin, qui était dans sa 14° année, eût l'administration de ses terres et seigneuries, lui donna la pleine administration du duché de Guienne, dont il le reçut à foi et hommage lige, pour en jouir par la suite comme vrai seigneur et propriétaire. (Vilevault.)

(4) Le nouveau pape Alexandre V, ayant passe les premières années de sa vie chez les frères mineurs, ne les oublia pas dans la distribution des grâces; il leur accorda des bulles pour confirmer et augmenter leurs privilèges; le clergé s'alarma, l'université retrancha les religieux de son corps, s'ils ne renonçaient à la bulle qui fut revoquée par le successeur d'Alexandre. (Villaret.)

GOUVERNEMENT DU DUC DE GUIENNE (1).
SURINTENDANCE DU DUC DE BOURGOGNE.

N°. 463. — Traité d'alliance entre le duc de Berry et le duc d'Orléans, etc., contre le duc de Bourgogne.

Gien (2), 15 avril 1410. (Juvenal des Ursins, p. 205.)

N°. 464. — Lettres (3) portant qu'en exécution d'une délibération prise dans l'assemblée du clergé de France, il sera, pendant la neutralité de l'obédience, pourvu aux bénéfices par les ordinaires.

Paris, 17 avril 1410, après Pâques. (C. L. IX. 495.)

(1) Fut vrai, dit Monstrelet, f° 95, que du vouloir et consentement du Roi et de la Reine, leur fils fut baillé à garder au duc de Bourgogne. (I-ambert.) Le duc de Berry, quoiqu'il eût paru ne pas aspirer à cet honneur, ne vit pas de sang-froid cette préférence; il quitta la cour et se rendit à Gien, où il ne tarda pas à signer une ligue avec le duc d'Orléans, sous prétexte de tirer le Roi et le prince de servitude. V. traité du 15 avril 1410. (Vilevault.)

(2) Ce fut la première des confédérations, dont l'effet devait être si funeste au royaume. L'intérêt de l'état, le maintien de la justice, le service du Roi, étaient les prétextes de cette ligue; l'expulsion du duc de Bourgogne en était le véritable objet. Chacun des princes confédérés devait fournir son contingent de troupes pour le maintien de la cause commune. (Villaret.)

(3) L'Université de Paris représenta au Roi que le concile avait nommé des personnes qui pourvoiraient aux bénéfices dans le cas où les ordinaires négligeaient de le faire; qu'en exécution de ces ordonnances il a été donné à ces serviteurs et à ces écoliers des assignations pour être pourvus de bénéfices par les ordinaires et les collateurs; qu'ils les en ont en effet pourvus, mais que ces serviteurs et écoliers ont été troublés dans la possession de ces bénéfices, par des juges apostoliques. Sur ces représentations, Charles VI donna ces lettres, dans lesquelles il déclare qu'étant gardien, protecteur et défenseur des églises de son royaume et du Dauphiné, et qu'ayant approuvé et ratifié les ordonnances faites dans ce concile, il lui appartient de les faire exécuter, et qu'en conséquence il ordonne que ceux de ces serviteurs et écoliers qui ont été pourvus de bénéfices soient maintenus; et que ceux qui voudraient les y troubler en soient empêchés par la prise de leur temporel, et, en cas qu'ils n'en eussent pas, par celle de leurs corps et de leurs autres biens. Charles VI adressa ses lettres au parlement à qui appartient l'interprétation de ces ordonnances. (Vilevault, tab.)

N°. 465. — Constitution *qui défend d'élargir des prisonniers sur l'ordre verbal donné au nom du Roi, sans représentation de lettres patentes* (1).

Paris, avril 1410. (C. L. XII, 253.)

Charles, etc. Sçavoir faisons à tous présens et advenir, que nous acertenez, tant par la relation de nostre amé et féal chevallier et chambellan, Guillaume sieur de Tignonville, prévost de Paris pour nous, de nostre procureur général et autres de nostre Conseil, comme autrement, que combien que de raison et par ordonnances royaulx de tous temps, en espécial des temps de feuz de très nobles et très excellentes mémoires de noz bisayeul et pere, auxquels Dieu pardoint, gardées, observées et visitées, s'il est ainsi que aucun malfacteur ou aultre par information précédente ou autrement à requeste de partie ou par l'ordonnance ou commandement de nostre court souveraine de parlement, de nostredit prévost de Paris, ou d'aucun ses lieuxtenans, soit prins et emprisonné ès prison de nostre Chastellet de Paris, ou ailleurs à Paris, pour cas criminel ou civil, icellui ainsi emprisonné ne peult et ne doit de raison estre prins de faict ès dictes prisons par aucuns noz chambellans, secrétaires, huissiers, sergens d'armes ou autres noz officiers, ou autres, quelque commandement de bouche que nous aions faict ou facions faire par importunité, par priere ou autrement; combien aussi que à quelques commandemens ou défenses de bouche qui tant faire que dict est comme de nostredicte court, nostredit prévost, ses lieuxtenans ou justiciers à Paris, tiennent en suspens, différent ou dilayent à temps ou autrement à faire justice et raison ausdits criminieux ou autres emprisonnez par la manière que dict est, leur soient faictz de part nous ou autres, par nosdits chambellans ou secrétaires, huissiers ou sergens d'armes, ne autres, noz officiers ou aucuns d'eulx, ne soient tenuz de y encliner, obéir ne entendre, sans avoir sur ce noz lettres patentes, faisant mention des cas desdis emprisonnemens, et sans faire appeller et oyr nostredit procureur et partye se y a son interest, ou que la chose lui touche:

Néantmoins il est très-souvent advenu, et de jour en jour advient que nosdits chambellans, secrétaires, huissiers et sergens d'armes, chacun d'eulx, soubz umbre d'aucuns commandemens

---

(1) Le motif de cette loi n'était pas d'empêcher que les coupables restassent impunis, mais que les officiers du Roi, par des transactions, n'empêchassent le trésor du Roi de profiter des lettres d'abolition qui etaient alors très fréquentes.

(Isambert.)

de bouche, qui legierement plus par impression et importunité, requestes et prieres des amis des parties ainsi emprisonnées, que autrement, leur sont de nous faictz, non adverty des natures et mérites des cas de leurs emprisonnemens, se transportent ès dites prisons de nostredit Chastellet et ailleurs, et en icelles de faict, sans appeller ne oyr à ce nostredit procureur et parties, ausquelz les cas touchent et qui y ont intérest, prennent lesdits criminels ou autres ainsi emprisonnez ès dictes prisons, et les emmennent où il leur plaist; et oultre plus est advenu et advient que les procès de plusieurs murtriers, larrons, bateurs à loyer, violeurs de femmes et d'églises, et autres criminels, soient commancez et aucunesfois parfaictz et accompliz, et qu'il ne reste que à parfaire les exécutions d'iceulx, les dessus nommez officiers ou les aucuns d'eulx, soubz colleur de telz commandemens de bouche, comme dessus est dict, vont faire défences de par nous à nostredite court, nostredit prévost, ses lieuxtenans, et autres officiers, et justiciers à Paris, aucunes fois que des cas de leurs emprisonnemens ne connoissent, ne s'entremectent en aucune maniere, dont inconvénians irréparables se sont ensuiz, et de jour en jour s'ensuyvent par la maniere qui s'ensuict. Premièrement, équité n'est point gardée, iniquité est commise, le droict des parties est tollé, péry et adnullé, les délictz demeurent impugniz, justice n'est point accomplye, hardement, voye et occasion de mal faire et plus délinquer que devant, est ouverte ausdits malfacteurs, et justice demeure du tout déludée, ou grant esclandre et lésion d'icelle et de la chose publique;

Nous, pour obvier ausdits inconvéniens et autres plusieurs, qui par le moyen de ce que dict est, se pourroient ensuir ou préjudice de justice et de noz subjectz, par la délibération de nostre conseil et de nostre plaine puissance et auctorité royal, avons voulu, déclaré et ORDONNÉ, voulons, déclarons et ORDONNONS,

Que d'oresnavant aucun nostre chambellan, secrétaire, huissier ou sergent d'armes, ou autre officier de nous ou d'autre, se transporte, de nostre commandement ou de commandement d'autre quel qu'il soit à lui faict de bouche, ès prisons de nostredit Chastellet ou en aucunes autres prisons estans en nostredite ville, affin de prendre de faict et mectre hors, délivrer ou eslargir de par nous ou autre, aucun prisonnier détenu en aucune desdictes prisons, pour quelque cas que ce soit, criminel ou civil, ou que sur ce face ou s'efforce de faire aucuns commandemens de par nous, afin de la délivrance ou eslargissement dudit prisonnier, ou aucunes defenses et interditions de plus congnoistre des cas desdits prisonniers, ou afin d'empescher à faire raison et justice d'icelluy prisonnier à nostredite court, et à nostredit prévost, ses lieuxtenans ou l'un d'eulx, ou autres nos officiers ou justiciers à Paris; que à lui ne soit aucunement obey, s'il ne fait prompte foy de nos lettres patentes passées en notre grant conseil, faisant mention du cas, et que nostre procureur et partie, se la chose leur touche ou l'un d'eulx, soient à ce présens appellez et oyz, ainçois voulons, déclarons et ordonnons que se aucun d'eulx s'efforce de faire ou parfaire au contraire de ceste presente ordonnance, c'est assavoir, de voulloir prandre de faict en nosdites prisons dudit Chastellet, aucun prisonnier, soubz umbre de telz manieres de commandemens de bouche de nous ou d'autre, à lui faictz par la maniere que dict est, que il soit détenu et arresté prisonnier ès prisons ès quelles il s'efforcera d'exploicter de faict, par la maniere dessus touchée, pour illec estre pugniz selon l'exigence des cas.

Donnons en mandement, par ces présentes, à nos amez et féaulx conseillers les gens tenans et qui tiendront nostredit parlement, à nostredit prévost présent et advenir, et à ses lieuxtenans et chacun d'eulx, que ceste présente nostre constitution, voulloir et ordonnance ilz tiennent et facent tenir, entériner et accomplir de point en point selon sa forme et teneur, sans icelle enfraindre en aucune maniere, et cês présentes facent lire, publier en leurs siéges et auditoires, et partout où ilz verront estre bon et expédient pour le bien de justice et de la chose publique, etc.

Donné à Paris, etc.

N°. 466. — LETTRES *contenant homologation de nouveaux statuts* (1) *pour l'université d'Angers.*

Paris, avril 1410. (C. L. IX, 497.)

SOMMAIRES. — STATUTS POUR LE RECTORAT.

(1) *Élection du recteur parmi les licenciés, et durée de ses fonctions.*

(2) et (3) *Formes de l'élection.*

(4) *Serment des électeurs.*

(5) *Mode du scrutin.*

(6) *Serment du recteur.*

(7) *On ne peut refuser le rectorat.*

(8) *Costume des recteurs.*

(9) *Préséance du recteur.*

(10) *Indemnité qui lui est accordée.*

(1) V. 3º livraison, juin 1398, p. 785; 1371, p. 307; 1369, p. 3 ; 2º, p. 262; 1375, p. 501. Cette pièce est defigurée par un grand nombre de fautes

(11) *De la tenue du conseil de l'Université.*

(12) *Du mode de compter les voix.*

(13) *Du vote des docteurs dans ce qui les concerne.*

(14) *De la convocation de l'assemblée générale.*

(15) *Fonctions du procureur général.*

STATUTS POUR LES DOCTEURS-RÉG'.

(16) *Mode de réception.*

(17) *Des harangues publiques.*

(18) *Des épreuves des étudians.*

(19) *Devoirs des docteurs en exercice.*

(20) *Assistance due au recteur.*

(21) *Les docteurs doivent faire leçons en personne.*

(22) *Du mode de réception aux grades.*

STATUTS POUR LES LICENCIÉS (1).

(41) *Conservation des réglemens.*

KAROLUS. etc. Summus omnium bonorum dispositor et creator qui suâ miseracione nos ad regni fastigium sublimare dignatus est; cujusque imperio cuncta creata subjecta sunt, sicuti sibi placitum est de hiis que inter mortales agitantur ordinat, ita quod que per sapienciam hujus mundi concluduntur, interdum mutari disponit, hominum quoque mentes aptat ut prudencie virtutem insequentes prout rerum et temporum varietas exigit, sic se temporibus accommodent. Sanè cum ex parte dilectorum nostrorum rectoris, doctorum, tociusque universitatis studencium in venerabili studio ac fructifera universitate Andegavensi, ad audienciam nostram pervenerint nonnulla statuta in predicta universitate retroactis temporibus observata fuisse, et per nos seu predecessores nostros decreta, que licet tunc temporis predicte universitati prodesse viderentur, attamen prout expost manifestavit experiencia non modica, predicte universitati generarunt detrimenta, et ob hoc pro reformacione et meliori regimine ejusdem universitatis, ac ut fraudibus et maliciis hominum obvietur, nonnullorumque valeant refrenari excessus, aliqua statutorum hujusmodi penitùs tollere, nonnulla declarare, aliis penam apponere, et nova condere expedit et valdè congruit; quodque maturâ deliberacione prehabitâ, et utilitate ipsius universitatis tociusque collegii ejusdem pensatâ, ad invicem convenientes, statuta, ordi-

---

1) Nous les supprimons, vu que le texte en est altéré, et qu'ils n'ont d'ailleurs pas beaucoup d'importance, ne s'agissant que des formes de réception. V. à cet égard les art. 22 et suiv. des statuts de 1398, qui donnent une suffisante idée de la pratique de ce temps. (Isambert.)

naciones et declaraciones fecerunt et condiderunt, quarum tenor talis est (1). *Statuts.*

(1) *Et primo.* Quod nullus doctor de cetero in futurum in hac universitate Andegavensi, rector fiet vel existet, sed licenciatus qui sine discrecione aut nacionum, ut infra sequitur, eligetur, et per tres menses solum et dumtaxat ejus officium perdurabit; nullusque bis aut eciam duo ejusdem nacionis in eodem anno poterit seu poterunt in rectorem seu rectores eligi vel assumi.

(2) *Item.* Quod in eleccione cujuslibet rectoris facienda, observabitur perpetuò talis forma; videlicet, quod quater in anno quolibet, unus licenciatus rector eligetur; videlicet, ultimâ die legibili ante festum annunciacionis dominice; *item* ultimâ die legibili ante festum Nativitatis Beati Joannis Baptiste, nec non in crastino festi Beati Dionisii, ac ultimâ die legibili ante festum Natalis Domini; rector que tempus suum finiens, singulis diebus predictis faciet in exitu ordinari universitatem congregari, in qua congregacione licenciam seu congedium accipiet, universitati regraciando, et quod de gestis per eum in rectoria nomine universitatis advocatur, reverenter postulando.

(3) *Item.* Exindè naciones se trahent ad partem, et una queque suum eligat (2) intrantem, non tamen doctorem neque procuratorem; quibus sex intrantibus electis, procuratores nacionum redibunt in communi, et nominabunt unusquisque intrantem pro nacione sua electum.

(4) *Item.* Et prestabunt continuò intrantes ipsi sic electi, in manu rectoris juramentum quod rejectis omnibus rancore, invidiâ, odio, amicitiâ, prece vel precio et favore, nacionis, proximitatis, consanguinitatis et affinitatis, fideliter et debitè procedent ad electionem doctoris, ac in rectorem eligent quem in eorum consciencis utilem fore viderint seu crediderint, ac universitati proficere velle atque posse nullum tamen ex se ipsis eligendo.

(5) *Item.* Hoc facto, intrantes ipsi sic electi, locum intrabunt pro rectoris eleccione destinatum, et ex tempore ingressûs eorum, accendetur una candella que tanta sit quod duret per dimidiam horam aut eccirca; ante cujus candelle consumpcionem, intrantes ipsi sub pena privacionis ab omni privilegio scolaritatis, pro

---

(1) Nous supprimons ici le préambule de ces statuts, parce qu'ils sont analysés dans l'ordonnance.

(2) C'est le nom que l'on donne dans plusieurs universités à ceux qu'elles choisissent pour élire le recteur. (Vilevault.)

tempore proxime sequentis rectorie tenebuntur eligere rectorem unanimi omnium consensu, aut majoris partis ipsorum intrancium, vel trium ad minus; ita videlicet, quod sint tres ex una, et tres ex altera pares eligentes; et tunc rectore priore vocato, pro qua parte voluerit (1), gratifficare tenebitur; alioquin invalida sit eleccio, et ad eleccionem aliorum intrancium procedatur.

(6) *Item*. Factâ, ut prefertur, eleccione, exibunt intrantes ipsi ad pronunciandam eleccionem rectoris nominandi in publico per eum intrantem de cujus nacione novus ipse rector fuerit; trahentque se postea naciones ad partem, et in sua quisque intrancium nacione refferat totius eleccionis tractatum; et interim mandetur pro novo rectore, si forsan fuerit absens à congregacione, presens tamen in villa ut veniat prestaturus in manu rectoris juramentum quod sequitur (2): «Ego juro quod officium rectorie benè et fideliter exercebo, et super deliberatis in collegio à majori parte, secundum continenciam statutorum atque morem, absque more dispendio concludam, et deliberata et conclusa exequar juxta posse, et quod per me nemini faciam graciam, nisi secundum predictorum statutorum continenciam, aut prout per deliberacionem nacionum in congregatione generali fuerit ordinatum; et quod tempore rectorie mee, utilitatem et commodum universitatis Andegavensis pro posse procurabo, ac statuta, privilegia et libertates ejusdem universitatis perpetuò servabo; *item*, quod à quibuscumque graduandis per me vel alium, directè vel per obliquum nichil recipiam vel habebo, preter in solum quod per statuta hujusmodi statutum est et permissum; de ipsis que graduandis approbandis vel reprobandis, fidele pro posse secundumque conscienciam perhibebo testimonium veritati; et hoc, si Deus me adjuvet.»

(7) *Item*. Quod quilibet in rectorem electus et assumptus officium rectorie, cessante legitimo impedimento, subire et exercere tenebitur sub pena perjurii ac privacionis universitatis. Quod si talis sic electus excusacionem legitimam pretenderit, quam in congregacione generali rectori medio juramento affirmare tenebitur esse veram, ad eleccionem unius alterius procedetur (3).

(8) *Item*. Quod pro decore universitatis ac rectorie dignitatis

---

(1) Je crois que cela signifie que le recteur aura ce qu'on appelle la voix prépondérante, c'est-à-dire que, malgré l'égalité des suffrages, il pourra conclure pour son opinion. (Vilevault.)

(2) Il est plus ample que celui de l'art. 3 des statuts de 1398. (Isambert.)

(3) V. l'art. 2 des statuts de 1398.

decencia, statuitur et ordinatur quod duo vestimenta honorabilia ad usum cujuslibet rectoris, pro tempore, sumptibus universitatis, perquirantur atque fiant, quorum unum erit cappa notabilis et apperta, que panniculis minuti-varii forrabitur seu munietur; quâ siquidem cappâ rector pro tempore in omnibus actibus scolasticis solemnibus, congregacionibus que generalibus et aliis factis arduis generalibus universitatis utetur et fruetur : aliud autem vestimentum erit quedam cloqua, gallicè *une cloqua*, honorabilis atque decens, duobus capuciis communita, quorum unum minuto-vario pro tempore hiemali forrabitur, et aliud sandalis pro tempore estivali dupplicabitur seu munietur ; quâ siquidem cloquâ rector predictus ad collegium accedendo et ad scolas lectionem doctoralem audiendo, perfruetur : in ceteris autem propriis et privatis ejusdem rectoris negociis, per villam aut alia loca incedendo, honeste et decenter in propriis suis robis sine cappa et cloqua predictis ambulet et incedat; lasciviam, locaque inhonesta, ac ludos quoscumque in publico evitando, quinimo aliorum animos per sui conversacionem honestam ad bonos mores invitando.

(9) *Item*. In omnibus actis scolasticis solempnibus, congregacionibusque generalibus in collegioque et scolis et aliis locis, quibus eum ut rector interesse contingerit, semper et ubique primum et eminenciorem locum tenebit dictus rector et habebit; salvâ prioritate sedendi domini (1) Briencii Prioris scolastici, vitâ comite durante : in factis que scolasticis et aliis dicte universitatis publicis negociis, magister bedellus ac nacionum bedelli rectorem associare tenentur, ut est moris : in veniendo vero ad collegium et in scolis pro audiendo lecturam ordinariam, magistro bedello contentetur.

(10) *Item*. Pro supportandis oneribus que rectorem frequencius subire opportebit, statuitur et ordinatur quod de cetero rector hujus universitatis, pro singulis per eum signandis citacionibus, inhibicionibus, proteccionibus et certificacionibus, decem parvos denarios turonenses recipere possit seu percipere et levare ; et a novis scolaribus noviter venientibus, pro recepcione juramenti, et scolaris novi (2) magistracione, vigenti parvos denarios semel tantùm à quolibet percipiet atque levabit.

---

(1) Ce Briand Prieur était maître-école de l'Université d'*Angers*, titre rendu en latin par le mot *scolasticus*, dans les lettres de 1598. (Vilevault.)

(2) Cela doit signifier à cause des soins que l'on prendra de l'instruction du nouvel écolier. (V. le Glossaire de *Du Cange*, au mot *Magistratio*.) (Vilevault.)

(11) *Item.* Statuitur quod rector una cum doctoribus, procuratore generali universitatis habente vocem in collegio, ac procuratoribus nacionum, facient collegium, quod ter in ebdomada regulariter facere et in eo personaliter comparere et interesse sub debito juramenti tenebuntur; videlicet, diebus Lune, Mercurii et Veneris; ac eciam doctores et procuratores predicti aliis diebus et horis quibus quocumque et qualitercumque per rectorem pro tractandis et expediendis universitatis negociis, eos evocari vel mandari contingerit, consilium suum impensuri, comparere et interesse tenebuntur; et de expedientibus et necessariis, exceptis his propter quorum arduitatem aut ob aliam causam racionabilem naciones consulende fuerint, seu facienda sit congregacio generalis, tractabunt prout eis in consciencia visum fuerit expediens, et concludetur, ut infra dicetur.

(12) *Item.* Quod omnes predicti habebant quilibet vocem suam in collegio, dempto rectore qui solum dumtaxat secundum majorem partem vocum habebit et poterit concludere: quod si pares fuerint in vocibus, tunc locus erit gratifficationi, ac poterit rector gratifficari in hac causa, nisi tamen duo vel tres procuratores petant super positis in deliberacione, facere congregacionem generalem: quo casu, rector tenebitur eis concedere, eciam super conclusis illâ die.

(13) *Item.* Quod in his que doctores in generali vel eorum tangent seu tangere contingerit, doctores ipsi seu eorum alter, vocem aliquam non habebunt, nec eciam intererunt in collegio quandiu factum eorum tractabitur, deducetur seu eciam expedietur; et idem in congregacionibus particularibus nacionum, observetur.

(14) *Item.* Quod quotienscumque rector pro parte trium procuratorum fuerit requisitus, necessario teneatur facere congregacionem generalem, eciam si de eo super quo eam facere requiretur, non fuerit deliberatum in collegio: aliàs vero non possit facere congregacionem generalem, nisi in casu de quo supra: quâ concessâ, tenebitur rector predictus capitula pro quibus petita fuerit congregacio, aliis procuratoribus non petentibus sine mora nunciare.

(15) *Item.* Quod rector tenebitur à majori parte nacionum in congregacione generali et in collegio (1), determinacionem predic-

---

(1) Ces mots ne présentent pas un sens bien clair; et d'ailleurs il semble qu'il faille suppléer le mot *requisitus* après celui *nacionum.* Vilevault.)

tam semper concludere; tenebiturque ea ponere in deliberacionem in congregacione generali, de quibus per tres procuratores, ut predicitur, requiretur, eciam si ob aliam causam facta sit congregacio generalis et in collegio ponere eciam in deliberacione, quod ex parte unius procuratoris requiretur, sub pena perjurii et privacionis ab universitate, et in ipsius rectoris negligenciam aut contradiccionem, procurator generalis illâ vice locum rectoris teneat, et concludat.

Statuta doctores actu regentes singulariter tangencia.

(16) Et primò statuitur quod nullus admittatur ad legendum ordinariè et regendum, nisi doctor fuerit. Doctoresque in hac universitate Andegavensi ordinariè de cetero legere et regere volentes, antequam ad regenciam admittantur, repetere solemniter in magnis scolis publicè teneantur legem vel canonem in facultate in qua legere et regere voluerint; et contra ipsos omnes licenciati, bachalarii et scolares ad arguendum admittentur, et per unum diem ante repeticionem, conclusiones quas facient in publico, dare tenebuntur: postea autem factâ propter hoc congregacione generali, secundum deliberacionem universitatis, ad regenciam admittentur vel ab ea repellentur; *item*, in licenciato doctorari volente, et postea ad regenciam admitti desiderante, sicut supra, totaliter observetur; proviso quod alteri eorum licencia regendi sic data, nisi in initio studii proxime sequentis legere et regentare inceperit, nullius sit effectus ipso jure.

(17) *Item.* Quia congruit et pro honore et decencia universitatis benè convenit quod aliquando fiant ex parte universitatis harenge seu proposiciones aliquibus principibus, prelatis aut aliis magnatibus, ideò statuitur ut quotiens casus evenerit seu expedierit et opportunum videbitur, ordinetur in collegio et per collegium unus doctor notabilis ac deputatus ad harengam seu proposicionem hujusmodi faciendam, statuto sibi propter hoc secundum casus occurenciam termino competenti; quam sic deputatus facere tenebitur sub pena amissionis collecte proxime subsequentis, aut alterius secunde subsequentis, si jam primâ hujusmodi fuerit ex quacumque causa privatus : ad aliam harengam seu proposicionem sustinendam sub dicta pena non obligatur, nisi in subsidium aliorum doctorum et deffectum : penâ ratâ manente contra valentes et defficientes.

(18) *Item.* Ut studentes hujus universitatis de materiis de quibus ordinariè per doctores quolibet anno legi contingit, pre-

muniantur, et eas studere et providere valeant, statuitur quod de cetero doctores regentes quolibet anno in fine ordinarie; videlicet, ultimâ die legibili ante festum Assumpcionis Beate Marie Virginis, propositum suum per scolas faciant solempniter publicari, librum ac rubricam in quibus in ordinaria proxime subsequenti incipere et legere intendunt, declarando.

(19) *Item.* Cum per hujus universatis statuta, omnes doctores in jure civili actu regentes, alternis annis codicem et digestum vetus ordinarie legere teneantur, statuitur et ordinatur quod anno quo de codice in ordinario legetur, de inforciato in extraordinario legatur : quando vero digestum vetus legetur in ordinario, quod digestum novum in extraordinario legatur.

(20) *Item.* Quod doctores presertim, et alii dicte universitatis suppositi super hoc requisiti, rectorem in quibusque factis universitatis associare tenebuntur, ac ille faciet sub pena prestiti juramenti, cui per rectorem hoc precipietur vel injungetur.

(21) *Item.* Cum in quodam statutorum hujus universitatis, caveatur expressè quod nullus doctor actu regens possit legere per substitutum, nisi per duos menses dumtaxat in anno (1), sit que causa probabilis et necessaria quam in presentia rectoris et collegii medio juramento affirmare tenetur, predicto statuto hanc penam adjicimus; videlicet, sub pena amissionis colecte doctoribus faciende inde proxime subsequentis.

(22) *Item.* Et pro ydoneitate graduandorum, statuitur quod fiat examen quorumcumque graduandorum, per doctores in presencia rectoris qui non examinabit; et finito examine, ad relacionem rectoris et doctorum qui in examine presentes fuerint, si vero, videlicet, rector et doctores vel major pars de qua majori parte rector existat, in approbando vel reprobando concordes fuerint, approbentur graduandi : si vero minor pars vel rector solus graduandos approbaverit vel reprobaverit, sic per minorem partem aut rectorem approbati repellentur, nisi graduandi hujusmodi examini collegii se subicere voluerint; quo casu, à majori parte collegii fiet approbacio vel reprobacio in paritate vero gratifficet rector prout voluerit.

(41) *Item.* Ne per oblivionem aut ignoranciam presencium statutorum aliorum, illa seu aliquod illorum labantur in dessuetudinem, in crastinum cujuslibet festum sancti Dionisii, quolibet anno, post consuetam missam, fiat congregacio generalis, ac in

---

(1) V. l'art. 8 des statuts de 1398.

ea legantur et publicentur, rectorque, doctores et procuratores jurant cum solempnitate ea et eorum singula servare.

Quibusquidem statutis, ordinacionibus et declaracionibus preinsertis, ex parte prædicte universitatis tociusque collegii ejusdem nobis presentalis, nobis humiliter supplicatum extitit quatenus ad confirmacionem ipsorum statutorum ordinacionem et declaracionem juxta predictam formam procedere dignaremur.

Notum igitur facimus universis tam presentibus quam futuris, quod nos predictam universitatem, que est regie celsitudinis nostri specuum, fidelibus que subditis haustus veritatis et salvifice moris et honnestatis exemplar, benigno favore prosequentes, tales superiùs scriptas sanciones, constituciones, statuta et declaraciones laudamus, approbamus, et ex certa nostra sciencia, plena potestate et auctoritate regia, tenore presencium confirmamus, et eas volumus in predicta universitate observari et teneri.

Quod ut perpetuò soliditatis robur obtineat, etc.

Datum Parisius, etc.

Per Regem, comite de Marchia, domino Karolo de Savoisy, magistro Radulpho Sapiente, et aliis presentibus.

N°. 467. — LETTRES *portant que les marchands de la Loire et affluens pourront lever un subside sur les bateaux, pour l'entretien de la navigation* (1).

Paris, 23 mai 1410. (C. L. XII, 235.)

N°. 468. — ARRÊT *du parlement qui accorde des lettres de marque à l'archevêque de Pergame contre les sujets du roi d'Arragon.*

Paris, 16 juin 1401. (Registres du parlement, vol. XIII.)

N° 469. — LETTRES *du Dauphin* (2), *portant qu'avant d'exécuter ses lettres de grâce et de rémission, elles seront vérifiés par les gens des comptes et le trésorier du Dauphiné.*

Paris, 23 juin 1410. (C. L. IX, 503.)

N°. 470. — LETTRES *qui défendent l'exportation du blé, attendu la stérilité.*

Paris, 3 juillet 1410. (C. L. IX, 510.)

---

(1) V. la loi de juin 1824.
(2) V. les lettres ci-dessus du 28 janvier 1409.

N° 471. — LETTRES (1) *qui fixent le nombre des officiers de la Chambre des comptes.*

Paris, 14 juillet 1410. (C. L. IX, 511.) Publiées en la Chambre le 15.

CHARLES, etc. Comme par nos ordonnances royaux dernierement deliberées, conseillées et releuës en notre grand conseil tenu à plusieurs et diverses journées, très-murement et solemnellement par notre très cher et très amé fils ainé messire le duc de Guyenne à ce par nous pour certaines occupations (2) commis et député, appellez avec lui plusieurs de notre sang et lignage, et autres sages et prudhommes nos conseillers, à très-grand et meure déliberation, pour le bien, utilité, proffit et bonne reformation de nostre royaume et de la chose publique d'iceluy, ait esté et soit entre autres choses déliberé, conseillé et ordonné sur le faict et estat de la chambre de nos comptes, en laquelle ez temps passez pour aucunes causes nous avions mis et accreu plusieurs officiers extraordinaires et subroguez, laquelle chose s'estoit trouvée et trouvoit à nostre très grand charge, que pour iceux charges et dommage éviter doresnavant, en icelle chambre de nos comptes ne seront ordinairement que deux presidens, dont le grand bouteiller de France sera l'un, ainsi que du temps passé a esté accoutumé, et l'autre sera notre amé et feal conseiller maistre Eustache de Laistre, avec huit maistres; c'est à sçavoir, quatre clercs et quatre lais, à ce dès maintenant esleus et establis; quant les lieux d'aucuns d'iceux vacqueront, il y sera pourvû, et seront faicts et ordonnez par bonne eslection qui se fera, present nostre chancelier, en notredicte chambre des comptes, appellez des gens de notre grand conseil, et autres nos conseillers, en grand et souffisant nombre : et quant à la garde de nos chartres, celuy qui à present est, y sera, et sera tenu de faire son office bien et dûement comme il appartient, et pourra venir en ladite chambre de nos comptes : et ont esté et sont déboutez tous les extraordinaires et subroguez ou faict de ladite chambre.

Et en outre, a esté deliberé et ordonné que pour quelconques ancienneté, maladies, débilitation de personne (3), ou autre empê-

(1) C'est l'ordonnance d'établissement des correcteurs des comptes. (V. *Repertoire de Jurispr.*, v° Correcteurs.) (Isambert.)

(2) Ce mot signifie sans doute ici la même chose que celui d'*absence*, dont se servait ordinairement Charles VI pour marquer le temps pendant lequel il était malade de corps et d'esprit. (Villevault.)

(3) V. la loi de juin 1824 sur les retraites forcées des magistrats. (Isambert.)

chement qui surviennent à aucuns de nos officiers, soit de notre parlement ou de nosdits comptes, ou autres, de quelque estat qu'ils soient, ne seront mis ni instituez en leurs lieux aucuns subroguez ; mais quand le cas adviendra, nous y pourvoirons par l'advis et délibération de notre conseil.

Et de present, pour ce que nos amez et feaux conseillers (*ici le nom de quatre magistrats*), ont bien longuement servy nos predecesseurs et nous, tant en ladite chambre des comptes comme ailleurs, et que pour leur grand aage, ancienneté et feblesse, ne peuvent pas si continuellement vacquer, ne entendre ne besongner au faict de ladite chambre, comme ils ont fait au temps passé et que besoin seroit de faire, au lieu d'iceux ont esté par lesdites ordonnances eslus, retenus et establis et ordonnez maistres ordinaires en ladite chambre, à chacun d'iceux, avons ordonné et ordonnons avoir et prendre sur nous chacun an, sa vie durant, la somme de cinq cens livres tournois, sans autres droits quelconques, fors tant qu'ils jouiront des honneurs, privileges, libertez et franchises en telles et pareilles que sont et seront nosdits conseillers maistres de nosdits comptes; et desdits cinq cens livres tournois par an, seront contentez et payez avec nosdits autres conseillers et maistres des comptes, par la forme et maniere qu'ils ont esté paravant lesdites ordonnances.

Et pour ce aussi que nous avons esté et sommes souffisamment acertennez par la relacion que faicte nous a esté tant par aucuns de nostre grand conseil comme de nos conseillers sur le faict de nostre reformation et de nosdits comptes, qu'il est necessité de pourveoir au faict des corrections de nostredite chambre, qui de longtemps sont demourez à faire pour la multitude des besongnes et affaires qui sont survenues en icelle nostre chambre, pour quoy les receveurs tant de nostre domaine comme de nos aydes, ne se sont peu le temps passé et encore de present ne peuvent affiner, avons ordonné et ordonnons par ces presentes, que en nostre dicte chambre aura doresnavant ordinairement deux notables personnes experts et bien connoissans ou faict de nosdits comptes, qui continuellement entendront au faict desdites corrections, tant à celles que encore sont à faire, comme à celles qui en ladite chambre escherront à faire cy-après.

Et pour icelles corrections faire, avons nommé et nommons par ces mêmes presentes nos amez et feaux maistres L'estienne de Bray et Nicolas Lesprez, ausquels avons ordonné et ordonnons prendre et avoir par chacun an chacun d'eux la somme de deux cens livres parisis de gaiges, avec semblables droits que iceux nos conseillers ont accoutumé de prendre : et quant au faict des douze clercs d'embas d'icelle nostre chambre, voulons ledit nombre demeurer aux gaiges et droits, proffits et émolumens accoutumez; sçavoir faisons qu'en consideration et advis ausdites ordonnances, et ès points et articles dessusdicts touchant et regardant le faict et estat de ladite chambre de nos comptes, et les personnes cy-dessus designées, nous par grande et meure deliberation de notredit grand conseil, tous et chacuns des points cy-devant touchez et declairez pour le bon estat, provision et ordonnance de ladite chambre de nos comptes, avons loué, ratiffié et approuvé, louons, ratiffions et approuvons par la tenneur de ces presentes; lesdites personnes dessus nommées pour vacquer au faict de notredite chambre, faisons et créons tout de nouvel en tant que mestier est ; et ainsi l'avons ordonné et ordonnons estre tenu et gardé doresnavant de point en point par la maniere que dict est, sans enfraindre aucunement ou venir à l'encontre par quelque maniere que ce soit, ou puisse estre, et avons retenu et retenons ordinaires iceuz devant nommez, par la forme dessus declarée ausdits droits, gages, manteaux, pensions, proffits et émolumens, honneurs, prérogatives, libertez et franchises accoutumées, et en avons deboutez et deboutons par la teneur de cesdites présentes, tous et chacuns desdits extraordinaires et subroguez : voulant et octroyant toutes-voyes ausdits de Coulons, Grete, Chanteprime et Vaudetar, qu'ils prennent chacun an lesdits cinq cens livres par an par ladite maniere, et pour cause.

Si donnons en mandement par ces mêmes presentes, à notre amé et feal chancelier, et à nosdits gens de comptes, etc.

En tesmoing de ce, etc. Donné, etc.

Par le Roy, en son conseil, auquel le roy de Navarre, MM. les ducs de Bourgongne et de Breban, les comtes de Mortaing et de la Marche, le connetable, vous, le chancelier, l'évêque de Noyon, le comte de Tancarville, le grand maistre d'hostel, et plusieurs autres, estiez.

N°. 472. — LETTRES *qui défendent* (1) *à toutes personnes même possédant fiefs, de s'assembler en armes, sans ses ordres, et d'avoir égard à ceux des princes du sang.*

Paris, 15 juillet 1410. (C. L. IX, 515.)

---

1. La France étoit partagée entre les Bourguignons et les Orléanais, lorsque le Roi revint à la santé; il essaya de calmer les troubles par les lettres ci-dessus qui furent renouvelées le 19 et le 30 août.

N°. 473. — LETTRES *qui permettent aux porteurs de blé de Paris d'établir une confrérie dont les assemblées ne pourront avoir lieu qu'en présence d'un officier du Roi.*

Paris, 2 juillet 1410. (C. L. IX, 517.)

N°. 474. — LETTRES *portant règlement pour la juridiction des maîtres des eaux et forêts sur les pêcheurs de Corbeil.*

Paris, le 24 juillet 1410. (C. L. IX, 518.)

N°. 475. — LETTRES *qui défendent aux habitans de Gournay de créer de nouvelles rentes sur leurs maisons, et leur permet de racheter les anciennes.*

Paris, juillet 1410. (C. L. IX, 520.)

N°. 476. — LETTRES *portant règlement pour les arbalétriers de Paris.*

Paris, 11 août 1410. (C. L. IX, 522.)

N°. 477. — LETTRES *portant que les officiers ordinaires du Roi jouiront seuls de l'exemption des péages, droits du sceau, et du droit de* committimus, *aux requêtes du Palais à Paris.*

Paris, 12 août 1410. (C. L. IX, 527.)

N°. 478. — LETTRES *qui ordonnent à tous ceux qui tiennent des fiefs de venir servir le Roi, en armes, avec permission aux gens d'église et aux non nobles d'envoyer des gens armés en leur place, ou de payer finances* (1).

Paris, 28 août 1410. (C. L. IX, 530.)

N°. 479. — LETTRES *du Roi* (2), *signées de sa main, renouvelant les défenses de faire des assemblées de gens de guerre, sans ses ordres.*

Paris, 30 août 1410. (C. L. IX, 531.)

CHARLES, etc. Comme par nos lettres patentes passées en nostre

---

(1) Les officiers des comtés en furent dispensés; par lettres du 4 septembre 1810, le Roi déclare qu'il se mettra à leur tête. (Vilevault.)

(2) Celles du 15 juillet, renouvelées le 19 août, étant restées sans effet, parce que les parties prétendaient qu'elles avaient été données contre la volonté du Roi, quoique expédiées en son nom, il publia ces nouvelles lettres au bas desquelles il écrivit qu'elles avaient été faites par son commandement et de sa volonté. (Vilevault.)

De même Ferdinand VII, roi d'Espagne, a vu successivement méconnaître grant seel, et données le 14ᵉ jour de juillet darrein passé (1), pour ce qu'il estoit venu à nostre cognoissance que aucuns seigneurs tant de nostre sang et lignage, comme autres, s'efforçoient de faire grans mandemens et assemblées de gens d'armes, archiers, arbalestriers, et autres gens de guerre, sans avoir sur ce aucun mandement ou licence de nous, et pour plusieurs autres causes en icelles nos autres lettres contenues, nous vous ayons n'aguères mandé que vous deffendissiés et fissiés deffendre, crier et publier par tous les lieux de vostre jurisdiction, que aucuns quels qu'ils fussent, pour quelsconques mandemens ou commandemens de quelsconques seigneurs, fussent de nostre sang et lignaige, ou autres, supposé qu'ils fussent leurs hommes-liges, ou qu'ils tingssent d'eulx en fief ou autrement, ils ne se armassent ou partissent de leurs hostels pour aller audit mandement et servir lesdits seigneurs ou autres, ou se déja estoient devers eulx ou partis pour y aller, qui s'en retournassent en leurs hostels, se il ne leur estoit mandé par nos lettres patentes passées en nostre grant conseil de datte subsequent nosdites autres lettres, sur peine de forfaire corps et biens, et d'autres grans peines contenues en nosdites lettres; et que les refusans et desobeissans vous contraignissiés tant par emprisonnement de leurs personnes, comme en mettant en nostremain et faisant gouverner par icelle leurs terres, et en mettant aussi et multipliant gasteurs et mangeurs en leurs maisons, et descouvrant icelles maisons, se mestier estoit, et par la plus forte et rigoureuse manière que faire se pourrait.

Et depuis encores par nos autres lettres patentes données le 19ᵉ jour de ce present mois d'aoust (2), pour ce que nous fusmes informés que lesdits seigneurs ne s'estoient point désistés et ne se desistoient de leursdites entreprises, mais y persèveroient en faisant tousjours faire leursdits mandemens et assemblées, faignans que ce fust pour nous venir servir pour le bien de nous, de nostre seigneurie et de nostre royaume, en promettant à ceux qui se armeroient avec eulx, que ils les garantiroient de nosdites deffenses envers nous, nous vous ayons mandé et commandé que vous fissiés crier et publier de rechief nos susdittes autres lettres soulennement à haulte voix à son de trompe; et en oultre, que

---

Les actes qu'il a faits sous l'influence des cortès, et sous celle des royalistes exaltés. Cela prouve la nécessité de la responsabilité des ministres. (Lambert.)

Les lettres étaient expédiées à différentes dates. (Lambert.)

Elles ne sont pas dans la collection du Louvre. (Lambert.)

à quelsconques desdits mandemens ou commandemens desdits seigneurs faits et à faire en nostre nom ou au leur, et soubs umbre de nostre fait et service ou du leur, ou soubs quelconque autre couleur ou occasion que ce fust, ne à quelconques leurs lettres particulières ou générales sur ce envoyées ou à envoyer, soubs quelque forme que ce fust, aucun noble ou aultre, de quelque estat ou condition qu'il fust, supposé qu'il fust du lignage d'iceulx seigneurs, leur homme-lige, vassal ou subgiet sans moyen, ne obéisse à leursdits mandemens ou commandemens, et ne aide à iceulx mandemens, sur peine de commetre felonie et forfaire corps et biens envers nous, et sur toutes autres peines qui afflicent encontre tous tels desobeissans à nous et à nostre couronne, et transgressans de nosdits commandemens, et que ceux qui estoient déja devers lesdits seigneurs, et ceulx aussi qui estoient partis pour y aller s'en retournassent, se il ne leur estoit mandé par nous et par nos lettres patentes passées en notre grant conseil, de datte subsequent nos autres lettres de deffense dessusdites; et que vous fassiés oultre crier et publier que nous exemptons du povoir et jurisdiction pour ceste fois et quant à ce cas, desdits seigneurs, tous nos subgiets feaulx et vassaulx, et aussi tous les subgiez feaulx et vassaulx d'iceulx seigneurs, et que contre ceulx que vous trouveriés estre desobeissans et transgressans de nosdites deffenses, vous procedissiés par la forme et maniere déclarée en nosdites autres lettres de deffense; et neanmoins se convenablement trouver les poviés hors lieu saint, que vous les prissiés et amenissiés ez prisons de nostre Chastelet de Paris, et se non, que vous les adjornassiés en leurs domicilles, s'aucuns en ont en vostre jurisdiction, et si non, à haulte voix et à son de trompe, à estre et comparoir en personnes à certain et competent jour ordinaire ou extraordinaire de nostre parlement, sur peine de confiscation de leurs biens et de commettre leurs fiefs et tenemens, et de estre atteints et convaincus de crime de leze-majesté envers nous, respondre à nostre procureur general à telles fins qu'il voudra eslire, et que les biens d'iceulx adjournés vous missiés en nostre main, sans en faire delivrance ou recreance, nonobstant toutes oppositions ou appellations, et que sur ce certifiessiés nos amés et feaulx gens de nostre parlement, leur envoyissiés l'information que sur ce auriez faite, pour en faire usage selon l'exigeance des cas.

Et ces choses nonobstans, nous ayons entendu que aucuns desdits seigneurs de nostredit sang et ligneige, qui ont fait ou fait faire lesdits mandemens et assemblées des gens d'armes sans nostre congié et licence, comme dit est, pour vouloir mettre au neant le fait de nos devant dittes de deffense, et pour mieulx parvenir à leurs entreprinsses qu'ils font sans nostredit congié et licence et contre nosdites deffenses, ont par leurs lettres ou aultrement fait signifier, crier et publier publiquement et autrement, que nosdites lettres de deffense avons envoyées, combien qu'elles soient faites en nostre nom et scellées de nostre grant seel, n'ont point esté commandées par nous ne de nostre sceu, science, voulenté ou ordonnance, mais du tout à nostre desceu, et de ce non advertis ne advisés ou promeus, et que pour ce aucuns de quelque estat qu'ils soyent n'y obtemperent en quelque manière que ce soit, en promettant sur ce d'icelles nos lettres de deffense les garentir et desdomager envers tous.

Pour quoy nous qui avons pris et prenons, et non sans cause, si très-grant desplaisir que plus pourrions, ezdittes choses ainsi faites par lesdits seigneurs, et que ne les voulons aucunement souffrir ne passer soubs dissimulation, mais voulons y pourvoir, vous signifions que toutes nosdites lettres de deffense dont dessus est faite mention et à vous envoyées, comme devant est exprimé, ont été commandées par nous mesme et nostre propre personne, de nostre propre mouvement, certaine science, à très-grant et meure deliberation, nous sur ce bien advisés, advertis et promeus, et par nostre exprès commandement, voulenté et ordonnance faites et scellées ez formes qu'elles sont, et que tousjours a esté et est nostre ferme et immutable propos, voulenté et entention que elles sortissent leur plein et entier effet : et oultre ce que lesdites significations, cris et publications que lesdits seigneurs ont fait faire au contraire, et aussi lesdits mandemens et assemblées de gens d'armes qu'ils ont faits en nostre nom et ou leur, et sous umbre de nostre fait et service ou du leur, et soubs quelqu'autre qualité ou nom que ce soit, sont à nostre très-grant desplaisance, contre toute nostre volenté et ordonnance et nosdites lettres de deffense, et que de ce par nosdites lettres les avons desadvoués et desadvouons encores du tout par ces presentes.

Sy vous mandons, COMMANDONS et très-expressement ENJOIGNONS, sur peine de privations de votre office, et sur quanques vous vous povés mesfaire envers nous, que tantôt et sans aucun delai, vous faites derechief, toutes nos aultres lettres de deffense, adjournemens et autres choses dont dessus est touchié, avecques ces presentes nos lettres, signifier, crier et publier soulemnnément à haulte voix et à son de trompe par tous les lieux accoustumés à faire cris et publications en vostredite jurisdiction, et ez ressorts d'icelle tant anciens que aultres, si et par telle manière que aucun n'en puist ne doye pretendre ignorance; et icelles exécutés, enterinés et accomplissés selon leurs formes et teneurs; et de ce faites telle et si bonne diligence que vous n'en doyés estre reprins : car nous vous en fairions punir si griefment que ce seroit exemple à tous aultres.

Mandons et COMMANDONS à tous nos autres justiciers, officiers et subgiets, que surtout quanques ils se peuvent mefaire et offenser envers nous, ils à vous et à vos commis et députés en ceste matière, obeissent et entendent diligeamment, et vous prestent et donnent conseil, confort, ayde et prisons, se mestier en avés et requis en sont : car ainsi nous plaist-il et l'avons ordonné et ordonnons estre fait nonobstans les significations, cris et publications, et autres quelconques faites ou à faire par lesdits seigneurs ou aultres, soubs quelconque forme de paroles qu'elles soyent ou puissent estre, et quelsconques lettres subreptices à ce contraires.

Et afin que aucun ne puisse ou doye pretendre ignorance que les choses dessusdites ne soyent, viegnent et procedent de nostre certaine science, voulenté et ordonnance, nous, en tesmoing de ce, avons soubscrit de nostre main nostre propre nom à ces lettres, et escript aussi avec ce de nostredite main toutes les paroles qui sont escriptes après icelui nostre nom, et fait mestre nostre scel à cesdites présentes.

Donné à Paris, etc.

Par le Roy, en son conseil, auquel le roy de Navarre, messeigneurs les ducs de Guyenne et de Bourgogne, les comtes de Mortaing, de Nevers et de la Marche, vous, le grant-maistre d'hostel, le sire d'Aumont, les chancelliers de Guyenne et de Bourgogne, le maistre des arbalestriers, les seigneurs d'Auffemont, de Saint-George, de Rambures, de Montenay, de Hely, de Mouy et de Chambrillac, le Gallois Daunoy, messieurs Lourdain de Salgny, Charles de Savoisy, Regnault d'Angennes, Pierre de Fontenay, Jehan de Courcelles, et autres, estiez.

N°. 480. — Manifeste (1) *des princes confédérés, par lequel ils prétendent justifier le motif qui leur avait fait prendre les armes.*

Tours, 2 septembre 1410. (Reg. A du parlement, fol. 228, r°.)

N°. 481. — Mandement (2) *au parlement de recevoir et faire exécuter l'accord passé entre le duc de Bretagne et le duc de Bourgogne.*

Paris, 5 septembre 1410. (Reg. du parlem., vol. XIII.)

N°. 482. — Lettres *par lesquelles le Roi confirme les priviléges des sergens d'armes.*

Paris, 15 septembre 1410. (C. L. IX, 540.)

───────────────────────

« Cet acte était au nom des ducs de Berry, d'Orléans et de Bourbon, des comtes d'Alençon et d'Armagnac. Il était adressé à nos très-chers et bien amés les présidens du parlement de nostre très-redouté et souverain seigneur Mons. le Roy, et autres du conseil de mondit seigneur en icelui parlement. Il contenait une lettre au Roi, dans laquelle les princes ligués s'expriment ainsi : « Comme de présent, vous, votre honneur, votre justice et l'état de votre seigneurie, soient foulez et bléciez, et ne vous seuillie ensignourir vostre royaume, ne gouverner la chose publique d'icelui en telle franchise et liberté que raison vouldrait, comme c'est chose bien évident à toutes gens d'entendement, pour ce nostre très-redouté et souverain seigneur, nous, cy-dessus nommez, nous sommes aliez ensemble pour aller par devers vous, pour vous humblement remonstrer et informer plus largement et au vray de l'estat de votre personne et de Mr de Guienne, vostre ainsné fils, et comment vous estes detenu et demené du gouvernement... A ce que nous oir en plain en cette matière, oir aussi ceulz, s'aucuns en y a qui veuillent dire aucune chose au contraire, par l'advis de ceulz de votre sang... et ceulz qu'il vous plaira pour ce mander... vous pourvéez réalement et de fait a la seurté, franchise et liberté de toute personne, et de Mgr. de Guienne vostre ainsné fils... et que la seigneurie de ce royaume, l'auctorité, l'exercice, la puissance d'icelui réside et demeure en vous franchement et libéralement comme raison est, et non à autre quelconque. »

Ils declaraient ensuite qu'ils consacraient leurs biens et leur personne à ces fins et conclusions obtenir et exécuter... et à résister a ceulz qui voudraient s'y opposer. » Ils le signifiaient au Roi et aux prelats, seigneurs, universités, cités, bonnes villes, etc., protestant n'avoir d'autre but que le bien de l'etat et la liberté du prince. « Pour ce nous prions et requerons que... nous soiez adhérans, aidans et consortans, et à proprement parler, pas à nous, mais au Roy nostre redoubté et souverain seigneur et le vostre, comme tenus y estes par vos foy et loyauté. »

2. Les confédérés avaient fait entrer le duc de Bretagne dans leur alliance. Dans le dessein de le gagner et de le détacher de la confédération, le duc de Bourgogne se hâta de terminer le différend du duc de Bretagne par un accord avantageux. Cette conduite lui reussit. (Villaret.)

N°. 483. — LETTRES *sur le privilège qu'a le recteur de l'Université de Paris, de faire l'inventaire des biens des écoliers qui meurent intestat, pour rendre les biens aux héritiers s'il s'en présente, ou les employer en œuvres pies, s'il ne s'en présente pas.*

Paris, septembre 1410. (C. L. IX, 543.)

N°. 484. — LETTRES *portant révocation de tous les dons de lieutenances et de capitaineries générales de quelques provinces, et de pensions, accordés à des princes du sang ou autres.*

Paris, 5 octobre 1410. (C. L. IX, 545.)

N°. 485. — ACCORD *entre les partis d'Orléans et de Bourgogne* (1).

Château de Bicêtre près Paris, 2 nov. 1410. (Dumont, Corps dip., p. —.)

N°. 486. — LETTRES *portant réduction des marchands de vin de Paris à 60 et leur permettant de porter des armes.*

Paris, décembre 1410. (C. L. IX, 568.)

N°. 487. — LETTRES *portant permission au clergé de France de payer un décime demandé par le Pape pour les affaires de l'église* (2).

Paris, 4 février 1410. (C. L. IX, 571.)

N°. 488. — ACTE *par lequel le procureur général du Roi au parlement fit proposer en la cause des archevêque et archidiacres de Reims, que les pairs de France furent créés pour soutenir la couronne, comme les électeurs furent ordonnés pour le soutien de l'empire.*

Paris, 19 et 28 février 1410. (Mémoire des pairs.)

---

(1) Il y fut réglé, entre autres choses, que la surintendance de l'éducation du prince serait partagée entre le duc de Berry et le duc de Bourgogne ; mais que ces deux princes seraient éloignés du gouvernement, qui serait confié à un nouveau conseil ; le prévôt de Paris, des Essarts, fut destitué. (Vilevault.)

(2) Jean XIII ayant représenté que pour procéder à l'encontre des deux autres papes, depuis peu condamnés par le concile de Pise, et pour recouvrer le patrimoine de l'église de Rome et palais d'Avignon, détenus par les tyrans schismatiques, ce subside était nécessaire, le Roi consentit pour cette fois et sans préjudice des libertés de l'église de France. (Vilevault.)

N°. 489. — LETTRES (1) *par lesquelles le Roi défend à toutes personnes, même aux princes de son sang, de lever des troupes.*

Paris, 28 février 1410. (C. L. IX, 575.)

N°. 490. — LETTRES *qui permettent aux huissiers de salle du Roi qui ne font pas le service de porter des armes comme les nobles.*

Paris, 9 avril 1411. (C. L. IX, 580.)

N°. 491. — LETTRES *portant que les officiers de la chambre des comptes seront exempts du guet et de la garde extraordinaire dans Paris.*

Paris, 20 avril 1411. (C. L. IX, 581.)

N°. 492. — LETTRES *portant que les maréchaux* (2) *de France auront, à l'exclusion du maître des arbalestriers, juridiction sur les archers et les canonniers.*

Paris, 22 avril 1411. (C. L. IX, 589.)

N°. 493. — LETTRES *portant* (3) *que les notaires au Châtelet de Paris auront le prévôt de cette ville pour gardien et juge dans toutes les affaires.*

Paris, avril 1411. (C. L. IX, 594.)

CHARLES, etc. Nous desirans de tout nostre cuer noz officiers estre maintenuz et gardez avec tous leurs biens et familles en paix et en transquilité, parquoi ils puissent mieulx et plus seurement et honorablement nous servir, à la supplication de noz bien amez clercs et notaires ordonnez et créez en nostre chastelet de Paris, qui sont de tout temps en la sauvegarde royal, iceulx d'abondant avons prins et mis, prenons et mettons de grace especial avec tous leurs biens quelz et ou quilz soient assiz en nostre royaume, qu'ilz ont et auront ou temps avenir, leurs familiers et serviteurs, en et soubz nostre proteccion et sauvegarde especial, et de noz successeurs rois de France, pour y estre et demourer perpetuelment.

Et pour ce que pour le fait et exercice de leurs offices, aient d'ancienneté esté en nombre ordonnez soixante, qui continuel-

---

(1) A peine l'accord de Bicêtre etait-il signé, qu'il etait deja rompu. Le Roi fut obligé de renouveler les défenses de prendre les armes ; mais les princes n'y eurent aucun égard. (Vilevault.)

(2) V. 1414, p. 206; 1556, p. 857.

(3) V. l'ordonn. ci-dessus sur la réduction du nombre des notaires.

ment sont et frequentent nostre dit Chastelet, pour l'expedition de la chose publicque, et y soient si continuelment occupez, que bonnement ilz ne pourroient poursuir leurs causes, droiz et querelles qu'ilz ont et leur pourroient touchier en pluseurs et divers lieux, leur avons donné, commis et deputé, commettons, donnons et deputons de nostre dicte grace, nostre prevost de Paris present et avenir, leur gardien especial et juge en toutes leurs causes meues et à mouvoir contre quelxconques personnes, en demandant et en deffendant, pour iceulx nos clercs et notaires et leurs successeurs en chief et en membre, leurs familiers, leurs gens et possessions et revenues quelles qu'elles soient et à eulx appartenantes en quelconque maniere que ce soit, maintenir et garder par lui et par autres ses commis et deputez, en leurs justes possessions, franchises, libertez, droitz, coustumes, usages, privileges et saisines, et pour iceulx deffendre de par nous de toutes injures, villenies, griefz, oppressions, molestacions, inquietacions, de force d'armes, de puissance de lays, et de toutes nouvelletez indeues quelles qu'elles soient : et s'il y a debat en cas de nouvelleté entre les parties sur les choses contencieuses, de mettre icellui debat en nostre main comme souveraine, et à faire par icelle nostre main recreance là et si comme il appartendra, pour faire paier nosdiz clercs et notaires et leurs successeurs, et un chascun d'eulx, ou à leur certain commandement, tous leurs cens, rentes, revenues et leurs debtes bonnes et loyaulx congneues et prouvées par lettres, témoings, instrumens ou autres loyaulx enseignemens, que il lui apperra estre deues ausdiz nos clercs et notaires, à leursdiz successeurs ou à aucun d'eulx, de quelxconques personnes, en contraignant iceulx depteurs à ce par la prinse, vendue, explectacion de leurs biens et détencion de leurs corps, se obligez y sont; et se aucuns de leurs depteurs se vouloient opposer au contraire, nostre main souffisamment garnie là où et si comme il appartendra, de commettre pour faire adjourner pardevant soy ou son lieutenant en nostre Chastelet de Paris, lesdiz opposans, et toutes autres personnes; tant en demandant comme en deffendant, pour aler avant par lui tant sur lesdictes opposicions, debas ou questions, comme sur lesdictes debtes, comme il sera à faire de raison, et pour faire sur les choses dessusdictes, les parties oyes, bon et brief acomplissement de justice;

Et voulons que nostredicte grâce il fasse publier par tous les lieux ou il verra qu'il appartiengne, à la requeste desdiz notaires, de leurs successeurs ou d'aucun d'eulx; et en signe de nostre dicte sauvegarde especial, fasse mettre nos pennonceaux royaulx es maisons, possessions et autres biens d'eulx et d'un chascun d'eulx, ou mestier sera, affin que nul ne se puisse excuser d'ignorance, et intime et deffende à toutes les personnes dont il sera requis de par les dessusnommez, que à eulx, à leurs familiers, gens, biens, héritages ou possessions ou qu'ilz soient, presens et avenir, ils ne meffacent ne facent meffaire en aucune manière, sur certaines peines à appliquer à nous; et pour faire accomplir plus diligemment les choses dessusdictes de point en point, et chascunes d'icelles,

Nous mandons et commettons à nostre dit prevost de Paris present et avenir, ou à son lieutenant, que il, touteffois que mestier en sera, depute ou commette aux dessusnommez, une ou plusieurs personnes convenables, à leurs despens, lesquelx et chascun d'eulx nous voulons de nostre grace dessusdicte que ilz aient à faire exécuter les choses dessusdictes chascune d'icelles, tout povoir d'office de sergent : toutes-voies nous ne voulons qu'il s'entremette de choses qui requierent congnoissance de cause ; et nous donnons en mandement à tous noz justiciers et subjiez, etc.

Par le Roy, en son conseil, monseigneur le duc de Guienne, le conte de Saint-Pol, l'admiral, le sire d'Omont et autres, presens.

N°. 494. — Ordonnance *portant réglement pour les archers de Paris* (1).

Paris, 12 juin 1411. (C. L. IX, 605.)

N°. 495. — Lettres *portant défenses à tous fripiers, merciers, pelletiers, et autres vendeurs de denrées, de vendre ni acheter aucun livre, ni de s'entremettre du fait de librairie* (2).

Paris, 20 juin 1411. (C. L. IX, 240.)

---

(1) Le Roi leur accorde de se former en confrerie, et les dispense d'impôts. Ils étaient au nombre de cent vingt, et leur chef s'appelait *connetable*.
(2) V. l'ordonn. de Louis XII, du 9 avril 1515 (la première depuis l'invention de l'imprimerie), qui fixe le nombre des libraires à vingt-quatre, tous suppôts de l'Université. Le droit de travailler etait alors un privilège. (Edit de Louis XVI, 1776.) (Isambert.)

N°. 496. — LETTRES (1) *du duc d'Orléans et de ses frères, tant en leur nom qu'en celui des ducs de Berry, de Bourbon, des comtes d'Alençon, de Richemont et d'Armagnac, adressées au Roi, contenant des plaintes sur la violation du traité de Bicêtre, par le retour de Pierre des Essarts, prévôt de Paris, et des autres partisans du duc de Bourgogne, auprès de la personne et dans le conseil du Roi, et demandant la mise en jugement des meurtriers du feu duc d'Orléans, et la réformation du très damnable gouvernement par une assemblée des gens du conseil, prélats, seigneurs et prud'hommes.*

Jargeau, 14 juillet 1411. (Juvenal des Ursins, p. 209-221. — Monstrelet, f. 118.)

N°. 497. — LETTRE *de défi des enfans d'Orléans au duc de Bourgogne.*

Jargeau, 18 juillet 1411. (Dumont, Corps dipl., 345. — Monstrelet, f. 113.)

CHARLES, duc d'Orléans et de Valois, comte de Blois et de Beaumont, et seigneur de Coucy; Philippe, comte de Vertus; et Jean, comte d'Angoulême, frères : A toi, Jehan, qui te dis comte de Bourgogne ;

Pour le très horrible meurtre par toi faict en grand trahison, d'aguet à pens, par meurtriers affectés, en la personne de notre très-redouté seigneur et père monseigneur Louis, duc d'Orléans, seul frère germain de monseigneur le Roy, nostre souverain seigneur et le tien, nonobstant plusieurs sermens, aliances et compaignies d'armes, que tu avois à luy, et pour les grands trahisons, déloyautés, deshonneurs et mauvaistiés, que tu as perpétrées contre nostredict souverain seigneur, monseigneur le Roy, et contre nous, en plusieurs manières ;

Te faisons savoir que dès ceste heure en avant, nous te nuirons de toute nostre puissance et par toutes les manières que nous pourrons; et contre toi, et de ta déloyauté et trahison, appelons Dieu et raison à nostre ayde, et tous les preud'hommes de ce monde.

En tesmoing de ce, etc.

---

(1) Elles furent lues au conseil du Roi, et communiquées au duc de Bourgogne alors en Flandre. Les enfans d'Orléans adressèrent en même temps un manifeste aux bonnes villes. (V. Bonamy, *Mém. de l'Acad. des Inscriptions*, tom. XVII, p. 551.)

N°. 498. — LETTRES *du duc de Bourgogne, en réponse à celles envoyées au Roi par les enfans d'Orléans.*

Douai, juillet 1411. (Juvenal des Ursins, p. 221.)

N°. 499. — ORDRE *du Roi à la Reine de se porter conciliatrice entre les princes.*

Paris, juillet 1411. (Monstrelet, f° 114 v°.)

N°. 500. — LETTRES *portant* (1) *révocation de celles du mois d'avril précédent, par lesquelles le Roi avait fait défense de servir dans les armées des princes.*

Paris, 12 août 1411. (C. L. IX, 624.)

N°. 501. — RÉPONSE *du duc de Bourgogne au défi* (2).

Douay, 15 août 1411. (Corps diplom., p. 543. — Mémoires des pairs, p. 677. — Juvenal des Ursins, p. 224. — Monstrelet, p. 114.)

JEHAN, duc de Bourgogne, comte d'Artois, de Flandres et de Bourgongne, palatin, seigneur de Salins et de Malines : à toi, qui te dis duc d'Orléans; toi, Philippe, qui te dis comte de Vertus; et à toi, Jehan, qui te dis comte d'Angoulême, et qui naguères nous avez escrit vos lettres de deffiances;

Faisons savoir et voulons que chascun sache que, pour abattre les très-horribles trahisons, par très-grandes mauvaistiés et aguets apenses, conspirées, machinées et faictes solemnement à l'encontre de monseigneur le roy, nostre très-redouté et souverain seigneur et le vostre, et contre sa très-noble génération, par feu Louis vostre pere, en plusieurs et diverses manières, et pour garder vostre pere, faux et déloyal traistre, de parvenir à la finale

---

(1. Cette ordonnance est mentionnée dans une autre du 3 septembre même année (C. L. IX, 634) : elle fut rendue au profit et dans l'intérêt des Bourguignons. (Isambert.)

(2) On tint un conseil à Paris, dans lequel il fut résolu d'appeler le duc de Bourgogne au secours du Roi. Le Dauphin lui écrivit en conséquence, le 28 août, d'amener au plus tôt des troupes. Le duc, en exécution du traité de Bicêtre, s'était éloigné de la cour ; mais il avait prévu qu'il y serait bientôt rappelé, et il s'était préparé à y venir en forces. Dès le 12 de ce mois, il avait obtenu les lettres ci-dessus. Il se mit donc en campagne. Les troupes n'étaient engagées que pour un temps fort court, au bout duquel elles se débandèrent ; et, dès le 28 septembre, le duc de Bourgogne fut contraint de se retirer en Artois, laissant au duc d'Orléans la supériorité qu'il lui avait d'abord fait perdre.

(Vilevault, *Préface*.)

exécution détestable à laquelle il prétendait à l'encontre de nostre très-redouté seigneur et le sien, et aussi contre sadicte génération, si faussement et notoirement, que nul preudhomme ne le devoit laisser vivre, et mesmement nous (qui sommes cousin germain de mondit signeur, doyen des pers, et deux fois per, et puis astreint à luy et à sadicte génération ; qu'autres quelconques de sadicte génération ou de leurs parens et subgets) ne devions un si faux, deloyal, cruel et félon trahistre laisser sur terre plus longuement, que ce ne fust à nostre très-grande charge, avons, pour nous acquitter loyaument et faire nostre devoir envers nostre très-grand et souverain signeur, et sadicte génération, fait mourir (ainsi qu'il devoit) ledict faux et déloyal trahistre ; et ainsi avons fait plaisir à Dieu, service loyal à nostredict souverain seigneur, et exécuté raison.

Et pour ce que toi et tesdicts freres ensuyvez la trace fausse, déloyale et félonne de vostredict feu pere, cuidans venir aux damnables et déloyaux faicts auxquels il prétendoit, avons très-grande liesse au cueur desdictes deffiances, mais du surplus contenu en icelles, toy et tesdicts freres avez menty, et mentez faussement, mauvaisement et déloyaument, comme trahistres que vous estes, et dont à l'aide de nostre seigneur (qui sait et cognoist la très-entiere et parfaite loyauté, amour et vraie intention que tousiours avons eue, et aurons tant que vivrons, à nostredict signeur, à sadicte génération, au bien de son peuple et à tout son royaume), vous ferons venir à fin et punition telle que tels faux, mauvais et déloyaux trahistres, rebelles, désobeïssans et felons, comme toy et tesdicts freres estes, doivent venir par raison (1).

En temoing de ce, etc. Donné, etc.

N°. 502. — LETTRES *du duc de Bourgogne à la Reine, médiatrice, sur ses différends avec les enfans d'Orléans.*

Douzi, 15 août 1411. (Juvénal des Ursins, p. 225.)

(1) Peu de temps après ce défi, la paix fut faite de nouveau entre ces deux familles, à condition que les princes demanderaient pardon au Roy, qui leur octroyerait l'abolition ; qu'ils renonceraient aux alliances étrangères ; que toutes les places prises pendant la guerre seraient rendues de part et d'autre, les personnes remises dans leurs biens, nonobstant les arrêts de confiscation ; les officiers rétablis dans leurs offices, et défenses faites de plus user de ces mots factieux d'*Armignac* et de *Bourguignon*. (Vilevault.)

GOUVERNEMENT DU DAUPHIN (1).

N°. 503. — LETTRES *qui déclarent les ducs d'Orléans et de Bourbon, le comte d'Alençon, etc., et ceux qui tiennent leur parti, coupables de rebellion* (2), *pour avoir, contre les défenses, levé des troupes ou pris les armes.*

Paris, 3 octobre 1411. (C. L. IX, 935.)

N°. 504. — LETTRES *portant que la confiscation prononcée contre les rebelles n'aura d'effet qu'après le paiement de ce qu'ils doivent aux habitans de Paris.*

Paris, 10 octobre 1411. (C. L. IX, 632.)

N°. 505. — LETTRES (3) *qui ordonnent à ceux qui possèdent des fiefs et autres biens nobles, et aux gens des communes, de se rendre auprès du Roi pour le servir contre quelques princes du sang et autres qui avaient entrepris de le détrôner, lui et ses enfans* (4).

Paris, 14 octobre 1411. (C. L. IX, 640.)

CHARLES, etc. Au prevost de Paris, ou à son lieutenant : salut. Pour ce qu'il est venu plainement et clerement à nostre cognois-

---

(1) Après les essais de conciliation, au mois d'août le Roi retomba malade (Monstrelet, f° 116). Le duc de Guyenne (dauphin), sur la demande du peuple de Paris et des partisans du duc de Bourgogne, prit le gouvernement et embrassa le parti de son beau-père. (Isambert.)

(2) Ces lettres sont adressées au parlement : les principaux partisans du duc d'Orléans y sont nommés, et l'on y donne autorité et puissance *de leur courir sus, de les prendre et emprisonner*, exceptant neanmoins ceux qui, depuis les dernieres défenses de s'assembler, avaient quitté les rebelles : seules armes qu'on eût alors pour gagner du temps, et pour en preparer d'autres plus efficaces suivant les circonstances. (Vilevault, *préf.*)

(3) Le duc d'Orléans avançait toujours vers Paris : il s'était emparé de Saint-Denis et du pont de Saint-Cloud lorsqu'on convoqua l'arrière-ban par ces lettres. Les termes en sont remarquables, en ce qu'ils supposent un projet dont les historiens n'ont point conservé de traces. Elles annoncent qu'il était question de *transporter la couronne de France en d'autres mains*. On avait pris des précautions contre des menées semblables en 1403. On en prit de nouvelles pendant cette année : de ce nombre sont les lettres des 5 novembre et 17 février ci-après. (Vilevault, *préf.*)

(4) Ces lettres furent révoquées au lit de justice le 5 octobre 1415.

sance, et nous tenons pour deuement et souffisamment informez, tant par certaines lettres qui ont esté n'agaires trouvées et apportées en noz mains et de nostre conseil, comme par les faiz et euvres que nous avons veuz çà en arrieres, et véons chascun jour, combien que pieçà ait esté souspeçonné et que longuement la chose ait esté couverte, paliée et dissimulée, que Jehan nostre oncle de Berry, Charles d'Orleans, et ses freres noz nepveux, Jehan de Bourbon, Jehan d'Alençon, Charles de Lebret, noz cousins, Bernart d'Armignac, et leurs aydans, confortans, adherans, aliez et complices, meuz et induiz de mauvais, inique, pervers et dampnable propos, ont entrepris et se sont efforciez et efforcent de nous debouter, desmettre et destituer de nostre estat et auctorité royal, et destruire du tout à leur povoir nous et nostre lignée, que Dieu ne veuille, et faire nouvel roy en France, qui est chose abhominable à oïr dire et reciter à tous les cuers de noz bons, vrays et loyaulx subgez;

Nous voulans à ce pourveoir et obvier en toutes manieres à l'ayde de Dieu et noz bons loyaulx vassaulx et subgiez, eu sur ce très-grant et meure déliberacion de conseil avecques pluseurs de nostre sang et lignage, et autres saiges et preudommes de nostre grant conseil, noz officiers et autres, avons ORDENÉ et délibere, et par la teneur de ces presentes ORDENONS et deliberons de faire publier et divulguer par tout nostre royaume notoirement et solennelment, tant ès auditoires, carefours et autres lieux acoustumez à faire criz, comme en sermons et prédicacions ès esglises et ailleurs, le très-mauvais dampnable propos dessusdiz, et de mander, convoquer et appeler venir pardevers nous le plustost que faire se pourra, tous noz hommes vassaulx tenans de nous tant en fief comme en arriere-fief, et aussi des (1) gens des bonnes villes de nostre royaume qui ont acoustumé d'eulx armer par forme et maniere de arriereban, pour nous servir, aidier et conforter à maintenir, garder et defendre nostredicte signourie et nostre lignée à l'encontre des dessusdis, qui desja sont moult près de nous, et ont si avant procedé que par force sont entrez en nostre ville de Saint-Denis en France, en laquele sont pluseurs reliques et corps sains, nostre coronne, nostre auriflambe et pluseurs autres precieux et riches joyaulx; sont aussi entrez et ont prins le pont de Saint-Cloud, et paravant avoient prins sur nous et noz subgiez et non mie sur nostre très-chier et très-

---

(1) Ils sont nommés *communes* dans les monumens du temps. (Isambert.)

amé cousin le duc de Bourgongne, lequel ilz avoient deffié et non pas nous, pluseurs autres villes, bouté feux, desrobé églises, rançonné, tué, mutilé, efforcié femmes mariées, violé pucelles, et fait tous maulx que ennemiz pourroient faire.

Si vous MANDONS et ENJOIGNONS estroictement sur peine de privacion de vostre office, de confiscation de corps et de biens, et de toute autre peine que povez encourir envers nous, ceste nostre presente ordenance et deliberacion, vous, incontinent ces lettres veuës, faictes très-diligemment publier, crier et divulguer par tous les lieux acoustumez à faire criz, tant en nostre bonne ville comme ailleurs, ès mettes de vostre prevosté, telement que aucun n'en puisse prétendre ignorance ; en punissant en corps et en biens les dessus nommez, et tous ceulz de leur parti que pourrez trouver, prendre et apprehender, qui leur ont fait, donné et presté, font prestent ou presteront conseil, confort, ayde ou faveur en quelque maniere que ce soit, ainsi que l'en doit punir malfaicteurs qui ont commis crime de leze-majesté à l'encontre de nous, de nostre seignourie et coronne, telement que ce soit exemple à tous autres; et en faisant commandement sur les peines dessusdictes, à tous noz vassaulx, et autres generalment qui ont acoustumé d'eulz armer, qu'ilz viennent pardevers nous en armes tout le plus brief et hastivement qu'ilz pourront; et en faisant au seurplus ycelles noz ordenance et deliberacion executer, enteriner et acomplir en tous ses points selon la forme de ces presentes, en contraignant a ce par prise et expletacion de biens, arrest et detencion des personnes de tous ceulz que vous en trouverez estre negligens ou en default de y obeir, telement que vous n'en doyez estre reprins de negligence, et que nous n'ayons cause de nous en prendre à vous.

Donné, etc.

Par le roy, à la relacion du grant conseil tenu par monseigneur le duc de Guienne, et ouquel messieurs les contes de Mortaing, de Nevers et de la Marche, messires Giles de Bretaigne, le conte de Saint-Pol, vous, les évesques d'Amiens et de Tournay, le chancelier de Guienne, le grant maistre d'ostel, les seigneurs d'Oleham, d'Offemont, de Blarru et de Linieres, messire Regnault d'Angennes, maistres Eustace de Laitre, Nicolas d'Orgemont, Guillaume le Clerc, le prevost des marchans, pluseurs bourgeois de Paris, et autres, estiés.

N°. 506. — LETTRES *portant que les bénéficiers poureux pendant la neutralité de l'obédience y seront maintenus.*

Paris, 17 octobre 1411. (C. L. IX, 642.)

N°. 507. — ALLIANCE *entre le duc de Bourgogne et le roi d'Angleterre.*

Octobre 1411. (Juvenal des Ursins, p. 226. — Monstrelet.)

N°. 508. — LETTRES *portant révocation des dons des biens confisqués sur les seigneurs présentement révoltés.*

Paris, 2 (1) novembre 1411. (C. L. IX, 650.)

N°. 509. — LETTRES *par lesquelles* (2) *le Roi prie et requiert l'évêque de Grenoble d'excommunier, conformément à une bulle de Urbain V, les seigneurs qui assemblent des gens de compagnie pour soutenir leur rebellion.*

Paris, 5 novembre 1411. (C. L. IX, 652.)

N°. 510. — LETTRES *portant approbation de tout ce qui a été fait par les habitans de Paris* (3) *contre les ducs d'Orléans et de Berry.*

Paris, 14 novembre 1411. (C. L. IX, 654.)

N°. 511. — LETTRES *portant exemption, pour cette fois seulement, aux officiers du parlement qui possèdent des biens nobles, de servir dans l'armée.*

Paris, 6 décembre 1411. (C. L. IX, 661.)

---

(1) A la même date, on trouve une commission donnée aux ducs de Bourgogne et de Bretagne de chasser les rebelles. (Mss. de la biblioth., carton n° 109.

(2) Les ordonnances étant restées sans effet, on eut recours aux censures ecclésiastiques. (Vilevault.)

(3) Les habitans de Paris firent bannir plusieurs princes mécontens, et se saisirent de leurs biens. On approuva leur conduite par ces lettres. On y rappelle le projet de faire passer le royaume de France dans des mains étrangères ; on y représente le duc d'Orléans et ses frères comme uniquement occupés de se soustraire à l'autorité légitime, et on déclare que, sous prétexte de faire la guerre au duc de Bourgogne pour venger la mort de leur père, malgré la réconciliation jurée à Chartres, ils n'ont pour but que de faire la guerre au Roi même, d'usurper sa seigneurie, de détruire lui et ses enfans, de le priver de l'autorité royale, et de faire un nouveau roi en France. (Vilevault, préf.)

GOUVERNEMENT DU ROI (1).

N. 512. — **Lettres** *portant rétablissement* (2) *de la prévôté*
des marchands et de l'échevinage de la ville de Paris.

Paris, 20 janvier 1411. (C. L. IX, 668.) — Publiées au parlem. le 26.

Charles, etc. Savoir faisons à tous presens et avenir, que comme nostre bonne ville de Paris qui est la principale ville capital de nostre royaume, ait esté de toute ancienneté décorée de plusieurs grans et notables droiz, noblesces, prerogatives, privileges, libertez, franchises, possessions, rentes, revenues, et pour le bon gouvernement d'icelle, y ait eu de tous temps prevost des marchans, eschevins, clergie, maison appellée la maison de la ville, parloir aux bourgois, et pluseurs autres officiers pertinans au fait desdictes prevosté et eschevinage, par lesquelx nostredicte ville et les manans et habitans en ycelle, ont esté anciennement gardez et maintenus en bonne paix et seureté, et le fait de la marchandise d'icelle esté grandement et notablement soustenu;

---

(1) Il revint à résipiscence le 17 janvier, et il se mit à la tête des Bourguignons contre les Armagnacs. Il destitua le connétable d'Albret, partisan des Armagnacs, et lui substitua le comte de Saint-Paul, du parti des Bourguignons. (Juvenal des Ursins, p. 195.)

Le duc de Bourgogne avait occupé Paris à la fin d'octobre, et c'est lui qui, après la rechute du Roi, eut le gouvernement des affaires. (Vilevault.)

(2) Elle avait été supprimée par lettres du 27 janvier 1382, qui sont rapportées à la pag. 569 du 6e vol. de ce recueil. Par ces mêmes lettres, le Roi avait donné au prevôt de Paris la juridiction qui avait appartenu au prévôt des marchands et echevins. (Vilevault, notes.)

Le Roi étant entouré des partisans du duc de Bourgogne, on vint aisément à bout de le prévenir en sa faveur; d'ailleurs, le projet formé contre sa souveraineté par les princes mécontens ne lui laissait pas même la possibilité de balancer entre les deux partis. Toute la conduite du duc de Bourgogne fut donc approuvée; et le zèle que les Parisiens avaient fait paraître pour lui fut récompensé par la grace que le Roi leur fit, en rétablissant la prévôté des marchands et l'échevinage qu'on leur avait ôté. Cette faveur excita une vive reconnaissance dans le cœur des Parisiens, et le duc d'Orléans fut contraint à son tour d'avoir recours à l'Angleterre : quantité de ses partisans l'abandonnèrent, et obtinrent des lettres d'abolition, dont on trouve un grand nombre au *Trésor des chartes*, reg. 163-166.
(Vilevault, préf.)

(3) Cet état de choses a duré jusqu'en 1789. (V. le baron Dupin, *Précis de l'Administration municipale*, p. 19.)

et depuis aucun temps en çà, pour aucunes causes à ce nous mouvans, nous eussions et ayons prins et mis en nostre main ladicte prevosté, eschevinage, maison de ladicte ville et clergie d'icelle prevosté des marchans, ensemble la jurisdicion, cohercion, cognoissance, rentes, revenues et autres droiz quelxconques appartenans à icelle prevosté, eschevinage et clergie, et commiz nostre prevost de Paris toute la jurisdicion, cognoissance et cohercion qui paravant leur appartenoient, et à nostre receveur de Paris, la recepte des rentes et revenues desdictes prevosté, eschevinage et clergie, qui par aucun temps ont fait et exercé pour nous et en nostre nom ce que dit est, et depuis aussi l'ont gouverné et exercé autres à ce commiz de par nous;

Après lesquelles choses se soient survenuz pluseurs grans affaires à nous et à nostredicte bonne ville, esquelx affaires par voye experience avons sceu et très-evidenment congneu et trouvé en fait et en conseil, noz bien amez les bourgois, manans et habitans en nostredicte ville de Paris, très-vraiz et loyaulx obeissans subgiez à nous, nostre seignourie et posterité, au bien, tuicion, defense et exaltacion de nostre couronne et de tout le bien publique de nostre royaume, et en ce exposé liberalement leurs corps, biens et chevances, et pour ce soustenu et souffert pluseurs grans peines, perilz, travaulx et donmages;

Nous les choses dessusdictes considerées, pour le bien, proffit et seurté de nostredicte ville, et pour autres causes et consideracions à ce nous mouvans, eu sur ce grant et meure deliberacion de conseil avec pluseurs de nostre sang et lignage et autres de nostre grant conseil, l'empeschement et main-mise, ainsi que dit est, par nous mis esdicte prevosté des marchans, eschevinage, clergie, maison de la ville, parlouer aux bourgois, jurisdicion, cohercion, privileges, rentes, revenues et droiz appartenans d'ancienneté à ycelle prevosté des marchans, eschevinage et clergie de nostredicte bonne ville de Paris, avons levé et osté, levons et ostons à plain de nostre certaine science et propre mouvement; et voulons que nozdis bourgois, manans et habitans en nostre ville, desdictes prevosté des marchans, eschevinage, clergie, maison de la ville, parlouer aux bourgois, jurisdicion, cohercion, cognoissance, rentes, revenues et possessions quelxconques, droiz, honneurs, noblesces, prerogatives, franchises, libertez et privileges, joyssent entierement et paisiblement, perpetuelment et à tousjours, pareillement qu'ilz faisoient paravant l'empeschement et main-mise dessusdis; et d'abondant, en tant que mestier en seroit, à yceulx bourgois, manans et habitans, avons donné et octroyé, donnons et octroyons par ces presentes, toutes les choses dessusdictes et chascune d'icelles, pour en joyr perpetuelment comme dit est.

Si donnons en mandement à noz amez et feaulx conseillers les gens tenans et qui tendront nostre parlement, à noz gens des comptes et tresoriers à Paris et à tous noz autres justiciers et officiers, presens et avenir, ou à leurs lieuxtenans, et à chascun d'eulx, etc. Donné, etc.

Par le Roy en son conseil, ouquel le roy de Secile, monseigneur le duc de Bourgongne, les contes de Mortaing et de Nevers, vous, l'evesque de Saint-Brieut, les chanceliers de Guyenne et de Bourgoigne, le grant maistre d'ostel, les seigneurs de la Suze, de Rambures, de Florensac et de Walphin, messires Charles de Savoisy et le Galoys d'Aunoy, messires Jehan de Courcelles, le gouverneur d'Arras, messire Jehan de Chambrilhac, et pluseurs austres, estiez.

N°. 513. — LETTRES *qui permettent aux consuls de Montpellier d'élire, dans les temps de péril et de guerre, quatre députés chargés de veiller à la garde et à la défense de la ville.*

Paris, janvier 1411. (C. L. IX, 677.)

N°. 514. — LETTRES *portant que les justiciables de l'abbaye de Saint-Basle qui interjettent appel des sentences rendues par les officiers de justice de cette abbaye, et qui renonceront à ces appels dans la huitaine, paieront une amende.*

Paris, 6 février 1411. (C. L. IX, 678.)

N°. 515. — LETTRES *portant ordre de lever un impôt pour la guerre contre les princes, et un dixième sur le clergé.*

Paris, 13 février 1411. (Bibl. du Roi, mss., carton 169.—Monstrelet, f° 155.)

N°. 516. — LETTRES *portant concession de l'Ordre des Chevaliers de la Genette en France, donnée par le Roi à Pierre de Fenin* (1).

Paris, 15 février 1411. (Histoire de Charles VI, p. 445.

---

1) Cet ordre fut institué environ l'an 730 par Charles Martel, prince des Français, après sa mémorable victoire sur les Sarrasins, près de la ville de Tours il est demeuré en consideration jusqu'au règne de saint Louis. (Godefroy.

Il n'existe dans les historiens du temps de Charles Martel aucune trace de

N°. 517. — LETTRES *portant injonction aux avocats et procureurs qui exercent dans le comté de Boulogne d'en faire les fonctions dans les affaires de Jeanne de Boulogne, femme du duc de Berry, nonobstant sa rebellion.*

Paris, 11 mars 1411. (C. L. IX, 686.)

N°. 518. — LETTRES *portant que la Cour de parlement est seule compétente pour connaître des affaires de l'Université, et que ceux qui ont été pourvus de bénéfices pendant la neutralité y seront maintenus.*

Paris, 28 avril 1412. (C. L. X, 3.) — Reg. au parlem. le 14 juin.

N° 519. — ASSEMBLÉE *de notables* (1) *où sont dénoncés des blancs seings* (2) *adressés au nom des ducs de Berry, d'Orléans, de Bourbon, etc., pour traiter avec le roi d'Angleterre, et où est résolue la guerre contre les Armagnacs.*

Paris, hôtel Saint-Paul, avril 1412, après Pâques. (Monstrelet, f° 133-135.)

---

création d'un pareil ordre, ni dans les monumens subséquens. Les lettres paraissent fausses et de l'invention du noble écuyer et panetier de Charles VI, qui nous les a données en tête de ses mémoires. Le style n'est pas du temps. L'année 1411 n'est pas la 24°, mais la 32° de Charles VI. Le contre-seing de Lombard paraît également faux. (Isambert.)

(1) Elle était présidée par le Roi, composée des ducs de Bourgogne et barons de son parti, des membres du conseil, des bourgeois de Paris et députés de l'Université.

(2) Ils avaient été pris par le bailli de Caen ; ils étaient au nombre de quatre, revêtus de sceaux. On y appelait le roi d'Angleterre mon très redouté seigneur. On proposait d'établir une contribution foncière, l'uniformité des poids et mesures, la concession des terres vaines et vagues, le bannissement des comédiens, la réforme de l'Université. On prétendit dans l'assemblée que les Armagnacs voulaient faire un nouveau roi. (Rymer a donné, sous les dates des 24 et 26 janvier 1412, les pleins pouvoirs donnés par les princes. Il n'y est question que de la restitution du duché de Guyenne.) Le Roi, pleurant, demanda aide aux princes et à l'assemblée, qui la lui promit, et on publia des lettres dans Paris : ce sont probablement celles du 3 mai, qui prouvent qu'on convoqua l'arrière-ban. Le 5 mai, le Roi sortit de Paris à la tête des troupes, promettant de ne pas faire la paix ; et la guerre civile commença. Le roi d'Angleterre fit publier à Calais des lettres, datées de Cantorbéry le 10 avril, annonçant qu'il gardait la neutralité ; mais le 16 mai il signa à Westminster des lettres annonçant qu'il prenait le parti des Armagnacs contre le duc de Bourgogne. (Monstrelet donne ces lettres f° 138.) Il y eut en effet une convention secrète entre le roi d'Angleterre et les Armagnacs. (Rymer, pag. 538.) Le Roi en fut informé à Sens. (V. ci-après le traité en forme du 8 mai 1412.) (Isambert.)

N°. 520. — LETTRES *par lesquelles le Roi exempte, pour cette fois seulement, les présidens, conseillers, et autres officiers du parlement, du service militaire de l'arrière-ban.*

Paris, 3 mai 1412. (C. L. X, 11.)

N°. 521. — TRAITÉ *entre le nouveau roi* (1) *d'Angleterre Henri V, et les ducs de Berry, d'Orléans, de Bourbon, et le comte d'Alençon, par lequel ils s'obligent à faire restituer la Guyenne au roi d'Angleterre, et celui-ci s'oblige à les défendre contre le duc de Bourgogne.*

Bourges, 8 mai 1412. (Dumont, Corps dipl. p. 348. — Monstrelet, Chron., f° 155. — Rymer, p. 558.)

N°. 522. — ACCORD *fait* (2) *entre les Bourguignons et les Orléanais.*

Bourges, 15 juillet 1412. (Dumont, Corps dipl. — Chron. de Sauvage, p. 211.)

N°. 523. — LETTRES *portant* (3) *qu'en conséquence de la paix faite entre les maisons d'Orléans et de Bourgogne, le duc d'Orléans, ses frères, leurs officiers et sujets, seront remis en possession des biens saisis sur eux.*

Auxerre, 22 août 1412. (C. L. X, 18.)

---

(1) Ce traité fut secret. Monstrelet l'a donné à la fin de l'année, f° 155; mais il en fait mention f° 109. (Isambert.)

(2) On ne rapportera pas les conditions de l'accommodement qui ne fut qu'un renouvellement de la paix de Chartres. Les princes convinrent de faire des excuses au Roi : promesse d'oublier de part et d'autre tout sujet de ressentiment; restitution des places, des charges et des biens confisqués; défenses de s'offenser désormais en s'appelant *Bourguignons* ou *Armagnacs*. (Villaret, XIII, p. 18.)

(3) Cette restitution occasiona de grands débats. Ceux qui avaient obtenu la confiscation s'opposèrent au rétablissement des anciens possesseurs. Ce rétablissement fut ordonné par lettres du 9 septembre même année. Il existe à la vérité des lettres toutes contraires, du 13 novembre; mais elles furent rendues au chancelier sans avoir été enregistrées. (Vilevault.)

Cependant, ces mêmes lettres du 13 novembre furent confirmées par d'autres lettres du 2 mars 1413. Bien qu'une confirmation de cette nature soit contraire au droit naturel secondaire, qui protége la propriété, cependant la restitution en nature serait un mal souvent pire que le remède. Dans ce cas, on doit considérer la dépossession comme opérée pour cause d'utilité publique, et accorder une indemnité réelle et égale à la valeur des biens aux familles dépossédées, si toutefois cette indemnité est possible; car il y a souvent des maux irréparables. Les gouvernemens sont strictement obligés d'être justes pour l'avenir; mais si la réparation est impossible (et, pour être juste, elle doit s'appliquer à toutes les classes d'infortune, sans exception, sans privilége particulier), on peut s'en abstenir. On a cherché à justifier le droit de confiscation par le droit de la guerre; mais,

N°. 524. — PROCÈS-VERBAL *de ce qui s'est passé en l'assemblée des pairs de France et des notables* (1), *sur la réconciliation des ducs d'Orléans et de Bourgogne.*

Auxerre, 22 août 1412. (Reg. du parlement. — Mém. des pairs, p. 678.)

N°. 525. — LETTRES *portant suspension du droit de prises.*

Paris, 27 août 1412. (C. L. X, 21.)

N°. 526. — LETTRES (2) *qui ordonnent l'observation de la paix conclue entre la maison d'Orléans et le duc de Bourgogne.*

Melun, 7 septembre 1412. (C. L. X, 28.)

N°. 527. — LETTRES *qui, en conséquence de la paix conclue entre la maison d'Orléans et le duc de Bourgogne, ordonne le rétablissement des officiers destitués pendant les troubles.*

Melun, 9 septembre 1412. (C. L. X, 24.) — Reg. au parl. le 20.

N°. 528. — ORDONNANCE *prescrivant des mesures pour continuer la guerre contre les Anglais.*

Chartres, 8 octobre 1412. (Monstrelet, Chron., f° 146 v°.)

---

dans une guerre même juste, on ne doit pas confisquer les propriétés privées: c'est pour cela que la course maritime est un reste de barbarie, et qu'on en demande de toutes parts l'abolition. Le droit de la guerre ne s'étend pas au-delà d'une juste défense, et d'une indemnité levée par forme de contribution; jamais il ne peut aller légitimement jusqu'à la dépossession: autrement, le vaincu aurait le même droit. Si la confiscation est une peine, elle ne peut être que le résultat d'un jugement rendu avec les garanties ordinaires; encore la Charte de 1814 l'a-t-elle sagement abolie. Les proscriptions en masse ne sont jamais légitimes.

(Isambert.)

(1) Le Dauphin occupa la place du Roi qui était toujours malade. Les princes du sang, les pairs du royaume, les députés des cours souveraines et des grandes villes, contribuèrent à rendre l'assemblée aussi nombreuse que solennelle. On fit la lecture des conditions du traité, dont l'exécution fut jurée sur la croix et les évangiles. Les conventions du mariage entre le comte de Vertus et l'une des filles du duc de Bourgogne, précédemment arrêté par le traité de Chartres, furent renouvelées. Les princes promirent, de part et d'autre, un entier oubli du passé; ils renoncèrent à toutes alliances étrangères, surtout avec l'Angleterre, et s'engagèrent à confirmer de nouveau leur réconciliation en présence du Roi, lorsque le retour de sa santé lui permettrait de recevoir leurs sermens. (Villaret, t. 15, p. 224-225.)

La faction de Bourgogne ne tarda pas à l'emporter, et tout fut rompu. Il aurait fallu que la nation, par ses états-généraux, établît un pouvoir supérieur à celui de ces princes ambitieux, et qui gouvernât le royaume, même dans les momens lucides du Roi. On ne savait qu'assembler des notables qui, n'étant pas revêtus de la force nationale, ne pouvaient rien. (Isambert.)

(2) Par le traité d'Auxerre, on s'était obligé de prendre la ratification du Roi, quand il serait arrivé à la santé. (Monstrelet, fol. 144 et 145.) Tel est l'objet de ces lettres. (Isambert.)

N°. 529. — Lettres *portant qu'il sera fait une enquête sur les anciennes ordonnances, statuts, coutumes, usages et observances concernant la juridiction du prévôt des marchands et des échevins de Paris, à l'effet de procéder à la rédaction d'une nouvelle ordonnance* (1).

Paris, 10 novembre 1412. (C. L. X, 31.)

CHARLES, etc. De la partie du procureur de nostre bonne ville de Paris, et de la marchandise de l'eaue d'icelle nostre ville, nous a esté exposé comme la prevosté des marchans d'icelle nostredicte ville, ait esté et soit principalment fondée, et ait le regart et la juridicion, court et congnoissance en et sur les marchans et les marchandises venans et affluans en nostredicte ville, tant par eaue comme autrement, en ce qui touche ladicte prevosté et la juridicion d'icelle, et que pour eschever l'obscurté des ordonnances, et les fraudes et abuz qui de longtemps ont esté et sont chascun jour commises en icelles marchandises contre et ou prejudice du bien de la chose publique, tant par les marchans admenans et conduisans icelles marchandises, comme par les officiers ordonnez et establis pour icelles marchandises vendre, adenerer, distribuer et mesurer, au bien, utilité et proufit du bien commun, aient esté entierement faictes, ordonnées et constituées, plusieurs notables constitucions et ordonnances en chascunes desdictes marchandises, ou en partie d'icelles, et aussi sur les officiers ordonnez et establis pour icelles marchandises vendre ou faire vendre, mesurer, adenerer et distribuer, ainsi et par la forme et maniere que en ycelles ordonnances et constitucions a esté ordonné, dit et decerné, sur paine de certaines admendes tant arbitraires comme austres, de forfaire les denrées et marchandises en ce où le cas le requiert, sur ceuls qui sont et viennent au contraire par quelque voye ou maniere que ce soit : sur lesquelles ordonnances se sont constituées usages et communes observances nottoires et notoirement gardées, lesquelles choses appartiennent à poursuir audit procureur quant le cas y eschiet, tant par lesdictes ordonnances comme par les usages et communes observances qui s'en sont depuis ensuies, et quant aucuns delinquans font ou viennent au contraire de ce que dit est; mais pour ce que aucunes des

---

(1) C'est en conséquence de ces lettres que fut rédigée la grande ordonnance de police du 25 mai 1415 ci-après. Nous avons cru devoir donner ces lettres pour indiquer le mode de confection des lois au moins dans ce cas particulier.

Isambert.

chartres ou lettres que on dit avoir perdues, faisans mencion des ordonnances et constitucions faictes tant par noz predecesseurs roys de France, comme par nous, nostre conseil ou officiers, ou par ceuls qui ont eu à gouverner la chose publique ès temps passez ou autrement, et lesquelles ou aucunes d'icelles ne pevent estre trouvées, parce que puis certain temps en ça ladicte prevosté des marchans a esté gouvernée soubz nostre main, et que la clergie d'icelle a esté baillée à ferme, et a esté entre les mains de plusieurs personnes dont les aucuns sont alez de vie à trespassement, et autres officiers demis et deppointiez de leurs offices, lesquelz avoient la garde, administracion et gouvernement d'icelles ordonnances, registres et constitucions anciennes, et des chartres ou *vidimus* d'icelles, parquoy elles ne pevent estre trouvées, ou au moins les aucunes d'icelles ; à l'ocasion desquelles choses, les parties qui par ledit procureur sont poursuies chascun jour, pour raison et à cause des choses dessusdictes, et qu'ilz ont delinqué et delinquent contre lesdictes ordonnances, et venant directement contre icelles, et les usages et communes observances, ja soit ce que d'icelles ordonnances et constitucions en ait plusieurs enseignemens en certains livres, quayers et pappiers, toutesvoies pour ce que lesdictes parties pressuposent ou scevent les propres originaulx d'icelles ordonnances estre perdues, et que on n'en pourroit ne sauroit enseigner, et que lesdiz livres et pappiers qui en ont esté faits et extraiz, qui de present sont trouvez, ne sont signez ne tabellionez, veulent obeisser et eulz arrester, disans que iceulx papiers et registres ne portent pas plaine foy, pour empescher, fuir et delayer que ilz ne paient icelles amendes ou qu'ilz n'encourent és confiscacions et forfaitures d'icelles denrées et marchandises, et pour en vouloir estre et demourer quittes et paisibles, jusques à ce que on leur ait monstré ou deuement enseigné des chartres ou originaulx d'icelles constitucions ou ordonnances, ou que ledit exposant comme procureur, se mette ou appointe en fais, et s'offre de yceulz prouver toutes et quantesfois que le cas y eschiet et s'y offre ; et par ainsi sont moult de causes demourées et demeurent chascun jour en ladicte prevosté des marchans, sans povoir estre expediées ne estre menées à fin ; et mesmement demeurent plusieurs fraudes impugnies, et ceulz qui les font et commettent, sans estre fais convenir ou mis en procès pour les corriger et faire repparer et traittier à amende ainsi et par la fourme et maniere que de raison, et qu'il a esté usité et acoustumé ;

En nous exposant avecques ce par ledit procureur, que plusieurs d'iceulz delinquans és choses dessusdictes et autres deppendances de la juridicion de ladicte prevosté et eschevinage, quant ilz sont fais convenir et adjourner pour raison et à cause des choses dessusdictes ou d'aucunes d'icelles, les aucuns d'eulx se sont deffendus ou fait deffendre par procureur, et veulent proceder par procès et causes ordinaires, et sont proposer choses toutes contraires, pour fuir, delayer et retarder et empescher lesdictes causes et procès, et pour en demourer quittes, et les gaigner par obliques à tort et contre raison et les ordonnances ou usages anciennes par lesquelles on procédoit sommierement et de plain, et faisoit l'en venir les parties en personnes pour les interroguer et appointer promptement; et les autres se laissent mettre et couler en plusieurs deffaulx, pour ce qu'ilz scevent bien qu'il n'y a nulz despens; et quant ilz ont fait plusieurs deffaulx, ils viennent occuper, et puis se laissent couler en autres deffaulx : par ainsy on ne les peut bonnement ataindre; que une cause où il ne escherroit que vint solz d'amende, en cousteroit plus de soixante à poursuir; et par ainsi on n'en peut venir à aucune fin ne conclusion, et ne sont que multiplicacions de procès infinis, desquelz l'en ne pourroit jamais avoir ne trouver la fin, se sur ce n'estoient faictes provisions, ordonnances licites et raisonnables;

Et avecques ce d'abondant nous a esté exposé par ledit procureur, que en nostredicte ville de Paris a plusieurs lieux et places où l'en a acoustumé de amener, vendre et distribuer plusieurs denrées et marchandises, ne sont pas bien propices, convenables ne prouffitables pour la grant multitude de peuple et habundance de denrées et marchandises qui y viennent et affluent, et que iceulz lieux et places ne sont pas assez spacieuses pour icelles denrées et marchandises vendre, adenerer et distribuer au bien du prouffit commun; ainçois se font et commettent plusieurs fraudes et abuz ou prejudice du bien de la chose publique, et en especial et entre les autres, le lieu et la place où on vent et tient l'estappe de vin aux halles, et seroit mieux et plus prouffitablement ladicte estappe en la place de Grève et devant la croix dudit lieu, laquelle place est vague, et en especial à jour de marchiez, et si est grande spacieuse, et ne seroient pas commises plusieurs fraudes ou fait et en la marchandise de vins qui se vendent à ladicte estappe, se elle eloit en ladite place de Grève, pour ce que les officiers de ladicte marchandise seroient près et à main pour eulx en prendre garde, et pour les visitacions qui y appartiennent, pour eschever icelles fraudes et abuz qui en plusieurs manieres y sont faictes et commises : toutes lesquelles choses sont ou grant grief, prejudice et dommage de nous et de ladicte marchandise et du bien de la chose publique, et pourroit encores plus estre, se sur ce n'etoit par nous pourveu de remede convenable.

Pourquoy eue consideracion à ce que nostredicte ville est la souveraine principal et cappital de nostre royaulme, parquoy elle doit estre prefferée, gardée, observée et maintenue en bons termes, en bonne police et bon regime par-dessus toutes autres, et que nous et noz predecesseurs roys de France avons tousjours euz desirs principaulx de ainssi le faire de tout nostre povoir, et vouldirons tousjours continuer et perseverer de bien en mieulx, au bien et augmentacion d'icelle nostredicte ville, de la chose publique, et en descharge de multiplicacion de procès, te mandons, COMMANDONS et expressément ENJOINGNONS, en commetant, se mestier est, que tant pour consideracion de ce que dit est, comme aussi pour ce que les ordonnances dont dessus est faicte mention, et ont esté faictes de grant ancienneté et de long temps depuis lequel les choses purent bien estre muées, eschangées ou estre en autre disposicion ou estat qu'elles n'estoient lors, et aussi que le monde est plus soubtil et malicieux, et procede cautement et couvertement pour lesdictes constitucions et ordonnances transgresser et enfraindre, parquoy il pourroit estre besoing et necessité de ycelles ordonnances diminuer ou d'en oster, adjouster ou autrement en ordonner et faire de toutes nouvelles, tu faces exprès et especial commandement de par nous à noz bien amez les prevost des marchans et eschevins de nostredicte bonne ville, pour ce que à eulx compette et appartient principalment le regard des choses dessusdictes, que toy present ou appellé avec eulx, ou l'un de noz autres officiers, ilz ou leur lieutenant ou commiz de par eulx, avec de bons preud'hommes, marchans et autres gens anciens en nombre compettent et congnoissans en la matiere dont l'en traittera et que le cas le requerra, à ce que la chose en soit plus estable, pour sur toutes les choses dessusdictes et en chascunes d'icelles avec leurs circonstances et deppendances, enquerir des coustumes, status, ordonnances, usages et communes observances anciennes que l'en gardoit et dont l'en a usé ou temps passé ou fait de ladicte prevosté et marchandises, à ce que sur ce soient advisez telz points et articles qu'ilz soient bons, prouffitables et expediens à la chose publique et au bien de la marchandise; et tout ce qui sera trouvé avoir eu cours et avoir esté usité et acoustumé ou autremement estre proffitable, tant par gens à ce congnoissans comme par chartres ou *vidimus*, livres, caiers, pappiers, registres anciens, ou autres enseignemens, soit mis et articulé de nouvel en nouveaulx articles; et tout ce qui en sera ou aura esté fait, soit par eulx porté pardevers nous ou nostre amé et féal chancellier, pour sur tout ce qui aura esté fait et avisé, bailler chartres telles qu'il appartendra, à ce que la chose soit ferme et estable à tousjours, ou pour autrement y pourveoir comme de raison sera et que le cas le requerra:

Car ainsy nous plaist-il et voulons estre fait, et audit exposant pour raison des choses dessusdictes, avons ottroyé, ottroyons de grace especial par ces presentes, se mestier est, nonobstant quelconques impettrées ou à impetrer, ordonnances, mandemens ou deffenses à ce contraires.

Donné à Paris, etc. Par le Roy, à la relation du conseil.

N°. 530. — ÉDIT *portant* (1) *que tous les biens des rebelles confisqués pour cause de rebellion, et vendus ou donnés; demeureront aux possesseurs, à quelque titre qu'ils les possèdent.*

Paris, 13 novembre 1412. (C. L. X, 54.)

CHARLES, etc. Savoir faisons, que comme pour reparer et redrecier les desobeissances et autres excès et deliz commis et perpetrez contre nous et nostre royal magesté, par aucuns noz subgiez et leurs complices qui s'étoient renduz et demoustrez noz enemis, rebelles et desobeissans, et punir et corriger eulx et autres leurs conciliaus, aidans et favorisans, nous eussions pieça commis et ordonné aucuns noz officiers, conseillers et commissaires, et à iceulx entre autre chose donné puissance d'enquérir, congnoistre et determiner desdits excès et deliz, et des deppendances, de faire exploictier et adenerer les heritaiges, possessions et autres biens meubles à nous advenuz et escheus, et qui nous advendroient et escherroient, et estoient et seront adjugiez estre à nous forfaiz, confisquez et acquiz pour cause desdictes desobeissances; et depuis pour la très-grant et urgent necessité que

---

(1) V. la note sur l'ordonn. ci-dessus, du 22 août 1412; et la Charte de 1814, art. 9.

nous avons de recouvrer finances pour paier les gens d'armes, et autres despences necessaires pour l'armée que derrenierement avons mises sus pour reduire à nostre obeissance lesdits desobeissans et leurs complices, eussions commis et ordonné aucuns de noz chambellans et conseillers à faire vendre, exploictier et adenerer toutes les villes, chasteaulx, forteresses, manoirs, maisons, fiefs, arriere-fiefs, justices, juridiccions et seignories, cens, rentes, revenues et autres héritaiges et possesions quelzconques, et leurs appartenences et appendences, à nous advenuz et escheuz, et qui nous appartenoient et appartendroient, et nous avoient esté et seroient dessorsenavant adjugiez et declairez à nous appartenir, pour cause desdictes desobeissances, pour les deniers qui en ystroient, estre convertiz et emploiez ès affaires dessusdictes, si comme par noz lettres de commission sur ce faictes, ces choses et autres pevent plus à plain apparoir.

Et combien que nous par noz lettres patentes données en nostre conseil, et par deliberacion d'icelui, ayons et aussi nosdits conseillers et commissaires, en obeissant à noz commandemens, et par vertu du povoir par nous à eulx donné, ayent vendu, cedé, delaissié et transporté pour et ou nom de nous, à tousjours mais à tiltre de pure, perpetuele et irrevocable vendition, à aucuns de noz bons, vraiz, loyaulx subgiez et obeissans, plusieurs villes, chasteaulx, forteresses, manoirs, maisons, fiefz, arriere-fiefz, justices, juridiccions, seignories, terres, prez, bois, vignes, cens, rentes, revenus et autres heritaiges et possessions à nous advenus et appartenans pour les causes et moiens dessusdits, et iceulx ont delivrez ou fait delivrer ausdits achecteurs moyennant et parmi certaines sommes de deniers que iceulx acheteurs en ont paiez, ou partie, en entrant en paiement, et soient prestz de nous paier ce qui peut rester des marchiez par eulx faiz, au receveur par nous sur ce ordonné, et tout selon l'ordonnance de nosdits commissaires, et que iceulx deniers aient esté convertiz et emploiez par noz gens et officiers en nosdictes affaires et besoingnes, et aussi que tant pour nous acquitter envers aucuns de nosdits bons et loyaulx subgez de certaines sommes de deniers, en quoy nous leurs estions tenuz pour certaines et justes causes, comme pour recompenser et aucunement desdommaiger aucuns autres des pertes, dommaiges et despens qu'ilz avoient soufferz et soustenuz pour le fait et coulpe desdits desobeissans et de leurs entreprises, et pour certaines autres causes et raisons nous leur ayons donné, cedé, delaissié et transporté à heritaige plusieurs desdictes villes, chasteaulx, forteresses, fiefz et arriere fiefz, terres, cens, rentes, revenues et maisons, manoirs et autres héritaiges, possessions et biens, par ladicte deliberacion de nostre conseil et nosdits commissaires, et par vertu du povoir par nous à eulx donné sur ce, comme dit est; et que icelles vendicions, bails, cessions et transports et autres choses dessusdictes, faictes tant par nous comme par nosdits conseillers, en la maniere dessusdicte, nous par nosdictes lettres ayons promis en parole de roy, garantir et defendre envers tous et contre tous ausdits achecteurs et autres dont dessus est faicte mencion, et aussi que tant par vertu d'icelles noz lettres, comme de celles de nosdits conseillers, lesdits achecteurs, et autres ayent esté mis en saisine et possession, et pris et applicqué à leur prouffit les revenus d'iceulx heritaiges et possessions et en joy, usé et exploictié comme de leur propre chose, par aucun temps, sans aucun contredit; neantmoins soubz umbre du traictié de la paix derrenierement fait entre aucuns de nostre sang et lignaige qui entre eulx avoient eu descord et division, et d'aucunes lettres de restitucion que plusieurs d'iceulx à qui furent lesdits heritaiges, possessions et biens, et les femmes, vefves, heritiers et executeurs des aucuns d'eulx qui paravant ledit traictié avoient esté baniz par nostre justice, et leurs biens, meubles et heritaiges declairez forfaiz et confisquez à nous ou autres pour eulx, ont obtenu de nous ou de nostre court de certain appoinctement donné en nostre court de parlement, comme l'en dit, ou autrement, aucunes desdictes villes, chasteaulx, forteresses, fiefz, arriere-fiefz, justices, juridiccions, seignories, cens, rentes, revenues et autres heritaiges et possessions, ont esté et sont mis en nostre main et soubz icelle gouvernez et exploictiez, et en aucun des autres lesdits desobeissans ou aucun d'eulx, se sont boutez de fait et ont applicqué et applicquent à leur singulier prouffit les revenues et prouffiz, et en ce lesdits achecteurs et autres dont dessus est faicte mencion, telement empeschiez, qu'ilz n'en ont peu ne pevent aucunement joïr, ainçois desja les plusieurs en ont souffers de grans griefz et dommaiges, lesquelles choses ont esté et sont faictes en venant directement contre nostre voulenté, ordonnance et entencion, et la teneur de nosdictes lettres et promesses dont dessus est faicte mencion, à nostre très-grant charge, deshonneur et desplaisir, et en très-grant grief, dommaige et prejudice desdits achecteurs et autres dessusdits, et plus pourroit estre se par nous n'estoit sur ce pourveu.

Pour ce est-il que nous voulans nosdictes autres lettres, et celles de nosdits conseillers et commissaires, faictes sur lesdictes vendicions, bailz, transports, acquis et recompensations desdites confiscacions, et tout le contenu en icelles, estre et demourer fermes et valables, et tout ce qui s'en est ensuy avoir et sortir leur plain effect, les choses dessusdictes considerées, et que lesdictes villes, chasteaulx, forteresses, manoirs, maisons, cens, rentes, revenues, justices, juridicions, seignories, possessions et autres biens dessusdits au temps desdites vendicions, acquiz, recompensacions, bailz, cessions et transpors, estoient à nous, nous appartenoient purement et absolument et en povyons ordonner et disposer à nostre plaisir et voulenté, et que ce qui est en ceste partie, a esté par nous et nosdits commissaires fait, cedé, baillié, delaissié et transporté, tant par pure vendicion, comme acquit et recompensation, nous sommes tenuz les garandir aux achecteurs et autres ausquelz ilz ont esté et sont baillez, et autres causes et consideracions a ce nous mouvans, voulans donner bon exemple à tous, de nous obeir et bien loyaulment servir ou temps avenir, et afin de oster toutes altercations et debaz desja pour ce encommenciez, et qui pourroient mouvoir et encommencer, et pourveoir à ce que jamais hesitacion aucune ou empeschement ne soit fait ou donné ausdits achecteurs desdictes confiscations, ne à ceulx ausquelz nous avons baillié en deduction et rabat de ce en quoy nous leur estions tenuz, et à qui nous en avons baillié en recompensacion, comme dit est, mais en puissent joïr et user comme de leur propre chose et heritaige, ainsi que raison est et promis leur a esté tant par nous comme par nosditz conseillers et commissaires, sans y estre aucunement empeschiez.

Et aussi à la requeste et par l'advis et deliberacion de nostre très-amé ainsné filz le duc de Guienne, daulphin de Viennois, qui sur ce nous en a très-instament supplié et requis en nostre conseil, presens plusieurs autres tant de nostre sang et lignaige, comme de nostre grant conseil, en declarant sur ce nostre voulenté et entencion, avons de noz certaine science et plaine puissance royaulx, et nous bien advertiz, loué, approuvé, ratifié, et confermé, louons, approuvons, ratiffions et confermons par ces presentes, toutes et chascunes lesdictes vendicions, cessions, bailz et transports faiz tant par nous comme par nosdits conseillers et commissaires, sur ce octroyées, et tout le contenu en icelles:

Et en oultre avons voulu, ordonné, determiné, decidé et declairé, voulons, ordonnons, determinons, decidons et declairons par ces mesmes lettres par maniere de edit et ordonnance solemnelz et irrevocables, que toutes ycelles villes, chateaulx, forteresses, manoirs, maisons et autres edifices, fiefz, arriere-fiefz, justices, juridiccions, seigneuries, terres, prez, bois, vignes, cens, rentes, revenues, heritaiges, possessions et biens quelxconques, tant par nous comme par nosdits conseillers et commissaires, par vertu dudit povoir par nous sur ce à eulx donnez, baillez, cedez, delaissez, transportez et adenerez à quelque personne que ce soit, tant à tiltre de vendicion comme en acquict et recompensacion, soient et demeurent ausdits achecteurs et autres de la condicion devant dicte, pour en joir par eulx, leurs hoirs, successeurs et ceulx qui d'eulx auront cause, ores et ou temps avenir, plainement, paisiblement et perpetuelment, comme de leur propre chose et heritaiges, avec les fruiz, prouffiz et emolumens quelxconques qui depuis lesdits achaz et transpors sont escheuz et escherront desdits heritaiges et possessions, et avons levé et levons par ces presentes nostre main-mise ausdits biens et heritaiges, fruiz et revenues d'iceulx, se mise y a esté par nous, nostre court de parlement, ou autres noz officiers et juges quelxconques, et iceulx biens, fruiz et revenues declairons competer et appartenir aux dessusdicts achecteurs et autres à qui ilz ont esté transportez en acquict et recompensation, et à chascun d'eulx, entant que toucher et appartenir lui pourra, estre delivrez sans contredit ou difficulté aucune, comme dit est. Et derechief leur avons promis et promettons en parole de roy, par cesdictes presentes, icelles vendicions, cessions et transports leur garandir et defendre envers touz et contre touz, à noz propres coust et despens, et tout ainsi et par la forme et maniere que lesdictes lettres de nous et de nosdits conseillers et commissaires dont dessus est faicte mencion, le contiennent; lesqueles nous declairons et decidons estre bonnes et valables et avoir force et vigueur, comme dit est, sans ce que ceulx de qui furent lesdictes villes, chasteaulx, forteresses, manoirs, maisons et autres edifices, fiefz, arriere-fiefz, juridiccions, seigneuries, terres, prez, bois, vignes, cens, rentes, revenues et autres heritaiges, possessions ou biens quelxconques, ne autres quelconques personnes pour eulx ou aucuns d'eux, y puissent ou doyent pretendre ne reclamer avoir aucun droit, action, possession ou saisine, ne pour ce intenter, ne faire aucune poursuite, soit en petitoire ou en possesoire, ne en quelque autre maniere que ce soit, et nonobstant lesdictes lettres de restitucion par eux obtenues, dont mencion est faicte cy-dessus, lesqueles nous avons declairées et declairons estre nulles et de nul effect et valeur quant à ce. Et se par importunité, inadvertance ou autrement par nous ou nostredicte court de parlement, ou autres noz juges, officiers ou commissaires, lesdits desobeissans ou aucuns d'eulx estoient receuz ou oys ores ou au temps avenir à opposicion ou appellacion, et à en faire aucune action, poursuite ou demande, nous dès maintenant pour lors et dès lors pour maintenant les declairons estre nulles et de nulle valeur, sans ce que à les poursuivre et soustenir ilz y soient receuz ne admis, comme faictes contre nostre voulenté et ordonance, en deffendant expressement par ces presentes, à nostre amé et feal chancellier, que se par importunité, inadvertance ou autrement nous avions octroyé ou octroyons aucunes lettres au contraire de nosdictes autres lettres, de celles de nosdits conseillers ne de ces presentes ou d'aucunes des choses dedans contenues, qu'il ne les séelle ou face séeller; et s'aucunes en a séellées, qu'il les repreigne pour icelles chanceller; en deffendant aussi à tous noz nottaires et secretaires, sur peine de privacion de leurs offices, qu'ilz ne signent aucunes teles lettres contraires ou dérogatoires à ces presentes : et en oultre avons adnullé et adnullons et mectons du tout par ces mesmes lettres au neant, toutes impetracions, actions, poursuites et procès qui pour raison desdictes villes, chasteaulx, manoirs, maisons et autres edifices, fiefz, arriere-fiefz, justices, juridiccions, seignories, terres, prez, boys, vignes, ceus, rentes, revenues et autres heritaiges, possessions et biens quelzconques, sont ou pourroient estre faiz ou commencez au contraire de nostredicte ordonnance, soit en nostredicte court de parlement en cas d'appel ou autrement, ou ailleurs pardevant quelque juge ou officier que ce soit ou puist estre, par lesdits desobeissans ou aucuns d'eulx, leurs hoirs ou ayans cause, pretendant avoir droit esdits heritaiges et possessions venduz, baillez, delaissez et transportez ès formes et manieres dessusdictes, ensemble toutes actions, opposicions et appellacions faictes ou à faire par les dessusdits ou autres pour eulx, en quelque maniere que ce soit au contraire; et s'il avenoit que aucun quel qu'il soit, s'efforçast de faire ou venir contre nostre presente déclaracion, voulenté et ordonnance, nous en interdisons l'interprétacion et congnoissance à ceulx de nostredicte court de parlement, aux gens de noz comptes et trésoriers et des requestes de nostre palays à Paris, au prevost de Paris, et à touz noz autres justiciers et officiers quelzconques, presens et avenir, et à chasren d'eulx, et en reservons la congnoissance et decision à nous estans en nostre grant conseil (1), et voulons que nostre procureur général, noz conseillers et advocaz en preignent la garandie et defence pour nous et en nostre nom, et en facent poursuite pour le nous amender contre ceulx qui auroient poursuy ou poursuiroient contre la teneur de ces presentes lettres.

Voulons aussi que au *vidimus* d'icelles, soit adjoustée plaine foy comme à cest present original.

Si donnons en mandement par ces mesmes presentes, à nosdits conseillers de nostredicte court de parlement, etc.

Par le Roy, en son grand conseil, ouquel messeigneurs les ducs de Guyenne et de Bourgogne, vous, le grant maistre d'hostel, messire Charles de Savoisy, les seigneurs de Moy et de Helly, Le Borgne de la Heuse, le Galoys Daunoy, messire Jehan de Courcelles, et autres estoient.

N°. 551. — LETTRES *portant ordre au garde du trésor des chartres de remettre au prévôt des marchands et aux échevins de Paris tous les titres concernant l'Hôtel-de-Ville qui avaient été déposés dans ce trésor lorsque la prévôté des marchands et l'échevinage avaient été mis en la main des main du Roi* (2).

Paris, 23 novembre 1412. (C. L. X, 58.)

N°. 552. — LETTRES *par lesquelles les maréchaux et le maître des arbalestriers de France sont maintenus dans le droit de faire faire, par leur entremise, les revues des gens de guerre.*

Paris, janvier 1412. (C. L. X, 57.)

N°. 553. — LETTRES *par lesquelles le Roi suspend plusieurs officiers et révoque les dons et assignations faites sur ses finances.*

Paris, 24 février 1412. (C. L. X, 59.)

CHARLES, etc. Savoir faisons que nous considerans que ou gouvernement et administration de toutes noz finances, tant de demaine que d'aides, ont esté ou temps passé tenues et observées aucunes manieres qui nous ont esté et sont moult dommagables; si comme on dit; voulans à ce remedier, et telement pourveoir au fait et gouvernement d'icelles noz finances, que d'oresnavaut noz affaires puissent estre demenez et conduiz ainsi qu'il

---

(1) De même aujourd'hui le conseil est compétent pour statuer sur la validité des ventes de biens nationaux, à l'exclusion des tribunaux. (Isambert.)

(2) Après le traité d'Auxerre, ces étrangers continuerent la guerre. Isambert.

appartient pour le bien de nous et de nostre estat et seigneurie, par grant et meure deliberacion de nostre conseil tenu par nostre très-chier et très-amé ainsné filz le duc de Guienne, daulphin de Viennois, ouquel pluseurs autres de nostre sang et lignage estoient, avons ORDENÉ et ORDENONS par ces presentes, que tous noz officiers demourans à Paris, aians administracion et gouvernement de nosdictes finances, tant de demaine que d'aides, seront suspenduz et yceulx suspendons de leursdiz offices touchans et concernans fait de finances; c'est assavoir, le prevost de Paris, de l'administracion qu'il a eue sur le fait de nosdictes finances et de nos monnoyes; le prevost des marchans et Michiel de Laillier, du fait de nosdictes monnoyes; Alixandre le Boursier, de l'office qu'il tient en la chambre de noz comptes; les generaulx-conseillers ordenez sur le fait desditz aides, excepté Guillaume du Mesnil, escuier; les notaires ordenez sur ledit fait, de l'administracion et service qu'ilz y ont accoustumé de faire; les maistres et gouverneurs de la despense de nostre hostel; le premier escuier de nostre escuierie; le receveur général desdiz aides, et le contreroleur; les tresoriers de France sur le fait du demaine; les tresoriers des guerres; les changeur et clers de nostre tresor; la garde de nostre espargne; la garde de noz coffres; l'audiencier et le contreroleur de nostre chancellerie; le maistre de nostre chambre aux deniers; nostre argentier, et le maistre des garnisons de vins de nostre hostel, de leursdiz offices;

Et aussi avons suspendu et suspendons par ces mesmes lettres, ledit prevost de Paris et ledit prevost des marchans, de leurs offices de prevostez, en leur interdisant, et à tous les autres dessus-nommez, l'exercice de tous lesdiz offices; en defendant à tous, que à eulx ou aucun d'eulx, soubz umbre d'iceulx offices, ne soit aucunement obey, jusques à ce que par nous ou nostre très-chiere et très-amée compaigne ou nostredit ainsné filz, en nostre absence, en soit autrement ordené.

Et en oultre, avons cassées et adnullées, cassons et adnullons par ces mesmes lettres, tous dons et assignacions faictes pour quelconque cause que ce soit, sur nosdictes finances, lesquels dons et assignacions n'ont esté ou sont paiez, et n'ont sorti leur effect.

Si donnons en mandement, etc.

Par le Roi, à la relation du conseil tenu par monseigneur le duc de Guienne, ouquel monseigneur le duc de Bourgogne, le comte de Charrolois, les ducs de Bar et de Lorraine, Loys duc en Baviere, messieurs Robert de Bar, l'evesque de Tournay, le chancelier de Guienne, et autres, estoient.

N° 554. — ASSEMBLÉE *des notables* (1) *où sont délibérées des remontrances au Roi sur les abus introduits dans le gouvernement.*

Paris, février 1412. (Monstrelet, Chron., f° 158-155.)

N° 555. — LETTRES *d'abolition données en grand conseil au duc de Lorraine et à ses adhérens* (2), *à raison d'exécutions militaires faites en Champagne, et autres excès commis depuis vingt ans, à charge de faire satisfaction à la partie civile.*

Paris, février 1412. (Dumont, Corps dipl., p. 555.)

(1) Elle était composée de prélats, députés de l'Université, des chapitres et des bonnes villes. On y demandait une aide pour faire la guerre aux Anglais. Les plaintes sur les malversations des officiers et sur les exactions du chancelier de Marle furent très vives et nominales. Ces remontrances furent portées au Roi en l'hôtel Saint Paul. Le chancelier sut obtenir grâce auprès du Roi. Les officiers inférieurs, et le prevôt de Paris qui était alors une dignité très éminente, furent moins heureux. Par l'ordonnance ci-après, ils furent destitués; le 21 mars, plusieurs furent arrêtés, mis en jugement et exécutés. Le prevôt de Paris s'echappa. Le chancelier fut changé bientôt après. Parmi les plaintes, il fut dit que le conseil était composé des partisans des princes; que les bonnes ordonnances qui émanaient par hasard n'étaient pas exécutées; que le parlement auquel *non seulement les chrétiens, mais les Sarrasins, venaient pour y recevoir jugement aucunes fois,* avait perdu sa bonne renommée; qu'il n'était rempli que de jeunes gens et des parens des présidens; que les affaires des parties restaient en souffrance; que les maîtres des requêtes n'étaient plus, comme autrefois, savans *ès coutumes du royaume;* et que la chambre des comptes ne faisait plus rien; et qu'on y recevait des comptables qui n'avaient pas rendu leurs comptes. (V. ci-après, l'ord. du 23 mai 1413.)

Juvenal des Ursins ne raconte pas les choses tout-à-fait de la même manière, p. 246. Monstrelet, dont le récit est beaucoup plus circonstancié, paraît mieux informé. (Lambert.)

(2) Ils avaient été condamnés par arrêt par défaut du parlement, du 1er août 1412, à faire satisfaction, sous peine de confiscation de toutes les terres relevant du royaume de France, et de bannissement perpétuel, et anoblis comme criminels de lèse-majesté. Le duc de Lorraine s'était rendu à Paris, et se croyait à couvert par la protection du duc de Bourgogne: le parlement, qui en eut connaissance, se rendit auprès du Roi au moment de l'audience. Alors Juvénal, avocat du Roi, demanda que le duc fût livré à justice. Le duc de Bourgogne lui dit: *Juvenal, ce n'est pas la manière de faire.* Celui-ci répondit qu'il fallait faire

N°. 536. — *Lettres faisant défenses de traduire en jugement aucun membre de l'Université de Paris hors des murs de cette ville.*

Paris, 23 mars 1412. (C. L. X, 66.)

Charles, etc. A nostre prevost de Paris ou son lieutenant salut.

De la partie de nostre amée fille l'université de Paris, nous a esté exposé en complaignant, que comme par leurs privileges à eux octroyez du S. Siege de Rome, desquels ils ont usé et usent, leur soit octroyé que afin qu'ils puissent mieux vaquer en la science des lettres et autrement occupez, ne puissent estre traicts en cause hors des murs de Paris, par lettres apostoliques ou testations d'icelles ne autrement; neantmoins aucuns ont impetré et impetrent de jour en jour plusieurs citations par lesquelles ils s'efforcent et se sont efforcez de citer, et ont de fait trait plusieurs honorables supposts d'icelle outre les monts de ce royaume mais loingtain de leur estude, pour raison de laquelle traiction indirecte, comme ils disoient et contre tous leurs privileges, eussent requis à nostre S. Père le pape, qu'il voulust renvoyer les causes à Paris, ou commettre juge par deça les monts pour cognoistre desdites causes, à ce qu'ils ne fussent pas ainsi longuement distraits de leur estude; et pour ce eussent envoyé notables messages et ambassadeurs, à la contemplation de laquelle nostre fille, luy nostre S. Père le pape eust prorogé et continué toutes les causes desdits supposts, estans en cour, jusques à cinq mois, et autrement jusques à ce que sur le renvoy d'icelles, eust baillé plaine response, et ce fust venu à la cognoissance de tous auditeurs ou autres competiteurs desdits supposts, et tellement qu'il a esté tout notoire en cour de Rome et à Paris, comme aussi de ce a esté certifiée suffisamment nostredite fille, confiant de laquelle prorogation et continuation, et aussi les supposts d'icelle qui estoient et sont entendans tant à leurs estudes comme à la chose publique et au bien de nostre royaume et au salut de nous, où ils vacquent de jour en jour, où ils soutiennent moult grands labeurs, ne eussent, ne ayent envoyé leurs droits et deffenses, ne

ce que le parlement avait ordonné; et qu'il requerait que ceux qui étaient bons et loyaux se rangeassent de leur côté. Le duc de Bourgogne fut obligé d'abandonner le duc de Lorraine, qui tomba aux pieds du Roi, demanda pardon, et l'obtint. Le duc de Bourgogne en conserva du ressentiment contre Juvenal.

(Isambert.)

fait deffendre leurs causes, esperans, comme ils esperent de jour en jour ce renvoy d'icelles : ce nonobstant les auditeurs et autres juges apostoliques de cour de Rome, à la persecution et importunité de competiteurs d'iceux supposts, se sont efforcez de proceder pardevant iceux, nonobstant lesdites continuations, et s'evertuent d'avoir obtenu, nullement toutefois, d'iceux juges, sentences et monitions, par lesquelles ils s'efforcent de expeller iceulx supposts et priver de leurs benefices ou denoncer excommuniez, en les procurant scandaliser et autrement empescher à ce qu'ils ne puissent estre en la communication de l'église, ou vaquer en leur estude et au bien de nostre royaume et salut de nous, et aussi qu'ils soient distraits de leur estude, qui est contre la teneur de leurs privileges, si comme ils disent, et le bien public de nostre royaume et universel monde où ils florissent, et par lesquels nostre royaume est décoré, si en brief n'y estoit par vous pourveu, soit en la diminution d'icelle université, laquelle nous desirons augmenter :

Pourquoy nous, ces choses considerées, qui sommes protecteur de nostre fille, voulant à icelle pourvoir, vous MANDONS que toutefois et quantes qu'il vous apperera desdictes sentences et lettres monitoires obtenues durant ladite prorogation à l'encontre desdits supposts, lesquelles vous appereront estre mises à execution, ou que l'on s'efforcera de les y mettre directement ou indirectement, publiquement ou autrement, que lesdites lettres preniez, arresticz, et faites detenir et cesser les executeurs d'icelles, par prinse de leur temporel ou autrement, selon que le cas le requerra, et ne souffriez en aucune manière icelles estre mises à execution, mais soient suspendues jusques à ce que partyes ouyes par vous, en soit autrement ordonné, en requerant les juges et ordinaires de l'église, qu'ils mandent à tous notaires et prestres leurs subjets, que telles lettres ils executent ou fassent executer en toutes manieres jusques à ce que autrement y soit pourveu, comme dit est :

Car ainsi nous plaist-il estre fait, et ainsi avons octroyé et octroyons à nostre fille de grace speciale par ces presentes ; nonobstant quelconques lettres subreptices.

Donné, etc.

GOUVERNEMENT DU DAUPHIN (1).

Mars 1412.

N°. 537. — LETTRES (2) *qui défendent toutes assemblées de gens de guerre, sans exprès commandement du Roi, du Dauphin, ou du connétable, sous peine de confiscation de corps et de biens.*

Paris, 18 mai 1413. (C. L. X, 140. — Monstrelet, f° 150.)

N°. 538. — LETTRES (3) *portant approbation et aveu des emprisonnemens faits par les habitans de Paris de plusieurs personnes, princes du sang, officiers des hôtels du Roi, de la Reine, du Dauphin et autres.*

Paris, 24 mai 1413. (C. L. X, 68. — Monstrelet, f° 159.)

---

(1) Le Roi eut une rechute après l'assemblée des notables, et le duc de Guyenne reprit le gouvernement. Il renvoya alors son chancelier de Treille, qui en plein conseil s'était servi de paroles si outrageantes envers le chancelier de France, que le prince, ne pouvant le tolérer, le chassa par les épaules. Le prince dit alors qu'il avait l'âge compétent, et qu'il voulait gouverner. (Monstrelet, *Chronique*, f° 154.) Le duc de Bourgogne, sachant que le Dauphin était mécontent de lui, fomenta une sédition dans Paris, qui éclata au commencement de l'année, et fut appelée *Cabochienne*, du nom de *Caboche*, un des principaux chefs, écorcheur de vaches, et des autres bouchers. (Isambert.)

(2) La sédition était alors à son comble. Les Cabochiens massacraient dans Paris; ils avaient forcé le Roi, le Dauphin, etc. à prendre leurs couleurs, qui étaient des chaperons blancs. Le duc d'Orléans s'était retiré à Blois, où il armait pour se défendre. Cette ordonnance, qui fut signée par le Dauphin lui-même, alors âgé de dix-sept ans, était dirigée contre lui et ses partisans. (Juvenal des Ursins.)

(3) La ville de Paris était en proie aux plus affreux désordres. (Monstrelet, f° 52.) Une populace furieuse courut chez le Roi, et demanda qu'on lui remit un certain nombre de seigneurs et d'officiers qu'on fut forcé de lui livrer. Il ne manquait à cet excès d'audace que de contraindre le Roi à l'approuver; on l'y força deux jours après, en lui faisant signer ces lettres, « que tout ce qui avait été fait dans cette occasion était pour son honneur, sa sûreté et le bien public. » Le duc de Bourgogne était le principal auteur de ces troubles. (Vilevault.)

N° 539. — ORDONNANCE *dite* Cabochienne (1) *pour la police générale du royaume* (2), *rendue en conséquence de l'assemblée des notables.*

Paris, au lit de justice, 25 mai 1413. (C. L. X, 70.)

CHARLES, etc. Comme depuis n'agueres nous eussions mandé et fait venir pardevers nous en nostre bonne ville de Paris, plusieurs prélats, chevaliers, escuiers, bourgeois de noz citez et bonnes villes, et autres NOTABLES personnages noz bons subjects, et à eux fait exposer en notre presence, les grands affaires et charges que avons euz à supporter depuis aucun temps en ça, si come encores avons de present, tant pour occasion des discords, debats et divisions qui longuement ont esté en nostre royaume, pour lesquelles appaisier avons par la grace de Notre Seigneur mis peine, remede et provisions convenables, comme pour ce que noz ennemis et adversaires d'Angleterre, en très-grand nombre de gens d'armes et de trait, estoient descenduz et entrez en plusieurs et diverses parties de nostre royaume, et desja avoient prins par force et autrement, plusieurs de noz chasteaux, villes et forteresses, en eux efforçant de jour en jour de conquester pays sur nous : et sur ce nous qui avons desir et affection très-singuliere de pourvoir et remedier aux inconveniens eminens qui estoient disposez d'en ensuir ou prejudice de nous et de nostre bon peuple, et de employer en ce nostre personne, noz amis et toute nostre chevance, eussions requis lesdits prelats, chevaliers, escuyers, bourgeois et mesmement nostre très-chiere et très-aimée fille l'université de Paris, et autres assemblez par devers nous, que sur les choses dessusdites, nous baillassent leurs bons advis, confort et ayde, lesquels nos eussent faict reponce sur les choses des-

---

(1) Le 5 septembre, le Roi fit déchirer cette ordonnance en sa présence, dans un lit de justice. Elle contient quelques reglemens utiles. (Vilevault). (Dutillet. V. *Nouveau Répertoire*, verbis *Cour des aides* et *Conseillers d'état*; *Recueil des grandes Frances*, p. 61. — V. ci-dessus les notes sur l'ordonn. de février 1412; et le lit de justice du 5 septembre ci-après.) (Vilevault.)

(2) Le vendredi 26 mai 1413, le Roi en personne, présens MM. le Dauphin, les ducs de Berry et de Bourgogne, le comte de Charolais, le comte de St-Paul, connétable de France, les archevêque de Bourges, évêque de Tournay, évêque d'Agde, et plusieurs chevaliers; l'Université de Paris, les prévôts des marchands et échevins, et plusieurs bourgeois de Paris, a tenu son lit de justice céans, et est été lues partie de certaines ordonnances faites et avisées par certains commissaires députés par le Roi sur la réformation du bien et profit du Roi, et défense du bien public de tout le royaume. Vilevault.

susdites, et entre les autres, nostredicte fille l'université, et nos bons, vrais et loyaux subjects, les prevost des marchans, eschevins et bourgeois, et autres manans de nostre bonne ville de Paris, nous eussent presenté certain roole en parchemin, que nous eussions fait lire publiquement en nostre presence, où plusieurs de ceux de nostre sang et lignage, de nostre grand-conseil, desdicts prelats, chevaliers, escuyers, bourgeois et autres subjects de tous estats en très-grand nombre estoient, par lequel roole ils nous advertissoient de plusieurs grands abus, maulx et inconveniens qui estoient et sont avenus en nostredict royaume, en plusieurs estats et diverses manieres, par le grand et excessif nombre et petit gouvernement de plusieurs noz officiers et autres, qui ont eu l'administration et gouvernement, tant du fait des finances de nostre demaine, des aydes ordonnez pour la guerre, comme du fait de nostre justice, et autres choses touchans le gouvernement et administration de la chose publique, ou prejudice et irreparable dommage de nous, grand enervement et dissipation de toutes nos finances, excessive diminution de nostre demaine, lesion et contempt de nostre justice, griefve oppression et vexation de nostredit peuple, nous advertissoient aussi de plusieurs remedes par lesquels l'on pourroit pourveoir aux maux et inconveniens dessusdicts, si comme ces choses et plusieurs autres estoient et sont plus à plain contenues et declarées audit roolle, en nous suppliant très-humblement que sur lesdicts abus, maux et inconveniens, et toutes autres choses touchans le bien et honneur de nostredict royaume, voulsions pourveoir de bon et brief remede, à l'honneur et utilité de nous et de nostre royaume.

Savoir faisons que nous en consideracion aux choses par eux baillées et proposées, desirans de tout nostre cœur y mettre bonnes provisions et couvenables remedes, afin que doresenavant lesdicts abus et inconveniens cessent de tout en tout, et que les fais de la chose publique de nostredit royaume, tant au regard de toutes nozdites finances et de nostredite justice, comme autrement, soient remis en bon estat, et deuëment gouvernez au bien de nous et de nostredicte peuple, avons pour ce faict assembler par plusieurs fois, tant en la presence de nous, comme de nostre très-chiere et très-amée compagne la royne, de nostre très-chrétien et très-amé aisné fils le duc de Guyenne daulphin de Vienne, et autrement à part plusieurs de nostre sang et lignage, et autres de nostre grand conseil, en très-grand nombre, et par grand et meure deliberation de conseil, avons derrenierement commis et ordonnez certains notables et saiges proud'hommes, de grand lecture et experience ; c'est assavoir, prelats, chevaliers, docteurs et autres noz conseillers, lesquels par plusieurs journées y ont diligemment vacqué et entendu, et par l'advis, conseil et deliberation desquels et autres notables proud'hommes de nostredict grand conseil, avons fait, voulu et ordonné, faisons, voulons et ordonnons les ordonnances qui ensuivent.

Du Domaine.

(1) Pour obvier à la multiplication des officiers qui ont eu le gouvernement de noz finances, tant de celles de nostre demaine, comme de celles des aydes ordonnez pour la guerre, lesquels à cause de leurs offices ont eu et prins ou temps passé sur nous, grands et excessifs gaiges, salaires et dons, à nostre très-grand charge, nous avons ordonné et ordonnons que doresenavant en lieu de tresoriers et de generaux pour le gouvernement, administration et cognoissance de toutes nosdictes finances, tant de celles de nostre pays de Languedoil, comme de Languedoc, et tant de celles de nostre demaine comme de celles de nosdicts aydes, nous aurons seulement deux bons proud'hommes, saiges, solvables et souffisans, qui seront à nous et non à autre, tels que ils soient taillez de demourer longuement esdicts offices, pour obvier aux grands dommaiges que nous avons euz et soustenus ès mutations que trop souvent ont esté faictes, desdicts offices, ou temps passé ; et seront, à ce que dit est, esleus en nostre chambre des comptes par nostre chancellier et nosdicts commis, pour entendre et pourveoir au bien public du royaume, appellez avecques eux des gens de nostre grand conseil et de nostre parlement, des gens de nosdits comptes et autres, en nombre competant, lesquels commis auront tant pour leurs gaiges comme pour tous autres prouffits, chacun la somme de mille livres tournois par an, avecques les autres menus et anciens droicts ; et seront appellez les commis par nous ordonnez au gouvernement de toutes les finances de nostre royaume : lesquels ainsi commis seront tenus d'estre et assister diligemment chacune sepmaine, tant pour le fait de nostredict demaine, comme de nosdits aydes, ès chambres de nostre tresor et desdits aydes, à ce ordonnez en nostre palais, pour l'expedition des besoignes touchans leurs offices ; et pour faire les lettres et escriptures touchans l'estat desdits aydes, auront de noz notaires, tant et en tel nombre que besoing sera ; et se aucun, par importunité ou autrement, se

boutoit oudit office, outre le nombre, et par autre maniere que par election, comme dit est dessus, il sera reputé et dès maintenant le réputons inhabile d'iceluy office, et à tous autres offices royaux; et voulons que tous les prouffits qu'ils en auront eus de nous pour gaiges et autrement, à cause dudit office, soient recouvrez sur luy ou sur ses hoirs.

(2) Voulons et ordonnons que pour recepvoir toutes les finances de nostredict demaine, tant de Languedoil, comme de Languedoc, aura tant seulement en nostre tresor un bon preud'homme, saige et riche, qui sera changeur ou receveur général de tout nostredit demaine; il y aura aussi un autre preud'homme saige et suffisant, qui sera clerc et contrerolleur d'iceluy tresor, lesquels serviront à gaiges tels que advisez seront par nostre dit chancellier et autres de nostre grand conseil, en nostre chambre des comptes; et seront esleuz par la maniere contenue en l'article precedent. Et se aucun se y boutoit autrement que par ladite election, il sera puny comme ordonné avons de noz commis oudit precedent article.

(3) Pour ce que ou temps passé ont esté par importunité de requerans, faits et ordonnez plusieurs receveurs extraordinaires d'aucunes parties de nostre demaine, si comme des amendes de nostre parlement, de l'émolument de noz monnoyés, des nouveaux acquests, des fiefs acquis par non nobles, des compositions des usuriers, et autres contrats illicites, des restes deuz à cause de nostre demaine, et autres, à la grand charge et dommage de nous et de nostredit demaine, nous voulons et ordonnons que toutes lesdictes revenuës et aussi les reliefs, rachats, quints deniers, regales, gardes, punitions et condamnations de Lombars et usuriers demourans en nostre royaume, l'emolument de nostre séel, les revenues de nos eauës et forests, des nobilitations, manumissions, admortissemens, bourgeoisies, confiscations, forfaictures, espaves, biens vacquans, et généralement toutes autres choses touchans nostredit demaine, soient receuës par nos receveurs et vicomtes ordinaires, et le changeur ou receveur general de nostre tresor à Paris, ainsi que anciennement a esté accoutumé de faire; et dès maintenant revoquons et adnullons par ces presentes, tous autres quelconques receveurs particuliers et extraordinaires, et deffendons expressement que aucuns doresenavant ne impetrent lesdits offices, et s'il avenoit que aucun par importunité ou autrement se y boutast, il en sera puny comme ordonné avons ou premier article de nos presentes ordonnances.

(4) Voulons que des deniers venans de nostredit demaine, soient payez fiefs, aumosnes, gaiges et autres despenses ordinaires, et faictes les réparations de nos chasteaux, maisons, fours, moulins et autres edifices, lesquels nous voulons estre reparez et mis en bon estat le plus brief que faire se pourra.

(5) Deffendons très-expressément à nos gens des comptes et aux commis et à commettre sur le gouvernement de toutes nos finances, sur peine d'amende arbitraire, qu'ils ne seuffrent payer sur les revenus appartenans à nostredit demaine, aucuns dons ou autres charges extraordinaires, à quelque personne que ce soit, ne pour quelque mandement qu'ils ayent de nous; et au changeur ou receveur general de nostredit tresor, que tels dons ou autres charges extraordinaires il ne paye à quelconque personne que ce soit, sur peine de le recouvrer sur lui ou ses hoirs.

(6) Deffendons ausdits commis et aussi audit changeur ou receveur general et contrerolleur dudit tresor, qu'ils ne soient si hardis de tourner ou faire tourner en iceluy tresor, aucunes scedules ou descharges du fait de nos aydes, pour quelque mandement qu'ils en ayent, sur peine pour la premiere fois que le cas leur adviendroit, de recouvrer sur eux ou leurs hoirs, les sommes contenues esdictes scedules ou descharges; et pour la seconde ou autrefois qu'ils y encherront, de privation de leurs offices, et de inhabilitations à tous offices royaux, et de recouvrer sur eux ou leurs hoirs, les sommes qu'ils auroient ainsi tournées sur nostredit tresor.

(7) Voulons et ordonnons que toutes expeditions de choses nouvelles qui se doivent faire par nostredit tresor, soient faictes doresenavant en plein burel en nostre chambre des comptes, presens à ce nos conseillers d'icelle chambre, et que ce qui autrement se feroit ou expediroit, soit tenu et reputé de nulle valeur.

(8) Deffendons que lesdictes gens de nos comptes ne cloent aucuns comptes touchant le fait de nostredit demaine, se lesdits commis ou l'un d'eux ne sont presens, ou qu'ils ayent veu ou ouy lire tout au long la recette et despence dudit compte; et pourront nosdits commis ou l'un d'eux, veoir les estats de nos receveurs et vicomtes, avant la rendue de leurs comptes, toutesfois que bon leur semblera.

(9) Que nosdictes gens des comptes facent chacun mois savoir ausdits commis et au changeur ou receveur general et contrerolleur de nostredit tresor, les restes des comptes de nos receveurs et vicomtes, qui compteront du fait de nostredit demaine,

afin que lesdictes restes soient incontinent executées; et commandons audit changeur ou receveur general, que chacun mois les aille querir en ladicte chambre des comptes, et les face executer très-diligemment et sans y faire aucune faulte.

(10) Pour ce que de present a en nostredicte chambre des comptes, plusieurs restes et arrerages qui nous sont deües du temps passé, à cause de nostre demaine, nous ordonnons et expressement commandons ausdits changeur et contrerolleur, qu'ils les voisent ou envoyent querir incontinent, et les facent bien et diligemment exécuter.

(11) Voulons et ordonnons que le changeur ou receveur general de nostre tresor, et tous nos receveurs, vicomtes et autres officiers ayans recepte de nostre demaine, comptent par chacun an en nostredicte chambre des comptes; c'est à sçavoir, lesdits vicomtes, deux fois l'an, en la manière accoustumée, et lesdits receveurs, une fois l'an, sur peine de privation de leurs offices; et à ceste fin commandons aux gens de nosdits comptes, que chacun an ils facent kalendier au regard desdits receveurs, et leur assignent pour de venir compter une fois l'an, pareillement comme ils font ausdits vicomtes de venir compter deux fois l'an; et outre ordonnons que aucuns non ayans office de recepte, qui autrefois s'en seroient meslez ou entremis, ne soient receuz ne remis à quelconque estat ou office de nostre chambre des comptes, de receptes, ne autre estat ou office de nostredit demaine, jusques à ce qu'ils ayent rendu leurs comptes et iceux affinez deuëment en nostredicte chambre; et ce leur deffendons très-expressement, sur peine de recouvrer sur eux ou leurs hoirs, tous les prouffits qu'ils en auroient eus, et d'estre reputez inhabiles à iceux offices royaux.

(12) Que en la fin de chacun mois soit veu en plein burel en la chambre de nos comptes, l'estat de nostre tresor, tant en recepte que en despence, afin que par les gens de nos comptes soit pourveu et remedié, se il y a chose faicte autrement que à point, ou que par eux nous soyons advertis ou advisiés sur ce, pour y pourveoir ainsi qu'il appartiendra.

(13) Pour ce que souventesfois est avenu ou temps passé, que quand aucuns ont voulu avoir de nous admortissemens, nobilitations, legitimations, manumissions, bourgeoisies et autres choses, pour lesquelles nous avons accoustumé et à nous appartient avoir finances, nos tresoriers qui ont esté ou temps passé, ou les aucuns d'eux, en ont fait les compositions et fait faire les

informations à leur plaisir et voulenté, sans mandement de nous, et sans le sceu de nos gens des comptes, parquoy les compositions ont esté moins sagement et proffitablement faictes, pour nous, nous avons ordonné et ordonnons par ces presentes, que nosdits commis ne puissent faire doresenavant telles compositions, sans nosdites gens des comptes; et ce leur deffendons expressement, sur peine d'amende arbitraire, et de recouvrer sur eux le dommage que nous y pourrions avoir; et en outre voulons et ordonnons que doresenavant nosdictes gens des comptes et commis ensemble ne à part eux, ne puissent rien faire ès choses dessusdictes, sinon par la maniere qui s'ensuit; c'est assavoir, que quand aucun voudra de nous obtenir aucun admortissement ou nobilitation, ou aucunes autres choses dessusdites ou semblables, lesdictes gens des comptes, et commis ensemble, par nos lettres patentes passées et seellées en nostre chancellerie, feront faire information bien et couvenablement selon les instructions qui par eux seront envoyées aux commis à faire lesdictes informations, sur le contenu en sa requeste, leurs circonstances et dependances; et les informations faites, leur seront renvoyées et apportées en plein bureI, et là veuës, expédiées et jugées par nosdictes gens de la chambre des comptes et commis ensemble, et lors feront tel appointement sur le cas, comme il leur semblera estre raisonnable pour nous.

(14) Afin que les choses ordonnées ou prochain, par cedit article, puissent mieux être executées sans fraude, nous avons ordonné et ordonnons que toutesfois et quantesfois que nous octroyerons à aucunes personnes lettres ou chartres sur lesdits admortissemens, nobilitations, manumissions et autres choses semblables, pour lesquelles nous seroit deuë finance, lesdictes lettres ne soient point rendues à l'audience de nostre chancellerie, ne delivrées à la partie pour qui elles seront, ne qui les poursuira, mais commandons et enjoignons expressement à nos audiencier et contrerolleur de ladicte audience, que eux ou l'un d'eux apportent ou envoient icelles lettres pardevers nosdictes gens des comptes en nostredicte chambre, pour icelles veuës, en ordonner comme il appartiendra selon la forme de l'article prochain precedent.

(15) Ordonnons que les receveurs ou vicomtes des autres receptes et vicomtez de nostredit demaine, soient prins, ordonnez et esleuz de bonnes personnes suffisans et bien reseaus, par nosdictes gens des comptes et commis; et se de present y a aucuns

esdictz offices, qui ne soyent suffisans et proffitables pour nous, nous voulons que tantost et hastivement ilz y pourvoyent en leurs lieux d'autres bons et souffisans, sans faveur ou acception de personne, et par nos lettres; et s'aucun se boute esditz offices, par autre maniere que dessus est, nous voulons que tout ce qu'il en recevroit à cause de gaiges ou autrement, soit recouvert sur luy ou sur ses hoirs; et avec ce dès maintenant pour lors le privons dudit office, et à iceluy le reputons inhabille.

(16) Avons ordonné et ordonnons que bonne et grand'diligence soit faicte par nostre prevost de Paris, et par tous les autres prevosts, baillis, seneschaulx et vicontes de nostre royaume, ou leurs commis, de faire venir eux (1), les confiscations, forfaictures, espaves et biens vacquans, et autres choses semblables qui viendront et escherront ès mectes de leurs jurisdictions; et pour mieux sçavoir la verité, et que on ne puisse aucune chose receler, nous mandons et commandons, sur peine de privation d'offices et d'amendes arbitraires, que les commissaires qui seront commis et ordonnez à faire les choses dessusdites, portent et baillent, ou facent porter et bailler dedans quinze jours après la datte des inventoyres, ou plus-tost, au prevost, seneschal, bailly ou viconte en quelle juridiction la chose sera trouvée ou escheue, coppie dudit inventoire deuëment certifié et approuvé, et une autre semblable coppie au recepveur ou viconte en quelle recepte ce sera fait; lesquelz inventoyres seront envoyez chascun an par lesditz prevosts, baillifs ou recepveurs, en nostre chambre des comptes, sur peine d'amende arbitraire; et aussi pareillement avons ordonné et ordonnons que noz prevostz envoyent chacun mois leurs exploit et amendes à noz recepveurs ordinaires des lieux, et pareillement les baillifs et seneschaulx envoyent leursdictz exploits et amendes, dedans quinze jours après chacun de leurs plais ou assises, à nosditz recepveurs ordinaires; facent diligence d'iceux exploits et amendes faire venir eux à nostre prouffit, et sur les mesmes peines.

(17) Afin que nos chasteaux, forteresses, maisons, hales, fours, molins, estans, pons, pors, passaiges et autres edifices, qui seront en peril de briefvement tourner en ruine, se pourveu n'y estoit, soyent retenuz et reparez et mis en bon estat, et que les charges dont nostre demaine est chargé, puissent estre et soyent

---

(1) Il faut corriger là et en plusieurs autres endroits de cette ordonnance, *eus*, qui signifie *dans les coffres du Roi*. (Vilevault.)

mieux payées et acquittées doresenavant qu'elles n'ont esté ou temps passé, nous avons ordonné et ordonnons que du jour de la datte de ces presentes, jusques à trois ans prouchains après ensuyvans, nous ne donrons à quelque personne que ce soit, aucuns deniers ou autres choses qui nous venront ou escherront à cause des reliefz, rachaz, quint deniers, forfaictures espaves, biens vacquant, admortissemens, legitimations, nobilitations, manumissions, amendes, regales, ne autres aventures ou confiscations quelsconques qui nous appartiennent et nous puissent survenir et eschoir durant ledit temps; et aussi ne ferons aucuns dons particuliers pour une fois d'aucune somme d'argent, ne ne mettrons aucune charge extraordinaire sur nostredit domaine; et s'il advenoit que par importunité de requerans ou autrement, nous feissions aucuns dons touchant ce que dit est, ou meissions aucune charge extraordinaire sur nostredit demaine, nous deffendons à tous nos secretaires, presens et avenir, et à chacun d'eux, que sur ce ne facent ou signent aucunes lettres, sur peine de privation de leurs offices, et d'amendes arbitraires; et se par inadvertance ou autrement aucunes lettres en estoient faictes ou signées, nous deffendons à nostre chancelier qu'il n'en seelle aucunes, sur le serment qu'il a à nous; et s'aucunes lettres estoyent sur ce faictes et seellées, nous deffendons ausdits commis, qu'ils n'en expedient ou verifient aucun sur peine de privation de leurs offices et d'amende arbitraire; et aussi deffendons au changeur de nostre tresor, et au clerc ou controlleur d'iceluy, que sur ce ne facent ne lievent aucunes cedules ou descharges, et que audit changeur et à tous les receveurs particuliers de nostredit demaine, baillifs, prevosts, vicontes de nostredit royaume, à tous commissaires ordonnez ou à ordonner, qu'aucune chose n'en payent, et n'y obeissent en aucune maniere; et semblablement à nos gens des comptes, qu'aucune chose n'en allouent en aucuns comptes à chacun dessusditz, sur semblables peines que dessus est dit : et outre voulons et ordonnons que tout le prouffit qui y sera de ce que dit est, soit tourné et converty ou rachat des rentes dont nostredit demaine est chargé, et esdites reparations, et non autre part; et outre voulons que l'ordonnance par nous autresfois faicte sur le fait des admortissemens, c'est assavoir, d'avoir pour nostre demaine le tiers d'autant et d'autelle condition et valeur que ce que nous admortirons, soit tenue et gardée, ou au moins que iceluy à qui nous admortirons soit tenu de nous bailler telle somme que par nos gens des comptes sera arbitre, et par nos lettres patentes, selon la teneur de ladite ordonnance, et non autrement : et s'aucun prent aucune des choses contenues en ce present article, contre nostre presente ordonnance, nous voulons qu'il soit recouvré sur luy ou sur ses heritiers, ou temps avenir.

(18) Pour ce que par importunité de requerans, nous avons donné et octroyé plusieurs foyres et marchez à plusieurs personnes que icelles ont mises sus, sans expedition de nostre chambre des comptes, et sans garder les solemnités accoustumées, et aussi avons plusieurs d'icelles foyres et marchez affranchis de nos aydes et autres drois et devoirs, parquoy les nostres et autres voysines en sont grandement diminuées en valeur, et nos demaines et aydes aussi, nous avons ordonné et ordonnons que doresenavant nous ne donrrons ou octroyerons aucunes foyres ou marchez, que ce ne soit en gardant les solemnitez accoustumées, et par expedition de nostre chambre des comptes, comme autresfois d'ancienneté a esté fait; et par ces presentes avons revocqué et revocquons tous les afranchissemens desdites foyres et marchiez, et voulons qu'elles demeurent de pareille condition, sans autre franchise, comme les nostres et autres voysines; revocquons aussi et adnullons toutes foyres et marchiez par nous octroyez depuis quarante ans en çà, où les solemnitez anciennement et accoustumées, dont dessus est faicte mention, n'ont esté gardées et observées.

(19) Pour ce que puis aucun temps en çà, plusieurs nos conselliers, officiers et autres, ont prins de nous robes chacun an, qui paravant n'estoit accoustumé, nous voulons et ordonnons que doresenavant quelconques personnes n'auront ne prendront de nous aucunes robes, excepté celles ausquelles nos predecesseurs roys de France paravant le temps de cinquante ans dernier passé, les ont accoustumé de donner; et pour ce que d'aucuns qui d'ancienneté et avant ledit temps ont accoustumé de prendre robes sur nous, prennent pour icelles plus grands sommes de deniers que raison ne veult, nous voulans à ce pourvoir, ordonnons que par nos gens des comptes, l'extimation desdictes robes selon la qualité des personnes et de leurs estatz, soit moderée et amendée à sommes raisonnables et non excessives: et se par importunité ou autrement, aucun en prenoit contre nostre presente ordonnance, tout sera recouvré sur luy ou sur ses heritiers.

(20) Afin que doresenavant ne convienne avoir tant d'offices, ne faire tant d'escriptures en nostre tresor, et pour obvier à ce

que l'on ne face plus aucuns tours d'escripts par manière de *capiatis* ou autrement, nous avons ordonné et ordonnons que toutes finances de nostredit demaine, viennent en la main de nostredit changeur ou recepveur general d'iceluy demaine, et qu'il ne puisse riens recepvoir, si ce n'est par les escrocs et descharges signées desdits commis ou de l'un d'eux, et que lesdites descharges soyent signées des seings manuelz desditz changeur et controrolleur.

(21) Comme par grande et meure deliberation de conseil, et par l'advis de plusieurs de nostre sang et lignaige, nous eussions dès l'an 1409 et le 28 septembre, faict certaines ordonnances (1) pour croistre nostre demaine, et oster ou diminuer plusieurs grandes charges, qui se prenoyent sur iceluy, tant par plusieurs nos officiers et serviteurs, capitaines et autres, comme aussi par autres gens, et par plusieurs et diverses manieres, laquelle diminution de charges et accroissement de charge de nostre demaine, montoit à très-grand somme d'argent par chacun an, et il soit ainsi que d'icelle ordonnance plusieurs articles quant à ce ayent esté mis à execution deuë, tant par la mort de plusieurs qui par dons à eux faits, prenoyent grands sommes d'argent sur iceluy nostre demaine et autrement, et aucuns des autres articles contenuz en icelles ordonnances, ostez; pour ce que ilz nous sembloient expediens, et aucuns des autres muez et corrigez, et le residu demoureroit à executer, nous pour accroistre nostredit demaine et diminuer les charges d'iceluy, voulons et ordonnons que iceulx articles muez et corrigez, et autres restant à executer contenuz en ladite ordonnance, non ostez et abolis, dont les teneurs seront inserées incontinent après ce present article, demeurent en leurs termes, et soyent après la publication de ces presentes, mis à execution deuë: et en oultre ordonnons que se doresenavant aucun de quelque estat qu'il soit, par importunité ou autrement, preut aucune chose sur nostredit demaine, contre ladite ordonnance et les articles sur ce fais et passez, soit recouvré sur luy ou sur ses héritiers. (*Suivent plusieurs articles contenant des réductions à faire sur les gages de certains fonctionnaires, ou des changemens d'assignations.*)

(44) Nostre amé et feal conseiller et premier president en nostre parlement, Henry de Marle, qui prenoit par an pour sa chan-

---

1. Elles ne sont pas dans ce Recueil.

celerie, cinq cent livres, sur la recepte de Paris, n'en prendra plus aucune chose.

(45) Nostre amé et feal chancellier Arnault de Corbie, qui pour sa chancellerie prenoit par an cinq cent livres tournois, ne les prendra plus, et deffendons que d'oresenavant pour telles chancelleries, aucun ne demande ne prenne rente sur nous.

(46) Nostre amé et feal conseiller et chambellan, Pierre de la Tremoille, qui prenoit de pension sur la recepte de Chaumont, mille livres tournois, et sur nostre tresor 200 livres tournois, n'en prendra plus aucune chose.

(47) Nostre amé et feal conseiller et premier chambellam le Sire d'Osmont, qui prenoit à cause de la garde de l'oriflambe, sur nostre viconté de Rouen, mille livres tournois, n'en prendra plus rien, ne autres aussi à cause de la derniere garde, si ce n'estoit pour les années que icelle oriflambe seroit portée.

(48) Nostre paintre, qui prenoit sur notre tresor cxxxvi livres tournois, n'en prendra plus aucune chose. (*Suivent d'autres réductions ou suppressions.*)

(85) Voulons et ordonnons que generallement tous noz autres capitaines, chastellains ou gardes de quelzconques noz chasteaux, villes ou maisons, ne prendront doresenavant que les gaiges anciens et accoustumez, et que à ceste fin soyent veuz les registres de nostre chambre des comptes. Et pour ce que de noz villes et chasteaux en a aucuns assis en frontière, qui requierent grand garde et provision, nous avons ordonné et ordonnons que sur ce les gens de noz comptes, appellez avec eux des chevaliers et escuyers et autres gens congnoissans en ce, auront advis et arbitreront et tauxeront par maniere de provision, aux cappitaines, chastellains et gardes d'iceux chasteaux, telz gaiges qu'il appartiendra, et pour tel temps que bon leur semblera : et deffendons tres-expressement à tous iceux cappitaines et chacun d'eux, que oultre et par-dessus la tauxation de nosdites gens des comptes, ou oultre leurs gaiges ordinaires, ne prengnent ou procurent prendre de nous à cause de leursdites cappitaineries, autres prouffits, et à tous nos recepveurs, que aucune chose oultre ce que dit est, ne leur payent, sur peine de recouvrer sur eux ou leurs hoirs, tout ce que pris et payé en auroit esté par eulx.

(86) Voulons et ordonnons que se en aucuns de noz chasteaux, villes ou maisons a cappitaines, gardes ou chastellains, qui n'ayent gaiges ordonnez d'anciennete, enregistrez en nostre chambre des comptes, que les chastellains ou cappitaines d'iceux

prengnent de nous d'oresnavant de gaiges plus de cent livres parisis, en pays de parisis, et de cent livres tournois en pays de tournois; se n'estoyent chasteaux ou villes en frontiere ou perilleuses à garder, desquelz sera fait comme en l'article précédent; et s'aucun prent plus grands gaiges que dit est, ou qui ne lui seront taxez, nous voulons qu'ilz soyent recouvrez sur luy ou sur ses hoirs, comme en l'article précédent est dit.

(87) Pour ce aussi que plusieurs de noz officiers et autres ont obtenu de nous par inadvertance, importunité ou autrement plusieurs cappitaineries dont ilz ne pourroyent deuëment desservir au prouffit de nous et de noz subjectz, que l'une d'icelles, pourquoy plusieurs inconveniens s'en pourroyent ensuir à nous et à la chose publique, nous avons ordonné et ordonnons que quelzconques, soyent noz officiers ou autres, ne puissent d'oresenavant tenir que une desdictes cappitaineries, et ou cas que par importunité ou autrement, ilz obtiendroyent plusieurs, nous les declarons dès maintenant estre impetrables, excepté l'une d'icelles; et se aucun faisoit le contraire, nous voulons que tout ce qu'il en auroit ou recepvroit en quelque maniere que ce feust, soit recouvré sur lui ou sur ses hoirs.

(88) Pour ce que plusieurs noz conseillers, chevaliers, escuyers et autres officiers, quand nous les envoyons en aucuns voyages ou messageries, nous demandent et prennent de nous plusieurs tauxations et gaiges pour jour qu'il n'appartient à leurs estatz et offices, et qu'il n'a esté accoustumé du temps de noz predecesseurs, nous voulons et ordonnons que d'oresenavant aucuns de noz officiers ou autres, de quelque estat qu'ilz soyent, ne prennent plus grans gaiges ou tauxations que aux estatz et offices d'eux appartient, et selon la qualité de la besoingne pour laquelle ils seront envoyez; lesquelz gaiges nous voulons estre tauxez et arbitrez par nostre chancellier, appellez avec luy les gens de nostre estat, comme bon luy semblera.

(89) Comme par inadvertance, importunité de requerans ou autrement, nous ayons donné à plusieurs seigneurs et autres, aucunes seigneuries, terres, possessions, justices, rentes, revenuz, et autres choses qui estoyent de nostre demaine et à la charge d'icelluy, les aucunes à heritage, les autres à vie, les autres à temps, et les autres à voulenté; parquoy nous nous sommes apperceuz que les droits tant de nostre couronne comme de nostre demaine, sont grandement diminuez et appeticez par tout nostre royaume, et pourroyent plus estre ou temps avenir, si

pourveu n'y estoit, nous considerans ce que dit est, et comment plusieurs de noz predecesseurs roys de France ont acreu, tenu et gardé ensemble entiers nostredit demaine et les drois de nostredite couronne, sans iceux aliener, diminuer ne departir, sinon quand aucune chose en a esté baillée par appennage à aucuns des hoirs masles de France; attendans aussi que nous en nostre sacre, et nos predecesseurs, avons juré et promis garder et tenir les drois de nostredite couronne, et nostredit demaine, entiers, sans les aliener, donner ne departir, comment que ce feust, et recouvrer, rejoindre et reaünir ce qui en seroit aliené, en ensuivant comme raison est, les bonnes ordonnances de nosditz predecesseurs, et par especial de celles que feuz nos treschers seigneurs ayeul et pere qui Dieu pardoint, firent à la conservation de notredit demaine, voulons en ceste partie garder nostredit serment, comme faire le devons, avons ordonné et ordonnons que doresénavant pour quelconque cause que ce soit, ne à quelque personne de quelque auctorité ou preéminence que elle soit ou use, nous ne ferons aucuns telz dons ou alienations, tant au regard du demaine que nous avons à present, comme de celuy qui nous appartiendra pour le temps avenir, et que escheoir et venir nous pourra par dons, par achatz, ou acquisitions faictes ou à faire, par successions, forfaitures, confiscations ou autrement, en quelque maniere que ce soit ou puisse estre; et se par inadvertance, importunité de requerans ou autrement, nous en faisions aucun ou aucuns, dès-maintenant pour lors nous les discernons estre de nulle valeur, et ne les veult sortir aucun effet, mais voulons que si aucuns en avoyent eu aucune chose à leur prouffit, que tout ce feust et soit recouvré sur eux ou sur leurs hoirs; et en oultre, de nostre certaine science, plaine puissance et auctorité royalle, tous telz dons comme dessus est dit, par nous fais ou temps passé, à quelque personne que ce soit, de nostre sang ou autre, nous avons revocqué, rappellé et adnullé, revocquons, rappellons et adnullons du tout par ces presentes, soubz les modifficatious cy-dessus declairées en plusieurs articles, et exceptées les terres, seigneuries et possessions qui par appennage en auroyent esté baillées, comme dessus est dit; et s'il y a aucuns qui de fait ou sans tiltre raisonnable, tiennent aucunes justices, terres et seigneuries et possessions de nostredit demaine, nous voulons et ordonnons que elles soyent recouvrées sur eux par toutes les meilleures voyes et manieres que faire se pourra.

Des Monnoyes.

(90) Avons ordonné et ordonnons (que) sur le fait de nos monnoyes aura seulement quatre generaux, ainsi que d'ancienneté a esté accoustumé, qui auront seulement leurs gaiges ordinaires et anciens; et quant aucun des lieux desditz quatre ministres vacquera, ou qu'il sera nécessaire de pourvoir à l'un desditz offices, nostredit chancelier, appelez des gens de nostre grand conseil, les gens de nos comptes, et lesdits maistres des monnoyes, et pourvoyrra par bonne élection comme il appartiendra, et par noz lettres; et pareillement sera fait des gardes, contre-gardes, tailleurs et essayeurs de nosdictes monnoyes, quant ilz vacqueront, ou qu'il sera nécessité de pourvoir ausditz offices; et si aucun entre oudict office, outre ledit nombre, ou par autre maniere que celle que dit est, tous les prouffis qu'il en aura receuz en quelque maniere que ce soit, seront recouvrez sur luy, ou sur ses hoirs, et dès maintenant pour lors le deputons inhabille à tous offices royaux.

(91) Pour la griefve complainte de plusieurs noz subjetz, nous avons entendu que nostre peuple a esté moult opprimé et grevé, en ce que noz monnoyes et mesmement les blans de dix deniers tournois piece, et les blancs de cinq deniers tournois piece, ont esté puis aucun temps ença affoiblis, nous voulans à ce pourveoir en la faveur et pour l'utilité de nostredit peuple, avons ordonné et ordonnons ce qui s'ensuit. (*Suivent deux articles à ce sujet.*)

(94) Pour obvier aux fraudes et malices qui se pourroyent commettre entre nos subjects au temps avenir ès contraux et marchez qu'ilz auront à faire les uns avec les autres, par lesquels ils se voudroient pourvoir d'estre payez en certaines especes de nosdites monnoyes blanches, nous avons deffendu et deffendons à tous nosdits subjets, qu'en leurs contraux ou marchez, ilz ne facent pactions ne convenances d'estre payez plus en l'une de nosdites monnoyes blanches qu'en l'autre, et ne facent difficulté aucune de prendre aussi bien l'une comme l'autre, sur peine d'amende arbitraire.

(95) Pour ce que par le moyen des estranges monnoyes que l'on prent communement en nostredit royaume, nos monnoyes ont esté et sont moult diminuées, au très-grand dommage de nous et de nostre peuple, nous avons ordonné et ordonnons que d'oresnavant aucunes autres monnoyes que les nostres ne auront cours en nostredit royaume, et ce que dit est, voulons et

commandons estre tenu et observé sans enfraindre, selon le contenu en noz anciennes ordonnances sur ce faites, lesquelles nous voulons et mandons estre executez par les maistres de nosdites monnoyes, les officiers d'icelles et autres nos officiers à qui ce appartiendra, en tous leurs poincts, selon leur forme et teneur.

Des Aydes.

(96) Ordonnons que pour recevoir et mettre ensemble, garder et distribuer par l'ordonnance desdits commis ou à commettre au gouvernement de toutes nos finances, tant de nostre demaine comme des aydes, tous les deniers desdites aydes, tant de nostredit pays de Languedoil comme de Languedoc, nous aurons un recepveur general, et un controulleur seulement, aux gaiges accoustumez, qui à ce seront esleuz par la maniere contenue ou premier article de ces presentes ordonnances : et si aucun se boutoit esdits offices, outre le nombre, ou par voye ou maniere que dessus est dit et declairé, dès maintenant nous le reputons inhabile à tous offices royaux, et si encourra en la peine declarée audit article.

(97) Voulons et ordonnons que d'oresenavant, de deux mois en deux mois, le recepveur general de nosdites aydes sera tenu de apporter ou envoyer son estat entierement, tant en recepte comme en despense, pardevers les gens de nosdits comptes, en la forme et tout ainsi comme le changeur et recepveur de nostredit tresor, doit apporter le sien de mois en mois.

(98) Pareillement comme nous avons pourveu et ordonné à chacune des particularitez des choses contenues ès 8, 10, 12 et 17 articles cy-dessus proposez et articulez, sur le fait du gouvernement de nostre demaine, faisant mention des ordonnances par nous faites sur la maniere de la closture des comptes touchant le fait de nostre tresor et de nostre demaine, et que noz gens des comptes facent par chacun mois savoir aux commis ou à commettre sur le gouvernement de toutes nos finances, d'eux changeur et recepveur general, et au controulleur de nostredit tresor les restes des comptes des recepveurs et des vicontes de nostredit demaine, et qu'elles soient incontinent executez ; et outre que les vicontes et recepveurs et autres officiers qui se meslent ou mesleront des receptes de nostredit demaine, comptent chacun an, et que aucuns non ayans office de recepte, qui autresfois s'estoit meslé ou autrement, ne soit jamais receu à quelconque office de recepte, si prealablement il n'avoit rendu tous

les comptes des receptes, dont il se seroit entremis, et soi affiné du tout en nostredite chambre des comptes, par la forme contenue èsdits articles; nous aussi voulons et ordonnons que ainsi soit fait, gardé, observé et exécuté en tout et partout au regard du fait de nos aydes, et aussi au regard du tresorier des guerres, dudit recepveur general, controlleur et autres officiers de nosdites aydes à qui ce touchera et devra toucher.

(99) Pour tout le fait de la justice des aydes de nostre pays de Languedoil, aura doresenavant seulement un president à gaiges de cinq cens livres tournois par an, et avec luy deux conseillers notables, sages et expers en fait de justice, à gaiges chacun de trois cens livres parisis par an, avec les menus drois à ce accoustumez, pour toutes choses. et sans quelconques dons; lesquelz se feront par bonne élection en nostre chambre des comptes, par nostre amé et feal chancellier, appellez avecques luy des gens de notre grand conseil; et lesquels pour avoir conseil, s'ils en ont besoing, pour aucuns grands cas, s'ils leur surviennent, pourront avoir recours à autres de nos conseillers tant seulement, un greffier pour enregistrer les plaidoyeries, et faire les escriptures appartenans à leur auditoire, et en son absence, ou quand ledit greffier sera empesché par nostre ordonnance ou celle de nosdicts conseillers, un de nos autres notaires pourra exercer l'office de greffe par l'ordonnance de nosdicts conseillers, sans avoir à cause de ce aucuns gaiges ou proffis sur nous, que ceux qu'il auroit accoustumé de prendre; et s'il avenoit qu'aucun s'ingerast à entrer esdictes offices, ou l'un d'eux, outre le nombre ne par autre maniere que dessus est devisé, dès-maintenant pour lors nous le privons dudit office, et le reputons inhabile à iceluy, et à tous autres offices royaux, et si sera recouvré sur luy ou sur ses heritiers tout le prouffit qu'il en auroit receu.

(100) Nous avons ordonné et ordonnons que pour visiter, conseiller, rapporter et aider à juger les procès agitez en la court et auditoire desdits commis sur le fait de ladicte justice, nous n'aurons que trois conseillers qui auront des gaiges; c'est assavoir, chacun cent livres parisis par an, et non plus; lesquelz seront prins par bonne élection en nostre chambre des comptes par nostre amé et feal chancellier, appellez avec luy des gens de nostre grand conseil, et lezquelz pour avoir conseil, s'ils en ont besoing pour aucuns grans cas s'ils leur surviennent, pourront avoir recours et advis à aucuns conseillers de nostre parlement.

(101) Pour ce que nous sommes deuëment informez qu'il n'est aucune necessité que en l'auditoire des generaux ou commis au gouvernement de la justice de nosdictes aides, nous ayons receveur particulier pour recevoir les amendes et exploix d'icelle court, mesmement que iceluy receveur à cause de ce a accoustumé de prendre et avoir par chacun an gaiges et dons de nous, nous avons ordonné et ordonnons que doresenavant nous ne aurons à cause de ce audit auditoire, aucun recepveur particulier, mais seront les amendes et exploix qui nous escherront en icelle court, recenz par nostre recepveur general desdites aydes à Paris, et que icelles amendes et exploix luy seront baillez de deux mois en deux moys, en un roolle, par lesdits generaux ou commis, sur leurs signez et soubz le seing manuel de leur clerc ou greffier; et quant aux enchierissemens, tierçoyennes (1) et doublemens qui doresenavant se feront pardevant et en l'auditoire desdits generaux ou commis sur la justice desditz aides, lesquelz ledit recepveur particulier avoit accoustumé de recevoir. Nous avons ordonné et ordonnons que icelles en chacunes tierçoyennes et doublemens qui pour le temps avenir escherront oudit auditoire, seront par lesdits generaulx ou commis renvoyez aux receveurs particuliers soubz la recepte desquelz ceux qui auroyent mis lesdites encheres, doublemens et tierçoyemens sur aucunes fermes, seront demourées pour estre par eux receus à nostre profit, et en faire recepte et despence en leurs comptes; et s'aucun se boutoit audit office de recepte particuliere, ou impetroit iceluy, nous dès-maintenant pour lors le reputons inhabille à iceluy et à tous autres offices royaux; et si voulons que tous les prouffis qu'ilz auront pris à cause de ce feussent ou soyent recouvrez sur luy ou sur ses hoirs.

(102) Ordounons que d'oresenavant n'aura à Paris sur le fait de noz aydes, que trois esleuz lays, et un sur le faict du clergé.

---

(1) Il faut corriger *tierçoisemens*. Le tiercement est une enchère qui augmente du tiers le prix de la vente, et fait le quart sur le total; et le doublement demi-tiercement, est une autre enchère sur le tiercement, qui est de la moitié du tiers en sorte que si le prix de l'adjudication est de 1500 livres, le tiercement sera de 500 liv., et le demi-tiercement de 250; ce qui fait la moitié du prix principal de l'adjudication. Le demi-tiercement ne peut être fait que sur le tiercement; mais on peut d'une seule enchère faire le tiercement et le demi-tiercement, ce qui a peu doublement. (V. tit. 15 de l'ordonn. des eaux et forêts, d'août 1669, art. et suppos devault.

qui à ce seront esleuz par la maniere contenue en l'article faisant mention des conseillers ordonnez sur le fait de la justice, et auront leurs gaiges et droicts accoustumez tant seulement, excepté ledit esleu sur le fait du clergé, qui aura seulement cent livres tournois de gaiges par an, et non plus; et si aucun se ingeroit d'impetrer l'office d'election à Paris, outre le nombre desusdit, ou procureroit aucune chose au contraire du contenu en ce present article, nous dès-maintenant le reputons inhabile à tous offices royaux, et si voulons que sur luy ou sur ses hoirs, soyent recouvrez tous les prouffis qu'ilz en auroyent eus et perceuz.

(103) En chacune des autres bonnes villes de nostre royaume, et autres lieux où il a accoustumé d'avoir siege d'election, où il a plus de deux esleuz, doresnavant n'en aura que deux avec celuy du clergé, ès lieux où ledit esleu sur le clergé a accoustumé d'estre, et un recepveur seulement; lesquelz auront leurs gaiges et drois accoustumez tant seulement, et sans dons. Et afin que le fait desdictes eslections et receptes soit mieux et plus seurement gouverné, lesditz esleuz seront prins et fais de bonnes personnes riches et preud'hommes des lieux où ilz seront faitz et esleuz, congnoissans en fait de justice, et reduiz et ramenez, tant à Paris comme hors, au nombre dessus declaré, et par l'ordonnance de nos gens des comptes et desditz commis; et semblablement sera fait des recepveurs, greuetiers et contrerolleurs; et seront tenuz lesditz esleuz, recepveurs, greuetiers et contrerolleurs, faire residence continuelle en leurs personnes sur leurs offices, sur peines d'en estre punis; et entreront lesditz esleuz en leur auditoire à heure convenable, et plustost qu'ilz n'ont accoustumé; et pour ce que pour les bails des fermes, ou autres causes necessaires, il conviendra aucunes fois absenter lesdictz esleuz, iceux esleuz en ce cas pourront commectre en leur lieu pour la delivrance des causes de leur auditoire, aucunes personnes bonnes et souffisantes et bien expers en faits de justice. Et oultre, se il y a aucuns esleuz, recepveurs, greuetiers ou contrerolleurs, qui ne soyent souffisans, nous voulons que tantost et hastivement y soit pourveu d'autres par l'advis et ordonnance des dessusditz; et si aucun se boutoit en aucun desditz offices, outre ledit nombre, ne autrement, ou par autre maniere que cy-dessus est declaré, nous dès-maintenant pour lors le reputons pour inhabile à iceluy et à tous noz autres offices royaux, et si voulons que tous les prouffiz qu'ilz auront prins et receuz à

cause de ce, feussent et soyent recouvrez sur luy ou sur ses hoirs, comme dit est en l'autre prochain precedent article.

(104) Pour ce que nous sommes advertis que le fait de nos aydes est moult diminué, parce que les esleuz sur ledit fait en nostre royaume, ont accoustumé de tenir, et de fait tiennent les povres et menues gens et autres en grans involutions de procès, à la requeste des fermiers desdits aydes, en quoy nostre povre peuple est moult fatigué et grevé, tant en despens et salaire d'avocatz, de commissaires et de sergens, comme par le moyen du delaissement de leurs labeurs et besongnes, nous avons voulu et ordonné, voulons et ordonnons que d'oresenavant lesditz esleuz, tant en notre pays de Languedoil comme de Languedoc, en tous cas, causes et procez touchans le fait de nosditz aydes et leurs deppendences, qui seront ventilez, introduitz et agitez pardevant eulx, en leurs auditoires, procedent et facent proceder les parties qui auront à besongner pardevant eux, le plus sommairement et de plain que faire se pourra, et leur facent briefve expedition, sans involutions des grands procès, et sans souffrir nostre menu peuple estre fatigué, mengié, robé, ne ainsi vexé ne travaillé comme il a esté ou temps passé, par telle maniere de sergens, commis et autres mangeurs, comme cy-dessus est recité; et ce leur enjoingnons, sur peine de privation de leurs offices, et sur les sermens et loyautez qu'ilz ont à nous; et pareilles deffences, ordonnances et commandemens faisons à noz generaux commis sur le fait de la justice de nosditz aydes.

(105) Pour obvier aux grans vexations, travaulx, mengeries et pilleries, qui ont esté faictes ou temps passé par les commis et sergens extraordinaires à ce ordonnez pour le fait de nosditz aydes, sur nostre pauvre peuple, nous avons ordonné et ordonnons que d'oresenavant, tous adjournemens, executions et exploictz quelconques, qui seront à faire en chacune des elections de nostre royaume, pour le faict de nosdictz aydes, sur et contre quelconque personne que ce soit, seront faictz par nos sergens ordinaires des seneschaulcées ou bailliages, esquelz lesdictes elections seront situées et assises, et non plus par lesdictz sergens ou commis extraordinaires, lesquelz nous revocquons, rappellons et adnullons du tout, si ce n'estoit en cas de necessité, ou que nos sergens ordinaires desdictz lieux ne souffisissent à faire lesdictz exploitz, ouquel cas nous voulons et ordonnons que à ce soit pourveu et remedié briefvement par les esleuz desdictz lieux, appellez à ce nos advocaz, procureur et autres gens de conseil du

pays, en la meilleure maniere, moderation et en la moindre charge de nostredit peuple, que faire se pourra.

(106) Avons deffendu et deffendons aux commis sur le gouvernement de toutes nosdictes finances, que ilz ne partent ou divisent entre eulx les pays de nostre royaume en prenant chacun une contrée sur son gouvernement, ainsi comme les generaulx sur le fait desdictz aydes, leurs predecesseurs, avoyent aucunes fois faict ou temps passé; avec ce, leur deffendons que ilz ne reçoivent aucuns deniers des receveurs, tant general comme particulier, de nostredit royaume, par leurs lettres patentes : deffendons aussi à iceulx receveur general et particulier, que ilz ne baillent aucuns deniers de leur recepte ausdictz commis sur leursdictes lettres patentes ne aucunement, que par la main dudit recepveur general. sur peine à eulx tous et à chacun d'eux, d'estre pour ce griefvement punis s'ilz font le contraire, et d'estre recouvré sur eux ou sur leurs hoirs, tout ce que autrement en auroyent receu ou baillé.

(107) Deffendons très-expressément que d'oresenavant aucunes descharges ne soient levées pour dons, pour gaiges ne pour pensions; deffendons aussi que aucuns mandemens ne se levent sur autres receveurs ou greneticrs particuliers, pour les trois causes dessusdites; c'est assavoir, dons, gaiges et pensions; et au regard d'autres choses, nous ordonnons que tout le moins que faire se pourra, descharges soyent levées d'oresenavant, et commandons très-expressement ausditz commis que à ce ilz tiennent la main très-estroictement : avec ce, leur commandons très-expressement que se pour le temps avenir aucunes descharges estoient ou sont levées, que formellement elles contiennent la vérité, la cause, et pour quelle personne elles seront ainsi levées, et que elles soyent faites selon le mandement sur ce fait ou donné; et oultre que icelles descharges ne soyent employées ou allouées ailleurs ne pour autres causes, que pour celles contenues audit mandement ; et ce que dit est, enjoingnons très-expressement, tant ausdits commis comme aux gens de noz comptes et tous autres à qui la chose touchera, sur peine d'encourir envers nous en amende arbitraire, et de estre privez et deboutez de tous estats et offices royaux.

(108) Deffendons pareillement ausdicts commis et recepveurs, presens et avenir, qu'ilz ne lievent ou baillent aucunes descharges sur aucuns recepveurs particuliers, ne sur aucuns greneticrs, pour quelque cause que ce soit; et iceluy recepveur general ne

reçoive premierement les deniers que se monteront lesdites de charges, ou si ce n'est par assignation faite par lesdicts commis, par vertu de nos lettres de mandement et par la maniere devant dicte, lesquelles iceluy receveur general presentera pardevers lui promptement et avant tout œuvre pour sa descharge, et avec ques quittance d'iceluy pour qui ladite descharge sera faite, et ou cas que iceluy commis et recepveur ou l'un d'eux feront le contraire de ce que dit est, nous voulons que ils en soyent griefvement pugnys par bonne justice, et que sur eux ou sur leurs hoirs soit recouvré tout ce qui autrement que par la maniere que dit est en auroyent baillé.

(109) Afin qu'il soit obvié et pourveu à plusieurs inconveniens qui sont survenus ou temps passé, comme entendu avons, par le moyen de plusieurs descharges que nous avons aucune fois commandées, par lesquelles nous, nostre très-chere et très-amée compagne la royne, nostre très-cher et très-amé fils aisné Loys, duc de Guienne, daulphin de Vienne, où luy et chacun de nous avons souventesfois confessé avoir receu comtans de plusieurs recepveurs, tresoriers et autres gens qui se sont entremis et entremettent de nos finances et des leurs, et tant des deniers de nostre demaine comme desdictes aydes, plusieurs grandes et grosses sommes de deniers, lesquelles ont esté baillées et distribuées soubz umbre d'icelles descharges autrement qu'à point, ou très-grand dommage de nous et d'eux, mesmement que telles choses ne venoient pas à congnoissance, ne plus que souvent a nostre prouffit ne au leur, nous avons ordonné et ordonnons que d'ores en avant aucuns mandemens par maniere de descharges de deniers comptans receuz par nous ou eux, ne se feront, et deffendons très-expressement à nostre chancellier present et avenir, que se par importunité de requerans ou autrement, aucuns en estoient par nous octroyez, que aucuns il n'en scelle; à tous nos secretaires et à chacun d'eux, qu'aucuns ils n'en signent; aux gens de nosdits comptes, que aucuns ils n'en allouent; et ce que dit est leur enjoingnons le plus que faire pouvons, sur les sermens et loyautez qu'ilz ont à nous, et si aucuns soubz umbre de telz mandemens ou descharges, avoit eu ou prins de nous ou d'aucun d'eux, aucune somme d'argent, nous voulons qu'elle soit recouvrée sur luy ou ses hoirs, à nostre prouffit, et que autrement il soit pugny comme il appartiendra selon le cas.

(110) Pour ce que rapporté nous a esté que aucunes fois nous avons ordonné aucune somme d'argent sur les aydes ou sur

nostre demaine, pour aucune cause particuliere, comme pour la despence de nostre hostel, le fait de nostre argenterie ou de nos garnisons, pour les assignations faites à ceux de nostre sang et lignage, ou pour autre cause particuliere, les generaux et tresoriers du temps passé, aucunes fois et souvent, soubz umbre desdictes causes particulieres, par descharge du recepveur general de nostre tresor, ou autrement, trop plus grande somme d'argent que par nous n'avoit esté ordonné estre levée pour la cause pour laquelle lesdicts generaux et tresoriers faisoient lever icelle somme, et l'outre plus desdictes descharges, ont plusieurs fois fait bailler à leurs parens et amis, ou autre part, à leur plaisir et volenté, pour dons ou autres causes que nous n'avions ad ce ordonné; lesquelles les recevenrs particuliers cuidans que icelles descharges feussent pour la cause par nous ordonnée, comme les descharges le contenoient, ont esté plus enclins à payer ceux qui avoyent lesdictes descharges, et par ce ont esté payez dons et autres choses extraordinaires paravant l'ordinaire et ce que paravant avoit esté ordonné estre levé : nous avons ordonné et ordonnons que nosdicts commis d'oresenavant, sur peine de recouvrer sur eux et d'amende arbitraire, ne lievent ou facent lever par ledict recepveur general, changeur ne autres, aucunes descharges sur lesdicts recepveurs particuliers, soubz umbre d'aucunes des causes dessusdictes ou semblables, outre la somme qui par nous aura esté ordonnée estre levée pour icelle cause; et outre avons ordonné et ordonnons que si aucunes descharges ou temps passé ont esté levées et baillées à autres que à ceux qui ont ou auront eu le gouvernement des choses pour lesquelles icelles descharges sont causées, lesquelles ne sont mie encores payées, que icelles descharges soient en ce cas mises et les mettons au neant; et deffendons ausdicts recepveurs particuliers et autres, à peine de recouvrer sur eux et leurs hoirs, que d'icelles descharges rien ne payent : mais si aucunes telles d'oresenavant ont esté levées, nous voulons icelles estre nulles et de nulle valeur, et deffendons à noz gens des comptes que rien n'en allouent ès comptes de celuy qui les payera, sur peine de la recouvrer sur eux.

(111) Pour ce qu'il est venu à nostre congnoissance que ou temps passé les generaux sur le faict desdictes aydes, qui pour lors estoyent, ont placquez leurs signez en plusieurs et grand quantitez de descharges, sans ce que en icelles descharges eust aucune date, et que icelle date depuis y estoit mise par le

recepveur general, en quoy iceluy recepveur et controolleur desdictes aydes ont commis et peu commettre plusieurs faultes, et baillées icelles descharges, et icelles employées à qui et où il leur a semblé; et qui plus est, souventesfois est avenu que noz tresoriers et lesdicts generaux depuis qu'ilz estoient hors de leursdicts offices, mettoyent antidates en telles manieres de descharges, dont plusieurs maux et inconveniens s'en sont ensuivis, nous avons ordonné et ordonnons que doresenavant lesdicts commis ne signeront aucune descharge, si la date n'y est mise préalablement, et aussi n'en expediront ne signeront aucunes, depuis qu'ilz seront departiz de leurs offices, sur peine d'en estre punis comme de crime de faux, et de recouvrer sur eux et leurs hoirs tout ce qui par le moyen d'icelles descharges auroit esté payé.

(112) Pour ce que nous avons ordonné que tous les deniers des aides que nous voudrons d'oresenavant avoir, soyent receus par la main de nostre recepveur general, et ceux de nostre demaine, par la main du changeur ou recepveur du demaine en nostre trésor; pour ce aussi que ou temps passé plusieurs noz officiers, comme huissiers et sergens d'armes, varletz de chambre, et plusieurs autres, ont aucunes fois de leur voulenté, et autres fois de nostre commandement, fait par importunité de plusieurs requerans, esté querir les generaux et tresoriers qui pour le temps estoient, et plusieurs vicontes, recepveurs, greneticrs et autres qui se mesloyent en l'administration et gouvernement de noz finances, pour faire bailler plusieurs sommes de deniers à leur prouffit et en nostre très-grand dommage, et tellement espouventoient et traictoient nosditz receveurs et greneticrs particuliers, que ilz n'osoient venir ne eux tenir en nostre bonne ville de Paris, ne ès lieux où nous estions, pour venir compter et apporter les deniers de leurs receptes, et faire ce que à leurs offices appartenoit, nous deffendons très-expressement à tous nosditz huyssiers et sergens d'armes, varletz de chambre, officiers, et toutes autres personnes de quelque estat qu'ilz soyent, sur peine de privation de nostre hostel et de tous offices royaux, et aussi sur peine d'amende arbitraire, que d'oresenavant ils ne nous amainent, travaillent ou molestent pour la cause dessusdicte ou semblable, aucuns de noz officiers de nosdictes finances; deffendons aussi que ausdicts commis et à commettre, et à tous noz autres officiers sur le fait desdictes finances, que d'oresenavant pour ledit fait, ils ne baillent aucuns deniers

d'icelles à personnes quelconques, que à nosdits recepveur general desdictes aydes, changeur, ou recepveur de nostredit demaine, par la maniere dessus touchiée, sur peine de perdre tout ce qu'ilz en auroient baillé, et de tout ce recouvrer sur ceux qui aucune chose en auroyent receu, et sur leurs hoirs. Et avec ce donnons pouvoir et authorité ausdits commis et à commettre sur le gouvernement de toutes nosdictes finances, que si après la publication de ceste presente ordonnance, aucuns s'efforcent de prendre ou vouloir prendre, ou recevoir aucuns de nos deniers d'icelles finances, ne faire venir pardevers nous aucuns de nosditz recepveurs, vicontes ou greneliers, par la maniere et pour les causes dessus dictes, ilz les puissent faire prendre et mettre en nostre Chastellet de Paris, pour illecques recevoir telle punition comme au cas appartiendra.

(113) Avons ordonné et deffendu, ordonnons et deffendons ausdits commis ou à commettre au gouvernement de toutes nosdictes finances, à nostre recepveur general et aussi au contrerolleur de nozdiz aydes, et à noz clers et notaires ordonnez ou à ordonner pour nous servir ou fait desditz aydes, que ilz ne soyent si osez ne si hardis de prendre publiquement ne occultement aucunes pensions de quelque seigneur ou personne que ce soit, autres que nous, ne aucuns dons corrompables; et ce leur enjoignons tres-expressement sur le serment qu'ilz ont à nous, et sur les autres peines à ce introduites et accoustumées.

(114) Pour ce que ou temps passé noz generaulx-conseillers sur le fait desdictz aydes avoyent accoustumé de mander et faire venir pardevers eulx plus que souvent noz recepveurs et greneliers particuliers, tant pour monstrer leurs estatz, comme autrement, dont nous avons eu et supporté sans cause raisonnable, plusieurs frais et despens excessifs, nous avons ordonné et ordonnons que d'oresenavant les commis au gouvernement de toutes nosdites finances, ne manderont ou feront venir pardevers eulx, que deux fois l'an au plus, iceulx recepveurs et greneliers particuliers, afin de monstrer et sçavoir leurs estatz, une fois au commencement de l'année, tantost après ce qu'ilz auront baillé noz fermes, et l'autre fois, quant les tiercoyennes et doublemens d'icelles fermes seront passés, s'il n'y avoit cause urgente et necessaire; et au surplus enjoignons expressement ausdictz commis, qu'ilz ne facent faire ne seuffrent estre faiz par lesditz recepveurs et greneliers, voyages superflus pour portaiges de deniers ni autrement, comme l'on dit que fait a esté ou temps

passé, et que, d'oresenavant incontinent que lesdictz grenetiers et recepveurs viendront pardevers eux, ou pardevers nostredit recepveur general, pour aucunes des causes dessusdites, ilz les expedient sans les laisser sejourner à nos despens à Paris ou ailleurs, et sur peine de recouvrer sur eulx ou leurs hoirs le dommaige que par leur faute auront soustenu.

(115) Pour obvier aux grandes fraudes et mauvaistiez qui ou temps passé, et par plusieurs fois ont este commises ou fait des baulx des fermes de nosditz aydes, en ce que plusieurs nobles malicieusement, couvertement et autrement frauduleusement, ont fait prendre et mettre à pris, et aucunes fois fait rencherir par aucuns de leurs gens, plusieurs de nozdites fermes, et souventes fois leur demeuroyent icelles fermes à vil et à petit pris, pour ce que les postulaires et autres gens du pays ne les osoyent rencherir, tierçoyer ou doubler, pour doubte et peril desdictz nobles qui par convoytise mauvaise, depuis que lesdictes fermes estoyent ainsi demourées à eulx ou à leurs gens, les rebailloyent, et de fait avoyent rebaillé à leur prouffit, à plus grand pris beaucoup que noz esleuz ne les avoyent baillez, en applicquant à eulx et à leur dit prouffit, damnablement par voye oblique, grand partie de deniers de nosdites fermes, en quoy nous avons este grandement dommaigez et fraudez, nous voulans ad ce pourveoir, et obvier à telz fraudes, malefices et mauvaistiez, avons deffendu et deffendons très-expressement à tous les seigneurs et nobles de nostre royaume, leurs gens, officiers et serviteurs et autres quelzconques, sur qu'avecque ils se peuvent mesfaire envers nous, que plus d'oresenavant ne s'entremettent de commettre telles fraudes, substilitez ou mauvaistiez; deffendons aussi à tous nos esleuz qu'aucuns d'iceux nobles, no de leursdites gens ou serviteurs, ne seuffrent estre presens ne assister aux beaux de nosdites fermes, et ne les reçoyvent à mettre aucun denier à Dieu, encheres ou rencheres, tierçoyennes ou doublemens sur icelles, sur la peine que dessus, et de recouvrer sur eux ou leurs hoirs, et aussi sur ceux de la condition devant dite qui auroyent prins aucunes desdites fermes, ou leurs heritiers, toutes les pertes, dommaiges et intérêts que aurons eu et peu avoir par le moyen des fraudes dessusdites.

(116) Et pour ce que ou temps passé, plusieurs subtilitez et voyes obliques ont esté trouvées afin d'avoir et exiger de nous finances, tant des deniers de noz coffres et de nostre espargne, comme d'autres, par plusieurs noz officiers et serviteurs, de

ceux de nostre sang lignager et autres, à nostre très-grand dommaige, nous voulans à ce pourveoir, ordonnons que d'yci en avant, nous n'aurons aucuns officiers particuliers que l'on sceust ou que l'on a accoustumé de appeler gardes de nos coffres, et de nostre espargne, autres que nostre recepveur general des aydes, et que les deniers qui seront ordonnez pour iceux coffres et espargne, se distribueront en autre maniere qu'ilz n'ont esté ou temps passé, au bien de nous et de nostre royaume; et si aucun impetroit ou se boutoit en aucuns d'iceux offices, nous dès maintenant pour lors le reputons inhabille à iceluy et à tous autres offices royaulx; et si voulons que sans espargne soyent recouvrez sur luy ou sur ses hoirs, tous les deniers et prouffiz qu'il auront eus et receus à son prouffit, par le moyen d'iceulx coffres, ou d'aucun d'eux. Et quant à la somme de dix escus d'or pour jour que nous avons accoustumez d'avoir et recevoir pour faire nostre plaisir, nous avons ordonné et ordonnons que par nostre recepveur general de nozditz aydes, iceulx dix escus seront baillez à aucun preud'homme nostre serviteur que nous ordonnerons à ce, lequel les nous baillera à nostre plaisir.

(117) Pour nous ayder à supporter les grans charges et affaires qui de present nous occurent et surviennent, et pour trouver promptement voye et maniere d'avoir finances pour le fait de la guerre, nous avons ordonné et ordonnons que de tous les dons par nous fais ou temps passé, pour quelque cause que ce soit, et aussi de toutes descharges, ou mandemens pour dons, levées ou temps passé, qui n'ont esté payées ou acquittées, nous ne voulons aucune chose en estre payé d'icy à trois ans, à compter de la date de ces presentes; et s'y aucun s'efforçoit de impetrer lettres, ou faire aucune chose au contraire de ce que dit est, nous en ce cas revocquons, rappellons et mettons au neant iceluy don, et ne voulons que jamais iceluy à qui il auroit esté fait, en ait aucun prouffit; et si deffendons que aucunes lettres ou mandemens de *iterato*, ne soyent faictes sur telles maniere de dons et de descharges, comme cy-dessus prochainement est recité; et si aucunes par importunité ou autrement, en estoient commandées par nous, ou octroyées, nous deffendons à nostre chancellier que aucunes il n'en scelle; ausditz commis, que aucunes ilz n'en verifient, et aux gens de noz comptes, que aucunes n'en allouent ou expedient; et à tous noz secretaires, que aucuns n'en signent, sur peine d'en estre très-griefvement punis. Et si aucun par importunité ou autrement en recevoit aucunes

proufitz, nous voulons qu'ilz soyent recouvrez sur luy ou sur ses hoirs.

(118) Voulons et ordonnons que supposé que ou temps passé nous ayons fait dons à aucuns, pour leurs mariages, d'aucunes sommes de deniers à prendre sur aucuns de noz greniers et receptes particulieres, nous ne voulons que d'iceux dons aucune chose leur en soit payée par lesdits recepveurs particuliers, mais si aucune chose leur estoit payée, nous voulons que ce soit ledit terme de trois ans passé, et par la main de nostredit recepveur general, et non par autre; et si aucun en recevoit aucune chose paravant ledit terme de trois ans, ne autrement, ne par autre main que par ledit recepveur general, nous voulons que ce soit recouvré sur luy ou sur ses hoirs.

(119) Pour ce que nous advertis que puis aucun temps en ça, par l'importunité d'aucuns, nostre bonne couronne a esté desmembrée, et les flourons d'icelle baillez en gaiges sans grande necessité, ou grand deshonneur de nostre royaume, nous voulans à ce pourvoir, avons commis et ordonné, commettons et ordonnons noz amez et feaulx conseillers les commissaires par nous ordonnez pour entendre et pourveoir au bien publicque du royaume et aux gens des comptes, que par toutes les bonnes et raisonnables voyes, et le plus brief que faire se pourra, ils procurent et faccent diligence que iceux flourons soyent retraicts des mains de ceux qui les ont pris ou detenus, ont ou detiennent en gaige, et que à nostre prouffit et de par nous ilz soyent en bonne et seure garde; et si deffendons très-expressement à ceux qui d'oresenavant auront en garde nostredicte couronne, que icelle ne les flourons d'icelle, ils ne baillent ou delivrent à aucun autre que à nous à tiltre de gaiges, ne autrement en quelque maniere que ce soit, pour quelque mandement que sur ce leur envoyssions : deffendons aussi à tous noz subjects et autres quelconques de quelque estat qu'ilz soyent, que supposé que l'on leur offrist ou voulsist nostredicte couronne ou aucuns des membres d'icelle, bailler en gaige pour quelque somme d'argent, ils ne soient si osez ne presumptueux de les prendre ou retenir, quelconques lettres ou mandemens que sur ce leur octroyssions, ausquelz nous ne voulons aucunement estre obey, sur peine d'encourir nostre indignation, et de recouvrer sur eux nostredicte couronne ou les membres d'icelle, et de perdre et appliquer à nostre prouffit tous les deniers que ils auroient prestez ou baillez sur ce.

(120) Voulons et ordonnons que tantost après la publication de ces presentes ordonnances, de toutes vaisselles et joyaux d'or, d'argent et de pierrerie estant ès hostelz de nous, de nostre très-cher et très-amé aisné fils le duc de Guienne, daulphin de Vienne, et de tous autres joyaux et vaisselle appartenant à nous et eux, soyent faits bons et vrays inventoires, par l'ordonnance de noz amez et feaux conseillers les commissaires par nous ordonnez à entendre et pourvoir au bien publique de nostre royaume, et iceux vaisselle et joyaux, avec le double desdictz inventoires, baillez et delivrez aux gardes desdits joyaux et vaisselles à ce ordonné en nostre hostel et ès leurs : et quant aux vrais inventoires qui de ce seront fais, nous voulons et ordonnons que ilz soyent baillez à nos gens des comptes, à ce que toutesfois qu'il nous plaira, nous et eux soyons certiffiez de la quantité et valeur desdictes vaisselles et joyaux.

(121) Ordonnons que tous les joyaux et vaisselles d'or, d'argent et de pierrerie qui d'oresnavant seront achetez, donnez ou presentez à nous, nostredicte compagne et aisné fils, ou l'un de nous, soyent par les argentiers ou autres officiers à qui ce appartiendra, tant de nostre hostel comme des leurs, par bon et loyal inventoire baillez et delivrez à iceluy ou ceux qui auront la garde ou les gardes d'iceux joyaux et vaisselles, et que de ce icelles gardes facent lettres de reception, afin qu'ilz soient chargez de en rendre compte : avec ce ordonnons que lesdictes lettres de reception soyent par lesdicts argentiers ou autres à qui ce touchera, tantost après ce quelles receues auront esté, portées pardevers nosdictes gens des comptes, afin que icelles gardes en soyent chargées par la maniere qu'il appartiendra, ou autrement ne leur seront allouez en leurs comptes.

(122) Comme dès le mois d'octobre de l'an 1409, nous eussions par noz autres lettres patentes ordonné certaine reformation generale estre faicte, tant en nostre royaume, comme ou Dauphiné de Viennois, et par especial entre autres choses pour recinder les dons excessifs par nous faits, parquoy après la publication desdictes lettres, noz serviteurs, officiers et subjects, pouvoyent et ont peu assez veoir et appercevoir que nous ne voulons telz dons avoir lieu en temps avenir, neantmoins depuis la suspension d'icelle reformation, plusieurs nous serviteurs et officiers, et autres officiers et serviteurs de nostre très-cher et très-amé aisné fils le duc de Guienne, et des autres de nostre sang et lignaige, et autres noz subjectz, par importunité, sans

avoir regard aux choses dessusdictes et aux grandes necessitez que continuellement depuis ledit temps avons eues, si comme encores avons de present, tant pour appeler noz adversaires d'Angleterre et les compaignes de present estans en nostre royaume, en grans puissance et effort, comme autrement, ont prins et exigé de nous plusieurs dons et prouffis, lesquelz ou partie d'iceux, par raison devoient mieux estre recouvrez sur ceux qui les auroyent ainsi euz et prins de nous, ou au moins nous en devroient aucunement aider et secourir, veuë la necessité evident à un chacun en quoy nous sommes de present à avoir et trouver finances, nous, attendu ce que dit est, avons ordonné et ordonnons que tous ceux qui depuis le temps de la suspension de ladicte reformation, ont eu de nous, de nostre très-chère et très-amée compagne la royne, et de nostre très-cher et très-amé fils duc de Guienne, daulphin de Viennois, aucuns dons, nous serons promptement prest en aide de la moitié de ce qu'ils auront eu et receu, à cause d'iceux dons, ou dont ilz auront eu respondant particulier en privé nom, à qui ilz s'en soient tenus, et à ce voulons qu'ilz soyent contrains; c'est assavoir, noz officiers, par privation ou suspension de leurs offices et services, si mestier est, et à eux et autres, par toutes autres voyes deuës et raisonnables, pourveu toutesvoyes que noz amez et feaux conseillers et commissaires pour entendre et pourvoir au bien publicque de nostre royaume, pourront augmenter, moderer et diminuer lesdictes sommes, selon leur advis et discretion et selon les estats, qualitez et merites des personnes, et aussi selon les matieres subjectes, et la qualité et quantité desdicts dons et proffis; et quant aux autres dons et proffis par nous fais paravant ledit temps, nous voulons et ordonnons que nosdictz conseillers et commissaires, reprinses pardevers eux nosdictes autres lettres autrefois par nous octroyées, sur le fait de ladicte reformation, facent et procedent au regard desdictz dons, desquelz il aura esté congneu, decidé et determiné par les commis qui pour le temps furent ordonné au fait d'icelle reformation, à l'encontre des subjectz de nostredict royaume seulement, selon la forme et teneur desdictes lettres; et pareillement facent et procedent au regard de tous les autres cas dont en icelles est faicte mention, et à ce les avons commis et expressement commettons par ces presentes.

(125) Deffendons très-expressement ausdicts commis sur le fait de toutes nosdictes finances, que d'oresenavant ne verifient.

ou souffrent estre faictes aucunes attaches à quelconques villes pour descharges levées sur aucuns recepveurs ou greneticrs, quelles soyent; et supposé que aucunes d'icelles descharges feussent trouvées avoir esté levées pour la despence de nous et de nostre très-chere et très-amée compagne la royne, ou de nostre très-cher et très-amé fils le duc de Guienne, ou pour autres causes justes et raisonnables, nous voulons et ordonnons que les sommes contenues en icelles, soyent payées par nostre recepveur general par mandement nouvel donné de nous, verifié deuement par lesdicts commis, et non autrement.

(124) Pour ce que ou temps passé nous avons esté liberal et enclin à faire plusieurs grans et excessifs dons à toutes manieres de gens, tant nobles comme noz officiers et serviteurs, et les gens et serviteurs d'iceux de nostre sang et lignage et autres, parquoy s'est ensuy que quant nous avons eu besoing comme de present avons, à avoir finances, nous n'en avons aucunes trouvées, sinon en nostre très-grande perte et dommage, et souventes fois à la très-grande charge de nostre peuple, nous voulans à ce pourveoir, avons deffendu et deffendons à tous noz officiers et serviteurs, et generallement à tous autres, de quelzconques estatz ou conditions qu'ilz soyent, que d'icy en avant, à compter du jour de la date de ces presentes, aucun ne prengne, pourchasse ou procure avoir aucuns dons de nous, pour quelconque cause, ne soubz quelque couleur ou occasion que ce soit, soit par mariage ou autrement; et s'aucuns s'en faisoyent, nous ne voulons que aucune chose en soit plustost, et jusques après ledit terme de trois ans, et iceluy terme passé, comme dessus est dit; et se par faveur, importunité de requerans, ou autrement, aucuns en estoyent fais et payez, nous voulons iceux estre recouvrez sur ceux qui les auroyent eus ou sur leurs hoirs.

(125) Pour ce que ou temps passé, et jusques à ores, ceux qui ont esté commis à la recepte de l'ayde de Tournay, montant à six cens francz par an, ont prins à cause de leur office d'icelle recepte, trop plus grans gaiges que la charge dudit office ne requeroit, nous voulons et ordonnons que d'oresenavant le recepveur qui y est à present ou sera pour le temps avenir, ne prendra par an pour ses gaiges, que cent livres tournois; et se il en prenoit aucune chose outre ladite, etc.

(126) Avons ordonné et ordonnons que d'oresenavant toutes les charges des elections de nostre royaume, tant en nos pays de Languedoil comme de Languedoc, se bailleront à ferme à nostre

proufflt, à bonnes personnes souffisans et expers à ce le plus prouffitablement que faire se pourra, par les esleuz à ce ordonnez en chacune des elections de nostredit royaume; et ce seront les deniers d'icelle ferme receuz de-là en avant par noz receveurs particuliers des aydes, où lesdictes elections sont ordonnées, qui de ce feront recepte et despence en leurs comptes.

(127) Pour ce que depuis certain temps en ça, par faveur ou importunité de seigneurs de nostredit sang et lignaige et d'autres, ou autrement, ont esté créez et mis sus en nostre royaume, grant quantité de greniers et chambres à sel; pour ce aussi que, par les octrois que nous et les autres generaulx sur le fait de noz aydes, qui pour lors est, avons fait ou temps passé à plusieurs de noz officiers, gens d'église et autres, d'avoir et prendre sel non gabellé en plusieurs de noz greniers, pour les despences de leurs hostelz, noz greniers anciens sont grandement diminuez, et l'emolument et prouffit de nostre gabelle grandement amoindry et appetice, et chacun jour appetice et diminue, en telle manière que les assignations qui ont esté faictes sur nosditz greniers pour le fait de la guerre, et des despens des hostelz de nous et de nostre très-chere et très-amée compaigne la royne, de nostre très-cher et très-amé aisné fils Loys duc de Guienne, n'ont peu estre payées, nous considerans les grands affaires et charges que nous avons à supporter pour la tuition et deffence de nostre royaume, tous greniers et chambres à sel, qui depuis seize ans en ça ont esté mis sus és villes qui s'ensuyvent; c'est assavoir, Meleun, Joigny, Cravant, Clamecy, Chasteauchinon, Rougemont, Bar sur Seine, Tonnerre, Sainct-Florentin, Villemoz, Nogent sur Seine, Beaufort, Artiz, Chaumont, Monfort-l'Amorry, Espernay, Grandpré, Chastel en Porcien, Coucy, la Ferté-Millon, Courmaissi, Honnefleu, Dreux, Vernueilh, Sancerre, Disise, Nemox, Han, Perone, Granvillers, Clermont en Beauvoysis, Oysemont, Chambly, Molins, les Augibers et Senlis, et generallement tous les autres qui puis le temps dessusdit, avoyent esté mis sus en nostre royaume, avons revocqué, cassé, aboly et adnullé, revocquons, rappellons, abolissons et adnullons par ces presentes; sauf que ledit grenier de Senlys sera mué, et iceluy muons et voulons estre assis au lieu de Creigh, ainsi que ou temps passé a esté fait. et pour ce que esditz greniers et chambres à sel, ainsi abatues à de present sel appartenant aux marchans qui l'y ont mis, lesquelz pourroyent estre en ce perdant grandement dommagez, se pourveu ne leur estoit, nous avons ordonné et ordonnons que tout

le sel estant ausditz greniers abatus, ou qui desja y a esté presenté par lesditz marchans, et dont ils ont baillé caution de l'y mener, sera vendu et adencré; c'est assavoir, celluy estant en nature esditz greniers abatus, par ceux de nos greneticrs de nos anciens greniers plus prochains desditz greniers abatus, ou leurs commis autres que ceux qui estoyent ordonnez esditz greniers abatus; et l'autre sel qui a esté presenté en iceux greniers abattus, qui en vérité n'a esté ne est encores mué en iceux, sera mené en nosditz greniers anciens prochains desditz greniers abatus, et vendu par la manière que dit est, supposé que icelui sel ne soit ne feust mené en aucun desdits greniers abatus, et sera le droit de la gabelle receu à nostre prouffit, par nosditz greneticrs de nos greniers anciens, au despens desditz marchans qui, si bon leur semble, pourront commettre telle personne qu'il leur plaira pour recepvoir leurs droits, nonobstans quelzconques dons ou octrois par nous fais à aucuns de nostre sang ou autres, lesquelz nous revocquons et adnullons quant ad ce, et deffendons très-expressement que pour le temps avenir aucun autre sel ne soit receu ne presenté esditz greniers ou chambres à sel abatus, ne pour occasion de ce que dit est, nosdictz greneticrs prennent aucunes creuës de gaiges ou autres prouffis sur nous; et oultre n'est nostre intention que les contrerolleurs desdites chambres et greniers à sel abatus, contrerolent la vente du sel qui est en iceux, et qui a esté ou est presenté, ne que ilz prennent sur nous aucuns gaiges, pendant ledit temps, jusques à ce que icelluy sel soit vendu tout selon la forme et maniere que plus à plain est contenu en autres lettres patentes passées en nostre grand conseil, donné le douziesme jour de decembre dernier passé.

(128) Pour ce que nous voulons ladite revocation et les ordonnances declairées en l'article prochain precedent, avoir et sortir leur plain effect, nous deffendons par ces presentes en especial, à tous les officiers qui estoyent de par nous esditz greniers et és chambres à sel abatues, que eulx ne aucun d'eulx ne pourchassent, ne facent poursuivir ou pourchasser par quelque seigneur ou personne que ce soit, restituez en leurs offices, ne lesdictz greniers et chambres à sel estre remis sus, sur peine d'estre reputez inhabiles à tenir offices royaux, et d'amende de mille livres tournois, esquelles peines dès-maintenant pour lors, nous declairons estre encourus et encheuz tous ceux qui feront ou pourchasseront aucune chose contre ceste presente nostre ordonnance; et pareillement deffendons à tous les marchans de sel de

nostredit royaume et à chacun d'eulx, d'oresenavant ne meinent ou facent ou procurent mener sel en aucuns desdits greniers abatus, sur peine de forfaire à nous tout le sel qu'ilz auroyent amené, et d'amende arbitraire; et avec ce mandons et commandons très-expressement ausdictz commis sur le fait du gouvernement de toutes nosdictes finances, et à tous noz officiers à qui il appartiendra, que à ce que dit est ilz tiennent la main très-roydement, et ne baillent, verifient ne expedient d'oresenavant aucunes lettres au grenier, sur peine d'amende arbitraire et d'être reputez parjures.

(129) Voulons et ordonnons, et très-expressément commandons à tous de quelque estat ou condition que ilz soient, soyent noz officiers ou autres, que d'oresenavant ilz prengnent en nosdictz greniers anciens, ès mectes desquels greniers ilz seront demourans, tout le sel qui leur sera nécessaire pour la despence d'eulx, de leurs hostelz, de leurs gens et famille, et que ils paient le droit de nostre gabellé, et pareillement du sel estant ès chambres et greniers à sel abattus, jusques à tant qu'il soit vendu, sans ce que par vertu de quelzconques lettres par nous ou nosdits commis octroyées à aucun d'avoir sel sans gabeller, leur en soit aucune chose baillée par noz greneriers ne autres, auquelz nous deffendons expressement et sur peine de restitution, et de nous payer le droit de ladite gabelle, et privation de leurs offices, que autrement ne le facent.

(130) Et pour ce qu'il nous est besoing de trouver finances le plus promptement que faire se pourra, tant pour expeller nos adversaires d'Angleterre et autres gens de compaigne de present estans en nostre royaume, comme pour plusieurs autres nos affaires, nous avons ORDONNÉ et ORDONNONS que tous les deniers qui isteront des condemnations, amendes et exploits, du pouvoir et commission de nosdits commis à pourveoir au bien publique de nostredit royaume, soient tournez, convertis et employez ou fait dudit bien publique et de nostre guerre, pour le temps avenir, sans ce qu'ils soient tournez en dons ailleurs ne en autres usages ou arrerages du temps passé, en quelque maniere que ce soit; et se par importunité de requerans, inadvertence ou autrement, nous en octroyons aucuns mandemens ou lettres, nous deffendons à nostre chancellier que aucuns il n'en scelle, à tous secretaires que aucunes ils n'en signent, et à nosdits commis et aussi aux commis sur le fait du gouvernement de toutes nos finances, et à tous autres à qui il appartiendra, que aucunes ils n'en ex-

pedient ou verifient, et au receveur desdites amendes, condemnations et exploits, que aucune chose il n'en paye, sur les sermens et loyautez qu'ils ont à nous; et s'aucuns de quelque estat ou autorité qu'ils soient, prenoient aucuns desdits deniers pour autres causes ne pour autres usages que ceux cy-dessus declairées, nous voulons que iceux deniers fussent et soient recouvrez sur eux ou sur leurs hoirs, sans esparguier.

(151) Pour remedier aux grands maux, griefs, oppressions et inconveniens qui sont avenus et aviennent de jour en jour à nostre peuple et à nos subjets, pour le fait de la guerre, et des pilleries et roberies qu'ils ont souffertes ou temps passé, et seroient tailliez de plus avant souffrir, se pourveu n'y estoit, et afin que doresenavant nous ayons prompte finance, comme à nostre royal majesté appartient, pour secourir aux necessitez et affaires qui nous pourront survenir à cause de ladite guerre et autrement, nous avons ordonné et ordonnons que doresenavant des deniers qui generalement istront du fait de tous les aydes ordonnez pour la guerre, en tout nostre royaume, en quelque part et en quelque seigneurie ou jurisdiction que ce soit en iceluy, à commencer du premier jour d'octobre prochain venant, la moitié en sera veritablement et realment detraicte pour estre convertie ou fait de la guerre et non ailleurs; et à ceste fin ordonnons que icelle moitié sera par le receveur general desdits aydes, ainsi comme l'argent d'iceux aydes vendra, apportée et mise en un gros coffre qui sera mis en la grosse tour de nostre palais ou ailleurs en lieu seur et secret, tel que advisié sera; ouquel coffre aura trois clefs, dont nostre chancellier present et advenir gardera l'une, le president de nos comptes la seconde, et les commis au gouvernement de toutes nos finances l'autre; et ou cas qu'il plairait à Dieu que nous n'eussions guerre, icelle moitié desdits aydes demourra en tresor oudit coffre, et sera conservée pour secourir au fait de la guerre qui pourrait survenir: et en tant que touche l'autre moitié des deniers de iceux aydes, icelle moitié avec les deniers de nostre demaine, seront convertis és autres affaires et necessitez de nous et de nostre royaume.

Des Trésoriers des guerres.

(152) Pour ce que nous avons esté advertis qu'il n'est pour le present aucune necessité que nous ayons deux ou trois tresors des guerres en nostre royaume, et que nous nous pouvons bien passer d'en avoir un seulement, nous avons ordonné et ordonnons

que d'oresenavant en nostredit royaume, n'aurons que un tresorier de nosdites guerres, aux gages et droits anciens et accoustumez.

(133) Pour ce qu'il est venu à nostre cognoissance que pour cause de ce que les gens d'armes ont ou temps passé baillié plusieurs blancs à nos tresoriers des guerres, qui pour le temps estoient, lesquels tresoriers ont employé iceux blancs en quittances pour plus grand somme que ils n'ont baillié; et aussi lesdicts blancs qui leur ont esté bailliez pour quictances, ils en ont fait obligations, et s'en sont ensuis plusieurs autres inconveniens, nous avons deffendu et deffendons à nostredit tresorier des guerres, que d'oresenavant il ne reçoive plus tels blancs, sur peine de privation de son office, et d'amende arbitraire; mais se pourvoye selon que le cas le requerra, de scedule de ceux à qui il baillera argent, pour avoir quictances montrées et reçues, se pour lors ils ne le peuvent baillier, et outre commandons à iceluy tresorier, que d'oresenavant il paye les gens d'armes par chambre, comme anciennement estoit accoustumé, sans aucune chose en payer aux capitaines, sinon en tant qu'il leur competera et appartiendra; et s'il fait le contraire, nous deffendons aux gens de nos comptes que les deniers qu'il aura autrement payez que par la maniere que dict est, ils ne allouent en ses comptes en aucune maniere.

(134) Aussi avons defendu et defendons à nostredit tresorier des guerres, et à tous nos autres receveurs et gens de finances, sur les peines dessusdictes, et d'amende arbitraire, que ils ne baillent doresenavant en payement à ceux qui seront assignez sur eux, chevaux, draps, vins ou autres denrées, mais les payent en argent comptant; et se autrement le font, nous voulons qu'ils en soient punis par bonne justice, tellement que ce soit exemple à tous autres.

(135) Comme entendu avons, combien que souventes fois nous ou nos commis au fait de nos finances, avons ordonné ou temps passé plusieurs sommes de deniers estre baillées aux tresoriers de nos guerres, qui pour le temps estoient, pour estre tournez et convertis en certains faits particuliers de nosdictes guerres, selon le mandement à eux adressans sur ce, neantmoins iceux tresoriers, par faveur ou autrement, avoient accoustumé, et de faict très-souvent faict convertir nosdicts deniers autre part; c'est assavoir, aucunes fois en arrerages des guerres du temps passé, et autres fois en autres usages que en ceux pour lesquels iceux deniers leur avoient esté ordonnez, pourquoy nos gens d'armes

avoient et ont esté mal payez ou temps passé; nous voulans à ce pourveoir, deffendons très-expressement au tresorier de nosdictes guerres, present et avenir, que doresenavant il n'employe, ne face tourner les deniers qui luy seront envoyez ou bailliez de par nous pour aucun faict de guerre, ailleurs ne en autres faicts et usages que en celuy ou ceux de la guerre qui lors sera, soubs couleur de quelque mandement au contraire que feissions ou octroissons sur ce, et quelconques nonobstances qui contenues fussent en icelles ou iceux mandemens ausquels nous ne voulons aucunement estre obey; et si iceluy tresorier enfraint aucunement ceste deffence presente, nous dès-maintenant pour lors le privons de son office, et si voulons que tout ce qu'il auroit employé que en celuy cy-dessus declairé, ne soit alloué en ses comptes, mais soit sans deport recouvré sur luy ou sur ses hoirs.

(136) Quant au fait du gouvernement de nostre hostel, attendu les grands charges que de present avons à supporter, et les grands diminutions de nos finances, et qui est chose très-necessaire et très-expedient de donner bonne reigle, moderation et ordonnances ès despences des hostels de nous, de nostre très-chiere et très-amée compaigne la Royne, et de nostre très-cher et très-amé aisné fils Loys, duc de Guienne, daulphin de Viennois, nous voulans les despenses desdits hostels et de chascun d'iceux, estre moderées et diminuées à l'utilité et proffit de nous et de nostre royaume, et icelles estre ramenées et reduictes en tant que faire se pourra, aux bons et honorables estats et gouvernemens, et de très-excellens et heureuses memoires de nos besayeul, ayeul et pere, leurs compaignes et enfans que Dieu pardoint, ou l'un d'iceux, commandons et expressement enjoignons à nosdits commis à entendre et pourveoir au bien publique de nostre royaume, que appellez avec eux le grand-maistre de nostre hostel, aucuns des chiefs d'office de nostredit hostel, et aussi des maistres d'hostel et chiefs d'offices des hostels de nostredicte compagne et nostre aisné fils, pour lors estans devers nous, et eux tantôt après la publication de ces presentes, eux tous ensemble advisent à la bonne moderation, reigle et gouvernement des despences de tous les hostels dessus dicts, et de chascun d'iceux, tant en nombre et expulsion de gens et serviteurs qui ne seraient necessaires, comme autrement, en toutes les meilleures manieres que faire se pourront; et que pour servir nostredict fils, l'on preigne des gens et serviteurs de nostredict hostel, en tant que faire se pourra bonnement; et les avis, moderations, diminutions, deliberations,

ordonnances et conclusions que les dessusdicts auraient sur ce prinses et faictes, voulons, mandons et expressement enjoignons estre tenues, gardées et realement executées en tous leurs points, selon leurs formes et teneurs.

(137) Comme depuis aucuns temps en ça, nous avons donné, baillé et delivré (1) à nostre très-chiere et très-amée compaigne la Royne, par maniere d'assiete de douaire ou autrement, les villes, chasteaux et terres de Meleun et de Crecy en Brye, avec certaines autres terres, revenues et possessions; ensemble les aydes ayans cours en icelles, qui est contre les usaiges, coustume et commune observance gardez et observez en France, par lesquels assiete de douaire ne doit avoir lieu durant et constant le mariage de deux conjoints, ne don fait le mary à femme, et aussi contre la commune observance de noz predecesseurs roys de France, nous attendu ce que dit est, et aussi le bon vouloir, desir et affection que nostredite compaigne a de pourveoir aux grans affaires qui sont survenus à nous, et de ayder à pourveoir de tout son pouvoir au bien de nous et de nostre royaume, comme de ce nous sommes deuëment acertenez, et aussi que nous avons intention de pourveoir continuellement, bien et suffisamment à l'estat de nostredicte compaigne, avons ordonné et ordonnons que doresenavant durant nostredict mariage, notredicte compaigne ne joyra des villes, chasteaux, revenues et possessions dessusdictes; mais voulons et ordonnons que elles soient gouvernées de par nous et en nostre nom, par noz gens et officiers, et à nostre prouffit, comme paravant le bail et delivrance dessusdits; toutesfois s'il advient que l'assignation et douaire de nostredict douaire ait lieu, selon les usaiges, coustume et commune observance dessusdite, nous, en icelui cas, voulons et ordonnons que nostredicte compaigne, s'il lui plaist, joysse à tiltre de douaire, des terres, revenues et possessions qui pour icelle cause l'y ont esté baillées et assignées.

(138.) Pour ce que de jour en jour par voyes subtiles et indirectes ou autrement, l'on prent charges extraordinaires tant sur la despence de nostredict hostel, comme des hostels de nostredicte compaigne et aisné fils, plusieurs inconveniens et faultes se sont ensuies, où très-grand grief, prejudice et dommage de bons

---

(1) Vingt-cinq mille liv. de rentes sur plusieurs terres et seigneuries, et particulièrement sur le revenu du pont de Melun, sur Moret, Pons, Nemours, Meaut et Crecy en Brie. (V. *Traité des Droits du Roi*, par Dupuy, p. 796 et 884.)

(Vilevault.)

marchans qui ont administré et tous les jours administrent leurs denrées pour le fait des despences d'iceux hostels, comme vins, chars, busches, foings, avoines et autres denrées semblables, qui par le moyen desdictes charges extraordinaires, ont esté et sont reculez, et n'on peu, ne peuvent estre payez de ce que par nous, nostredicte compaigne et fils leur est deu, à la cause dessusdicte, nous voulans à ce pourveoir, ordonnons que doresenavant aucunes charges extraordinaires, dons ne pensions ne se prendront sur icelles despences, ne aucunes d'icelles; et voulons que se aucun soubs quelque couleur ou occasion que ce fust, prenoit ou s'efforçoit avoir et prendre sur les despenses desdits hostels ou de aucun d'iceux, aucune assignation ou charge extraordinaire, tout ce qu'il auroit eu et receu, ou qu'il en auroit et recevroit, feust ou soit recouvré sur luy ou sur ses hoirs.

(139) Et à ce que les despences des hostels des dessusdicts soient doresenavant bien et duëment payées sans interruption, nous avons ordonné et ordonnons que dès le commencement de l'année, icelles despences et chacunes d'icelles, compris en ce hostellages et anciens gaiges ordinaires, soient par lesdits commis sur le fait de toutes noz finances, assignez sur receptes entieres; sauf et réservé la moitié des deniers de noz aydes, que par certain article precedent, a esté ordonné estre detraicte pour le fait de noz guerres, sans ce que sur icelles receptes autres assignations que celles ordonnées pour lesdictes despences, soient faictes pour quelque autre cause que ce soit; et s'il y a residu (où lesdictes assignations d'icelles despendent, sur icelles receptes) iceluy ou iceux residuz seront receuz par nostredict recepveur general qui en fera mise et despense en ses comptes.

(140) Pour ce que puis peu de temps, aucuns ont esté par nous commis à faire venir ens les deniers des assignations faites pour les despenses des hostels cy-dessus, ès articles precedens designez, comme superintendans oultre et par dessus les chiefs d'offices et officiers ordinaires audit fait desdictes despenses, nous accertenez que ce que dit est a esté fait à nostre très-grand charge et dommage, mesmement que iceux commis ont accoustumé de prendre et avoir de nous par chacun an, à cause de ce, très-grands prouffits, sans necessité ou cause raisonnable, nous avons ordonné et ordonnons que doresenavant nous n'aurons tels officiers ou commis, et se aucuns en y a de present, nous revoquons et rappelons, et leurs offices mettons au neant; et voulons que tous les deniers des assignations dessusdites soient

faits venir ens par lesdits chiefs d'office desdicts hostels, par mandemens patens de nous, verifiez et expediez par nos commis au fait du gouvernement de toutes nosdites finances; et se aucun pour le temps avenir se boutoit esdits offices de commis sur le fait desdites finances outre et pardessus lesdits chiefs d'offices, nous dès-maintenant pour lors les reputons inhabiles à iceux offices et tous autres offices royaux : et outre, voulons que tous les prouffits qu'ils en auroient euz et receuz, à cause de ce, soient recouvrez sur eux et sur leurs hoirs.

De la Chambre des Comptes.

(141) Et quant ou faict de notre chambre des comptes, en laquelle par importunité de requerans ou autrement, nous avons ou temps passé creu le nombre, et y en avons mis plusieurs extraordinaires, et subroguez à notre grand charge et dommage, et aussi l'avons fait au regard des clercs d'embas (1) : nous avons ordonné et ordonnons, que doresenavant en ladicte chambre des comptes, aura deux présidens; c'est assavoir, le grand bouteiller de France et un autre president, huit maistres, quatre clercs et quatre lais, lesquels se feront en nostredicte chambre des comptes par bonne élection, par nostre chancellier, appellez avec luy des gens de nostre grand conseil et autres de nostre conseil en grand et suffisant nombre; et dès maintenant avons deboutez et deboutons les extraordinaires et subroguez : et quant à la garde de nos chartres, il fera son office comme il appartiendra, et ne viendra point en nostre chambre des comptes, s'il n'est mandé, ainsi comme par noz devanciers a esté autrefois ordonné. Et desormais tantost que leur office vacquera, on y pourverra par bonne élection, et par la maniere que dict est. Et quant au nombre des clercs d'aval, il y en aura deux seulement, qui seront prins et esleus par nostredict chancellier et conseil, en nostredicte chambre des comptes, comme dessus dit des maistres desdicts comptes, et dès-maintenant en avons debouté et deboutons tous extraordinaires et subroguez et voulons que se aucun doresenavant s'y boute outre le nombre ou par autre maniere que dessus est déclaré, que tout ce qu'il en recepvra à cause des gaiges ou autrement, soit recouvré sur luy ou sur ses hoirs.

(142) Avons ordonné et ordonnons que doresenavant par quelque ancienneté, maladie, debilitation de personnes, ou

---

(1) Ce sont les auditeurs de la chambre des comptes.

autres empêchemens qui surviennent à aucuns de nos officiers, soient de parlement, de nostre chambre des comptes, ou autres de quelque estat qu'ils soient, ne soient mis ou instituez en leur lieux aucuns subroguez; mais quand le cas aviendra, nous y pourverrons par l'advis et deliberation de nostre conseil, ainsi comme il appartiendra à faire par raison. Et pour ce que de present des maistres ordinaires de nostredicte chambre des comptes, il y a aucuns qui par ancienneté de leurs personnes ne nous pourroient proufitablement servir oudict office, au lieu d'eux nous y pourverrons, se pourvu n'y avons, ainsi qu'il appartiendra, par l'advis et deliberation de nostre conseil, tant au regard de leurs offices, comme au regard de la provision de leurs estats et personnes.

(143.) Pour ce que plusieurs corrections ont esté obmises à faire en nostre chambre des comptes, parquoy on ne puet si legierement veoir les faultes qui sont ès comptes des recepveurs, ne veoir l'estat d'iceux recepveurs, qui est en nostre grand préjudice et dommage, nous avons ordonné et ordonnons que avec les douze clercs d'embas dessusdicts, aura deux correcteurs qui seront esleuz par nostredict chancellier, par la maniere dessusdicte, se fait n'est; lesquels feront les corrections des comptes incontinent qu'ils seront examinez, sans attendre à les faire après la closture d'iceux comptes; et en celles qui seront à faire du temps passé, ceux qui y seront commis y entendent le plus diligemment que faire se pourra.

(144) Pour ce qu'il est venu à nostre cognoissance que lesdites gens de noz comptes ont fait faire un kalendier, ouquel ils ont fait mettre plusieurs festes autres que celles qui d'ancienneté ont accoustumé d'estre festées en nostre cour de parlement, parquoy les receveurs et autres qui ont à besongner en nostre chambre des comptes, demeurent longuement, ou prejudice de nous et de la chose publique, nous avons ordonné et ordonnons que doresenavant nosdictes gens de comptes viengnent besoingner en icelle chambre, toutes fois que on besoingnera en nostre court de parlement, et que ledict kalendier soit corrigé selon le kalendier de ladicte court de parlement.

(145) Pour ce que souventes fois est avenu, comme nous avons entendu, que aucuns singuliers de noz conseillers de nostre chambre des comptes, et aussi des clercs d'icelle, de leur auctorité, sans en parler à noz autres conseillers de ladicte chambre au burel, comme il doit faire, ont plusieurs fois escrits plusieurs

arrests et appoinctemens, sur plusieurs des comptes de noz vicontes, receveurs ou grenetiers, ou sur plusieurs articles d'iceux,
tant de recepte comme de despense, sur lesquels pour la double
que y avoient faits ceux qui avoyent oys lesdicts comptes, ils
avoient escript *loquatur*, ou autre chose, lesquels clercs et conseillers singuliers, de leur auctorité y ont plusieurs fois escript
transeat ou *radiatur*, ou aultre tel langage comme il leur a pleu,
qui est chose de très-mauvais exemple et de grand presomption,
et y pourroit-on noter très-grand mauvaistié, par faveur, par
haine ou par autre cause, nous enjoignons et defendons très-estroictement, à tous nosdicts conseillers, clercs, notaires et autres de ladite chambre, et à chacun d'eux, sur le serment qu'ils
ont à nous, et sur peine de faulx et de parjure, que d'oresenavant aucun d'eux de quelque estat ou auctorité qu'il soit, ne soit
si hardy de escrire ou enregistrer aucun appoinctement decisif,
comme de *transeat*, *radiatur*, *recuperetur*, ou autre semblable,
sur aucun article d'aucun compte, sinon que premierement
iceluy article ait esté veu et leu en plein burel, en la presence et
à l'oy de tous nosdits conseillers qui lors y seront, et que ce soit
par conseil et deliberation d'eux, et aussi que ce soit ce qu'ils auront deliberé, et non autre chose.

(146) Nous deffendons très-expressément à nosdictes gens et
conseillers des comptes, clercs et tous autres de ladicte chambre,
sur le serment qu'ils ont a nous, et sur peine de faulx, et estre
grievement punis autrement, et à chacun d'eux, que doresenavant quand un compte sera rendu et clos en nostredite chambre,
aucun d'eux de quelque estat ou auctorité qu'il soit, ne adjouste,
escripve ou change aucune chose en iceluy compte, pour quelque cause que ce soit, ne alloue ou employe aucune chose en
recepte ou en despence, que ce ne soit en plein burel et par la
deliberation de noz conseillers qui y seront presens; et que en
ce ne soient employez aucuns dons, sur peine de les recouvrer
sur eux.

(147) Pour ce que pareillement il est avenu que par plusieurs
fois plusieurs lettres ou mandemens touchans finances, ont este
allouez et passez en nostredicte chambre des comptes, sans ce
que icelles lettres ayent esté expediees ou verifiées par noz tresoriers ou les generaux à qui la verification desdits dons et lettres
competent et appartiennent, nous avons ordonné et ordonnons
que dorenesavant aucuns tels mandemens ou lettres ne soient
allouez ès comptes desdits receveurs ou grenetiers, se premier

icelles lettres ou mandemens ne sont premierement vérifiées ou expediées par nosdits commis qui auront le gouvernement de toutes noz finances.

(148) Pour ce qu'il est venu à nostre cognoissance que lesdictes gens de noz comptes, quand aucuns receveurs, grenetiers ou contrerolleurs comptent en ladite chambre, et aussi quand aucuns d'eux ou autres ont faits aucuns voyages, et par la fin de leurs comptes ils doivent aucunes sommes d'argent de reste, lesdictes sommes sont allouées en mises pour les necessitez de la chambre sans declairer quelles necessitez, et en alloue l'on tous les ans plusieurs grans sommes de deniers, si comme il appert par iceux comptes, ou grand prejudice et dommage de nous, nous avons ordonné et ordonnons que ce doresenavant ne se fasse plus, et voulons que se aucune chose est prinse desdictes restes, pour les necessitez de ladite chambre, que les commis à faire lesdictes necessitez facent de ce mise et recepte, et en rendent compte en ladite chambre comme il appartient.

(149) Et pareillement est advenu que pour cause de ce que quand aucun *loquatur*, arrest de compte ou autrement, chose touchant le fait de ladite chambre, est décidé en icelle, on n'a point enregistré les presens à la decision de ce que dit est, et par ce s'en puet ensuir plusieurs inconveniens : car un chacun à part pourroit escrire sur ledict compte, que lesdits arrets ou autres choses seroient faites par la deliberation des maistres de nostre chambre, nous avons ordonné et ordonnons que doresenavant la decision des arrests touchans le fait d'icelle chambre, et les noms des presens seront enregistrez ou livre des memoriaux ou journal de ladite chambre; et ce enjoingnons très-estroictement à nosdites gens des comptes, mesmement en matières de grand poix.

(150) Pour ce que lesdites gens de noz comptes, ou temps passé ont entreprins jurisdiction et cognoissance de cause par forme de plaidoiries, et autres choses qui ne concluent point directement le fait des comptes, et avec ce ont voulu mainnir que de leurs sentences, jugemens ou appoinctemens on ne pouvoit ou devoit appeller, nous avons ordonné et ordonnons que doresenavant nosdictes gens des comptes n'entrepreignent cognoissance de cause par forme et ordre de procès et où chée plaidoyerie, et mesmement en choses qui ne regardent directement fait de comptes; et se il avenoit debat pour cause de ce entre les parties; c'est assavoir, que l'une d'icelles deist l'article regarde fait

de comptes, et l'autre non ; lesquels debats se puissent ordonner et déterminer sommairement et de plain, par l'inspection des comptes, et autrement sans plaidoiries en forme de procez, nous voulons que nosdites gens en puissent ordonner et determiner, sans ce qu'il loise à aucun appeller ou reclamer ; et s'il avenoit que aucun en appellast, nous ne voulons y estre différé ou obei par forme d'appel ; mais se de leurs sentences ou jugemens, touchans et concernans directement ledit fait des comptes, aucune partie estoit plaintive à nous ou à nostredite court de parlement, aucuns des presidens de nostre court, appellez aucuns de noz conseillers en icelle court, appellez aussi avecques eux des gens de nosdicts comptes, oyront les parties et en ordonneront sommairement et de plain, sans longue figure de procez, comme il appartiendra à faire par raison ; et est nostre intention et voulenté, que ou cas que contre nostredite defense, lesdites gens de noz comptes entreprendront autre cognoissance de cause ou jurisdiction que par la forme que dit est, un chacun qui se sentiroit agrevé, peust appeller en nostredite cour de parlement, et que adjournement en cause d'appel luy en soit sur ce baillé.

(151) Pour ce qu'il advient souvent que nosdictes gens des comptes au burel, en faveur des receveurs, presentent leursdits comptes audict burel, sans parler aux clercs d'embas qui doyvent oyr les comptes d'iceux receveurs, seignent iceux comptes *traditus*, et deslors en avant lesdicts receveurs prennent sur nous leurs gaiges, et ne se peuvent oyr leursdits comptes pour les empeschemens que ont lesdits clercs, des autres qu'ils oyent, ou qu'il y a autres recepveurs qui sont venus paravant pour compter, pourquoy souventes fois advient que nosdicts recepveurs demeurent longuement à nos despens, nous avons ordonné et ordonnons que doresenavant nosdictes gens des comptes ne signeront lesdicts comptes *traditus*, se paravant ils n'ont parlé ausdicts clercs d'embas, afin de sçavoir quand l'on pourra commencer à ouir les comptes desdits receveurs, afin que s'ils estoient longuement empeschiez, l'on peust renvoyer lesdits receveurs jusques au temps que l'on verroit que lesdits clercs puissent entendre et vacquer à ouyr lesdits comptes.

(152) Pour ce qu'il est venu à nostre cognoissance que nosdictes gens des comptes embesoingnent souvent nos clercs d'embas en leurs propres et privées besongnes, parquoy les besongnes de nostredicte chambre sont souvent retardées, nous deffendons à nosdictes gens des comptes que doresenavant eux ne aucun d'eux

ne embesoingnent iceux nos clers en autres besoingnes que ès nostres et celles de nostredicte chambre, et ce leur enjoignons sur la loyauté qu'ils nous doivent, et le serment qu'ils ont a nous.

(153) Pour ce que une mesme chose est et doit estre de nostre très-cher et très-amé aisné fils Loys duc de Guyenne, daulphin de Viennois, et que son estat doit toujours estre trouvé en nostre chambre des comptes à Paris ainsi comme le nostre et celuy de nostre très-chiere et très-amée compaigne la royne, et comme faict a esté ou temps passé, et mesmement pour diminuer les grands frais qu'il nous convient soustenir pour le bien de la chose publique de nostre royaume, nous avons ordonné et ordonnons que les comptes de toutes les finances de nostredit fils, et de la despence de son hostel, seront rendus chacun par ses officiers et serviteurs qui ont ou auront la charge de ses finances et la despence de son hostel, en nostredicte chambre des comptes et non ailleurs, ainsi comme le font nos officiers et serviteurs de nostredicte très chiere et très-amée compaigne la royne, et qu'il a esté accoustumé de nostre temps et du temps de nos predecesseurs roys de France; et pour ce que par l'induction d'aucuns, nostredict fils a fait et ordonné une nouvelle chambre des comptes, laquelle est à nous et à luy de grands fraiz et grands despens, et si empesche à sçavoir la vraye distribution des finances qu'il prend chacun an par nostre ordonnance pour le fait de sa despence et autrement, nous avons ordonné et ordonnons que icelle chambre des comptes de nouvel mise sus, comme dit est, cesse du tout, et que aucun ne s'entremette plus de ouir les comptes des officiers et serviteurs de nostredit fils, fors seulement ceux de nostredicte chambre des comptes, comme fait a esté ou temps passé; et se contre nostre presente ordonnance aucun des officiers ou serviteurs de nostredit fils, rendoit ses comptes ailleurs que pardevant nosdites gens des comptes, nous voulons que tout ce qu'il en fera soit nul et de nulle valeur, et que arrest de compte ou quittance qu'il en ait, ne luy vaille ou temps advenir; et outre voulons que s'aucun autre s'entremet d'oïr cesdits comptes, ne soy appeller maistre d'iceux, ne de prendre pour occasion de ce aucuns gaiges ou autres profits, que tout ce qu'il en recevroit a cause des gages ou autrement, soit recouvré entièrement sur luy ou sur ses hoirs.

De la Court de Parlement.

(154) Que doresenavant quand les lieux des quatre presidens autres gens de la grand'-chambre, des enquestes de nostre parlement, des requestes de nostre hostel, et des requestes de nostre palais, vacqueront, nostre chancelier, appellez avec luy aucuns de nostre grand conseil, esliront deux ou trois vaillans hommes de nostredicte court de parlement, ou autres sages et preudhommes, lesquels seront commis de par nous à eux informer diligemment, secretement et bien, tant à nos advocats et procureur et autres notables advocats et procureur de nostredicte cour de parlement, et autres, se mestier est, quelle personne sera bonne et idoine à estre mise et colloquée audit lieu qui lors vacquera : et icelle information faicte deuëment, sera rapportée en nostredicte court en la presence de nostredict chancelier et de ceux de nostredict grand conseil ; et ce faict, par deuë scrutine deuëment publiée, sera pourveu dudit lieu à la personne qui par le moyen dudit scrutine sera esleue ; et se il advient que aucun entre ou s'efforce d'entrer oudit office par autre maniere que par la maniere déclarée en ce présent article, nous voulons qu'il soit debouté dudit office comme inhabile à icelluy, et dés-maintenant pour lors l'en privons et deboutons, et le declairons à icelluy office estre inhabile ; et voulons que tous les proffits qu'il en aura euz et receuz soient recouvrez de faict sur luy, s'il vit, et sinon sur ses heritiers, par toutes les meilleures voyes que faire se pourra.

(155) Et aussi pour ce que nostredicte court de parlement est la court capital de nostre royaume, et que c'est chose bien afferant à nous et à nostre justice, que en icelle court ait des nobles personnes de nostre royaume, pour ce qu'elle en sera plus decorée, nous avons ordonné et ordonnons que ou cas que aucuns des nobles de nostre royaume, voudront avoir aucuns desdit offices, et par ladicte eslection ils seroient trouvez aussi souffisans comme aucuns des autres, que en ce cas ils soient preferez aux autres : et avecques ce voulons que l'en y mette, se faire se peut, gardée toutesvoies la forme et la maniere de ladicte election, des gens de nostre royaume, pource que les coustumes et usages des lieux sont divers, afin que, de chacun pays, les gens de nostredicte court cognoissent les coustumes des pays et y soient expers.

(156) Et aussi pour ce que plusieurs de nosdicts conseillers de parlement, par l'importunité ou autrement, ont obtenu de nous

octroy de leurs gages à vie, et aussi entreprennent commissions, et delaissent souventes fois leurs offices, ou très-grand prejudice de nous et de la chose publique de nostre royaume, nous revocquons et adnullons par ces presentes tous octrois et graces par nous à eux faits desdits gages à vie, se ils ne nous ont servy esdits offices par l'espace de vingt ans, soient presidens ou autres, lesquels gages nous ne voulons estre payez à aucuns de nos conseillers dudit parlement, soient presidens ou autres, quand ils se transporteront ou iront hors en commission pour parties dont ils prendront salaires ; toutes fois iceux nosdicts conseillers qui esdits offices nous ont servy outre ledit temps de vingt ans, jouiront desdits gages à vie, selon ce que octroyé leur avons, et que expedié leur a esté en la chambre de nos comptes, supposé qu'ils voisent hors en commission pour parties ; et ne octroyerons doresenavant tels ne si amples gages à aucuns de nosdicts conseillers, se prealablement ils ne nous avoient ou ont servy esdits offices l'espace de trente ans : et se aucuns de nosdits presidens et conseillers dessusdits, enfraint ceste nostre presente ordonnance, nous voulons que sur les enfraignans icelle ou leurs hoirs, soient recouvrez tous les gaiges et prouffits que ils en auroient prins et perceus à cause de ce.

(157) Ordonnons et deffendons aux presidens tant de la grand'-chambre comme des enquestes et chacun d'eux, que doresenavant ils ne se chargent de tant de commissions qu'ils ont accoustumé, pour aller hors de nostre ville de Paris, que durant ledit parlement il n'y ait deux ou trois presidens de ladicte grand'-chambre et un des enquestes, et en temps de vacations, que d'iceux presidens de la grand'-chambre soient à Paris residens deux ou un à tout le moins ; et aussi que les conseillers de nostredicte court ne voisent point hors durant le parlement, si ce n'est par licence de nostredicte court publiquement requise, et par deliberation de la chambre ; et aussi deffendons aux gens des requestes de nostre palais que ils ne voisent hors en tel nombre, que toujours il n'en demeure en nostredicte ville de Paris, quatre ou trois d'iceux du moins ; et ce leur enjoignons sur les sermens qu'ils ont à nous.

(158) Combien que ce soit chose très-afferante et necessaire que les presidens de nostre court de parlement soient souventes fois près de nous, et facent residence comme continuelle en nostre bonne ville de Paris, pour vacquer et entendre au faict de la justice de nostre royaume, et pour venir en nos conseils quand

mandez y sont; neantmoins comme entendu avons, plusieurs d'eux se appliquent à prendre par chacun au plusieurs et diverses commissions pour parties, pour aller hors de nostre bonne ville de Paris, en loingtaines parties, dont plusieurs inconveniens s'en sont ensuis ou temps passé, ou prejudice de nous et de nostre justice, et tellement que nostredicte court est souvent demourée desnuée d'iceux presidens (1), au moins de la plus grande partie d'eux, et que nous ne les avons peu avoir pour assister à nos consaulx, quand mandez les y avons, dont nos besongnes et affaires et le bien de la justice de nostredit royaume, ont esté retardez; nous voulans à ce pourveoir, avons ordonné et ordonnons que doresenavant quand les commissaires de nostredicte court se distribueront, chacun de nosdits presidens n'aura en un parlement que une commission pour parties, et que ce soit au plus près de Paris que faire se pourra, et au plus loing de XIX ou de XL lieues, afin que se besoin est, nous les puissions avoir pour nosdits affaires; si ce n'estoit toutesfois que nous les eussions ou voulusissions envoyer en ambaxade ou autrement pour nos besongnes; et ce leur enjoignons et à chacun d'eux, sur les sermens et loyautez qu'ilz ont à nous; et avec ce leur commandons très-estroittement que pour le temps advenir ils distribuent deuement et en bonne equalité, sans faveur ne acception de personne, les commissions de nostredit parlement, appellez à ce jusques au nombre de six ou huict des anciens conseillers d'icelle court, en la maniere du temps passé.

(159) Que souventesfois est advenu que les secrets et estat des procès pendant en nostredite court, ont esté revelez, qui est chose deshonneste et contre les sermens de ceux qui le faisoient, et contre nos ordonnances sur ce piecà faictes, pour ce derechief avons defendu et defendons à tous ceux de ladicte cour, soient presidens ou autres, et autres frequentans et repairans en icelle, de quelque estat ou condition qu'ils soient, sur peine de parjure et d'amende arbitraire, que doresenavant ils ne soient si hardis de reveler à quelque personne que ce soit, qu'ils auront veu ou ouy, ou qu'ils sçauront touchans les procès et consaux de ladicte cour; et se il est trouvé que le contraire soit fait, nous enjoingnons et commandons ausdits presidens et autres de ladicte court, et à chacun d'eux, sur le serment qu'ils ont à nous, que ils s'en informent ou facent informer bien et diligemment,

---

(1) V. ci-dessus.

et en facent faire telle punition par deliberation des conseillers de nostredicte cour, que ce soit exemple à tous autres (1).

(160) Pour ce que plusieurs fois est advenu que quand aucuns procès ont esté jugiez en la chambre des enquestes de nostre parlement, par les enquesteurs d'iceux procès, ont esté trouvez plusieurs crimes et delits avoir esté commis et perpetrez par les nommez en icelles enquestes, desquels crimes et delits aucune punition ne s'en est suyvie, pour ce que les deux presidens d'icelles enquestes estoient clers et gens d'eglise, qui pour ce n'en vouloient pas advertir nostre procureur : plusieurs crimes sont aussi escheus incidemment en iceux procès, parquoy pour la cause dessusdicte les jugemens d'iceux en ont esté retardez; nous desirans l'abregement des procès et pugnition des malfaicteurs, avons ordonné et ordonnons que doresenavant en ladicte chambre des enquestes, aura un president lay qui sera prins des conseillers de ladicte court, par election deuement faicte par eux, et servira aux droits et gaiges ausquels il servoit paravant, comme font les seconds presidens clercs qui y sont de present; lequel president lay fera jugier en sa presence lesdits incidens, et advertir et executer la provision nécessaire des crimes et delits qui seront trouvez esdictes enquestes; et pour ce que de present y a deux presidens clercs, comme dit est, nous ordonnons qu'ils demeurent leurs vies durans; mais quand le premier d'iceux ira de vie à trespassement, ou autrement delaissera ledict office, on n'y mettra aucun en lieu de luy, mais demourront desormais un clerc et un lay presidens en ladicte chambre; et quand aucun desdits deux offices vacquera, on y pourverra par bonne election, comme dessus est dict.

(161) Pour ce que par nos ordonnances anciennes, nos baillifs, seneschaux et procureurs doivent venir eux presenter en nostredicte court de parlement à leurs jours, pour faire plaider nos causes et instruire nos advocats et procureur sur icelles nos causes, il est advenu et advient très-souvent que quand aucuns baillifs, seneschaux ou autres nos officiers sont venus en nostredicte court aux jours de leurs presentations ou autres extraordinaires, pour nosdictes causes, ou par mandement de nostredicte court, les presidens d'icelle nostre court, par importunité de requerans, par mandement de nous, de ceux de nostre sang ou autrement, donnent audience à plusieurs prelats, chevaliers, es-

---

(1. Cela était nécessaire dans des temps de faction surtout. Lambert.

cuyers et autres gens au devant de nosdits officiers et de nos causes, parquoy il est advenu et advient souvent que nosdicts officiers demeurent très-longuement à Paris, en attendant leur audience et expédition, à nos très-grands fraiz et despens, ou prejudice des subjets qu'ils ont à gouverner à cause de leurs offices, nous en ensuivant les ordonnances faictes par nos predecesseurs, ordonnons et enjoignons à nosdits presidens, sur le serment qu'ils ont à nous, que doresenavant toutes autres causes arriere-mises, ils delivrent nos causes et donnent audience sur icelles à nos advocats et procureurs, pour l'expedition de nosdits offices; et aussi enjoignons à nosdits procureurs et advocats sur leur serment, que incontinent et le plustost que bonnement pourront, et que nosdits officiers le requerront, ils se assemblent et facent leurs collations avec eux, toutes autres causes tant de leurs pensionnaires comme autres arriere-mises, afin qu'ils soient prests de delivrer nosdites causes, toutefois que nosdits presidens leur donront audience.

(162) Comme autrefois a esté ordonné par nos predecesseurs, nous avons ordonné et ordonnons que le parlement finy et durans les vacations, les conseillers dudit parlement qui vaudront demourer à Paris, pour jugier et delivrer les procès par escrit, en ce faisant, prendront les gages accoustumez ainsi comme le parlement seant, pourveu qu'ils en soient en nombre souffisant et accoustumé pour jugier selon l'usage et style de ladicte court.

(163) Et pour ce que ou temps passé, en nostredicte court de parlement a eu et encores a de present plusieurs de nos conseillers d'icelle court, prochains l'un à l'autre lignage et affinité, en grand nombre, qui ne semble pas chose convenable ne expedient pour le bien de justice, mesmement que l'en y pourroit noter aucuns souspeçons et faveurs qui sont plus à eviter en ladicte court qui est souveraine (1), que autre part, pourquoy nous voulans pourveoir aux choses dessusdictes, avons ordonné et ordonnons que ès deux chambres de nostredicte court, c'est assavoir, en la grand'-chambre de parlement et ès enquestes, ne pourront estre mis doresenavant plus hault de trois nos conseillers qui s'entre appartiennent de lignage ou affinité jusques au tiers degré incluz.

---

(1) V. l'ordonn. du mois d'août 1669 et le règlement du 1ᵉʳ juin 1738, sur les évocations pour parentés et alliances entre les parties; l'avis du Conseil d'état, du 3 avril 1807; et l'art. 63 de la loi du 20 avril 1810, sur les parentés entre les juges. (Lambert.)

selon la computation de droit canon, et au dessus en plus prochain degré; et quant aux presidens desdictes chambres, et aussi aux gens des requestes de nostre hostel, aux gens de nos comptes, et à ceux des requestes de nostre palais, n'en y aura aucuns, et n'y pourront estre mis ou instituez qu'ils soient du lignage ou affinité l'un à l'autre oudit degré; et se aucun par importunité ou autrement entroit en aucun desdits offices, en venant contre nostredicte ordonnance, nous dès maintenant pour lors le reputons inhabile à tous offices royaux, et voulons que tout ce qu'il aura receu à cause desdictes offices ou autrement, soit recouvré sur lui ou sur ses hoirs.

(164) Pour ce que, tant par nostredicte fille l'université comme par nos bons et loyaux subjets de nostredicte ville de Paris, et autrement, il est venu à nostre cognoissance que jaçoit ce que en nostredicte court de parlement qui est la capitale et souveraine court de tout nostre royaume et aussi des requestes de nostre hostel, en sa chambre de noz comptes, et ès requestes de nostre palais, qui sont offices de grand honneur et representation, doivent estre mis gens notables, de bonne prudence et grand science, et qui soient experts tant en fait de justice et des coustumes de nostredit royaume, comme en fait de comptes, au regard desdits comptes, et que ainsi ait esté accoustumé du temps de noz predecesseurs, neantmoins il y en a plusieurs de present, qui par importunité ou autrement indeuement, ont esté mis depuis certain temps en ça esdicts offices, lesquels ne sont pas tels que dit est, ainçois sont les aucuns jeunes d'aage et de petite science et experience, et les aucuns posé qu'ils ne soient pas jeunes, si ne sont-ils mie de telle prudence, science et gouvernement comme il appartiendroit à l'honneur de nous et desdicts officiers et du bien publique de nostredit royaume, nous pour ce voulans et desirans à ce pourveoir, comme raison est, avons ordonné et ordonnons que ceux qui seront trouvez en nostredicte cour de parlement, en l'office des requestes de nostredit hostel, et autres estats et offices dessusdicts, non estre convenables et prouffitables esdicts offices ou estats, en regard à l'honneur de nous, de ladite cour, des autres lieux dessusdits, et du bien publique de nostre royaume, soient d'iceux offices deschargez, et ou lieu d'eux mises notables et souffisans personnes: et pour enquerir et sçavoir ceux de nostredicte cour et des autres lieux dessus declarez, qui ne sont convenables et prouffitables à ce, nous voulons que nosdits commis pour entendre et pourveoir au bien publique du

royaume, appellez avec eux aucuns de nostre grand conseil, huict de nostredicte cour de parlement; c'est assavoir, quatre de la grand'-chambre et quatre de la chambre des enquestes, deux des maistres des requestes de nostre hostel et deux de nostre chambre des comptes, et autres tels que bon leur semblera, tous non suspects en ceste manière, advisent la manière de sçavoir ceux qui ne sont esdits offices convenables et prouffitables, et la manière de dire sur ce leurs opinions et de y prendre conclusion selon leurs consciences lesquelles nous en chargeons quant a ce; et voulons que tous ceux qui par eux ou la plus grand partie d'eux seront trouvez et concluds tels que dict est, c'est assavoir, non convenables et prouffitables, soient deschargiez desdicts offices, et dès maintenant pour lors les en deschargeons, et voulons que ou lieu d'eux soient pour ceste fois par les dessusdicts mesmes, esleues et advisées autres notables personnes à l'honneur de nous et de nostre court, et desdicts autres lieux, et du bien publique de nostredict royaume, lesquelles nous y ordonnerons par nos lettres patentes, sans aucune difficulté : et voulons que s'il avenoit que aucuns de ceux qui seront deschargiez de leursdictes offices, par la manière que dict est, et se reboutassent ou efforçassent par importunité ou autrement de rebouter esdicts offices, nous dès maintenant pour lors les reputons et declarons inhabiles à iceux et à tous autres offices royaux, et si voulons que tous les prouffits qu'ils ou aucun d'eux en auroient prins à tiltre de gaiges ou autrement, soient recouvrez sur eux ou sur leurs hoirs.

(165) Pour ce que en nostredicte cour de parlement a de noz conseillers en bien grand nombre, qui se attiennent de lignaige et affinité, et en degrez bien prouchains, de quoy nostredicte cour est anciennement blasmée, et s'en pourroient ensuivir inconveniens, se pourveu n'y estoit, nous voulons et ordonnons que au regard de ceux de nostredicte cour, qui se attiennent en tiers degré de lignage ou affinité, selon la computation de droit canon, et au dessus, soit pourveu par nosdits conseillers, appellez avecques eux ceux de noz conseillers, et autres declarez en l'article prouchain precedent, au bien de nous et du bien publique de nostre royaume, et comme en leurs consciences il leur semblera estre à faire par raison, lesquels nous en chargeons quant à ce.

De la Justice.

(166) Voulons et ordonnons que quand les sieges de la prevosté de Paris, des seneschaucies et bailliages, maistrise de foires de Champaigne, et autres notables offices de judicature de nostre royaume vacqueront, il y soit pourveu de personnes notables, saiges, expers et cognoissans ou fait de justice, selon les lieux et pays où ils seront assis; lesquelles personnes seront prinses par bonne election, sans faveur ou acception de personnes, qui se fera en nostre parlement, en la presence de nostre chancelier, appellez avec lui de ceux de nostre grand-conseil; et se de present en y a aucuns autres, il y soit pourveu par la maniere que dit est, et ne seront aucunement assignez de leurs gaiges sur leurs exploits; lesquels prevosts, seneschaux et baillifs, qui à present sont et seront pour le temps avenir, seront tenus de faire continuelle residence sur leursdits offices, en les exerçant en leurs personnes comme dessus est dit : et ou cas que aucun desdits prevosts, seneschaux ou baillifs, seroient ou demourroient outre deux mois par chacun an dehors de leurs prevostez, seneschaucies ou bailliages, ils seront privez et mis hors de leursdits offices, et nous mesmes dès maintenant pour lors les en privons, nonobstant quelconques lettres de non residence qu'ils obtiengnent de nous, se ce n'estoit toutesfois pour noz autres besongnes ausquelles ils fussent commis par nous par lettres de commission, ou pour autre cause necessaire ou raisonnable, comme pour ambaxades, traictez ou autres choses semblables; et se aucun se boutoit esdicts offices ou en l'un d'iceux, par autre voye et maniere que par election et forme cy-dessus posez, nous dès-maintenant pour lors les reputons inhabiles ausdits offices et à tous autres offices royaux, et si voulons que tous les prouffits qu'ils auroient receuz à cause de ce, soient recouvrez sur eux ou sur leurs hoirs.

(167) Voulons et ordonnons que tous nosdits prevosts, seneschaux, baillifs et autres juges quelconques exerçans jurisdiction, jurent doresenavant aux sains évangiles de Dieu, à leur institution, que durant le temps qu'ils exerceront leurs offices à eux commis, ils feront à leur pouvoir bon et juste jugement à toutes personnes petis et grands, etranges et privez, de quelque estat et condition qu'ils soient, et à tous leurs subjects, sans acceptation, faveur, haine ou difference des personnes et des nations, et garderont diligemment les stilles, usaiges et coustumes approuvez des lieux de leurs jurisdictions.

(168) Et avec ce, jureront que par soy ne par autre, ils ne recevront ne feront recevoir or, argent ou autre chose, meuble ou héritage, pour service ou pour don, ne aucun bien perpetuel ou à certain temps, et ne procureront que aucuns dons, services ou bienfaits, soient donnez à leurs femmes, enfans, freres, sœurs, nepveus, niepces, cousins, cousines, affins, affines ou domestiques, excepté tant seulement vivres ordonnez pour boire et manger, sans outrage et sans fraude, selon la condition et chevance d'un chacun, et en telle maniere qu'ils se puissent consumer et despendre en peu de jours; et qu'ils ne recevront vivres ordonnez pour boire, fors en petits barils, bouteilles ou pots, sans fraude ou corruption, et d'iceux qui sont riches et souffisans, et sans requeste; et ne vendront point ce qui leur en demourra; mais le donrront pour Dieu, et aussi qu'ils ne procurent que benefices d'eglise ou office de seigneurs demourans en leurs jurisdictions, soient donnez et conferez aux personnes dessusdictes, par aucuns des demourans en leurs jurisdictions; mais obvieront de tout leur pouvoir, que leurs femmes et autres personnes dessusdictes ne reçoivent que les dons cy-dessus declairez : et se ils sçavent le contraire, ils contraindront telles personnes à rendre et restituer ce qu'ils auront ainsi pris, sitost qu'il viendra à leur congnoissance.

(169) Jureront qu'ils ne donrront ou envoyeront à noz conseillers, à leurs femmes et enfans ou autres de leurs especial congnoissance, aucuns dons ou presens, ne aussi aux commissaires que nous envoyerons pour enquerir et sçavoir de leur estat, excepté vivres ordonnez pour boire et pour manger, en telle quantité comme il est declairé ou prouchain precedent article.

(170) Jureront et pareillement noz advocats et procureur qu'ils ne participeront ne n'auront part et portion en la vendition de noz fermes et marchiez, et avec ce qu'ils n'emprunteront argent ou autres choses de ceux qui seront en procès par-devant eux, ou qu'ils sçauront que prouchainement y devront estre; et ce enjoignons à garder sur peine d'amende arbitraire et de privation de leurs offices.

(171) Jureront qu'ils ne soustiendront en leurs erreurs les prevost et autres juges leurs subjects, qui seront rioteux, rapineux, exacteurs, usuriers ou publiquement diffamez de mauvaise et deshonneste vie, mais sans faveur aucune les puniront et corrigeront comme il appartiendra par raison.

(172) Jureront nosdicts prevosts, baillifs, seneschaux, gardes

des foires, maistres des eaues et forests, et autres juges, qu'ils obeyront à nos lettres et mandemens, et les recevront en grand reverence et les executeront et feront executer le plustost et diligemment que bonnement pourront, s'ils n'ont essoine excusation ou cause legitime, par laquelle ils ne puissent ou doivent executer nosdictes lettres et mandemens, par lesquelles ils nous rescrivrons et nous en certifieront ou nostre chancellier, par leurs lettres patentes seéllées de leurs seaux; et se de ce faire sont negligens ou en demeure, en commettant aucun deffault, fraude, malice ou dissimulation, nous les en punirons si griefvement que ce sera exemple à tous autres.

(173) Que lesdicts prevosts, seneschaux, baillifs et autres juges, chacun en son endroit, s'en enquerront, et feront toute diligence de sçavoir nos droicts royaux en leurs jurisdictions et ressorts, tant en souveraineté comme autrement, et les garderont en bonne foy, sans diminution et sans empeschement quelconques, et sans prejudice du droit d'autruy. Et afin que nous ayons pleine cognoissance de nosdicts droicts, nous ordonnons et commandons à nosdicts prevosts, baillifs, seneschaux et autres juges, qu'ils contraignent tous noz vassaux de leurs jugeries et ressorts, à leur bailler les adveuz de leurs fiefs tenuz de nous, et que de ce facent ou facent faire par le recepveur de leur judicature un livre ou registre, lequel sera envoyé pardevers nous en nostre chambre des comptes.

(174) Que lesdits prevosts, baillifs, seneschaux et autres juges demourront ou lieu plus principal et plus notable de leurs jurisdictions, et y tiendront leurs domiciles; et leur defendons très-estroictement que les subjects de leur judicatures ils ne traictent ne trayent d'une chastellenie en autre, se ce n'est pour plustost attaindre la vérité du cas qui le requiere, ou autre cause necessaire et raisonnable, et que se faire bonnement se peut, ce soit en principal siege et auditoire de leur judicature; et auront bons et souffisans lieutenans au meindre nombre qu'ils s'en pourront passer, qui ne seront maire, echevins, consuls, ou du conseil des villes ou se estendra l'office de leurdicte lieutenance; ne feront aussi vicaires ou autres juges soubs eux, de leurs lignages, parenté ou affinité, ne de leur trop especiale accointance par nourriture ou autre grand affection; et ce leur enjoignons et deffendons sur peine de privation de leurs offices et d'amende arbitraire: et avec ce, leurs enjoignons et commandons sur ladicte peine, que leursdicts lieutenans ils facent par élection de

noz advocats, procureur et conseillers, et autres saiges frequentans le siege où ils feront lesdicts lieutenans; et bien se gardent lesdicts prevosts, baillifs, seneschaux et autres juges, que se eux ou leursdicts lieutenans mesprennent ou autrement delinquent en l'administration qui leur sera commise, ils seront tenus d'en respondre comme il appartiendra par raison; et avec ce deffendons à nosdicts juges sur ladicte peine, que de leursdits lieutenans ils ne preignent aucune pension ou autre qui le vaille, en fraude d'icelle pension.

(175) En outre avons ordonné et ordonnons que lesdicts prevost, baillifs, seneschaux, gardes des foires, maistres des eaues et forests ou autres juges, ne seront point de nostre conseil durant l'administration de leurs offices, soit de parlement, de nostre grand-conseil ou autrement, ne ne se nommeront noz conseilliers, mais se nommeront seulement souz le nom de leur offices; et se paravant ils avoient esté retenus de nostredict conseil, nous leur deffendons très-estroictement et sur peine d'amende arbitraire, que durans iceux offices ils ne s'en entremettent en aucune maniere.

(176) Et encores ordonnons que nosdicts prevosts, baillifs, seneschaux, gardes des foires, maistres des eaues et forests et autres juges, doresenavant ne exerceront ne tiendront ensemble de nous ne d'autre, deux offices, et avec ce, ne seront doresenavant du conseil, ne serviront à autres seigneurs, villes ou communautez, ne seront de leurs pensions, robes ou autres bienfaits quelconques, fors à nous tant seulement; et se paravant ces presentes ordonnances, ils estoient du conseil, ou servoient à autres seigneurs, ou estoient de leurs pensions, robes ou autres bienfaicts; ils y renonceront; et se après la publication de ces presentes, aucun faict le contraire, nous dès-maintenant pour lors le privous et deboutons de nostre bienfaict, service et office.

(177) Et en outre jureront que par eux ne par autres directement ou indirectement, ils ne vendront, feront, procureront ou souffreront venir contre les statuts et ordonnances cy-devant et cy-après declairées, qui les regardent et concluent, ou contre aucunes d'icelles, mais icelles tiendront et garderont; et feront tenir et garder de tout leur pouvoir, selon leur forme et teneur, lesquelles nous voulons à eux estre leues et montrées en faisant ledict serment et leur institution, et que ils ayent copie, se ils la demandent, laquelle nous leur enjoignons prendre sur leurdict serment, afin que ils les puissent mieux tenir et garder.

(178) Ordonnons, commandons et enjoignons à nosdicts prevosts, seneschaux, baillifs, juges et autres à qui il appartient, que chacun d'eux en la prevosté, seneschaucée ou bailliage, tienne les assises ès lieux accoustumez estre tenues, de deux mois en deux mois à tout le moins, et que en la fin de chacune desdictes assises, ils facent signifier et publier le lieu et place où ils tiendront leurs assises; et ce leur enjoignons et commandons, sur peine de privation de leurs offices.

(179) En ensuyvant les anciennes ordonnances royaux, voulons et ordonnons que aucun doresenavant ne soit prevost de Paris, se il est né d'icelle prevosté, et aussi que aucun ne soit fait seneschal ou bailly du lieu, seneschaucie ou bailliage et il aura esté né; et ce deffendons à tous sur peine d'estre reputez inhabile à tous offices royaux, et d'estre recouvré sur eux ou sur leurs hoirs, tous les proffits qui à titre de gaiges ou autrement en auroient receuz; et deffendons très-estroictement à tous iceuz prevosts, seneschaux ou baillifs, qu'ils ne facent aucuns acquests des heritaiges ou biens immeubles, en leur prevosté, seneschaucée ou bailliage, ne des subjects d'icelle, quelque part que ce soit; et se ils font le contraire, les possessions et heritaiges seront appliquez à nostre demaine, et le pris de la vente payé, se ja payé n'estoit, à ceux qui auront venduz lesdits heritages, par ceux qui les auront acheptez et acquestez; et avec ce, deffendons à nosdicts prevosts, baillifs et seneschaux, que durant leur admnistration ils ne se marient, ny ne souffrent faire contract de mariage à leurs enfans, freres, sœurs, nepveux prouchains cousins, avecques aucun ou aucuns de leur judicature ou administration, sur peine d'amende arbitraire; et aussi leur deffendons sur ladicte peine, qu'ils ne mettent aucunes des personnes dessus nommées, en religion en aucun des monasteres ou prieurez à eux subjects, et ne acquerront aucuns benefices d'eglise esdicts monasteres, se ils n'avoient de nous sur ce grace et licence especial passé en nostre conseil.

(180) Deffendons à tous nosdits prevosts, seneschaux, baillifs et autres juges, que quand ils seront de nouvel instituez ès offices à eux commis, ils ne facent ou instituent nouveaux sergens ou autres officiers; et aussi leur deffendons sur peine d'amende arbitraire, que doresenavant ils ne preugnent ou exigent des sergens ou autres officiers qu'ils trouveront avoir esté instituez du temps de leurs prédécesseurs, aucune somme d'argent ou autre chose pour leur monstrer les lettres et institution de

leurs offices, comme on dit qu'ils ont accoustumé de faire, sur peine de recouvrer sur eux ce que prins et exigié en auroient, et d'amende arbitraire.

(181) Deffendons expressement à tous nos juges de quelque auctorité qu'ils soient, que des personnes de religion de leur judicature, ils ne reçoivent aucuns dons fors par la maniere qu'il est ci-dessus exprimé et declaré; et avec ce, leur deffendons sur ladicte peine d'amende arbitraire, qu'ils ne griefvent les abbayes, prieurez et autres eglises des pays ou provinces à eux commises à gouverner, et en icelles eglises ne logent eux, leurs chevaux, chiens ou oyseaux, braconniers ou fauconniers, et n'y voisent pour boire ou mangier d'avantage, si comme on dit que ils souloient faire : et comme nous soyons deuement acertenez que plusieurs de nos seneschaux, bailliz et autres juges, souz ombre de garder que gens d'armes ne se logeassent ès abbayes, prieurez et autres eglises, et en leurs villes et manoirs de leurs seneschaucées ou bailliages ou ailleurs, ont exigié grands finances et autres dons des gens desdites eglises, de leurs sujets et d'autres, nous qui sommes et voulons estre protecteur et deffenseur de saincte eglise et de nos subjets, deffendons très-estroictement et sur la peine dessus dicte à iceux seneschaux, baillifs et autres, que dorescnavant ils en exigent ou facent exigier par autres, desdictes gens d'eglise et de leurs subjets et autres, aucunes finances ou autres dons et prouffits quelconques, mais icelles eglises, nos subjets et autres, gardent et deffendent d'estre par lesdites gens d'armes opprimez et molestez ; et ce leur enjoignons sur peine d'amende arbitraire et de recouvrer sur eux tout ce que pris et exigié auront pour les causes dessusdictes.

(182) Et pour ce qu'il est venu à nostre cognoissance que nos seneschaux, baillifs et autres juges, pour leurs propres et privez seaux ont prins, receu et exigié grand finance, et souz ombre de ce ont fait plusieurs griefs et extortions dont nos subjets ou temps passé ont esté moult grevez et opprimez, nous deffendons à tous nosdits seneschaux, baillifs et autres juges, sur peine de perdre leurs offices à eux commis, et d'autrement estre puniz griefvement, que ils ne facent, procurent ou seuffrent que pour leursdits seaux, aucune finance, service ou autre proffit quelconque soit receu, levé ou exigié par eux ne par autres, en fraude ne autrement en aucune manière, et s'aucune chose pour ce leur estoit offert, ils le refusent du tout.

(182) Et pour obvier à ce que l'emolument des seaux et escri-

tures de nos baillages, seneschaucées et vicomtez, ne demeurent ainsi qu'ils ont fait au temps passé, pour ce que nous avons donné et permis prendre à aucuns de noz baillifs, seneschaux ou vicontes, les emolumens desdits seaux et escriptures, lesquels ont attraits à eux souz umbre de leursdicts octrois, partie de l'emolument des seaux et escriptures de nosdits baillages; et aussi baillifs, seneschaux et vicontes, pour l'emolument de nosdicts seaux et escriptures, ont accoustumé de faire longuement durer le procez pardevant eux, et multiplier mandemens, commissions, actes et autres lettres et escriptures, ou très-grand grief, dommage et prejudice de nostre peuple et diminution de nostre demaine, nous voulons et ordonnons que doresenavant tous les emolumens desdits seaux et escriptures de nosdicts baillifs, seneschaux et vicomtes, soient baillez à ferme à nostre prouffit; et quant à la garde desdits seaux, les gens de noz comptes y pourvoyent par election de bonnes personnes idoines et souffisans; et aussi pourverront ausdicts vicontes, se par le moyen de ceste ordonnance ils avoient trop petits gaiges et prouffits pour l'exercice de leurs offices, de tels ou souffisans gaiges ou prouffits selon les estats de leurs vicomtez, appelez à ce des gens de nostre grand-conseil et de nostre parlement, en nombre competant.

(183) Avons ordonné et ordonnons que les prevosts de Paris, seneschaux, baillifs et procureurs qui ont accoustumé de venir en parlement, verront, avant la journée de leurs présentations, un jour ou deux, en comparant en leurs personnes, et se presenteront chacun an le premier jour des présentations de leurs judicatures, en nostre court de parlement à Paris, et y demourront sans en partir, se ils n'ont congé et licence sur ce de nostredicte court.

(184) Pour ce que souvent est advenu et advient que quand nosdits officiers sont venus en nostre court de parlement, pour eux presenter en nos causes et presentations ordinaires ou extraordinaires, ils viennent si petitement instruits de nos droits, que nosdictes causes en sont souvent retardées; et si advient souvent que ou lieu de nos procureurs, viennent pour informer nos advocats et procureurs de nostredicte court de parlement, gens de petit estat qui ne sont mie nos officiers ne jurez, parquoy ils ne sont mie diligens de poursuivre nos besongnes, et se en ensuivent plusieurs inconveniens à nous et à nos droits, nous en ensuivant l'ordonnance autrefois faicte par nostredicte court, mandons et estroitement enjoinguons à nos prevost, scheschaux,

baillifs et autres juges ressortissans sans moyen en nostredicte court, que chacun an par l'espace d'un mois ou autre temps et intervalle convenable, avant les presentations de leur prevosté, seneschaucée, bailliage ou judicature, ils facent assembler pardevant eux en chacun siege et auditoire de leur judicature, nos procureur, advocats, conseillers et autres officiers, par le conseil desquels nos droits en iceluy auditoire et siege ont accoustumé estre gardez et soutenuz, et autres desquels il leur semblera bon, et là ensemble conseillent, advisent et traictent de nos causes et besongnes et de l'estat d'icelles, qui dudit siege et auditoire doivent estre traictées, demenées et envoyées pour ce faire en nostredicte court de parlement, et aussi des entreprises qui se feront contre nous et nos droits, ès termes et limitations dudit siege et auditoire; et après bonne collation et deliberation eue, facent bonnes instructions et souffisans pour le demenement de nosdictes causes et droits; lesquelles instructions avec l'opinion et conclusion final en laquelle ils demourront touchans nosdictes causes et droits, avec les principaux moyens qui à ce les mouvront, et aussi les actes, sentences, escritures et munimens necessaires et convenables pour plaider nosdictes causes et droits, ils mettront ensemble en un sac ou autre instrument lequel ils envoyeront seablement cloz et séellé du séel de leur judicature, devers nostredicte court de parlement, ou pardevers nostre procureur general en icelle, par les procureurs de leur jugerie, bailliage, seneschaucée ou prevosté, se ils n'ont empeschement ou excusation légitime, ouquel cas lesdictes instructions seront envoyées par certains et idoines messages, qui soient nos jurez, et se bonnement se peut faire, ceux qui en une autre y auront esté, y retourneront après l'année ensuivant, afin que lors nosdicts advocats et procureur en parlement, en puissent mieux avoir cognoissance quelle diligence aura été faicte de executer les deliberations que ils auront eues ensemble; et dont l'an precedent ils auront chargié ceux qui lors seront venus pour les instruire de nos causes.

(185) Pour ce que plusieurs seneschaux, baillifs, prevosts et leurs lieutenants et autres juges, s'entremettent souvent de faire enquestes et informations, et prennent tres-excessifs salaires, et aucunes fois font faire les informations par leurs clercs et autres personnes qui ne sont mie de ce faire souffisans, et aucunes fois pour les y commettre en prennent lesdits juges proffit. parquoy s'en ensuivent et peuvent ensuir souventefois plusieurs

inconveniens contre le bien de justice, nous pour ces causes deffendons à tous lesdits juges et leurs lieutenans, de quelque estat et condition qu'ils soient, sur peine d'amende arbitraire, que ils ne s'entremettent desormais de faire enquestes ou informations loing des lieux principaux de leurs judicatures, se ce n'estoit en grands cas, et pour grands excès et malefices, pour plustost apprehender les malfaicteurs, et atteindre la vérité des malefices et delits, et afin que plus briefve punition en sceust faire; et avec ce leur commandons et enjoignons sur ladicte peine, que ils ne facent ou commettent aucun personnage à faire enquestes ou informations, se eux ou ceux qu'ils y commettront ne sont à ce souffisans, et que ce soit parties ouyes au regard desdites enquestes; et avec ce leur deffendons sur ladicte peine, que pour y commettre aucun, ils ne ayent par eux ne par autres aucun prouffit; et neantmoins voulons et ordonnons que ou cas que aucun de nosdits prevots, baillifs, seneschaux ou autres juges, subjets sans moyen de nostredicte court, feront aucunes enquestes ou informations ès termes de leur prevosté, bailliage, seneschaucée ou judicature hors du lieu de leur domicile, pour leur salaire ils soyent contens de quarante sols tournois pour jour, et ou lieu de leur domicile, de vingt sols tournois par chacun jour, par la manière que dict est; et se ils chevauchent hors des metes de leur prevosté, seneschaucée, bailliage ou jugerie, ils auront par chacun jour, quatre francs, et leur deffendons estroittement et sur lesdictes peines, et aussi de le recouvrer sur eux, que doresenavant ils n'en prennent plus. Et quant aux juges à eux subjets ou autres par eux commis à faire lesdictes enquestes ou informations, nous leur enjoignons sur le serment qu'ils ont à nous, que ils leur taxent tel et si raisonnable salaire eu regard à ce que dit est, que ils en doyent estre recommandez, et que les parties en doyent estre contentes par raison.

(186) Que plusieurs de nos juges et autres juges subjets, ou leurs officiers et serviteurs ont accoustumé en chacune assise ou grands-jours que ils tiennent, de prendre ou exiger d'iceux qui se presentent ou qui ont affaire pardevant eux, argent pour nouvelles constitutions que ils leur font faire, et les presentations font enregistrer au dos des procurations des parties, combien qu'il n'en soit aucune necessité, et pour ce faire prennent argent ou prouffit ou prejudice de nostre peuple, nous avons ordonné et ordonnons que doresenavant lesdicts juges ou officiers ne prennent aucun prouffit ou argent pour lesdictes presentations ou en-

registremens, ne contraignent les parties à faire de nouvel lesdictes constitutions et enregistremens, puis que une fois les parties sont deuement fondées pardevant eux; et ce leur enjoignons sur peine d'amende arbitraire et de recouvrer sur eux tout ce que prins et exigié en auroient.

(187) Nous voulons et ordonnons que tous nos seneschaux et autres juges, après ce que ils seront destituez ou deschargiez de leurs offices, demourront en leursdictes seneschaucées, bailliages ou judicatures, sans transporter aucuns de leurs biens hors de leurs domiciles, par l'espace de XL jours après ce que ou lieu d'eux aura nouveaux juges instituez et ordonnez, pour ester à droict et respondre à tous ceux qui se voudroient plaindre d'eux, et contre iceux faire aucunes demandes ou requestes; et seront lesdictes requestes baillées aux seneschaux, baillifs ou autres juges successeurs, ausquels nous enjoignons et commandons très-estroittement que lesdits seneschaux, baillifs ou autres juges leurs predecesseurs, ils facent respondre peremptoirement de leur bouche et par serment, et aux parties icelles oyes, facent raison et justice sommairement et de plain sans figure de jugement et par voye de réformation; et avec ce, commandons à nosdits procureurs desdictes seneschaucées, bailliages ou autres judicatures, que sur ce sollicitent très-diligemment iceux seneschaux, baillifs et autres juges, et que ils se adjoignent avec les parties quand les cas le requerront, et ces choses commandons et enjoignons ausdits seneschaux, baillifs ou autres juges et procureurs, sur peine de perdre leurs offices, et d'estre autrement puniz.

(188) Qu'en chacun siege d'une chacune seneschaucée, bailliage et autre judicature, seront leues publiquement devant tous clercs et layes, et publiées en jugement chacun an une fois, le premier jour de l'assise dudit siege, ces presentes instructions et ordonnances, et en ce qu'elles regarderont lesdits prevosts, seneschaux, baillifs et autres juges, et enregistrées en chacun siege d'une chacune seneschaucée, bailliage ou autre judicature, et mises et affichées en un tableau publiquement, ouquel chacun les puisse trouver et lire, ou plus principal et notable siege d'une chacune desdictes seneschaucées, bailliages ou judicatures, au lieu où en a accoustumé tenir les assises, en signe de perpetuel memoire, et afin qu'il soit memoire à tous et que aucun n'en puisse pretendre aucune ignorance.

(189) Pour ce que souvente fois est advenu et advient que nos procureurs de nos prevostez, seneschaucées, bailliages ou juge-

ries, ou leurs substituz, en faveur d'aucuns leurs amis ou de ceux qui leur font aucun plaisir ou proffit, se ont adjoints et adjoignent avec aucunes parties contre autres, sans information precedente, commandement de juge, ou que autrement faire le doyent, sinon de leur plaisir et voulenté, ou pour faire plaisir à ceux avec lesquels ils se adjoignent, ou très-grand prejudice et desoulement de la cause de celuy contre lequel ils se adjoignent, et contre le bien de justice, nous par ces presentes deffendons très-expressement à chacun de nosdits procureurs, sur peine deprivation de leurs offices, et d'estre griefvement puniz, que doresenavant aucun d'eux ne se face partie contre quelque personne que ce soit, soit pour chose touchant nos droits ou demaine, ou en matiere d'excez, d'attemptats, d'injure ou de delict, que ce ne soit par information deuement faicte par luy veue, par laquelle il luy appert de la cause pour laquelle il se fait partie, ou pour cas tant notoire ou commun, ou que le cas fust venu en sa presence en jugement et dehors, ou par le commandement et ordonnance de son juge.

(190) Pour les grands complaintes et clameurs que eues avons des griefs et oppressions qui ou temps passé ont esté faits à nostre peuple, des personnes qui ont tenu à ferme les prevostez, maireries et jugeries de nostre royaume, nous voulans eschever telles choses et en relever nostre peuple, avons ordonné et ordonnons que doresenavant toutes lesdictes prevostez, maireries et jugeries, seront baillez en garde, et y seront mises et establies bonnes et souffisans personnes des lieux et pays ou des plus prouchains, par bonne election qui se fera par nostredict chancelier et nosdits commis pour ceste fois, en nostre court de parlement, appellez avec eux des gens de nostre grand-conseil et des gens de nos comptes, et en l'absence de nostredict chancelier, par aucuns des presidens de nostredicte court, appelez les dessus nommez; laquelle election se fera sans faveur ou acception de personne; et leur seront par nosdictes gens des comptes ordonnez et taxez gaiges souffisans selon leurs estats et leurs charges qu'ils auront esdictes offices, et tout par lettres passées par nosdits conseillers, et faictes par les greffiers de nostre parlement, et non autrement; et voulons et ordonnons que paravant ladicte election, bonnes informations soient faictes par les bailliz devant qui les prevosts desdictes prevostez sortissent sans moyen, à nos advocats et procureurs et autres gens de pratique et d'autre estat, se mestier est, demourans ès fins et metes d'icelles prevostez et

bailliages, qui en leurs depositions nommeront par ordre trois ou quatre personnes qui leur sembleront estre bonnes et prouffitables ausdictes prevostez obtenir, avec leur advis; et icelles informations faictes, quelles soient apportées à nostre court de parlement, pour pourveoir et proceder à ladicte election, comme dessus est devisé : et en outre, mandons et estroittement enjoignons à tous nos subjets, sur quand qu'ils se peuvent meffaire envers nous, que semblablement ils facent en leurs terres et pays, par provision telle que és cas et matieres des appellations qui se feront desdits seigneurs, leurs juges, maires, prevosts ou officiers, iceux seigneurs ou leursdits juges et officiers ne payeront autres ne plus grandes amendes qu'ils faisoient au temps que iceux offices estoient bailliez à ferme; et s'aucuns entroient en l'un desdits offices par autre voye que celle dessus devisée, nous dès-maintenant pour lors les reputons pour inhabiles à iceluy, et les en privons et deboutons par ces presentes, et voulons que tous les proffits qu'ils en auroient euz et perceuz à cause de ce, fussent et soient recouvrez sur eux ou sur leurs hoirs.

(191) Pour relever nostre peuple des griefs et oppressions qu'il a eus ou temps passé, pour la multitude des sergens de present estans en nostredict royaume, nous avons voulu et ordonné, voulons et ordonnons que tous nos sergens continuez tant en nostre prevosté de Paris comme és autres seneschaucies, bailliages et autres jurisdictions de nostre royaume, soient ramenez et reduis, et iceux ramenons et reduisons; c'est assavoir, ceux de ladicte prevosté et de nostre chastelet de Paris, au nombre declaré és ordonnances faictes en nostredict chastelet; et ceux des autres seneschaucies et bailliages de nostredict royaume, esquelles ou esquels d'anciennete a eu limitation de sergens, nous reduisons et ramenons au nombre ancien; et donnons en mandement, en commandant très-expressément, à tous nosdits prevosts, seneschaux ou baillifs, ceste presente ordonnance chacun en droict soy, mettre à execution deue és fins et metes de sa jurisdiction; et en outre que és lieux de leurs judicatures esquels ou temps passé n'a eu limitation de nombre de sergens, qu'ils y pourvoient de nombre competent et non excessif, en recevant les plus convenables et souffisans, et en appellant tous les autres, lesquels nous en appellons par ces presentes; et se aucun par importunité ou autrement impetroit ou se boutoit esdits offices, nous dès-maintenant pour lors le reputons inhabile audit office, et le pri-

vous d'iceluy; et outre voulons qu'il en soit puny d'amande arbitraire.

(192) Pour ce qu'il est venu à nostre cognoissance que noz chambellans, les maistres de nostre hostel et autres chiefs d'offices d'iceluy hostel, entreprennent souvent autre et plus grand jurisdiction qu'il ne leur appartient, et contre plusieurs ordonnances faites par noz predecesseurs, nous avons ordonné et ordonnons que lesdicts maistres de nostre hostel, n'auront aucune cognoissance de cause, si ce n'est quand aucuns des serviteurs de nostre hostel servans en ordonnance, et y demourans continuellement, feront aucune faulte en leur office, et quant ils voudront faire poursuite l'un contre l'autre en actions pures personnelles, ou de menus delits, pour lesquels ne se doye ensuir peine capital; et ou cas que aucuns des dessusdicts voudroient faire aucunes demandes personnelles, soient en matière des injures ou autres, contre aucuns qui ne soient mie de nostredit hostel et servans en ordonnance, et y demeurant continuellement, il les feront devant les ordonnances des deffendeurs, et les pourront faire commettre, se bon leur semble, pardevant les gens tenans les requestes en nostre palais; et ou cas que aucuns autres que ceux de nostredict hostel de la condition dessusdite voudroient faire aucune demande personnelle contre eux, les maistres des requestes de nostre hostel en auront la cognoissance, en defendant tant seulement; et quand aux causes reelles, soit en demandant ou en defendant, elles seront terminées devant les ordinaires, sinon que pour aucune raisonnable et particuliere cause, nous ou nostre chancelier en commettissions à aucun autre juge la cognoissance: et se nosdicts maistres d'hostel font le contraire, nous declarons dès-maintenant pour lors les procez qui se feront devant eux, estre nuls et de nulle effect et valeur: et quant aux autres officiers de nostredict hostel, nous declarons iceux non avoir, à cause de leurs offices, jurisdictions ou cognoissance de cause, et leur defendons estroictement que d'icelle ils ne usent aucunement.

(193) Est avenu plusieurs fois que lesdicts maistres de nostre hostel et autres chiefs d'offices d'iceluy, combien qu'ils n'ayent autre jurisdiction que par la maniere que dict est ou precedent article, toutesfois ils ont de ceux qui ont failly à comparoir pardevant eux plusieurs proffits; c'est assavoir, soixante sols parisis d'amande pour chacun defaut, contre raison et lesdites ordonnances, et ou prejudice du pauvre peuple, pourquoy nous defen-

dons très-estroictement à tous les dessusdicts et à chacun d'eux, et sur peine d'amande arbitraire, que doresenavant ils ne lievent ou exigent d'aucun defaillant, aucun prouffit ou amande.

(194) Est advenu souvent que quand nous avons chevauché par aucuns pays et lieux, nosdicts maistres d'hostel et autres officiers, ont plusieurs fois faict adjourner pardevant eux plusieurs personnes en quelque lieu que nous feussions, sans autrement declairer le lieu, et des defaillans ont prins plusieurs prouffits et amendes, et les ont appliquées à leur prouffit, ou grand prejudice de nostredict peuple, pourquoy nous, en ensuyvant les ordonnances de noz devanciers, defendons très-expressement et sur peine d'amende arbitraire, à tous nosdicts officiers, que doresenavant ou cas dessusdict, ils ne facent aucuns adjournemens pardevant eux, sinon au regard des personnes et par la maniere déclairée ou deuxiesme article prochain precedent, et que ce soit à jour, heure et lieu certain et competent.

(195) Pour ce qu'il est venu à nostre cognoissance que de nouvel noz chambellans ont mis sus et se efforcent de exiger et faire payer à tous ceux qui ont aucunes lettres séellées de nostre séel de decret, deux sols parisis pour chacun séel, mesmement quand lesdictes lettres sont signées de nostre main, soubs umbre de ce qu'ils dient qu'il est pour donner à l'Hostel-Dieu de Paris, en imposant nouvelle charge sur nos subjects, laquelle chose nous ne voulons mie, et pour ce leur avons defendu et defendons très-estroictement que doresenavant pour ladite cause ils ne lievent ou exigent aucune chose.

(196) Advient souventesfois que plusieurs personnes soubz umbre de plusieurs offices extraordinaires qu'ils dient avoir de nous ou d'autres seigneurs ou dames, et non mie du nombre ancien ou ordinaire, se disent estre francs et quictes de payer aucune chose à nostre grand séel, et autres seaux royaux, et aussi se exemptent et veulent exempter de payer coustumes, peages, travers anciens et accoustumez, en grand diminution de nos droicts royaux et demaine, et d'iceluy de nosdicts subjects, nous avons ordonné et ordonnons que quelque officier de nous ou d'autres, soit conseiller, chambellan, maistre des requestes, maistre d'hostel, secretaire, notaire, pennetier, eschançon, escuyer d'escuyerie, varlet tranchant, huissier, sergent d'armes, varlet de chambre, ou autre officier de quelque estat ou condition qu'il soit, s'il n'est du vray nombre et ordonnance pour servir à son office, ne jouyra doresenavant d'aucun privilege, li-

berté ou franchise qui appartienne à son office, ny ne sera franc ou exempt à nostre grand séel, ne autres seaux royaux, ne aussi aux peages, coustumes et travers de nostre royaume, mais payera chacun son droit comme s'il n'estoit point officier.

(197) Pour ce que nous sommes deuement acertenez que ou temps passé quand noz officiers, tant de nostre court de parlement comme nostre prevost de Paris, noz seneschaux, baillifs, procureurs et autres officiers qui ont le gouvernement de la justice, ont voulu faire ou faire faire aucun procez pour la conservation de noz droicts royaux et de nostre demaine, pour prendre ou punir aucuns malfaicteurs, ou pour autre bien de justice, iceux exploits, informations, enquestes, prinses et autres exploits sont demeurez le plus souvent à estre faits par faute de finance, pour ce que ceux qui ont eu le gouvernement de noz finances ne l'ont peu delivrer pour les autres grands charges qu'ils avoient, combien que premierement et principalement nous soyons tenus et obligez à faire et administrer justice à nos subjects, pourquoy nosdicts officiers de justice n'ont peu mener à bonne fin et conclusion noz causes et procez, et en avons perdus plusieurs de noz droits et demaine, et plusieurs mauvais cas en sont demourez impuniz; et pour ce nous qui voulons de tout nostre cœur à ce remedier, avons ordonné, et par ces presentes ordonnons, en tant que il nous touche, noz causes et procez pendans, et qui doresenavant seront demenez en nostre court de parlement, soit à cause de noz droicts et demaine ou autres, ou qu'il y ait aucun exploit à faire pour le bien de justice par nostredicte court de parlement ou par son ordonnance, que le changeur ou receveur de nostre demaine, qui doresenavant recevra les amendes et exploits qui nous sont adjugiés par ladite court de parlement, retiengne et garde pardevers luy la somme de mille livres tournois par chacun an et chacun parlement, des premiers deniers desdictes amendes et exploits qui escherront en iceluy an et parlement, pour convertir ès choses dessusdites, et non autre part, sur peine de la recouvrer sur luy, et d'amende telle comme il semblera bon à nosdites gens de parlement, ausquels après ce que en plain parquet de la grand'-chambre de nostredit parlement, par l'opinion de nos conseillers d'icelle chambre, aura esté conclud aucun procez, enqueste, information ou autre exploit de justice devoir estre fait pour nous ou pour le bien de justice, et quelle somme d'argent il faudra pour ce faire, nous donnons pouvoir et auctorité de contraindre ledit receveur à payer la somme par

eux deliberée estre necessaire, comme pour noz propres deptes, et nonobstant oppositions, appellations, ordonnances ou autres choses contraires quelconques; pourveu toutesfois que ledit receveur pour compter et alloüer en son compte la somme par eux arbitrée, ait mandement à luy adressant, passé par ladite court et signé par le greffier d'icelle, séellé en nostre chancellerie, verifié et signé par deux des presidens de ladite court ou l'un d'eux au moins, et de trois ou de deux des plus anciens de ladite grand'-chambre, par vertu duquel mandement ainsi expedié, nous voulons la somme que ledit receveur paiera et baillera par vertu d'iceluy, estre allouée en son compte par les gens de noz comptes, sans aucune difficulté ou contredit, ausquelles gens de nosdits comptes et aussi ausdits commis qui sont et seront pour le temps advenir, nous defendons très-expressement que à nosdites gens de parlement et audit receveur, ils ne donnent, facent ou facent faire aucun empeschement en ce que dit est, directement et indirectement; et se ils font le contraire, nous par ces presentes donnons pouvoir, auctorité et puissance à icelles nos gens de parlement, de les contraindre à eux desister par toutes voyes deues et raisonnables.

(198) Et en tant que touche le prevost de Paris et nos autres seneschaux baillifs et autres juges ressortissans sans moyen en nostre court de parlement, nous voulons et ordonnons que après ce que par eux et par l'opinion de nos advocats et autres personsonnes notables accoustumées estre aux consultations de nos besongnes de leurs auditoires, aura esté déliberé aucune chose pour nous ou le bien de justice estre à faire ou poursuir, que lesdits prevost, seneschaux, baillifs ou autres nos juges tels que dit est, sans attendre autre mandement de nous, de nosdites gens des comptes ou thresoriers, puissent contraindre chacun an en sa prevosté, seneschaussée, bailliage ou jugerie, le receveur d'icelle seneschaussée, bailliage ou jugerie, à bailler et payer realment et de faict, la somme qui sera necessaire pour faire et poursuir ce que par les dessusdits sera deliberé; pourveu que pour une amende chacun d'eux ne puisse contraindre le receveur de sa prevosté, seneschaussée, bailliage ou jugerie, outre la somme de deux cens livres tournois; et se il avenoit que aucunes fois en un an il fausist grengneur somme que la dessusdicte, ils se pourront traire ou faire traire pardevers nosdits gens de parlement, lesquels appellez avec eux aucuns des gens de noz comptes et tresoriers, leur feront faire telle provision comme il sera déliberé par

eux; et à ce contraindront lesdits receveurs et tous autres qui seront à contraindre, comme il leur semblera bon à faire. Voulons en outre et ordonnons que tout ce qui par chacun des receveurs desdites prevosté, seneschaussée, bailliage ou jugerie, aura esté payé pour les causes dessusdites, jusques à ladite somme de deux cens livres tournois pour chacun, par mandement desdits prevost, seneschal, bailly ou juge, chacun en sa jurisdiction, ouquel soient expressement nommez ceux qui auront esté presens et appelez à la deliberation faire, lequel sera signé par le clerc ou greffier de ladicte prevosté, seneschaussée, baillage ou jugerie, soit allouée ès comptes dudit receveur qui l'aura payé, sans contredit ou difficulté aucune ; et pareillement le voulons de ce que iceluy receveur aura payé outre ladite somme pour un an, par mandement expedié comme dit est, et defendons comme dessus à noz gens des comptes et commis, et autres quelconques ayans le gouvernement des finances de nostre demaine, qui sont ou qui seront pour le temps avenir, sur peine d'en estre grievement punis, que ès choses dessusdites ils ne donnent aucun empeschement à nosdicts officiers de justice.

(199) Pour ce que nous avons eu plusieurs plaintes de excessifs salaires que prennent et ont accoutumé de prendre nos notaires et examinateurs de nostre chastelet de Paris, tant pour leurs escritures comme autrement, ou grand grief et prejudice de ceux qui ont affaire d'eux; et ayans veues certaines ordonnances pieça faictes par aucuns de nos devanciers, par lesquelles ils ordonnerent que les clercs et notaires de nos seneschaussées, prevostez et bailliages, et autres officiers d'icelles, prandroient tant seulement de trois lignes un denier, et que la ligne devoit estre du long d'une paulme, et contenir LXX lettres du moins, si elles contenoyent plus, le notaire et autre officier en auroit greigneur somme, eu regard à ce que dit est; et de present les choses soyent moult changées, pour ce que nosdits notaires et autres officiers ont à faire plusieurs besongnes subtils et de grand labour, et par ce ladite taxation puet-estre ne seroit mie convenable, pourquoy nous ces choses considerées, mandons, commettons et estroitement enjoingnons à nostredit prevost et à tous nos autres baillifs, seneschaux et autres officiers ayans semblable juridiction, à chacun d'eux en son pouvoir et juridiction, que appellez avecques eux noz advocats et procureurs, et autres notables personnes et preud'hommes de leurs sieges et auditoires, veues les anciennes ordonnances et registres leursdicts sieges, se

aucuns en y a, ils arbitrent, moderent et taxent tel salaire ausdits notaires et autres officiers de leursdits sieges et auditoires, comme il devra faire par raison, et tellement que nos subjets ne en soyent aucunement grevez contre raison, et sur ce facent ordonnances bonnes et convenables, selon lesquelles doresenavant lesdits notaires et autres officiers, autres nos subjets se reglent, et selon lesquelles le salaire desdits notaires et autres officiers leur soit payé, tant pour le salaire de leurs escritures comme de voyages et autres choses; lesquelles ordonnances, afin que aucun n'en peust avoir ignorance, soyent mises en un tableau en lieu publique de leur auditoire, avec celle desdits seneschaux, bailifs et autres officiers, dont dessus est fait mention.

(200) Pour pourveoir aux complaintes qui faites nous ont esté de ce que plusieurs des advocats et procureurs de nostre court de parlement, et aussi de plusieurs des advocats et procureurs de nostre chastelet, et des autres cours layes constituées es autres seneschaussées, bailliages et prevostez de nostre royaume, et is cours subjectes à icelles, sont coustumiers de prendre et exiger de nostre povre peuple trop plus grans salaires, profits et courtoisies qu'ils ne deussent et qu'ils desservent, tant en faits d'escritures, lesquelles ils font trop longues et plus prolixes sans comparaison que necessité ne feust, et que les matieres subjectes ne requierent, afin de extorquer d'eux plus grands proffits, comme autrement en plusieurs et diverses manieres qui seroient trop mal gracieuses à reciter, nous avons defendu et defendons à tous les dessusdicts advocats et procureurs, sur les sermens qu'ils ont à cause de leurs offices, et sur peine d'amende et punition arbitraire, que d'ici en avant ils ne prennent autres salaires que moderez, et ne facent telle prolixité d'escritures, mais les facent briefves selon les cas et matieres; et s'il est trouvé qu'ils facent le contraire, nous mandons et enjoingnons estroictement aux gens de nostre parlement present, et qui tendront ceux advenir, au prevost de Paris, et à tous nos seneschaux, bailifs et autres justiciers, et à chacun d'eux, si comme à lui appartiendra, que ils punissent et corrigent les dessusdicts rigoureusement et sans deport, selon le cas, par restitution et autrement, tellement que ce soit exemple à tous autres.

(201) Et pour ce que par plusieurs fois les notaires ou autres qui baillent aux parties copies des procez faits pardevant nos juges, incorporent ausdictes copies et aussi aux procez principaux, et par especial au pays de droict escript, deux ou trois fois une

procuration lieutenante, ou autres lettres ou actes d'iceux procez afin qu'ils ayent plus d'escriptures esdicts procez, ou qu'ils en ayent plus grand prouffit ou salaire, nous leur deffendons et à chacun d'eux, sur peine d'amande arbitraire, que doresnavant ils ne incorporent en leursdicts procez ou copies, une lettre, acte ou autre escripture, que une fois seulement.

(202) Pour ce que depuis aucun temps en ça, plusieurs personnes ausquelles nous avons pourveu d'aucuns de nos offices, tant de justice comme de finance; c'est assavoir, de maistrise de parlement, des requestes de nostre hostel, de nos comptes, de nos eaues et forests, bailliages, seneschaucées, jugeries, prevostez, vigueries, secretaires, huissiers de parlement, offices d'examinateurs de chastellet, capitaineries, vicontez, receptes tant de nostre demaine comme des aydes, elections, greneteries, contrerolles, offices de chambellans, maistres d'hostel, eschançons, panetiers, varlets de chambre, sommeliers, huissiers d'armes, sergens d'armes, d'offices de nos procureurs, noz sergenteries et autres offices royaux, tant de nostre hostel comme de dehors, ceux ausquels nous avons pourveu d'aucun desdicts offices, ont accoutumé de vendre iceux offices, et par ce les delaisser à autres personnes, et en prendre prouffit par tiltre de vendition ou autrement, parquoy ceux qui les achetent ou autrement en baillent prouffit, en sont plus enclins et curieux d'eux faire payer excessivement et rigoureusement, et de nous demander par importunité ou autrement dons et prouffits pour recouvrer ce que lesdicts offices leur ont cousté, qui est chose de très mauvais exemple; pourquoy nous defendons très-expressément à tous, soient nos officiers ou autres; c'est assavoir, à nosdicts officiers, sur la foy et serment qu'ils ont à nous, et sur peine de privation de leurs offices, et à eux et à tous autres sur peine de perdre l'office vendu, et le temps qu'il aura esté vendu, estre appliqué à nous, et d'amande arbitraire, que doresnavant ne vendent ne achetent aucuns desdicts offices quels qu'ils soient, ne pour les avoir ne baillent aucun prouffit : sauf que s'il avenoit que aucun de nosdicts officiers, qui longuement nous auroit servy en son office, ne peust par maladie, vieillesse ou accident, exercer son office, nous en ce cas luy pourrons pourveoir de grâce, comme nous verrons que à faire sera.

(203) Que plusieurs noz capitaines et leurs lieutenans, et autres ayans forteresses en nostre royaume, se sont efforcez et efforcent contre justice, puis aucun temps ença, de faire faire guets es

lieux et forteresses dont ils sont capitaines ou seigneurs, par plusieurs gens demourans loing d'icelles forteresses, et à greigneur nombre, et plusieurs fois qu'il n'en estoit besoin, et des defaillans à faire lesdits guets, ont prins et exigié à leur singulier proffit, plusieurs grands sommes de deniers, ou grand grief et prejudice de noz pauvres subjects, et aussi ont accoustumé de composer souvent tous les habitans d'une ville qui doivent faire guets, à une grand somme ou quantité d'argent ou d'autre chose, et en lieu d'iceux habitans ne font faire aucun guet, nous par ces presentes avons ordonné et ordonnons, et defendons à tous lesdicts capitaines ou à leurs lieutenans, et ausdits seigneurs desdicts chasteaux et forteresses, que doresenavant ne facent faire guets esdicts forteresses, ne prennent aucun prouffit desdictes bonnes gens que en temps de necessité ou de peril, et icelluy peril durant, et par les gens qui les doivent faire selon les ordonnances royaux, et en nombre souffisant et convenant, qui ne seroit mie greigneur qu'il sera de necessité, ou se ce n'estoit en forteresse qui fust en frontiere, clef de pays et port de mer ; ausquelles forteresse et au guet qui sera à faire en icelles, noz baillifs plus prouchains des lieux, appellez avecques eux des nobles du pays, non suspects ne favorables, y pourverront selon l'exigence du cas : voulons aussi et ordonnons qu'ils ne puissent prendre pour chacun default, que douze deniers parisis, lesquels douze deniers seront convertis au salaire d'aucun autre qui fera le guet ou lieu du defaillant, quand il sera necessité ; et avec ce, ordonnons que à faire ledict guet, le fils aagié (1) soit receu pour le pere, et aussi un varlet pour son maistre, et generalement un homme pour un autre, pourveu qu'il soit cogneu et suffisant pour faire ledict guet ; et avec ce leur defendons que doresenavant ne facent telles compositions, comme dessus est dict, mais souffrent et facent quitter quand il sera temps et necessité tous les habitans subjects aux guets, de leurs forteresses, par la maniere que dit est dessus, sans pour ce les composer aucunement ; et en outre voulons et ordonnons que tous lesdicts capitaines soient tenus de desservir leurdict office en personne, et à leur institution jureront tenir et garder toutes les choses dessusdictes et chacune d'icelles. Et s'ils sont trouvez faisans le contraire, nous mandons et commandons par ces presentes, à noz baillifs et seneschaux, chacun en

---

(1) Suivant le *Glossaire* de Du Cange, ce mot signifie *majeur, en âge, hors de tutelle* : il peut signifier ici *âge compétent pour porter les armes*. (Vilevault.)

sa jurisdiction, qu'ils les privent de leurs offices, et punissent envers nous d'amande arbitraire: et en outre il sera recouvré sur eux ou leurs heritiers, tout ce qu'ils en auront receu.

(204) Pour ce que nous avons oy plusieurs plaintes de ce que nostre pauvre peuple et subjects ont esté moult grevez par les preneurs des vins, bleds, avoines, grains, bestes, volailles, chevaux, foings, feurres, licts et plusieurs autres vivres et choses, et des abus qui ont esté et sont faits par lesdits preneurs de jour en jour, nous avons ordonné et ordonnons que nuls quelsconques, soit de nostre sang, lignage ou autres, ne facent aucune prinse des choses dessusdictes, et voulons et défendons à tous nos subjects que aucunement n'y obeyssent, se lesdictes choses n'estaient exposées en vente, et que ceux qui les voudraient avoir en payant deniers comptans, au pris que choses vaudront par commun cours et que l'en en trouvera ou pourra trouver d'un autre; et s'aucun s'efforce de prendre sur nosdicts subjects contre leur voulenté aucune des choses dessusdictes ou autres, nous ne voulons qu'il y soit obey, mais voulons que ceux qui s'efforceront de ce faire soient prins, emprisonnez et punis par la justice des lieux, comme de force publique : et voulons quant à ce, que chacun ait auctorité de faire office de sergent, sans encourir aucune offense de justice; et quant aux prinses des chevaux pour chevauchies, nous les défendons à tous chevaucheurs et preneurs, sur la peine dessusdicte, sinon ou cas que nous envoyerions noz chevaucheurs pour nos propres besoignes, et que ils n'en puissent trouver aucuns à louer, ouquel cas encores ne voulons mie que ils les prennent de leur auctorité, mais les justiciers des lieux presens ou appellez, qui les leur facent delivrer pour louyer et pris raisonnable.

De la Chancellerie.

(205) Pour mettre convenable provision sur les prouffits et émolumens de nostre chancellerie, qui puis aucun temps nous ont peu valu, pour ce que sur icelle plusieurs dons et assignations ont esté faits ou temps passé, nous avons ordonné et ordonnons que nostre chancellier qui à présent est et sera pour le temps

---

(1) Sous cette rubrique, on trouve l'organisation complète du conseil du roi à cette époque, la limitation du nombre des conseillers d'état et maîtres des requêtes, la forme de la tenue du conseil, et de la présentation des requêtes, la rédaction du procès-verbal des séances. Les avocats aux conseils n'ont été créés qu'en 1597. Un réglement du 18 février 1566 ordonnait aux parties de présenter leurs requêtes en personne. V. l'art. 215 ci-après. (Isambert.)

avenir, ne prendra doresnavant de nous chacun an, fors seulement les deux mil livres parisis qu'il a accoustumé de prendre ordinairement et d'ancienneté, et les autres deux mil livres parisis qu'il prend chacun un an par manière de pension extraordinaire, avecques ses autres droits accoustumez d'ancienneté ; et lui defendons que doresnavant il ne preigne plus aucuns autres prouffits de nous par maniere de don ne autrement, sur peine de le recouvrer sur luy ou sur ses héritiers.

(206) Quant à l'audiancier et contrerolleur de nostre chancellerie, qui pareillement puis aucun temps ont prins de nous plusieurs grands prouffits sur l'emolument dudit séel et autrement, nous voulons et ordonnons que doresnavant chacun d'eux et leurs successeurs ne preignent que les six sols ordonnez par jour, comme noz autres notaires, et leurs bourses ordinaires, avec leurs menus droicts accoustumez d'ancienneté, et leur defendons qu'ils ne preingnent aucuns dons ou autres prouffits de nous, sur peine de le recouvrer sur eux et leurs heritiers, et pour ce que noz notaires en ladite chancellerie ont certaine portion sur l'emolument de nostre séel, surquoy leur sont faictes leurs bourses chacun mois, et à eux distribuées par nosdicts audiencier et contrerolleur, selon leur voulenté et plaisir, comme exposé nous a esté, nous voulons et ordonnons, tant pour la conservation de nostre droict comme de celui de nosdicts notaires, que lesdicts audiencier et contrerolleur ne puissent aucune chose recepvoir de l'emolument de nostredict séel, se avecques eux n'a un de nosdicts notaires, lesquels feront à nostredicte audience residence continuelle l'un après l'autre et par bon ordre; c'est à savoir, chacun un mois à la fois, et enregistreront devers eux à part, toute la revenue de nostredict séel, et tant au regard de nous comme desdicts notaires, et, à la fin de chacun mois, celui qui aura servy ledict mois baillera à l'autre notaire qui viendra pour servir semblablement le mois subséquent, ledit registre, pour tousjours continuer ce que dit est. Et avec ce nous mandons et enjoingnons à noz gens des comptes que ils ne cloent ou affinent les comptes desdicts audiencier et contrerolleur, s'ils n'ont autant du registre ainsi faict par lesdicts notaires, comme dit est : defendons aussi à tous nosdits notaires, que pour servir à ladicte audience par la maniere dessusdictes, ils ne preignent de nous aucuns dons ou autres prouffits, sur peine de les recouvrer sur eux ou leurs heritiers.

(207) Quant à nostre grand-conseil, pour ce que par impor-

tanité de requerans, plusieurs chevaliers et autres se sont fait retenir de nostre grand-conseil, en très-excessif nombre, à grans gaiges et pensions, tant sur nostre demaine comme sur les deniers des aydes ordonnez pour la guerre, pourquoi plusieurs inconvéniens s'en sont ensuivis, et si ne nous estaient necessaires, et neantmoins à l'occasion de ce ont eu de nous gaiges et dons moult successivement, ont voulu avoir leurs causes aux requestes du palais, et estre francs de peages et truages, tant des nostres comme de noz subjects, et avec ce noz consaulx en ont esté moins secrets ; nous avons ordonné et ordonnons que tous ceux qui par retenue sont de nostre grand-conseil, soient cassez et ostez des registres de nostre tresor et de tous autres registres, et dès maintenant les cassons ; et en outre ordonnons que outre et pardessus noz connestable, chancelier et autres qui à cause de leurs offices ou prééminences ont accoustumé d'ancienneté de estre et assister à noz grands consaulx, seront advisez certains prelats, chevaliers et clercs solennels jusques à certain nombre limité, qui ne se estendra outre le nombre de quinze, lesquels seront à nous et non à autres, pour estre et assister à noz grands consaulx, et pour nous conseiller en tous noz affaires, lesquels auront chacun an de nous pensions moderées telles que nous ordonnerons, sans prendre de nous aucuns dons ou autres prouffits, sur la peine que dessus ; et sera ledit nombre advisé et ordonné par nous, par l'advis et consentement de ceux de nostre sang et lignage, et par bonne et grande election, comme il appartient ; et ne voulons que aucun preigne gaiges ou pension de nous, à cause d'estre de nostre grand conseil, ne aussi se ingere de venir en nostredict conseil, fors ceux dudict nombre, et les autres qui à cause de leursdicts offices ou prééminence y doivent estre, comme dict est; et se aucun impetroit estre de nostre grand-conseil, outre le nombre dessusdict ou autrement que par ladicte election, nous defendons à noz secretaires que de ce ne signent aucunes lettres, sur peine de privation de leurs offices, et à nostre chancellier qu'il n'en séelle aucune telles, sur la foy et loyauté qu'il nous doit ; et si ordonnons que tout ce que iceluy impetrant en auroit receu soit recouvré sur luy ou ses heritiers.

(208) Avons revocqué et revocquons toutes et quelconques pensions par nous, par nostre très-chiere et très-amée compaigne la royne, et par nostre très-chrestien et très-amé aisné fils le duc de Guyenne, daulphin de Viennois, données ou octroyées à quelconques personnes que ce soit ; et se pour le tems advenir estait

mestier pour l'honneur et bien de nous, et utilité de nostre royaume, de donner à aucuns pensions, nous y pourverrons par grand et meure deliberation de conseil et de pensions raisonnables et moderées.

(209) Pour ce que plusieurs oppressions, empeschemens et ennuis nous ont esté faits en nostre conseil, par la multitude et importunité de ceux qui s'y boutaient, qui pas n'y devaient estre. parquoy noz besoignes et affaires en ont souvent esté empeschiés, nous defendons très-expressement que quelconque personne que ce soit n'entre en nostredit conseil, sinon ceux qui en seront retenus et qui y doivent estre, comme dit a esté en l'article prouchain precedent; et voulons que s'aucun est trouvé faisant le contraire, que incontinent il soit pris et mené ou chastelet, pour en estre puny ainsi qu'il appartiendra. Et afin que ceste nostre presente ordonnance et volenté soit mieux enterinée et accomplie, nous commettons pour la faire executer noz connestable et chancellier, les grans chambellan et boutillier de France. le grand maistre d'hostel, et chacun d'eux.

(210) Quant aux maistres des requestes de notre hostel, nous voulons et ordonnons qu'ils soient ramenez et reduits au nombre ancien, et aux coutumes; c'est assavoir, de quatre clers et de quatre lais, qui ayent et preingnent de nous leur gaiges accoustumez et appartenans à leur office, sans aucuns dons ou prouffits, sur peine de le recouvrer sur eux ou leurs hoirs; et se il en y a aucuns outre ledit nombre, nous les cassons et adnullons du tout. et leur defendons l'exercice dudit office; et en outre, ordonnons que quand aucun desdicts offices vaquera, soit par mort, resignation ou autrement, il y soit pourveu par bonne election qui se fera par nostre amé et feal chancelier. appellez avec lui ceux de nostre conseil, ceux desdites requestes de nostre hotel, et aucuns de ceux de nostre parlement et de nos comptes, en tel nombre que bon lui semblera : et se il avenoit que aucun se boustat oudit office outre ledit nombre, ou par autre maniere que par ladite election, il sera reputé et dès-maintenant le reputons inhabile audit office, et voulons que tout ce que il en aura receu en gaiges ou autrement soit recouvré sur luy ou sur ses hoirs.

(211) Que ensuyvant les ordonnances faites par noz predecesseurs rois de France, sur les manières que l'on doit tenir à nous faire requeste, nous voulons et ordonnons que des choses qui touchent principalement nostre conscience, noz confesseur et aumosnier soient chargiez de nous en parler et faire requestes.

et non autres quelconques ; de ce que touche les gens et serviteurs de nostre chambre, nostre grand-chambellan, noz premier chambellan et autres officiers et serviteurs de nostredit hostel, le grand maistre d'iceluy, ou en son absence les autres maistres de nostredit hostel ; et toutes autres requestes communes, tant de la chose publique de nostre royaume comme autrement qui se peuvent passer hors nostre conseil, se feront par les maistres des requestes de nostredit hostel, ausquels il appartient ; lesquels seront tenus de signer les lettres patentes qui en seront faites, ainçois que le secrètaire qui en aura receu le commandement les puisse signer ; et defendons très-expressément à nostredit chancellier qu'il ne séelle aucunes lettres patentes par nous ainsi commandées, si elles ne sont signées du maistre des requestes qui nous en aura fait la requeste, se ne sont lettres touchans noz consciences et nos officiers dessusdits ; et defendons à tous que aucun ne soit si hardy de faire ne soy ingerer au contraire, sur peine, au regard de noz officiers, de privation de leurs offices, et au regard des autres, de amende arbitraire ; et commandons auxdicts maistres des requestes de nostre hostel, que tous les jours ils soient pardevers nous, ceux par especial qui serviront pour le mois, pour nous servir esdits offices, comme il appartiendra.

(212) Il est avenu et avient souventesfois que quand nous avons esté ou sommes en nostre conseil, plusieurs requestes particulieres nous ont esté et sont faites, non pas pour le bien de nous et de la chose publique de nostre royaume, mais pour l'utilité de plusieurs personnes qui à ce ont pourchassé et pourchassent, et tellement que par infestation importunée et multiplication de telles requestes particulieres et inutiles pour nous et nostre royaume, les besongnes necessaires pour lesquelles nous avons fait assembler nostre conseil en ont esté retardées et empeschées souventesfois, nous voulans à ce pourvoir, avons ordonné et ordonnons que quand nous serons en la chambre de nostre conseil, quelconques requestes, pour quelconque cause que ce soit, ne nous soient faites jusques à ce que nous soyons assis en nostredit conseil, et que ceux de nostre sang et lignage, nostre chancelier et noz autres conseillers pareillement soient assis chacun en leurs sieges et lieux, et que lesdites requestes soient faictes par lesdits de nostre sang et lignage, aucuns de nostre conseil, et les maistres des requestes de nostre hostel, à l'oye et entendement de tous, et en l'absence de partie à qui la chose touchera ; et ce faict, soient mises en delibération par noz connestable ou chancelier

c'est à savoir, par celuy et ceux à qui il appartient, sans ce que ceux qui feront lesdites requestes se approchent de nous plus près que de leursdits sieges et lieux; et defendons à noz secretaires, sur peine de privation de leurs offices, que des requestes qui nous serons faites, et du commandement que nous leur ferons sur icelles requestes, autrement que par la maniere dessusdite, ils signent aucunes lettres: et pareillement defendons à nostre chancelier, sur peine d'amende arbitraire, que il n'en séelle les lettres, s'il n'estait bien mémoratif du commandement que nous aurions ainsi fait par la maniere dessusdite, ou que ladite lettre fust signée par l'un des maistres de nostre hostel, qui aurait esté à la délibération et commandement de ladite lettre.

(213) Pour mieux expedier les besongnes et affaires particulieres de la chose publique de nostre royaume, et afin que bonne justice et raison soit ouverte à un chacun, nous avons ordonné et ordonnons, que chacun jour de vendredy par chacune sepmaine, nous tendrons ou ferons tenir conseil pour ouyr les requestes d'un chacun. et ceux qui en voudraient faire ou bailler aucune pour quelque cause que ce soit, excepté celles qui touchent nostre conscience, les bailleront par escrit à ceux que avons ordonné par l'article precedent, qui les feront en nostredit conseil en audience de nous, ou de celuy qui pour nous tendra ledit conseil, et en l'absence de ceux pour qui elles seront faites; et de qui lors par la maniere dessusdite sera octroyé, seront faictes nos lettres par noz secretaires à ce ordonnez; et se par importunité ou autrement, aucunes requestes sont accordées autrement que dit est, tant en ce present article comme ès deux autres precedens, nous declarons l'octroy ainsi fait estre nul et de nul effect et valeur, et defendons au secretaire qui aura receu tel commandement, qu'il n'en signe les lettres, et à nostre chancelier qu'il ne les séelle. et aussi à tous noz officiers à qui elles s'adresseront, que ils n'en mettent aucunes à expedition.

(214) Il est advenu et advient souvent que plusieurs personnes, par importunité, inadvertance ou autrement, pour fouyr et deluyer le bon droit des adversaires d'eux ou de leurs amis, ou pour autre cause non raisonnable, ont obtenu lettres de nous, par lesquelles ils se sont efforcez de faire advocquer de nostre cour de parlement ou d'autres noz jurisdictions ordinaires ou commises, aucunes causes pardevant nous en nostre personne, sçachans nous avoir d'autres occupations pour les besongnes de nostre royaume, et non pour lesdites causes determiner, et aussi eu

aucuns impetré aucunes fois aucunes lettres de nous, pour retarder ou delayer la prononciation d'aucuns arrests ou sentences, qui est contre le bien de la justice, et ou préjudice de ceux à qui les causes touchent, pourquoy nous defendons et enjoignons très-estroictement ausdits maistres des requestes et à tous autres, sur les sermens qu'ils ont à nous, que ils ne fassent aucunes telles requestes; et se par importunité, inadvertance ou autrement, nous les octroyons, nous defendons à nostredit chancelier qu'il n'en séelle aucunes lettres; et se elles estaient séellées, nous defendons à nostredite court et à tous noz autres juges, que à icelles lettres ils n'obeissent aucunement; mais dès-maintenant les declarons estre nulles et avoir esté impetrées contre nostre volenté et intention, et ne voulons que à icelles soit aucunement obey.

(215) Il est advenu et advient plusieurs fois que plusieurs graces, dons et remissions ont esté faictes, eues et obtenues de nous moult legierement, parce que ceux qui nous ont faictes les requestes ne nous ont pas bien exprimé au long le contenu en icelles, ne imprimé la grandeur du cas, ne l'enormité et malice des delits, pourquoy nous avons esté meuz legierement à octroyer, donner ou pardonner, plusieurs se sont enhardis et legierement inclinez à perpetrer iceux cas, pourquoy nous commandons et enjoignons expressement à ceux qui sont ordonnez de nous faire lesdites requestes, sur le serment qu'ils ont à nous, que ils expriment bien au long à nous et à nostre conseil le cas duquel ils nous feront la requeste, la grandeur d'icelluy, l'estat de ceux pour qui et contre qui ils parleront, la maniere, qualité, circonstance des delits, et qu'ils nous en conseillent loyaument ce qu'il leur semblera en leurs consciences, qu'il en devra estre fait; et que aucunes lettres n'en soient faites ne signées de secretaires ou de notaires, ne séellées, au cas que la requeste aura esté faite par aucuns des maistres de nostre hostel ou autre qui a accoustumé de signer, se elle n'est premierement signée de la main de celuy qui aura faicte ladicte requeste.

(216) Et est advenu plusieurs fois que plusieurs par importunité, inadvertance ou autrement, ont obtenu plusieurs lettres de nous, iniques et torcionnaires, lesquelles pour ce ont esté refusées à séeller en la chancellerie, et par ce les impetrans se sont plusieurs fois ingerez de faire mander et commander que elles fussent séellées, toutes excusations cessans, pourquoy on a aucunes fois accoustumé en la chancellerie d'escrire sur la marge d'icelles,

sigillata de expresso mandato regis, laquelle forme d'impet[rer] lesdictes lettres et les faire séeller n'est mie raisonnable, c'est con[tre] le bien de justice : pourquoy nous enjoignons et defendons expressement à nostre amé et feal chancelier qui à present est et q[ui] sera pour le temps advenir, sur le serment qu'il a et qu'ils auro[nt] à nous, que pour quelconque mandement ou commandeme[nt] qu'il leur soit fait par chanceliers, huissiers ou sergens d'arme[s], varlets de chambre ou autres, de quelconque auctorité qu'[ils] soient, ils ne séellent aucunes lettres qui leur sembleront est[re] iniques ou torcionnaires, et obtenues par importunité ou inadvertance; et en cas de doubte ou difficulté, nous commandons [à] iceluy nostre chancelier que icelles il retiene pardevers lu[y], pour les rapporter et faire lire pardevant nous en nostre conseil, et icelles leuës à l'oye de tous, sera discuté et determiné se ell[es] devront estre séellées ou non.

(217) Pour ce qu'il est venu à nostre congnoissance que plusieurs de nostre sang, et aussi plusieurs de nos chevaliers, serviteurs et autres, par importunité de requerans, ont et demande[nt] chacun jour plusieurs de nos offices, combien qu'ils n'ayent intention de iceux tenir ne exercer en leurs propres personnes, mais y pourveoir à leurs amis et serviteurs, ou les vendre à leu[r] prouffict, nous deffendons à tous les dessusdits, que doresenavant ne nous demandent aucuns offices, si ce ne sont offices qui soient selon leurs personnes et estat, et que ils les veuillent desservir en leurs personnes; et se nous en faisons doresenavant aucun octroy, nous voulons iceluy estre de nulle valeur.

(218) Pour ce qu'il est venu à nostre cognoissance que nostre peuple est moult grevé, et souvent travaillé à venir de moul[t] loingtaines parties de nostre royaume à Paris playdoyer aux requestes de nostre hostel, et aussi ès requestes du palais, pou[r] ce que trop legierement l'en octroie à trop de gens *committimus* et lettres par lesquelles lesdites gens de requestes congnoissent des causes de ceux à qui on les octroye, nous avons ordonné et ordonnons par ces presentes, que doresenavant ne soient octroyées aucunement lettres telles, fors seulement à nos conseillers, officiers ordinaires et servans coustumièrement en nostre hostel, en nostre parlement, en nostre chambre des comptes et ailleurs à Paris, et aussi conseillers et officiers de ceux de nostre sang et lignage, tant comme ils serviront en leurs offices, eux estant pardevers nous, qui bonnement sans l'intermissio[n] de leurs offices et estats, ne pourroient plaider hors de Paris, et

veſves des dessusdits, tant qu'elles se tiendront de marier, et autres personnes miserables, ou pour aucune juste et raisonnable cause, selon l'advis et discretion de nostre chancelier, appellez avec luy aucuns de nostre grand-conseil, les advocats et procureurs frequentans les cours de nostre parlement, la chambre des comptes et des generaux, et par lettres pour chacun d'eux passées en la court où il poursuyvra; et au cas que par importunité, inadvertance ou autrement, seroit fait au contraire, nous defendons aux gens desdites requestes, que par vertu des lettres ainsi impetrées, ils ne tiennent aucune court ou cognoissance.

(219) Pour la grand multitude des secretaires que nous avons retenus et permis venir en nostre conseil, plusieurs inconveniens et dommages en sont venus à nous et à la chose publique de nous et de nostre royaume, et en ont esté nos conseils moins secrets souventes fois; et avec ce, plusieurs desdits secretaires prenoient 12 sols parisis par chacun jour, qui a esté à nostre grand charge et petit profit, nous avons ordonné et ordonnons que tous lesdits 12 sols que prenoient lesdits secretaires seront cassez et adnullez, et dès maintenant les cassons et adnullons, et voulons que tous secretaires enregistrez en nostre thresor, pour cause de prendre lesdits 12 sols, en soient ostez incontinent; et doresenavant pour servir et estre à nos conseils, aurons huict secretaires tant seulement, qui serviront quatre et quatre de mois en mois, et ne viendront à nos conseils que ceux qui serviront pour lors, desquels en aura deux qui signeront sur les finances, lesquels serviront à leur tour par mois avec les autres: c'est à savoir, tousjours l'un d'eux avec les autres trois ordonnez à servir pour iceluy mois, qui ne signeront point sus lesdictes finances; tous lesquels huict secretaires seront pris, esleuz et choisis bons, diligens et suffisans en latin et en françois, par nostre chancelier, appellez avec luy lesdits commis et des gens de nostre conseil, tant clercs comme autres en competant nombre; lesquels secretaires prendront et auront de nous douze sols par jour, ausquels nous defendons très-expressement qu'ils ne signent aucunes lettres touchans nosdictes finances, se icelles ne sont passées et à eux commandées par nous estant assis en nostre conseil et à l'oye de noz conseillers qui y seront, sur la peine et par la maniere que dessus est exprimé.

(220) Pour ce que plusieurs nos secretaires signent plusieurs fois plusieurs lettres, eux sachans nous non estre advertis du contenu en icelles, et que les requestes ne nous ont pas esté

faites par la maniere que dit est cy-dessus ès precedens articles, mais par personnes qui legierement nous ont exprimé aucune partie du contenu en la requeste à nous faicte par escrit ou de bouche, et aucunes fois ont mis lesdicts secretaires et notaires plusieurs personnes du conseil presentes, lesquels ne savoyent riens d'icelles requestes, ne des responses que nous y faisions; et aussi mis et escrits esdictes lettres plusieurs nonobstances qui ne leur avoient point esté commandées, et desquelles aucune mention ne nous avoit esté faite en faisant la requeste, dont plusieurs inconveniens s'en sont ensuivis, nous defendons à tous nosdits secretaires et notaires, sur peine de privation de leurs offices et d'amende arbitraire, qu'ils ne signent aucunes lettres de justice, de grace, de dons, d'office, d'argent ou d'autre chose, se la requeste n'a esté faite par la maniere dessusdite ès précedens articles; et se lesdites requestes sont passées par nous en nostre conseil, qu'ils n'y subscrivent aucuns presens s'ils ne sont bien certains que ceux qu'ils mettront presens ayent bien ouy et entendu la requeste, nostre réponse et celle de nostre conseil, et qu'ils en ayent dit leurs advis et opinion; et avec ce leur defendons sur ladite peine, qu'ils ne facent ou signent aucune lettre dont la requeste ait esté faite, deliberée et conclue en la presence de la partie; et avec ce, ne mettent aucunes nonobstances, se elles ne nous ont esté exprimées et qu'elles leur ayent esté commandées après ce que nous et ceux de nostre conseil en avons esté advertis, et les opinions sur icelles dites, s'il y chet débat.

(221) Défendons à tous nosdits secretaires et notaires, que aucun ou aucun d'eux ne viennent à nostre conseil, ne entrent ou lieu où nous les tendrons, s'ils ne sont expressement mandez par nous ou nostre chancelier, excepté seulement ceux qui seront ordonnez pour servir audit conseil, et en leurs mois, sur les peines dessus dites.

(122) Afin que nous puissions avoir en mémoire les besongnes qui seront expédiées devant nous en nostre conseil, ou pardevers nostre chancelier pour nous, et que plus prestement on puisse avoir recours à ce qui en aura esté ordonné, nous voulons et ordonnons, comme autrefois a esté fait par nos predecesseurs, que desdites choses et besongnes qui s'expedieront pardevers nous ou nostredit chancelier et conseil, soit fait un livre onquel sera escrit continuellement par un desdits quatre notaires qui seront presens au conseil, tout ce qui cotidiennement aura esté fait en nostredit conseil, dont mémoire soit à faire, et la conclusion en

[...]elle nous et nostredit conseil seront demourez, avec les pre[...] qui auront esté en icelluy conseil; lequel livre sera en la [gar]de de nostredit chancelier, et le fera apporter audit conseil, [et] reporter en son hostel, et n'y escrira aucun autre, s'il n'est [des]dits quatre notaires.

(223) Pour ce que ou temps passé, par importunité de reque[ran]s et inadvertance, nous avons créez et ordonnez plusieurs nos [n]otaires et secretaires qui estaient peu usagiez de faire lettres et [m]oins suffisans, et aussi avons retenu plusieurs nos secretaires [les]quels n'étoient point notaires, dont plusieurs inconveniens [s'en] sont ensuivis, nous avons ordonné et ordonnons en ensuy[v]ant les ordonnances de nos predecesseurs, que doresenavant [nous ne] recevrons aucun en nostre secretaire pour nous servir en iceluy office, se premierement il n'est notaire (1) du nombre [et] ordonnance ancienne; et si aucun s'efforce de user dudit [of]fice contre ceste presente ordonnance, nous dès maintenant [pour] lors declarons iceluy inhabile à estre doresenavant nostre [se]cretaire; et en outre, avons ordonné et ordonnons que doresenavant aucun ne sera receu à estre nostre notaire, se premierement il n'est examiné par nostre chancelier ou ses commis, et se par ledit examen il soit souffisant pour faire lettres tant en latin comme en françois, et avec ce qu'il soit trouvé de bonnes mœurs, bonne vie, loyal homme, et de bonne conversation.

(224) Est advenu et advient souvent, quand nous ou nostre chancelier avons commandées aucunes lettres à aucuns de nos notaires ou secretaires, que ceux pour qui elles seront commandées ne les peuvent avoir desdits notaires ou secretaires, se premierement ils ne leur payent aucune somme d'argent, chappeaux de bievre, vin ou autre chose, combien que le plus souvent iceux notaires ou secretaires n'ayent mie ordonnées ne faictes ou escrites lesdictes lettres, laquelle chose est ou grand dommage et prejudice de ceux qui les poursuyvent, et deshonneur desdicts notaires qui doyvent estre gens d'estat et sans reproche, nous avons ordonné et ordonnons que doresenavant ils ne prennent ou exigent aucune chose de ceux pour qui lesdites lettres leur seront commandées, sans le congié de nous ou de nostredit chancelier, sur peine d'en estre griefvement punis se il vient à nostre cognoissance; et avec ce leur enjoingnons très-estroictement que doresenavant quand aucunes lettres leur seront com-

---

(1) V. le président Hesnault, année 1413.

mandées, ils les ordonnent et les escrivent, ou facent escripre plustost et hastivement que faire pourront, et les moustrent celui ou ceux qui auront faite la requeste, afin que ceux qui poursuivent les puissent plus prestement avoir pour porter nostre chancellerie.

(225) Pour ce que souvent est advenu et advient que en nostre chancellerie, quand nostre chancelier fait séeller, il y a si peu de nosdits notaires, que l'expédition des lettres des bonnes gens qui ont à faire en nostre chancellerie en est grandement retardée, nous enjoingnons à nosdits notaires et secretaires, c'est à sçavoir à ceux qui ne seront par nous ordonnez à servir autre part, sur le serment qu'ils ont à nous et de l'amende de cent sols parisis pour chacun jour qu'ils feront faute, et de perdre leurs gages pour ledit jour, ou cas toutefois qu'ils n'auroient essoinne ou excusation raisonnable, laquelle ils feront sçavoir à nostredit chancelier, qu'ils soient chacun jour que l'en séellera en nostre chancellerie à l'heure que nostre chancelier y entrera pour séeller, et que ils facent continuelle residence et demeure tant que notredict chancellier y sera, pour l'expédition de ceux qui y auront à faire; et avec ce leur enjoingnons que les lettres des pauvres gens qui viendront à ladicte chancellerie, qui leur seront commandées, ils preignent sans refus, les facent et expédient diligemment.

(226) Combien que pieça nostre feu seigneur et pere eust ordonné ses notaires pour le servir en sa chancellerie, jusques au nombre de six, pour l'estat desquels soustenir il leur eust ordonné de prendre bourses et gaiges, lequel nombre estoit et est souffisant, néantmoins plusieurs, par importunité et inadvertance, quand aucun desdicts offices a vacqué, ont obtenu de nous que d'iceluy office estre fait à deux personnes, en desmembrant iceluy office; c'est assavoir, à l'un les bourses, et à l'autre les gaiges, en faisant pour un notaire deux, parquoy le nombre ordonné par nostredit feu seigneur et pere a esté excessivement acreu en nostre très-grand prejudice et dommage, pour les dons que iceux notaires ont pourchassiez à eux estre faicts : car souvent est advenu que ceux qui ne avoient que l'un des membres dudit office ne nous pouvoient, pour leur petite chevance, servir honnestement ; pourquoy nous, en ratifiant et approuvant ladicte ordonnance par nous autres fois sur ce faite, laquelle avec ceste presente voulons estre tenue en ses termes, ordonnons et declarons que doresenavant quand aucun desdicts offices vacquera, de l'un qui aura bourses et gaiges ensemble, nous ne le desmem-

...rons point, ne ne donrrons à aucun qui paravant ne soit nostre
...taire, et à l'autre les gaiges; et se nous le faisons, nous dès-
...maintenant declairons le don estre nul, et avoir esté impetré par
...portunité ou inadvertance, en defendant très-expressement à
...stre chancellier qu'il n'en séelle aucunes lettres; et en outre,
...donnons et declairons que jusques à plaine et entiere reduction,
...integration et reünion desdicts offices et desdicts gaiges et
...urses, ensemble ou par parties, vacqueront par mort ou au-
...rement, ceux qui à present sont pourveuz d'office de notaire,
...n ayant que l'une d'icelles parties, c'est assavoir, bourses ou
...ges, soient premierement pourveuz de l'autre partie d'iceluy
...ffice qui vacquera realement et de fait, devant tous, et que le
...os ancien en ordre, regard au temps qu'il aura esté receu et
...rvi en l'office, soit le premier pourveu, et ainsi chacun par
...rdre selon ce qu'il aura plus longuement servi oudit office;
...outesfois nostre intention n'est mie que se aucuns de nosdicts
...otaires qui sont à present, ont vendu ou autrement transporté
...un des membres dudit office, qu'ils soient pourveuz devant tous
...utres, supposé que ils fussent plus anciens notaires, mais
...ront pourveuz les derreniers, pource que autrefois ils en ont
...té pourveuz et les ont resignez : et pour executer ceste presente
...rdonnance, et faire ladite provision par la maniere que dit est,
...ous commettons nostredit chancelier qui à present est, et ceux
...ui seront pour le temps avenir, en leur defendant très-expres-
...sement que contre ceste presente ordonnance ils ne séellent au-
...cunes lettres; et s'aucun impetroit ledict office par autre maniere
...que dict est, nous le reputons inhabile à iceluy, et voulons que
...tous les proffits qu'ils en auront receuz soient recouvrez sur luy
...ou sur ses hoirs.

(227) Nous avons en outre esté advertis que combien que ou
temps passé, nous et noz predecesseurs eussions accoustumé
d'avoir et mettre tant en noz conseils comme en nostre chancellerie en laquelle toutes lettres de justice sont expediées, signées
et séellées, bons et souffisans notaires et secretaires qui diligemment et honorablement expedient les besongnes, expedient en
nosdicts conseils, et noz subjects, quand ils auroient à faire en
iceux et nostredite chancellerie, se cognoisssent aussi en lettres
de justice, sçavoient escrire manuellement et faisoient eux-
mêmes et composoient les lettres tant patentes, comme closes,
missives et responsives à estrangers, en latin et en françois, selon
ce qu'il appartenoit à nostre honneur et auctorité, neantmoins

depuis aucun temps en ça, plusieurs, par importunité, faveur d'aucuns, par achapts et autres manieres exquises et indeues, ont esté mis esdicts offices, ne tels comme dict est dessus, mais en y a aucuns qui ne sçavent escrire comme leur office le requiert, et qui avec ce ignorent le fait d'iceluy office, et à iceluy sont inutiles; et qui plus est, aucuns d'eux, comme entendu avons, ont fait plusieurs fautes en leursdicts offices, et ne sont de tel gouvernement qu'il appartient pour nostre honneur et l'estat d'iceux offices, nous desirans pourveoir aux choses dessusdictes, voulons et ordonnons que ceux desdicts notaires et secretaires qui seront trouvez non estre convenables et proffitables pour ledict office exercer tant en latin comme en françois, et ès autres choses requises audict office, à l'honneur et prouffit de nous et de la chose publique, soient de leurs offices de notaires et secretaires deschargiez, et ou lieu d'eux mises notables personnes et souffisans ; et pour sçavoir et enquerir ceux qui ne sont pas convenables et prouffitables à ce que dit est, et qui en leur office ont fait faulte, nous avons ordonné et ordonnons et commettons nosdicts commis, lesquels appellez avec eux les dessus nommez en l'article cy-dessus posé ou chapitre de parlement, faisant mention des gens des requestes de nostre hostel, de nostre parlement, de noz comptes et des requestes de nostre palais, et quatre des plus anciens et souffisans de nosdicts notaires et secretaires, et autres tels que bon leur semblera, lesquels adviseront la maniere de sçavoir ceux qui ne sont esdicts offices convenables et prouffitables, et de la maniere de dire sur ce leurs opinions, et de y prendre conclusion et remedier selon leurs consciences, lesquels nous en chargeons du tout quant à ce ; et voulons que tous ceux qui par eux ou la plus grande partie d'eux seront trouvez et concluds tels comme dict est, c'est assavoir, non convenables ou prouffitables ausdits offices, soient deschargiez d'iceux offices, et dès-maintenant pour lors les en deschargeons, et voulons que ou lieu d'eux soient par les dessusdits mesmes, esleus et advisées autres notables et souffisans personnes de bonne vie et honneste conversation, au bien et honneur de nous et de nostre justice, desdits offices et du bien publique de nostre royaume, ausquels oudit cas nous en baillerons nos lettres patentes sans aucune difficulté.

(228) Pour ce qu'il est venu à nostre cognoissance que quand nous avons octroyé aucune charte laquelle il faut enregistrer, combien que ceux pour qui elle est ayent payé vingt sols parisis

pour le registre, ce nonobstant les clercs de nostre audiencier, qui les enregistrent, ne les veulent expedier, se outre et pardessus ce que dit est, ils n'en ont encore autre proffit d'argent, pourquoy les bonnes gens qui payent pour chacune chartre sept tournois parisis du moins, sont grandement grevez, nous defendons très-estroictement ausdits clers que doresenavant ils ne preignent ou exigent à la cause dessusdite, aucune chose, sur peine d'amende arbitraire, et pareillement commandons à nosdits audiencier et contrerolleur, que ce faire ils ne leur souffrent, sur pareille peine.

Eaues et Forests.

(229) Combien que anciennement ou fait du gouvernement des eaues et forests de nostre royaume, n'y eust aucun qui outre et pardessus les maistres ordinaires de nos eaues et forests, s'appellast grand et souverain maistre desdites eaues et forests, neanmoins puis aucun temps ençà, aucuns ont eu et impetré de nous ledict office de souverain maistre et gouverneur desdictes eaues et forests de nostredict royaume, et soubs umbre et couleur de ce, ont prins et exigié de nous grands et excessifs gaiges, dons et prouffits, à nostre très-grand charge, et fait et commis par eux et leurs commis et sergens, plusieurs grands oppressions à nostre peuple; nous voulans à ce pourveoir, iceluy office de grand et souverain maistre des eaues et forests de nostredict royaume, avecques tous drois de chasse et autres quelzconques que ceux qui pour le temps passé ont esté grands et souverains maistres desdictes eaues et forests, voudroient pretendre avoir en desdictes eaues et forests, à cause dudict office, avons revocqué, appellé, cassé et adnullé, revocquons, rappellons, cassons et adnullons, et ne voulons que doresenavant aucun droit soit commis ne proposé en iceluy; et s'il advenoit que par importunité, inadvertance ou autrement, nous octroyssions ou eussions octroyé a aucun ledict office, ou sur ce baillé ou octroyé aucunes lettres, nous defendons à nostre chancelier present ou advenir, sur le serment et loyauté qu'il a à nous, que aucune il n'en séelle, à tous noz notaires et secretaires, que aucunes ils n'en signent, et à nos gens des comptes que aucunes ils n'en expedient; et neantmoins voulons que se aucun par voye oblique ou autrement, se bouloit oudict office, que tous les prouffits qu'il en auroit euz et receuz, tant en gaiges comme autrement, feussent et soient recouvrez sur luy ou sur ses hoirs.

(230) Voulons et ordonnons que pour le gouvernement de

toutes les eaues et forests de nostre royaume, aura doresenavant six maistres tant seulement: c'est assavoir, en noz pays de Normandie et Picardie, deux; en noz pays de France, Champaigne et Brie, deux; en nostre pays de Touraine, un; en nostre pays de Languedoc, un; lesquels serviront à leurs gaiges et droits ordinaires seulement, et ne prendront aucuns droits ès forfaitures ne ès amendes, et n'aura doresenavant aucun gruyer en Champaigne, des eaues et forests: et outre ordonnons que quand les offices desdites eaues et forests, où l'un d'iceux vacqueront ou vacquera, que à iceux soit pourveu par bonne election en nostre chambre des comptes, de bonnes personnes et suffisans, par nostre amé et feal chancelier, appellez avec luy des gens de nostre grand-conseil, de noz chambellans et chevaliers, et des gens de nosdits comptes, en nombre competent; et se aucun entre esdits offices par autre maniere, ne outre le nombre dessus declairé, nous dès-maintenant pour lors le reputons inhabile à luy et à tous autres offices royaux, et voulons que tout ce qu'il en auroit receu de proffit à tiltre de gaiges ou autrement, soit recouvré sur luy ou sur ses hoirs.

(231) Voulons que s'il advient doresenavant, que des sentences, jugemens, dits, ordonnances ou appointemens, ou autres exploits, desdits maistres desdites eaues et forests, de leurs commis, sergens ou deputez ou aucun d'eux, aucuns de nos subjets se sentent agrevez ou oprimez, ils en puissent, se bon leur semble, appeller et reclamer à nous ou à nostredite court souveraine de parlement: et que sur ce sans difficulté ou contredit, adjournemens en cas d'appel leur soient octroyez en nostre chancellerie, en la forme et maniere accoustumée.

(232) Pour ce que ou temps passé les maistres desdites eaues et forests ont fait convenir et ajourner pardevant eux les bonnes gens par ajournemens et assignations generaux, quelque part qu'ils fussent, sans designation de lieu certain, parquoy lesdites bonnes gens ont esté grandement travaillez et dommagez, nous avons ordonné et ordonnons que doresenavant lesdits maistres des eaues et forests ne facent ou souffrent ajourner lesdites bonnes gens, se ce n'est en lieu certain et ès metes de leurs chastellenies; et ce leur commandons et enjoignons, sur peine de perdre leurs offices et de estre griefvement punis; et se autrement le font, nous voulons que les adjournez n'y soient tenuz de comparoir, et que se default étoit prins et impetré contre eux, qu'il soit nul et de nul effet.

(233) Pour ce que ou temps passé les maistres de nosdictes eaues et forests se sont entretenuz de tenir jurisdiction de nostre heritage et demaine, en absence de nostre conseil et de nostre procureur, dont moult grands dommages s'en sont ensuis et pourroient ensuir ou temps avenir au regard de nous et de nostredit demaine, et aussi ont entrepris la jurisdiction et cognoissance des actions et debats qui en rien ne touchent le fait de nosdites eaues et forests, et dont la cognoissance doit appartenir à noz juges ordinaires, nous avons defendu et defendons à nosdits maistres des eaues et forests, sur la peine contenue et declarée ou prochain article precedent, que doresenavant ils n'entreprengnent la court et cognoissance d'aucunes questions qui touchent la propriété ou droit de nostredit demaine, mais en laissent la court et cognoissance aux juges ausquels la cognoissance en appartient; et aussi leur defendons, sur les peines dessusdites, que doresenavant ils ne entreprengnent la jurisdiction, court ou cognoissance des actions ou debats réels ou personnels, fors des cas touchans directement nosdites eaues et forests; c'est assavoir, des delits commis ou fait de nosdites eaues et forests, ou de la transgression des ordonnances sur ce faites, ou par aucuns de noz marchiez desdites eaues et forests, que lesdictes parties prétendroient chacun à luy appartenir. Et en autres cas, voulons et ordonnons que lesdictes actions ou poursuites soient demenées et determinées devant les baillifs, prevosts et autres juges ordinaires des parties; et se autrement le font, nous voulons que par les juges ordinaires à qui de ce la cognoissance en appartiendra, ils soient contrains à restituer aux parties blecées, depens, dommages et interests.

(234) Nous defendons ausdicts maistres de noz eaues et forests, sur peine d'amende arbitraire, que des lettres de ventes et delivrances que ils font des ventes de nosdites eaues et forests, ils ne preignent pour séel et escriture de la plus grand vente, que 10 sols tournois en pays de tournois, et 10 sols parisis en pays de parisis, et des autres au dessouz à la value; et aussi leur defendons, sur ladite peine, que pour ce ils ne facent payer aux marchans pour vin, outre la somme de 40 sols tournois en pays de tournois, comme dessus; et se plus en estoit payé, si n'en rendra plus l'encherisseur, se il y vient; et ce pareillement defendons nous, sur ladite peine, aux marchans qui prendront lesdites ventes de bois; et se plus en est exigié, nous voulons, outre la peine dessusdite, que tout ce qui en sera levé soit restitué à la

24.

partie qui l'aura payé, ensemble tous cousts, dommages, depens et interests, pour celui qui l'aura receu et exigié.

(235) Pour ce qu'il est venu à nostre cognoissance que lesdits maistres des eaues et forests et autres officiers d'icelles, sans cause raisonnable et sans information precedente, ont fait approuchier par plusieurs fois les bonnes gens pardevant eux, leur ont mis empeschement en leurs droits, et avant qu'ils ayent peu avoir aucune delivrance, ont prins et exigié d'eux argent ou autre prouffit, ou grand grief et prejudice de nostre peuple, et en grand lesion et esclande de justice, nous defendons ausdicts maistres des eaues et forests et autres officiers d'icelles, que doresenavant ils ne mettent aucun en procez ou en cause pardevant eux, sans cause raisonnable et information precedente; et avec ce leur defendons que pour la delivrance des bonnes gens et de leurs droits, lesquels auront été mis en procez pardevant eux, ils ne preignent ou exigent d'eux aucun argent ou proffit, sur peine d'amende arbitraire, de privation de leurs offices, et de restitution de despens, dommages et interests à la partie blecée.

(236) Et pareillement pour ce qu'il est venu à nostre cognoissance que lesdits maistres des forests, verdiers (1) et autres officiers, font plusieurs empeschemens aux bonnes gens, souz umbre des grueries et graeries que nous avons esdictes forests, et pour les tiers et dangiers (2) que nous prenons en icelles, et sont lesdits empeschemens sans cause raisonnable, afin d'avoir aucun prouffit des bonnes gens à cause desdicts empeschemens, nous defendons aux dessusdicts maistres, gruyers, grayers et autres officiers desdictes eaues et forests, que doresenavant ils ne facent ausdictes bonnes gens tels empeschemens, ne leur empeschent leurs coustumes et usaiges, desquels ils trouveront avoir joy d'ancienneté, sans cause raisonnable et sans information precedente, et que pour lever et oster lesdicts empeschemens, ils ne preignent aucun prouffit ou argent desdites bonnes gens, sur peine de privation de leurs offices et d'amende abitraire, et de restitution de tout ce que prins et levé en auroient.

(237) Pour ce que nous avons entendu que lesdicts maistres des eaues et forests ont petitement visitées icelles, et que par de-

---

(1) Le Verdier était un officier des bois et forêts, inférieur au maitre, et qui avait juridiction pour les forfaitures, qui commandait aux sergens et gardes, et connaissait des amendes coutumieres. (Vilevault.)

(2) V. Nouv. Repert., v° Tiers et Dangers.

fault de visitation elles sont grandement foulées et dommagées, nous voulons et ordonnons que lesdicts maistres les visitent chacun an de generale visitation deux fois à tout le moins, et les visitent de garde en autre, presens et appellez avec eux les receveurs, vicomtes et procureurs des lieux, verdiers, gruyers, gardes et sergens, et à chacune fois facent escrire et enregistrer le faict d'icelles forests, et envoyent leur registre en nostre chambre des comptes et à nos thresoriers; et seront tenus lesdits receveurs, vicontes et procureurs aller avec lesdits maistres des eaues et forests quand requis en seront : et tout ce que dit est dessus, enjoingnons au dessus nommez, sur peine d'amende arbitraire.

(238) Nous avons ordonné et ordonnons que lesdits maistres des eaues et forests, ne autres officiers d'icelles, ne puissent establir sergens, ne donner sergenteries desdites forests, à gaiges ou sans gaiges; et defendons à celuy qu'ils auroient establi qu'il ne soit si hardi d'en user, s'il ne l'a par nostre grace et octroy, ou s'il n'y a évident ou suffisant cause; ouquel cas lesdicts maistres y pourront commettre à temps et par provision, jusques à trois mois au plus loing. Et pour ce qu'il est venu à notre congnoissance que ceux qui ont gouverné lesdites eaues et forests ont fait ou temps passé plusieurs sergens, appellez sergens dangereux (1), lesquels ont fait plusieurs griefs et oppressions à nos sujets, dont plusieurs plaintes ont esté faictes à nous et à nostre conseil, nous qui voulons relever nos sujets de toutes oppressions, et qui avons assez officiers ordinaires pour garder nosdictes eaues et forests, se ils font leur devoir, avons ordonné et ordonnons que doresenavant nous n'aurons aucuns tels sergens dangereux, mais ceux qui de present y sont avons du tout rappellez et revocquez, rappellons et revocquons par ces presentes, en adnullant du tout leur office et pouvoir; et defendons à tous ceux qui gouvernent nosdites eaues et forests, que doresenavant n'en facent aucuns; et se ils le font, nous ne voulons que à iceux sergens soit aucunement obéy par nosdits sujets, mais voulons que se aucun, par importunité ou autrement, depuis la publication de ces presentes, impetroit ledit office, qu'il soit puny d'amende arbitraire, et autrement par bonne justice selon le cas.

1, Ces sergens avoient été creés pour la conservation des droits du Roi. Ils exploitoient et faisaient prises dans les forêts où il y avoit droit de tiers et danger, ou de danger sans tiers. V. le *Glossaire du Droit français*, aux mots Sergens dangereux. (Villevault.)

(239) Pour ce que ou temps passé les maistres et verdiers, gruyers et maistres sergens desdites eaues et forests, ont accoustumé que quand il estoit debat devant eux d'aucunes forfaitures et amendes, d'user de compositions et d'en prendre proffit singulier, contre justice et en nostre prejudice et de noz subjets, nous deffendons à tous lesdits officiers que doresenavant n'usent de telles compositions, mais facent à un chacun raison et justice selon le cas; et s'il advenoit que après ceste presente deffense aucuns des dessusdits usassent desdictes compositions, nous ne voulons que aucunes en soyent payez par noz subjets, ainçois voulons que ceux qui les auroient faictes ou s'efforceroient de les faire, soient punis et contraints à nous en faire amende telle comme raison donrra.

(240) Pour ce que nous avons eues plusieurs plaintes des maistres de nos eaues et forests et de leurs lieutenans, nous voulons et ordonnons que doresenavant lesdits maistres exercent leurs offices, et cognoissent en leurs personnes des excez et delits commis esdites eaues et forests, et d'autres choses dont la cognoissance leur appartient à cause de leursdits offices, s'ils n'avoient occupation légitime, ouquel cas ils pourront prendre lieutenans bons, suffisans et bien ès eux, desquels ils respondront, afin que aucun inconvenient n'en adviegne, lequel s'il y advenoit par deffaut d'avoir mis bons lieutenans, et celuy desdits maistres qui y auroit mis tel lieutenant, sera tenu à restituer le dommage qui en viendroit, et à ce nous amender d'amende telle que de raison.

(241) Pour ce que plusieurs louvetiers et loutriers se sont efforcez et efforcent plusieurs fois d'empescher les bonnes gens de prendre et tuer les loups petis et grans, et de employer les termes de leurs commissions, et exiger sur le povre peuple par fraude et mauvais malice, grans sommes de deniers, pour cause desdits loups et loutres, en venant contre nos ordonnances sur ce faites, il nous plaist, voulons et permettons par ces presentes, que toutes personnes de quelque estat qu'elles soyent, puissent prendre, tuer et chasser sans fraude, tous loups et loutres, grans et petis, mais que ce ne soit ou prejudice des droits des garennes des seigneurs, et aussi que ce ne soit en la maniere que les nobles ont accoustumé de chasser; et voulons et ordonnons que la somme accoustumée estre payée à ceux qui prennent loups grans ou petis, leur soit payée par noz thresoriers et les receveurs de nostre demaine, en la maniere ancienne et accoustumée; et au-

ce defendons à tous louvetiers et loutriers, sur quant qu'ils se peuvent meffaire envers nous, et en peine d'en estre punis tres-griefvement, que de prendre lesdits loups et loutres ils n'empeschent aucunement lesdites personnes ou aucunes d'icelles ; et aussi leur defendons sur lesdites peines, que ils n'abusent aucunement des termes de leurs commissions et des ordonnances faites sur icelles, et que ils ne travaillent ou molestent aucunement indeuement le peuple : et en outre commandons et enjoignons à tous nos juges ordinaires, que se ils sçavent par plaintes ou autrement, que iceux louvetiers et loutriers commettent aucunes fraudes en ce que dit est, ou abus, qu'ils les punissent ainsi qu'il appartiendra à faire par raison, et les contraignent à rendre et restituer tout ce que indeuement et contre la teneur de leurs commissions ils auroient exigé de nos subjets ou d'aucun d'eux, comme de nos propres debtes.

(242) Est vray que plusieurs seigneurs, de nouvel et puis xl ans ença, par la grande force et puissance, et par la faiblesse, povreté et simplesse de leurs subjets et voisins, ont fait et introduit nouvelles garennes, et estendues les leurs anciennes, outre les anciens termes, en despeuplant le pays voisin des hommes et habitans, et le peuplant de bestes sauvages, parquoy les labourages et vignes de povres gens ont esté tellement dommagiez et gastez par icelles bestes sauvages, que icelles povres gens n'ont eu de quoy vivre, et leur a convenu laisser leurs domiciles, qui est contre les ordonnances pieça faites par nos predecesseurs, par lesquelles toutes nouvelles garennes ont esté defendues, et les anciennes ramenées à leurs premiers termes, pourquoy nous avons ordonné et ordonnons que toutes nouvelles garennes faites depuis xl ans ença, soient les nostres ou austres, soient ostées, adnullées ou abbatues, et icelles dès-maintenant ostons, adnullons et abatons : et pareillement avons ordonné et ordonnons que toutes les garennes anciennes qui depuis ledit temps ont esté accreues et estendues, soient ramenées et reduites à leurs termes anciens, et icelles dès-maintenant ramenons et reduisons à leurs anciens termes, en mandant à tous noz bailiifs, seneschaux, procureurs et autres officiers, chacun en sa puissance et jurisdiction, que ainsi le fasse faire tantost et sans aucun delay, après la publication de ces presentes ; et lesdites publications, reduction et autres choses dessusdites deuement faites et accomplies par nosdits officiers, nous avons donné congié et licence à toutes personnes de chasser doresnavant sans fraude esdites nouvelles

garennes et accroissemens faits ès anciennes garennes depuis ledit temps, pourveu que ce ne soient mie gens laboureurs ou de mestier et de petit estat, qui s'y pourraient occuper, en delaissant leurs labourages et mestiers : car nostre intention n'est mie que gens de tel estat puissent chasser comme gens nobles ou autres gens d'estat ; toustesfois nous plaist-il et voulons que se les bestes sauvages viennent en leurs heritages hors garenne, ils les puissent prendre et tuer en leursdits heritages, sans pour ce encourir en aucun danger de justice.

(243) Pour ce qu'il est venu à nostre cognoissance que quand il est advenu ou advient que aucuns de nos subjets se sont esbatus ou esbatent à prendre lievres, connins, perdrix, alouettes, oiseaux et autres menues sauvagines, hors garenne, et souventesfois pour gaigner les vies d'eux et de leurs enfans, ou les rendre

doresnavant n'en use, s'il n'a congié et licence de nous, ou s'il n'a tiltre souffisant de ce faire; lequel tiltre il sera tenu de monstrer et exhiber à nostre procureur-general dedans un an après la publication de ces presentes, sur peine de perdre le droit qu'il y aura; auquel nostre procureur general et à tous autres procureurs, chacun en son pouvoir, nous mandons que de faire abatre lesdits peages et travers, facent incontinent après la publication de ces presentes lettres, diligence et poursuite : mandons aussi et commandons, à tous nos autres justiciers et officiers, et à chacun d'eux, pourtant comme à lui appartient, sur peine d'amende arbitraire, que ceste presente ordonnance ils facent diligemment executer.

(245) Est vrai que aucuns desdits seigneurs et autres qui ou tems passé ont levé et fait lever en leurs terres et seigneuries, plusieurs acquits, peages et travers, à tiltre onereux et chargié de retenir et soustenir les pons, ports, chemins et chaussées, dont il ne font riens, et toutesfois lievent toujours lesdits acquits, peages et travers, nous avons ordonné et ordonnons que tous ceux qui ont peages, chaucées ou pontenaiges à charge de retenir et soustenir souffisamment aucuns desdites choses, facent refaire et soustenir ce dont ils seront chargiez, soient pour ports, chemins, chaucées et autres choses, dedans un an après la publication de ceste presente ordonnance, au siege du baillage duquel ils seront; et neantmoins mandons et commandons à tous nos juges et officiers, sur les peines déclarées ou prochain precedent article, que incontinent après ledit temps passé, se lesdits pons, chaucées, chemins et autres choses que les seigneurs ayans lesdits truages soient tenus de refaire et retenir, ne le sont souffisamment dedans ledit temps, que ils preignent et mettent en nostre main les prouffits desdits truages, et les facent lever et cueillir par bonnes personnes et souffisans, sous nostre main ; et des prouffits qui en istront, facent refaire et retenir lesdits pons, chaucées, chemins et passages; et pareillement voulons, ordonnons et commandons que de nos pons, passages, chemins et chaucées, ainsi soit fait.

(246) Il est venu à nostre cognoissance que depuis le temps declairé en l'article precedent, plusieurs seigneurs et autres ont fait plusieurs gords (1) et autres choses à prendre poisson, et aussi plu-

---

(1) On appelle *gords* des espaces dans des rivières ou l'on a dresse des pieux pour y tendre des filets et prendre le poisson. V. le *Glossaire du Droit français*, au mot *Cords*. Vilevault.

sieurs isles et autres empêchemens ès rivieres publiques de nostre royaume, pourquoy le poisson ne puet monter contremont icelles rivieres, mais est tout aresté et pris en iceux gors; et aussi par lesdits empeschemens les cours desdites rivieres en sont grandement empeschez, et tellement que quand il est grand abondance d'eaue, les pays voisins et labourages d'iceux en sont du tout perdus et gastez, ou très-grand prejudice du bien publique de nostre royaume, et des subjets des pays voisins. Pourquoy nous avons ordonné et ordonnons, voulons et nous plaist par ces presentes, que tous lesdits gors, isles et empeschemens qui depuis tel temps ont esté faits de nouvel qui est encores memoire comme du commencement, soient despeciez, ostez et adnullez reallement et de fait, et mandons et commandons à tous noz seneschaux, baillifs, juges et autres officiers, chacun en sa jurisdiction, et pourtant comme à luy appartient, sur peine de ladite amende arbitraire, que lesdits gors, isles et autres empeschemens faits depuis ledit temps esdites rivières publiques, ils facent le plustost que bonnement pourront après la publication de ces presentes, oster, despecier, adnuller et ramener realment et de fait en leur premier estat, aux despens de ceux qui auront fait lesdits empeschemens: appellez ceux toutesfois à qui la chose touche.

(247) Que nous sommes souffisamment acertenez qu'en nostredit royaume a plusieurs rivieres publiques et autres plusieurs fossez anciennement faits pour vuider et essoyer les eaues, afin de la conservation des labourages des pays où ils ont esté faits, et aussi plusieurs chemins, chaucées et passages tels que bonnement on n'y puet passer sans très-grans inconveniens et dangers, desquels on n'est mie certain qui les doit nettier, curer, soustenir et tenir en estat convenable, nous mandons et commandons à tous nos seneschaux, baillifs, prevosts et autres juges, chacun en sa jurisdiction, que bien et diligemment ils se informent, se aucuns sont tenus à remettre lesdites choses, et par quelle coulpe les inconveniens sont advenus; et ceux qu'ils trouveront par lesdites informations y estre tenus, ils les y contraignent rigoureusement sans deport et sans aucun delay, par prinse et explectation de leurs biens et heritages; et pareillément le facent de ceux par quelle coulpe lesdicts empeschemens seront advenus; et se ils ne treuvent que aucun soit tenu à reparer les choses dessusdites, ou que par la coulpe d'autruy lesdits inconveniens soient advenus, nosdits juges, appellez avec eux des plus notables habitans, et mesmement ayans héritage environ et près des rivières, fossez et

passages dessusdits, et par le conseil de la plus grand et plus saine partie desdicts habitans, adviseront la voye et la maniere la plus aisée, legere, moins grevable et dommageable, soit par taille ou impost sur lesdits habitans ou heritages, et ce qui sera advisé estre le plus convenable, feront prestement mettre à execution, et curer, nettoyer et mettre en estat deu, tellement que les empeschemens soient du tout ostez, nonobstant appellations ou oppositions, et sans autre mandement attendre.

(248) Pour ce que souventes fois est advenu que sous ombre de faire les choses contenues et declarées ès deux precedens articles, plusieurs nos seneschaux, baillifs, prevosts et autres officiers, ont exigié des subjets de nostre royaume, plusieurs grands sommes de deniers, plusieurs aussi tant nos officiers comme autres, se sont efforcez d'impetrer de nous, de noz lieutenans, baillifs ou prevosts, plusieurs commissions pour faire faire lesdits curemens, nettoyemens et reparations, soubs ombre desquelles ils ont exigié des subjets de nostre royaume, plusieurs grands sommes de deniers, nous par ces presentes, toutes telles commissions données ou à donner, soit par nous, aucuns nos lieutenans, chancelier, seneschaux, baillifs, prevosts ou autres juges nos officiers, cassons, revoquons et adnullons, et icelles declarons avoir esté données par inadvertance et importunité, et defendons à tous noz subjets et officiers, chacun en sa jurisdiction, qu'ils ne souffrent à telles commissions aucunement estre obey; et aussi defendons à nosdits subjets que ils n'y obeissent, mais à faire les choses dessusdites, commettons et ordonnons noz juges ordinaires, aux frais et despens moderez toutesfois, de ceux auxquels despens lesdites reparations se feront, en defendant très-estroitement à nosdits juges, sur peine de privation de leurs offices et d'amende arbitraire, que ils ne prennent que salaire moderé; et avec ce, qu'ils ne facent comme depuis aucun temps ençà a esté accoustumé de faire par eux et autres commissaires, et par especial en nos pays de Languedoc et duché de Guienne; c'est à sçavoir, ceux qui ont permis et exigié des bonnes gens plusieurs voyages et grans salaires, et presque chacun à une fois, et aucunes fois plus pour aller visiter lesdites reparations à faire, et neantmoins n'en ont fait faire aucunes, ne contraint ceux qui les devoyent faire, mais sont retournez sans faire aucune chose, bien joyeux, afin d'y retourner une autre fois pour ladite cause. laquelle chose faire doresenavant nous defendons très-estroitement à tous noz officiers et autres car se telles choses viennent plus doresenavant à nostre cognois-

sance, nous en ferons tellement punir les faiseurs, que ce sera exemple à tous autres, et si sera recouvré sur eux ou sur leurs héritiers, tout ce que pour occasion de ce ils en auroient receu.

(249) Voulons et ordonnons que les ordonnances anciennes par nous et autres noz predecesseurs faites sur le fait et gouvernement des eaues, bois et forests de nostre royaume, ausquels il n'est pas par les articles cy-dessus escripts, derogué ou autrement déclaré, soient et demeurent en leur force et vertu, et par especial celles que nous feismes à Vernon le premier jour de mars, l'an 1388 dernier passé, lesquelles sont enregistrées en plusieurs lieux, et assez notoires par nostre royaume.

Des Gens d'armes.

(250) Defendons à tous noz subjects de quelque auctorité qu'ils soient, sur peine d'estre punis comme de crime de leze-majesté, qu'ils ne facent assemblées de gens d'armes, d'archers et d'arbalestriers en nostredit royaume, et sans avoir expresse licence de nous; et se lesdites gens d'armes, archiers ou arbalestriers prennent vivres ou autres choses sans payer, ou font tels dommaiges à nostredit peuple, comme ils ont accoustumé, nous voulons qu'il y soit resisté par voye de fait, tant comme l'on pourra, ainsi comme autresfois l'avons ordonné; et mandons aux seneschaux, baillifs et autres de nostre royaume, à qui autresfois en avons envoyé noz lettres, que icelles executent diligemment, toutesfois que le cas le requerra : et outre mandons et commettons à tous les seneschaux, baillifs et prevosts dessusdicts, et à tous noz justiciers, que se aucunes desdites gens d'armes, archiers ou arbalestriers font aucunement contre nostre presente ordonnance, que chacun de nosdicts justiciers se informent quels biens, meubles, terres, possessions et heritages, ceux qui trespasseront nostre ordonnance dessusdite, tiennent ou tiendront en nostredit royaume, et chacun d'iceux en sa jurisdiction, les mettent incontinent en nostre main realement et de fait, et par icelle le facent gouverner et exploiter, jusques à ce que punition soit faite de ceux à qui seront les biens, meubles, terres, possessions et heritages dessusdits, et aussi que satisfaction soit faite des dommaiges qu'ils auront faits.

(251) Que puis aucun temps ença noz subjects sans moyen, et ceux des gens d'eglise de nostre royaume, et leurs biens et personnes, qui par nous doivent estre gardez et defendus, ont esté par gens d'armes pillez et robez, et par plusieurs et diverses fois.

plus continuellement et asprement que les subjects d'autres seigneurs noz subjects, souz umbre, comme dient lesdites gens d'armes, de ce que ils ont esté mandez et non payez; et avec ce plusieurs gens d'armes estrangiers de diverses nations, comme arbalestriers, gennevois et autres, ont par longtemps pillé et robé le pauvre peuple, commis plusieurs crimes et delits, comme murdres, efforcemens de femmes et autres, mesmement durant les trieves; et avec eux se sont assemblez et assemblent plusieurs larrons, robeurs, bannis, gens vacabondes et autres qui ont voulenté de malfaire, lesquelles gens d'armes se sont vantez qu'ils ont eu lettres de nous et d'aucuns grans seigneurs de nostre royaume, pour vivre sur le pays, lesquelles choses ont esté faites au grand prejudice de nous, desdites gens d'eglise, et de noz pauvres subjets; pourquoy nous avons ordonné et ordonnons par ces presentes, et neantmoins defendons sur peine de la hart, que nulles gens d'armes ne soient tenuz sur le pays, se ils ne sont mandez de par nous ou de nostre ordonnance, et s'ils n'ont capitaine cogneu auquel ils obeyssent et qui les cognoisse et ait leurs noms et surnoms par escrit; et voulons et ordonnons que en ce cas et non autrement, ils soient payez des deniers des aydes ordonnez pour la guerre; et se ils pillent ou robent, ou font aucuns autres delits ou excez, et les capitaines ne les baillent ou livrent à justice pour en faire raison, ou eux-mesmes n'en font raison et justice, que en ce cas tout le dommage soit recouvré sur iceux capitaines; et neantmoins mandons et commandons à tous noz seneschaux, baillifs, prevosts et autres juges et officiers, sur peine d'encourir en nostre indignation, et de privation de leurs offices, que lesdits pilleurs, robeurs ou delinqueurs ils prennent et punissent selon l'exigence des cas, et se besoin est, qu'ils appellent avec eux en leur ayde tant de gens et en tel nombre, que justice soit faite et executée; et néantmoins nous voulons et ordonnons que par lesdits officiers et juges ils baillent confort et aydes se mestier en ont et par eux sont requis; et se en faisant lesdictes prinses, mort s'ensuyvoit ès personnes desdicts pilleurs, ou autres cas, pour la rebellion et desobeyssance desdites gens d'armes, nous ne voulons que ceux qui ce auroient fait en soient tenuz ou poursuis, mais dès-maintenant pour lors leur remettons et pardonnons le cas, sans en avoir aucune lettre de remission ou grace de nous, que ces presentes.

(252) Pour ce que nous avons entendu que plusieurs capitaines de gens d'armes quand ils sont venuz à noz mandemens, ou que

envoyez les avons en autres lieux pour le fait de noz guerres, ont prins de nous trop plus grands sommes de deniers pour leurs estats, à cause des gens d'armes qu'ils se disoient avoir souz eux et autrement, qu'ils ne devoient, à nostre grand charge et despence, nous voulans à ce pourveoir, tous les estats desdits capitaines estre reduits et ramenez, et iceux reduisons et ramenons à la forme et maniere ancienne, et defendons le plus expressément que nous pouvons, à tous nos capitaines de gens d'armes, archiers et arbalestriers, que doresenavant ne prennent à titre de don ne autrement, plus grand somme de deniers, à cause de soubs umbre ou couleur de leurs estats, que anciennement estoit accoustumé estre fait, à et sur peine d'en estre grievement punis, et de recouvrer sur eux et leurs hoirs tout ce que à ceste cause en auroient prins et receu : et n'est pas nostre intention que aucuns capitaines ayent ou prennent de nous aucuns estats, sinon les principaux capitaines par nous mandez et ordonnez.

(253) Pour ce que moult de fois est avenu ou temps passé, comme entendu avons, que iceux capitaines de gens d'armes, d'archiers et arbalestriers, en faisant leurs monstres et reveues, et autrement, ont fait et commis, et très-souvent font et commettent plusieurs fraudes, deceptions et mauvaistiez, et mesmement que ils ont esté et sont coustumiers de passer et faire passer en icelles monstres et reveues ou autrement, plus grand nombre de gens d'armes qu'ils disoient estre souz eux, que eux n'avoient et plusieurs de ceux qu'iceux capitaines avoient ainsi fait passer en monstres et reveues, n'avoient harnois ne chevaux qui fussent leurs, mais les avoient empruntez les uns des autres, et n'estoient que personnes supposées, dont aucunes fois s'estoit et est ensuivi que quand nous, nostre connestable, noz mareschaux ou autres chiefs de noz guerres, estoient sur les champs, et qu'il estoit besoin de faire aucun bien à l'honneur de nous et de nostre royaume, contre noz ennemis ou adversaires, l'on ne trouvoit pas sous lesdits capitaines la moitié ou le tiers des gens d'armes qui passez avoient esté soubs eux en leursdictes monstres et reveues, dont plusieurs pertes, perils et dommaiges s'en sont ensuis ou temps passé, ou prejudice de nous et de noz sujets, nous avons defendu et defendons très-expressément à tous lesdicts capitaines et chacun d'eux, que doresenavant ne commettent, ne souffrent estre commises telles faulses postes, fraudes ou mauvaistiez, sur peine d'estre reputez et punis comme traistres à nous et à la chose publique, et de recouvrer sur eux en sur

leurs hoirs, tous les prouffits qu'ils auroient euz, prins et receux par le moyen desdictes faulses postes, fraudes et mauvaisticz; nous deffendons très-expressement à noz mareschaux ou à leurs lieutenans ou commis, que ils ne reçoivent ou souffrent estre receuz en monstres ou reveues, quelconques gens d'armes ou de traict, se ils ne sont suffisans et habiles pour fait de guerre; et avec ce, leur mandons et commandons sur les sermens et loyauté qu'ils ont à nous, qu'ils pourveoyent si diligemment et par telle maniere, que telles fraudes et faulses postes, comme dessus est dit, ne soient faites ou commises comment que ce soit, sur peine d'estre reputez envers nous faulx et mauvais.

(254) Nous avons esté advertis que ou temps passé plusieurs capitaines ou meneurs de gens d'armes, archiers ou arbalestriers, ont très-fort pressé nous et plusieurs autres seigneurs de nostredit sang et lignage, d'avoir lettres de vivre sur noz subjects, en plusieurs et diverses contrées de nostre royaume, dont nostre pauvre peuple a esté moult foulé, pillé et dommagié en biens et en chevance, et en plusieurs autres manieres. Nous voulans à ce pourvoir et relever nostre peuple de telle maniere d'oppressions, attendans et considerans que il ne loise à aucun de octroyer tels mandemens ou lettres en nostre royaume, avons ordonné et ordonnons que doresenavant nous ne octroyerons aucunes telles lettres, et defendons très-expressement à tous ceux de nostredit sang et lignage, et autres noz vassaux et sujects, que aucuns ils n'en octroyent à aucuns, sur les sermens et loyautez qu'ils ont à nous, et sur peine d'estre reputez desobeyssans à nous et à nostre majesté; et se par inadvertance, importunité ou autrement, nous ou eux en octroyons aucunes, nous defendons à nostre chancelier, present ou advenir, que aucunes il n'en séelle, à tous noz secretaires et notaires que aucunes il n'en signent, et à tous nos officiers et subjects, supposé que aucunes en fussent séellées, que à icelles n'obeyssent, sur la peine que dessus.

(255) Nous commandons et très-expressement enjoignons, en commettant si mestier est, à tous noz baillifs, seneschaux, prevosts et autres juges et officiers, chacun en sa jurisdiction et pouvoir, que toutefois qu'ils sçauront que aucuns feront guerre ou deffiance particuliere l'un contre l'autre, ils les contraingnent à cesser lesdictes guerres et deffiances, et à mettre jus toutes voyes de fait, et venir à obeyssance de justice, par emprisonnement de leurs personnes et detention de leurs biens, et par mettre

en leurs hostels mangeurs et gasteurs (1), et les multipliant de jour en jour, et par descouvrir leurs maisons; et se ils ne peuvent estre prins et emprisonnez, qu'ils soyent appellez à ban, et de leurs plus prochains parens et amis emprisonnez et detenuz, en multipliant tousjours lesdites peines, jusques à ce que realement et de fait soit mise jus, nonobstant quelconques privileges, coustumes, usaiges ou observance de lieux ou de pays.

(256) Combien que le peuple, et par especial les laboureurs, pour les guerres, mortalitez et autres accidens, soit en bien petit nombre, au regard de ce qui chiet en labour, toutesfois plusieurs caymans et caymandes, ayans puissance de ouvrer ou garder bestes, ou autrement, pour eschever la peine de labourer, par gloutonnie d'eux, se sont tenus et tiennent oiseux en notre bonne ville de Paris, et autres bonnes villes de notre royaume, parquoi plusieurs labourages demeurent sans cultiver, et plusieurs villages du plat pays demeurent mal habitez, pourquoy nous par ces presentes ordonnens, mandons et enjoygnons à nostre prevost de Paris et à tous seneschaux, baillifs, et juges des bonnes villes, ou à leurs lieutenans, et à chacun d'eux, en son pouvoir et jurisdiction, et sur peine d'amende arbitraire, ou cas que ils ne le feront, que ils advisent et facent adviser les caymans et caymandes qui ne sont pas impotens, mais ont puissance de labourer ou autrement gangner leur vie, et aussi gens vacabondes et oyseux, comme houlliers (2) et autres semblables, et qu'ils les facent labourer ou gaigner leurs vies par garder bestes ou autrement comme faire le pourront, et ne les souffrent point caymander, aller et venir par les eglises de nostredite ville de Paris et autres, et empescher le service divin, et aussi les bonnes gens

---

(1) C'étaient des gens ordonnés et envoyés par les juges en garnison pour contraindre un obligé au paiement de son dû, ou un condamné à souffrir l'execution d'un arrêt ou d'un mandement; et jusqu'à ce qu'il eût satisfait, ils vivaient dans sa maison et dans ses biens à ses dépens. (V. le *Glossaire du Droit français*, de M. de Laurière, au mot *Mangeurs*.)

Dans le *Glossaire* de Du Cange, au mot *Comestores*, ces mangeurs et gasteurs sont appelés en latin *milites vel potius apparitores et servientes.... garnisionis servientium*, etc. (Vilevault.)

(2) Un houllier était un homme de mauvaise vie, et une houllère une femme débauchée. Anciennement on nommait en France le charbon de terre *houille*, et ceux qui travaillaient à le tirer *houillers*; et comme ces charbonniers étaient des vagabonds et des brigands, on a donné leur nom aux débauchés et aux personnes de mauvais commerce. (V. le *Glossaire du Droit français*, au mot *Houllier*. (Vilevault.)

en leur devotion, et à ce les contraignent par prinse et détention de leurs personnes en prison, au pain et à l'eaue, et par toutes autres peines corporelles ou civiles, et autres telles comme il leur semblera devoir estre fait pour le bien et bon gouvernement de la chose publique de nostre royaume.

(25.) Pour ce qu'il est venu à nostre cognoissance que en nostre bonne ville de Paris, et ès autres villes de nostre royaume, tant ès nostres propres, comme en celles de nos subjets, plusieurs hommes et femmes meseaulx (1) et infects de maladies de lepre, de jour en jour sont toujours allans et venans par lesdites villes, querans leurs vies et aumosnes, beuvans et mangeans parmy les rues, carrefours et autres lieux publiques où il passe le plus de gens, en telle maniere qu'ils empechent et destourbent bien souvent les gens à passer et aller en leurs besognes, et faut qu'ils passent parmy et emprès eux, et sentent leurs halaines, qui est grand peril et puet tourner ou grand dommage de noz subjets, nous defendons très-expressément par ces présentes, à toutes les personnes entachées de la maladie dessus touchée, qu'ils ne soient si osez d'entrer, aller, venir, converser, demourer ne habiter dedans les quatre portes de nostre bonne ville de Paris, ou des autres bonnes villes de nostre royaume, pour quester ou autrement, sur peine d'estre prins et emprisonnés un mois au pain et à l'eaue, par les exécuteurs des haultes justices d'icelles nos bonnes villes, et leurs varlets et députez, lesquels nous commettons à ce, et sur peine d'estre autrement punis d'amende arbitraire; et defendons à tous noz justiciers et officiers, et mesmement auxdits exécuteurs desdites haultes justices, sur peine de privations de leurs offices, et d'estre autrement griefvement punis, qu'ils ne preingnent aucuns dons ou proffits d'icelles personnes, pour icelles laisser entrer, venir et demourer en nosdites bonnes villes.

(258) Combien que par nosdits conseillers et commissaires ordonnez à pourveoir au bien publique de nostredit royaume, ayent esté advisez et mis en délibération pour le bien de nous et de nostredit royaume, plusieurs autres poincts, ordonnances et articles non exprimés en ces présentes, néanmoins ils n'ont encores conclud en rien sur iceux, obstant certaines grands charges et occupations qui leur sont survenues pour nos affaires et besongnes, si comme entendu avons, nous avons ordonné et ordonnons que

---

(1) Lépreux, (V. le *Glossaire* de Du Cange, au mot *Mezellus*.) (Vilevault.)

tout ce qu'ils auront advisé, adviseront, delibereront et concurront au bien de nous et de la chose publique, outre et par dessus les articles cy-dessus posez, soit joint à ces présentes ordonnances, et vaille, tieugne et sortisse son plain effect en tous points, selon sa forme et teneur (1).

N°. 540. — Édit (2) ou Statut sur les mines.

Paris, 30 mai 1413. (C. L. X, 1413.)

Charles, etc. Pource que par plusieurs de noz officiers et autres

---

(1) C'était une usurpation sur l'autorité du Roi, assez semblable aux statuts d'Oxford. C'est une des causes qui fit casser cette ordonnance comme contraire à la prérogative. (Isambert.)

(2) Fournel, *Lois rurales*, tom. I, p. 64. — (V. le Recueil des édits, arrêts, ordonnances sur les mines, édit. de 1651; M. Heron de Villefosse, *Traité des Mines*; et M. Merlin, *Quest. de Droit*, § 1er.)

C'était une question vivement controversée que celle de savoir si les mines étaient l'accessoire de la propriété du sol, ou une propriété à part, ou un droit purement régalien, c'est-à-dire appartenant exclusivement à l'État.

Merlin dit que par le droit naturel les mines appartiennent à celui qui occupe le sol. Nous ne sommes pas de cet avis : par le droit naturel, l'homme ne devient propriétaire que de ce qu'il met en culture, en lui faisant produire des fruits; la propriété du très-fonds peut donc être séparée de celle de la superficie. Quant au droit régalien, il a disparu dans la discussion de la loi du 28 juillet 1791: le Roi ou l'État est un être moral qui ne possède rien en propre. Il n'a que ce qui lui est concédé. Cependant, les jurisconsultes allemands considèrent généralement l'exploitation des mines comme un droit royal et domanial. Ceci tient à des idées de féodalité. Chez les Romains, le propriétaire de la surface avait l'entière propriété. (*Optimo jure*, liv. 7, § 17, ff. *de Solut. matrim.*, liv. 2 et 6; dig. *de Acquir. rerum dominio*; et § 19, inst. *de Rerum divis.*) Il en était de même en Grèce. Thucydide possédait des mines en Thrace : les lois 1, 2, 8, 13 et 14, cod. Théod., et 1, 3, 6, cod. Justin., *de Metallariis*, réglent le droit de police sur l'exploitation. L'impôt auquel elles étaient soumises était alors du 10e. Le droit de fouiller dans le terrain d'autrui avait été accordé pour les carrières de marbre. Sous Dagobert Ier, l'État levait un cens sur les mines. On cite une ordonnance de Philippe-le-Long, du 5 avril 1321, où ce droit serait regardé comme droit royal. C'était Charles-le-Bel qui régnait le 5 avril 1321; et l'ordonnance de cette date, tout en définissant le domaine, ne parle pas des mines. L'ordonnance de Charles VI est donc la première qui ait réglé cette importante matière. Elle a eu pour objet principal de réprimer les prétentions des seigneurs haut-justiciers contre les propriétaires du très-fonds. Elle laisse à ceux-ci l'exploitation en payant le 10e, qui était alors levé à titre de droit *régalien*, parce qu'il n'y avait pas d'impôt. Cette ordonnance consacre d'ailleurs le principe de la dépossession pour cause d'utilité publique. (V. les ordonn. de Louis XI, en 1471; de Henri IV, en juin 1601; de Louis XIV, en mai 1680; la loi du 28 juillet 1791; et celle du 20 avril 1810.) (Isambert.)

personnes notables, dignes de foy, nous a esté rapporté que en plusieurs lieux de notre royaume, et especialement en noz baillages de Mascon et senechaucée de Lyon, et ès ressors d'iceulx, a plusieurs mynes d'argent, de plomb et de cuyvre et d'autres metaulx, qui desja sont trouvez, et esquelz l'en a jà longuement ouvré et ouvre l'en chacun jour, et est le terrouer en iceulx baillage et senechaucée plus plain de mynes que en aucun lieu de nostredit royaume, qui soit encores venu à la congnoissance de ceulx qui en telles choses se congnoissent, si comme l'en dit; esquelles mynes et autres quelzconques estans en nostredit royaume, nous ayons et devons avoir, et à nous et non à autre, appartient de plain droit, tant à cause de nostre souveraineté et magesté royal, comme autrement, la dixiesme partie puriffiée de tous mestaulx qui en icelles mynes est ouvré et mis au cler, sans ce que nous soyons tenus de y frayer ou despendre aucune chose, se n'estoit pour maintenir et garder ceulx qui font faire ouvrer, et sont residens, faisans feu et lieu sur ladicte euvre, par eulx ou leurs depputez qui sçavent la maniere et science d'ouvrer esdictes mynes, et à iceulx donner previleiges, franchises et libertez telles qu'ilz puissent vivre franchement et seurement en nostredit royaume; mesmement que une grant partie d'iceulx sont de nacions et pays étranges, et en voit-on plusieurs mourir et mutiler en faisant ledit ouvraige, tant pour la puanteur qui yst desdictes mynes, comme par les autres perilz qui sont d'aller soubz la terre muynant;

Pourquoy ilz ont besoing d'estre preservez et gardez de toutes violances, oppressions, griefz et molestes par nous, comme le temps passé a esté fait par noz predecesseurs roys de France en cas semblable; et il soit ainsi que plusieurs seigneurs tant d'église comme seculiers qui ont juridicions haultes, moiennes et basses ès territoires esquelles lesdictes mynes sont assises, veulent et s'efforcent d'avoir en icelles mynes la dixiesme partie puriffiée, et autre droit comme nous à qui seul et non à autres, elle appartient de plain droit, comme dit est, laquelle chose est contre raison, les droictz et preheminences royaulx de la couronne de France et de la chose publicque : car s'il y avoit plusieurs seigneurs prenans la dixiesme partie ou autre droit, nul ne feroit plus ouvrer en icelles mynes d'oresenavant, pour ce que ceulx a qui sont lesdictes mynes n'auroient que très-peu ou neant de prouffit de demourant; et s'efforcent lesdiz haulx justiciers de donner grant empeschement et trouble en maintes manieres aux maistres qui font faire ladicte euvre, et ouvriers ouvrans en icelle, et ne leur permettent ne seuffrent avoir par leursdictes terres et seigneuries, passaiges, chemins, allées ne venues, caver ne chercher mynes ne rivières, bois ne autres choses à eulx convenables ne necessaires, parmy payant juste et raisonnable pris; et avecques ce, vexent et travaillent lesdiz faisans faire l'euvre et ouvriers, soubz umbre de leur juridicion, et en maintes autres et diverses manieres, affin de faire rompre et cesser ladicte euvre et pour les faire du tout superceder audit ouvraige; et pour ce se pourroit la terre legierement reclorre desdictes mynes qui sont desja ouvrées, et l'allée desdiz ouvriers estre empeschée et tout le fait perdu; qui seroit à nostre très-grant dommaige; lesquelles choses sont entreprinses contre nous, nostre magesté royal et les droictz et preheminences de nostre couronne, ou grant prejudice, dommaige et diminucion de nostre dommaine, et seroit encore plus, se hastivement et dilligeamment n'y estoit pourveu de remede convenable.

Pourquoy nous, ces choses considerées, voulans sur ce pourveoir de remede ainsi qu'il appartient de faire en tel cas, par grant et meure deliberacion de nostre grant-conseil, et autres officiers aians congnoissance des choses dessusdictes et de leurs circunstances et deppendances, avons par maniere de edit, statut, loy ou ordonnance royal irrevocable, dit, decerné et declaré, disons, determinons et declairons par la teneur de ces presentes, que nul seigneur espirituel ou temporel, de quelque estat, dignité ou preheminence, condicion ou auctorité, quel qu'il soit, en nostredit royaume, n'a, n'aura ne doit avoir à quelconque tiltre, cause ou occasion quelle que elle soit, povoir ne auctorité de prendre, reclamer ne demander esdictes mynes, ne en autres quelzconques assises en nostre royaume, la dixiesme partie ne autre droit de myne; mais en sont et seront par nostredicte ordonnance et droit du tout forcloz : car à nous seul et pour le tout, à cause de noz droictz et magesté royaulx, apartient la dixiesme et non à autre; pour ce, et affin que d'oresenavant les marchans et maistre de traffons des mynes qui font euvrer, et les ouvriers qui ouvrent esdictes mynes, faisans feu, lieu et residence, ou leurs depputez, puissent ouvrer continuellement, sans estre empeschez ne troublez en leur ouvraige, et ouvrer franchement et seurement en nostredit royaume, tant comme ilz vouldront ouvrer en icelles mines. Voulons et ordonnons semblablement que les haulx justiciers, moyens et bas, soubz quelle juridicion seigneurie lesdites mines sont situées et assises, baillent et delivrent ausdits ouvriers, marchans et maistres desdites mynes, moyennans et par payant juste et raisonnable pris, chemins et voyes, entrées et yssues par leurs terres et pays, bois, rivières et autres choses necessaires et prouffitables pour leur ouvraige faire, et pour l'avancement de ladite besoigne, et moins dommaige pour lesdiz seigneurs qui lesdictes choses leur vendront, et autres à qui lesdictes choses seront, le mieulx que faire se pourra.

(2) *Item.* Voulons et ordonnons que tous myneurs et autres puissent querir, ouvrir et chercher mynes par tous les lieux où ilz penseront trouver, icelles traire et faire ouvrer, ou vendre à ceulx qui les feront ouvrer et fondre, parmi payant à nous nostre dixiesme franchement, et en faisant satisfaction ou contenter à celuy ou à ceulx qui lesdictes choses seront ou appartiendront, au dit de deux preudes hommes.

(3) *Item.* Semblablement avons voulu et ordonné, voulons et ordonnons pour la cause dessusdicte, que d'oresenavant lesdis marchans et maistres faisans faire l'œuvre, et les ouvriers qui esdites mynes ouvrent et se occupent, et font residence sur le lieu du martinet et mynes, ou leurs depputez par eulx, auront en nosdiz bailliage et seneschaulcée, tant en deffendant comme en demandant, un juge bon et convenable, ou commissaire, et tel comme nous leur ordonnerons, lequel congnoistra et determinera de tous cas meus et à mouvoir, qui lesdiz marchands et ouvriers pourra toucher; et auquel seront baillées noz ordonnances et instructions par nosdix generaulx-maistres des monnoyes, sur le fait desdictes mynes; excepté de meurdre, rapt et larrecin; et duquel juge ou commissaire l'en appellera qui se sentira grevé, quant le cas y escherra, devant noz generaulx-maistres de noz monnoyes, en leur siege et auditoire de nostre ville de Paris; et la partie qui aura mal appellé payera pour son fol appel 30 liv. parisis, à appliquer à nous, nonobstant que les appellans et appellacions viennent de pays ouquel l'en use de droit escript; et qui appellera desdiz maistres des monnoyes, l'appellacion ira en nostre court de parlement, en laquelle qui aura mal appellé payera 60 liv. parisis d'amende pour son fol appel.

(4) *Item.* Avons voulu et ordonné, voulons et ordonnons par ces presentes, que les marchans et maistres qui font ouvrer lesdictes mynes à leurs propres coutz, fraiz, missions et despens, et font feu, lieu et residence sur lesditz martinetz et mynes, ou leurs depputez, les deux fondeurs et affineurs en ung chacun martinet

tant seulement, et aussi lesdiz ouvriers ouvrans esdictes mynes, avec noz gardes et non autres, soient quictes, francs et exempz de toutes aydes, tailles, gabelles, quart de vin, peaiges et autres quelzconques subscides ou subvencions quelz qu'ilz soient, et ayans cours en nostredit royaume; c'est assavoir, du cren de leurs terres et possessions, et non d'autres choses; consideré qu'ilz ouvrent et vaquent continuellement ou bien de nous et de la chose publicque, et pour ce se mettent en peril d'estre desheritez et mors continuellement; et avec ce, d'abondant, que lesdiz marchans, ouvriers et autres personnes dessusnommez, qui vacqueront aux ouvraiges desdictes mynes, soient preservez et gardez de toutes offenses, griefs et molestacions indeues, iceulx marchans, maistres, ouvriers, gouverneurs et gardes, ouvrans et besoignans pour ladicte œuvre, avons prins et mis, prenons et mettons par la teneur de ces presentes, en notre protection especial, sauvegarde et sauf-conduit, à la conservacion de leurs droictz tant seulement, ensemble leurs femmes, familles, serviteurs, biens, meubles et heritaiges quelzconques estans esdis baillages de Mascon et senechaussée de Lyon, et autre part en et partout nostredit royaume.

Si donnons en mandement au bailly de Mascon, senechal de Lyon, et à tous noz autres justiciers et officiers de nostredit royaume, ou à leurs lieutenans, et à chascun d'eulx, si comme à lui appartiendra, que nostre present edict, statut, loy et ordonnance royaulx, etc.

Par le Roy, le confesseur, le sire de Savoisy, messire Girard de Graireval et plusieurs autres, presens.

N°. 541. — LETTRES (1) *portant de nouvelles défenses de s'armer.*

Paris, 6 juin 1413. (C. L. X, 147. — Monstrelet, f° 160.)

CHARLES, etc. Il est venu à notre cognoissance que comme pour le relevement de notre peuple et subjects, et pour obvier aux grans maulx, oppressions, perditions et dommages et autres inconveniens irréparables, notredit peuple et subjects en plusieurs parties de nostre royaume, ont souffert et seuffrent encores de jour en jour, pour la cause et occasion des grands assemblées de gens d'armes et autres gens de guerre que plusieurs seigneurs

---

(1) Un accord fut conclu peu apres entre les princes. C'est ce qu'on appelle la paix de Pontoise. Vilevault.

de notre sang et lignage et leurs adherans, de leur voulenté et auctorité, depuis aucun temps en ça, ont fait et assemblé, ont fait faire et assembler en divers lieux en nostre royaume, lesquels, soit par manière de compagnies comme autrement, au temps passé s'étoient assemblés, nous eussions donné et fait plusieurs fois publier et proclamer publiquement partout notre royaume, tant par messages, comme par lettres closes et patentes, et autrement eussions fait deffenses sur certaines grans peines, que nuls de quelque estat ou condition qu'ils soient, soient nos subjects ou autres étrangiers, ne fussent de telle ou si grande presumption ou hardiesse que d'assembler gens d'armes en notredit royaume sans notre exprès commandement, licence ou mandement, et de venir à notre mandement et service, et non d'autres, pour quelque mandement, commandement ou enjoinction qu'ils eussent d'eux ou d'aucuns d'eux sur peine ou autrement, jaçoit ce qu'ils fussent de notre sang ou autres;

Néantmoins plusieurs d'iceux de notre sang et lignage, venant contre le traicté de paix n'aguerres fait par nous à Auxerre, entre aucuns d'iceux de notre sang et lignaige, sur les débats et dissensions qui étoient entre eux, et en venant contre ledit traitié par eux ou plusieurs d'eux accordé et solemnellement juré, et contre nosdictes ordonnances et deffenses, et ou content d'icelles, sans nostre congé ou licence et contre nostre gré et voulenté, ont fait et se preparent eux en brief terme faire et procurer en notredit royaume plusieurs grandes congregations et assemblées de gens d'armes et autres gens de guerre en très-grande quantité, tant anglois et étrangiers comme autres subjects à nous, pour mettre à effet de tout leur pouvoir, leur certaines entreprinses damnables, lesquelles ils ont fait et ont intention de mettre à execution contre nous et notre domination, comme nous avons esté et sommes suffisamment informez, et jaçoit ce qu'on les ait favorisez et soustenuz, et qu'on soustienne et favorise chacun jour, et que ce ayst esté par long-temps et demeuré soubs dissimulation, et mettre à effect leurs entreprinses dessusdictes, lesquels gens derobent et gastent, ont robé et gasté et despouillé nostredit royaume et nos bons et loiaux subjects, et ceux qui nous ont loyaument servi, par especial ou temps que nous feusmes à Bourges, et qui ont soubstenu notre fait et nostre partie contre ceux que nous tenions adonc et reputions noz ennemis et inobediens, ont aussi desrobé et fait desrober plusieurs de noz subjects, et boutant feux, et tuer hommes et femmes, et violer filles à marier et autres nicorées (1), despouillans églises et monasteres, ont fait aussi et commis, et de jour en jour s'efforcent de faire et commettre plusieurs autres grans et enormes maulx, et cruels excès et malefices, tant en telle maniere que ennemis peuvent faire les uns aux autres; lesquelles choses sont de très mauvais exemple, et non pas à souffrir, vû qu'ils sont au très-grand grief, prejudice et dommage de nous et de nostre royaume, domination et seigneurie, et en nostre charge et destruction de nostre peuple et de noz subjects et de notredit royaume, et de ce ont esté faits à nous plusieurs grans pleurs, lamentations, complaintes et clameurs, et sont faits de jour en jour tant par lettres de noz vassaulx subjects comme autrement, et pourroient encores plus estre faits, se par nous n'estoit pourvû de remede convenable bon et brief.

Pour ce est-il que nous veuillans remedier de tout nostre pouvoir aux choses dessusdictes, lesquelles nous ont tant despleu et desplaisent, qui plus ne peuvent ne pourroient, et nosditz subjects et nostredit peuple garder et maintenir en bonne paix et tranquilité, et obvier aux grans inconveniens et autres dommages irreparables, lesquels pour vraisemblable sont en péril d'ensuivir par le fait et entreprinse des dessusdicts de notre sang, et autres leurs adherans, alliez et complices, ainsi que par grand et meure deliberation de conseil avons ORDONNÉ, conclud et délibéré de faire, vous mandons, COMMANDONS et expressément enjoignons, en commettant par ces présentes, que vous faictes ou faictes faire de par nous exprès commandement et deffence par proclamations et publications à son de trompe et autrement solemnellement, à tous chevaliers et escuyers et autres non-nobles qui ont accoutumé de suivir les armes et les guerres, et généralement à tous autres quelsconques de voz bailliages, de quelconque estat ou dignité qu'ils soient ou puissent estre, auxquels par nos présentes lettres destroictement commandons que par la foy et loyauté qu'ils nous doivent, et surtout quanques ils nous peuvent offendre, et sur peine d'encourre nostre ire et indignation perpetuelle et forfaire envers nous corps et biens, eux ne aucuns d'eux ne soient tant hardis ne aussi, d'eux armer, n'assembler en nostre royaume, ne venir, n'aller à quelconque mandement de quelque personne

---

(1) Ce mot m'est inconnu. S'il se rapporte au mot *filles* qui est devant, ce peut le faire dériver de *nice*, qui signifie *simple*, *niaise*, et cela serait un sens. Je ne donne cette idée que comme une conjecture. (Vilevault.)

ou personnes de quelque estat, prééminence ou condition qu'ils soient, jaçoit ce qu'ils soient de nostre sang, pour quelsconques mandemens, commandemens ou injonctions, soit de bouche ou par lettres qu'ils puissent avoir de ceux, ne aucuns d'eux, ne autrement eux armer, ne assembler en quelconque manière ne pour quelque cause ne occasion que ce soit ou puisse être, sinon que par noz lettres nous les eussions mandez et fait assembler pour venir à notre mandement et service, ou pour aller là où nous les voudrons emploier en nostre service, et non autrement ne ailleurs.

Et tous ceux que vous trouverez ou sçaurez autrement estre assemblez en votredit bailliage ou ès ressorts d'iceluy, et qui iront au mandement de ceux de nostre sang ou autres leurs complices, leurs commandez ou faictes commander de par nous sur lesdites peines, que tantost et sans délai ils retournent et voisent paisiblement en leurs hostels, où bon leur semblera, sans faire ou porter aucun dommage ou grief à nostre peuple ou subjects; et en cas qu'ils soient en ce trouvez désobeissans ou reffusans, differans ou allans au contraire, ou qu'ils voisent encontre nos deffenses ou mandements, n'en autre service que de nous, ou qu'ilz ne se departent ou partent d'ensemble, comme dit est, vous prendrez ou faictes prendre et mettez realement et de fait en nostre main par bon et loyal inventoire, tous leurs biens, meubles et heritaiges, villes, châteaux, dominations et possessions d'iceux, et iceux en nostre main gouvernez ou faictes gouverner par personnes suffisans et seures, qui de ce quant et où il appartiendra, puissent et sachent rendre par compte et reliqua toutefois qu'il en sera mestier : et avec ce procedez ou faictes proceder contre iceux par voyes de fait, si comme contre inobediens et rebelles est accoutumé de faire, lesquels en ce cas nous vous avons abandonez et abandonnons par ces présentes, en eux prenant et mettant en prison, et iceux punir selon leurs demerites, et selon que ou cas appartiendra, se on les peult prendre, et sinon soient chassez et reboutez par toutes forces et voyes de fait, soit par force d'armes ou autrement par toutes les meilleures manieres que faire se pourra, en eux cloant et faisant clorre tous les ports et passages, et eux deniant tous vivres, ou autrement eux grevant en toutes manières, et tellement que l'honneur et force soient à nous et à vous, et que ce soit exemple à tous autres.

Toutesfois ce n'est nostre intention qu'iceux de notre sang et lignage qui sont avec nous pour le present et en nostre service, ne puissent par ordonnance mander pardevers eux leurs sujets et vassaulx à eux employer en nostre service, quant ils leur notifieront, en eux requerant de ce faire, pourveu que de ce suffisament apperra; et que aussi en venant ils ne vivent sur le pays et qu'ils ne facent aussi aucuns robemens ou dommages à nos populaires ou subjects, et s'aucuns sont trouvez faisans le contraire, nous voulons et COMMANDONS que vous procedez contre ceux, comme contre les dessusdicts, et de ce faictes telle punition que dit est, ou autre telle que raison donnera, nonobstant quelsconques lettres ou mandemens qu'ils ayent à ce contraires.

Pour lesquelles choses dessusdictes mieux faire et accomplir, vous avons donné et donnons plaine puissance, auctorité et mandement especial de demander, evoquer, assembler et cueillir de nos vassaulx et subjects, amis, alliez et bienveillans, tels et en tel nombre que bon vous semblera, et qu'il sera expedient pour le bien des besongnes, et icelles mener et conduire ou faire mener et conduire et employer par tous les lieux et places de votre bailliage ou ailleurs où bon vous semblera, et là où vous sçaurez aucune desdictes gens être et frequenter; auxquels nos subjects, vassaulx, amis, alliez et bienveillans mandons, COMMANDONS et expressement enjoignons sur la foy, loyauté et sur ce qu'ils nous doivent et sur peine de confisquer corps et biens, que sans aucune contradiction ou reffus, ils voisent à votre mandement, en nous aidant à faire accomplir les choses devant dictes, et chacune d'icelles, en procedant en icelles par voye de fait et à main armée comme dit est.

Et afin que nuls ne puissent ou veuillent prétendre quelque cause d'ignorance, faictes ces présentes publier solennellement par tous les lieux, ès villes notables de votredit bailliage, ès lieux où on a acoustumé de faire telles publications, et ailleurs où bon vous semblera d'etre fait, etc.

Par le Roy, à la relation de son grand conseil, auquel estoient messeigneurs les ducs de Berry, de Bourgongne, le connestable, le chancellier de Bourgogne, Charles de Savoisy, Anthoine de Craon, les seigneurs de Viefville, de Montberon, Cabrillach et d'Allegre, et plusieurs autres.

JUILLET 1413.

N°. 542. — JUGEMENT *rendu par une commission contre Pierre des Essarts, ex-prévôt de Paris* (1).

Paris, 1er juillet 1413. (Monstrelet, f° 162 v°.)

N°. 543. — LETTRES *en faveur de l'Université de Paris* (2).

Paris, 6 juillet 1413. (Monstrelet, f° 162.)

N°. 544. — LETTRES *par lesquelles le Roi et le Dauphin demandent aux prélats, nobles et bourgeois des bonnes villes, de les délivrer de l'oppression où ils sont tenus par le peuple de Paris.*

Paris, 6 et 7 juillet 1413. (Monstrelet, f° 162.)

N°. 545 — LETTRES *qui concernent les bulles du pape Jean XXIII, confirmatives de celles d'Urbain V, portant excommunication contre les gens des compagnies qui s'assembleront en armes dans le royaume de France* (3).

Paris, 9 juillet 1413. (C. L. X, 159.)

N°. 546. — TRAITÉ *entre la faction d'Orléans et celle de Bourgogne* (4).

Pontoise, juillet 1413. (Monstrelet, f° 165 v°. — Dumont, Corps dipl., p. 352.)

(1) Il était d'abord de la faction du duc de Bourgogne; puis s'étant rapproché de celle d'Orléans, il devint odieux au premier, qui le fit décapiter. (Vilevault.)

(2) Par ces lettres, le Roi enjoint au prévôt de Paris et à tous autres justiciers de faire jouir ladite Université de Paris de tous les privilèges et prérogatives à elle accordés par la bulle de Jean XXII, appelée le *quint article*. (Vilevault.)

(3) On continuait de massacrer dans Paris; le chancelier de Corbie fut destitué, et Eustache Delaistre mis à sa place, sur la promotion du duc de Bourgogne.
(Vilevault.)

(4) Ce traité contenait en substance une promesse de la part des princes, confirmée par leur serment, de vivre désormais *en bonne amour et union, comme vrais parens et amis*, cessation de toutes hostilités, licenciement des troupes, restitution des places occupées, et l'oubli général des injures reçues de part et d'autre. Les princes s'obligèrent de plus à donner toutes les sûretés qu'on exigeait d'eux pour dissiper les soupçons qu'on pouvait avoir qu'ils voulussent entreprendre de s'emparer de la reine et du dauphin, et les porter à *la vengeance contre la ville de Paris*. Comme le traité devait être rendu public, cette dernière chose avait pour objet de dissiper les alarmes du peuple, et d'ôter tout prétexte aux factieux de s'opposer à la paix.

Ce plan de pacification, présenté au Roi, fut envoyé au parlement, avec ordre de délibérer sur le refus ou l'acceptation. (Villaret, t. 13, p. 269.)

V. ci-dessus lettres du 6 juin, n° 542.

N°. 547. — LETTRES *qui défendent aux gens de guerre de s'assembler en armes sans la permission du Roi; ordonnent à ceux qui tiennent des villes, châteaux ou forteresses, d'en sortir et se retirer chez eux, sous peine de saisie de corps et de biens* (1).

Paris, 5 août 1413. (C. L. X, 159.)

N°. 548. — PROCÈS-VERBAL *de l'élection de Henri de Marle à la dignité de chancelier de France* (2).

Paris, 8 août 1413. (Reg. du parlem. — Godefroy, Hist. de Charles VI, p. 661. — Juvenal des Ursins, p. 662.)

Ce jour toute la cour alla à Saint-Paul, pour eslire un chancelier, au lieu de messire Eustache Delaistre, qui avait esté par environ un mois chancelier, au lieu de messire Arnaud de Corbie. A esté teneuë cette forme à ladite eslection. Le roy nostre sire entra après sa messe finie en sa chambre de conseil, entre neuf et dix heures. Survinrent messeigneurs les ducs de Berry et de Bourgogne, d'iceux venus, par le commandement du roy se départirent, et allèrent hors de la chambre tous, hors le roy, lesdits ducs et moy, B. de Baye, greffier de cette cour, et l'un des secrétaires du roy, qui fut appellé : et me furent baillez le missel et la vraye croix richement envaisselée, pour faire jurer au scrutine ceux qui esliroient, et les huis clos, furent appellez par messire Antoine de Craon, qui gardoit l'huys; premièrement le dessus dit messire Arnaud de Corbie, n'aguères chancelier, lequel, et tous les autres seigneurs qui survinrent, c'est à sçavoir, le grand maistre de Rhodes, l'archevesque de Bourges, l'evesque de Beauvais et autres barons, chevaliers et conseillers, tant de parlement que des comptes, jusques au nombre de nonante ou environ, je fis jurer par le commandement du roy, moy estant à ses pieds, un chacun successivement appelé selon son

---

(1) Les factieux s'y opposèrent autant qu'ils le purent; mais tous les bons citoyens desiraient ardemment la fin des troubles. Le parlement, la chambre des comptes, l'université, le chapitre de Paris, étaient allés trouver le Roi le 4 août, pour le supplier de faire exécuter le traité de pacification qui avait été signé à Pontoise. On publia le lendemain les lettres ci-dessus. Mais si le duc de Bourgogne avait paru se prêter à la réconciliation, l'on vit bientôt que ce n'était qu'à regret. Il sentait qu'il ne pourrait se maintenir à la cour dès que le duc d'Orléans y reparaitrait : il tenta d'enlever le Roi; mais ayant manqué son coup, il sortit de Paris le 25 août, et se retira en Flandre. (Villevault, préf. — Juvenal, p. 205.)

(2) V. les lettres ci-dessus, de 1408 et 1401, sur l'élection des membres du parlement.

ordre par ledit de Craon, par la manière qui s'ensuit, lesdits saincts evangiles et croix touchés. « Vous jurez aux saincts evangiles, et sur la vraye croix, qui icy sont, que bien et loyaument conseillerez le roy notre sire, au cas présent de cette eslection, et nommerez à vostre légal pouvoir, sans faveur désordonnée, et sans haine, bonne personne et convenable, pour exercer l'office de chancelier. »

Et ledit scrutine commencé, et fait pour la sixiesme partie, ou environ, survinrent messeigneurs le dauphin, le duc de Bar, et messire Louys, duc en Baviere, frere de la reine, qui furent audit scrutine faire, et tous les dessus dits estans dehors, appellez, scrutinez, et oüys l'un après l'autre, firent lesdits ducs successivement pareil serment, et nommerent chacun tel que bon leur sembla : et après tous aussi nomma le Roy, et donna sa voix à celuy qu'il voulut. Et tellement que tout par moy enregistré, et aussi par ledit secretaire, et les voix comptées, fut trouvé que messire Henri de Marle, premier président de céans, avoit trop plus de voix que nul. Si me commanda le Roy que les huys dudit conseil ouverts, et tous ceux qui voudroient entrer, entrez, je publiasse ledit scrutine ; si le publiay, en disant tout haut : « Il plaist au roy nostre sire, que ce scrutine par lui fait « soit publié, auquel messire Henry de Marle dessus dit, a eu « quarante-quatre voix; maistre Simon de Nanterre, president au « parlement, vingt; mestre Jehan de Saux, chancelier de Bour« gongne, six; et ledit messire Arnaud de Corbie, dix-huict. « Vray est, dis-je, que s'il peut encores exercer ledit office, mes« dits seigneurs les eslisans, se fussent arrestez à luy, plus qu'à « nul autre ; toutefois nonobstant sa foiblesse, encore s'y arres« tent lesdits dix-huict. »

Ce fait, conclud le Roy, et s'arresta audit de Marle, et le chargea dudit office. Ledit de Marle respondit qu'il estoit peu suffisant pour ledit office, et mieux le cognoissoient autres, que soymême, et combien qu'aucuns grands hommes, au temps jadis eussent refusé offices publics, les autres les eussent receus; comme Jérémie, qui les refusa pour vacquer à la contemplation ; et Isaïe les receut pour labourer au bien public, luy, qui avoit tousjours labouré en son temps au faict de justice, et qui avoit bonne volonté de bien et loyaument servir le roy, acceptoit ledit office : en suppliant audit seigneur qu'il lui pleust l'avoir pour recommandé, et le benignement supporter à ce commencement. Si le fit approcher le Roy, et fit le serment qui s'ensuit, et lequel je

leus tout haut audit premier president, en cette manière : « Sire,
« vous jurez au roy, nostre sire, que vous le servirez bien et loya-
« ment, à l'honneur et au profit de luy et de son royaume, en-
« vers et contre tous ; que vous lui garderez son patrimoine, et
« le profit de la chose publique de son royaume, à vostre pouvoir,
« que vous ne servirez à autre maistre ou seigneur qu'à luy; ne
« robbes, ne pensions, ou profit de quelconque seigneur ou dame
« que ce soit, ne prendrez doresnavant sans congé ou licence du
« roy, et que de luy vous n'impétrerez par vous, ou ferez impé-
« trer par autres, licence sur ce, et si d'aucuns seigneurs et dames
« avez eu au temps passé, ou avez presentement robbes ou pen-
« sions, vous y renoncerez du tout ; et aussi que vous ne prendrez
« quelconques biens corrompables : et ainsi le jurez-vous, par
« ces saincts evangiles de Dieu, que vous touchez. » Lequel messire Henry de Marle respondit : « Ainsi le jures-je, mon très-
« redouté seigneur. » Et ce faict, se leva le Roy et les autres seigneurs, et se partirent du conseil.

N°. 549. — LETTRES *contenant ratification du traité de pacifi-*
cation entre les princes d'Orléans et de Bourgogne.

Paris, 12 août 1413. (Monstrelet, f° 167.)

N°. 550. — LETTRES *qui donnent pouvoir aux gens des comptes de*
nommer aux prévôtés vacantes.

Paris, 26 août 1413. (C. L. X, 161.)

N°. 551. — LETTRES (1). *d'abolition pour les troubles excités à*
Paris depuis la paix d'Auxerre, à l'exception de ceux dé-
nommés dans ces lettres.

Paris, 29 août 1413. (C. L. X, 163.)

N°. 552. — PROCÈS-VERBAL *de la réconciliation entre les princes du*
sang, et de la prestation du serment de garder la paix (2).

Paris, 2 septembre 1413. (Reg. du parlem. — Mém. des pairs, p. 687.)

---

(1) Cependant on exécutait le traité de Pontoise; en conséquence, on expédia
le 29 du même mois des lettres d'abolition pour ceux qui avaient eu part à
l'emprisonnement des ducs de Bavière et de Bar, et en général à tous les troubles
excités depuis un an dans Paris. (Villevault, *préf.*)

(2) Les princes jurèrent solennellement, en présence du Roi, de se regarder
désormais *comme bons et vrais parens et amis*. Le seul duc de Bourgogne ne
comparut point ; et le duc d'Orléans, à qui il laissait le champ libre, reprit aussitôt tout son pouvoir. (Villevault, *préf.*)

N° 553. — PROCÈS-VERBAL *de la révocation faite en lit de justice des ordonnances rendues sous l'empire des séditieux.*

Paris, 5 septembre 1413. (C. L. X, 140.)

Le mardy cinquième jour de septembre l'an 1413, le Roy présens messieurs de son sang; c'est à sçavoir, le roy de Sicile, les ducs de Guyenne, aisné fils du roy, de Berry, son oncle, d'Orléans, son neveu, et n'agueres mary de la feue roine d'Angleterre, fille du roy, de Bourbon; les comtes d'Alençon, de Vertus, d'Eu, le duc de Bar; les comtes de Vendosme, de Marle, de Tancarville, et plusieurs autres barons, chevaliers et autres seigneurs; les archevesques de Sens et de Bourges, evesque de Noyon; les conseillers du roy, tant de son grand conseil comme de parlement, le recteur et plusieurs maistres de l'Université, le prevost des marchands et les eschevins, et plusieurs bourgeois de Paris, et grand foison de peuple, tint son lict de justice en sa chambre de parlement; et par la bouche du chancelier, cassa, revoqua, annulla, abolit et meit du tout au néant certaines lettres appellées edicts, signées par maistre Guillaume Banant, lors secretaire du roy, qui s'était absenté; par lesquelles le roy avoit ordonné par lesdites lettres subrepticement et obrepticement impetrées et non ducement en conseil, et le roy inadverty, que tous offices, maladeries, administrations ou capitaineries qui avaient été données durant les brouillis qui puis trois ans ont esté en ce royaume, que paravant tenoient ceux qui étoient avec le duc d'Orléans, ou qui lui avaient esté favorables, confortans ou aydans, ou s'estoient absentez, à aucuns leur demourassent, nonobstant oppositions ou appellations; et aussi cassa, annulla, abolit, revoqua et du tout meit ou néant, et comme nulles déclara certaines escritures qui par maniere d'ordonnances avaient nagueres esté faictes par aucuns commissaires tant chevaliers qu'ecuiers, confesseur et aumosnier du roi, et deux des conseillers de céans, au pourchas d'aucuns de l'Université et de la ville de Paris; et lesquelles par grande impression tant de gens d'armes de cette ville qu'autrement, avaient esté publiées en may dernier, et leues en la chambre, le roy aussi tenant son lict de justice. Et pour ce que par ledit chancelier fut proposé que sans auctorité deue et forme non gardée sans les adviser, et lire au roy n'en son conseil, n'estre advisé par la cour de parlement, mais soudainement et hastivement avaient esté publiées, et paravant tenues closes et seellées, et qu'encore y avoit-il une clause à la fin, par laquelle les commissaires dessusdits se réservoient d'y pouvoir adjouster à leur advis, et si y estoit blessée et diminuée l'authorité du roy et limitée, et le gouvernement de son hôtel, de la royne et dudit duc de Guyenne, me furent baillées tant lesdites lettres qu'ordonnances, pour les deschirer en la présence du roy, et les deschiray. Et avec ce furent cassées par la manière dessusdite, certaines lettres appelées edicts, signées par ledit Bauant, par lesquelles le roy vouloit ou avoit voulu, mesme puis l'accord passé à Auxerre entre le duc de Bourgoigne, d'une part, et d'Orléans et autres, que tous les héritages, chasteaux, maisons, fiefs, rentes, etc. que tenoient ceux qui tenoient ou avoient tenu le parti dudit duc d'Orléans, ou qui l'avoient favorisé, ou soit absenté de Paris, mesme pour la tuition et salvation de leur corps, qui avoient esté vendus, transportés ou baillés à aucuns pour récompense de services ou remuneration de salaires ou autrement, leur demourassent nonobstant oppositions, appellations, mains-mises, arrêts, sentences ou jugemens quelconques que le roy mettoit au néant; et pour ce qu'elles n'avoient onques esté passées en grand-conseil, comme mesme lors le disoit le chancelier qui pour lors estoit, et que de soy étoient si iniques qu'il apparoit, furent par signe déchirées par les dessusdits, parce que l'on n'avoit pas l'original. Puis feit le roy publier et deffendre que nul n'injuriast ledit d'Orléans, n'aucuns de son costé par espécial de son sang : car il les tenoit bons et loyaux, et que l'on n'injuriast ceux de leurs gens. Aussi feit-il publier que le duc de Bar, et Loys duc en Baviere, frere de la roine, et plusieurs autres chevaliers et gentilshommes, et autres qui avoient esté les aucuns emprisonnés, les autres bannis, estoient bons et loyaux, et les tenoit pour innocens.

N°. 554. — ORDONNANCE *portant annullation* (1) *de tout ce qui s'est fait pendant la sédition de Paris.*

Paris, au lit de justice, 5 sept. 1413. (C. L. X, 170. — Moustrelet, f° 170-171.

(1) Cette ordonnance contient un récit historique de tous les excès que les cabochiens avaient commis.

N° 555. — LETTRES (1) *portant révocation de celles qui avaient déclaré les ducs d'Orléans et de Bourbon, le comte d'Alençon et ceux qui avaient tenu leur parti, coupables de rebellion pour avoir, contre les défenses du Roi, levé des troupes ou pris les armes.*

Tours, 5 septembre 1413. (C. L. X, 167.)

N° 556. — LETTRE (2) *royale adressée au roi d'Angleterre, au sujet des derniers troubles de Paris, demandant l'extradition des rebelles.*

Paris, 14 septembre 1413. (Rymer, IX, 51.)

Serenissimo atque potentissimo principi, *Henrico*, Dei gratiâ, Angliæ regi ac domino Hiberniæ, consanguineo nostro, KAROLUS, eadem gratiâ, Francorum rex, salutem, cum mutuæ dilectionis affectu, et ad bonum pacis et concordiæ ferventiùs aspirare.

Serenissime princeps et consanguinee noster carissime, res et negotium ingens hic agitur, vestræ serenitatis, ac cæterorum regum et principum, nec non reipublicæ quarum libet patriarum, Dei constitutione legumque sub regibus et principibus regendarum asserimus ecce! In publicum serie præsentium litterarum documentum et exemplar, commodi et periculi magnitudine memorandum, nostro in regno, præcipuè in Parisiensi urbe, quæ regni nostri caput et principalis sedes est, nuper exortum, efficax nempe plurimum acerrimis seditionum et factionum ignobilis et mecanici vulgi turbinibus, ubicumque viguerint toto orbe, pacandis.

Sed cùm minimè simus ignari velut fama, tam pravi fictique tenax quàm nuntia veri, vagetur, atque hominum sermones scriptaque, prout quisque suis affectuum morbis ægrotat præter veritatem, ubique serantur, ac diversi in eisdem gestis, præsertim in dissentionum conspirationumque materiâ dubitamus ne turbinis et pacationis hujusmodi res aliter quàm contigerit, quæve sunt honestè et vituperabiliter, ac è converso multifariam et multis in regionibus, referantur si quidem et credantur;

Quâ de re nos et nostra, regnique nostri præsens gubernatio perlaudabilis et honesta, non modo dedecore et ignominiâ denigrari, sed etiam multis aliis cladibus et incommodis posset multipliciter perturbari, nec non externæ respublicæ in insanos cre-

---

(1) V. lettres du 3 octobre 1411.
(2) Cette forme de communication, aujourd'hui très usitée dans le droit des gens, est très remarquable à une époque aussi reculée. (Isambert.)

dulitatis et affectionum errores et consequentias, motus, facinora et calamitates incurrere gravissimos et ingentes.

Igitur et pro tantis commodis percipiendis, et incommodis fugiendis, operæ pretium esse plurimumque expedire pro republica, non modo nostra regnique nostri, sed cæterorum regum, principum, patriarumque, censemus hujusmodi tempestatem et seditionem publicè et per omnes christianorum oras juxta meram pandere veritatem.

Omnibus itaque verissimè et certitudinaliter innotescat quod, dùm nos et nobiscum, carissimi et dilectissimi nostri, regina consors, Ludovicus, dux Aquitaniæ primogenitus et dux Bituricensis patruus, ac aliquot alii nostræ regiæ prosapiæ, comitati quidem cæteris consiliariis, nobilibus, et servitoribus nostris, ut consueveramus, in nostra principali urbe Parisius moram personaliter traheremus, non sine tamen hæsitatione et periculo futurorum et tumultuum insani vulgi; per multa nobis non ignota argumenta et signa præambula futurorum.

Ut pote per ejus diversas conspirationes, concilia, conventicula, et congregationes occultas, per portarum urbis custodias vigiles, tàm diurnas, quàm nocturnas, excubiasque clandestinas et apertas, quibus tunc properè commodèque per nos non poterat obviari.

Ecce! die 28 aprilis, proximè retroacti, numerosa valdè insanientis et mechanici vulgi multitudo, omnes tanquam ad patrandum bellum armati, in unamque factionem insimul conjurati, contra magestatis nostræ decus et dignitatem violentissimè et tanquam hostiliter insurrexit, ambitionis, cupiditatis et invidiæ rabie, ad gubernandum nos, nostramque regiam, et regnum, perniciosissima libidine furibundi.

Nam semper in civitate quibus opes nullæ sunt bonis invident, malos extollunt, vetera odere, nova exoptant, odio suarum rerum omnia mutari et misceri student, turbæ et seditiones sine cura aluntur.

Hujus autem tumultûs et factionis principales et ductores in fine præsentium literarum, propter multum eorum numerum differimus nominandos.

Confestim illi, sic hostiliter et in armis accincti, nobis insciis, juxta nostrum hospitium, ecclesiæ Sancti Pauli Parisius contiguum terrifico cum strepitu transeundo, ad prælibati primogeniti, nostri domum continuis gressibus perrexere, illam per vim ingredi molientes irremediabiliter et volentes.

Fractis igitur januis; præter ipsius primogeniti nostri voluntatem, districtissimumque mandatum, ac illius servitorum et gentium aulicorum, suam curiam violenter ingressi, cubicularem ejus thalami adimere, tunc ibi violenter et de facto, consobrinum nostrum perdilectum, ducem Barensem, ac simul cancellarium tunc ipsius primogeniti nostri, pluresque alios nobiles nostros, ipsiusque cambellanos, consiliarios carissimos et fideles, in oculis ipsius primogeniti nostri captos, et quò voluere non ductos sed tractos, diversis in carceribus privatis, ad eorum libidinem incluserunt, inclusosque custodierunt, et custodiri fecerunt quamdiù potuere.

Cujus tunc animi, quantæ perturbationis, primogenitum nostrum fuisse credatur? nempè tantâ undè fuit displicentiâ, tantâque vexatione perclusus, quòd gravissimæ ægritudinis periculo laboravit.

Postridiè verò, in eorum perfido et iniquo proposito et impetu pertinaciter perseverantes, ad nos in prædicto nostro hospitio sancti Pauli venerunt; ubi à nobis audientiam extorquentes, proposuerunt vivâ voce, vel proponi fecerunt, coram nobis, quæcumque voluere, requirendo finaliter et volendo quoquo modo pro captivis plerasque personas, in quodam eorum rotulo descriptas, in nostrâ comitivâ personaliter tunc præsentes (quorum unus erat illustris Ludovicus dux in Bavariâ, reginæ consortis nostræ frater nobis valdè dilectus) et ipsum quidem, aliosque plures milites, nobiles et cambellanos, consiliarios, et hospitii nostri magistros, aliosque nostros diversorum statuum officiorumque benè meritos servitores, violenter et contra nostram animum, prout alios superius memoratos cepere, et carceribus quibus ipsius libuit inclusere.

Deindè cameram prædictæ consortis nostræ reginæ modo irruentes eodem, plures dominas et domicellas nobiles et honestas (inter quas erant aliquæ nobis, ipsique nostræ consorti sanguinis propinquitate conjunctæ) in ejus præsentiâ, ipsâque prorsus invitâ, captivas velut alios et in carceres abduxere; undè quidem tantus pavor, tantaque perturbatio ipsam nostram contholarem invasit, quòd fuit mortis vel acerrimæ infirmitatis in evidenti discrimine constituta.

Cæterum inhumanissimam crudelitatem illorum in captivos ipsos attendite. nam adversus ipsos, de facto, et ad eorum libidinem, contra omne jus fasque, per acerbissimos sub eculeo cruciatus, nimis impiè et sævissimè processerunt: plerosque verò nobilissanguinis insignisque status in carceribus inhumanissimi peri-

...runt; publicando deinde mendacissimè illos fuisse à semetipsis occisos; quorum cadavera dehinc ad publicum patibulum, sub nequissimo et fictissimo colore justiciæ, fecerunt adduci, ibique suspendi : non nullos insuper, submersere vivos et exanimarunt fluvialibus undis : alios eorum privatis carceribus vario mortis genere mactarunt, mactarique fecerunt.

Præterea dominas et domicellas ante dictas inhumanè admodum et crudeliter pertractarunt, muliebri fragilitate parum attenta, quanquam pluriès sed frustra, tàm nostra parte, quam alias, moniti instantissimè requisitique fuissent ut pati vellent captivis prædictis viam patere justitiæ, quodque celeberrima curia, et justitia nostra, parliamenta nuncupata, hujusmodi captivorum, prout juris est, cognitionem haberet.

Sed quàm amara vitiosis et malè viventibus sunt præcepta justitiæ, ipsi nunquam hujusmodi monitis et requisitionibus obtemperare nec consentire voluerunt, quinymo, eorum scelera multiplicantes, quasdam sub nostro nomine patentes literas pro eorum libito fecere conscribi, atque violenter nostro magno sigillo in cancellariâ regiâ sigillari, cogentes nos et præfatum primogenitum nostrum illas utriusque nostrum manuali signo signare, atque eorum omnia facinora hæc nefaria comprobare.

Præterea quia ipse, qui tunc erat cancellarius, ipsis nimis difficilis videbatur, illum quidem (nomine Reginaldum de Cerbeta militem), virum nempe perstrenuum et fidelem, nobis per annos plurimos et continuò servitorem, minis et compulsionibus letalibus suo cancellariæ officio dejecerunt, ac ejus loco quemdam alium, eorum gratum et facilem factioni (nomine Chustachium Delastro) fecere creari, quo (scilicet) cancellarium juxta eorum cupiditatem haberent morigerum quibusvis eorum litteris sigillandis.

Per substantiam continentiæ literarum prædictarum, quas, uti prædiximus, violenter confici, sigillari, et signari fecerunt, audite; nam literis ipsis affirmabatur, contra omnimodam veritatem, prædicta omnia eorum detestabilissima facinora, voluntate et ordinatione nostrâ præfatique primogeniti nostri facta fuisse, ac pro nostro regnique nostri ingenti commodo atque profectu.

Hujusmodi autem confictas, falsas, et extortas literas, ad plures diversasque patrias, civitates, et villas, tàm regni nostri quàm alias, ubicunque illis expedire visum fuit, transmiserunt siquidem et sparserunt, ad eorum tot et tanta scelera, per tales literas, pro benè factis laudabiliter toleranda.

Cæterum, non hæc crimina, tam enormia, sed alia quoque, valde detestabilia, perpetrarunt, tendentes quidem, per omne nefas, eradicandis et abolendis regni hujus nobilitate et clero, ac honestis civibus et mercatoribus deperdendis; ad finem, scilicet, prædominandi et gubernandi totum regnum nostrum juxta eorum libidinem sceleratam, ac alios populares regni secum et ad eorum iniquissimam intentionem et diabolicum propositum attrahendi.

Actum erat fere de salute et gloria hujus regni, atque omnia divina humanaque in ruinam præcipitem cecidissent, tam prava nefariaque voluntas, tantus conspiratorum favor, tantusque concursus, nisi maturè divini gratia spiritûs aspirâsset.

Hic enim excitavit animos et spiritus nostrorum agnatorum, amicorum, et subditorum, nec non filiæ nostræ universitatis studii, ac notabilium burgensium et civium nostræ urbis Pariseæ, ad scutum et arma, contra perniciosissimam et vilissimam factionem hujusmodi, capescenda.

Quid autem illi laude dignum, quid strenuum, quid efficax agitarint, quæritis tanto factionis et conjurationis furori pacando? Sanè propinqui nostri, principes et amici stirpis nostræ regalis, tum extra Parisius, tantorum tumultuum hæsitatione, degentes, simul cum cæteris baronibus, magnatibus, et athletis regni, foris in confœderatione unanimi et potentissima convenère :

Intus autem (id est Parisius) eodem tempore universitas jam dicta studii, unàque cives et burgenses parisei, præstantes et egregii, præviis colloquiis secretis, et cæteris remediis oportunis, in immensam et solidis spectabilem armis sese univere phalangem, pacem, pacem, una voce clamantes, quam quidem, antea contractam solenniter et juratam, præmem orata factio modis omnibus turbabat.

Sic igitur conglobati prælibatum primogenitum nostrum Aquitaniæ, patruumque Bituriæ, duces, in urbe ipsâ, tanquam nosmetipsos (quibus in tanto volebant parcere periculo et labore) magnanimiter adiverunt requirentes ut strenuè et viriliter scanderent statim equos, quippe secum vivere morique, vel et pro tantâ tamque salutari pace tuendâ, proque nostra et prosapia nostræ liberatione, à tanto discrimine et inconvenienti tam nequissimæ factionis, ut nostra regia majestas, cunctis etiam regalibus principibus sociata, principaretur, ut antea, in solio gloriosissimo libertatis.

Hinc ergo præfati nostri, primogenitus et patruus, nostrorum ipsorum civium et burgensium pariseorum fortissimo et fidelissimo exercitu comitati, cum vexillo litifero per auras æthereas volitante, non modo voluntarie sed cupidissimè et perdelectibiliter, per urbem euntes, primùm petivere loca, quibusc aptivi prænominati erant inclusi, illosque omnes (præcipuè præfatos ducem Baren. consanguineum, et ducem in Bavariâ fratrem nostrum) vinculis et carceribus emiserunt.

Posthæc, occupatis nostro nomine castris et arcibus urbis, per principales urbis vicos progressi in magnificâ et armatâ potentiâ, nullum aliqualiter offendendo.

Cæterùm hâc inopinâ et subitâ tot honestorum et egregiorum civium et burgensium congregatione sceleratorum ipsa factio perterrita, ac sese suo maligno proposito et iniquissimâ intentione percipientes funditùs decidisse, nec non conscientiâ tantorum scelerum suorum in eorum vitis periclitationi maximæ subjacere censentes, tanquam nostræ gratiæ et misericordiæ desperantes, ex urbe perceleriter, quibuscunque potuere viis et remediis, aufugerunt ad alienas patrias et longinquas : haud omnes tamen fugæ remedio evadere potuerunt; nam nonnulli capti fuerunt, et corporeæ mortis meritâ pœnâ multati; in cæteros autem, tam fugitivos, quàm captivos, proceditur et procedetur prout justiciæ et juris ordo requirit.

Cæterùm, post aliquot dies, ante dicti omnes nostræ principes prosapiæ nostram ad præsentiam accessere, scilicet, carissimi et dilectissimi nostri, rex Siciliæ, consanguineus, dux Aurelianensis, gener et nepos, dux Borbonii, comes Alenconii, consanguinei, comes Virtutum nepos, dominus de Lebreto, connestabularius, comites de Augo, de Divite Monte, de Tancarvilla, consanguinei nostri, principes quidem magnifici admodum et præclari, qui dudùm, causâ nefandarum tempestatum et tumultuum prædictorum, nostro regali conspectu nostrâque desideratissimâ visione et comitivâ amarissimè caruerunt; inter nos igitur et illos mutuarum visionum maximo desiderio ingens festivitas et gaudium intercessit.

Postea verò hæc nostra civitas parisea reliquumque regnum nostrum in tranquillitate et pace optimâ quieverunt, atque, Deo dante, velut autumamus, firmiter et confidimus requiescent; nam præfatorum nostrorum regalium propinquorum, necnon universitatis juridicialis curiæ parliamenti, civium et burgensium pariseorum fidissimo consilio, et efficacissimâ ope, prævio tamen divinæ gratiæ suffragio, deinceps regnum nostrum in integerrimâ justitiâ, pace, concordiâ, tranquillitate et magnificentiâ, prout nostram decuerit regiam majestatem, decernimus et confidimus gubernare.

Denique, ut conclusionem nostri propositi faciamus, quemadmodum alios aliis litteris reges, principes, antistites, dominos, comites, barones, civitates, patrias, amicos, benivolos et confœderatos nostros, sic vos quoque, serenissime princeps et consanguinee noster carissime; præsentibus amicissimo cordis affectu precamur, quatinus quibuscumque literis, relationibus, sermonibus et rumoribus, factis et faciendis in contrarium quovismodo prædictorum, nec fidem nec aures credulas velitis aliqualiter adhibere.

Quòdque omnem præsentium literarum tenorem et seriem teneatis, absque ulla prorsus hæsitatione, verissimam et credatis, quippè cùm solennissimè et consultissimè in nostro magno concilio, ex deliberatione, auctoritate, et consensu præfatorum nostrorum principum regalium, plurimorumque prælatorum, magnatum, baronum, theologorum, militum, legum doctorum, sapientum, tàm nostri concilii, quàm universitatis studii supradicti, nec non civium et burgensium pariseorum, accuratissimè et perfectissimè sub merà veritate conscriptæ sint siquidem et contextæ.

Quoniam verò hujusmodi factiosorum et nefariorum hominum, suorumque complicium, fautorum, et adhærentium diversi, diversas in patrias, tàm nostras, quàm alienigenas, diffugerunt, ubicunque visi, cogniti, et reperti fuerint, capi et incarcerari facere, et puniri velitis, tanquam homicidas et proditores ac rebelles nostræ regiæ majestatis, eorum que regis et summi domini naturalis sontes criminis læsæ majestatis, vel illos nobis in urbem nostram parisiensem sub tutâ et fidâ mittere custodiâ puniendos, per talem tamque apertam publicamque justitiam qualem exigunt tanti casus; quo scilicet, cæteri inde exemplum eliciant salutare, tam detestabilibus et infandis sceleribus, et facinoribus nullatenus perpetrandis.

Super hoc tandem taliter peragentes, quod contenti nostrum, uti precamur et requirimus, consequamur intentum, quòdque nos pro tanta gratificatione vobis ad gratiarum maxima rependia teneamur.

Præterea easdem præsentes litteras solenniter in sono tubæ, publicâ et altâ voce, omnibus locis et compitis consuetis, per omnes vestras civitates, oppida, villas, et castra proclamari et publicari solemniter quæsumus faciatis, nec non ipsarum copiam, sub authentico sigillo testimonioque plene et verè transcriptam, foribus ecclesiarum patenter affigi, ut latiùs illarum continentia sit omnibus manifesta, nevo quisquam sub falsâ ignorantiæ umbrâ se valeat excusare.

Nomina autem crudelissimorum principalium hujusmodi factionis continuò subsequuntur. (*Ils sont au nombre de 66.*)

In quorum omnium fidem et testimonium præmissorum præsentibus litteris nostrum fecimus appendi sigillum.

Datum, etc.

Per regem in suo concilio, in quo rex Siciliæ, domini Bituricen. Aurelianen. Borbonii et Barensis duces, Alenconii, Virtutum, Angi, Richimontis, comites; dominus Constabularius, comes Tancarvos, magnus magister domûs; Senonen. Bituricen. archiepiscopi; Andegaven. Noviomen. et Melden. episcopi; Aquitaniæ et Alenconii cancellarii; nec non quam plures alii magnates, barones, consiliarii, cambellani, et multi alii erant.

N°. 557. — Trêve *entre la France et l'Angleterre.*

Lulingken, 23 septembre 1413. (Dumont, Corps dipl., t. II, part. 1re, p. 359.)

N°. 558. — Mandement (1) *au bailli d'Amiens, par lequel le Roi déclare vouloir maintenir la paix, et défend de la troubler même par des paroles tendantes à promouvoir gens à dissension, à peine de confiscation* (2).

Paris, 6 octobre 1413. (Monstrelet, Chron., f° 173, 174.) — Publié à Amiens et au bailliage le 5 novembre.

(1. C'est une loi portée contre les nouvelles alarmantes et propos séditieux. (Art. 8 de la loi du 9 novembre 1814.) (Isambert.)

(2) Voici le texte de cette partie de l'ordonnance : — « Nous qui ladite paix voulons estre tenue ferme et telle est nostre voulenté et intencion, affin d'oster entièrement de tout nostre pouvoir faire cesser toute matière de division et de voyes de fait et de guerre en nostre royaume, et que chacun jouisse désormais vivre en bonne paix et tranquillité : vous mandons, commandons et estroictement enjoignons et se mestier est admettons par ces presentes, que tantost et sans delay vous publiez et proclamez solennellement à son de trompe en vostre bailliage par sièges et auditoires, villes, lieu et où se seulent faire proclamations et publications notables et ailleurs où mestier sera ès ressors et mettes d'iceluy. Nostre intention, propos et voulenté estre telle et icelle tenir et faire tenir, et sans rompre et enfraindre ; mais tenir perpétuellement ledit traicté et bonne paix, et icelle maintenir et garder, ainsi comme elle a esté jurée et afferméé en nostre presence, comme dit est, en tous points et termes, sans l'enfraindre en aucune manière, ne souffrir estre enfrainte par quelque personne : en faisant exprès commandement.

N° 559. — LETTRES portant mandement au bailli d'Amiens de faire publier dans son bailliage qu'aucun chevalier noble ou écuyer ne prenne les armes sans son exprès commandement, pour servir quelque seigneur que ce soit (1).

Bois de Vincennes, 22 octobre 1413. (C. L. X, 180.)

N° 560. — MANDEMENT (2) au chancelier et aux gens du parlement non séant, de s'assembler avec tel nombre qu'ils jugeront à propos des gens de son grand conseil, pour délibérer sur l'exécution des ordonnances touchant les bénéfices électifs du royaume et du Dauphiné, et de lui envoyer leur avis pour être ordonné ce qu'il appartiendra.

Paris, 26 octobre 1413. (C. L. X, 181.)

N° 561. — LETTRES portant qu'il n'y aura plus dorénavant que deux trésoriers pour le gouvernement de la justice et de la finance du domaine du Roi, et supprime l'office de visiteur général des œuvres.

Paris, 27 octobre 1413. (C. L. X, 182.) — Publiées au parlem. le 14 décemb.

---

et deffence de par nous sur peine de confiscation de corps et de biens, qu'il ne soit aucun de quelconque estat, auctorité ou condition qu'il soit, qui face proferer ou semer parolles autrement dénotans divisions et contraires à ladicte paix, ne qui puissent gens induire à venir contre icelle violler ou empescher. Et de tous ceux que vous trouverez faisans, parlans, murmurans au contraire, de quoy nous voulons par vous ou vos commis estre faicte inquisition diligente, vous faciez ou faictes faire juste punition toutes excusations cessans, par si et telle manière que ce soit exemple à tous autres, et que pour vous ou vostre négligence ou coulpe n'y ait aucun deffault; et les biens desdits coupables et murmurans, meubles et non meubles quelsconques prenez ou faictes prendre, et mettre en vostre main aux despens de la chose par personnes ou personnes suffisantes et coiables, qui de ce puissent et sçachent rendre bon compte et reliquat où et quand mestier sera.

(1) Le parti d'Orléans triomphait alors; c'était le duc de Bourgogne qui armait. (Monstrelet, 1° 174-175.) (Isambert.)

(2) Sur l'exposé du procureur général du parlement, que par ordonnance du clergé de France et Dauphiné de Viennois, il avait été dit que l'on pourvoirait par élection aux bénéfices electifs vacans, et que les ordinaires procéderaient à la confirmation ou cassation des élections, nonobstant réservations quelconques : que cependant plusieurs évêques et archevêques avaient égard auxdites réservations faites par le Pape ou autrement; qu'à cause desdits bénéfices, quantité d'argent était transporté hors du royaume; c'est à ces causes que ces lettres furent rendues. (Vilevault, tab.)

N°. 562. — LETTRE de Sigismond, empereur des Romains, par laquelle il invite le roi de France à se rendre au concile de Constance, assemblé pour la réforme de l'Eglise.

30 octobre 1415. (Dumont, Corps dipl., part. 1re, p. 565.)

N°. 563. — ORDONNANCE (1) qui alloue une part dans les confiscations et amendes à quiconque dénoncera ceux qui sèment de mauvaises paroles, et font secrètes conspirations et congrégations.

Paris, pénultième d'octobre 1415. (Monstrelet, f° 175-176.)

N°. 564. — ORDONNANCE portant défenses aux princes du sang d'assembler des gens d'armes.

Paris, 11 novembre 1415. — Publiée à Amiens le 15 décembre. — Monstrelet, f° 176-177.

N°. 565. — ORDONNANCE qui défend aux chevaliers, écuyers et autres, d'obéir aux convocations de leurs seigneurs, et prescrit de l'empêcher par la force des armes.

Paris, 11 novembre 1415. — Publiée à Amiens le 15 décembre. — Monstrelet, f° 177-178.

N°. 566. — LETTRES par lesquelles (2) le Roi défend de donner retraite au duc de Bourgogne.

Paris, 14 novembre 1415. (Juvénal des Ursins, p. 267.)

N°. 567. — LETTRES (3) du duc de Bourgogne au Roi contenant ses griefs.

Gand, 16 novembre 1415. (Monstrelet, f° 179.)

N°. 568. — LETTRES portant que les (4) gens des comptes et trésoriers de Paris feront bonne information de l'utilité ou de l'inconvénient qu'il y aurait d'accorder une foire par an aux habitans d'une ville.

Paris, 20 novembre 1415. (C. L. X, 160.)

---

(1) Elle fut publiée à Amiens le 15 décembre.
(2) La ville de Paris adressa aussi aux autres villes du royaume, à la date du 4 janvier, des lettres remplies de plaintes contre le duc de Bourgogne; lettres que le Roi approuva. (Juvénal, loc. cit.)
(3) Elles furent lues au conseil du Roi, malgré l'opposition des partisans du duc. (Monstrelet, f° 181.) (Lambert.)
(4) V. ci-après, 16 juillet 1415.

JANVIER 1413.

N° 569. — LETTRES *du Dauphin par lesquelles il appelle le duc de Bourgogne, son beau-père, à son secours et à celui du Roi, contre les Orléanais* (1).

Paris, 4, 15 et 22 décembre 1413. (Monstrelet, f° 185.)

N° 570. — BULLE *du pape Jean XXIII portant convocation d'un concile à Constance pour la réforme de l'Église.*

Lauda, 9 décembre 1413. (Dumont, Corps dipl., p. 565.)

N° 571. — DÉCISION *de l'assemblée de théologie* (2), *qui condamne l'apologie de l'assassinat du duc d'Orléans prononcée par Jean-Petit.*

Paris, 2 décembre 1413. (Monstrelet, f° 181. — Juvenal des Ursins, p. 267.)

N° 572. — LETTRES *par lesquelles le duc de Bourgogne, en s'adressant aux bonnes villes de Picardie, les engage à se réunir à lui pour délivrer le Roi* (3).

Lille, janvier 1413. (Juvenal des Ursins, p. 267.)

N° 573. — LETTRES *du Dauphin par lesquelles* (4), *en réponse au duc de Bourgogne, il dit que le Roi est en liberté, et qu'on ne doit pas prendre les armes.*

24 janvier 1413. (Monstrelet, f° 183, v°.)

N° 574. — LETTRES *par lesquelles le Roi proteste qu'il est en liberté, et ordonne de confisquer les biens des partisans du duc de Bourgogne qui prendront les armes* (5).

Paris, 26 janvier 1413. (Monstrelet, f° 184.)

---

1 Le duc de Bourgogne s'étant rendu à Saint-Denis en armes, le Dauphin, dans Paris, avoit écrit ces lettres, et le duc se retira. (Isambert.)

2 Elle fut convoquée par l'évêque de Paris et l'inquisiteur de la foi, et elle fut requise, sous les peines de droit, de répondre. Elle était dirigée contre la justification du duc de Bourgogne. (Isambert.)

3 Par des lettres du dernier janvier, le Roi protesta qu'il était en pleine liberté. (Juvenal des Ursins.)

4 V. ci-dessus, 16 novembre.

5 Le duc de Bourgogne ne s'était éloigné que pour se préparer à s'emparer, à main armée, de l'autorité qu'on venait de lui arracher. On eut recours aux défenses ordinaires, et toujours sans effet, d'assembler des troupes sans ordre du Roi. Le duc se mit en marche avec celles qu'il avait levées, s'empara de Soissons, de Compiègne, et parut sous les murs de Paris le 8 février 1413. On avait tenté en vain les voies de négociation, il fallut en venir aux armes. Le même jour, le Roi rendit les lettres ci-dessus; on n'y articule point les griefs du duc de Bourgogne; on dit seulement qu'il se plaignait d'aucunes choses, lesquelles il disait lui avoir été faites en son préjudice, contre la teneur du traité de Pontoise. On exposait ensuite qu'il s'était emparé de plusieurs places; qu'il avait donné retraite à plusieurs bannis, coupables de lèse-majesté; que loin de rendre les forteresses qu'il occupait, il s'était rendu maître de Soissons et de Compiègne, et avait tenté de prendre Senlis; qu'enfin loin de répondre aux propositions de pacification, qui lui avaient été faites de la part de la reine et du dauphin, il avait retenu les messagers qui lui avaient été envoyés, même ceux du Roi. (Villault, préf.)

N°. 575. — LETTRES *portant mandement au bailli d'Amiens faire publier le ban et arrière-ban, et ordre à ceux qui des fiefs de venir à Paris avec leurs vassaux, pour servir Roi.*

Paris, 8 février 1413. (C. L. X, 192. — Monstrelet, f° 189-...)

N°. 576. — LETTRES *du duc de Bourgogne portant qu'il délivrer le Roi et le Dauphin de la servitude des Armagnacs, en gardant la paix.*

Saint-Denis, 11 février 1413. (Monstrelet, f° 186-187.)

N°. 577. — ORDONNANCE *qui déclare le duc de Bourgogne ennemi de l'État* (1).

Paris, 12 février 1413. (Monstrelet, f° 194-197. — Juvenal des Ursins, p. ..)

N°. 578. — LETTRES *dénonçant les moyens par lesquels le duc de Bourgogne a voulu séduire les peuples, pour les soulever contre le Roi.*

Paris, 17 février 1413. (Monstrelet, 194-195.)

N°. 579. — LETTRES *portant défenses aux religieux mendiants posséder des bénéfices dans le royaume, si ce n'est des évêchés, archevêchés, etc.*

Paris, 19 février 1413. (C. L. X, 196.)

N°. 580. — LETTRES *pour l'exécution de la confiscation prononcée contre le duc de Bourgogne et ses adhérens.*

Paris, 20 février 1413. (Monstrelet, f° 195-196.)

N°. 581. — LETTRES *portant qu'en cas de vacances il sera pourvu par élection aux offices de président et de général conseiller sur le fait de la justice des aides.*

Paris, 26 février 1413. (C. L. X, 198.)

N°. 582. — LETTRES *du duc de Bourgogne aux bonnes villes son expédition contre Paris.*

Arras, 27 février 1413. (Monstrelet, f° 188-189.)

N°. 583. — LETTRES *par lesquelles le Roi déclare qu'il va, personne, faire la guerre au duc de Bourgogne.*

Paris, 2 mars 1413. (Monstrelet, f° 197.)

N°. 584. — LETTRES *portant que* (2) *les habitans de Paris seront payés de leurs dettes sur les biens des rebelles, et que confiscation recevra son effet.*

Paris, 2 mars 1413. (C. L. X, 199.)

---

(1) Dans les manuscrits de la Bibliothèque du Roi, cette ordonnance est du 28 février.

(2) Les bourgeois de Paris avaient été fort alarmés de l'approche du duc de Bourgogne, parce que beaucoup d'entre eux avaient sur les biens confisqués créances à exercer. On les calma par ces lettres. (Vilevault, *préf.*)

www.ingramcontent.com/pod-product-compliance
Lightning Source LLC
Chambersburg PA
CBHW072105220426
43664CB00013B/2006